„Auf Omas Geburtstag fahren wir nach P."

Die gewaltsame Verschleppung von Juden aus Waldeck-Frankenberg 1941/42

Kassel – Riga, Sobibor/Majdanek, Theresienstadt

Herausgegeben von

Marion Lilienthal, Karl-Heinz Stadtler und Wilhelm Völcker-Janssen

mit Beiträgen von

Lothar Albrecht, Dirk Bender, Heinrich Figge, Kathrin Flor, Heinrich Friele, Reiner Gasse, Johannes Grötecke, Horst Hecker, Jürgen Hübner, Margit Hübner, Monica Kingreen, Ernst Klein, Wolfgang Mankel, Marion Lilienthal, Richard Oppenheimer, Reiner Naumann, Verena Neusüs, Ulrike Schätte, Matthias Seim, Alf Seippel, Karl-Heinz Stadtler, Israel Straus, Susanne Urban, Karl-Hermann Völker, Horst Wagner

Gefördert durch den Landkreis Waldeck-Frankenberg,
den Zweigverein Frankenberg
für Hessische Geschichte und Landeskunde
und den Waldeckischen Geschichtsverein
(Gesamtverein und Bezirksgruppe Korbach)

Beiträge aus Archiv und Museum der Kreisstadt Korbach
und Archiv der Alten Landesschule (BAM)
Band 2

Bibliografische Information der Deutschen Nationalbibliothek
Die Deutsche Nationalbibliothek verzeichnet diese Publikation in der Deutschen Nationalbiografie; detaillierte bibliografische Daten sind im Internet über http://dnb.de abrufbar.

ISBN 978-3-9813425-4-3

Redaktion: Wilhelm Völcker-Janssen und Marion Lilienthal
mit Unterstützung von Björn Mulack und Helga Benz

Druck: sprenger druck, Korbach

Korbach 2013

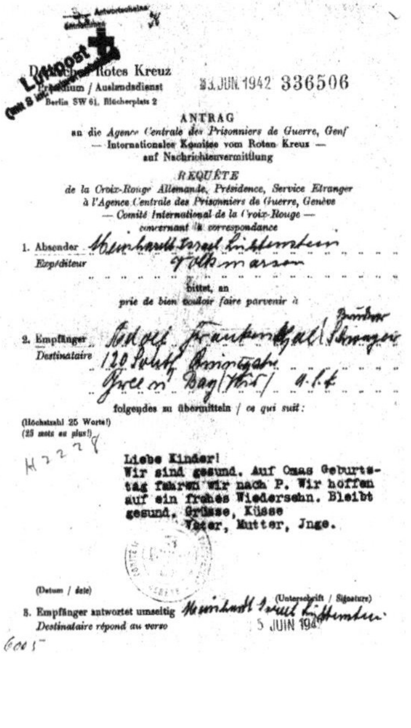

Deutsches Rotes Kreuz
Präsidium / Auslandsdienst
Berlin SW 61, Blücherplatz 2

Luftpost

3. JUN. 1942 336506

ANTRAG
an die Agence Centrale des Prisonniers de Guerre, Genf
— Internationales Komitee vom Roten Kreuz —
auf Nachrichtenvermittlung

REQUÊTE
de la Croix-Rouge Allemande, Présidence, Service Etranger
à l'Agence Centrale des Prisonniers de Guerre, Genève
— Comité International de la Croix-Rouge —
concernant la correspondance

1. Absender / Expéditeur

bittet, an
prie de bien vouloir faire parvenir à

2. Empfänger / Destinataire

folgendes zu übermitteln / ce qui suit:
(Höchstzahl 25 Worte!)
(25 mots au plus!)

Liebe Kinder!
Wir sind gesund. Auf Omas Geburtstag fahren wir nach P. Wir hoffen auf ein frohes Wiedersehn. Bleibt gesund. Grüsse, Küsse
Vater, Mutter, Jnge.

(Datum / date)
(Unterschrift / Signature)

3. Empfänger antwortet umseitig
Destinataire répond au verso

5 JUIN 194

Titelbild:
E.R. Nele, „Sie gingen aufrecht“,
Synagoge Vöhl (Foto: Walter Schauderna)

Der Titel der Publikation nimmt Bezug auf ein Telegramm von Meinhard Lichtenstein, das letzte Lebenszeichen der Familie Lichtenstein vor der Ankunft im Vernichtungslager Sobibor/Polen am 3.6.1942.

Inhaltsverzeichnis

Vorwort

von Landrat Dr. Reinhard Kubat

Die etwa 150 Jahre deutscher Geschichte vom Ausgang des 18. Jahrhunderts bis zur Machtergreifung der Nationalsozialisten waren geprägt von einem friedlichen und einvernehmlichen Zusammenleben von Deutschen christlicher und jüdischer Konfession. Die Aufklärung hatte die Grundlagen der jüdischen Emanzipation geschaffen, mit dem Gedankengut der französischen Revolution hatte sie sich in ganz Europa ausgebreitet. Tatsächlich reduzierte sich Judentum im allgemeinen Verständnis auf die konfessionelle Seite. Juden fühlten sich natürlich als Deutsche, leisteten ihren Beitrag für die Einheit der Nation und kämpften in den Kriegen für das Land, das sie als ihr Vaterland verstanden.

Juden stellten einen nicht unbeträchtlichen Teil der geistigen, kulturellen und wissenschaftlichen Elite. Sie leisteten ihren Beitrag zum Funktionieren von Staat und Gesellschaft, sowohl in den städtischen Zentren als auch auf dem Lande. Auch im ländlich geprägten Nordhessen gab es dieses freundschaftliche und nachbarliche Zusammenleben, und das Kaddisch wurde ebenso selbstverständlich gebetet wie das „Vater unser".

Aus heutiger Sicht ist es unbegreiflich, wie es möglich war, diese friedliche Koexistenz binnen kürzester Zeit in Misstrauen, Feindschaft oder, was vielleicht noch schlimmer war, in Gleichgültigkeit und Ignoranz zu verkehren. Wie konnte es geschehen, dass Nachbarn und sogar Freunde wegschauten, als Juden gedemütigt, entrechtet und schließlich verschleppt wurden?

Lange ist über diesen Teil unserer Geschichte geschwiegen worden, bis vor einigen Jahren zumeist junge Menschen begannen, wieder Fragen zu stellen. Gerade noch rechtzeitig, denn so konnten sie noch mit Vertretern der Erlebnisgeneration sprechen und sich ein authentisches Bild formen. Nach und nach wurden Spuren jüdischen Lebens in der Region zusammengetragen und zu einem Mosaik zusammengefügt. Im vergangenen Jahr erinnerten eine Ausstellung in der Synagoge Vöhl und eine Gedenkveranstaltung in Volkmarsen daran, dass sich die Deportation der nordhessischen Juden zum 70. Mal jährte. Der Leidensweg dieser Menschen wurde nachgezeichnet, die Opfer erhielten wieder Namen und Gesicht.

Viele Menschen haben die Ausstellung gesehen, sie waren bewegt und erschüttert und nahmen über die zeitliche Distanz von sieben Jahrzehnten hinweg Anteil am Schicksal der ehemaligen jüdischen Mitbürgerinnen und Mitbürger. Diese wurden dadurch dem Vergessen entrissen und wieder zum Bestandteil unserer Erinnerung. Damit war die Absicht der Täter von damals, alle Spuren jüdischer Existenz zu vernichten, endgültig gescheitert. Der Erinnerungsarbeit, dem Gedenken, der Würdigung, aber vor allem dem Lernen aus der Vergangenheit soll das vorliegende Buch dienen.

Ich danke allen, die Ideen und Beiträge zu diesem Band geliefert sowie seine Publikation ermöglicht haben. Sie haben mitgeholfen, Licht in ein dunkles Kapitel unserer eigenen Geschichte zu bringen und damit Erkenntnisse zu bewahren, die dabei helfen können, ähnliche Entwicklungen in Zukunft rechtzeitig zu verhindern.

Dr. Reinhard Kubat

Landrat des Landkreises Waldeck-Frankenberg

Vorwort

von Bürgermeister Klaus Friedrich

Im Herbst des Jahres 2013 – 75 Jahre nach den Ereignissen der Pogromnacht – erscheint diese Publikation, die an die Deportation der Juden aus dem Gebiet des heutigen Landkreises Waldeck-Frankenberg erinnert. In der langen Reihe der Akte der Entwürdigung und Ausgrenzung der Juden führt von der Nacht des 9. November 1938 ein direkter Weg zu ihrer Verschleppung, Deportation und Ermordung.

In Korbach, in den Altkreisen Waldeck und Frankenberg und in ganz Deutschland wurde in jener Nacht in erschreckender Weise deutlich, dass Juden nun in jeglicher Hinsicht schutzlos waren. Nicht nur der NS-Staat und seine Organisationen standen Juden feindlich gegenüber; auch die meisten Menschen in den Städten und Dörfern – Nachbarn, frühere Mitschüler, Kunden oder Vereinsmitglieder – schauten ohne Einzugreifen zu, wie ein Teil der städtischen oder dörflichen Gemeinschaft gedemütigt, verfolgt, geschädigt und misshandelt wurde. Einige beteiligten sich aktiv an diesen Verbrechen, manche äußerten ihre Zustimmung, viele schauten weg, die wenigsten verweigerten sich, äußerten ihre Abscheu oder standen den Bedrängten – offen oder heimlich – zur Seite.

Dieses Zu- oder Wegschauen und das spätere Nichtwissenwollen eines Großteils der Bevölkerung hatte nicht erst 1938 begonnen; aber spätestens jetzt wurde offenkundig, dass diejenigen, die in bewusster Täterschaft die Deportationen und Ermordung der Juden betrieben, diese Verbrechen ohne großen Widerstand würden begehen können.

Nach dem Kriegsende und nach der Befreiung vom Nationalsozialismus 1945 erwuchsen aus der Erinnerung, damals – sei es wohlwollend, sei es ohnmächtig – zugeschaut zu haben, Schuld- und Schamgefühle, die wiederum nach Verdrängen und Vergessen, nicht aber nach der Frage und dem Eingeständnis der eigenen Verantwortung und Schuld verlangten.

75 Jahre nach der Pogromnacht ist es nicht zu spät, an die Juden in den Städten und Dörfern unserer Region zu erinnern und davon zu berichten, dass Juden jahrhundertelang selbstverständlicher Teil der Gesellschaft waren, und zu beschreiben, wie dieser Teil unserer Gesellschaft

in 12 Jahren nationalsozialistischer Herrschaft ausgegrenzt und gedemütigt und nicht nur in seiner konfessionellen, kulturellen und wirtschaftlichen, sondern auch in seiner menschlichen Existenz ausgelöscht wurde.

Mein Dank gilt den Autoren und Herausgebern dieser Publikation für ihre historische und regionale Spurensuche, die dazu führt, dass die Erinnerung an den jüdischen Teil unserer Gesellschaft bewahrt bleibt. Der vollkommenen Auslöschung steht so das Erinnern und Gedenken entgegen – und die Verpflichtung, sich jeglicher Form der Diskriminierung in der Gegenwart zu widersetzen und auch 75 Jahre nach der Pogromnacht daran zu erinnern, dass Diskriminierung immer mit Wegschauen und Nichtwissenwollen beginnt.

Klaus Friedrich

Bürgermeister der Kreis- und Hansestadt Korbach

Zu diesem Buch

Die Idee zu einem Buch über die Deportationen der Juden aus dem Waldecker und Frankenberger Land entstand 2012. Dem Vöhler Aufruf zur Planung und Ausrichtung einer Gedenkfeier zum 70. Jahrestag der Deportation von 508 Juden vom Kasseler Hauptbahnhof nach Sobibor und Majdanek war eine große Zahl von Frauen und Männern aus dem Landkreis Waldeck-Frankenberg gefolgt. Jules Schelvis, niederländischer Überlebender des Vernichtungslagers Sobibor und vieler anderer Lager, wurde eingeladen und sprach auf einer bewegenden Gedenkfeier, die durch Ansprachen von Dr. Susanne Urban vom Internationalen Suchdienst in Bad Arolsen und Landrat Dr. Reinhard Kubat eindrucksvoll bereichert wurde. Ein Weg in Vöhl wurde nach Günter Sternberg benannt, der als Zehnjähriger den Weg nach Sobibor hatte antreten müssen. Eine Ausstellung erinnerte beispielhaft an die Opfer jener Deportation und stellte das Lager Sobibor vor.

In diesem Zusammenhang entstand die Überlegung, ob nicht ein Buch über jenen Judentransport die Ausstellung illustrieren und ergänzen könne. Allerdings wurde schnell deutlich, dass dies nicht in kurzer Zeit zu realisieren war. Zudem sollte das Vorhaben auch inhaltlich erweitert und auf alle drei Deportationen mit dem Startort Kassel bezogen werden:

Am 9. Dezember 1941 brachte ein Personenzug dritter Klasse 1.034 Juden aus dem Regierungsbezirk Kassel in die lettische Hauptstadt Riga. Am 1. Juni 1942 wurden 508 nordhessische Juden und eine ungefähr gleich große Anzahl aus den Bezirken Halle-Merseburg und Chemnitz in die Lager Sobibor und Majdanek deportiert. Am 7. September 1942 folgte ein Zug mit 755 Jüdinnen und Juden aus unserer Region, dem in Chemnitz weitere 89 Menschen zustiegen; Ziel dieses letzten Transports aus Kassel war das böhmische Ghetto Theresienstadt.

Dies ist ein Waldeck-Frankenberger Buch: Autorinnen und Autoren aus dem ganzen Kreisgebiet beschreiben darin die Lebenswege und Schicksale von Menschen aus Gemeinden der Region, sie beschreiben dabei auch - exemplarisch -, wie sich der Antisemitismus in unseren Dörfern und Kleinstädten bis hin zur Deportation entwickelte. Da das zum Landkreis Marburg-Biedenkopf gehörige Oberasphe bis zur Gebietsreform Anfang der 1970er Jahre Teil des Altkreises Frankenberg war, hatten Lokalhistoriker darum gebeten, im Arbeitskreis mitarbeiten zu dürfen. Auch für den ehemals waldeckischen Ort Züschen wurde ein Aufsatz über das dortige Pfarrer-Ehepaar ergänzt, das in jener Zeit Widerstand leistete. Aus einigen Orten mit jüdischen Gemeinden fehlen aber leider auch Opferbiographien, da sich aus diesen Orten niemand zur Mitarbeit bereit fand.

Exemplarisch ist die Auswahl der in diesem Buch vorgestellten Personen. Mehr als 170 Frauen und Männer aus Gemeinden unseres heutigen Landkreises wurden von Kassel nach Riga, Sobibor, Majdanek und Theresienstadt deportiert. Sie können hier nicht alle ausführlich vorgestellt werden. Das immer noch nicht vollständige Verzeichnis von Holocaust-Opfern aus unseren Städten und Gemeinden umfasst inzwischen mehr als 800 Namen; die meisten hatten ihre Heimatorte bereits vor den Deportationen verlassen müssen und wurden von ihren neuen Wohnorten, auch aus den von deutschen Truppen eroberten westeuropäischen Staaten, in die Todeslager des europäischen Ostens gebracht. Sie alle werden im Anhang dieses Buches genannt. Für dieses Opferverzeichnis, aber auch für die Darstellung der Opferschicksale gilt: Wir sind dankbar für Ergänzungen und Korrekturen! Die Leserinnen und Leser dürfen sich damit gern an die jeweiligen Autoren bzw. die Herausgeber wenden.

Vorgestellt werden auch die Lager an den Zielorten: Riga, wo neben dem jüdischen Ghetto die Lager im Jungfernhof und in Salaspils schon sehr früh erste Station der Juden aus dem Deutschen Reich waren, bevor insbesondere das Konzentrationslager Kaiserwald, aber auch viele kleine Arbeitslager genutzt wurden; Sobibor, das von vornherein als reines Vernichtungslager eingerichtet wurde und eineinhalb Jahre als grauenvolles Todeslager diente, und Theresienstadt, wo eine ganze Stadt zu einem einzigen Lager wurde, das aber vor allem auch Durchgangsstation in die Vernichtungslager von Auschwitz-Birkenau und Treblinka war.

Neben den Lokalhistorikern, die über die auch jüdische Geschichte ihrer Heimatorte berichten und Schicksale jüdischer Familien aus Waldeck-Frankenberg darstellen, vermochten wir Fachleute für die Mitarbeit zu gewinnen. Den ortsbezogenen Beiträgen konnten daher einführende thematische Aufsätze zu den Deportationen, ihren Voraussetzungen und Abläufen sowie zur Arbeit des Internationalen Suchdienstes in

Bad Arolsen und des Fritz Bauer Instituts Frankfurt/M. vorangestellt werden.

Der Landkreis Waldeck-Frankenberg, der Waldeckische Geschichtsverein als Gesamtverein und mit seiner Bezirksgruppe Korbach sowie der Zweigverein Frankenberg im Verein für Hessische Geschichte und Landeskunde haben durch ihre finanzielle Unterstützung die Herausgabe dieses Buches ermöglicht.

Die Herausgeber

Marion Lilienthal - Karl-Heinz Stadtler - Wilhelm Völcker-Janssen

Deportationen als Matrix Nazi-Deutschlands[1]

von Susanne Urban[2]

Vorbemerkung

Es war bewegend, anlässlich dieser Veranstaltung in Vöhl den Überlebenden Jules Schelvis wiederzutreffen, dem ich erstmals 2008 in Neustrelitz während der Summerschool am dortigen Gymnasium Carolinum begegnet war. Ich wandte mich an Jules Schelvis und seine Begleiterin Rozette Kaz, um auch zu unterstreichen, dass ausschließlich Überlebende erinnern können, Nachgeborene aber oder insbesondere jene, deren Familien nicht betroffen waren von der nationalsozialistischen Verfolgung und der Shoah, gedenken. Es gibt die Zeugen der Geschehnisse und die anderen, die auf Überlieferungen, Wissen, Quellen und die Erinnerungen der Zeitzeugen zurückgreifen.
A survivor returns to Poland with a group of students on an educational trip to study the Holocaust. As they pass through the entrance to Auschwitz-Birkenau, one of the students remarks: "So, we are entering Auschwitz." "No you are not", replied the survivor. "You will never enter Auschwitz." He paused, then added: "And I will never leave."[3]
Desgleichen gilt für Sobibor und all die anderen Orte.

Welcher Ereignisse wurde in Vöhl im Juni 2012 gedacht? Zunächst einmal, sehr faktenorientiert, an die zweite Deportation der Juden aus Kassel und Umgebung. Am 1. Juni 1942 wurden insgesamt 508 Juden verschleppt. Sie erreichten am 3. Juni 1942 ihre Zielorte - Majdanek und Sobibor. Was aber verbirgt sich hinter diesen Orten und was geschieht, wenn wir diese in unser Gedächtnis rufen? Es erscheinen weitere Orte, die auf Grund der Verbrechen Deutscher und ihrer Helfer eine Konnotation besitzen, die, ebenso wie das Verbrechen, paradigmatisch ist: Auschwitz - Chelmno - Riga Kaiserwald - Salaspils - Ghetto Kovno -

---

[1] Überarbeiteter Text des Vortrags vom 3. Juni 2012 in der ehemaligen Synagoge Vöhl zur Erinnerung an den 70. Jahrestag der Deportation nach Lublin. Dieser Text ist keine wissenschaftliche Abhandlung mit einem umfassenden Anmerkungsapparat, weil er auf einem Vortrag beruht und daher auch diesen Charakter bewahren sollte. Anreden und persönliche Anmerkungen wurden ediert.

[2] Seit Mai 2009 Bereichsleiterin Forschung und Bildung im International Tracing Service; vorher Mitarbeiterin in Yad Vashem/Jerusalem.

[3] http://motl.org/?p=1327 (letzter Zugriff: 12.2.2013).

Ghetto Warschau - Ponary - Babi Yar - Mauthausen - Gurs - Drancy oder Westerbork. Hunderte weitere solcher Orte und Ortsnamen könnten genannt werden.

Der ideologische Ursprung der Shoah lag, ebenso wie ihr Beginn, in Deutschland. Die Dimension der Shoah war, wie die Orte, die Opfer und die Überlebenden, europäisch - und die Auswirkungen global. Vor dem Massenmord an den Juden Europas herrschte Ausgrenzung, Isolation, Enteignung, das Verdrängen von Menschen in die Emigration oder auch in den Selbstmord. Nach der Befreiung irrten die wenigen jüdischen Überlebenden durch Länder, die nicht mehr ihre Heimat waren, strandeten in den alliierten Camps für Displaced Persons, sehnten sich danach, ein neues Leben aufzubauen und gründeten neue Familien - bloß in Europa wollten die wenigsten bleiben. Europa oder gar Deutschland war nurmehr ein Transitraum.

Wie sind solche Ereignisse in eine Chronologie zu fassen? Sind die Deportationen aus Kassel das einzige Ereignis, dessen wir uns heute erinnern? Was ging den Deportationen voraus, was geschah mit den Menschen und was geschah während der letzten Deportationen - den Todesmärschen?

Deportationen nahmen in der Matrix des nationalsozialistischen Deutschlands ab Herbst 1938 einen immer zentraleren Platz ein. Waren zunächst Juden betroffen, trafen die massenweisen Verschleppungen später auch Sinti und Roma, Zwangsarbeiter, aus politischen und weltanschaulichen Gründen Deportierte aus beispielsweise der zerschlagenen Tschechoslowakei, aus Frankreich, den Niederlanden, Luxemburg, Polen. Mit der räumlichen Ausdehnung des okkupatorischen Deutschlands erweiterte sich der Radius der Deportationen in den Tod, in die Zwangsarbeit und in die verschiedensten Lager. So war neben z.B. der Sowjetunion und den Ländern in Südosteuropa auch Nordafrika betroffen. Die letzten Deportationen betrafen all jene Häftlinge, die bei der Räumung der Konzentrationslager ab Herbst 1944 auf Grund des Vormarschs der Alliierten Richtung Reich und in die dort gelegenen Haftstätten getrieben wurden.[4]

[4] Vgl. das erste wissenschaftliche Jahrbuch des ITS: Freilegungen. Auf den Spuren der Todesmärsche, hrsg. von Jean-Luc Blondel, Susanne Urban und Sebastian Schönemann, (Jahrbuch des ITS 1), Göttingen 2012.

Seitens der deutschen Bürokratie und all ihren individuellen wie institutionellen Mitwirkenden wurde insbesondere mit Blick auf die Deportationen sehr genau auf die Sprache geachtet: es wurde nicht deportiert, sondern *evakuiert, abbefördert, aus- oder umgesiedelt und zur Abwanderung gebracht.*

Am 5. Mai 1942 hieß es in diesem Zusammenhang in einem im ITS verwahrten Schreiben der Stapo Düsseldorf an Polizei, Landräte und Oberbürgermeister: „Das Reichssicherheitshauptamt in Berlin hat angeordnet, dass bei der Abmeldung von Juden nach dem Osten in den Melderegistern nicht der Zielort, sondern der Vermerk ‚unbekannt verzogen' bezw. ‚ausgewandert' aufgenommen werden soll."[5] Deportationen führten in der Amtssprache nicht an einen Ort - Riga, Sobibor, Auschwitz oder Theresienstadt -, sondern die Menschen „verzogen nach unbekannt". Die Menschen fuhren nach dem Plan der deutschen Administration ins Nirgendwo und hatten dort auch als Ermordete keine Gräber mehr; vielmehr wurden sie zu Asche oder man verscharrte sie in Massengräbern - um sie dann, beim Heranrücken der Alliierten, von Sonderkommandos wieder ausgraben und ihre Überreste verbrennen zu lassen. Es ging im Plan der „Endlösung" nicht allein um physischen Mord. Es war eine absolute Auslöschung, ein Gedächtnismord, Mnemozid. Diese Auslöschung der Individuen begann bereits in deren einstigem Heimatland - indem sie ein Strich auf einer Strichliste vor Abfahrt der Deportationszüge wurden und sie als Transportnummer „XX" nach „unbekannt" verzogen.

Die ersten Massendeportationen von Juden aus Deutschland fanden bereits am 28. Oktober 1938 statt. Damals wurden zwischen 15.000 und 17.000 Juden polnischer Staatsangehörigkeit aus Deutschland und Österreich nach Polen ausgewiesen. Anlass für die so genannte „Polenaktion" war ein am 26. Oktober von Himmler verhängtes Aufenthaltsverbot für Juden polnischer Staatsangehörigkeit. Dem war eine Verordnung des polnischen Innenministeriums vorangegangen, wonach jeder polnische Staatsbürger, der länger als fünf Jahre im Ausland lebte, die Staatsangehörigkeit verlor, wenn er nicht binnen zwei Wochen nach Polen zurückkehrte und dort den Pass verlängern ließ. Eine Einreise nach Polen war aber nur durch einen Vermerk des polnischen Konsulats möglich. Deutschland forderte Polen am 26. Oktober 1938

---

[5] 1.2.3.0, Dokument-ID 82164626, ITS Digitales Archiv.

ergebnislos auf, die Inhaber polnischer Pässe auch ohne Vermerk einreisen zu lassen. Um zu verhindern, dass weiterhin Tausende Juden polnischer Herkunft in Deutschland blieben, wurde dementsprechend die unverzügliche Ausweisung der betroffenen Gruppe beschlossen. Den von der Abschiebung völlig überraschten Menschen wurde gestattet, zehn Mark pro Person mitzunehmen. Wertsachen durften sie nicht einpacken, auch war es nicht möglich, Wohnungen und Betriebe abzuwickeln. Die solchermaßen überrumpelten Juden konnten ihr Zuhause noch abschließen - mehr nicht. Bei Zbaszyn, einer polnischen Kleinstadt unmittelbar hinter der damaligen Ostgrenze Deutschlands, wurden die Menschen zum illegalen Grenzübertritt nach Polen gezwungen. Soldaten mit Gewehr im Anschlag bedrohten sie und prügelten sie notfalls hinüber.

Unter den nach Zbaszyn Deportierten war nicht nur die Familie Grynszpan aus Hannover. Sondern auch die Familie Lis, der 1923 in Gleiwitz geborene David und seine Eltern, polnische Staatsangehörige, die in Gleiwitz eine große Schneiderei hatten. David Lis erinnerte sich 1942 in Nordirland, wohin er mit einem Kindertransport 1939 gelangt war, an die Abschiebung:

„Die polnischen Juden in unserer Stadt wurden gegen Mittag in Polizeiautos gepackt (ich erinnere mich noch, dass die Gestapo uns zwei Stunden Zeit zum Packen ließ) und bis Mitternacht im Polizeigefängnis festgehalten. Zu dem Zeitpunkt wurden wir in anderen geschlossenen Autos zusammengepfercht, die so überfüllt waren, dass wir kaum atmen konnten. Die Autos oder vielmehr Lastwagen waren voll beladen, weit über ihr normales Fassungsvermögen hinaus, und außerdem waren da auch noch unsere Taschen. Meine Mutter weinte damals viel, aber ich habe sie ein wenig getröstet. Nach einer Fahrt von etwa 20 Minuten wurden wir „ausgeladen" und mussten uns in Reih und Glied vor dem Obersten der Polizei aufstellen, der uns sagte, welchen Weg wir nach Polen nehmen müssten. Er sagte uns auch, dass jeder, der den Versuch machen würde, zurückzukommen, ganz sicher in ein KZ kommt und vielleicht sogar erschossen würde. Ehe wir die Autos um Mitternacht bestiegen, hatte sich dasselbe im Polizeigefängnis abgespielt, nur dass der Offizier dort ein wenig eloquenter war und meinte: ‚Jetzt kannst Du Schwein da, wo Du hingehörst, in Polen, ein neues Leben anfangen und da andere Leute übers Ohr hauen.' Als sich daraufhin Gemurmel erhob, rief er ,Haltet Eure Klappen'. Wir waren klug genug, sie zu halten. Er hatte seinen Revolver an seiner Körperseite festgebunden, und er sah so aus, als ob er jeden Augenblick losgehen könnte. [...] Inzwischen musste es um sechs Uhr morgens herum sein. Einige von den Kindern, aus armer Familie und ziemlich unterernährt, begannen zu husten."[6]

David Lis schrieb dies, während sich seine Eltern im Warschauer Ghetto befanden. Er hatte schon viele Monate keine Nachricht mehr von ihnen erhalten. Die Spuren seiner Mutter verloren sich im Warschauer Ghetto. Moses Lis, Davids Vater, gelangte 1944 über Groß-Rosen nach Flossenbürg, weiter nach Buchenwald, dort ins Außenlager Ohrdruf. Von dort wurde er wieder nach Flossenbürg verschleppt - er war auf immer neue Todesmärsche gezwungen worden. Den letzten dieser Räumungstransporte überlebte er nicht, sondern wurde im April 1945 bei Taxöldern erschossen. Diese Spuren von Moses Lis sind in den Dokumenten des ITS zu finden - ein Echo der Deportationen und massiven Menschenverschiebungen des nationalsozialistischen Deutschlands seit 1938.

Die aus Deutschland und Österreich im Oktober 1938 ausgewiesenen Juden wurden zunächst in verlassenen Kasernen und auf dem Gelände einer alten Mühle untergebracht. Es dauerte Tage, bis jüdische Organisationen zu den Menschen durchkamen und sie notdürftig versorgen konnten. Nach und nach wurden sie in verschiedenen polnischen Städten aufgenommen und von den jüdischen Gemeinden oder Verwandten unterstützt.

Das Attentat Herschel Grynszpans - dessen Familie sich unter den nach Zbaszyn Deportierten befand - auf den deutschen Botschaftsangestellten Ernst vom Rath in Paris wurde schließlich zum vorgeschobenen Anlass für die Organisation des Novemberpogroms 1938. Auch diesem durchaus schon länger geplanten Pogrom folgten Deportationen. SS und Gestapo organisierten die Verschleppung von 26.000 bis 30.000 Männern und männlicher Jugendlicher in die Konzentrationslager Buchenwald, Dachau und Sachsenhausen. Eine große Anzahl Inhaftierter - so genannter „Aktionsjuden" - kam frei, weil sie sich verpflichteten, binnen kürzester Zeit auszuwandern.

---

[6] Zitat aus dem Tagebuch des Davis Lis, geführt ab 1942, dem ITS für die pädagogische Arbeit von der Witwe und der Tochter von David Lis überlassen.

In den Beständen des ITS sind aus Kassel auf einer Liste vom 10. November 1938 durch die Stapo Kassel 332 Personen (und weitere 25 in zwei Anhängen) verzeichnet, die als „Aktionsjuden" zur Deportation vorgesehen waren.[7] Auf dieser Liste steht auch Bruno Fröhlich, geboren 1875 in Kassel. Ein Dokument aus dem KZ Buchenwald besagt, dass durch seine Frau Käthe Fröhlich am 18. November 1938 insgesamt 12 Reichsmark per telegrafischer Anweisung eingegangen seien.[8] Laut Verordnung vom 17. August 1938 zu den Zwangsvornamen für Juden wurde er als Bruno *Israel* Fröhlich registriert. Am 26. November 1938 konnte er das KZ Buchenwald verlassen. Das Ehepaar Fröhlich lebte zuletzt in Kassel unter der Adresse „Terrasse 16". Am 29. Dezember 1941 wurde Bruno Fröhlich erneut verhaftet, diesmal durch die Stapo Kassel. Haftgrund laut amtlicher Unterlagen: Heimtücke.[9] Was verbirgt sich dahinter? Versuchte Bruno Fröhlich, der Deportation zu entgehen? Versuchte er, trotz der Ende November 1941 erlassenen „Verordnung über die Verfügungsbeschränkungen über das bewegliche Vermögen der Juden", sein restliches Hab und Gut in Sicherheit zu bringen? „Sollten Juden ohne die notwendige Erlaubnis weiterhin Verfügungen treffen, so wird gegen sie mit Schutzhaft unter gleichzeitiger Beschlagnahme ihres gesamten Vermögens mit dem Ziele der Einziehung eingeschritten werden."[10]

Bruno Fröhlich jedenfalls kam nach der Haft bei der Gestapo Kassel am 13. März 1942 erneut ins KZ Buchenwald. Die Häftlingsregistrierung berichtet in dürren Worten davon, dass der ehemalige Kaufmann bereits Rentner war. Fröhlich war zum katholischen Glauben übergetreten, wurde aber per NS-Ideologie nun wieder zum Juden gemacht. Er hatte zwei Kinder. Als Häftling wurde er - obgleich als katholisch eingeordnet - als „politischer Jude" bezeichnet. Hierbei stand „Jude" nochmals separat auf der Registratur, rot unterstrichen. Als nächste Angehörige war seine Frau Käthe genannt, deren Adresse mit „zurzeit Ravensbrück, Konzentrationslager" angegeben wurde. Ihr Vorname hier: Kathinka.[11] Die Effektenkarte des Bruno Fröhlich aus Buchenwald

---

[7] 1.1.5.1, Dokument-ID 5290593, ITS Digitales Archiv.

[8] 1.1.5.3, Dokument-ID 5899287, ITS Digitales Archiv.

[9] 1.1.5.3, Dokument-ID 5899280, ITS Digitales Archiv.

[10] Jüdisches Nachrichtenblatt, 25.11.1941, Titelseite.

[11] 1.1.5.3, Dokument-ID 5899281, ITS Digitales Archiv.

verzeichnet wenige Habseligkeiten, nichts weiter als Kleidung.[12] Am 14. April 1942 verstarb der 67-Jährige angeblich an Herzinsuffizienz. Dies verzeichnet auch eine Karteikarte der Reichsvereinigung der Juden.[13]

Was wir von diesen offiziellen deutschen Dokumenten und ihren Angaben zu halten haben, wissen wir - diese Dokumente verschleierten, logen, beschönigten und auch heute muss man sie genau lesen und kontextualisieren, denn sie berichten nichts von dem, was den Menschen wirklich widerfuhr.

Die Kleidungsstücke der Verstorbenen wurden entweder an die Wohlfahrt gegeben oder vernichtet. In Buchenwald wurde auf die Rückseite der Effektenkarte notiert: „Das Nachlasspaket wurde aufgelöst, da Angehörige nicht ermittelt werden konnten und die Sachen nur geringen Wert hatten."[14] Die 1888 geborene Käthe Fröhlich verstarb am 14. Mai 1942 in Ravensbrück. Sie war bereits im Mai 1940 verhaftet worden und im KZ Breitenau inhaftiert gewesen. Von dort aus wurde sie ein Jahr später ins KZ Ravensbrück verschleppt.[15] Wiederum ein Jahr später war sie tot. Auch für sie wurde diese Angabe auf einer Karteikarte der Reichsvereinigung der Juden notiert.[16]

Auf der Liste der Stapo Kassel vom 10. November 1938 mit den mehr als 300 männlichen Personen waren 46 Personen mit lilafarbenem Stift ausgestrichen worden. Einer von ihnen war Josef Spiro. Der 1885 im polnischen Lodz geborene Spiro wurde zwar nicht während der Pogrome, aber später ins KZ Buchenwald deportiert.[17] Verhaftet wurde er von der Stapo Kassel am 3. Oktober 1939 und zwar im Rahmen der zweiten „Polenaktion".

Trotz der Ausweisung der polnisch-jüdischen Staatsangehörigen aus Deutschland im Oktober 1938 lebten noch immer ca. 5.900 von ihnen in Deutschland. Auf amtliche Anordnung sollten diese polnischen Juden bis zum 31. Juli 1939 das deutsche Reichsgebiet verlassen. Nach Beginn des Zweiten Weltkriegs am 1. September 1939 wurden ab dem

[12] 1.1.5.3, Dokument-ID 5899282, ITS Digitales Archiv.

[13] 1.2.4.1, Dokument-ID 12654335, ITS Digitales Archiv.

[14] 1.1.5.3, Dokument-ID 5899282, ITS Digitales Archiv.

[15] 6.3.3.2, Dokument-ID 103202969, ITS Digitales Archiv.

[16] 1.2.4.1, Dokument-ID 12654342, ITS Digitales Archiv.

[17] 1.1.5.3, Dokument-ID 7167502 ff., ITS Digitales Archiv.

7. September alle zu diesem Zeitpunkt noch in Deutschland lebenden männlichen polnischen Juden in den KZs Sachsenhausen und Buchenwald inhaftiert. Es handelte sich um 2.000 bis 3.000 Menschen. Viele starben binnen kurzem an Misshandlungen. Ihre Frauen und Kinder blieben völlig mittellos zurück.

Der 1885 geborene Josef Spiro war einer von ihnen. Geboren in Lodz, verzeichneten die Unterlagen des KZ Buchenwald diesen Ort bereits mit eingedeutschtem Ortsnamen als Litzmannstadt. Er hatte mit seiner Frau Helene in Kassel zuletzt in der „Tränkepforte " gewohnt. Der Weber wurde als staatenlos und zugleich als Pole geführt.[18] Seine Effektenkarte ähnelt der des Bruno Fröhlich - eingeliefert wurde er mit dem Wenigen, was er am Leibe trug, außerdem noch mit einer Uhr an einer Silberkette. Aus seinen Unterlagen wird ersichtlich: Der 54-Jährige musste u.a. im Steinbruch im so genannten Judenkommando I Zwangsarbeit leisten. Seine Frau Helene versuchte alles, um ihren Mann aus dem KZ herauszubekommen, denn eine Möglichkeit gab es noch: Damals konnte man mit einem Schreiben, mit dem man sich verpflichtete, binnen 24 Stunden Deutschland zu verlassen, Menschen aus den Lagern herausholen. Die Dokumente dafür gab es bei der Reichsvereinigung der Juden und beim Palästina-Amt.

Als die Reichsvereinigung im Falle der polnischen Juden nur sehr zögerlich agierte, setzte sich Recha Freier, eine in der Kinderauswanderung aktive Zionistin, für sie ein. In der Schweiz wurde durch zionistische Büros Geld gesammelt, um Schiffe anzuheuern, denn die aus den KZs Entlassenen sollten in Triest auf Schiffe Richtung Palästina gehen. Maayan Landau, die Tochter Recha Freiers, erinnerte sich: „Meine Mutter nahm ohne Erlaubnis der Reichsvereinigung insgesamt rund 100 der Ausweise mit der Verpflichtungserklärung, binnen 24 Stunden auszuwandern. Die Leute kamen wirklich frei. Als die Mitglieder der Reichsvereinigung das merkten - allen voran Rabbiner Leo Baeck und Paul Eppstein -, haben sie fortan jede Verantwortung für ihr Handeln und die Aktion abgelehnt. Meine Mutter wurde von allen Ämtern suspendiert."[19] Doch leider waren die 100 Zertifikate, die Recha Freier entwendet hatte, nicht genug.

---

[18] 1.1.5.3, Dokument-ID 7167503, ITS Digitales Archiv.

[19] Interview Susanne Urban mit Maayan Landau, Jerusalem 2002.

Helene Spiro hatte genau auf diesen Weg der Auswanderung gehofft und schrieb am 14. November 1939 aus Kassel an „die Kommandantur des Konzentrationslagers Buchenwald bei Weimar“: „Ich bitte ganz ergebenst[,] meinen Ehemann Schutzhäftling Josef Spiro aus Kassel, geboren 15. März 1885, Block 23, Nummer 7833[,] vorzuladen und ihn zu veranlassen[,] einen Pass zwecks Auswanderung zu beantragen. Ich bitte daher[,] mir diese Anträge zuzusenden, damit die hiesige Polizei den Pass fertigstellen kann. Zwei Passbilder füge ich bei. Ich wäre sehr dankbar, wenn diese Bitte rasch möglichst gewährt würde.“[20] Doch Spiro kam nicht frei. Am 6. Juli 1942 wurde er in das KZ Dachau überstellt. Am 10. November 1942 verstarb Spiro in Dachau, angeblich an „Versagen von Kreislauf und Herz bei Herzmuskelentartung“. Auch hier war die Reichsvereinigung wieder informiert.[21]

Ich möchte noch einmal zurückgehen in den November 1938, denn Deportationen bargen in sich eine weitere Matrix: Die des großen Raubzugs Deutschlands durch Europa. Nach dem Pogrom und massiv ab dem 12. November ergingen verschiedene Verordnungen, darunter der Erlass, dass Juden für die materiellen Schäden der Pogrome aufkommen mussten und zur Zahlung von 1 Milliarde Reichsmark als „Sühneleistung“ verpflichtet wurden. Außerdem wurden jüdische Kinder von öffentlichen Schulen gewiesen, jüdische Organisationen aufgelöst, die jüdische Presse und Verlage liquidiert. Es kam unter anderem zur Einschränkung des Wohnrechts und der Bewegungsfreiheit und dem Zwangsverkauf jüdischen Eigentums sowie zur Beschränkung der Verfügungsrechte über finanzielle und andere Werte wie z.B. Kunst. Die bereits 1936 zunehmende „Arisierung“ eskalierte und wurde zur konsequenten wirtschaftlichen Ausplünderung. Der Beutezug Deutschlands erhielt einen legalen Anstrich, und es konnte nun wirklich jeder - vom Privatmann bis zum Museumsdirektor - davon profitieren.

1942, die Juden waren bereits enteignet, wurde ihr restliches Hab und Gut, das sie zurückließen, versteigert oder an das Deutsche Rote Kreuz und die Wohlfahrt gegeben. Auch davon berichten uns die Dokumente im ITS. So schrieb ein DRK Feldführer der Kreisstelle Düsseldorf am 4. Mai 1942 bei der Gestapo Düsseldorf: „Die DRK-Kreisstelle bestätigt dankend den Erhalt der in der Anlage verzeichneten Nahrungsmittel,

---

[20] 1.1.5.3, Dokument-ID 7167501, ITS Digitales Archiv.

[21] 1.2.4.1, Dokument-ID 12675181, ITS Digitales Archiv.

Medikamente und sonstigen Gebrauchsgegenstände zur Verwendung im Soldatenheim, in der Truppenerfrischungs- und Verpflegungsstelle Hauptbahnhof und in den Düsseldorfer Reservelazaretten."[22] Der Dank umfasste u.a. Fieberthermometer, Einlegesohlen, Zahnpasta, Seife, Kartenspiele, viele Kilo Hülsenfrüchte und Nudeln oder Mehl, außerdem Tee, Kerzen, Handtücher und Schuhcreme. Alles Dinge, die die Menschen eingepackt hatten, um für die Reise mit unbekanntem Ziel gerüstet zu sein. Kranke hatten nun keine Medikamente, Frauen keine Binden, niemand irgendwelche Nahrungsmittel. Dieser Transport aus Düsseldorf verließ den Bahnhof Derendorf am 22. April. 1.051 Menschen wurden über eine Zwischenstation bei Lublin nach Sobibor deportiert.

Profiteure der umfassenden „Arisierung waren nicht nur die verschiedensten Institutionen und Unternehmen, sondern auch Millionen Deutsche aus allen Schichten und gesellschaftlichen Zusammenhängen. Aber auch Menschen in Polen oder Frankreich bereicherten sich am Hab und Gut der Verschleppten und Ermordeten - so gibt es Bilder von so genannten Volksdeutschen, die sich über Berge von Kleidung und Möbel hermachen, nachdem das Ghetto in Siedlce 1942 liquidiert worden war.[23]

In Deutschland fanden Versteigerungen des zurückgelassenen Eigentums Deportierter - Juden und später auch Sinti und Roma - öffentlich statt. In Kassel war es das Versteigerungshaus Krell, das sich als Mitglied der „Fachgruppe Versteigerer und Reichskammer der bildenden Künste der Reichskulturkammer" um diese Angelegenheiten kümmerte. Im November 1942 erschien eine Anzeige in der „Kurhessischen Landeszeitung", in der für den 30. November eine Versteigerung angekündigt wurde. Wohnungseinrichtungen, Koffer, Kleider, Porzellan, Glas usw. wurden unter den Hammer gebracht.[24]

Die Ersteigerung dieser Gegenstände, der schnäppchenorientierte Ankauf von Glas und Babysocken funktionierte auch deshalb, weil sich die Bieter sicher waren: Die Besitzer kommen nicht wieder und werden ihr Eigentum nicht zurückfordern. Ob Hanau, Kassel oder Hamburg

---

[22] 1.2.3.0, Dokument-ID 82164617 f., ITS Digitales Archiv.

[23] Datenbank von Yad Vashem, vgl. www.yadvashem.org (letzter Zugriff: 12.2.2013)

[24] Volksgemeinschaft und Volksfeinde. Kassel 1933-1945. Eine Dokumentation, hrsg. von Jörg Kammler/ Dietfrid Krause-Vilmar u.a.: Fuldabrück 1984, S. 271f.

- überall gab es diese Versteigerungen oder wurden Soldaten und Zivilpersonen durch das DRK und Kleiderkammern mit diesen Dingen versorgt. All diese Kleidung oder Möbel stammten, um dies nochmals zu unterstreichen, von Deportierten oder bereits Ermordeten. Die Kunst landete in Museen oder bei privaten Kunstsammlern. Möbel und Kisten mit Hausrat aus Paris - wie aus Dokumenten des ITS ersichtlich - wurden, da die Lagerräume, in denen sich die Gegenstände befanden, wieder gebraucht wurden und weder Ella Levy noch Ruth Beer weiterhin Lagerungskosten bezahlten, u.a. durch die Firma Schenker zur Versteigerung nach Deutschland gebracht.[25] Götz Aly ermittelte u.a., dass 1942/43 in Hamburg allein aus Holland 45 Schiffsladungen mit insgesamt 27.227 Tonnen „Judengut" gelöscht wurden und mehr als 100.000 Hamburger daraus etwas ersteigerten bzw. zugewiesen erhielten.[26]

Die Vermögen der Deportierten und Ermordeten - ob wenige Reichsmark oder Gulden oder auch Millionenvermögen - wurde ebenfalls eingezogen. Allein die so genannte „Sühneleistung der deutschen Juden" nach den Novemberpogromen 1938 brachte Deutschland 1,2 Milliarden Reichsmark ein. Hinzu kam die Enteignung - neben Konten und Aktien, Grundstücken auch von Lebensversicherungen - auf der Grundlage des Beschlusses der „Überführung des gesamten Grundstücks- und Effekten-Vermögens aus jüdischem Besitz in zunächst staatliche und später vielleicht private Hände". Dies betraf ca. sechs Milliarden Reichsmark. Die Vermögen von Juden in den von Deutschland besetzten Ländern wurden ebenfalls enteignet. Aus diesen Mitteln wurde teils der Sold an dort stationierte deutsche Soldaten und andere Einheiten - wie z.B. Einsatzgruppen - ausbezahlt, teils wurden die Besatzungskosten beglichen. Während der „Aktion Reinhardt", der Ermordung der Juden im Generalgouvernement zwischen Juli 1942 und November 1943, erbeutete Deutschland einer Bilanz zufolge unter Abzug aller Kosten: 178 Millionen 745 Tausend 960,59 RM[27] - und das betraf nur eine Mordaktion in einem Gebiet. All das geschah auch in allen anderen besetzten Staaten.

Götz Aly sagte dazu in einer Ansprache im Jahre 2002 in der Frankfurter Paulskirche zum Gedenken an das Novemberpogrom: „Alle Deutschen

---

[25] 1.2.7.18, Dokument-ID 82326893 bis 82326972, ITS Digitales Archiv.

[26] Götz Aly, Hitlers Volksstaat. Raub, Rassenkrieg und nationaler Sozialismus, Frankfurt am Main, 3. Auflage 2005, S. 154.

[27] 1.2.7.7, Dokument-ID 82187047 bis 82187074, ITS Digitales Archiv.

[…] profitierten […] vom Mord an den europäischen Juden. Politisch gesehen minderten die Enteignungsakte die Lasten des Krieges für jeden von ihnen. Das hob die Stimmung in Deutschland und stärkte das Massenvertrauen in die Staatsführung. Das jüdische Eigentum in Europa wurde zugunsten fast aller Deutschen sozialisiert. Am Ende hatte jeder Wehrmachtsoldat einen Bruchteil davon in seinem Geldbeutel, jede deutsche Familie Speisen auf ihrem Teller, Kleidungsstücke im Schrank, die zu einem gewissen Teil davon bezahlt worden waren."[28] Es stellt sich immer wieder die Frage: Woher stammen all die Erbstücke in Wohnungen hierzulande?

Auf Grund der Politik und der Ziele des nationalsozialistischen Deutschlands hatte eine funktionierende Infrastruktur, hatten Transportmittel und auch die Zwangsarbeit ab 1939 durch den Krieg Priorität. Doch die Rassenideologie und der Eifer, mit dem die „Endlösung der Judenfrage" entwickelt und dann vorangetrieben wurde, gewann über diese rationalen Bedürfnisse immer wieder die Oberhand. Juden wurden massenhaft, zu Tausenden am Tag, getötet und nicht als Zwangsarbeiter eingesetzt. Sowjetische Kriegsgefangene wurden zur Zwangsarbeit nach Deutschland gebracht und doch starb mehr als die Hälfte aller sowjetischen Kriegsgefangenen u.a. in den durch die Wehrmacht beaufsichtigten Lagern. Tausende Züge wurden auf der Basis ausgeklügelter Fahrpläne durch Europa geschickt, um Menschen in den Tod und andere wiederum in die Zwangsarbeit nach Deutschland zu verschleppen. Diese Züge und damit deren Verfügbarkeit als Massentransportmittel war logistische Voraussetzung für das angestrebte Gelingen der „Endlösung". Involviert in diese Deportationen waren, wie bei der Arisierung und dem Raubzug durch Europa, eine Vielzahl von Akteuren, u.a.: Angestellte im Reichsverkehrsministerium und bei der Deutschen Reichsbahn, die Gestapo und damit die Polizei, Zollbeamte, Gerichtsvollzieher, Amtsärzte, Verwaltungsbeamte, Fahrplanlogistiker, Wachpersonal, Wehrmacht, Elektrizitätswerke, die den Strom in den Wohnungen Deportierter abstellen mussten, oder auch Hausmeister.

Am 9. Dezember 1941 kam es zur ersten Deportation aus Kassel. 1024 Personen wurden nach Riga verschleppt, nur 100 überlebten. Am 1. Juni 1942 wurden 509 Menschen aus Kassel „nach dem Osten" mit Ziel

---

[28] http://www.zeit.de/2002/47/Enteignung/seite-5 (letzter Zugriff: 12.2.2013).

Lublin - und weiter nach Majdanek und nach Sobibor verschleppt. Der einzige Überlebende war ein Mann, der aus Majdanek entkommen konnte. Alle anderen wurden ermordet. Die dritte Deportation ging von Kassel ins Ghetto Theresienstadt und fuhr am 7. September 1942 ab. 755 Menschen befanden sich in diesem Zug - 70 überlebten. Dies sind die Daten. Meine geschätzte Kollegin Monica Kingreen hat in hervorragender Weise den Verlauf dieser Deportationen rekonstruiert. Ihre Forschungen dazu sind die Grundlage dieser Angaben.[29]

Die Fakten sind genannt - was aber geschah mit den Menschen? Sie haben es gehört - nur eine Handvoll dieser Ausgegrenzten, Enteigneten, Verschleppten, Gequälten überlebte. Die erste Deportation endete in Riga: Insgesamt wurden vom November 1941 bis zum Winter 1942 aus dem Gebiet des damaligen Deutschen Reiches in knapp 30 Transporten mehr als 25.000 jüdische Männer, Frauen, Kinder in den baltischen Raum und hier in erster Linie nach Riga deportiert. In Riga waren jedoch, wie die deutsche Verwaltung feststellte, keine Aufnahmemöglichkeiten vorhanden, sodass, um Raum zu schaffen, die Räumung des am 25. Oktober 1941 abgeriegelten Rigaer Ghettos bereits am 30. November beschlossen wurde. Der erste Transport aus Berlin nach Riga geriet am 30. November mitten in die Vorbereitung der Liquidation. So wurden die 730 Berliner Juden noch unmittelbar vor den lettischen Juden ermordet. Am 8. und 9. Dezember 1941 wurden schließlich 26.500 lettische Juden im Wald von Rumbula von SS und Polizei sowie lettischen Hilfswilligen ermordet. Die Deportierten auch aus Kassel oder Städten wie Düsseldorf, Münster und Bielefeld wurden in den Wohnungen der ermordeten lettischen Juden untergebracht. Es herrschte eine qualvolle Enge, und so wurden viele arbeitsfähige Männer nach Salaspils gebracht, wo sie bei eisiger Kälte zunächst ihre eigenen Unterkünfte und später das Lager aufbauen mussten.

Die zweite Liquidation des Ghettos Riga begann im Sommer 1943. Die als arbeitstauglich eingestuften Ghettoinsassen wurden in das in einem Vorort gelegene KZ Kaiserwald überführt. Die anderen, als arbeitsuntauglich eingestuft, wurden am 2. November 1943 nach Auschwitz deportiert. Ein kleiner Rest der einstigen Ghettoinsassen blieb als Aufräumkommando in Riga und kam später in das KZ Stutthof. Nur drei bis vier Prozent der nach Riga Deportierten überlebten.

---

29 Vgl. den Beitrag von Monica Kingreen im vorliegenden Band.

Rufen Sie sich die erwähnte Liste sogenannter Aktionsjuden vom November 1938 in Erinnerung: Auch Siegmund Kann, geboren 1889 in Wolfhagen, war 1938 auf dieser Liste gewesen. Er war in das KZ Buchenwald eingeliefert worden und wurde am 10.12.1938 entlassen. Die Flucht aus Deutschland gelang ihm nicht mehr. Fast auf den Tag genau drei Jahre später, am 9. Dezember 1941, wurde er aus Kassel Richtung Riga transportiert. Kann war Metzger und Schuhhändler. Er war am 12. Juni 1889 in Wolfhagen zur Welt gekommen und lebte noch bis mindestens 1939 in der Wolfhager Mittelstraße 6, nach 1933 umbenannt in Adolf-Hitler-Straße. Siegmund wurde zusammen mit seiner Frau Berta Kann, geborene Kander, deportiert. Berta Kann stammte aus Naumburg. Die letzte Adresse des älteren Ehepaars Kann war die Schillerstraße 9 in Kassel - u.a. dort befand sich ein „Judenhaus", in das Juden, wie in vielen Orten Deutschlands, zwangsweise eingewiesen wurden.[30] Einige der „Judenhäuser" befanden sich in der Nähe der Turnhalle der Bürgerschule 1 und 2, in der die Juden versammelt wurden, bevor es zu Fuß zum Hauptbahnhof zum Deportationszug ging. Wie üblich wurden die Menschen am helllichten Tag zum Bahnhof getrieben. Zuschauer gab es massenhaft.

Ein Sohn des Ehepaars - Jehuda Ludwig Kann - wandte sich 1955 das erste Mal an den ITS und bat um Auskunft. Er habe bereits Nachforschungen angestellt und von Überlebenden erfahren, dass seine Eltern wohl 1943 nach Auschwitz deportiert und dort ermordet worden seien. Genaueres wisse er nicht. In einem zweiten Schreiben 1956 schrieb er, was ihn interessiere, seien die Umstände. „Was die Inhaftierungsbescheinigung mir mitteilt über das Schicksal meiner Eltern, war mir schon lange bekannt, aber ich hätte gerne nähere Einzelheiten erfahren, über ihre Haft im Ghetto Riga." Das Ghetto Riga war seinerzeit noch nicht sehr gut erforscht, wann er historisch valide Informationen erhielt über die Zustände im Rigaer Ghetto, wissen wir nicht. Und ob das Ehepaar Kann bei Riga im Wald oder später in Auschwitz ermordet wurde? Ob sie zusammenbleiben konnten bis zum Ende? Wir wissen es nicht.[31] Die Ausplünderung ist in den Unterlagen des ITS ebenfalls verzeichnet: ein Wohnhaus sowie ein Ackergrundstück und eine Wiese

---

[30] Zur Geschichte des Ehepaares Kann hat u.a. eine Geschichtswerkstatt unter der Leitung des Pädagogen Marcus von der Straten von der Wolfhagener Wilhelm-Filchner-Schule im ITS geforscht.

[31] Korrespondenz mit dem Sohn, 6.3.3.2, Dokument-ID 91218090 bis 91218138 sowie Veränderungsmeldungen im Bestand Buchenwald, 1.1.5.1, ITS Digitales Archiv.

samt Garten in Wolfhagen im Wert von insgesamt 13.100 Reichsmark waren in Treuhänderschaft übergegangen. So wurde es durch das Amt für Vermögenskontrolle und Wiedergutmachung 1949 bescheinigt.[32] Wem gehören diese Grundstücke heute? Wie sehen sie heute aus?

Die erste Deportation aus Kassel spülte rund 2 Millionen Reichsmark in die Kassen Deutschlands. Einer der wenigen Überlebenden dieses Transports, Siegfried Ziering, schrieb in einem Bericht: „Am 9.12.41 nachmittags fuhren wir ab. Es waren ungeheizte 3[.] Klasse Coupés. Wir fuhren über Berlin, Breslau, Posen, Königsberg, Tilsit und kamen am 12. Dezember 41 in Riga an. Es war 40 Grad Kälte. Das meiste Gepäck ließen wir am Bahnhof auf nimmer Wiedersehen. Bei einem furchtbaren Schneesturm mussten wir ins Ghetto marschieren. Zehn Kilometer [...] Wir bekamen zu zehn Personen ein kleines Zimmer und Küche. Die ersten drei Wochen bekamen wir überhaupt keine Verpflegung. An Frieden und Freiheit dachte schon keiner mehr, unser einziger Wunsch war, als Juden zu sterben, und wenn, dann zusammen."[33] Ziering überlebte weitere Lager und wurde bei Kiel befreit. Der 2000 verstorbene Sigi Ziering war in seinem zweiten Leben Leiter einer High-Tech-Firma in den USA - und großherziger Mäzen.

Die zweite Deportation aus Kassel am 1. Juni 1942 umfasste Juden aus Orten des gesamten Regierungsbezirks Kassel, u.a. aus Vöhl, Fronhausen, Wetter, Amöneburg, Langenselbold, Schlüchtern, Volkmarsen und Breuna. All diese Menschen wurden zunächst nach Kassel transportiert. Die Gestapo Kassel schrieb in diesem Zusammenhang an den Landrat in Marburg am 22. Mai 1942: „Die Heranführung der für die Evakuierung bestimmten Juden aus dem Regierungsbezirk Kassel zwecks vorheriger Konzentrierung in Kassel erfolgt im Einvernehmen mit den zuständigen Reichsbahn Direktionen in Personenzügen bzw. D-Zügen. Für diese Züge sind folgende Abfahrtszeiten festgesetzt: Bahnhof Marburg/Lahn am 31.5.1942 ab 10.16 Uhr. Diese Fahrpläne sind unbedingt verbindlich. Für die genaue und pünktliche Einhaltung ist daher unter allen Umständen Sorge zu tragen. [...] Über den Vollzug der Evakuierungsaktion bitte ich mir umgehend zu berichten.

32 2.1.1.1, Dokument-ID 70442722, ITS Digitales Archiv.

33 Auszug aus einem Interview, USHMM.

Gez. Dr. Lüdcke, SS-Sturmbannführer".[34] In Chemnitz wurden an den Zug Waggons mit weiteren 500 Menschen angekoppelt. Der Zug hielt in Lublin, wo rund 100 bis 115 Männer zwischen 15 und 50 Jahren für die Zwangsarbeit in Majdanek selektiert wurden. Die anderen wurden direkt nach Sobibor gebracht, wo seit knapp einem Monat Vergasungen stattfanden. Robert Eisenstädt konnte aus Majdanek fliehen und war der einzige Überlebende der rund 1.000 aus Kassel und dem Landkreis Chemnitz Deportierten. Aus Sobibor entkamen nur eine Handvoll Überlebender. Nur 47 Menschen überlebten Sobibor - Überlebende des Aufstands im Oktober 1943. Keiner davon kam aus Kassel.

Jules Schelvis hat die Ankunft von Deportierten in Sobibor genau beschrieben: „Noch bevor der Zug auf dem außerhalb des Lagers gelegenen Rangiergelände eingetroffen war, traten das SS-Personal und Ukrainer in Formation an. Sobald die ersten Waggons innerhalb der Einzäunung zum Stehen gekommen waren, bildeten die mit Karabinern ausgerüsteten Ukrainer einen Cordon, um zu verhindern, dass die Neuankömmlinge fliehen konnten. Nach dem Öffnen des Tores wurden einige Waggons von der Lokomotive bis zum Prellbock ins Lager geschoben. [...] Sobald der Zug zum Stehen gekommen war[,] verließ die sofort abgekoppelte Lokomotive das Lager im Rückwärtsgang wieder. Eile war geboten, weil der Vorgang möglichst zügig über die Bühne gehen sollte, sodass der Lokomotivführer keine Gelegenheit bekam, sich länger als unbedingt erforderlich umzuschauen und zu sehen, was hinter dem Stacheldraht geschah. Dann wurde das Tor geschlossen... Über eine Länge von 120 Metern erstreckte sich neben den Gleisen bis zum Prellbock der Bereich, wo die Neuankömmlinge aus den Waggons herunterspringen mussten. [...] Die ineinander gepferchten Menschen wurden mit dröhnenden deutschen Kommandos und unter Einsatz von Peitschen, Stöcken und Gewehrkolben aufgefordert, die Waggons zu verlassen. Nachdem das unter einigen Mühen und Schmerzen geschehen war und die Leute zum ersten Mal seit Tagen wieder ihre Beine ausstrecken und frische Luft atmen konnten, mussten sich die Männer und Frauen, die noch gehen konnten, getrennt voneinander aufstellen. Kinder bis zu ca. sechs Jahren mussten bei ihren Müttern bleiben. Kinder die ohne Begleitung angekommen waren und hilflos stehen blieben, wurden anderen Frauen übergeben. [...] An der Rampe

---

[34] DigAM digitales archiv marburg, HStAM 180 Marburg 3593 Bl. 377 r-v, http://www.digam.net/index.php?dok=7115&h%5B0%5D=Evakuierung (letzter Zugriff: 12.2.2013).

spielten sich bisweilen heftige Dramen ab. Sobald die SS dies bemerkte, griff sie ein, um potentiellen Widerstand im Keim zu ersticken. [...] Das Schießen wurde beschränkt, um die Leute nicht allzu sehr in Angst zu versetzen. Sie durften nicht auf die Idee kommen, dass sie sich in einem Lager befanden, in dem jegliche Hoffnung umsonst war. Dennoch kam es an der Rampe manchmal zu herzzerreißenden Szenen, vor allem am Anfang, als Männer und Frauen sich dort noch getrennt aufstellen mussten, sodass Familien mit einem Mal getrennt wurden. Diejenigen, die verzweifelt versuchten, sich aneinander zu klammern, wurden mit Peitsche und eiserner Hand auseinander getrieben. In Sobibor galt als Prinzip, dass der Ablauf an keiner Stelle ins Stocken geraten durfte."[35]

Die Menschen wurden ihres Hab und Gutes beraubt, dieses wurde sortiert und ins Reich geschickt - wobei SS und Trawnikis sich vorher bereicherten. Jules Schelvis äußerte sich dezidiert über die Verantwortung der Täter: „Alle diese Täter wussten, dass sie Rückendeckung vom Regime hatten, das die Vernichtung angeordnet hatte; ein Regime, das durch Männer wie diese erst entstehen und aufrechterhalten werden konnte. Wenn ihnen diese Praktiken tatsächlich zuwider gewesen wären und wenn sie auch noch den festen Wunsch gehabt hätten, sich diesem ‚Dienst' zu entziehen, hätten sie sich stattdessen als Soldaten an die Front melden können. Aber das war keine verlockende Perspektive. [...] Da wollten sie schon lieber in Sobibor walten, wo ihnen niemand zusah, wenn sie sich an wehrlosen Menschen austoben konnten."[36] Von dem Transport aus Kassel und Chemnitz müssen ca. 900 Menschen in Sobibor angekommen sein. Binnen zwei bis drei Stunden waren ihre Leben und ihre ganze Existenz ausgelöscht.

Die Benennung eines Weges in Vöhl nach Günter Sternberg, dem in Sobibor ermordeten Neunjährigen, brachte mich dazu, nach Lebensspuren dieser Familie in Dokumenten im ITS zu suchen. Er wurde zwar mit Vater und Mutter deportiert, doch sein Vater wurde von ihnen in Lublin getrennt. Martin Sternberg kam nach Majdanek, wo er im Krematoriumsverzeichnis des KZ als am 5. September 1942 verstorben genannt wird. Seine Häftlingsnummer war die 10216.[37] So wurde ein Mensch auf letzte Daten und Zahlen reduziert. Seine Frau und sein

---

35 Jules Schelvis, Vernichtungslager Sobibor, Münster 2003, S.70ff.

36 Ebenda, S. 290.

37 1.1.23.1, Dokument-ID: 205975, ITS Digitales Archiv.

kleiner Sohn mussten alleine, nach der - für uns kaum vorstellbaren - Trennung von Ehemann und Vater den Weg nach Sobibor antreten. Für keinen der drei Sternbergs existiert eine Korrespondenzakte im ITS. Im ITS befinden sich insgesamt nur ca. 2.700 Korrespondenzakten zu Juden mit Bezug zu Sobibor. Das ist eine traurige, kleine Zahl, wurden in Sobibor doch 150.000 bis 200.000 Menschen ihres Lebens beraubt. Aber wer sollte auch nach ihnen fragen, wer sich ihrer erinnern - sind doch ganze Familien und Gemeinden in den Gaskammern von Sobibor erstickt worden.

Der dritte Transport aus Kassel in das Ghetto Theresienstadt fuhr am 7. September 1942 ab. Nahezu ausnahmslos wurden nun Alte und Behinderte verschleppt. Manche von ihnen mussten auf Handwagen zu den Bahnhöfen gebracht werden, um in die Zubringerzüge nach Kassel zu kommen. In Theresienstadt angekommen, erlebten die Menschen Not, Enge, Hunger und immer wieder neue Deportationen. Juden aus Kassel und Umgebung starben bereits im Oktober 1942 in Treblinka, im Januar 1943 und im Mai 1944 in Auschwitz und im Verlaufe der Monate viele weitere an Hunger und Krankheiten in Theresienstadt. Unter den wenigen Überlebenden aus Kassel und Region war Gisela Spier aus Momberg: „Als der Krieg beinahe zu Ende war, hatten wir wirklich keine Kraft mehr. Ich war ein Haut-und-Knochen-Kind. [...] Ich war 16 Jahre alt - ganz schwach, ohne Mama und Papa, ohne meinen Bruder Manfred. [...] Und ohne Heim, ohne Erziehung, ohne Ziel! Sogar mein Deutsch war armselig. Keine Kraft mehr, nur ein Gefühl der Einsamkeit und der Verlassenheit.“[38] Doch Gisela Spier lebte.

Das letzte Kapitel der Deportationen war jenes der Räumungstransporte - der Todesmärsche. Beim Herannahen der jeweiligen Alliierten aus Ost und West wurden die Häftlinge auf diese Märsche geschickt, um sie immer weiter ins Innere des Reichsgebiets zu treiben. Diese Todesmärsche waren das letzte organisierte Massenverbrechen Nazi-Deutschlands. Der offizielle Begriff war jedoch - wieder einmal - „Evakuierung“. Bereits während der Trecks kam es zu ersten Wortbildungen der Häftlinge, u.a. „Gewaltmarsch“, „Elendsmarsch“, „Todesmarsch“. Unzählige Häftlinge verloren auf diesen Märschen - darunter Etappen zu Fuß, per Zug, per LKW oder auch in Kombination - noch kurz vor

---

[38] Gisela Spier-Cohen, Aus den Erinnerungen an Kindheit und Konzentrationslager, hrsg. von der Gesellschaft für christlich-jüdische Zusammenarbeit, Marburg 1994, S. 25ff.

der Befreiung ihr Leben. Erinnern Sie sich an den von mir erwähnten Moses Lis, dessen Sohn David sich in Nordirland befand. Moses Lis war nur einer der Toten dieser brutalen Märsche.

Welchen Zweck aber verfolgte Deutschland mit diesen Todesmärschen? Mit dem Herannahen der Alliierten sollten die Überlebenden weggebracht werden, um Zeugen aus dem Weg zu schaffen. Nachdem Majdanek bei Lublin im Juli 1944 von der Roten Armee befreit worden war, hatte im November 1944 ein erster Kriegsverbrecherprozess begonnen. Zeugen - Menschen und Dokumente - sollten außer Reichweite gebracht werden. Die noch arbeitsfähigen Menschen sollten im „Reich" zum Einsatz kommen; wer auf dem Weg umkam, war nicht mehr fähig, zu arbeiten - auch eine Form von Selektion. Ein umfassender Vernichtungsbefehl ist, trotz des immer wieder zitierten Befehls Himmlers vom 14. bzw. 18. April 1945, nicht gegeben worden. Es scheint, als ob sich der Befehl, „kein Häftling dürfe lebend in die Hände des Feindes fallen", ausschließlich auf das KZ Flossenbürg bezog. Eines aber steht fest: Kreuz und quer trieben die SS-Männer die Menschen in den letzten Monaten des Krieges vor sich her. Von einem Lager in das nächste. Von Blechhammer nach Groß-Rosen. Von Stutthof nach Lauenburg. Von Groß-Rosen nach Dora-Mittelbau, Flossenbürg, Bergen-Belsen, Sachsenhausen. Von Lieberose mitten durch Berlin nach Sachsenhausen. Von Nordhausen im Harz 885 Kilometer nach Flintsbach am Inn. Von Ohrdruf 395 Kilometer nach Dachau. Von Halberstadt 510 Kilometer nach Gießen. Die Straßen des Reichsgebiets waren voll mit Zigtausenden Menschen, die auf diese Todesmärsche geschickt wurden. Die Todesmarschverbrechen ließen große Teile der Bevölkerung zu Zeugen, nicht wenige zu Mittätern eines öffentlichen Mordens werden. Es gab eine extrem breite Beteiligung der Bevölkerung an diesen letzten Morden: Jugendliche aus NS-Organisationen, Volkssturm, Männer des RAD, Feuerwehr, Polizisten und einfache Bürger.

Hannelore Kaschmann, am 6. Juni 1930 geboren, war im 1. Transport im Dezember 1941 aus Kassel nach Riga verschleppt worden. Nach der Räumung des Ghettos kam sie ins KZ Kaiserwald und von dort nach Stutthof. Dort kam sie am 9. August 1944 an und erhielt die Häftlingsnummer 56302. Von Stutthof aus war am 25. Januar 1945 ein Todesmarsch in Gang gesetzt worden. Insgesamt kamen auf diesem Todesmarsch und durch Erschießungen in Palmnicken an der Bernsteinküste etwa 26.000 der rund 50.000 Häftlinge von Stutthof ums Leben. Der Rest von ihnen wurde über die Ostsee nach Schleswig-Holstein transportiert. Hannelore, keine 15 Jahre, überlebte all diese Qualen und kam in ein Krankenhaus in Neustadt in Holstein. Dort verstarb sie am 27. Mai 1945 um 15.30 Uhr.[39] Sie wurde auf dem jüdischen Friedhof beigesetzt, der erst 1945 angelegt wurde und auf dem bis 1947 rund 100 ehemalige KZ-Häftlinge und DPs ihre letzte Ruhestätte fanden. Was für ein trauriger kleiner Friedhof.

Wir gedenken heute der Opfer und Überlebenden der Verbrechen Deutscher und ihrer Helfer während der Shoah und insbesondere der Deportationen aus Kassel. Doch lassen Sie uns nicht nur zurückblikken, lassen Sie uns das Vermächtnis der Überlebenden aufgreifen. Der Lebenswille Überlebender und ihr Mut sind beispiellos. Sie gründeten neue Familien, beteiligten sich am Aufbau des jüdischen Staates und nahmen - oder nehmen - am gesellschaftlichen, politischen und intellektuellen Leben in vielen Staaten dieser Erde teil. Bereits unmittelbar nach der Befreiung wählten sich die jüdischen Überlebenden als Symbol einen abgehackten Baumstumpf, aus dem zart ein neuer Zweig wächst. Sie unterstrichen damit: Wir sind da! Im Judentum gibt es das Konzept des Tikkun Olam - das Reparieren und Verbessern der Welt. Dessen sollten wir uns annehmen, wenn wir das Vermächtnis der Überlebenden ernst nehmen.

---

[39] 2.2.2.4, Dokument-ID: 77088344, ITS Digitales Archiv.

Der International Tracing Service (ITS) und seine Bedeutung für die regionale Aufarbeitung der NS-Verfolgung

von Kathrin Flor und Verena Neusüs

Nüchtern führt die Transportliste an: „Aufstellung über die am 7. September 1942 erfolgte dritte Umsiedlung der Kasseler Juden: Hammerschlag, Selma S., geb. Katz, 19.11.98, Helsen; Löwenstein, Rosa S., 10.12.66, Arolsen; Löwenstein, Siegfried J., 24.7.99, Arolsen; Stern, Adele S., geb. Mosheim, 7.10.86 Landau / Waldeck." Dies ist nur ein winziger Ausschnitt aus der Liste eines Transportes, mit dem am Ende 753 Juden nach Theresienstadt verschleppt wurden. Für die meisten bedeutete die so genannte „Umsiedlung" eine Reise in den Tod. Neben diesem sind auch die beiden anderen Transporte aus Kassel nach Riga und Lublin / Majdanek belegt.

Tausende Listen solcher Art befinden sich im Archiv des International Tracing Service (ITS) in Bad Arolsen. Insgesamt 30 Millionen Dokumente zeugen von der nationalsozialistischen Verfolgung, der Zwangsarbeit und dem Holocaust. Gestapoakten, Inhaftierungsunterlagen zu den so genannten „Aktionsjuden" infolge der Novemberpogrome 1938, Deportationslisten, Registrierungen in Ghettos und Konzentrationslagern, Totenbücher und Sterbeurkunden – diese Dokumente aus der NS-Zeit liefern die Eckdaten der Verfolgung und Ermordung von Millionen europäischer Juden. Sie werden ergänzt durch Nachkriegsaufstellungen aus den deutschen Gemeinden.

Gerade das Schicksal der deutschen Juden ist aufgrund der etablierten bürokratischen Strukturen in der Regel nachvollziehbar, während die Vernichtungsaktionen in Osteuropa, insbesondere die Erschießungen nach dem Überfall der Sowjetunion, deutlich weniger Spuren in den Archiven hinterließen. Erfolgte die Deportation in ein Vernichtungslager, ist die Transportliste in der Regel die letzte Spur des Lebens. Stand vor der geplanten Ermordung noch die Ausbeutung durch Sklavenarbeit oder überlebten Verfolgte gar bis zur Befreiung, sind häufig mehr Unterlagen vorhanden.

Originaldokumente zur Verfolgung Waldecker Juden

Die Bürokratie des NS-Staates ist eine wesentliche Quelle für die regionale Forschung. Sie liefert die kalten Daten und Fakten – wenn auch mit nur wenigen Angaben zum familiären Hintergrund oder dem Leben vor der Ausgrenzung. Aber die Listen und Registrierungen bilden einen verlässlichen Ausgangspunkt, geben sie doch Auskunft darüber, in welchem Ort Juden lebten, wie sie hießen, wann sie geboren und wohin sie verschleppt wurden. Hinter jedem Namen verbirgt sich ein Schicksal, das mit einem Ort, einer Herkunft, einer Familie, einem Leben verbunden und so für die Erinnerung gewonnen werden kann.

So gibt es etwa zu Selma Hammerschlag im Archiv des ITS die Informationen, dass sie am 18. November 1898 in Arolsen-Helsen geboren wurde als Tochter von Julius und Minna Katz, in Bad Wildungen lebte und vor der Deportation nach Theresienstadt zusammen mit ihrem Mann Max und ihrem Sohn Edgar zuletzt in der Wolfhager Straße in Kassel wohnte. Die Dokumente verraten ebenso, dass Selma am 3. Mai 1945 durch die russische Armee befreit wurde.

Siegfried Löwenstein, der am 24. Juli 1899 in Arolsen geboren wurde, ging zusammen mit seiner Mutter Rosalie auf den Transport nach Theresienstadt. Beide hatten zunächst in Arolsen und dann in Korbach gelebt. Ihr letzter Wohnort war die Wartekuppe in Kassel. Am 22. Oktober 1942 wurde Siegfried von Theresienstadt ins Vernichtungslager Treblinka deportiert und dort ermordet. Seine Mutter starb wenig später in Theresienstadt.

Von Adele Stern berichten die Dokumente, dass sie am 7. Oktober 1886 in Landau / Waldeck zur Welt kam als Tochter von Jonas und Hannchen Mosheim. Ihr Lebensweg führte sie nach Rhoden, bevor auch sie nach Kassel umziehen musste. Vor ihrer Deportation in das Ghetto Theresienstadt lebte sie im jüdischen Altersheim in der Großen Rosenstraße 22 in Kassel. Die letzte Spur ihres Lebens ist der Todestransport „CR-714" in das Konzentrationslager Auschwitz.

Drei Beispiele aus Waldeck von einstigen jüdischen Nachbarn, deren Verfolgungsschicksal die Dokumente offen legen. Neben der Deportationsliste der Gestapo Kassel liegen Registrierungen und Todesmeldungen aus dem Ghetto Theresienstadt, Transportlisten zu

Konzentrationslagern sowie Nachkriegsaufstellungen der Gemeinden Bad Wildungen, Kassel und Korbach vor. Anhand dieser Informationen sind weitere gezielte Nachforschungen an den jeweiligen Geburts- und Wohnorten sowie an den Stätten der Verfolgung möglich.

Quellen aus der Nachkriegszeit

Neben den Originalen aus der NS-Zeit sind die Dokumente aus der Nachkriegszeit eine ebenso bedeutende Quelle im Archiv des ITS. Hierzu zählen Akten zu befreiten Kindern, Zeugenaussagen zur Verfolgung, Befragungen durch die Alliierten, Unterlagen zu Displaced Persons (DPs) und Listen zu Emigrationen. Dieser Bestand erzählt von den Überlebenden und ihrem Versuch eines Neuanfangs. Er verrät den Aufenthalt in den DP Camps und mögliche Ziele einer Auswanderung.

Die Nachkriegsdokumente enthalten eine Mischung aus reinen Eckdaten sowie persönlichen Schilderungen. In diesen Dokumenten geht es nicht mehr um die kalte Bürokratie einer Mordmaschinerie, bei der der Einzelne auf einen Datensatz, einen Logistikfaktor reduziert wurde. Jetzt steht wieder das Schicksal der einzelnen Menschen im Vordergrund - Menschen, die zu Opfern wurden und, sofern sie überlebt hatten, ein nie dagewesenes Unrecht verarbeiten mussten. Die Unterlagen vermitteln Einblicke in ein Leben, das vor der Verfolgung begann. Hier werden Familienzusammenhänge deutlich, kommen Emotionen, Ängste und Hoffnungen zu Tage, lassen sich Schilderungen des Geschehens jenseits von Listen und Registrierungen finden. Zusammen mit den Originaldokumenten aus der NS-Zeit bilden diese Dokumente einen enormen Fundus, um das Individuum hinter dem millionenfachen Mord wahrzunehmen und die Brücke zwischen Vergangenheit und Gegenwart zu schlagen.

Hinzu kommen rund drei Millionen Korrespondenzakten des ITS mit Überlebenden und Familienangehörigen. Diese verraten, wer Angehörige suchte, wo Überlebende ein neues Zuhause fanden, wer sich für die Schicksale Einzelner interessierte und welche Quellen sich noch als hilfreich erweisen könnten. Die Akten liefern Hinweise auf Entschädigungsverfahren und Prozesse gegen Täter. Die Entschädigungsakten bilden interessante Anhaltspunkte, da diese in der Regel aus den 50er Jahren stammen und somit auf einer frühen Erinnerung beruhen.

Selma Hammerschlag hatte - wie bereits erwähnt - die Verfolgung überlebt. Ihren Spuren kann der Regionalforscher in den Nachkriegsdokumenten des ITS weiter nachspüren bis hin zur Emigration in die USA. Da sie nach Bad Wildungen zurückkehrte, hat sie sich nicht in einem DP Camp registrieren lassen, aber ihre Auswanderung ist belegt anhand einer Schiffsliste der SS Marine Perch vom 28. Januar 1947. Als eine Fundgrube erweist sich die Korrespondenzakte. 1946 erfolgten gleich zwei Suchanfragen zu Selma Hammerschlag von Verwandten aus den USA. Zunächst gab es von der Stadt Kassel am 9. März 1946 die Nachricht: „Hammerschlag wurde am 7.9.1942 von Kassel nach Theresienstadt evakuiert und ist nicht zurückgekehrt."[1] Das American Jewish Joint Distribution Committee (AJDC) Frankfurt schrieb dagegen wenige Wochen später am 28. Mai 1946: „Mrs Hammerschlag lives in Bad Wildungen, Brunnenstraße, and enjoys good health."[2] (Frau Hammerschlag lebt in Bad Wildungen, Brunnenstraße, und erfreut sich guter Gesundheit).

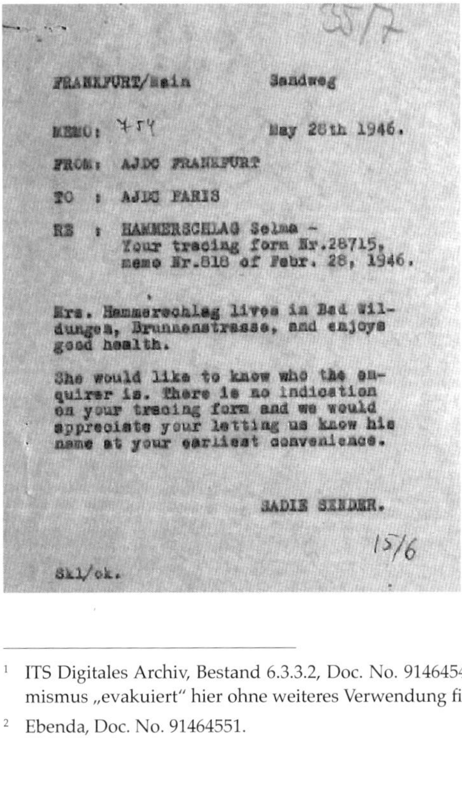
35/7

FRANKFURT/Main Sandweg

MEMO: 454 May 28th 1946.

FROM: AJDC FRANKFURT

TO : AJDC PARIS

RE : HAMMERSCHLAG Selma -
Your tracing form Nr.28715,
memo Nr.818 of Febr. 28, 1946.

Mrs. Hammerschlag lives in Bad Wildungen, Brunnenstrasse, and enjoys good health.

She would like to know who the enquirer is. There is no indication on your tracing form and we would appreciate your letting us know his name at your earliest convenience.

SADIE SENDER.

15/6

Skl/ok.

Abb. 1:

Schreiben des American Jewish Joint Distribution Committee (AJDC) vom 28. Mai 1946 über den Aufenthalt von Selma Hammerschlag

[1] ITS Digitales Archiv, Bestand 6.3.3.2, Doc. No. 91464546. Bemerkenswert ist, dass der NS-Euphemismus „evakuiert" hier ohne weiteres Verwendung findet.

[2] Ebenda, Doc. No. 91464551.

Selma Hammerschlag selbst bat den Suchdienst 1955 um Auskünfte aus den Dokumenten zur übrigen Familie Hammerschlag und zur Familie Katz aus Arolsen. Ein Hinweis auf einen Entschädigungsantrag ergibt sich aus der Korrespondenzakte nicht. Nur ein Anwalt aus der Schweiz wandte sich wegen einer „Nachlasssache" im Dezember 1960 an den ITS.[3] Nach Siegfried und Rosa Löwenstein hat sich beim ITS in den vergangenen Jahrzehnten niemand erkundigt. Dokumente zu Adele Stern fragte im November 1956 der Regierungspräsident von Kassel an.[4] Auch ein Anwalt wandte sich an den ITS. Aus diesen Anfragen ist zugleich das Aktenzeichen eines Entschädigungsfalls ersichtlich, der Anknüpfungspunkt für weitere Recherchen sein kann.

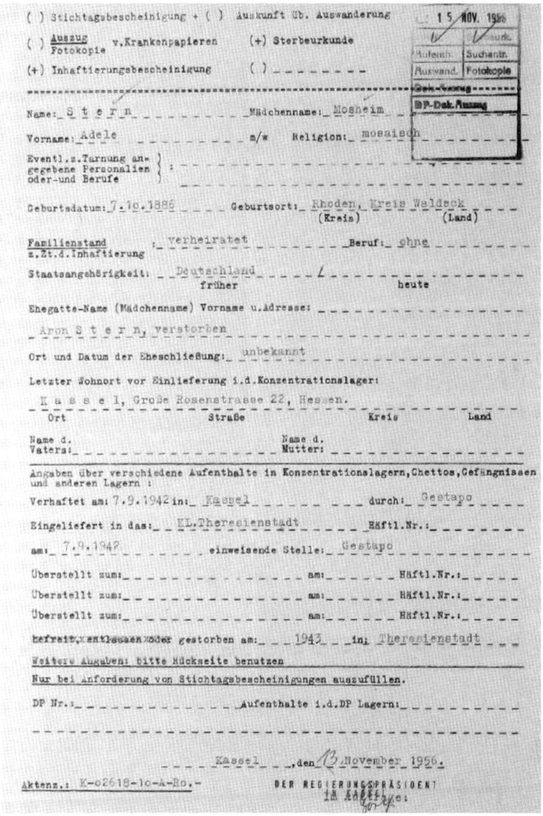
( ) Stichtagsbescheinigung + ( ) Auskunft üb. Auswanderung

( ) Auszug Fotokopie v.Krankenpapieren (+) Sterbeurkunde

(+) Inhaftierungsbescheinigung ( )

15. NOV. 1956 | Aufenth. | Suchantr. | Auswand. | Fotokopie | DP-Dok.Auszug

Name: Stern Mädchenname: Mosheim

Vorname: Adele m/w Religion: mosaisch

Eventl.z.Tarnung angegebene Personalien oder-und Berufe:

Geburtsdatum: 7.10.1886 Geburtsort: Rhoden, Kreis Waldeck (Kreis) (Land)

Familienstand z.Zt.d.Inhaftierung: verheiratet Beruf: ohne

Staatsangehörigkeit: Deutschland / früher heute

Ehegatte-Name (Mädchenname) Vorname u.Adresse:

Aron Stern, verstorben

Ort und Datum der Eheschließung: unbekannt

Letzter Wohnort vor Einlieferung i.d.Konzentrationslager:

Kassel, Große Rosenstrasse 22, Hessen.

Ort Straße Kreis Land

Name d. Vaters: Name d. Mutter:

Angaben über verschiedene Aufenthalte in Konzentrationslagern, Ghettos, Gefängnissen und anderen Lagern:

Verhaftet am: 7.9.1942 in: Kassel durch: Gestapo

Eingeliefert in das: KL.Theresienstadt Häftl.Nr.:

am: 7.9.1942 einweisende Stelle: Gestapo

Überstellt zum: am: Häftl.Nr.:

Überstellt zum: am: Häftl.Nr.:

Überstellt zum: am: Häftl.Nr.:

~~befreit, entlassen oder~~ gestorben am: 1943 in: Theresienstadt

Weitere Angaben: bitte Rückseite benutzen

Nur bei Anforderung von Stichtagsbescheinigungen auszufüllen.

DP Nr.: Aufenthalte i.d.DP Lagern:

Kassel, den 13. November 1956.

Aktenz.: K-02618-10-A-Ro.- DER REGIERUNGSPRÄSIDENT IN KASSEL Im Auftrage:

Abb. 2:

Antrag des Regierungspräsidenten Kassel bzgl. Dokumenten zu Adele Stern

[3] Ebenda, Doc. No. 91464544 und Doc. No. 91464541.

[4] Ebenda, Doc. No. 102388100.

Kontakte zu Familienangehörigen

Dank der Korrespondenzakten haben regionale Forscher neben zusätzlichen Informationen zum Schicksal der Verfolgten so manchen Kontakt mit Überlebenden oder Angehörigen von ermordeten Juden aus Deutschland gewinnen können. Briefe, Fotos, Dokumente und Informationen wurden ausgetauscht, Einladungen zu einem gegenseitigen Besuch erfolgten. Aus einem Eintrag auf einer Transportliste entstand das Leben einer Familie, fügte sich durch die Vielzahl der Puzzleteile ein Gesamtbild zusammen und konnte im günstigsten Fall auch ein Stück Versöhnung erreicht werden.

So haben etwa die Regionalforscher Karl-Heinz Stadtler, Ernst Klein, Johannes Grötecke oder Michael Winkelmann seit vielen Jahren das jüdische Leben in der Region Waldeck-Frankenberg recherchiert. Viele Besuche und intensive Kontakte wurden dank ihrer Arbeit möglich. Akribisch trugen die Forscher die Informationen aus verschiedenen Richtungen zusammen und unterstützen immer wieder Angehörige von Verfolgten und Ermordeten bei ihren eigenen Recherchen in Nordhessen. Sie begleiteten die Familien zu unterschiedlichen Lebensstationen und seit der Öffnung des Archivs im November 2007 auch zu Besuchen beim ITS.

Abb. 3: Michael Dimor mit seiner Familie im Archiv des ITS

Der Israeli Michael Dimor besichtigte im September 2011 Heimatstätten seiner jüdischen Familie in Deutschland, begleitet durch Karl-Heinz Stadtler. Dimors Eltern Else und Max waren direkt nach der Machtübernahme der Nationalsozialisten nach Israel ausgewandert. Sein Großvater Moritz Mildenberg blieb dagegen in Deutschland zurück. Er war 1880 in Vöhl geboren worden und zog in das benachbarte Sachsenhausen. Als das NS-Regime 1938 die Novemberpogrome organisierte, wurde Moritz Mildenberg für vier Wochen im KZ Buchenwald inhaftiert. Zu Beginn der Transporte versteckte ihn die Familie Grebe in Sachsenhausen. Somit blieb er der einzige Jude in Nordwaldeck, der nicht deportiert wurde. „Dies war möglich, da die Dorfgemeinschaft in Sachsenhausen zusammen hielt", weiß der Enkel heute. Tragischerweise erlebte Moritz das Kriegsende nicht mehr. Am 5. Januar 1945 starb er an einem Herzinfarkt. Das erhalten gebliebene Grab besuchte Dimor während seines Besuchs in Deutschland auf dem Sachsenhäuser Friedhof. Beim ITS konnte er Unterlagen aus dem Konzentrationslager Buchenwald, Meldelisten aus den Landkreisen Kassel und Waldeck-Frankenberg sowie die Sterbeurkunde seines Großvaters einsehen. „Es ist unglaublich, die Originaldokumente zu lesen", sagte Dimor.

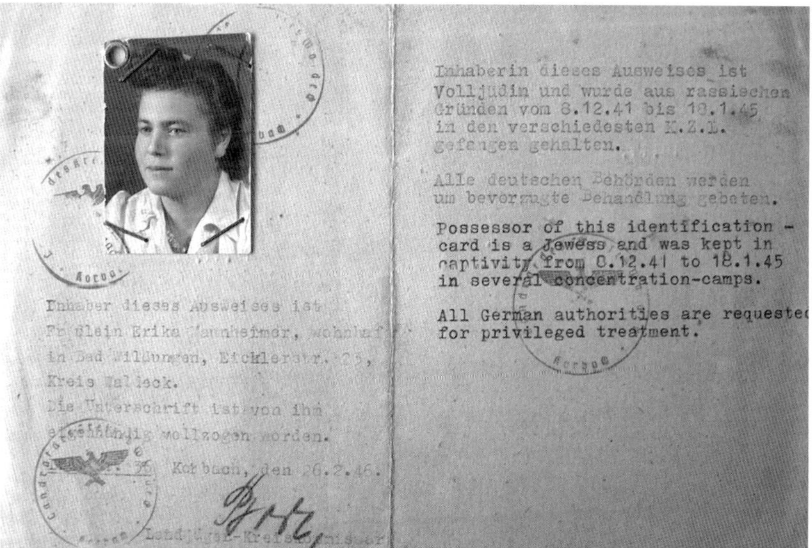
Inhaber dieses Ausweises ist
Fräulein Erika Mannheimer, wohnhaft
in Bad Wildungen, Eichlerstr. 25,
Kreis Waldeck.
Die Unterschrift ist von ihm
eigenhändig vollzogen worden.
Korbach, den 26.2.46.
Landrat-Kreiskommissar

Inhaberin dieses Ausweises ist
Volljüdin und wurde aus rassischen
Gründen vom 8.12.41 bis 18.1.45
in den verschiedesten K.Z.L.
gefangen gehalten.

Alle deutschen Behörden werden
um bevorzugte Behandlung gebeten.

Possessor of this identification -
card is a Jewess and was kept in
captivity from 8.12.41 to 18.1.45
in several concentration-camps.

All German authorities are requested
for privileged treatment.

Abb. 4: Ausweis von Erika Mannheimer, der die Haft in Konzentrationslagern bestätigt und die Behörden auffordert, sie als Opfer bevorzugt zu behandeln

Abb. 5: Stolpersteine im Bürgersteig vor dem ehemaligen Zuhause der Mannheimers in Bad Wildungen

Auch den US-Amerikaner Richard Oppenheimer haben seine Recherchen im Oktober 2012 nach Waldeck geführt, begleitet durch Johannes Grötecke. Oppenheimers Mutter, Erika Mannheimer, wurde 1923 im hessischen Bad Wildungen geboren. Zusammen mit ihren Eltern und ihren beiden Geschwistern steht sie auf der Deportationsliste nach Riga. Erika und ihre Mutter Lina überlebten die Konzentrationslager von Riga Kaiserwald und Stutthof und wanderten in die USA aus. Die anderen Familienmitglieder wurden ermordet. „Ich finde es wichtig, nachzufragen und auch den jungen Menschen von der Verfolgung der Juden zu berichten“, sagte Oppenheimer. „Meine Familiengeschichte wurde immer als Geheimnis behandelt - ein Geheimnis, das ich hätte wissen müssen.“

Abb. 6: Recherchen nach seiner Familie haben Richard Oppenheimer nach Bad Arolsen zum ITS geführt

Für Angehörige ist der Besuch der Lebensorte und Archive bedeutsam, da es um die eigenen Wurzeln geht und die Erinnerung im Laufe der Jahrzehnte verblassen kann. Die Dokumente bewahren die Daten und Orte, die Regionalforschung die dazugehörigen persönlichen Geschichten. Insofern ist der ITS auch ein Ort der Ermutigung und des Versprechens, dass das Erbe bewahrt bleibt, jede Leugnung zwecklos ist und das Wissen um den Terror des NS-Regimes nicht verloren geht. Hier können die Überlebenden Zeugnis ablegen, erhalten die Nummern einen Namen, werden die Schicksale der Opfer durch Gesichter, Dokumente und Berichte erlebbar.

Beitrag zur Erinnerungs- und Bildungsarbeit

Leider ist die Forschung im Archiv des ITS erst seit dessen Öffnung Ende 2007 ungehindert möglich. Von daher mussten viele wichtige lokale Initiativen ohne das Wissen im Archiv des ITS auskommen.

Gerade die größte Welle der regionalen Aufarbeitung des Holocaust in Deutschland in den 80er und 90er Jahren, verbunden mit der Gründung zahlreicher Initiativen, der Verlegung von Stolpersteinen und der Errichtung von Gedenktafeln, ging am ITS weitgehend vorbei. Die Erteilung von Auskünften an Forscher zeichnete sich durch eine gewisse Willkürlichkeit aus und wurde unter dem Direktor Charles-Claude Biedermann (1985-2006) zuletzt erheblich erschwert bis unmöglich gemacht. So hat etwa der Regionalforscher Johannes Grötecke aus Bad Wildungen im Jahr 2003 keine Auskunft mehr zum Schicksal von Selma Hammerschlag erhalten, während Michael Winkelmann im Jahr 1987 noch eine Antwort bekam. Der Zugang zum Archiv wurde vor allem mit dem Argument des Schutzes der Opferdaten verweigert. Erst die lauter werdenden Stimmen der Überlebenden selbst änderten dieses „Unrecht, für das noch Rechnung getragen werden muss", wie es der Zeitzeuge Professor Thomas Buergenthal anlässlich eines Besuchs in Bad Arolsen im November 2012 formulierte.[5] Dieser Blick zurück darf gerade im Zusammenhang mit der regionalen Forschung nicht unerwähnt bleiben.

Heute lassen sich die Schicksale der Verfolgten im Archiv des ITS ohne weitere Hindernisse in der digitalen Datenbank einsehen. Das Angebot der Recherche vor Ort oder per Onlineanfrage wird von zahlreichen Forschern genutzt. Die Recherche nach den schriftlichen Zeugnissen der Verfolgung bildet die Grundlage für Dokumentationen, Biografien, Medienberichte und Unterrichtsmaterialien und damit eine wesentliche Voraussetzung für die künftige Erinnerung. Im Hinblick darauf, dass die Zahl der Zeitzeugen täglich geringer wird, kommt der regionalen Forschung auch eine wachsende Bedeutung im Rahmen der Bildungsarbeit zu.

Lässt sich der persönliche Kontakt nicht mehr unmittelbar herstellen, so kann doch für die junge Generation ein Bezug zum Thema über den Heimatort, vertraute Straßennamen, Geschäfte oder Gedenktafeln hergestellt werden. In jedem Fall wird deutlich, dass die Vernichtung der Juden nicht in entfernten Orten in Osteuropa geschah, sondern in der Nachbarschaft begann. Konkrete Einzelschicksale, wie sie das Archiv

[5] Broschüre des Internationalen Suchdienstes „Empfang zum Abschied des IKRK 29. November 2012", Rede Thomas Buergenthal, „Einzigartige Gedenkstätte für die Opfer einer schrecklichen Vergangenheit", S. 17.

des ITS vermittelt, erleichtern die Weitergabe des Wissens an die folgenden Generationen. Die erlittenen Wunden und die Folgen des Unrechts werden deutlich und wirken als konkreter Motivator für die Erziehung zur Wahrung von Demokratie, Freiheit und Menschenrechten.

Der ITS selbst bietet sich aktiv als Ort des Lernens an. Für Pädagogen und Schülergruppen werden Seminare und Workshops organisiert. Diese können einzelne Tage, aber auch eine Projektwoche umfassen. Zudem besteht für Schulen die Möglichkeit, Materialien für den Unterricht anzufordern. „Für Lehrer, Wissenschaftler und Forscher verschiedener Disziplinen kann das Dokumentenmaterial in Bad Arolsen zu einer unerschöpflichen Forschungsstätte werden", meint der Holocaust-Überlebende Thomas Buergenthal. „(...) Ohne dieses Dokumentenmaterial wäre es zukünftigen Generationen wahrscheinlich unmöglich sich vorzustellen, geschweige denn zu glauben, dass diese fürchterlichen Verbrechen in diesem ungeheuren Ausmaß stattgefunden haben."[6]

Bildnachweis:

Abb. 1: ITS Digitales Archiv, Bestand 6.3.3.2, Doc. No. 91464551

Abb. 2: ITS Digitales Archiv, Bestand 6.3.3.2, Doc. No. 102388100

Abb. 3: ITS Bad Arolsen

Abb. 4 und 5: Richard Oppenheimer

Abb. 6: ITS Bad Arolsen

---

6 Ebenda, S. 18 und 20.

Die gewaltsame Verschleppung der Juden aus den Dörfern und Städten der Altkreise Frankenberg und Waldeck 1941/42

von Monica Kingreen

Die Deportationen der jüdischen Bürger der Dörfer und Städte der Altkreise Frankenberg und Waldeck in den Jahren 1941/1942 stehen im Fokus der Betrachtung. Um die grundlegenden Strukturen und Spezifika aufzuzeigen, wird die Region Waldeck-Frankenberg hier eingebettet in die Deportationsvorgänge aus dem gesamten damaligen Regierungsbezirk Kassel betrachtet.[1] In nur neun Monaten wurden zwischen Dezember 1941 und September 1942 insgesamt 2.380 jüdische Menschen in fast einhundert Dörfern und Städten des Regierungsbezirkes Kassel in drei Massendeportationen gewaltsam aus ihren Wohnungen geholt und über ein Sammellager in Kassel in Ghettos und Vernichtungslager in von Deutschland besetzten Ländern verschleppt. Nur etwa 150 Menschen von ihnen konnten 1945 die Befreiung erleben.

Orte der Deportation

Für die Region Waldeck-Frankenberg liegt die Zahl der direkt von hier Deportierten bei diesen drei Verschleppungen allein bei 86 Menschen, die aus acht Ortschaften des Kreises Frankenberg und aus fünf Orten des Kreises Waldeck[2] deportiert wurden.

Kreis Frankenberg

Altenlotheim, Battenberg, Battenfeld, Frankenberg, Gemünden an der Wohra, Grüsen, Oberasphe, Vöhl

---

1 Dieser Text basiert auf meinem überarbeiteten und erweiterten Vortrag im Museum Korbach im Februar 2011 im Rahmen der Ausstellung „Legalisierter Raub". Siehe dazu auch ausführlich meinen Text Monica Kingreen, Die gewaltsame Verschleppung der Juden aus den Dörfern und Städten des Regierungsbezirks Kassel in den Jahren 1941 und 1942, in: Helmut Burmeister und Michael Dorhs (Hrsg.), Das achte Licht. Beiträge zur Kultur- und Sozialgeschichte der Juden in Nordhessen, Hofgeismar 2002, S. 223-242. Siehe dort auch weitere ausführliche Anmerkungen. Bei der Angabe der Kreise sind immer die heutigen Altkreise gemeint.

2 Der Ort Röddenau ist nach neueren Erkenntnissen hier nicht mehr genannt.

Kreis Waldeck

Korbach, Rhoden, Sachsenhausen, Wrexen (auch Personen aus Adorf, Usseln und Vöhl)

Zahlen der jüdischen Einwohner

Mit einem prozentualen Anteil von 1,18% lag der Regierungsbezirk Kassel im Jahre 1933 mit mehr als 13.500 jüdischen Einwohnern weit über dem Reichsdurchschnitt von 0,76%.[3] Die Altkreise des erst 1942 gegründeten Kreises Waldeck wiesen folgende Zahlen zur jüdischen Bevölkerung aus: Kreis der Eder - 213 jüdische Personen = 1,09%; Kreis des Eisenberges - 197 jüdische Personen = 0,82%; Kreis der Twiste - 111 jüdische Personen = 0,67%. Mit insgesamt 521 jüdischen Personen entsprach der jüdische Bevölkerungsanteil dieses Gebietes prozentual in etwa dem des Deutschen Reiches. Hingegen lag der Anteil jüdischer Bewohner im Kreis Frankenberg mit 456 jüdischen Personen bei 1,30%, also prozentual fast doppelt so hoch wie der Reichsdurchschnitt. Sechs Jahre später, im Mai 1939, waren 70% der jüdischen Menschen sowohl im Kreis Frankenberg als auch im Gebiet des Kreises Waldeck bereits durch die lokalen nationalsozialistischen antijüdischen Diskriminierungs- und Verfolgungsaktivitäten vertrieben.

In der Region des späteren Kreises Waldeck lebten von 521 Personen nur noch 154 Personen dort, 367 jüdische Personen waren also ausgetrieben worden. Im Kreis Frankenberg waren von 456 Personen noch 137 anwesend, also waren 319 Personen ausgetrieben, das sind 70%. Die jüdischen Menschen waren ins Ausland geflohen oder hatten Zuflucht in den Großstädten Kassel oder Frankfurt gesucht, auch in der Hoffnung, dort möglicherweise ihre Auswanderung besser betreiben zu können.

Situation der jüdischen Menschen

Zurück in den Dörfern und Kleinstädten blieben vor allem alte, kranke und arme oder behinderte jüdische Menschen. Die Kinder und Jugendlichen blieben vor allem in den Jahren „nach der Kristallnacht" in den

[3] Alle Zahlen dieses Abschnittes entsprechend den Angaben der Volkszählungen von 1933 und 1939.

Städten zur Schul- und Berufsausbildung. Die in den Dörfern zurückgebliebenen Menschen lebten meist völlig isoliert, heimlich erhielten manche von treuen Nachbarn und Freunden Essen zugesteckt. In den größeren Städten waren jüdische Altersheime eingerichtet worden für alleinstehende Menschen, deren Kinder und Enkel ins Ausland hatten fliehen können. In Kassel gab es ein solches Altersheim in der Rosenstraße.

Seit dem Frühjahr 1939 setzte durch die neue antijüdische Mietgesetzgebung auch in den Dörfern und Städten ein Ghettoisierungsprozess ein, durch den die Juden in immer weniger Wohnraum zusammengelegt wurden. Dieser Prozess ist insgesamt für Hessen noch wenig erforscht. Für Korbach liegen einige Hinweise vor.[4] Hier wird der Ort Wrexen später noch eine besondere Rolle spielen.

Sparguthaben bei Banken und Sparkassen waren bereits im April 1938 beschlagnahmt worden, von ihrem eigenen Geld war Juden monatlich eine geringe Summe zum täglichen Leben zugewiesen. In manchen Orten war es den Juden verboten, bestimmte Straßen zu betreten. Männer mussten seit Januar 1939 den Zwangsvornamen Israel tragen, Frauen den Zwangsvornamen Sara, die Kennkarten wurden mit einem großen „J" gekennzeichnet, ebenfalls die Lebensmittelkarten. Seit Beginn des Jahres 1939 waren auch immer mehr Juden zu Zwangsarbeit verpflichtet. Die Ernährungslage für Juden war vor allem seit Mitte 1941 sehr schwierig. Seit dem 19. September 1941 waren die jüdischen Menschen gezwungen, den gelben Stern auf der linken Brustseite ihrer Kleidung zu tragen, auch die Kinder über sechs Jahren.

Die drei großen Massendeportationen aus der Region Waldeck-Frankenberg werden nun im Folgenden im Kontext des Regierungsbezirkes Kassel dargestellt. Dazu muss noch auf die relativ schlechte Quellenlage hingewiesen werden – insbesondere existieren für diese Region außergewöhnlich wenige Zeitzeugenberichte zur Deportation aus den einzelnen Ortschaften. Deshalb werden des Öfteren auch Hinweise zu anderen Kreisen angeführt, deren Informationen auch Vorstellungen wecken für andere Regionen im Regierungsbezirk. Außerdem sei darauf verwiesen, dass, um die Struktur und auch die Chronologie zu wahren, ab und zu Orte und auch Perspektiven gewechselt werden.

---

[4] Vgl. Marion Möller, Schicksale jüdischer Schüler der Landesschule, in: Klosterglöckchen, April 2006.

Auch werden bewusst zahlreiche Namen verschleppter und ermordeter Personen genannt.

Der Transport von Kassel nach Riga

Die offiziellen Deportationen der Juden aus dem Gebiet des Deutschen Reiches begannen Mitte Oktober 1941. Organisiert und durchgeführt wurden sie von dem Reichssicherheitshauptamt in Berlin, der Zentrale antisemitischer und rassistischer Verfolgung und Vernichtung, deren Führungscorps als die „Kerngruppe des Genozids" zu sehen ist.[5] Die regional agierenden Gestapoleitstellen waren ihm unterstellt.

Die Geheime Staatspolizei - Staatspolizeistelle Kassel in der Wilhelmhöher Allee 32 - führte am 9. Dezember 1941 ihre erste und - mit mehr als tausend Menschen - größte Deportation von Juden aus dem Regierungsbezirk Kassel durch.[6] Die Vorbereitungen für den ersten Transport der Gestapo Kassel liefen seit Anfang November 1941. Auf einer Besprechung am 18. November 1941 der Gestapo mit der Verwaltung im Oberpräsidium Kassel hatte die Gestapo Kassel alle arbeitsteiligen organisatorischen Abläufe der Verschleppung und des Raubes des Vermögens vorbereitet.[7] Vorgesehen war die Verschleppung aus der Stadt Kassel, die zahlenmäßig die höchste Anzahl an jüdischen Bewohnern hatte und fast die Hälfte der mehr als tausend Personen ausmachte. Weiterhin waren die Städte Fulda und Marburg und die acht Landkreise Eschwege, Frankenberg, Fritzlar-Homberg, Fulda, Hünfeld, Marburg, Melsungen und Witzenhausen zur sogenannten „Evakuierung" jüdischer Bewohner von insgesamt 40 Ortschaften bestimmt

---

5 Siehe dazu allgemein Michael Wildt, Generation des Unbedingten: Das Führungskorps des Reichssicherheitshauptamtes, Hamburg 2002.

6 Die Namensliste der aus den Dörfern und Kleinstädten Deportierten konnte von mir annähernd vollständig rekonstruiert werden. Siehe dazu auch Monica Kingreen, Die Deportation aus Kassel am 9. Dezember 1941, in: Buch der Erinnerung. Die ins Baltikum deportierten deutschen, österreichischen und tschechoslowakischen Juden, Bearbeitet von Wolfgang Scheffler und Diana Schulle. Herausgegeben vom Volksbund Deutscher Kriegsgräberfürsorge, dem Rigaer Komitee der deutschen Städte, dem Centrum Judaicum und dem Haus der Wannsee-Konferenz, München 2003, S. 657-659. Dort finden sich auf S. 664-686 auch die Namen aller aus Kassel Deportierten mit weiteren Daten.

7 Niederschrift der Gestapo Kassel vom 17.11.1941 mit dem Vermerk Geheim „Betrifft: Besprechung über die Judenevakuierungen am 18.11.1941 im Sitzungssaal des Oberpräsidiums in Kassel. Material zum Vortrag und zur Besprechung", HStAM, LA 180 Fritzlar 2738, Bl. 153-157, im Digitalen Archiv Marburg DIGAM eingestellt.

worden. Die südlichen Kreise des Regierungsbezirks, die der Gestapo-Außenstelle Hanau zugeordnet waren, blieben ebenso ausgespart wie die nördlichen Kreise - also auch die Region Waldeck - und mehrere im Zentrum des Bezirks liegende Landkreise. „Evakuiert" werden sollten arbeitsfähige Personen unter 65 Jahren, die nicht in Rüstungsbetrieben zur Zwangsarbeit eingesetzt waren.[8]

Vermögen und auch Fürsorgeabhängigkeit dürften weitere Kriterien zur Aufstellung der Listen gewesen sein. Auffällig viele Namen von Familien sind auf der Liste zu entdecken. Spätestens am 20. November 1941 waren alle betroffenen jüdischen Personen durch die Vertreter der der Gestapo unterstehenden Reichsvereinigung über „die bevorstehende Umsiedelung" informiert worden. Die mehrseitige „Vermögenserklärung" war ihnen - für den bevorstehenden Raub - auch zugestellt worden, die bis zum 25. November 1941 detailliert mit den Angaben zu Besitz und Vermögen detailliert ausgefüllt bei der Gestapo vorzuliegen hatte. Die Gestapo Kassel hatte sich für die Einrichtung eines zentralen Sammellagers in der Nähe des Hauptbahnhofs Kassel entschieden, wo sie am Montag, dem 8. Dezember 1941, die vorgesehene Zahl von tausend Personen zu einem Transport formieren wollte. Dazu waren die Turnhallen des großen Schulkomplexes der Knaben- und Mädchen-Bürgerschulen Nr. 1 und Nr. 2 in der Schillerstraße ausgesucht worden. Die Gestapo wies die Landräte an, die ihrerseits den Bürgermeistern der Orte, aus denen jüdische Menschen verschleppt werden sollen, Namenslisten gaben und sie detailliert anwiesen.

So teilte der Landrat des Kreises Eschwege am 25. November unter dem Vermerk „Geheim!" zur „Juden-Umsiedelung" genaue organisatorische Anweisungen mit. Dieses Schreiben ging auch noch dem Kreisleiter der NSDAP, den Ortsgruppenleitern der NSDAP in den Ortschaften, dem Gendarmerie Kreisführer sowie den betreffenden Gendarmeriebeamten, dem Fuhrbereitschaftsleiter und dem Landratsamt zu, insgesamt 20 Adressaten. Die Bahnhöfe der Kreisstädte wurden von den Landräten zu Sammelpunkten aus den einzelnen Landkreisen bestimmt, zu denen die Ortsgendarmen die Menschen aus ihren Häusern bringen sollten. Hinsichtlich ihres zurückbleibenden Besitzes in der Wohnung hatten die

---

[8] Vgl. Schreiben des Landrates in Eschwege vom 20.11.1941, HHStAW, Abt. 483-4969a, unfol. Faksimileabdruck in: Anna Maria Zimmer, Juden in Eschwege. Entwicklung und Zerstörung der jüdischen Gemeinde von den Anfängen bis zur Gegenwart, Eschwege 1993, S. 206-209.

Betroffenen die Anweisung erhalten: „Alle Möbel sorgfältig verpacken und in einem Zimmer zusammenstellen. Haushaltswertsachen in einem bestimmten Schrank verschließen und Inhaltsverzeichnis anbringen" – hier hatte die Kasseler Gestapo ebenso wie bei dem Satz „Es sollen möglichst zur Schonung der Turnhallen in Kassel, die als Auffanglager dienen, Hausschuhe mitgenommen werden" Erfahrungen anderer Stapostellen umgesetzt. Außerdem teilte der Landrat des Kreises Eschwege noch mit: „Die Bürgermeister der 4 Landgemeinden halten am Sonnabend, dem 6. Dezember 1941, im Benehmen mit dem zuständigen Gendarmeriebeamten mit den abfahrenden Juden [ein Treffen] in Bezug auf ihr sauberes Aussehen ab. Dabei ist insbesondere auf kurzen Haarschnitt (jedoch nicht Kahlschnitt), gutes Rasieren usw. zu sehen."[9]

Fünf der vorgesehenen 40 Orte gehörten zum Kreis Frankenberg. Hier sollten 27 Personen verschleppt werden: aus Altenlotheim 4 Personen, aus Battenberg 6 Personen, aus Battenfeld 5 Personen, aus Gemünden an der Wohra 5 Personen, aus Oberasphe 7 Personen.

aus Altenlotheim: das Ehepaar Bernhard und Ida Straus, 50 und 49 Jahre alt, mit seinen beiden Söhnen, dem 18-jährigen Rudolph und dem 12-jährigen Günther.

aus Battenberg: das Ehepaar Gustav und Bertha Isenberg, 45 und 41 Jahre alt, mit seinen drei Kindern: dem 11-jährigen Hans, der neunjährigen Ilse und der sechsjährigen Marion. Die Mutter von Frau Isenberg und Oma der drei Kinder, die 71-jährige Regine Stern.

aus Battenfeld: das Ehepaar Menny und Alma Lehrberger mit seinen drei Töchtern: der 15-jährigen Margot, der 14-jährigen Irene, und der neunjährigen Gertrud.

aus Gemünden: das Ehepaar Isaak und Bella Strauss mit seinen beiden Kindern: der 15-jährigen Grete und dem 16-jährigen Ludwig. Die 43-jährige Schwester von Frau Strauss und Tante der Kinder, Bessy Andorn, gehörte auch dazu.

aus Oberasphe: Sophie Katten mit ihren drei Kindern: der 19-jährigen Grete, den 13-jährigen Zwillingen Manfred und Erika. Ihr Ehemann bzw. Vater der Kinder war zu dieser Zeit im Lager Breitenau. Auch der Ehemann von Martha Stern war in diesem Lager inhaftiert, die 48-

[9] Schreiben des Landrates in Eschwege vom 2.12.1941, HHStAW Abt. 483-4969a, unfol.

Jährige wurde so alleine mit ihren beiden Kindern, dem 17-jährigen Fritz und der 15-jährigen Meta verschleppt.

Der damals 12-jährige Günther Strauß aus Altenlotheim, der mit seiner Familie verschleppt werden sollte, berichtete später: „In November 1941 bekamen wir Bescheid, uns vorzubereiten zu einer Übersiedlung nach Osten. Es gab Vorschriften, was und wie viel wir mitnehmen durften. Das genaue Datum zur Abfahrt bekamen wir ca. 1 Woche vor der Abfahrt. Vater kam 3-4 Tage davor von Kassel zurück. Er hätte wegen der Arbeit in Kassel zurück bleiben können; aber ohne Familie? - das kam für ihn nicht in Frage. Also mussten wir, wie vorgeschrieben, zu einer bestimmten Zeit über Marburg nach Kassel fahren."[10]

Zwei Berichte vom 9. Dezember 1941 an den Landrat in Fritzlar über die Verschleppung aus den Ortschaften Zwesten und Zimmersrode liegen vor: „Betrifft: Evakuierung von Juden. Die Evakuierung der Juden in Zimmersrode und Zwesten wurde … durchgeführt. (...) Ferner wurde … das Grund- und Mobilarvermögen der Juden in Zimmersrode sichergestellt und versiegelt. Die Schlüssel zu den beiden Häusern Zimmersrode Nr. 26 und 39 habe ich in Verwahrung genommen und füge diese dem Bericht bei. Irgendwelche Schwierigkeiten sind, weder beim Abtransport des Gepäcks am 6.12. und der Juden selbst am 8.12.1941 [nicht] entstanden. … Die Juden, die bereits durch ihre Organisation [das ist die Reichsvereinigung der Juden] von der Evakuierung in Kenntnis gesetzt worden waren und Anweisungen erhalten hatten, sind am 8.12.1941, gegen 7.30 Uhr in Fritzlar eingetroffen. Das Besteigen des planmäßigen Zuges, 10.12 Uhr ab Fritzlar hatte allerdings durch das viele Handgepäck der Juden etwas verkehrshemmend gewirkt, so dass der Zug, der pünktlich einlief, mit mindestens 5 min. Verspätung abfahren konnte. Im übrigen benahmen sich die Juden nicht renitent. Bei der Besichtigung des zurückbleibenden Eigentums der Juden wurde lebendes Inventar nicht mehr vorgefunden, ebenso keine leichtverderblichen Waren. Eingemachte und eingekochte Lebensmittel, die nach der Anweisung nicht zu den leichtverderblichen Waren gerechnet werden sollen, sind in den Räumen verblieben. Es wäre aber zu empfehlen, auch diese recht bald aus den Räumen zu entfernen, denn in den nunmehr nicht beheizten Räumen würden die Gläser auffrieren.

---

[10] Brief von Günther Strauß http://www.synagoge-voehl.de/Juden_im_Landkreis/altenlotheim/index.htm, alle folgenden Zitate von Günther Strauß sind diesem Brief entnommen.

Ferner empfiehlt der ... [Bürgermeister in] Zimmersrode, das Eigentum der Juden recht bald durch das Finanzamt übernehmen zu lassen, damit die recht ansehnliche Wäsche und sonstigen guten Kleidungsstücke der Juden nicht noch gestohlen werden. Ich schließe mich dieser Ansicht voll und ganz an. ... Über den Verkauf von Sachen der Juden an deutsche Volksgenossen ist nichts festgestellt worden. Anlagen: 1 Liste, 13 Schlüssel." [11]

Der Bürgermeister von Fritzlar teilte am selben Tag dem Landrat mit: „In Fritzlar wurden nur insgesamt 21 Juden ... übergeben. Der Transport bis Kassel vollzog sich auch ohne Zwischenfälle und wurden die Juden auf dem Hauptbahnhof in Kassel den dort vorhandenen Schutzpolizeibeamten ... und einem Beamten der Geheimen Staatspolizei übergeben." [12]

Im Gestapo-Sammellager in Kassel

Auf dem Kasseler Hauptbahnhof empfingen Gestapobeamte die Ankömmlinge aus den diversen Kreisstädten mit Fußtritten und Beschimpfungen und führten sie zum bahnhofsnahen zentralen Deportations-Sammellager, das die Gestapo in der Bürgerschule in der Schillerstraße (heute Walter Hecker Straße) vorübergehend eingerichtet hatte. An diesem Tag wurden außerdem im Stadtgebiet von Kassel mehr als 470 Menschen von der Gestapo in ihren Wohnungen aufgesucht und verschleppt. Der aus Altenlotheim verschleppte Günther Strauß berichtete später: „In Kassel wurden alle in einer Turnhalle gesammelt, und da fing[en] schon Brutalität und Grausamkeit an. Ein Teil der Sachen, die wir mitgenommen hatten, wurde uns abgenommen: alles Geld, Schmuck oder andere wertvolle Sachen wurden abgenommen, auch die Kennkarte wurde weggenommen und abgestempelt mit ‚Evakuiert nach Riga'. Und danach gab es eine grauenvolle körperliche Untersuchung nach eventuellen versteckten Sachen. Nach 1-2 Tagen wurden wir unter schwerer Bewachung zum Bahnhof abgeführt und in einen Zug eingepfercht. Es war ein Personenzug."

---

[11] Zitiert nach Reinhard Theis, Juden in Zwesten, in: Heilbad Zwesten in Geschichte und Gegenwart, Bad Zwesten 1992.

[12] Ebenda.

In dem großen Turnhallenkomplex der Bürgerschulen führte die Gestapo ihre Kontrollen durch. Wertsachen wie Uhren, noch verbliebener Schmuck und Eheringe nahm die Gestapo hier unter wüsten Drohungen ab. Sie ging in dem ihr eigenen Stil rau mit den Menschen um, wobei es aber wohl nicht zu gezielten Misshandlungen kam. Beiläufig konnten die Menschen dort auch das Transportziel Riga erfahren, wo sie schwere Arbeit unter schlechten Lebensbedingungen erwartete. Die Verschleppten verbrachten eine Nacht in den Turnhallen. Für den Transport hatte die Gestapo Dan Blättner aus Kassel als Transportleiter bestimmt sowie einen Ordnungsdienst, zu dem auch Bernhard Strauß aus Altenlotheim gehörte.[13]

Am folgenden Tag, Dienstag, dem 9. Dezember 1941, wurde die mehr als tausendköpfige Menschenmenge in einer Kolonne durch die Schillerstraße, die Orleansstraße [heute Erzbergerstraße], durch die Bahnhofsstraße [heute Werner-Hilpert-Straße] zum Hauptbahnhof getrieben. Am Nachmittag erfolgte auf dem Gleis dreizehn die Verladung in Personenzüge der 3. Klasse, die aus einzeln zu besteigenden Coupés mit acht Sitzen bestanden. Dort musste auch das Handgepäck Platz finden, während die Koffer und Rucksäcke in Güterwagen verladen wurden.

[13] Siehe dazu auch den Brief von Günther Strauß (Anm. 10).

Abb. 1 und 2: Verschleppung jüdischer Menschen aus Hanau in das Gestapo-Sammellager in Kassel am 30. Mai 1942

Beim Einsteigen herrschte große Panik, Menschen suchten ihre Angehörigen und Gepäckstücke. Am Nachmittag setzte sich der Zug mit den gewaltsam aus ihrer Heimat verschleppten jüdischen Menschen, von einem Kasseler Polizeikommando begleitet, in Bewegung. Viele Abteile waren nicht geheizt, während andere überheizt waren. Der Zug fuhr über Berlin, Breslau, Posen, Königsberg, Tilsit und kam nach mehr als 70-stündiger Fahrt am Nachmittag des Freitags, des 12. Dezember, in Riga auf dem Güterbahnhof Skirotava an.

Raub des Vermögens

Der Raub des zurückbleibenden Besitzes der Deportierten war bereits am 25. November 1941 auf einer Sitzung des Oberfinanzpräsidenten in Kassel mit den Vorstehern der Finanzämter geregelt worden. Die Devisenstelle hatte die Devisenakten der Deportierten den zuständigen Finanzämtern bereits am 5. Dezember 1941 zugeschickt, damit diese dann unmittelbar nach der Verschleppung daran gehen konnten, den Besitz der Deportierten zu versteigern und in Bares umzusetzen.

Monate später bot das Finanzamt Fulda beispielsweise dem Arbeitserziehungslager Breitenau unter dem Betreff „Verwertung von Judenvermögen“ aus „dem Vermögen von evakuierten Juden“ 87 Paare Schuhe an.[14]

In der Stadt Kassel hatte der Oberbürgermeister, um den Zugriff auf Hausrat und Einrichtungsgegenstände für Ausgebombte zu bekommen, bereits am 3. Dezember 1941 durch ein Abkommen mit dem Kasseler Finanzamt-Innenstadt und dem dortigen Versteigerungshaus Gebrüder Krell die Organisation der „Verwertung“ dem Verein für Volkswohl e.V. übertragen. Der Besitz der verschleppten Menschen wurde später versteigert, bzw. an „Fliegergeschädigte“ verkauft. In Marburg war der Hausrat von einem Finanzbeamten dem Leiter der neu eingerichteten „Verwertungssstelle für Judenvermögen“ direkt aus den Wohnungen „verwertet worden“.[15] Die Beamten des Marburger Finanzamtes müssen sich offensichtlich so intensiv am Besitz der deportierten Juden bereichert haben, dass der Vorsteher seinen Mitarbeitern nur wenige Wochen nach der Deportation den Kauf von Besitz der verschleppten Juden aus der Region Marburg verbieten musste.[16] Der Gesamtgewinn aus dem Vermögen der Deportierten dieser ersten Deportation aus dem Regierungsbezirk Kassel für das Deutsche Reich dürfte unter Abzug aller Unkosten schätzungsweise um die zwei Millionen Reichsmark betragen haben.[17]

Ankunft auf dem Güterbahnhof Skirotava in Riga

Zum Schicksal des Kasseler Transportes verdanken wir Lilli Strauß aus Hünfeld einen eindrucksvollen Brief. Nur wenige Monate nach ihrer Befreiung berichtete sie im Sommer 1945 ihren Verwandten über ihre

[14] Schreiben Finanzamt Fulda vom 15.4.1942, Archiv des Landeswohlfahrtsverbandes Hessen, Bestand Breitenau, Nr. 9767, Faksimileabdruck in: Gunnar Richter, Die Gedenkstätte Breitenau in Guxhagen bei Kassel, Kassel 1995, S. 23.

[15] Ermittlungsbericht der Spruchkammer Marburg-Stadt vom 16.4.1947, HHStAW, Abt. 520, Spruchkammerakte Walter Kämmerling, Bl 5.

[16] Ebenda.

[17] Die Schätzung erfolgt in Anlehnung an die erste Deportation aus dem Gebiet des Volksstaates Hessen, vgl. Monica Kingreen, Gewaltsam verschleppt aus Oberhessen. Die Deportationen der Juden im September 1942 und in den Jahren 1943-1945, in: Mitteilungen des Oberhessischen Geschichtsvereins NF 85, 2000, S. 5-95, hier S. 16.

Erlebnisse der zurückliegenden Jahre.[18] Auch Günther Strauß aus Altenlotheim berichtete später über seine Erlebnisse.[19] Aus beiden Berichten wird nun des öfteren zitiert.

Günther Strauß: „Nach 3-4 Tagen kamen wir in Riga an. Die Menschen erstarrten vor Kälte beim Rausgehen aus dem Zug, in dem es sehr heiß gewesen war. Draußen war es über 30 Grad minus. Wer hinfiel, blieb liegen; keiner konnte und durfte helfen. Da fing die richtige unvorstellbare Grausamkeit und Mörderei an. Es ist mir fast unmöglich, diese Einzelheiten, die wir durchmachten, zu beschreiben. Raus aus dem Zug und antreten zu 4 in der Reihe."

Lilli Strauß: „In Riga am Bahnhof [stand] eine Menge SS. Es war an dem Tag furchtbares Wetter, Glatteis, dass man kaum stehen konnte. In der Nähe des Bahnhofs standen Omnibusse, hiermit durften Alte und Kranke fahren. Unsere Mutter fuhr auch mit. (...) Unser Zug von etwa 1000 Menschen lief dann ca. zwei Stunden zu dem Ghetto hin [das 5 Kilometer entfernt war]. Viele warfen unterwegs unter dem Druck der Last noch von ihrem Gepäck fort."

Günther Strauß: „Dann kamen 2 SS-Offiziere, sie musterten alle Reihen und nahmen junge Männer raus und stellten sie abgesondert von uns auf. Wer nicht gehen wollte oder wen die Familie festzuhalten versuchte, bekam mit dem Gummiknüppel Schläge auf den Kopf. Auch Rudi sel. [der 18-jährige Bruder] wurde von uns getrennt. Als die Sortierung fertig war, sagten die SS-Leute: ‚Die hier werden euer Lager ... aufbauen, und dann kommt ihr nach dort.'"[20]

Lilli Strauß: „Ungefähr eine halbe Stunde bevor wir das Ghetto erreichten, erging der Befehl, dass alle Männer von 17 - 45 Jahren zur Seite treten möchten. Unser Transportleiter, Dan Blättner aus Kassel, sagte im Auftrag des Kommandanten, dass sie in ein Lager voraus gehen sollen, um es fertig zu bauen. In ca. acht Tagen kämen wir anderen

[18] Elisabeth Sternberg ist die Kenntnis dieses wichtigen Dokumentes zu verdanken, das sie von dem Sohn von Lilli Strauss in Amerika erhalten hat. Siehe ausführlich: Von Hünfeld über Kassel in das Ghetto Riga. Bericht von Lilly Strauß über ihre Verschleppung im Dezember 1941, kommentiert von Monica Kingreen, in: Jahrbuch 2004, hrsg. vom Kreisausschuss des Landkreises Kassel, Kassel 2003, S. 134-140. Alle folgenden Zitate sind dem Brief von Lilli Strauß entnommen.

[19] Brief von Günther Strauß. Vereinzelt wurde die Reihenfolge der Sätze umgestellt, um die Chronologie zu wahren.

[20] Das Lager wird nicht zutreffend als Kaiserwald benannt, dies wurde ausgelassen. Salaspils wäre zutreffend.

nach. Da wurden schon viele Familien auseinander gerissen. Die Männer kamen dann in das inzwischen bekannt gewordene Vernichtungslager Salaspils."

Ankunft im Ghetto von Riga

Günther Strauß: „Im Ghetto bekam der Gruppenführer einige Häuser zugeteilt, worin alle Leute der Gruppe untergebracht werden mussten; auch hier waren wir wie Sardinen zusammen gepfercht."

Lilli Strauß: „Als wir nun im Ghetto eintrafen, boten sich uns grauenhafte Bilder. In diesem Ghetto wohnten, bevor wir kamen, lettische jüdische Familien. Von den etwa 30.000[21] hat man vor unserer Ankunft bis auf ca. 4000 alle umgebracht. Wir sahen noch die Blutlachen. Die Tische waren zum Teil noch gedeckt. Man sah, dass die Menschen ganz plötzlich aus dem Leben herausgerissen worden waren. Die Wohnungen waren ganz durchstöbert, denn schließlich hatten die Herren ja auch Interesse daran, sich an den Wertsachen zu bereichern. Ihr könnt Euch denken, mit welchem Entsetzen und Angstgefühlen wir dies alles in uns aufnahmen."

Günther Strauß: „Die Wohnungen, die wir sahen, waren offensichtlich ganz plötzlich verlassen worden. Wir wussten am Anfang nicht, wer dort gewohnt hatte und wohin die Menschen gekommen waren. Wir fanden in den Wohnungen etwas Essen. Am Abend war Ausgangsverbot, und SS patrouillierte zwischen den Häusern. Am nächsten Morgen hörten wir, dass die Leute in den ersten Häusern, an welchen wir vorbei gingen, von Köln kamen und einen Tag vor uns angekommen waren."

Das Ghetto war wenige Monate zuvor in einem ärmlichen Vorort Rigas, dem Arbeiterviertel der Moskauer Vorstadt, auf Befehl der deutschen Besatzer für 30.000 Juden auf nur 9.000 Quadratmetern mit einem hohen Zaun von der übrigen Stadt abgetrennt worden. Es war stark von lettischen Wachen bewacht. Das Ghetto war vollkommen überfüllt, die meisten Häuser waren verfallen und die sanitären Einrichtungen völlig unzureichend. Die Kasseler hatten im Ghetto einen eigenen Bereich, dessen Häuser heute noch in Riga existieren.

---

[21] Im Original steht die nicht zutreffende Zahl 40.000, sie wurde stillschweigend auf 30.000 geändert.

Mehr als 25.000 lettische Juden aus dem großen Ghetto waren am 30. November, dem Rigaer Blutsonntag, sowie am 8. und 9. Dezember 1941 in einer minutiös geplanten „Aktion“ in den Wald von Rumbula, einige Kilometer von Riga entfernt, getrieben und dort in ausgehobenen Gruben erschossen worden, um für die aus dem Deutschen Reich verschleppten Juden Platz zu schaffen.

Die Kasseler waren der zweite Transport nach den Kölnern, der im Ghetto von Riga eintraf. Die Straßennamen im Ghetto richteten sich nach der Herkunftsstadt der Transporte, so gab es eine Kölner, eine Bielefelder Straße und auch eine Kasseler Straße. Der Bereich der Kasseler umfasste zumeist einstöckige Holzhäuser zwischen der heutigen Liksnas iela und der Moskauer Straße. Dann gab es noch das kleine Ghetto, in dem die mehr als 4.000 lettischen Juden, die als Arbeitskräfte bei den Tötungsaktionen im November/Dezember 1941 selektiert worden waren, lebten.

Lilli Strauß: „Täglich rechneten wir auch mit einer solchen Aktion [der Massentötung], denn jetzt erkannten wir, dass wir zu diesem Zwecke nach dem Osten geschafft wurden. Nur der damaligen Kriegslage können wir es verdanken, dass wir noch am Leben sind. Riga wurde die Zentrale der Frontlieferungen für den Osten, und so fanden viele von uns dort Beschäftigung. Allerdings, die nicht Arbeitsfähigen brachte man ums Leben. Man suchte Menschen beim Appell aus und transportierte sie unter dem Vorwand, anderweitig zu arbeiten, ab. So verschwanden die Menschen, und niemals sah oder hörte man wieder etwas von ihnen. ... Sehr groß war der Hunger im Ghetto. Die Zuteilungen waren so gering, dass viele Hungers starben. Anfangs gab es gar nichts zu essen. Da schlich man sich in die noch unbewohnten lettischen Häuser, was auch sehr gefährlich war, und suchte nach allem Möglichen. Gefundene Kartoffeln waren gefroren, aber das machte nichts, wir aßen sie doch. Kinder und auch Große durchwühlten die Komposthaufen und suchten allen Dreck zusammen. Dass die Menschen dann Krankheiten und Ausschläge usw. bekamen, blieb nicht aus. Das Durchsuchen der lettischen Häuser nach Lebensmitteln und Kleidern nannte man ‚Requirieren‘. Und so gingen alle und durchstöberten diese Häuser. Eines Tages wurde[n] ich und noch einige andere von der lettischen SS hierbei gefasst. Man nahm uns die Sachen ab und verschlug uns, und wir dankten Gott, dass wir noch mit dem Leben davongekommen waren. So ging man einige Tage nicht hin, bis der Hunger uns dazu trieb, doch wieder zu gehen. - Bedroht war man im Ghetto ja ständig, sogar des Nachts brachen die lettischen SS-Leute, die uns größtenteils bewachten, in den Häusern ein, vergewaltigten Mädels und Frauen, auch Jungens, und beraubten sie dann noch der Kleider usw."

Günther Strauß: „Als das Essen, das wir fanden, zur Neige ging, waren wir gezwungen, in den Häusern Essen zu suchen, in denen noch niemand war. Ich weiß nicht, wann und was uns zugeteilt wurde in der ersten Zeit. Wer beim Essensuchen in den noch leeren Häusern erwischt wurde, wurde als Plünderer erschossen. Die Lage war so schwer, dass wir meinten, es sei besser, bei der Lebensmittelsuche erschossen zu werden als zu verhungern.

Es kamen [in den folgenden Wochen] auch noch Gruppen aus anderen Städten ins Ghetto, so dass wir auch in diese Häuser gehen konnten. Am Tag konnte man von einer Gruppe zur anderen gehen, und da kamen wir auch nach einiger Zeit an einen Stacheldrahtzaun, auf dessen anderer Seite nur Männer waren. Wir erfuhren, dass in diesen leeren Häusern lettische Juden gelebt hatten, die zum Teil ermordet worden waren, während der andere Teil am Leben gelassen und zur Zwangsarbeit geschickt wurde."

Lilli Strauß: „Unser Kommandant war ein deutscher Obersturmführer, auch sein Adjutant war aus Deutschland. Diese konnten Menschen auch ohne Grund rücksichtslos erschießen, denn es waren richtige Bluthunde.

Als wir so einige Wochen im Ghetto verbracht hatten, teilte man die Leute in Arbeitskommandos ein. Und nun gingen viele Gruppen zur Wehrmacht und teils zur SS arbeiten. Dort gab es oft Gelegenheit, etwas zu klauen, welches wir „Organisieren" nannten. Auch konnte man Wäsche und Kleider, die man in den lettischen Häusern „requiriert" hatte, gegen Lebensmittel bei den dort beschäftigten lettischen arischen Arbeitern tauschen und mitbringen. Beides war natürlich verboten, und so konnte man die Sachen nur unter Todesgefahr ins Ghetto hereintragen.

Täglich wurden Leute bei den Kontrollen erwischt und dann erschossen oder erhängt. Selbst dass man uns alle an den Erhängten als

Abschreckungsmittel vorbeiführte, konnte uns nicht dazu bringen, es zu unterlassen. Schließlich war es ja auch ganz gleich, wie man sein Leben aufs Spiel setzte. Der Hungertod wäre uns sicher gewesen, hätten wir nichts mit nach Hause gebracht. Eine milde Strafe war bei kleinen Vergehen, dass man den Frauen die Haare abschnitt. Dann mussten sie am Eingangstor stehen, wenn wir abends nach Hause kamen. Es sah entsetzlich aus, aber es wirkte nicht als Abschreckungsmittel.

Unsere Ernährung bestand aus verstunkenen Fischköpfen, Rhabarberblättern, Weißkohlabfall, verdorbenen kleinen Fischen, Brot in ganz kleinen Mengen. Kartoffeln gab es nie, nur die ‚organisierten'. Von einem [Arbeits-]Kommando, wo ich bei der SS Kartoffeln schälte, brachte ich die Schalen mit. Aber ich wagte nicht einmal[,] eine Kartoffel drin zu lassen, weil wir dort nach der Arbeit gleich kontrolliert wurden. Die Schalen haben wir dann tüchtig gewaschen und sie dann zu Speisen verwandt. Wir drehten sie durch die Mühle und machten Reibeplätzchen davon, aber ganz ohne Fett. Im Ghetto hatten wir in den Häusern ja Gelegenheit, selbst zu kochen.

Unser Vater machte, weil er schon 75 Jahre alt war, Hofdienst. Das war nicht so schwer, aber er musste immer da sein, selbst wenn das Wetter noch so schlecht war. Die Mutter hat im Haushalt gearbeitet und dazu noch Kinder betreut. Also, jeder musste arbeiten, sonst war bei dem nächsten Vernichtungstransport - als solche hatten wir sie nun schon erkannt - die Person fällig.

Ich arbeitete später [außerhalb des Ghettos] in einer Molkerei, da ging es uns dann etwas besser. Milch habe ich dann immer etwas mitgebracht, aber auch nur versteckt. Ich trug kleine Säckchen an einem Gürtel, unter dem Kleid gebunden, sodass man es nicht sehen konnte. Aber mit Herzklopfen ging ich immer ins Ghetto rein. Auch schon beim Verlassen der Molkerei wurden wir kontrolliert. Als ich dann einige Zeit in der Molkerei gearbeitet hatte und schon etwas bekannt wurde mit den lettischen Arbeiterinnen, fing ich auch an, verschiedene Sachen zum Tauschen mitzunehmen. Und so gelang es mir dann, dass ich besser für die lieben Eltern sorgen konnte und auch für Joseph, der nun sehr krank von Salaspils [Lager] zurück war. Wochenlang lag er krank, und als er sich dann wieder einigermaßen fühlte, arbeitete er im Innendienst im Ghetto.

Die Verwaltung des Ghettos lag in jüdischen Händen, natürlich unter ständiger Kontrolle des Kommandanten. Jede Gruppe hatte einen Ältestenrat, in der Kasseler Gruppe war es der Transportleiter Dan Blättner. Dessen Frau kennt Ihr auch, eine Alice[,] geb. Heinemann. Sie hatten in Kassel eine Fellhandlung. Ihre Mutter war auch mit im Ghetto. Über allen Gruppen stand ein Ältester, dieser war ein Herr Leiser aus Köln. Dann hatte jede Gruppe einen Arbeitseinsatz,welcher die Leute seiner Gruppe zu den Arbeiten einteilte, je nach den Fähigkeiten."

Günther Strauß: „Mutter sel. ... arbeitete in einem Militärhospital, bis zu dessen Auflösung. Vater sel. war, wie schon erwähnt, im Ordnungsdienst und wurde - ich weiß nicht wie - zur Ghetto-Kommandantur abkommandiert. Dort arbeitete er in der Kleidungskammer mit jenen Kleidungsstücken und anderen Sachen, die den ankommenden Menschen weggenommen wurden; auch jenen Menschen, die überhaupt nicht ins Ghetto kamen, sondern umgebracht wurden. Auch ich suchte Arbeit oder Beschäftigung, aber für Kinder war das am Anfang unmöglich.

Eines Tages kam Vater sel. von seinem Dienst und sagte, dass die Ordonnanz von unserer Gruppe (Kassel) krank ist. Man brauche dringend jemanden [als Laufburschen]. Da lief ich, ohne zu fragen, zur Gruppenleitung und sagte, ich wolle Ordonnanz werden. Der Gruppenleiter sagte: ‚Du Schnörzel, putz dir die Nase und geh schnell weg.' Aber eine Mitarbeiterin von ihm sagte zu ihm: ‚Lassen Sie ihn schnell diese Papiere zur Kommandantur bringen. Wenn die Papiere nicht sofort hin kommen, werden wir bestraft, und Sie wissen, was uns dann passieren kann.' Also lief ich zur Kommandantur. Am Eingang, wo auch die Kleiderkammer war, stand der diensthabende Mann vom Ordnungsdienst und wollte mich nicht reinlassen. Aber ich war schneller als er und lief die Treppe rauf zum Kommandanten vom Ghetto, wo ich die Papiere abgeben musste. Die Tür war offen. Ich klopfte an und stand stramm und sagte: ‚Die Papiere oder Meldungen von der Gruppe Kassel', und er fragte: ‚Wer bist du?'. Ich antwortete schnell: ‚Die neue Ordonnanz von unserer Gruppe.' Er stellte noch einige Fragen wegen der Familie und dann sagte er: ‚Werden sehen, ob du das kannst.' Von da an war ich einige Monate beschäftigt, zwischen Kommandantur, Arbeitsamt und der Gruppe. Auf einigen Arbeitsstellen außerhalb vom Ghetto bekamen die Leute Mittagessen oder ein Stückchen Brot und was dazu. Und das war viel wert, denn was wir im Ghetto bekamen, war sehr wenig. Auch die beim Ordnungsdienst bekamen etwas zusätzlich. Auch ich bekam hier und da mal etwas zu essen.

Nach einigen Monaten hörte ich im Arbeitsamt, es werde eine Arbeitsgruppe zusammen- gestellt für eine Leimfabrik, in der auch einige Jungen mitarbeiten sollen. Als ich zurück in die Gruppenleitung kam, sagte ich, ich wolle dort arbeiten. Sie wollten nicht, dass ich dort zur Arbeit gehe. Da legte ich meine Tasche hin und ging am anderen Morgen zum Arbeitsamt und sagte dem, der die Gruppen zur Arbeit aufstellt, ich würde auch zur Leimfabrik gehen. Er lachte: ‚Wenn dir das besser gefällt als die Ordonnanz, geh von mir aus mit.' Aber jetzt war es eine Person zuviel, doch der von der Fabrik sagte: ‚Das macht nichts. Wir brauchen sowieso in einigen Tagen mehr Leute.'

Die Kinder der Kasseler Gruppe lachten mich aus: ‚Er geht freiwillig, damit Hitler den Krieg gewinnt." Ich sagte: ‚Lacht nur! Wir werden sehen, wer zuletzt lacht!' Und leider hatte ich recht: nach einiger Zeit wurden nach und nach Kinder abtransportiert und umgebracht. Nach ca. einem Jahr wurde Vater sel. plötzlich zum Kommandanten gerufen und weggeschickt zur Arbeit außerhalb des Ghettos. Wir wussten nicht, was mit ihm geschah und fürchteten das Schlimmste. Nach zwei Wochen kam er zurück und sagte: ‚Ich arbeite als Maurer bei SS-Offizieren in ihren Wohnungen in der Stadt, mache Reparaturen und schlafe in einem SS-Lager. Man sagt, ich kann alle zwei Wochen ins Ghetto zur Familie fahren, wenn ich will.' "

Lilli Strauß: „So lief das Leben 2 Jahre lang mit öfteren Abwechslungen, wie zu Anfang ausgeführt! Meine Arbeitszeit in der Molkerei dauerte ziemlich ein Jahr. Hier habe ich allerdings die meiste Kraft meiner Nerven eingebüßt, denn die ständigen Kontrollen waren sehr aufregend. Andererseits war ich glücklich, meinen Leuten, in der Hauptsache den Eltern, zusätzlich etwas nach Hause zu bringen. Außerdem gab ich Kleinkindern und Kranken täglich von der mitgebrachten Milch. Später kam ich in andere Kommandos, auch hier war immer Gelegenheit, etwas mit ins Ghetto zu bringen."

Auflösung des Ghettos in Riga

Lilli Strauß: „Dann kam von Berlin der Befehl, das Ghetto Riga zu liquidieren, und so begann man schon im Sommer 1943 mit der Auflösung der kleineren Kommandos. Viele arbeitslose Menschen sandte man nach dem KZ-Lager Kaiserwald bei Riga. Man fürchtete nun dauernd, dass eine große Veränderung eintreten würde, und so kam es dann auch.

Am 2. November 1943 … kam eine Menge lettische SS und trieb die Menschen aus den Häusern heraus auf einen großen Appellplatz. Dort standen viele Lastwagen und mit Maschinengewehren und Pistolen bewaffnete SS. Außerdem war auf dem Platz anwesend der Kommandant mit noch einigen deutschen SS-Leuten. Jetzt wurden die Menschen wahllos genommen. Von unseren Verwandten gingen mit diesem Transport: unsere lieben Eltern, Josephs Schwester Berta mit Mann, Selma Wertheim, die Frau von Aron aus Kassel, die Frau von Max Wertheim aus Niedenstein, Licci mit Tochter und Mutter, Frau Lion aus Kassel. Weiter: Meier Wertheim mit Frau, der Sohn von Onkel Mendel, Bertha Höchster mit Mann und Sohn, - sie war die Tochter von Tante Rosalie aus Kirchhain (Hatzbach) - und dann noch sehr sehr viele gute Bekannte. Kleine Kinder kamen restlos weg, nur einigen Eltern gelang es, sie gut zu verstecken. Es war grauenhaft, abends zurück in die Wohnungen zu gehen. Die SS hatte auch da wieder alles durchstöbert und geklaut, was nur möglich war. An Schlafen in den darauffolgenden Nächten war gar nicht zu denken."

Über das weitere Schicksal dieser Menschen berichtete Julius Rosengarten aus Kassel: „Am 2. November 1943 kam ich von Riga weg. Zu diesem Transport gehörten meine Frau, mein einziges Kind - ein Mädchen, 12 Jahre alt - meine Mutter, mein Bruder mit seiner Frau und zwei Kindern. Insgesamt gehörten 2.600 Personen zu diesem Transport. Begleitet wurde der Bahntransport von ukrainischer SS unter deutscher Leitung. Wir wurden in geschlossenen Viehwaggons gefahren. Wir kamen in Birkenau bei Auschwitz an.

Gleich nach der Ankunft auf dem Bahnhof wurden 120 Männer ausgesucht (...) Als ich ins Lager kam, habe ich mit bereits dort befindlichen Häftlingen gesprochen. Sie sagten mir, ich brauche mir um die anderen des Transportes keine Gedanken zu machen, die seien schon längst in Rauch aufgegangen. Sie zeigten mir auch die Schornsteine, die qualmten. Meine Angehörigen kamen alle ums Leben mit den anderen 2.480 Personen unseres Transportes." [22]

[22] Aussage von Julius Rosengarten 22.1.1969, LKA 1191, Zwischenarchiv des Hessischen Landeskriminalamtes im HHStAW.

Arbeit im Armeeebekleidungsamt A.B.A. in Riga

Nun wieder zurück zum 2. November 1943, als das Rigaer Ghetto gewaltsam aufgelöst wurde. Lilly Strauß und auch Günther Strauß waren nun zwangsweise im Armeebekleidungsamt eingesetzt.

Lilli Strauß: „Die Arbeit bei dem Armeebekleidungsamt war folgende: Sämtliche Militärkleidung von den Toten der östlichen Schlachtfelder kam nach Riga. Dort wurde sie begast, von uns sortiert, gewaschen und wieder instandgesetzt, sodass sie wieder ausgabefähig war. Es wurden enorme Leistungen verlangt, und es gab wirklich jeder sein Bestes. ..."

Günther Strauß: „Nach einiger Zeit wurde die Arbeit in der Leimfabrik eingestellt und ich kam zur Arbeit in der A.B.A. Bekleidung. Dort arbeitete ich am Anfang als Lorenschieber und später als Klempner und Installateur. Man wollte eine Wäscherei für die Besatzung aufstellen. Bei Auflösung vom Ghetto wurden alle, die in der A.B.A. arbeiteten, besonders gestellt, und es wurden noch Leute dazugestellt, auch Mutter sel. war dabei. Alle übrigen wurden abtransportiert zur Vernichtung. Ich kann aus seelischen Gründen nicht auf die Einzelheiten des Ghetto- und KZ-Lebens und die Ermordungen eingehen. Nach einer Zeit im Arbeitslager bei der A.B.A. kam auch Vater sel. zu uns, und auch dort arbeitete er als Maurer. In der A.B.A. waren wir 3 auch wieder zusammen."

Lilli Strauß: „Nach kaum 5 Monaten holte man die damals am 2. November [1943 – bei der Auflösung des Ghettos] durch Verstecken geretteten Kinder ab und brachte auch diese ins Ungewisse. Es war grauenhaft, diese Szenen immer mitzuerleben, und dann erinnerten sie auch wieder daran, was wohl mit unseren Kindern geschehen sein mochte. (...)

Man ersann immer neue Schikanen gegen uns: (...) Im Monat Juli war wieder etwas anderes: Da kam ein Arzt von der SS [des KZ] Kaiserwald und suchte alle Kranken und Schwachen aus. Natürlich traf es auch viele Gesunde und Junge, wie es immer bei solchen Aktionen war. Menschen, die einen Bruch hatten, den sie sich infolge der schweren Arbeit bei dem Armeebekleidungsamt zugezogen hatten, mussten natürlich auch mit fort. Hierbei gingen von unseren Verwandten: Emma Heiser, Aron Wertheim, Frieda Kaiser - die Frau von Baruch Kaiser (ihrem

Schwager) und Blättner mit seiner Frau. (...) Das Leben ging weiter, aber man war in ständiger Angst, weil durch das Näherkommen der Front Riga in Gefahr war, und wir damit rechnen mussten, fortzukommen. Vor jeder Veränderung hatten wir große Angst. Im August wurde dann ca. die Hälfte unserer Leute abtransportiert. Anfangs waren wir ca. 1.300 Menschen. (...) Im September [1944] war es dann soweit, dass Riga geräumt werden musste. Und so kam dann am 26. September der Rest auch nach dem KZ-Lager Stutthof."

KZ Stutthof bei Danzig und das weitere Schicksal von Günther Strauß

Auch Günther Strauß und seine Eltern wurden in das KZ Stutthof bei Danzig gebracht. Hier kamen sehr viele der hessischen Deportierten zu Tode.

Günther Strauß: „Dort arbeiteten wir fürs Militär und für die SS. Vater sel. verunglückte bei der Arbeit. Er rutschte aus, als er einen mit Leder beladenen Wagen schob, und der Wagen fuhr über sein Bein, so dass er nicht mehr gehen konnte. Er lag einige Tage auf dem Boden der Baracke, in der wir schliefen. Er starb höchstwahrscheinlich an Diphterie oder Ruhr. Er musste mit Gewalt etwas trinken, und nach 2-3 Tagen starb er an Durchfall. Ich weiß nicht, wie Mutter sel. ums Leben kam. Es gibt einige Vermutungen. Nach der Befreiung habe ich niemanden getroffen, der mit ihr bei der Auflösung des KZ [Stutthof] zusammen war. Als die Russen sich auch hier näherten, wurde der Rücktransport genau so wie in Riga gemacht, nur noch viel grausamer.

Ich bekam einige Tage, bevor wir [aus Stutthof] abtransportiert werden sollten, Flecktyphus, und ich kam in eine Baracke, wo niemand mehr raus kam. Nach 1 1/2 Tagen hörte ich am Nachmittag jemanden nach mir rufen. Ich kroch zum Fenster, und da war mein Freund, mit dem ich eine ganze Zeit zusammen in der A.B.A. gearbeitet hatte. Er sagte: ‚Versuch am Abend raus zu kriechen und dann komm in die und die Baracke. Morgen früh geht's ab. Wir helfen dir beim Abmarschieren.' Die Baracke, in der ich war, war mit Stacheldraht umzäunt und von 2 SS-Leuten bewacht. Aber die waren sicher, dass von denen, die da drin waren, keiner im Stande ist und versucht rauszukommen. Denn die waren zu schwach, und wohin hätten sie gehen sollen?! Am Abend schlich ich mich zur Tür. Die war nicht abgeschlossen, denn zweimal am Tag kamen Leute, um die Toten raus zu holen. Man ließ einige Bröckchen Brot zurück, wenn das vorher dagelassene aufgegessen war. Zu meinem Glück lag etwas Schnee draußen. Es war Anfang Januar 45. Ich kroch unter dem Stacheldraht hindurch und schleppte mich sehr langsam und auch vorsichtig, denn man sollte mich nicht bemerken, zu der Baracke, wo meine Freunde waren.

Am frühen Morgen ging der Transport los. Zwei Freunde hielten mich fest unterm Arm beim Gehen. So gingen wir einen kurzen Weg bis zu einem kleinen Schiff. Als wir oben ankamen, war kein Platz mehr im Schiff und wir blieben auf dem Deck. Es war vielleicht auch mein Glück, denn es schneite, und ich hatte Fieber, und das kühlte mich etwas ab. Schon die letzten Tage im KZ hatten wir Kanonenschüsse gehört, und es war immer näher gekommen. Nach einigen Stunden auf dem Schiff wurden die Kanonenschüsse schwächer.

Als wir vom Schiff runter gingen, kamen wieder SS-Offiziere und teilten uns in Gruppen. Einige wurden auf Autos geladen, einige zurück aufs Schiff geschickt, und eine Gruppe, darunter meine Freunde und ich, kam in ein kleines Lager auf einem Militärflugplatz. Von Leuten, die schon vor uns dort waren, erfuhren wir sofort, dass die SS-Leute nicht so waren, wie wir es gewohnt waren. Sie waren vom Militär zur SS abkommandiert worden, und es war auch wirklich ein großer Unterschied zu früher. Unsere Arbeit bestand darin, dort Minen und Bomben entlang der Start- und Landebahnen zu legen. Die SS-Wache schaute nicht nach, ob alle zur Arbeit raus gegangen waren. Auch das Essen war im Vergleich zu dem, was wir früher bekommen hatten, mehr und besser. Nach einigen Tagen, an denen ich mich ausruhte und mich dann besser fühlte, ging ich auch zur Arbeit. Mittlerweile wurde das Schießen immer stärker. Wir mussten die Minen auf die Landebahnen legen. Man wollte uns weiter zurück transportieren, aber die Russen umzingelten in einem sehr starken Angriff die ganze Gegend, und da wurden die Landebahnen mit Ausnahme von 2 gesprengt. Wir bekamen drei Minuten, um in einen nahen Deckungsgraben zu laufen. Wer nicht hineingelangte oder in der Baracke blieb, kam ums Leben. Zwei Tage später war auch der Flughafen umzingelt, und wir lagen inmitten der Toten. Die Schießerei ging über und zwischen uns durch, und da kamen russische Flugzeuge und bombardierten die noch am Flugplatz stehenden 2 Flugzeuge, welche sicher die noch in der Nähe stationierten Offiziere raus bringen sollten.

Nach noch 2 Tagen war es plötzlich ganz still geworden. Neugierig schlichen wir zwischen den Trümmern, wo wir untergeschlüpft waren, raus, um zu sehen, was da draußen geschah. Aber es gab nichts zu sehen. Nach einer kurzen Zeit kamen zwei russische Panzerwagen und einige Fahrzeuge, und man sagte uns: ‚Geht in das nächste Dorf. Ihr könnt dort machen, was ihr wollt.' So wurden wir befreit. Es war der 23. März 45. So, das war unser und mein Lebenslauf, wenn man es Leben nennen kann."

Bisher sind 94 Überlebende des Transportes von Kassel nach Riga bekannt, davon waren drei aus dem Landkreis Frankenberg Deportierte: aus Altenlotheim Günther Strauß; aus Gemünden Ludwig Strauss; aus Battenberg Hans Isenberg. Sie waren als Jugendliche verschleppt worden und nun die einzigen Überlebenden ihrer Familien. Nach 1945 wanderten die meisten der hessischen Überlebenden nach Amerika oder Israel aus. Wenige blieben auch in Hessen. Dazu gehörte Alfred Kaufmann, der aus Kassel verschleppt worden war und zusammen mit seinem Bruder Siegfried - auch ein Überlebender - nach der Befreiung in Korbach ein Geschäft aufmachte.

Die zweite Deportation aus dem Regierungsbezirk Kassel

Im Juni 1942 gab es einen zweiten Transport aus dem Regierungsbezirk Kassel. Nach neuen Vorschriften des Reichssicherheitshauptamtes in Berlin sollten nun ausschließlich solche Personen deportiert werden, die unter 65 Jahre alt, oder gebrechlich unter 55 Jahren waren und sich nicht im kriegswichtigen Einsatz befanden. Ehepaare und Kinder bis 14 Jahren waren nach diesen Richtlinien gemeinsam zu verschleppen. Ausgenommen waren Männer, die im 1. Weltkrieg ausgezeichnet oder verwundet worden waren mit ihren Familien, sowie Personen, die mit einem als „Arier" geltenden Menschen verheiratet waren.

Diesmal waren Menschen aus 60 Ortschaften aus insgesamt 22 Kreisen im Regierungsbezirk betroffen. Aus der Stadt Kassel selbst waren lediglich 87 Personen vorgesehen. Die zuvor ausgesparte Region Hanau hatte mit 86 Personen einen großen Anteil aufzuweisen, ebenso wie der Kreis Rotenburg mit 46 Personen.

Die Gestapo in Kassel traf frühzeitig die organisatorischen Vorbereitungen dieser Deportation. Am 20. März 1942 informierte sie u.a. die Landräte in einem als „Geheim!" eingestuften Fernschreiben. „Im Zuge einer bereits laufenden Evakuierungsaktion werden in nächster Zeit auch aus dem Regierungsbezirk Kassel ca. 840 Juden nach dem Osten abgeschoben. ... Da der Zeitpunkt der Evakuierung aus verkehrstechnischen Gründen noch nicht festgesetzt und voraussichtlich erst 4 Tage vorher angegeben werden kann, müssen sämtliche mit dieser Aktion in Beziehung stehenden Vorbereitungsmaßnahmen sofort in Angriff genommen werden." Es folgten detaillierte Hinweise zum „Auffanglager" in Kassel, zur Fahrt dorthin sowie zum Raub des Vermögens etc.[23]

So konnte beispielsweise der Landrat in Schlüchtern bereits am 30. März 1942 dem Bürgermeister der Stadt mitteilen: „Im Zuge einer bereits laufenden Evakuierungsaktion werden in nächster Zeit folgende Juden [es werden 14 Namen aufgezählt] (...) abgeschoben." Detailliert wurde in diesem Schreiben bereits die allgemeine Vorgehensweise für den Transport beschrieben, beispielsweise: „Um Selbstmorde während des Transportes nach Möglichkeit zu verhindern, dürfen Messer, Gabeln, Scheren, Rasierzeug und dergleichen von den Juden während des Transportes nicht benutzt werden und daher nicht im Handgepäck verpackt werden." Deutlich wurde auch darauf hingewiesen: „Das in den Wohnungen der zu evakuierenden Juden zurückbleibende Vermögen wird nach deren Abtransport beschlagnahmt. Die Durchführung der Beschlagnahme erfolgt durch die Geheime Staatspolizei und durch das Finanzamt." Abschließend wurde dort auch festgehalten: „Die Juden dürfen aber von der bevorstehenden Abschiebung noch keine Kenntnis erhalten."[24]

Die aus Berlin vom Reichssicherheitshauptamt vorgegebene Größe eines Transportzuges von 1.000 Personen war zu diesem Zeitpunkt schon nicht mehr innerhalb der Gestapostelle Kassel, die das Gebiet des Regierungsbezirkes umfasste, zu realisieren; so stellten die Gestapo Kassel und Chemnitz gemeinsam einen sogenannten Koppeltransport

---

[23] Schreiben vom 20.3.1942, HStAM, LA 180 Fritzlar 2737, im Digitalen Archiv Marburg DIGAM eingestellt.

[24] Schreiben des Landrates des Kreises Schlüchtern vom 30.3.1942, Archiv der Stadt Schlüchtern, unfol.

zusammen. Die Deutsche Reichsbahn hatte schon am 28. April 1942 eine Fahrplananordnung erlassen für einen ‚Reisesonderzug' für die Strecke von Kassel nach Trawniki (Polen) mit der Bezeichnung ‚Da 57'. Das Fahrtziel änderte sich noch im Zusammenhang mit Entscheidungen auf höherer Ebene, in Trawniki keine Sammelstätte für Juden einzurichten. Izbica, ein Städtchen in der Region von Lublin in Polen, ist als Fahrziel in der neuen Fahrplananordnung vom 1. Mai 1942 zu lesen.

Aus der Region hier waren Menschen aus sechs Ortschaften für diese Deportation vorgesehen:

Landkreis Frankenberg

aus Battenfeld: das Ehepaar Wilhelm und Selma Elsoffer, 53 und 43 Jahre alt.

aus Gemünden: Amalie Wolff mit ihrer 19-jährigen Tochter und ihrer 50-jährigen Schwester Emilie Marx.

Landkreis Waldeck

aus Korbach: die 50-jährige Emma Hirsch, die 52-jährige Harriet Mosheim und die 58-jährige Meta Schönthal.

aus Rhoden: das Ehepaar Louis und Sophie Jacob mit seinen vier Kindern: dem 15-jährigen Max, dem 13-jährigen Rolf, der 12-jährigen Klärchen und der 11-jährigen Rosel. Die Kinder hatten zeitweise in einem Kinderheim in Paderborn gelebt.

aus Sachsenhausen: die Schwägerinnen Ilse und Lina Bloch, 60 und 48 Jahre alt.

aus Wrexen: Hier wurden vergleichsweise viele Personen verschleppt. Im September 1941 waren aus Korbach 13 Personen nach Wrexen zwangsumgesiedelt worden, aber auch Personen aus Adorf und Usseln waren zwangsweise nach Wrexen gebracht worden.[25] Sie mussten Zwangsarbeit in der „arisierten" Papierfabrik Mosheim leisten.[26] So machten NS-Aktivisten wohl den Kreis des Eisenbergs „judenfrei". Aber auch aus Vöhl im Kreis Frankenberg waren Personen nach Wrexen zwangsumgesiedelt worden. Die Schwestern Anna und

[25] Vgl. Arbeitsgemeinschaft Spurensicherung: Judenverfolgung in Korbach, Korbach 1989, S. 90. Vgl. Wrexen 2008, S. 147 ff.

[26] Brief von Bernhard Lebensbaum aus Korbach vom 18.12.1945, HHStAW, Abt. 518/16060, Bd. 1, Bl. 182.

Ella Baer, 66 und 63 Jahre, setzten in Wrexen ihrem Leben am Tag der Verschleppung selbst ein Ende.

Aus Wrexen wurden verschleppt: das Ehepaar Siegfried und Hedwig Katz, 62 und 53 Jahre, eigentlich aus Korbach; die kurz vor ihrem 50. Geburtstag stehende Beate Frankenthal, eigentlich aus Vöhl; das Ehepaar Rudolf und Henni Kaufmann, 61 und 62 Jahre, eigentlich aus Korbach; der 22-jährige Artur Löb aus Wrexen; die 60-jährige Hermine Löwenstern, eigentlich aus Korbach; Feodora und Ludwig Mosheim, 49 und 51 Jahre, eigentlich aus Korbach; der 53-jährige Fritz Mosheim aus Wrexen; die 64-jährige Hermine Rothschild, eigentlich aus Korbach; das Ehepaar Lina und Rudolf Schönstädt mit seiner 27- jährigen Tochter Bertha, eigentlich aus Usseln; das Ehepaar Martin und Rosalie Sternberg mit seinem neunjährigen Sohn Günther, das zuvor in Vöhl gelebt hatte; das Ehepaar Hermann und Jenny Straus mit seiner 20-jährigen Tochter Irmgard, eigentlich aus Korbach; die 52-jährige Lina Weiler und der 34-jährige Paul Weiler, eigentlich aus Adorf.

Die Gestapo Kassel teilte den Landräten mit Schreiben vom 22. Mai 1942, die Abfahrtzeiten der Züge nach Kassel mit: Bahnhof Arolsen am 31.5.1942 ab 5.34 Uhr; Bahnhof Korbach am 31.5.1942 ab 6.20 Uhr; Bahnhof Frankenberg am 31.5.21942 ab 7.27 Uhr.[27]

Zu dieser Zeit korrigierte die Gestapo auch die Zahl der zu Deportierenden: „Nach den gegebenen Richtlinien [des Reichssicherheitshauptamtes] kommen für die bevorstehende Aktion nicht 844, sondern nur 522 aus dem Regierungsbezirk Kassel in Frage."[28] Die Gestapo hatte auch angewiesen, in den Melderegistern bei den „zur Evakuierung kommenden Juden" sei weder ein Zielort noch der Vermerk „evakuiert nach dem Osten" einzutragen, sondern „unbekannt verzogen" bzw. „ausgewandert".[29]

Dadurch, dass die älteren Menschen von dieser Deportation ausgenommen waren, wurden zahlreiche Familien von ihren Eltern und

[27] Schreiben vom 22.5.1942, HStAM, LA 180 Fritzlar 2737, im Digitalen Archiv Marburg DIGAM eingestellt.

[28] Ebenda.

[29] Schreiben der Gestapo Kassel-Außendienststelle Fulda vom 2.6.1942, Faksimileabdruck in Gerhard Renner, Joachim Schulz, Rudolf Zibuschka (Hg.): „ ... werden in Kürze anderweit untergebracht...". Das Schicksal der Fuldaer Juden im Nationalsozialismus. Eine Dokumentation, Fulda 1992, S. 139.

Großeltern, mit denen sie oft im selben Haus zusammenlebten, getrennt. Die verzweifelten Abschiedsszenen vorzustellen, können wir uns nur bemühen.

Bericht des einzigen Überlebenden

Durch Zufall bin ich vor einiger Zeit in der Schweiz auf einen Bericht über diesen Transport gestoßen, der uns aus der Sicht des einzigen Überlebenden dieser Deportation eine Vorstellung vermittelt vom weiteren Verlauf der gewaltsamen Verschleppung. Robert Eisenstädt aus Hanau, der mit sechs Familienmitgliedern aus dem Ghettohaus, dem früheren jüdischen Gemeindehaus in der Nürnberger Straße 3, deportiert wurde, hatte diesen Bericht bereits 1944 niedergeschrieben:

„ ... es wurde die ganze Nacht gepackt. Es gab keine Ruhe im Haus. Gegen Morgen legten wir uns noch etwas zur Ruhe . (...) Um ca. 11 Uhr kamen die Leute der Gestapo und Polizei. Unser Gepäck mussten wir auf einen großen Handwagen laden. Jeder durfte einen Rucksack oder Koffer sowie Handgepäck mit Decke und für drei Tage Proviant mitnehmen. Die Transportteilnehmer aus dem anderen Judenhaus waren zu uns gebracht worden. Die Wohnungen bzw. Zimmer wurden abgeschlossen und versiegelt. Zur Bahn wurden wir von der Polizei und den weinenden Juden, die zurückbleiben mussten, begleitet. (...) Auch andere nahmen trüben Blickes Abschied von uns, doch waren viele, die durch spöttische Bemerkungen ihrer Freude Ausdruck gaben. Wir jungen Leute zogen den Gepäckwagen, während die anderen hinten nachliefen – ein trauriger Anblick. An dem Hauptbahnhof angekommen, gesellten sich weitere Transportteilnehmer aus der Umgebung zu uns. Es standen auf dem Nebengleis vier Personenwagen bereit. Die Polizeibegleitung besetzte ein Abteil. Um ca. zwei Uhr wurden wir an einen Güterzug angehängt. Beim Abschied gab es herzzerreißende Szenen. ...

In Bebra hatten wir zwei Stunden Aufenthalt. An einen Personenwagen angehängt[,] fuhren wir bis nach Kassel weiter, wo wir bei Dunkelheit ankamen. Die Polizeibegleitung übergab uns der Gestapo. Wir jungen Leute mussten das Gepäck vor den Bahnhof tragen, wo einige Möbelwagen bereitstanden. Die Frauen, Kinder und alten Leute wurden weggeführt. Nachdem wir mit dem Gepäck fertig waren, wurden auch wir zum Sammelplatz – eine Schule – gebracht. Das Gepäck wurde wieder dem Eigentümer ausgehändigt. Nachts mussten wir auf dem Fußboden der Turnhalle schlafen. Für Kinder waren von der Jüdischen Gemeinde Kassel einige Matratzen zur Verfügung gestellt worden. Spät abends kamen noch mehrere Leute aus anderen Gegenden. Am nächsten Morgen bekamen wir Kaffee. Draußen an den Toren standen Polizisten mit Gewehr. Schon früh am Morgen und anhaltend den ganzen Tag kamen neue Transportteilnehmer hinzu. In den Vormittagsstunden musste sich jeder einzeln zur Gepäck- und Körpervisitation begeben, wo Kleider und Gepäck einer gründlichen Untersuchung unterzogen wurden. Wenn jemand mehr als zehn Mark bei sich hatte, wurde er geschlagen. Nach der Untersuchung mussten wir uns wieder in die Turnhalle begeben. (...) Wir durften keine Post mehr absenden. Trotzdem ließ ich von Helfern der jüdischen Gemeinde Post herausschmuggeln. (...) Am Mittag bekamen wir Suppe. Nachmittags sah ich Kommissar Dahmer, der früher in Hanau tätig war. Ich unterhielt mich lange mit ihm, um Näheres zu erfahren. Dahmer sagte mir, der Transport ginge voraussichtlich nach Riga. Ich fragte, ob er schon etwas von den Deportierten aus Polen gehört hätte. Dahmer machte mir keine großen Hoffnungen für die Zukunft, glaubte jedoch, dass wir jüngeren Leute stark genug seien, die Zeit zu überstehen. Von Bekannten hörte ich, dass bei der Durchsuchung des Gepäcks viel herausgenommen wurde. Es handelte sich um original verpackte Lebensmittel, wertvolle Kleidungsstücke etc. Das Gepäck wurde gegen Abend wieder verladen. Inzwischen war die Turnhalle und eine zweite überfüllt. In der folgenden Nacht war nicht für alle Platz vorhanden, um zu liegen. Viele Leute saßen auf Bänken. Der Boden war so dicht belegt, dass man aus der hinteren Halle nicht zur Toilette kommen konnte. Nachts gab es keine Ruhe.

Am nächsten Morgen, den 1. Juni 1942, mussten wir uns zum Abmarsch bereit machen. Um 8 Uhr war Aufstellung im Hofe, und so standen wir mit dem Handgepäck bis 11 Uhr; dann wurden wir, von viel SS-Polizei begleitet, in Trauermarschtempo zum Bahnhof geführt. Das Gepäck wurde in einen Güterwagen am Schluss des Zuges geladen. Jede Person bekam einen Platz zugewiesen. Es waren durchgehende Wagen mit je zwei Abteilungen; unsere Familie war in einem Abteil mit anderen fremden Leuten zusammen. In jedem Wagen waren vierundsechzig Personen, der Transport bestand aus 1.200 Menschen. Von den Helfern der jüdischen Gemeinde bekam jeder 500g Brot, ca. 20g Margarine und ca. 50g Wurst, sowie eine Flasche Kaffee. In jedes Abteil wurde eine Korbflasche mit ca. 30 Liter Wasser gestellt. Die SS-Polizei besetzte das erste und letzte Abteil. Die Türen wurden verplombt, und um 1 Uhr mittags fuhren wir los. Die Fahrt ging über Halle, Dresden; in der Nacht passierten wir Chemnitz. Den Kindern – es waren acht unter zehn Jahren in unserem Abteil – ließen wir je eine Bank, damit sich wenigstens die Kinder ausruhen konnten. Am Dienstagnachmittag waren wir an der deutsch-polnischen Grenze angelangt; die letzte deutsche Station war Lissa. Hier sollte nochmals Wasser gefasst werden. Der Aufenthalt jedoch war so kurz, daß die meisten Flaschen leer blieben. Der Zug setzte sich in Bewegung, nachdem die Türen wieder geschlossen waren. Wir fuhren durch eintöniges Flachland. In Polen sind meistens einspurige Geleise. Um wichtige Transport- und Militärzüge vorbei zu lassen, hatten wir an den Ausweichstellen lange Aufenthalte. Es war sehr heiß. Die Fenster durften nicht mehr geöffnet werden. Wenn der Zug hielt, patrouillierten an beiden Seiten SS-Polizisten. Durch dauerndes Stehen hatten wir geschwollene Füße und Beine. Meine Geschwister und ich warfen Briefe aus dem Fenster, die an die zurückgelassenen Lieben gerichtet waren. Wir schrieben: ‚Noch sind wir nicht am Ziele angelangt und wissen nicht, wie es heißt und wo es ist, aber wir fahren gen Osten der Sonne entgegen.'

In der folgenden Nacht war es ebenso wie in der vorangegangenen. (...) Am nächsten Morgen waren wir tief in Polen. Wir sahen oft Ortschaften, die, vom Krieg verwüstet, verlassen dalagen. Wir fuhren an einer großen Industriestadt (vermutlich Lodz) vorbei. Gegen Mittag hielten wir auf dem Bahnhof Demblin. Später wurden wir in ein Nebengleis rangiert. Vorbeifahrende Soldaten sangen Schmählieder auf uns. Eines hieß: Der Jud' zieht hin und her, er zieht durch's rote Meer, die Wellen schlagen zu, die Welt hat Ruh'. Das Wasser war aufgebraucht, so auch die Essvorräte und der Kaffee. Da die Fenster nicht geöffnet werden durften, war ein erstickender Geruch in den Wagen. In Richtung Deutschland fuhren in Güterzügen ununterbrochen russische Arbeiter. Durch die drückende Hitze, den Hunger und Durst und die aussichtslose Lage wurden die Leute völlig mutlos. (...)

In der Abenddämmerung setzte sich der Zug wieder in Bewegung. Die Kühle wurde uns zur angenehmen Erfrischung. Wir waren alle derart übermüdet, dass sich in dieser Nacht jeder ein Plätzchen suchte. Meine zwei Brüder und ich legten uns zwischen zwei Bänken auf den Fußboden. Durch scharfes Bremsen des Zuges wurden wir plötzlich aus dem Schlaf gerissen. Wir vernahmen, dass die Türen aufgerissen wurden und hörten Rufe: „Alle Männer von 15 bis 50 Jahren heraus!" Durch die geschwollenen Füße kamen wir kaum in die Stiefel. Die SS kam in die Wagen und half mit Peitschen nach. Ich bekam einen Schlag auf den Kopf. In aller Eile nahm ich mein Handgepäck und sprang, viel zurücklassend, aus dem Zug; auch mein Bruder Willi kam gleich nach. Wir mussten uns mit dem Rücken zum Zuge in Viererreihen aufstellen und zählten 98 Männer. Auf dem Bahnhofsgebäude lasen wir: Lublin. Nach ein paar Minuten setzte sich der Zug mit den Lieben in Bewegung – keiner durfte sich umdrehen."

Noch im Zug waren nun die Männer urplötzlich gezwungen, sich sofort von ihren Ehefrauen, ihren Kindern, Schwestern und Brüdern, Tanten und Onkeln zu trennen. Schreckliche Szenen von Abschied, Verzweiflung und Panik müssen sich abgespielt haben.

Der Resttransport mit den Frauen, Kindern und Jugendlichen und alten Männern über 50 Jahren - so muss mit allergrößter Wahrscheinlichkeit angenommen werden - ging vom Bahnhof Majdanek direkt, ohne je in das zu dieser Zeit bereits völlig überfüllte Transitghetto Izbica zu gelangen, nach Sobibor, nordöstlich von Lublin an der heutigen polnischen Grenze zur Ukraine und Weißrussland gelegen. Sobibor war zu diesem Zeitpunkt seit knapp einem Monat mit drei Gaskammern 'betriebsfertig' - als reines Vernichtungslager. Für alle Menschen dieses Transportes aus Hessen und Sachsen bedeutete das Öffnen der Türen des Zuges an der Rampe in Sobibor, dass sie nur noch zwei Stunden zu leben hatten. Männer und Frauen mussten sich in getrennten Baracken entkleiden, durch genaue Anweisungen, wie die Kleider zusammengelegt werden sollten, wurde der Eindruck erweckt, dass die Kleider nach dem Duschen zurückgegeben werden, den Frauen die Haare geschoren. Zuerst wurden die Männer, dann die Frauen und Kinder in Gruppen von fünfzig bis hundert Menschen durch den sogenannten Schlauch getrieben und in die Gaskammern gedrängt, der Dieselmotor mit seinem 200 PS starken Achtzylinder-Benzinmotor angeworfen und die erzeugte Mischung von Kohlenmonoxid und Kohlendioxid in die Gaskammern geblasen. Nach etwa 30 Minuten waren alle Menschen ermordet. Den Leichen wurden die Goldzähne ausgebrochen, alle Körperöffnungen nach versteckten Wertgegenständen durchsucht. Dann wurden sie in Massengräber geworfen, Monate später allerdings, um Spuren zu beseitigen, wieder ausgegraben und verbrannt.

Alle Frauen, Kinder und Jugendlichen und die älteren Männer dieses zweiten Transportes aus Kassel - so muss angenommen werden, denn es gibt keinen einzigen Überlebenden - waren also bereits wenige Tage nach der Verschleppung aus ihren Heimatdörfern vergast.

Nun wieder zurück auf den Bahnsteig in Lublin zu dem Bericht von Robert Eisenstädt: „Ein SS-Offizier sagte: ‚Ihr werdet jetzt in eure neue Heimat geführt.' Viele SS-Männer mit Gewehr unter dem Arm umstellten uns. Plötzlich hieß es: los. Im Marsch-Marsch-Tempo rannten wir durch Lublin. Wer nicht recht konnte, bekam mit dem Gewehr Rippenstöße. Zwei Männer brachen unterwegs zusammen und blieben liegen. Nach ca. 20 Minuten waren wir außerhalb der Stadt auf einer Landstraße. In der Mulde sahen wir ein großes Barackenlager."

Die Männer aus Hessen und Sachsen wurden im Lager Majdanek, das seit November 1941 als Konzentrationslager ausgebaut worden war, am 3. Juni 1942 unter den Häftlingsnummern 10.139 bis 10.253 registriert, also 115 Männer aus dem vermutlich etwa 1.000-köpfigen Transport. Die Nummern mussten zusammen mit einem Davidsstern aus einem roten und gelben Dreieck auf die aus Lumpen bestehende Kleidung genäht werden. Die Häftlinge waren gezwungen, bei Hunger und Durst und unter ständigen Erniedrigungen körperliche Schwerstarbeit zu leisten. Robert Eisenstädt aus Hanau gelang am 11. Juli 1942 die Flucht aus Majdanek. Er kam zurück nach Frankfurt und später in die Schweiz. Die meisten der Deportierten starben an körperlicher und geistiger Entkräftung. Die durchschnittliche Lebenserwartung eines Häftlings in Majdanek betrug unter diesen extremen Bedingungen drei Monate. Das Jahresende 1942 dürfte kaum einer der aus der Region Kassel Verschleppten erlebt haben. Totenmeldungen in Majdanek liegen beispielsweise vor für den 4. August 1942 für Paul Weiler und für den 5. September 1942 für Martin Sternberg aus Vöhl.

Robert Eisenstädt aus Hanau war der einzige Überlebende dieser großen zweiten Deportation aus dem Regierungsbezirk Kassel. Der nach der Befreiung nach Korbach zurückgekehrte Überlebende einer anderen Deportation, Bernhard Lebensbaum, schrieb Ende des Jahres 1945 über einige Korbacher: „Diese sind im Mai 42 schon mit einem Transport von Kassel nach Polen gekommen und man hat nie wieder etwas von diesem Transport gehört.“[30] 508 Menschen wurden ermordet, darunter alle 38 aus den Kreisen Waldeck und Frankenberg verschleppten Menschen.

Die dritte Deportation im September 1942

Im September 1942 gab es einen dritten Transport der Gestapo aus dem Regierungsbezirk, mit dem nun die über 65-jährigen Menschen und auch die im Krieg Ausgezeichneten und Verwundeten mit ihren Familien erfasst wurden. 753 Personen aus dem Regierungsbezirk Kassel gehörten zu diesem Transport, der ebenso wie der letzte Transport als Koppeltransport mit Chemnitz organisiert wurde.

Allein aus dem im ehemaligen Gemeindehaus der Jüdischen Gemeinde Kassel in der Rosenstraße 22 eingerichteten Altersheim wurden mehr als 100 alte Menschen mit ihren Betreuern verschleppt. Weitere knapp 200 Personen aus der Stadt Kassel standen auf der Liste, darunter auch zahlreiche Menschen, die früher in der Region Waldeck-Frankenberg gelebt hatten. Insgesamt wurde diesmal aus 20 Kreisen mit 59 Ortschaften deportiert. In zahlreichen Ortschaften lebten nur noch einzelne Personen.

Zwangsumsiedelung im Juli 1942 aus Wrexen und Korbach nach Kassel

Aus Wrexen waren einige Monate zuvor - Mitte Juli 1942 - 14 Personen nach Kassel zwangsumgesiedelt worden.[31] Aus Korbach waren zur selben Zeit auch 17 Personen zwangsweise nach Kassel gebracht worden – entweder in das Altersheim in der Rosenstraße oder in das Lager Wartekuppe.[32] Der Überlebende Korbacher Bernhard Lebensbaum schrieb dazu im Dezember 1945 in einem Brief an einen emigrierten Korbacher:

---

[30] Brief von Bernhard Lebensbaum. (Anm. 26).

[31] Vgl. Wrexen 2008, S. 147ff.

[32] Vgl. Arbeitsgemeinschaft Spurensicherung: Judenverfolgung in Korbach, Korbach 1989, S. 100.

„Wir wurden dann, als wir nach Kassel kamen, zu 2 Familien in einem Zimmer untergebracht und blieben dort bis zum 7. September 1942."[33] Von der aus Wrexen mit ihren Eltern zwangsausgesiedelten 19-jährigen Alice Loeb liegen zwei Briefe aus Kassel an ihre nichtjüdische Freundin Anneliese vor, in denen sie ihre Situation beschreibt:[34]

30.7.1942: „Wir haben uns gut eingelebt, es ist zwar alles sehr eng, trotzdem muß man zufrieden sein. – Mein Vater und Onkel arbeiten bei einer Baufirma, meine Mutter in einer Fabrik, wo Apotheker-Schächtelchen etc. gemacht werden [Zwangsarbeit]. – Ich beschäftige mich hier im Hause etwas und halte unser ‚Eckchen' sauber [sie war wegen eines Unfalls arbeitsunfähig]. Wir wohnen mit Lichtensteins aus Rhoden in einem Zimmer, in der Mitte stehen Schränke, damit die Familien getrennt sind. – Man muß eine große Prüfung bestehen bis man für immer die Augen schließt. – Von Arthur haben wir noch nichts gehört, werden auch wohl keine Post bekommen. [Der Bruder Arthur war wenige Wochen zuvor deportiert worden.] Ich würde mich besonders freuen, wenn Du mal Sonntags nach hier kommen würdest, die Fahrt will ich Dir gerne vergüten. Hier im Hause wohnen auch Arier. (...) Heute bekamen wir ein Paket von Frau Bigge. Sie sandte uns Gemüse mit Genehmigung des Bürgermeisters. Liebe Anneliese, ich habe eine große Bitte, ist es Dir vielleicht möglich, einen Essensträger zu besorgen? Da meine Mutter über Mittag fort ist, muß sie doch Essen mitnehmen. Es fällt mir bestimmt schwer, bei Dir um etwas anzufragen, aber was tut man nicht alles, wenn man in Not ist."

28.8.1942: „Hier gibt es noch nichts Neues, wir wissen noch nicht, wann wir fahren, ungefähr noch 14 Tage."

Aus den Landkreisen dieser Region waren insgesamt 21 Personen für die Deportation vorgesehen:

Landkreis Frankenberg: 21 Personen aus 5 Orten:

aus Frankenberg: die 60-jährige Mary Kaiser; das Ehepaar Jakob und Rosalie Kaiser, 77 und 72 Jahre, die 66-jährige Johanna Plaut und die 57-jährige Hedwig Weitzenkorn.

aus Gemünden: das Ehepaar Moritz und Dina Joseph 72 und 67 Jahre.

[33] Brief von Bernhard Lebensbaum (wie Anm. 26).

[34] Briefe von Alice Loeb, Faksimileabdruck in: Wrexen 2008, S. 109-113.

aus Grüsen: die 71-jährige Sabine Marx mit ihren beiden erwachsenen Töchtern Selma und Herta, 42 und 35 Jahre.

aus Oberasphe: Das Ehepaar Gustav und Sara Hess mit der 15-jährigen Inge und dem 11-jährigen Werner sowie der 81-jährige Vater und Opa Salomon Hess, der sein gesamtes langes Leben in Oberasphe verbracht hatte und das Ehepaar Sara und Simon Katten, 84 Jahre und 77 Jahre alt. (Ihr Sohn war im KZ, die Schwiegertochter und die drei Enkel im Ghetto Riga.)

aus Vöhl: die 73-jährige Johanna Frankenthal, die 72-jährige Rickchen Katzenstein und die 75-jährige Selma Rothschild.

Die Gestapo Kassel setzte am 25. August die Landräte der betreffenden Kreise über die geplante Verschleppung in Kenntnis.[35] Drei Tage später folgte eine Aufstellung der Abfahrtzeiten aller Zubringerzüge aus dem gesamten Regierungsbezirk - je nach Entfernung am 5. oder am 6. September - in das Sammellager in Kassel. „Diese Fahrpläne sind unbedingt verbindlich. Für die genaue und pünktliche Einhaltung derselben bitte ich daher, unter allen Umständen Sorge zu tragen." So die Anweisung der Gestapo. Für die Abfahrt der Menschen aus dieser Region in den regulären Personenzügen nach Kassel waren für den 6. September folgende Abfahrten beispielsweise vorgesehen: 7.27 Uhr ab Bahnhof Frankenberg/Eder; 9.53 Uhr ab Bahnhof Gemünden/Wohra; 8.42 Uhr ab Bahnhof Holzhausen/Eder; 6.35 Uhr ab Bahnhof Itter.

Weiter heißt es in dem Schreiben: „Den einzelnen Judentransporten sind je nach Notwendigkeit mindestens 1 oder mehrere Polizeibeamte als Begleitkommandos von den Abgangsbahnhöfen bis nach Kassel mitzugeben. Zweckmäßig ist fernerhin die Einsetzung einer jüdischen Transportleitung mit einer entsprechenden Anzahl jüdischer Ordner."[36] Da dieses Mal fast ausschließlich alte und behinderte Menschen deportiert werden sollten, hatte die Gestapo das bisherige Organisationsschema - Zusammenführung aller aus dem Kreis zu deportierenden Juden auf dem Bahnhof der Kreisstadt - aufgegeben zugunsten eines Transportes aus den einzelnen Heimatgemeinden direkt nach Kassel in das dortige Sammellager.

---

[35] Schreiben der Gestapo Kassel vom 25.8.1942, Faksimileabruck in: Günther Rehme/Konstantin Haase, ... mit Rumpf und Stumpf ausrotten ... Zur Geschichte der Juden in Marburg und Umgebung nach 1933. Marburg 1982, S. 163-165.

[36] Schreiben der Gestapo vom 28.8.1942, Faksimileabruck, ebenda, S. 166-168.

Das Schreiben des Hanauer Landrates vom 27. August 1942 zur Umsetzung der Gestapo-Anweisungen an den Bürgermeister in Bischofsheim im Kreis Hanau führt aus: „'Streng vertraulich! Nur für den Dienstgebrauch.': Vertraulich gebe ich Ihnen davon Kenntnis, daß am 7.9.1942 die restlichen Juden aus dem Regierungsbezirk Kassel abgeschoben werden. (…) Da jetzt die letzte Möglichkeit gegeben ist, sämtliche Juden (außer Mischehen) loszuwerden, ersuche ich genau nachzuprüfen, ob mit den in der Anlage genannten Personen sämtliche Juden erfasst sind. Sollte dies nicht der Fall sein, ersuche ich, mir die Fehlenden sofort telefonisch (...) zu melden, damit ich bei der Staatspolizeistelle Kassel veranlassen kann, dass diese in den Transport noch mit einbegriffen werden. Weiterhin ersuche ich, die genannten Juden in der Zwischenzeit unauffällig zu beobachten, ob sie nicht durch Reisen nach auswärts, zu Verwandten pp. versuchen, sich dem Abtransport zu entziehen. Diese Reisen müssen verhindert werden."[37] Die Bürgermeister teilten nun den jeweiligen jüdischen Familien ihres Ortes mit, dass sie sich für den 5. oder 6. September 1942 für den Transport bereitmachen mussten.

Wir können uns nur vorstellen, welche Gefühle und Gedanken und vor allem Ängste die Menschen hatten, als sie diese Nachricht erhielten. Wie sie überlegten, was sie aus ihrer Wohnung mitnehmen sollten, wie sie sich von ihrer Heimat, ihren Nachbarn verabschiedeten, mit welchen Gefühlen sie von dem Ort Abschied nahmen, in dem sie oft seit Jahrzehnten gelebt hatten, in dem ihre Eltern schon geboren waren, in dem sie zur Schule gegangen waren, geheiratet, ihre Kinder großgezogen hatten. Nun mussten sie alles zurücklassen, auch die Gräber ihrer Verwandten. Man kann nur vermuten, welche Ängste sie für ihr eigenes Leben hatten, ob und wie sie darüber nachdachten, ihrem Leben selbst ein Ende zu setzen, welche Abschiedsbriefe sie schrieben, von wem sie sich verabschiedeten, wer sich von ihnen verabschiedete. Wir wissen es nicht und können es nur ahnen.

Vom Vorabend der Deportation liegt aus Langenselbold ein kleines schriftliches Zeugnis von dem 54-jährigen Jacob Seiferheld vor. „Heute am 4. September 1942 abends 7 Uhr besuchte ich zum letztenmale den Friedhof meiner Heimatgemeinde. Als Gemeindeältester verlasse ich

---

[37] Schreiben des Landrates in Hanau vom 27.8.1942 an den Bürgermeister in Bischofsheim, Stadtarchiv Hanau.

morgen für die ganze Gemeinde die Ruhestätte. Wir übergeben (diese) Herrn Jakob Raab[,]Wassergasse 4."

Der diese Deportation überlebende Korbacher Bernhard Lebensbaum schrieb 1945: „Von den Korbacher Juden gingen damals mit: Julius Mosheim und Frau, die alte Frau Katz und Grete, Frau Löwenstein und Sohn, [Ludwig] Lazarus, Frau Schiff, Frau Färber, Kohlhagen, Goldwein und Frau. Deine Eltern, meine Frau, die beiden Mädels und ich, Marianne Weitzenkorn, deren Eltern schon vorher in ein KZ durch die Gestapo kamen, hatten [wir] noch bei uns." [38]

Einige wenige Hinweise liegen zur Verschleppung vor:

Langenselbold: Erinnerung an die wenige Wochen vor ihrem 80. Geburtstag stehende Frau Elise Isaak, die „aus der Bergstraße in einem Handwagen zum Selbolder Bahnhof gefahren wurde, weil sie nicht fähig war zu laufen." [39]

Kirchhain: Der gelähmte 38-jährige Ludwig Abt wurde per Fuhrwerk von Kirchhain nach Marburg gebracht. An ihn erinnerte sich eine Zeitzeugin: „Gott, man hat das alles erlebt, wie sie alle vertrieben wurden. Das hab ich ja gesehen (...) Und der arme Ludwig [Abt], den haben sie noch getreten, der war so ein Lahmer. Der ging an zwei Stöcken, konnt' kaum bis zum Zug. Den haben sie ganz schön drangsaliert." [40]

Josef Abraham aus Treysa, der die Deportation überlebte, berichtete 1945 in einem Brief: „In Treysa mussten die zum Transport bestimmten Juden in den gegen 10 Uhr nach Kassel abfahrenden Personenzug einsteigen, in separate[,] dem Zuge anhängende Wagen, in denen sich bereits Juden aus Marburg, Kirchhain, Allendorf, Neustadt, Momberg etc. befanden. Dabei war auch dein Onkel Levi Levi und Frau, Deine Cousine Selma und deren Mann Dr. Reis und deren Tochter." [41]

---

[38] Brief von Bernhard Lebensbaum (wie Anm. 26).

[39] Arbeitsgemeinschaft Spurensuche der Käthe-Kollwitz-Schule in Langenselbold unter Betreuung von Karin Hausch, Das Schicksal der Juden in Langenselbold, Langenselbold 1989, S. 76.

[40] Barbara Händler-Lachmann/Harald Händler/Ulrich Schütt, Purim, Purim, ihr liebe Leut, wißt ihr was Purim bedeut? Jüdisches Leben im Landkreis Marburg im 20. Jahrhundert, Marburg 1995, S. 232.

[41] Briefe des Theresienstadt-Überlebenden Josef Abraham aus Treysa vom 1.10.1945 und vom 18.7.1956, in: Hartwig Bambey, Adolf Biskamp, Bernd Lindenthal (Hg.), Heimatvertriebene Nachbarn. Beiträge zur Geschichte der Juden im Kreis Ziegenhain, Band 1, Schwalmstadt-Treysa 1993, S. 372-376, hier S. 372, 375. Das Zitat im Text wurde aus beiden Briefen kombiniert.

In Kassel war Selma Hammerschlag, die auch mit ihrer Familie deportiert werden sollte, als Transportschwester ab Samstagnachmittag, dem 5. September, auf dem Kasseler Bahnhof - um, wie sie schreibt, - „den alten und kranken Leuten zu helfen. Deshalb nahm ich am Bahnhof diese Züge auch in Empfang. Wirklich - ein trauriger Anblick! Hier ein Kranker auf der Bahre mit dem kleinen Rucksack oder Köfferchen, das letzte Hab und Gut, was ihm geblieben; Alte und Schwache. ‚Schnell, schnell in den Möbelwagen' ertönt der Ruf der Gestapo. Alle anderen müssen laufen. Hier fällt ein Mann in Ohnmacht, dort stolpert eine Frau über ihr Gepäck: Bluterguss am Knie, muss auch fortgetragen werden. Nun ist der Wagen voll. Die Türen werden zugeschlagen, eine Luft zum Ersticken. Aber es geht schnell. Schon hält der Wagen. (...) Die Leute werden ausgeladen, kommen in die Turnhalle (...) Die Lage ist gedrückt, man sieht viele Tränen, im allgemeinen haben sich alle in ihr trauriges Los geschickt. Es bleibt ihnen ja nichts anderes übrig." [42]

Am folgenden Tag kamen die Transporte aus den nicht so weit entfernt liegenden Ortschaften nach Kassel - so aus der Region hier. Für Sonntag, den 6. September 1942, erinnert sich Selma Hammerschlag weiter: „Nun wird alles Gepäck von der Gestapo untersucht; was den Herren gefällt, wird herausgeworfen, sämtliche Leute werden leibesvisitiert. Geld, Uhren, Schmuck usw. müssen abgeliefert werden, und jeder bekommt mit einem Bindfaden eine Nummer angehängt. (...) Die Nacht ist kalt, [sie war auf dem blanken Fußboden zu verbringen] die Kranken wimmern und stöhnen. (…)

Montag früh [7.September] ist schon alles aufgeregt auf den Beinen. Lastautos fahren in den Schulhof hinein, nachdem man noch jüdische Gestalten fotografiert hat, lädt man die Nicht-Gehfähigen in die Lastwagen auf und bringt sie zur Bahn. Die anderen folgen zu Fuß. Ein langer Zug bewegt sich durch die Straßen (...) ‚Dieses grauenvolle Elend wird sich einmal rächen!`, rufen verschiedene Leute aus Fenster und Türen, ‚Nein, nein, das kann man ja nicht mit ansehen.' Der Zug (...) steht am Perron bereit, es sind Personenwagen (...) Das Verladen geht ziemlich schnell (...) Gestapo und SS schreiten die Front dauernd ab und sehen nach, ob alle verladen sind. Dann werden die Türen

---

[42] Bericht von Selma Hammerschlag „Theresienstadt wurde mein Schicksal" aus dem Jahre 1945, in: Michael Winkelmann, „Auf einmal sind sie weggemacht". Lebensbilder Arolser Juden im 20. Jahrhundert. Eine Dokumentation, Kassel 1992, S. 351-358, hier S. 351ff.

geschlossen und wir stehen noch stundenlang auf dem Perron. Endlich gegen 5 Uhr nachmittags setzt sich der Transportzug in Bewegung. (...) Der Zug fährt über Bebra-Weimar-Erfurt-Chemnitz. Hier hält er eine Stunde in der Nacht“ [43]

Es stiegen nun noch 90 Personen, zumeist aus Chemnitz selbst, aber auch aus Zwickau und Plauen, ein. Der Zug fuhr bis zur Bahnstation Bauschowitz, von hier aus waren es zwei Kilometer in das Ghetto Theresienstadt, einer alten Garnisonsstadt 60 km nördlich von Prag, die Kaiser Joseph II. nach seiner Mutter Maria Theresia benannt hatte. Die Stadt war von hohen Festungsmauern und großen Wällen und vor allem auch von Stacheldraht umgeben. Die Deutschen hatten im Sommer 1942 dieses Ghetto zuerst für tschechische und dann auch für deutsche Juden eingerichtet, das gerne von den Nazis als ‘Altersghetto’ bezeichnet wurde, aber in Wirklichkeit ein riesiges Durchgangslager für die Vernichtungslager im Osten war. Das Ghetto war zu dieser Zeit, als der Transport aus Kassel eintraf, mit mehr als 50.000 Personen völlig überfüllt und wies katastrophale hygienische Bedingungen auf. Der Transport wurde im Ghetto am 8. September unter der Nummer XV/1 Kassel-Chemnitz mit insgesamt 884 Personen registriert.

Selma Hammerschlag berichtet über den weiteren Verlauf: „Wir hatten im allgemeinen eine gute Fahrt, es war nicht zu heiß, wir hatten Wasser und keinen Toten zu beklagen. (...) Alle Transportteilnehmer kommen in eine Kaserne, sogenannte Schleuse. Dort werden die Leute und ihr Gepäck wieder untersucht. Der letzte Rest, was SS an Kleidungsstükken, Medikamenten, Nahrungsmitteln, Geschirr usw. gefällt, wird hier noch geraubt. Dann werden die sogenannten Wohnungen angewiesen (…) Die Männer beziehen zum größten Teil die Kasernen der alten Festung (...) wir Frauen ziehen zum Teil in die sogenannten Blocks. (...) Wir versuchen zu schlafen, denn alle sind todmüde und abgespannt von der qualvollen Reise (...) Viele denken das Gleiche: ‚Nur nicht wieder aufwachen. Hätten wir doch zu Hause Schluss gemacht, den Gashahn auf, dann wäre uns viel, viel erspart geblieben.‘ Die Jugend nimmt es leichter als das Alter. Noch haben sich die Leute von ihrem Schrecken kaum erholt. Da spricht man von weiteren Transporten nach dem Osten.“ [44]

---

[43] Ebenda.

[44] Ebenda.

Auf einem dieser nun folgenden Transporte in den Osten wurden mit 187 Personen ein Viertel der aus der Region Kassel stammenden Menschen am 29. Oktober dem Transport BS zugewiesen, der unmittelbar an die Rampe des Vernichtungslager Treblinka im besetzten Polen führte. Darunter waren auch vier Personen hier aus der Region wie das Ehepaar Moritz und Dina Joseph aus Gemünden. Nur wenige Stunden nach ihrer Ankunft dort waren alle zweitausend Menschen des Transports aus Theresienstadt vergast.

Zurück nach Theresienstadt: „Dort", so berichtete später die damals 13-jährige Gisela Spier, die gemeinsam mit ihrer Familie aus Momberg im Landkreis Marburg verschleppt worden war, „litt man sehr (an) Hunger. Die Jugend konnte den Hunger besser ertragen als die älteren Menschen. Das Ghetto hatte sehr viele alte deutsche Juden, denen es wirklich sehr schwer ging. Diese alten Juden liebten Deutschland sehr. Ihre Kinder waren ausgewandert, sie (selbst) konnten oder wollten nicht mit auswandern (...) Deutsch war ihre Muttersprache; Goethe, Schiller und Heine waren ihre Dichter. ‚Ich weiß nicht, was soll es bedeuten' war ihre Hymne. Sie hofften, wie mein Vater, dass die Nazis wie die Wolken vergehen würden. Nun waren sie im Ghetto von Theresienstadt gelandet. Man braucht sie nicht in die Vernichtungslager wie Auschwitz weiter zu deportieren. Die meisten starben an Vernachlässigung, Hunger und Heimweh nach dem alten Deutschland, ihrer verlorenen Heimat." [45]

In den wenigen Wochen bis zum Ende des Jahres 1942 war fast jeder Fünfte der aus dem Regierungsbezirk Kassel verschleppten Personen gestorben: darunter das Ehepaar Simon und Sara Katten aus Oberasphe. Auf zwei Transporten im Januar 1943 waren zahlreiche Personen des Kassel-Transportes in das Vernichtungslager Auschwitz gebracht und dort vergast worden. Darunter die Schwestern Selma und Herta Marx aus Grüsen. Weitere Personen starben im Verlauf des Jahres 1943 in Theresienstadt.

Erst im Mai 1944 begann dann eine neue Deportationswelle, mit der 45 Personen des Kasseler Transportes nach Auschwitz verschleppt wurden. Im Herbst 1944 wurden einhundert Personen in die Gaskammern von Auschwitz deportiert - darunter auch Mary Kaiser aus Frankenberg und die 17-jährige Inge Hess aus Oberasphe.

---

[45] Gisela Spier-Cohen, Aus den Erinnerungen an Kindheit und Konzentrationslager. Herausgegeben von der Gesellschaft für christlich-jüdische Zusammenarbeit zu Marburg. Marburg 1994, S. 28.

Zu dem Transport, der im Februar 1945 in die Schweiz gelangen konnte, gehörten neun Personen des Kasseler Transportes. Die Befreiung in Theresienstadt durch die russische Armee konnten 50 Personen des Kassel-Transportes erleben, darunter drei Personen hier aus der Region Waldeck-Frankenberg: das Ehepaar Hess mit seinem Sohn Werner. Die Tochter bzw. Schwester Inge Hess überlebte ihre Verschleppung nach Auschwitz. Auch das Korbacher Ehepaar Bernhard und Therese Lebensbaum mit seinen 16 und 20 Jahre alten Töchtern Gertrud und Ruth, die direkt aus Kassel verschleppt worden waren, konnte überleben.

Bernhard Lebensbaum schrieb im Dezember 1945 aus Korbach in einem Brief nach Amerika über das Schicksal der verschleppten Korbacher: „Frau Kohlhagen und Lazarus sind schon gleich nach unserer Ankunft nach Auschwitz [richtig Treblinka] weitertransportiert, später dann noch Grete Katz [nach Auschwitz]. Die alten Leute starben dann ziemlich rasch hintereinander. Mit Deinen lieben Eltern war [ich] sehr viel zusammen, auch mit Goldweins. Deine liebe Mutti hat fast ein Jahr lang mit meiner lieben Frau zusammengearbeitet, und [es] haben sich Deine lieben Eltern, bis wir durch diese Verbrechergesellschaft im Oktober 1944 getrennt wurden, gut gehalten. Im Oktober 1944 kamen dann noch mal 20.000 aus unserem Lager nach Auschwitz. Leider kann ich Dir, lieber Polter, keine Hoffnung machen, denn alles was nach Auschwitz gekommen ist, ist bis auf wenige junge Menschen, nicht zurückgekommen." [46]

Soweit der Überblick über die drei Massendeportationen 1941 und 1942 direkt aus den Ortschaften dieser Region. Die Zahl der Ermordeten aus dieser Region liegt aber noch wesentlich höher, da auch noch die Menschen dazugehören, die während der nationalsozialistischen Verfolgung ihre Heimatorte verlassen mussten und Zuflucht in Kassel, Frankfurt oder anderen Großstädten suchten und später von dort verschleppt wurden; aber auch diejenigen, die nach Belgien, Holland oder Frankreich entkommen konnten und die dann später nach der Besetzung ihrer Zufluchtsländer erneut der nationalsozialistischen Verfolgung ausgesetzt waren und später von dort aus deportiert und ermordet wurden.

Bildnachweis:

Abb. 1, 2: Copy Medienzentrum Hanau

[46] Brief von Bernhard Lebensbaum (wie Anm. 26).

Werner B. aus Korbach. Handlanger der T4 und der „Aktion Reinhardt"

von Marion Lilienthal

Zwischen der NS-„Euthanasie" (Ermordung Kranker und Behinderter im Rahmen der T4-Aktion) und den Vernichtungslagern der „Aktion Reinhardt" bestand eine hohe personelle Kontinuität.[1] Etwa 100 der an der T4-Aktion beteiligten Personen wurden nach Belzec, Sobibor und Treblinka versetzt, unter ihnen Werner B. aus Korbach. Freiwerdendes Personal der Tötungsanstalten wurde zur personellen Basis für die zeitgleich anlaufende „Endlösung der Judenfrage" in den Vernichtungslagern des Ostens, in denen Millionen europäischer Juden - auch Korbacher - auf bestialische Weise den Tod fanden.

Repräsentativ dafür steht Werner B. aus Korbach, der sowohl seine „Dienste" in den „Euthanasie"-Tötungsanstalten Brandenburg und Bernburg wie in den Vernichtungslagern Belzec und Treblinka versah. Werner B. kam 1932 als junger Mann mit seinen Eltern und Geschwistern nach Korbach. Dort verrichtete er auch seinen Reichsarbeitsdienst. Die Schwester heiratete 1937 Rudolf Kaufmann,[2] den jüngeren Bruder von Adolf Gustav Kaufmann,[3] einer bedeutenden Führungskraft der T4-Zentrale, beauftragt mit der Organisation und Durchführung der NS-„Euthanasie". Über dieses Verwandtschaftsverhältnis fand Werner B. vermutlich Anstellung bei der T4- Zentrale.

SS-Untersturmführer Werner B., geboren am 23.10.1913 in Sprottau, seit 1937 Mitglied der NSDAP (Mitgl.-Nr. 5.396.082)[4] und der SS-Totenkopfverbände, wurde 1940 für die „Aktion T4" gewonnen, angestellt bei der „Gemeinnützige[n] Stiftung für Anstaltspflege" in Berlin, Tiergartenstraße 4 (T4) in der Wirtschaftsabteilung der Tötungsanstalt Brandenburg.[5]

---

1 Vgl. BArch L, B 162/18127, Vernehmung des Hubert Gomerski vom 26.06.1963, S. 3-5; HHStAW, Abt. 631a, Nr. 1695, Vernehmung von Ilse Linkenbach (Schreibkraft in der KdF) am 07.06.1961, S. 4.

2 StadtA KB, Einwohnermeldekartei der Stadt Korbach, Reinhold K.

3 Zu Adolf Gustav Kaufmann siehe HHStAW, Abt. 631a, Nr. 1365, I-XII und S. 1-94, Anklageschrift der Generalstaatsanwaltschaft Frankfurt a. M. gegen Adolf Kaufmann vom 27.06.1966.

4 BArch B (ehem. BDC), NSDAP-Zentralkartei und NSDAP-Gaukartei (mit Photo).

5 HHStAW, Abt. 631a, Nr. 1677, Vernehmung von Gerhard Godenschweig am 19.06.1963, S. 7.

Abb. 1: Korbach 1938

Nach der Schließung der Tötungsanstalt Brandenburg verlegte man den größten Teil der Belegschaft in die „Euthanasie"-Tötungsanstalt Bernburg a. d. Saale (Sachsen-Anhalt), darunter auch Werner B.[6] Seit dem 01.09.1941 fand auch der jüngere Bruder Günther B. in Bernburg Beschäftigung.[7] Die Tötungsanstalt befand sich zwischen dem 21.11.1940 und dem 30.07.1943 in einem abgetrennten Teil der Landes-Heil- und Pflegeanstalt Bernburg. Hier wurden 9.384 Kranke und Behinderte sowie rund 5.000 KZ-Häftlinge mit Kohlenmonoxid ermordet.[8] Im August 1941 kam es zwar zum „offiziellen" „Euthanasie"-Stopp, doch im Gegensatz zu anderen Tötungsanstalten fand die Ermordung mit Gas in Bernburg wie auch in den Gasmordanstalten Hartheim und Pirna-Sonnenstein ihre Fortsetzung.

---

6 BArch L, B 162/17537, Aussage von Erich Bobbert vom 26.01.1966, S. 3; HHStAW, Abt. 631a, Nr. 147, Vernehmung von Robert Lorent am 18.10.1965, S. 59. Laut „Namensliste" - die Robert Lorent dem Gericht überlassen hat - bestätigt er, dass beide Brüder in Bernburg im Rahmen der T4 beschäftigt waren.

7 Vgl. StadtA KB, Einwohnermeldekartei der Stadt Korbach, Meldeverzeichnis (01.09.1941-25.10.1943).

8 Ute Hoffmann, „Für Reichszwecke frei gemacht". Zur Errichtung und Funktion der „Euthanasie"-Anstalt Bernburg/Saale, in: Neue Studien zu nationalsozialistischen Massentötungen durch Giftgas. Historische Bedeutung, technische Entwicklung, revisionistische Leugnung, hrsg. von Günter Morsch und Bertrand Perz unter Mitarbeit von Astrid Ley, (= Schriftenreihe der Stiftung Brandenburgische Gedenkstätten, Bd. 29), 2. Aufl., Berlin 2012, S. 137.

Abb. 2: Die Tötungsanstalt Brandenburg

Bernburg löste die Tötungsanstalt Brandenburg ab, da diese langfristig räumlich ungeeignet erschien. Der Gesamtkomplex bestand aus mehreren Gebäuden, einen Teil nutzte man zu herkömmlichen Zwecken, einen anderen Teil als „Gasmordanstalt". Innerhalb weniger Wochen baute man 80m des Kellerbereichs um. Eine Gaskammer (14 m), zwei Krematoriumsöfen, ein Sezierraum und eine Leichenkammer wurden eingerichtet. Der so genutzte Teil der Anstalt wurde mit Zäunen umgrenzt.[9] Der Ablauf des Mordens vollzog sich wahrscheinlich wie in anderen Anstalten: Registrierung, Ausziehen, „Sicherstellung" der Wertsachen, oberflächliche Untersuchung zur Bestimmung einer vorgetäuschten Todesursache, Photographieren, Gang in die Gaskammer, Vergasen, Verbrennen, Abfüllen der Asche in Urnen (nicht personenbezogen) sowie schriftliche Mitteilung an die Angehörigen.

Dass Werner B. als Wirtschaftsleiter[10] der Landesheilanstalt Bernburg über die Vergasungsvorgänge informiert war, dokumentiert die Aussage des Oberinspekteurs Erich Bobbert vom 26.01.1966, der berichtete: „Allerdings wurde ich einmal von dem Wirtschaftsleiter Werner B[...]

---

[9] HHStAW, Abt. 631a, Nr. 1691, Aussage von Ferdinand Koeppen am 29.10.1945, unfoliert, [25].

[10] Dr. Heinrich Bunke erinnerte sich auch an den Wirtschaftsleiter Werner B[...]. Siehe HHStAW, Abt. 631a, Nr. 148, Aussage von Heinrich Bunke, 11.06.1963, S. 23. Siehe ebenso BArch L, B 162/18114, Bl. 563, Aussage des SS-Mannes Heinrich Stoffel.

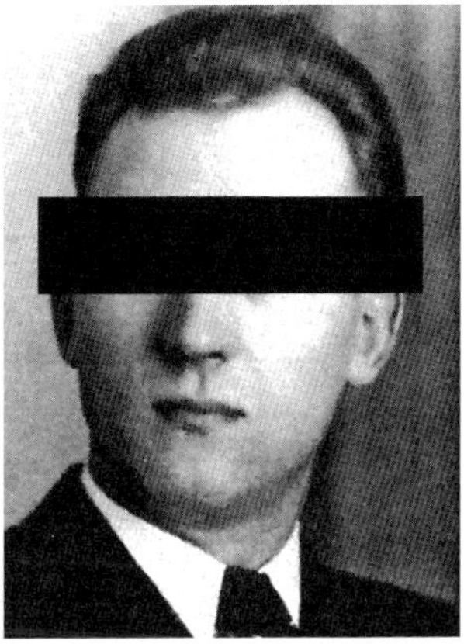

Abb. 3: Werner B.

aufgefordert, mir eine Tötungsmassnahme anzusehen [...]."[11] Bobbert hatte mit Werner B. in seiner Funktion als Oberinspektor der Verwaltung der Heil- und Pflegeanstalt monatliche Abrechnungen zu erstellen.[12]

Als Wirtschaftsleiter war Werner B. für den Einkauf bzw. die Materialwirtschaft, die allgemeine Verwaltung, die Abrechungen (Verbrauch), das Versicherungs- und Vertragswesen, den Haushalt und die zentrale Speisenversorgung zuständig. Er verwaltete das Budget und kümmerte sich um den Wareneinkauf und eine kostensparende Planung. Auch Elisabeth K. erinnert sich an Werner B.: „Leiter der Verwaltung in Bernburg war ein Werner B[...], der noch einen Bruder hatte, der Koch war". „Ich erinnere mich noch, dass Herr [Werner] B[...] sich im Scherz bemühte, mich für die Dinge [der „Euthanasie"] zu interessieren." „Uns war also von vornherein klar, was in der Anstalt geschah."[13]

Über die Ereignisse in Bernburg gibt ein Gedächtnisprotokoll Bobberts vom 15.09.1943 Aufschluss: „Von Anfang November 1940 ab trafen dann laufend Omnibusse ein, meistens abends oder nachts.[14] Die Fenster dieser Fahrzeuge waren blau angestrichen, sodaß man nicht sehen konnte, ob die Wagen beladen waren oder nicht.[15] Ob außer unheilbarer Geisteskranken auch andere Personen getötet worden sind, kann ich nicht angeben. [...] Es wurde allerdings erzählt, daß man in der Stadt einmal Lastwagen gesehen haben will, auf denen Personen in Sträflingskleidung gewesen sein sollen. Neben dem Heizwerk auf dem Kohlenhof hatte man später eine Großgarage gebaut, wo die Fahrzeuge gleich hineinfuhren. Von dort hatte man weiter eine Tür unmittelbar zur Krankenabteilung durchgebrochen [...]. Somit konnte man

---

11 BArch L, B 162/17537, unfoliert, Aussage von Erich Bobbert vom 26.01.1966, S. 3.

12 HHStAW, Abt. 631a, Nr. 147, Aussage von Erich Bobbert vom 26.01.1966, S. 3.

13 Ebenda, Nr. 1690, Aussage von Elisabeth K., geb. Sch., Vernehmung vom 05.03.1962, unfoliert [S. 2].

14 Ebenda, Nr. 1677, Vernehmung von Gerhard Godenschweig am 19.06.1963, S. 11.

15 Andere Aussagen verweisen auf braune, rote und graue Busse mit entsprechend farbig variabel gestrichenen oder verhängten Fensterscheiben (grün, blau).

von außen nichts sehen. [...] Es ist [...] anzunehmen, daß die jeweiligen Insassen der Fahrzeuge Beruhigungsmittel erhalten hatten." [16]

Elisabeth Enke, Ehefrau des Direktors der Nebenanstalt, berichtete, dass der Schornstein im Sommer auch nachts ständig geraucht habe.[17] Susanne Schmidt ergänzte, dass man beim Antransport „schon mal [...] Leute gesehen und auch schreien gehört"[18] habe. Ihr Mann, Dr. Schmidt, Nervenarzt in Bernburg, bestätigte: „Man hatte hie[r] und da den Eindruck, dass die ganze Aktion nicht immer ohne Widerstand der Betroffenen abging, denn es gab oft Schreie".[19] Auch den Brüdern B. wird dies nicht entgangen sein.

Einer Vergasung in Bernburg beiwohnend, berichtete Erich Fuchs: „In einem Keller wurden etwa fünfzig Menschen von dortigem Pflegepersonal in eine Gaskammer getrieben. Die Türen wurden verschlossen. Alsdann wurde Flaschengas in die Kammer hineingeleitet. Nach etwa fünf Minuten waren die Menschen tot. Die Aktion wurde von Dr. Eberl geleitet".[20] Erich Sporleder, gemeinsam mit Werner B., Erich Fuchs und Irmfried Eberl, vorher in der Tötungsanstalt Brandenburg tätig, beschreibt den Ablauf wie folgt: „Nach Ankunft der Omnibusse, die sofort in die Garage dirigiert wurden, entstiegen die Kranken [...] und kamen durch die [...] durchgebrochene Tür zwecks Aufnahme der Personalien in das Erdgeschoß. Danach mußten sie sich entkleiden und wurden von den [...] Ärzten - Dr. Eberl, Dr. Bumke - an Hand der mitgebrachten Personalakten geprüft und untersucht. [...] Nach fotografischer Aufnahme versammelten sie sich im Warteraum, wo dieselben von dort aus zu 40 Personen nach dem Keller zum Vergasungsraum geführt wurden. Denen wurde jedoch unterbreitet, dass sie zum Baden kämen. Die Vergasung ging ebenfalls schnell vonstatten. Jedoch hatte ich zu diesem Kellerraum keinen Zutritt. Nur von den Pflegern bekam ich zu hören, daß die Leichen aus der Gaskammer in die nebenbefindlichen Sezierräume und danach in den Heizraum geschleift wurden. Fahrbare Tragen waren auch hier nicht vorhanden. Bei verschiedenen Leichen wurde das Gehirn seziert und dann gelangte es mittels

---

[16] HHStAW, Abt. 631a, Nr. 147, Gedächtnisprotokoll von Erich Bobbert vom 15.09.1943.

[17] Ebenda, Nr. 1670, Vernehmung von Elisabeth Enke am 26.06.1962, S. 3.

[18] Ebenda. Nr. 1715, Vernehmung der Susanne Schmidt am 05.12.1961, S. 3.

[19] Ebenda, Vernehmung von Dr. Wilhelm Schmidt am 06.12.1961, S. 5.

[20] Ebenda, Nr. 1674, Vernehmung von Erich Fuchs am 08.04.1963, S. 5.

abgeschlossenen Glases nach Berlin [...]. Das Sezieren nahmen Pfleger vor, jedoch unter Aufsicht des Dr. Bumke. [...] Die Verbrennung der Leichen geschah mittels Koks, was natürlich längere Zeit in Anspruch nahm. Nach dem Erzählen dieser Beauftragten - es waren dieselben wie in Brandenburg - gelangten jedesmal gleich 5 Leichen mit einmal in den Ofen. Die Verbrennung dauerte meistenteils von 8,00 abends bis 4,00 Uhr morgens. Aufgestapelt wurden die Leichen in den einzelnen danebenbefindlichen Räumen, vor allem Sezierräumen, welche gleich an die Heizung grenzten."[21]

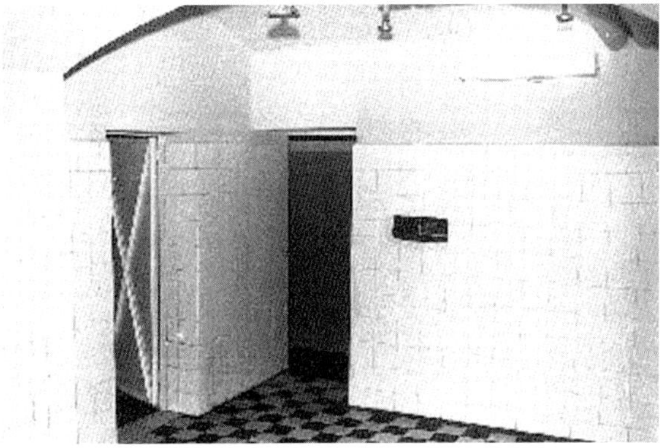

Abb. 4: Gaskammer in Bernburg

Unübersehbar ist, dass zwischen zahlreichen Beschäftigen der T4-Zentrale Verwandtschafts-, Freundschafts- oder Bekanntschaftsverhältnisse bestanden.[22] Günther B. gab zu Protokoll: „Ich nehme an, dass mich mein Bruder Werner, der damals Wirtschaftsleiter in Bernburg war, über das Arbeitsamt Hagen angefordert hat."[23] Günther B., der jüngere Bruder, wurde 1941 von der T4 angefordert und als Bäcker und Koch in die Euthanasieanstalt Bernburg abgeordnet. Über die Ereignisse in Bernburg gab Günther B. 1962 zu Protokoll: „Als ich nach Bernburg kam, wurden dort meines Wissens keine Geisteskranken mehr getötet. Soviel ich weiß, wurden dort nur noch KL-Häftlinge ins Gas geschickt. Woher diese Häftlinge kamen, kann ich nicht sagen. Mir sind eine Reihe von Lagernamen bekannt gegeben worden, mir kommen

21 Ebenda, Abt. 461, Nr. 32442, Bd. 13, Vernehmung von Erich Sporleder, o. D., Bl. 55 [S. 7].

22 Vgl. Ernst Klee, „Euthanasie", 11. Aufl., 2004, S. 166.

23 BArch L, Altbestand ZSL, Ordner Bi-Bq, Aussage in der Voruntersuchungssache gegen Dr. Georg Renno [Hartheim], 23.10.1962.

dabei die von Buchenwald,[24] Groß Rosen, Ravensbrück bekannt vor. Ich weiß aber nicht mehr mit Sicherheit zu sagen, ob mir diese Namen in diesem oder einem anderen Zusammenhang bekannt geworden sind. Unter den antransportierten Häftlingen waren sowohl Männer wie Frauen. Die Häftlinge, die ich an ihre[r] gestreifte[n] Kleidung erkannt habe, kamen meist in LKW`s, die mit Planen abgedeckt waren. Es handelte sich, wenn ich mich recht erinnere, um Lkw`s von der SS, ich möchte sagen um Mannschaftswagen, etwa in der Größe von 3,5 to. Nach meiner Erinnerung war immer nur ein Fahrer bei den Wagen. Ich weiß es nämlich deswegen, weil diese Fahrer bei mir Verpflegung bekamen. Von weiterem Begleitpersonal ist mir nichts bekannt. Wenn mir vorgehalten wird, daß dies doch unwahrscheinlich sei, daß ein Mann mit einem ganzen LKW Häftlinge allein auf den Weg geschickt worden ist[,] und diese Häftlinge noch hinten aus dem Wagen sehen konnten, wo ich sie gesehen habe, so kann ich dazu nur sagen, daß ich von weiterem Bewachungspersonal nichts gesehen habe. Ich weiß nur, dass zu Anfang diese Transporte durch Kräder [Kurzform für Kraftrad / Motorrad] mit Seitenwagen und aufmontiertem Maschinengewehr begleitet wurden und dass der Umstand, dass derartige Transporte in die Heilanstalt gingen, bei der Bevölkerung eine große Erregung auslöste. Daher unterblieben in der Folgezeit derartige Begleitkommandos. Wer weiß, was man den Leuten erzählt hat, dass sie nicht wegliefen. Ob es sich bei den Häftlingen um Kranke oder Geisteskranke gehandelt hat, kann ich nicht sagen. Mir ist nur aufgefallen, daß sie im Gesicht sehr mager aussahen. Soviel ich weiß, ist auch einmal ein Eisenbahntransport mit Häftlingen nach Bernberg gekommen. An diesen Transport erinnere ich mich noch deswegen so genau, weil ein Häftling dabei geflüchtet [ist] und es deswegen große Aufregung gab. Die Wachen, die ich später verpflegt habe, haben mir erzählt, daß auf diesem Transport in jedem Waggon ein SS-Mann mit eingeschlossen worden ist." [25]

Nach seiner Aussage hatte Günther B. die Kellerräume nie betreten, also auch nicht gesehen, wie Häftlinge vergast wurden. Lediglich wollte er beobachtet haben, wie LKWs in die Garagenhallen einfuh-

[24] Zur Verlegung von KZ-Häftlingen aus Buchenwald (insbesondere Juden) siehe Aussage von Maximilian Mayr, verhaftet am 25.01.1936 in Kassel, verurteilt u. a. mit weiteren politischen Oppositionellen aus Korbach, HHStAW, Abt. 631a, Nr. 1698, Aussage von Maximilian Mayr am 13.12.1963 und Schreiben (Max Mayr, Oberreg.Rat i. R.) vom 15.12.1963.

[25] BArch L, B 162/ 18100, Aussage von Günter [eigentlich Günther] B. am 23.10.1962, S. 3-4.

ren und man die Häftlinge auslud. Details über Abläufe kannte er nur von Erzählungen, z. B., dass man „Hälftlinge auszog, in einem vorgetäuschten Duschraum vergaste und die „Leichen über eine Rutsche in die Verbrennungsöfen schaffte". Nach seiner Erinnerung waren daran die Pfleger Kollruß, Otto Reuter und Otto Schmidt beteiligt, die von Günther B. eine „Sonderverpflegung" erhielten.

Im Gegensatz zu anderem Personal hatte er sich nicht in Berlin, sondern gleich bei Dr. Eberl in Bernburg gemeldet, der ihn unmittelbar über die eigentliche Intention der Anstalt informierte. Eberl habe ihm gegenüber geäußert, „dass man in der Anstalt Geisteskranke einschläfere, dass man also Kranke, die sich und anderen nur eine Last seien, von ihren Leiden erlöse". Am Ende des Gesprächs wurde Günther B. schriftlich zur Verschwiegenheit verpflichtet.[26]

Bekannt war, „dass das Personal der Abteilung Eberl richtige Sauf- und Freßgelage abgehalten hat. Nicht nur in [der] Kantine, sondern auch in der Stadt. Meistens fanden diese wüsten Ausschreitungen in der Bergschenke […] ihren Anfang. In anderen Lokalen Bernburg[s] setzten sich dann diese Feiern fort und endeten dann [wieder] in [der] Kantine. Dem ganzen Personal sah man eine Not nicht an, sie waren alle gut ernährt."[27] In den Tötungsanstalten ging es zuweilen hoch her. Partner- und Liebschaften innerhalb des Personals, wenig Ablenkung sowie Ausgehbeschränkungen[28] führten nicht nur in Bernburg zu Exzessen.[29]

Nach Einsicht des Hadamarverfahrens soll Werner B. auch in der Zwischen- und Tötungsanstaltanstalt Eichberg als Verwaltungsleiter tätig gewesen sein,[30] ein Vermerk, der jedoch fragwürdig erscheint. Übereinstimmende Belege finden sich für seinen Einsatz in den Tötungsanstalten Brandenburg und Bernburg, ebenso wie für die Vernichtungslager Belzec und Treblinka.

Nach dem offiziellen „Euthanasie"-Stopp im August 1941 kam Werner B., vermutlich Anfang 1942, auf Geheiß von Christian Wirth in das Vernichtungslager Belzec. Wirth, in leitender Funktion in den Tötungsanstalten

---

26 Ebenda, S. 5.

27 HHStAW, Abt. 631a, Nr. 1691, Aussage von Ferdinand Köeppen am 29.10.1945, unfoliert, [26].

28 Ebenda, Nr. 149 Aussage des Tötungsarztes Bodo Gorgaß am 07.02.1947, S. 4.

29 Ebenda, Nr. 32061, Bd. 2, Aussage von Hedwig Sauer am 14.02.1946, [S. 2].

30 Ebenda, Abt. 461, Nr. 32442, Bd. 13, Bl. 50.

Brandenburg, Bernburg und Hartheim tätig, später Inspekteur aller Tötungsanstalten, stellte im Winter 1941 einen Transport nach Polen zusammen, dem Werner B. und Erich Fuchs angehören sollten. Sie kannten sich bereits aus der T4-Tötungsanstalt Brandenburg. Werner B. und Erich Fuchs wurden mit sieben bis neun weiteren Personen mit drei Kraftwagen nach Belzec verlegt.[31] Günther B. blieb in Bernburg.

Werner B. und Erich Fuchs versuchten ihre Abordnung zu verhindern und wandten sich an den Leiter der Tötungseinrichtung Eberl, der allerdings nichts erreichte: „Daraufhin riefen [Werner] B[...] und ich [Fuchs] noch einen Tag vor der Abfahrt in Berlin an. Mit wem wir sprachen, kann ich aber nicht mehr sagen. Jedenfalls wurde mir sinngemäss unter anderem erklärt, dass ich auf dem Platz, auf den der Führer mich gestellt hätte, bleiben müsse. Wenn ich das nicht wolle, bleibe nur die Fahrt in andere Richtung übrig. Nach meiner Erinnerung war dabei die Rede von Oranienburg [Konzentrationslager]." [32]

Christian Wirth, erster Kommandant und Leiter[33] des Vernichtungslagers Belzec, später Inspekteur aller Vernichtungslager der „Aktion Reinhardt", war sehr verhasst.[34] Mit ihm kamen Anfang 1942 als erste Gruppe von T4-Spezialisten die SS-Männer Johann Niemann, Siegfried Graetschus, Heinrich Barbl, später Kurt Franz und Erwin Fichtner, in das Vernichtungs- und Tötungslager Belzec. Bis auf Barbl kannten sie sich bereits aus den T4-Tötungsanstalten Brandenburg[35] und Bernburg.[36] Das Lager befand sich noch im Aufbau. Werner B., Fuchs und neun weitere Männer stellten die erste Lagermannschaft von Belzec.

Belzec war kein KZ im üblichen Sinne, sondern eine reine Mordeinrichtung. Erich Fuchs gab am 08.04.1963 während einer Vernehmung durch die Staatsanwaltschaft zu Protokoll: „Bei unserer Ankunft in Belzec trafen wir dort auf Friedel Schwarz und zwei SS-Leute. [...] Wirth sagte uns, daß in Belzec 'alle Juden umgelegt werden sollten'. Zu diesem

---

[31] Ebenda, Abt. 631a, Nr. 1674, Vernehmung von Erich Fuchs am 08.04.1963, S. 5.

[32] Ebenda, Nr. 1674, Zeugenaussage von Erich Fuchs am 18.06.1963, S. 4.

[33] BArch B, SSO, 251 B, Schreiben vom 22.05.1943.

[34] HHStAW, Abt. 631 a, Nr. 1674, Zeugenaussage von Erich Fuchs am 18.06.1963, S. 4.

[35] Aus Brandenburg u. a. die Brenner Niemann und Grätschus neben Erich Fichtner.

[36] Rekonstruiert anhand: German and Austrian Personnel who served in Aktion Reinhard Death Camps, Last update: 6th August 2002, aus: http://www.deathcamps.org/reinhard/completestaff.htm (letzter Zugriff 01.09.2011).

Zweck wurden die Baracken als Gaskammern eingerichtet, ich habe in den Gaskammern Brausedüsen angebracht. Die Düsen wurden nicht an eine Wasserleitung angeschlossen, weil sie nur zur Tarnung der Gaskammern dienen sollten. […] Ich erinnere mich, daß der erste Transport in Belzec etwa eintausend Juden umfaßte. Die Menschen wurden in Gruppen zu je fünfzig bis achtzig Personen aufgeteilt. Sie mußten sich in Baracken entkleiden und wurden sodann in den sogenannten Baderaum (Gaskammer) geführt. […] Bei der Vergasung der Menschen habe ich am Eingang Wache gestanden. […] Eine eigentliche Funktion hatte ich während der Vergasungen nicht, weil ich mit [Werner] B[…] Fahrzeuge zu reparieren hatte."[37]

Wirth erklärte den ankommenden Juden, dass sie gebadet und in der Nähe angesiedelt werden sollten. In Wahrheit vergaste man sie jedoch. Zwei weitere Transporte zu je 1.000 Menschen erlebten Werner B. und Erich Fuchs mit.

Vermutlich im Juli 1942 kamen Werner B. und Erich Fuchs[38] nach Treblinka. Dort war bereits Dr. Eberl tätig, mit dem beide bereits in den Tötungsanstalten Brandenburg und Bernburg zusammengearbeitet hatten. Eberl soll Fuchs nach Treblinka geholt haben, um ihn „aus dem Gesichtskreis von Wirth zu entfernen. [Werner] B[…] war aus dem gleichen Grund dort"[39]. Eine größere Gruppe der Anstalt Bernburg, darunter Pfleger, Büropersonal, auch Frauen, ging nach Treblinka (Polen).[40]

Erich Fuchs, Autoschlosser und Fahrer von Irmfried Eberl in Brandenburg[41] und Bernburg, fungierte im Osten insbesondere als Installateur von Vergasungsanlagen. Er soll u. a. an der Probevergasung von 30 jüdischen Frauen in Sobibor beteiligt gewesen sein sowie an der Vergasung von mindestens drei weiteren Transporten. Fuchs, sechs Wochen mit Werner B. in Belzec, brachte seine technischen Fähigkeiten bei der Installation der Vergasungsanlagen ein. Er gilt neben Erich Hermann Bauer als einer der „Gasmeister" der „Aktion Reinhardt".[42]

---

37 HHStAW, Abt. 631a, Nr. 1674, Vernehmung von Erich Fuchs am 08.04.1963, S. 5-6.

38 Erich Fuchs, „Techniker" der T4, wurde im Juli 1942 nach Treblinka geschickt. Nach eigenem Bekunden war er dort drei bis vier Monate beschäftigt.

39 HHStAW, Abt. 631a, Nr. 1674, Zeugenaussage von Erich Fuchs vom 18.06.1963, S. 2.

40 BArch L, B 162/18114, Vernehmung von Heinrich Stoffel am 26.09.1961, Bl. 564.

41 HHStAW, Abt. 631 a, Nr. 1674, Zeugenaussage von Erich Fuchs am 18.06.1963, S. 2.

42 Zur Biographie von Erich Fuchs (*09.04.1902) siehe ebd.

Das Vernichtungslager Treblinka (nahe des Dorfes Treblinka), nordöstlich von Warschau, war das letzte und größte Vernichtungslager im Rahmen der „Aktion Reinhardt“. Zur „Vernichtung“ wurden im wahrsten Sinne des Wortes „Todesfabriken“ errichtet. Chelmno (Kulmhof) nahm im Dezember 1941, Belzec im März 1942, Treblinka im Juli 1942 den „Betrieb“ auf. Die Gesamtzahl der zwischen dem 22.07.1942 und dem 21.08.1943 ermordeten Menschen wird auf bis zu 1,1 Millionen geschätzt,[43] unter ihnen waren etliche Korbacher. Sie wurden ermordet, während der Korbacher SS-Mann Werner B. dort seine Dienste verrichtete.

Ähnlich wie Belzec war Treblinka kein Lager. Ankömmlinge wurden vielmehr direkt vom Bahnhof zur „Desinfektion“ - also zur Gaskammer - geführt und in aller Regel anschließend vergast. Allein zwischen dem 19.09. und dem 22.10.1942 wurden 18.004 Juden von Theresienstadt nach Treblinka verschleppt,[44] fünf von ihnen mit Geburts- und/oder Wohnort Korbach[45]. Unter ihnen befanden sich die Eltern von Klara Löwenstern, die im Oktober 1940 in der „Euthanasie“-Tötungsanstalt Brandenburg zusammen mit Bernhard Löwenstern ermordet worden waren.

Werner B. war in Treblinka als Wirtschaftsleiter und Rechnungsführer beschäftigt, somit verantwortlich für die Versorgung des Lagerpersonals. Im Rahmen dieser Tätigkeit holte er u. a. laut Zeugenaussage des Koches August Hengst aus dem Arbeitslager Treblinka I Brot für die jüdischen Häftlinge des Vernichtungslagers.[46]

Bereits 1942 herrschte in Treblinka ein furchtbarer Verwesungsgeruch. Wenn der Wind vom oberen Teil des Lagers blies, war es kaum auszuhalten. Die Lagermannschaft konnte sich in dieser Zeit vor Ungeziefer kaum retten. Es folgten Fälle von Fleckfieber, Typhus und Ruhr. Auch Werner B. erkrankte an Fleckfieber. Die Erkrankten kamen ins Lazarett nach Ostrow, unter ihnen war auch der SS-Oberscharführer Karl Pötzinger und SS-Oberscharführer Willi Mätzig. Mätzig, Pötzinger und Werner

---

[43] Franz Golczewski in Wolfgang Benz, Dimensionen des Völkermordes. Die Zahl der jüdischen Opfer des Nationalsozialismus, 2. Aufl., München 1996, S. 468.

[44] Theresienstädter Gedenkbuch, 2000, S. 22-23.

[45] Emma Kohlhagen am 08.09.1942, Ludwig Lazarus, Elias und Goldine Löwenstern am 29.09.1942 und Siegfried Löwenstein (siehe Kapitel: 3.24 „Gleichschaltung“ des öffentlichen Gesundheitswesens). Siehe Marion Lilienthal, www.gedenkportal-korbach.de.

[46] HHStAW, Abt. 631a, Nr. 1682, Vernehmung von August Hengst am 06.02.1962, S. 4.

B. kannten sich aus den Tötungsanstalten Brandenburg und Bernburg.[47] Ursache der Seuche war Eberls Ehrgeiz, möglichst hohe Vernichtungszahlen zu erreichen. Die Anzahl eingehender Transporte überstieg die Kapazität um ein Vielfaches, so dass das Lagerpersonal mit dem Vergasen und Beseitigen bzw. dem „Verscharren" der Leichen nicht mehr nachkam.[48] Es folgte der Kollaps. Tausende von Leichen lagen im Lagerbereich herum, pestilenzartige Zustände breiteten sich aus.

Werner B. kehrte in die Tötungsanstalt Bernburg zurück. Wann und ob er dort noch seinen Bruder Günther antraf, ist nach heutigem Kenntnisstand nicht zu beantworten. Sicher ist, dass Werner B. 1943 die T4 verließ. Seine offizielle Rückmeldung in Korbach erfolgte zum 25.10.1943.[49]

Erich Fuchs und Werner B. standen noch einige Zeit brieflich in Verkehr.[50] Werner B. kehrte nicht mehr zur T4 und „Aktion Reinhardt" zurück. Ende 1944 ging er zur Luftwaffe. Von dieser zur SS abgestellt, gilt Werner B. seitdem in Frankreich als verschollen.[51] 1943 kehrte auch Günther B. nach Korbach zurück.

In Korbach weilte nach Kriegsende auch der Tötungsarzt Dr. Irmfried Eberl, Leiter der Tötungsanstalten Brandenburg, Bernburg und des Vernichtungslagers Treblinka neben weiteren T4-Kräften. Dass Eberl sich ausgerechnet in Korbach aufhielt, ist nicht erstaunlich, weilten doch etliche Kräfte der T4 und „Aktion Reinhardt" in Korbach. So ist es nicht verwunderlich, dass sich Eberl, der in Korbach in Haft saß, von Günthers Mutter Bücher erbat.[52]

Abb. 5: Irmfried Eberl

[47] Ebenda, S. 1.

[48] Ebenda.

[49] StadtA KB, Einwohnermeldekartei der Stadt Korbach.

[50] BArch L, B 162/4433, Aussage von Günter B. am 27.03.1963, Bl. 1794.

[51] Ebenda, Bl. 1792.

[52] BArch L, B 162/18100, Günter B., Aussage vom 23.10.62, S. 5.

Im Rahmen von Ermittlungen gegen T4-Mitarbeiter und Beteiligte der „Aktion Reinhardt" wurde Günther B. mehrfach als Zeuge befragt.[53] Selbstbewusst bekundete er während seiner Vernehmung am 27.03.1963: „Ich bin schon mehrfach in Euthanasieverfahren und in dem Verfahren Treblinka vernommen worden. Ich war jedes Mal nur Zeuge. Gegen mich selbst richteten sich nicht die Ermittlungen." [54] Günther B. wurde von der Spruchkammer Korbach nach Kriegsende als „entlastet" [55] eingestuft, Verbindungen zur NS-„Euthanasie" wurden nicht hergestellt.

Bildnachweis:

Abb. 1: Stadtarchiv Korbach, Photoarchiv

Abb. 2: Gedenkstätte Brandenburg

Abb. 3: BArch B, ehem. BDC, NSDAP-Zentralkartei

Abb. 4: Gedenkstätte Bernburg

Abb. 5: Muzeum Walki i Męczeństwa, Treblinka

---

[53] U. a. im Frühjahr 1962, am 23.10.1962 und 27.03.1963.

[54] BArch L, B 162/4433, Aussage von Günter B. am 27.03.1963, S. 3.

[55] Mit freundlicher Unterstützung von Christiane Kleemann, Hess. Hauptstaatsarchiv Wiesbaden, Auskunft vom 23.09.2011.

Zielort Sobibor

von Ernst Klein

In Sobibor ermordete die SS bis zum Aufstand der Häftlinge etwa eine Viertelmillion jüdische Menschen aus Polen, aber auch aus Frankreich, Deutschland, den Niederlanden und der Slowakei. Um 16 Uhr am 14. Oktober 1943 gelang es dem jüdischen Arbeitskommando des Vernichtungslagers Sobibor unter der Leitung von Aleksander Peczerski und Leon Feldhendler, die SS-Wachmannschaften zu überwältigen und sogar einige SS-Leute zu töten. Ein Teil der Gefangenen konnte fliehen, doch nur 53 überlebten die Flucht, unter ihnen Thomas Blatt aus Izbica und Jules Schelvis aus Amsterdam, die später in mehreren Büchern ihre Kenntnisse und Erlebnisse für die Nachwelt aufzeichneten. Sofort nach Niederschlagung des Aufstandes begann die SS, alle Spuren des Lagers und der begangenen Verbrechen zu beseitigen. Alle Gebäude wurden abgebrochen, das gesamte Gelände von ukrainischen Helfern umgeackert. Anschließend wurden überall Bäume gepflanzt, um die hier begangenen Verbrechen zu vertuschen. Das Vorhaben der Nazis, alle Erinnerungen an das Vernichtungslager für alle Zeiten auszulöschen, gelang jedoch nicht. Durch die überlebenden Häftlinge kam später die Wahrheit über den Massenmord im Lager Sobibor ans Licht, die Lage der Gebäude im Lager konnte rekonstruiert werden.

Im Jahr 1965 wurde auf dem Gelände ein erstes Mahnmal für die Opfer errichtet. Die Asche der ermordeten Opfer wurde, soweit wie es möglich war, gesammelt und in einem großen gemauerten Rondell als symbolischem Grabhügel aufbewahrt. In einem Holzhaus, in dem vorher ein Kindergarten untergebracht war, wurde 1993 als Zweigstelle des Heimatmuseums in Wlodawa eine Gedenkstätte errichtet. Eine Dauerausstellung zeigt hier die im Lauf der Jahre gesammelten Dokumente zur Geschichte des Lagers.

Im Jahr 2000 ergriffen der Verein „Stichting Sobibor“ in Amsterdam, das Bildungswerk „Stanislaw Hantz“ in Kassel und die Gedenkstätte Sobibor gemeinsam die Initiative zum Aufbau einer Gedenkallee. Dieses Gemeinschaftsprojekt wurde schon bald auch von der nordhessischen Regionalgruppe von „Gegen Vergessen - Für Demokratie“, dem Arbeitskreis Rückblende Gegen das Vergessen in Volkmarsen und auch vom Förderkreis Synagoge in Vöhl tatkräftig unterstützt. Ziel des Projekts war und ist es, den Opfern ihre Identität wiederzugeben und dauerhaft an sie zu erinnern. Am 14. Oktober 2003, dem 60. Jahrestag des Aufstandes der Häftlinge, wurde im Beisein vieler in- und ausländischer Gäste - unter ihnen Jules Schelvis und Thomas Blatt - das erste Teilstück der Gedenkallee durch Florian Ross (Bildungswerk Stanislaw Hantz) und Marek Bem (Gedenkstätte Sobibor / Wlodawa) feierlich der Öffentlichkeit übergeben. Mit großem Interesse hörten die Gäste aus Polen, den Niederlanden, Deutschland und den USA die Ansprachen von Jules Schelvis und Jetje Manheim aus Holland, von Florian Ross, Ernst Klein, Robert Kuwalek und Marek Bem, der sich besonders für die Unterstützung seiner deutschen Freunde bedankte.

Der Wald, der von den Nationalsozialisten zum Zweck des Vergessens und Vertuschens angelegt war, wurde nun durch eine Allee der Erinnerung und des Gedenkens ersetzt. Bei der Gedenkveranstaltung in 2003 wurden 27 Gedenksteine aufgestellt. Die Steine sind unbearbeitete „Findlinge", also Natursteine, so wie sie in der Gegend von Sobibor vorkommen. Auf jedem Gedenkstein ist eine schwarze Metallplatte montiert. Auf ihr sind Name, Geburts- und Sterbedatum eines der etwa 250.000 in Sobibor ermordeten Menschen eingraviert. Für mehrere Angehörige einer Familie wurden die Daten auf einem Stein zusammengefasst. Der erste Stein wurde den Opfern gewidmet, deren Namen wir nicht kennen. Hinter jedem Stein wurde ein Baum gepflanzt, „immergrüne Fichten", wie sie in den umliegenden Wäldern wachsen. Steine und Bäume säumen beidseitig den letzten Weg, auf dem die Deportierten in den Tod gehen mussten. Insgesamt 13 Gedenksteine erinnern an jüdische Frauen, Männer und Kinder aus Volkmarsen und Vöhl. In den nächsten Jahren wurden jeweils im Oktober viele weitere Bäume und Gedenksteine für Opfer aus den Niederlanden, aus Deutschland, Frankreich, der Slowakei und weiteren Ländern aufgestellt.

Heute ist die Gedenkallee zirka 500 m lang und reicht von der ehemaligen Bahnrampe bis zum Platz vor der Gaskammer. Der Bau der Gedenkallee, die Errichtung der Natursteine und das Pflanzen der Bäume sowie die kontinuierliche Pflege der Anlage wurden und werden ohne staatliche Gelder allein durch Spenden finanziert. Seit längerer Zeit arbeiten mehrere Institutionen aus Polen, den Niederlanden, Israel und der Slowakei an einem Gesamtkonzept für eine umfassende würdige

Neugestaltung des Lagergeländes. Geplant ist u.a. auch der Bau eines neuen, größeren Dokumentationszentrums. In einer bis Mai 2013 laufenden Ausschreibung wurden verschiedene Gestaltungsvorschläge eingeholt. Es ist zu hoffen, dass bald eine Entscheidung für die Errichtung einer weiterentwickelten Gedenkstätte unter Einbeziehung der bestehenden Gedenkallee getroffen wird und die nötigen Finanzierungsmittel – auch unter Beteiligung der Bundesrepublik Deutschland – bereitgestellt werden.

Zielort Majdanek

von Karl-Heinz Stadtler

Nachdem die SS mit ihren Einsatzgruppen in Polen und der Sowjetunion bereits ab Mitte 1941 Erfahrung in der Massentötung von Juden gesammelt hatte, wollte man Juden nun auch stationär in großer Zahl töten. Ab Ende 1941 wurden deshalb besondere Lager – Vernichtungslager – geschaffen. Alle diese Lager wurden in der Nähe großer Städte mit hoher jüdischer Bevölkerungszahl gebaut, um die Transportwege kurz zu halten.

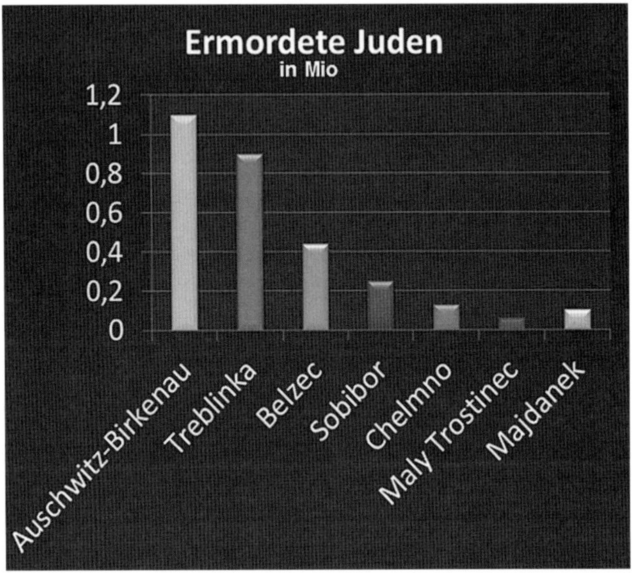

Abb. 1: Ermordete Juden

Aktion Reinhardt

Möglicherweise infolge der Wannsee-Konferenz im Januar 1942 sollte die Ermordung der Juden beschleunigt werden. Heinrich Himmler, Reichsführer der SS, beauftragte den SS- und Polizeiführer des Distrikts Lublin, Odilo Globocnik, mit dieser Aufgabe. Dieser begann zunächst mit dem Aufbau des Konzentrationslagers Majdanek im Süden der Distriktshauptstadt, um dann im Frühjahr und Frühsommer 1942 die Vernichtungslager Belzec, Sobibor und Treblinka errichten zu lassen.

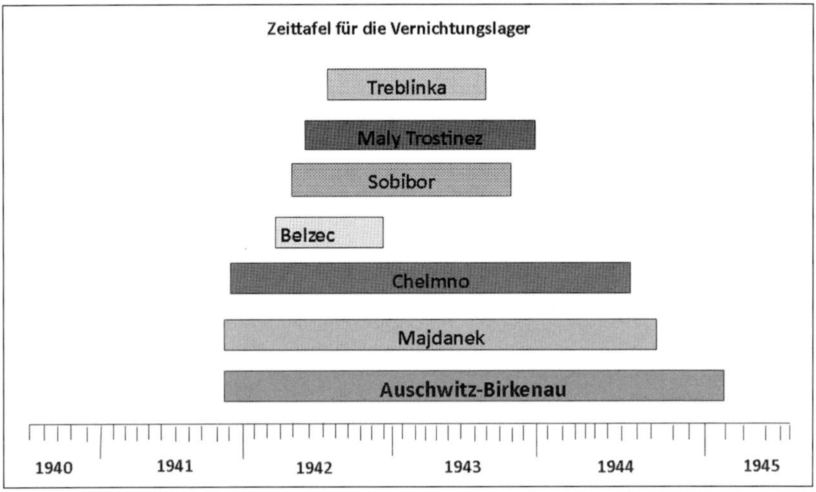

Abb. 2: Zeittafel für die Vernichtungslager

Majdanek

Majdanek war das erste Konzentrationslager im östlichen Polen. Es wurde als KL Lublin bereits im Oktober 1941 ungefähr drei Kilometer südlich des Zentrums der Großstadt, in der Nähe des Stadtteils Majdan Tatarski, eingerichtet.

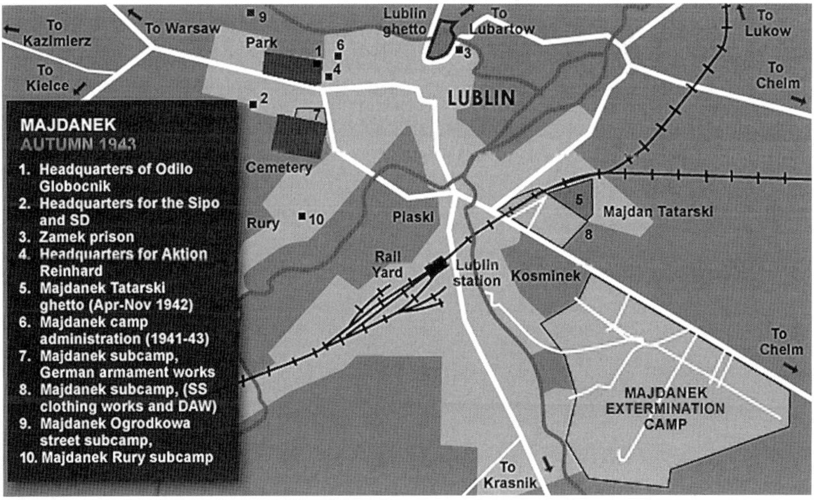

Abb. 3: Lage des KZ Majdanek

Zunächst war es als Kriegsgefangenenlager für sowjetische Soldaten vorgesehen, wurde dann jedoch sehr schnell zu einem Arbeitslager für Juden aus dem östlichen Polen. Im Generalgouvernement lebten zu Beginn der Besetzung durch deutsche Truppen ungefähr 2,5 Millionen Juden. Vor allem deshalb legte man allein in der Region um Lublin zwei Vernichtungslager (Belzec und Sobibor) sowie das Konzentrationslager Majdanek an. Die Karte zeigt die Lage des KZs im Süden Lublins.

Waldeck-Frankenberger in Majdanek

Majdanek war primär Arbeitslager und deshalb kein typischer Zielort für Transporte aus Westeuropa, für die die Tötung im Vordergrund stand. Aus unserer Region starben dort 10 Männer: Adorf: Louis Mosheim, Paul Weiler; Frankenberg: Georg Liebmann, Manfred Stern; Gemünden: Salomon Spier; Korbach: Albert Goldberg; Laisa: Willy Freudenthal; Rosenthal: Horst Goldschmidt, Isaak Rosenthal; Vöhl: Martin Sternberg.

Willy Freudenthal, Albert Goldberg, Martin Sternberg und Paul Weiler gehörten zu jenen mehr als 500 nordhessischen Juden, die am 1. Juni von Kassel nach Osten deportiert wurden, um in Sobibor getötet zu werden. In Lublin holte man sie am 3. Juni mit anderen arbeitsfähigen Juden aus dem Zug, trieb sie zu Fuß nach Majdanek und ließ sie dort arbeiten. Ihre Todesdaten sind: Willy Freudenthal (15. September 1942), Albert Goldbert (23. September 1942), Martin Sternberg (5. September 1942), Paul Weiler (4. August 1942).

Viele Menschen starben in Majdanek: Juden, Kriegsgefangene, politische Häftlinge. Trotzdem unterscheidet sich Majdanek von reinen Vernichtungslagern wie Belzec, Sobibor und Treblinka. Das Töten oder das Sterbenlassen geschah eher nebenbei: Die meisten starben durch Krankheiten und Epidemien, durch Hunger und Auszehrung und durch harte Arbeit. Dies war wahrscheinlich auch der Grund, warum die jüdischen Häftlinge aus unserer Region so schnell starben: Der brutale Arbeitseinsatz, kombiniert mit völlig unzureichender Ernährung, fehlender ärztlicher Versorgung und mit auch im Vergleich zu anderen Lagern katastrophalen sanitären Verhältnissen. Das folgende Foto mag das Lagerleben ein wenig illustrieren.

Abb. 4:
Lagerleben in Majdanek

Ein besonders makaberes Dokument stellt folgende Rechnung über 200 kg Frauenhaar vom Juni 1943 dar.

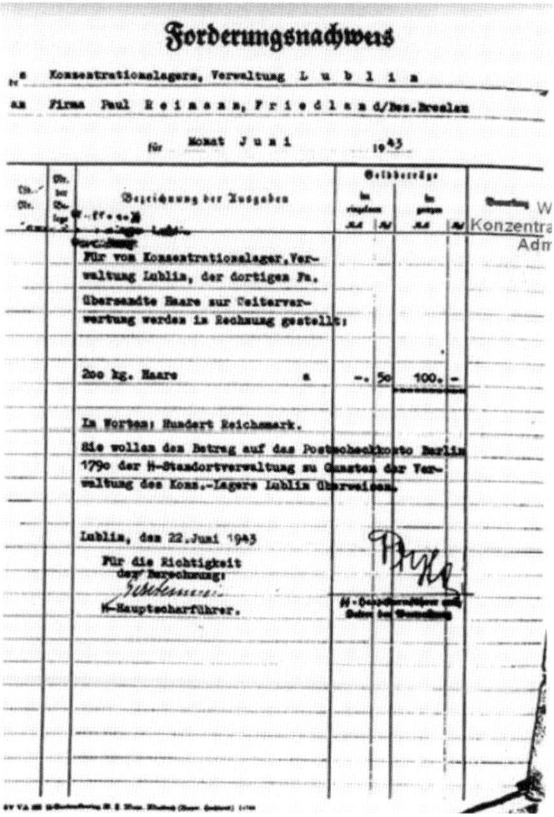

Forderungsnachweis

des Konzentrationslagers, Verwaltung L u b l i n

an Firma Paul R e i m a n n, F r i e d l a n d/Bez.Breslau

für Monat J u n i 1943

Bezeichnung der Ausgaben

Für vom Konzentrationslager, Verwaltung Lublin, der dortigen Fa. übersandte Haare zur Weiterverwertung werden in Rechnung gestellt:

200 kg. Haare a -.50 100.-

In Worten: Hundert Reichsmark.

Sie wollen den Betrag auf das Postscheckkonto Berlin 1790 der SS-Standortverwaltung zu Gunsten der Verwaltung des Konz.-Lagers Lublin überweisen.

Lublin, den 22.Juni 1943

Für die Richtigkeit der Berechnung:

SS-Hauptscharführer.

Abb. 5:
Rechnung über
200 kg Frauenhaar

Der folgende Lagerplan stellt die Einrichtung des Lagers dar:

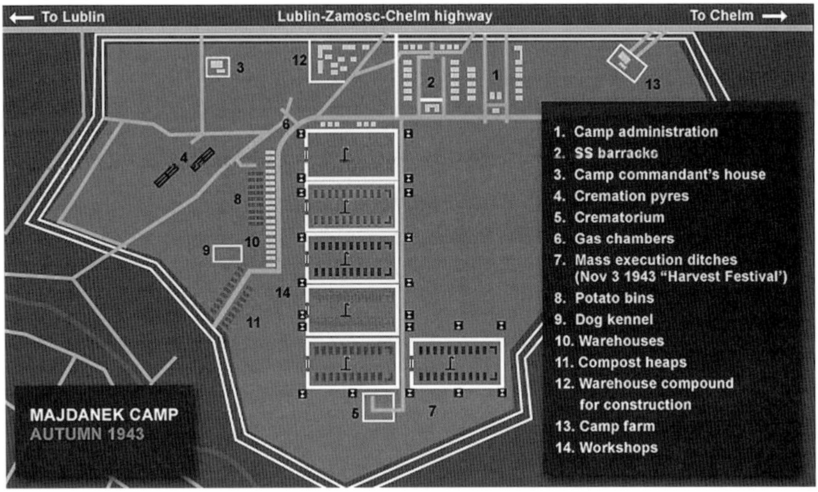

Abb. 6: Einrichtung des Lagers Majdanek: 1 Lagerverwaltung 2 SS-Quartier 3 Haus des Kommandanten 4 Scheiterhaufen 5 Krematorium 6 Gaskammern 7 Hinrichtungsplatz Aktion Erntefest 8 Kartoffellager 9 Hundezwinger 10 Läden 11 Komposthaufen 12 Bauleitung 13 Lager-Bauernhof 14 Werkstätten

„Aktion Erntefest"

Zeitweise wurde auch in Majdanek massenweise getötet. Am 3. und 4. November 1943 wurde dort die „Aktion Reinhardt" – so nannte man die massenhafte Tötung europäischer Juden zwischen dem Frühjahr 1942 und dem Herbst 1943 – in grausiger Weise beendet. Vielleicht als eine Reaktion auf die Revolten und Aufstände von jüdischen Häftlingen im Warschauer Ghetto (April 1943), Ghetto von Bialystok (August 1943) und in den Vernichtungslagern Treblinka (2. August 1943) und Sobibor (14. Oktober 1943) ordnete SS-Reichsführer Heinrich Himmler die Auflösung der ostpolnischen Ghettos und Konzentrationslager an. Am 2. und 3. November wurden in Trawniki, Poniatowa und vor allem Majdanek 43.000 Juden erschossen.[1] In Majdanek waren es 9.000 Juden, die man aus Lublin ins KZ holte, und zusammen mit 8.000 jüdischen Zwangsarbeitern erschoss,[2] musikalisch umrahmt oder übertönt durch

[1] http://de.wikipedia.org/wiki/Aktion_Erntefest.

[2] http://de.wikipedia.org/wiki/KZ_Majdanek.

Märsche und Walzer von Johann Strauß.[3] Diesen Massenmord bezeichnete man mit dem Begriff „Erntefest“.

Die Befreiung von Majdanek

Im Juli 1944 näherte sich die Rote Armee der Stadt Lublin. Die SS-Leute vernichteten die Dokumente und zündeten die Gebäude an, bevor sie die Gefangenen westwärts transportierten. Die sowjetische Armee befreite das Lager am 23. Juli; die Gaskammern und viele Gefangenenbaracken waren nicht zerstört. Westliche Journalisten trafen ein und berichteten in ihren Zeitungen über das grausige Geschehen im KZ Majdanek.

Bildnachweis:

Abb. 1, 2: Diagramm Karl-Heinz Stadtler

Abb. 3: http://www.theholocaustexplained.org/public/cms/70/92/155/307/BoAi28_web.jpg

Abb. 4: http://www.scrapbookpages.com/poland/majdanek/OldPhotos/MajdanekWorkers.jpg

Abb. 5: http://www.deathcamps.org/lublin/pic/hairs.jpg

Abb. 6: http://www.redcap70.net/A%20History%20of%20the%20SS%20Organisation%201924-1945.html/KZ%20Plans/Majdanek.jpg

---

[3] http://www.deathcamps.org/occupation/erntefest_de.html.

Von Adorf nach Sobibor und Majdanek

von Karl-Heinz Stadtler

Seit der zweiten Hälfte des 18. Jahrhunderts bestand in Adorf eine jüdische Gemeinde. „Als erste Einwohner jüdischen Glaubens, die 1787 vom Landesherrn einen „Schutzbrief" erhielten, werden die Stammväter der Familien Mosheim, Lebach und Weiler genannt. Nachdem sie einen Huldigungseid geleistet und ein entsprechendes „Schutzgeld" entrichtet hatten, wurde ihnen das Recht auf Niederlassung gewährt.

1872 hatte die Adorfer Gemeinde 39 männliche und 32 weibliche Mitglieder und 16 Kinder. Die jüdischen Einwohner verdienten sich ihren Lebensunterhalt vor allem als Viehhändler, Geschäftsinhaber im Einzelhandel, Hausierer und Handwerker. Gegen Ende des 19. Jahrhunderts ist eine stetige Abnahme der jüdischen Gemeindemitglieder zu beobachten. Hauptgründe dafür waren der Wegzug in die neu entstandenen städtischen Ballungszentren und Auswanderung. Daher musste der Gottesdienst in der Synagoge häufig ausfallen, weil die vorgeschriebene Anzahl von zehn religionsmündigen Männern (Minjan) nicht zustande kam.

1933, zu Beginn der Naziherrschaft, lebten in Adorf noch rund 20 Mitbürger jüdischen Glaubens. Der bis dahin untergründige Antisemitismus bei einem Teil der Adorfer Bevölkerung äußerte sich nun auch in offenen Feindseligkeiten und Schikanen. Auf einige wohlhabende Juden wurde von Seiten der NSDAP und der Behörden Druck ausgeübt, ihre Geschäfte aufzugeben und ihre Häuser zu verkaufen. In den Jahren 1936/37 emigrierten neun der jüdischen Adorfer in die USA und nach Lateinamerika.

Von den in Adorf geborenen und/oder längere Zeit am Ort wohnhaften Adorfern wurden 15 deportiert und sind in verschiedenen Konzentrationslagern und Ghettos umgekommen.[1] Das Synagogengebäude, obwohl bereits 1937 verkauft, wurde in der Pogromnacht 1938 verwüstet. Einen Brand, der im Innern gelegt wurde, haben aufmerksame

[1] Im Anhang dieses Buches sind mehr Holocaustopfer verzeichnet, da dort auch Ehepartner und Kinder genannt sind, die nicht oder nur kurze Zeit in Adorf wohnten.

Nachbarn gelöscht, die ein Übergreifen auf andere Gebäude befürchteten. 1939 wurde die Synagoge abgebrochen."[2]

Abb. 1: Federstrichzeichnung der Adorfer Synagoge

In diesem Jahr lebten nur noch drei Juden in Adorf. Zwei von ihnen waren Lina und ihr Sohn Paul Weiler. Lina Weiler wurde am 4. September 1889[3] als drittes Kind von Lazarus Weiler und seiner christlichen Frau Pauline, geb. Müller, in Adorf geboren. Ihr Bruder Julius war zu diesem Zeitpunkt sechs, Schwester Klara vier Jahre alt. Am 17. August 1907 gebar sie ihren Sohn Paul. Lina war nicht verheiratet, über Pauls Vater ist nichts bekannt. Bisher weiß man wenig über die beiden.

Lina und Paul Weiler wurden zu einem bisher unbekannten Zeitpunkt[4] nach Wrexen gebracht, wo sie - unter anderem zusammen mit der Familie Schönstädt aus Usseln - in Haus Nr. 4 wohnten.[5] Während

---

[2] Dieser Teil des Textes wurde entnommen aus: Zur Geschichte der ehemaligen jüdischen Gemeinde in Adorf, Faltblatt der Bezirksgruppe Diemelsee im Waldeckischen Geschichtsverein in Zusammenarbeit mit der Gemeinde Diemelsee.

[3] Geburts-, Deportations- und Sterbedaten von Lina und Paul Weiler: Gedenkbuch. Opfer der Verfolgung der Juden unter der nationalsozialistischen Gewaltherrschafi in Deutschland 1933-1945, 2., wesentlich erweiterte Auflage, bearbeitet und herausgegeben vom Bundesarchiv Koblenz 2006, Online-Ausgabe: http://www.bundesarchiv.de/gedenkbuch/.

[4] Vielleicht im Herbst 1941 oder Anfang 1942.

[5] Ein Foto des Hauses ist im Kapitel über die Juden aus Wrexen in diesem Buch zu sehen.

ihres Wrexen-Aufenthalts waren sie wahrscheinlich in einer der Papierfabriken beschäftigt. Für die Zeit vom 4. Februar, 13 Uhr, bis zum 6. Februar 1942, 20 Uhr, bekam Lina Weiler die polizeiliche Erlaubnis, ihren Heimatort Adorf zu besuchen.[6] Am Nachmittag des 23. April gestattete ihr die Gemeinde Wrexen einen mehrstündigen Aufenthalt in Scherfede. Auch Paul Weiler erhielt zwei Reisegenehmigungen während seines Aufenthalts in Wrexen. Am Nachmittag des 2. Februar hielt er sich in Marsberg auf. Am 23. Mai durfte er um 14 Uhr nach Adorf fahren; am 25. Mai, 20 Uhr, hatte er in Wrexen zurück zu sein; er unternahm diese Reise mit dem Fahrrad.[7]

Eine knappe Woche später wurden die beiden zusammen mit mehreren anderen Juden, die sich während dieser Zeit in Wrexen aufhielten, nach Kassel gebracht. Von dort aus wurden sie am Dienstag, dem 1. Juni, mit 508 Juden aus dem Kasseler Raum nach Osten deportiert. In Halle und schließlich in Chemnitz kamen weitere ca. 500 Juden hinzu. Wahrscheinlich am 3. Juni kam der Zug mit der Nr. Da 57[8] in Lublin[9] an. Die arbeitsfähigen Männer - 98 bis 115 Personen - mussten dort aussteigen und wurden nach Majdanek getrieben, während der Zug mit den Frauen, Kindern und alten Männern, also wahrscheinlich auch mit Lina Weiler nach Sobibor weiter fuhr. Wahrscheinlich wurden sie dort innerhalb von zwei Stunden nach ihrer Ankunft vergast.

Sohn Paul gehörte zu jenen, die den Zug in Lublin verließen und einige Wochen lang Zwangsarbeit beim Aufbau des Konzentrationslagers Majdanek leisteten. Paul Weiler starb wenige Tage vor seinem 35. Geburtstag in Majdanek.

Bildnachweis:

Abb. 1: Zur Geschichte der ehemaligen jüdischen Gemeinde in Adorf, Faltblatt der Bezirksgruppe Diemelsee im Waldeckischen Geschichtsverein in Zusammenarbeit mit der Gemeinde Diemelsee.

---

6 Auf dem Erlaubnisschein ist ausdrücklich vermerkt: „Mit der Reichsbahn"; Adorf liegt nicht an einer Bahnstrecke.

7 Zur Anschrift in Wrexen und zu den Reisegenehmigungen vgl. Wrexen 2008, S. 149 und 162f.

8 Vgl. Gottwaldt/Schulle, S. 166.

9 Der Zug wurde wahrscheinlich an einer Eisenbahnrampe neben dem Alten Flugplatz in Lublin gestoppt, um die jüngeren Männer herauszuholen, Gottwaldt/Schulle, a.a.O.

Von Altenlotheim nach Riga – Das Schicksal der Familie Straus[1]

von Israel Straus und Karl-Heinz Stadtler

Vorbemerkung

Israel (früher Günther) Straus lebt im Jahr der Veröffentlichung dieses Buches als 84-jähriger Mann zusammen mit seiner Frau in Israel. In langen Briefen[2] und mehreren Telefonaten hat er über seine Kindheit in Altenlotheim, über die Deportation nach Riga und Stutthof, über seine Befreiung und die Rückkehr nach Altenlotheim berichtet. Insofern ist er Mit-Autor dieses Kapitels. Aus seinen Briefen übernommene Passagen sind *kursiv* gesetzt. Seine persönlichen Erlebnisse waren in einen historischen Kontext zu stellen, durch Dokumentenrecherche und Recherche vor Ort zu ergänzen.[3] Und Israel Straus hat erlaubt, einige seiner Bewertungen kritisch zu hinterfragen.

Strausens Verhältnis zu Altenlotheim ist ambivalent. Einerseits weiß er sehr genau, was seiner Familie und insbesondere seinen jüdischen Nachbarn Oppenheimer und Frankenthal widerfahren ist; er weiß auch durchaus die Reaktion der Altenlotheimer auf seine Rückkehr

---

1 Die Schreibweise des Namens wechselt in den Dokumenten von Straus über Strauss zu Strauß. Dies gilt auch für den Vornamen von Bernhards Vater: Mal wird Jacob mit "c", mal mit "k" geschrieben. In dieser Arbeit wird für die Familie Bernhards die Schreibweise „Straus" benutzt, während für die andere Eimelroder Linie dieses Namens die Version „Strauß" gewählt wird. Möglicherweise waren Bernhard und seine Brüder Cousins von Johanna, Hugo und deren Brüdern.

2 Einen der Briefe hat der Schmittlotheimer Heimatgeschichtler Walter Zarges zur Verfügung gestellt; Israel Straus hat die Verwendung in diesem Buch gestattet.

3 Folgende Quellen wurden für diesen Beitrag benutzt: Alemannia Judaica (Website): http://www.alemannia-judaica.de/altenlotheim_synagoge.htm; Anrej Angrick, Peter Klein, Die Endlösung in Riga. Ausbeutung und Vernichtung 1941-44, Darmstadt 2006; Heinz Brandt, Die Judengemeinde Frankenau zwischen 1660 und 1940. Aus dem Leben jüdischer Landmenschen; Frankenberger Hefte Nr. 1 - 1992, Frankenberg 1992; Bundesarchiv: Gedenkbuch. Opfer der Verfolgung der Juden unter der nationalsozialistischen Gewaltherrschaft in Deutschland 1933-1945, 2., wesentlich erweiterte Auflage, bearbeitet und herausgegeben vom Bundesarchiv, Koblenz 2006; außerdem die Website http://www.bundesarchiv.de/gedenkbuch/directory.html, auf der die Informationen regelmäßig aktualisiert werden; Danuta Czech, Kalendarium der Ereignisse im Konzentrationslager Auschwitz-Birkenau 1939-1945, Hamburg 1989; Georg Glade, Die Hallenberger Juden. Kurköln - KZ - Kibbuz. 400 Jahre einer wechselvollen Geschichte, 2. Auflage, Olsberg 2009; Gottwaldt/Schulle; Gerhard Menk, Waldeck im Dritten Reich. Voraussetzungen und Wirken des Nationalsozialismus im hessischen Norden, Korbach/Wiesbaden 2010; Walter Zarges, Juden in Altenlotheim, in: 750 Jahre Altenlotheim. Chronik, Korbach 2004, S. 95ff. Der Internationale Suchdienst stellte Scans von Dokumenten zur Familie Straus zur Verfügung.

1945 richtig einzuordnen. Aber Israel Straus ist ein Mensch, der das Böse nicht offen anspricht, die Namen von Tätern zwar kennt, aber nicht nennt. Er liebt Altenlotheim und war in den letzten Jahrzehnten mehrmals zu Besuch im Kellerwalddorf, hat Kontakte aus der Jugend erneuert und die Kinder und weiteren Nachkommen von Menschen kennengelernt, die in den dreißiger Jahren des vorigen Jahrhunderts das Leben seiner Familie in guter oder böser Weise beeinflussten. Es entspricht der Intention von Israel Straus, auch hier keine Täternamen zu nennen, gleichwohl sollen die Ereignisse so dargestellt werden, wie sie sich abspielten, soweit das 70 Jahre danach noch möglich ist.

Es mag die Leser vielleicht irritieren, wenn Straus hier mal als „Günther", mal als „Israel" bezeichnet wird; aber dies macht Sinn. Immer wenn es um das Kind und den Jugendlichen geht, steht der deutsche Vorname; der Mitautor dieses Kapitels allerdings heißt „Israel".

Übrigens standen weitere persönliche Erinnerungen an die NS-Zeit und Altenlotheim zur Verfügung. Bruno Frankenthal, 1917 in Altenlotheim geboren und damit zwölf Jahre älter als Günther Straus, hat bei Begegnungen in Vöhl bzw. Altenlotheim und in Rischon Lezziyon[4] viel über jene Jahre erzählt und seine von ihm verfassten Lebenserinnerungen zur Verfügung gestellt. In Georg Glades Buch über die Hallenberger Juden finden sich diese Erinnerungen in etwas anderer Diktion wieder.[5] Außerdem bestanden mehrere Jahre lang briefliche Kontakte zu Helmut Oppenheimer, der 1916 als Sohn von Max Oppenheimer in Altenlotheim geboren wurde und insbesondere jene Ereignisse des Jahres 1933 erlebt hatte, die weiter unten dargestellt werden.

Zur Herkunft von Bernhard und Ida Straus

Bernhard Straus wurde am 12. Dezember 1890 in Eimelrod geboren. Seine Eltern waren Jacob Straus und dessen in Basdorf geborene Ehefrau Johanna, geb. Löwenstern. Bernhard hatte drei Brüder: Hermann, Julius und Louis, die 12, 9 bzw. 5 Jahre älter waren. Er besuchte die Volksschule in seinem Heimatort und arbeitete anschließend als Händler oder Kaufmann. Im 1. Weltkrieg war er Soldat in der Reichswehr und wurde mit dem Eisernen Kreuz ausgezeichnet.

---

[4] In dieser südlich von Tel Aviv gelegenen Stadt in Israel verbrachte Bruno Frankenthal seinen Lebensabend in einer Seniorenresidenz.

[5] Glade, a.a.O.

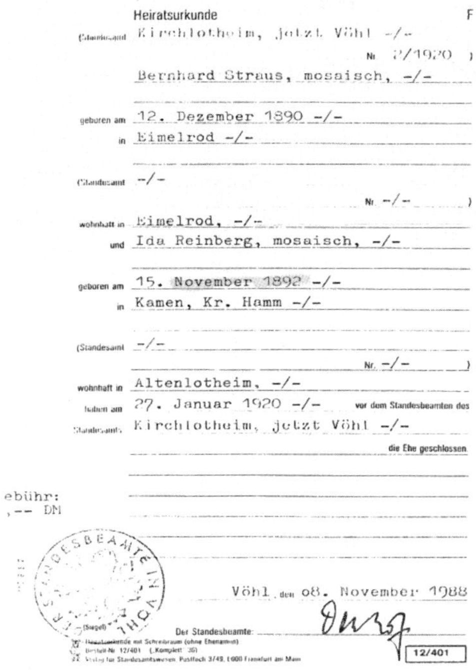

Heiratsurkunde F

(Standesamt Kirchlotheim, jetzt Vöhl -/- Nr. 2/1920)

Bernhard Straus, mosaisch, -/-

geboren am 12. Dezember 1890 -/-

in Eimelrod -/-

(Standesamt -/- Nr. -/-)

wohnhaft in Eimelrod, -/-

und Ida Reinberg, mosaisch, -/-

geboren am 15. November 1892 -/-

in Kamen, Kr. Hamm -/-

(Standesamt -/- Nr. -/-)

wohnhaft in Altenlotheim, -/-

haben am 27. Januar 1920 -/- vor dem Standesbeamten des Standesamts Kirchlotheim, jetzt Vöhl -/- die Ehe geschlossen.

ebühr:
,-- DM

Vöhl, den 08. November 1988

(Siegel) Der Standesbeamte:

12/401

Abb. 1: Heiratsurkunde von Bernhard und Ida Straus

Am 27. Januar 1920 heiratete Bernhard Straus die Altenlotheimer Jüdin Ida Reinberg und zog zu ihr. Ida stammte aus Kamen in Westfalen. Sie war dort am 15. November 1892 als Tochter von Lucas Reinberg und seiner aus Altenlotheim stammenden Frau Berta, geb. Frankenthal, geboren worden. Ida hatte den älteren Bruder Arthur und die jüngeren Geschwister Eleonore und Felix. Es mag an Mutter Bertas Kontakten zu ihrem Heimatort gelegen haben, dass Ida bereits im Schulmädchenalter zum kinderlosen Altenlotheimer Ehepaar Buchtal kam, das das Mädchen aus der Stadt bald adoptierte. Buchtals hatten einen Gemischtwarenladen mitten im Ort, den Ida nach ihrem Tod erbte.

Um 1920 herum entstanden zwei weitere Verbindungen zwischen den Reinbergs aus Kamen und den Straußens aus Eimelrod: Idas Bruder Arthur heiratete Johanna Strauß und Schwester Eleonore ehelichte deren Bruder Hugo. Vielleicht hatten sich über die Bekanntschaft zwischen Bernhard Straus und der Mutter seiner Ida auch die anderen Beziehungen hergestellt.

Die Zeit in Altenlotheim bis in die 1930er Jahre

Ein bald nach der Heirat geborener Sohn von Bernhard und Ida Straus starb gleich nach der Geburt. Ihnen wurden zwei weitere Söhne geboren: Rudolf am 9.8.1923 und Günther am 15. September 1929.

Abb. 2: Ida Straus

Ida führte den Buchtalschen Gemischtwarenladen mit Lebensmitteln, Textilien, Kurzwaren und Arzneien, auch Stoffen und kleinen Werkzeugen, während Bernhard Straus mit Landmaschinen handelte und mit Pferd und Kutsche im Wandergewerbe über die Dörfer zog. Sie waren im Ort akzeptiert. Ida hatte seit Kindertagen gute Kontakte zu den Altenlotheimern, und einige Männer hatten zusammen mit Bernhard als Soldaten im Ersten Weltkrieg gedient. Der Familie - so schilderte Sohn Günther es später - ging es gut und sie fühlte sich wohl:

„Zuerst muss ich offen sagen, unsere Familie konnte sich nicht sehr beklagen in der Nazizeit in Altenlotheim wegen schlechter Beziehung zu den Leuten im Dorf. Gewiss gab es auch dort einige überzeugte Nazis und Mitläufer, die glaubten, am Ende würden sie in einem Paradies leben und Taschen voll Gold haben, und diese Leute haben den anderen Angst eingejagt, so dass alle vorsichtig waren mit einer offiziellen Beziehung zu uns. Es gab Leute, die bis in letzter Minute bei Nacht und Nebel zu uns ins Haus kamen. Ein ganz besonderer Fall geschah am letzten Morgen, als wir von Altenlotheim zum Sammelplatz nach Kassel mussten: Zimmerteilen (ich hoffe, ich erinnere mich an den richtigen Namen; das war der Rufname, den genauen Namen weiß ich nicht) fuhr uns mit dem Wagen nach Schmittlotheim zur Bahn, und Vater sagte, du wirst Unannehmlichkeiten haben. Da sagte er: ‚Das überlass mir.'"

Auch der eingangs erwähnte Bruno Frankenthal hat die Jahre bis 1933 als angenehm erlebt. Er berichtet über das große Ansehen, das sein Vater genoss und das insbesondere bei dessen Beisetzung zum Ausdruck kam: „Das Dorf war wie eine große Familie. Das ganze Dorf begleitete den Sarg meines Vaters mit dem Zug zum ca. 40 km

Abb. 3: Haus Straus, 1930er Jahre

entfernten Friedhof."[6] Das Motiv der aus christlichen und jüdischen Altenlotheimern bestehenden „großen Familie" benutzt Frankenthal auch in anderem Zusammenhang: „ (...) die Menschen in Altenlotheim waren bis zu diesem Zeitpunkt[7] uns gegenüber und auch allen anderen sechs [jüdischen, St.] Familien gegenüber vollkommen unvoreingenommen. Wir waren fast eine große Familie, einer war für den anderen da." [8] Frankenthal kann sich an ein Fußballspiel seiner Altenlotheimer Mannschaft in Basdorf Anfang der 1930er Jahre erinnern - angesichts seines Alters muss es sich um ein Jugendspiel gehandelt haben -, bei dem er und Helmut Oppenheimer als „Judden" beschimpft worden seien. Die Altenlotheimer Mannschaft habe deshalb aus Protest den Platz verlassen.[9]

---

6 Glade, S. 259. Bruno Frankenthals Vater David starb 1921; Bruno war vier Jahre alt und kann dies also nur aus den Erzählungen von Angehörigen wissen. Wahrscheinlich ist die Bestattung in Marburg darin begründet, dass David Frankenthal im dortigen Krankenhaus an jenen Folgen der Blinddarmentzündung starb; anderenfalls wäre er wohl in Altenlotheim oder in Frankenau bestattet worden. Es mögen einige Altenlotheimer zur Beisetzung nach Marburg gefahren sein, gewiss aber nicht „das ganze Dorf".

7 Gemeint ist das Jahr 1933.

8 Lebenserinnerungen des Bruno Frankenthal, dem Verfasser als Schreibmaschinen-Exemplar zur Verfügung gestellt.

9 Gespräch mit Bruno Frankenthal am 15.5.2005 in Rischon Lezziyon.

Man hört oft, dass es den Juden bis 1933 gut gegangen sei in den Dörfern Nordhessens. Dies mag relativ richtig sein, wenn man es vergleicht mit den folgenden Jahren. Und es mag im Falle des Günther Straus auch richtig sein aus der Perspektive eines Kindes, das die Eltern nicht mit ihren Schwierigkeiten belasteten. Doch Diskriminierung und Ausgrenzung der Juden hat es auch in den 20er und frühen 30er Jahren des 20. Jahrhunderts gegeben.

Auch für die Jahre danach dominieren bei Israel Straus die angenehmen Erinnerungen: „*Soweit ich mich an meine Kinderjahre erinnern kann, habe ich bis 36 mit allen Kindern in meinem Alter gute Beziehungen gehabt. Die erste Begegnung, die ich persönlich als Jude spürte, war, als wir Kinder in einem Saal einen Film sehen sollten, und da kam Lehrer Bornscheuer zu mir und sagte: ‚Du darfst keine Filme hier mit den arischen Kindern sehen, du bist Jude.' Und als ich weinend nach Hause kam, versuchten meine Eltern sel.*[10] *mir zu erklären, dass jetzt bei Hitler die Juden als minderwertig oder überhaupt zu Unmenschen erklärt sind. Aber nicht alle in Altenlotheim und in Deutschland waren Hitlers Meinung, sie hatten allerdings Angst[,] gegen Hitler zu sprechen, denn wenn jemand sprach, war immer einer da, der ihn der Gestapo meldete. Ich traf im KZ Männer, die ihre Meinung gegen Hitler öffentlich geäußert hatten und deshalb ins KZ eingesperrt worden waren. Nachdem ich aus dem Kino rausgeworfen worden war, verschlechterten sich langsam auch die Beziehungen zu den anderen Kindern. Ich entsinne mich nicht, wann Vater aufhörte oder aufhören musste, in der Gegend rumzufahren, um zu verkaufen. Auch das Geschäft im Haus verschlechterte sich immer mehr. Ich weiß nicht, wann das anfing. Über die Beziehungen, die Rudi sel. (mein Bruder) zu den Mitschülern hatte, weiß ich nichts. Als er die Schule bei Lehrer Bornscheuer beendete, ging er nach Bad Nauheim in eine jüdische Gärtnerschule. Gewiss gab es auch Kinder, die hier und da mal mir oder uns nachriefen: ‚Hep, Hep'*[11]*, aber was verstehen Kinder!*"

---

[10] Viele Juden ergänzen die Namen verstorbener Angehöriger um die drei Buchstaben „sel." (= selig).

[11] „Hep, Hep" war mindestens schon Anfang des 19. Jahrhunderts ein Schlachtruf bei Ausschreitungen gegen Juden. 1819 und in den folgenden Jahren kam es in verschiedenen deutschen Städten zu Aktionen mit diesem Ruf. Seine Herkunft wird von Wissenschaftlern sehr verschieden interpretiert.

Das Jahr 1933

Am 30. Januar des Jahres 1933 wurde der Antisemit Adolf Hitler Kanzler des Deutschen Reiches. Sehr bald kam es zu ersten Gesetzen, die Juden zu Bürgern geringeren Rechts degradierten. Und bereits am 1. April jenes Jahres wurden die Geschäfte jüdischer Inhaber boykottiert - wenn auch nur für einen einzigen Tag. Inwiefern dies auch für Altenlotheim galt, ist noch nicht bekannt.

Im damaligen Kreis Frankenberg gaben bei den Reichstagswahlen über 78% der Wähler ihre Stimme der NSDAP, weitere knappe 10% der rechtskonservativen DNVP. Sowohl das Frankenberger wie auch das Waldecker Land waren fest in nationalsozialistischer Hand. Dies galt auch für Altenlotheim. Am 15. Mai gegen 21.30 Uhr wurde der jüdische Viehhändler Max Oppenheimer, damals 44 Jahre alt, von fünf SS-Männern unter Führung des SS-Sturmführers Friedrich Best aus Dorfitter[12] - zwei namentlich in Gerichtsakten genannte Altenlotheimer waren auch dabei - aus dem Haus geprügelt, in einen LKW gebunden, bis kurz vor Herzhausen gefahren, dort aus dem Auto geholt, über einen Bock gelegt und mit Gummiknüppeln durchgeprügelt. Anschließend wurde ihm mit Gewalt eine Flasche Rizinusöl eingeflößt. So ließen ihn die Täter zurück. Bereits vorher in Altenlotheim war ihm mit Gummiknüppeln so auf den Kopf geschlagen worden, dass „das Blut gleich aus Nase und Mund lief", wie Oppenheimers Ehefrau in ihrer Anzeige an den Oberstaatsanwalt formulierte. Von Herzhausen schleppte Oppenheimer sich bis nach Schmittlotheim, wo er an die Tür des Gasthauses Baumann klopfte und zusammenbrach. Baumann holte ihn rein und rief gegen 23 Uhr bei Oppenheimers in Altenlotheim an. Paula Oppenheimer lief zu Nachbar Bernhard Straus und bat ihn, zusammen mit ihrem Sohn Helmut ihren Mann aus Schmittlotheim zu holen. Das weitere Geschehen schildert nun wieder Israel Straus:

„Bei der Ausfahrt aus dem Dorf hielten ein paar Männer den Wagen an und sagten zu meinem Vater: ‚Bernhard, bring Max nicht zurück!' Aber mein Vater selig fuhr nach Schmittlotheim; er sagte: ‚Wer lässt schon einen Verletzten auf der Straße liegen, und noch dazu den Max.' Als er zurück kam,

---

[12] Friedrich Best aus Dorfitter sammelte eine Gruppe von Männern um sich, die mit äußerster Brutalität Juden und politische Gegner verfolgten und zusammenschlugen. In mehreren Fällen wurden Juden aus unseren Dörfern von diesen Männern totgeschlagen oder starben kurz nach einem Überfall durch die Best-Truppe. Insofern ist es gerechtfertigt, den Namen dieses Mannes zu nennen.

überfiel man meinen Vater auch sehr schwer. Am Morgen, so gegen 7 Uhr, klopfte jemand an die Haustür; Mutter selig öffnete und da stand der Arzt. Er sagte zu meiner Mutter, dass es ihrem Mann nicht gut gehe; er ging ins Schlafzimmer. Als er zurück kam, fragte meine Mutter, was denn los sei. ‚Gar nichts, es ist alles in Ordnung', erwiderte er; er ließ ein paar Medikamente auf dem Nachtschränkchen."[13]

Bei der Rückkehr nach Altenlotheim wurden jedoch nicht nur Bernhard Straus und der ohnehin schon malträtierte Max Oppenheimer, sondern auch der damals 16jährige Helmut Oppenheimer schwer verprügelt. Er lief davon und kam erst um drei Uhr nachts zu Hause an. Drei Tage später rief Best noch einmal bei den Oppenheimers an und verlangte 40 Reichsmark, weil Max Oppenheimer einem seiner Mittäter aus Korbach bei jener Aktion den Mantel mit seinem Blut verschmutzt habe. Paula Oppenheimer schickte einen Verwandten nach Dorfitter, der den geforderten Betrag bezahlte. Best zeigte sich von seiner großzügigen Seite und reduzierte die Forderung auf 30 Mark. Oppenheimers Verletzungen waren durchaus erheblich: ein einziger riesiger Bluterguss vom Hals bis zum Gesäß, ein weiterer schwerer Bluterguss am Gesäß, blutunterlaufene Querstreifen am Rücken, am Schulterblatt ein deutlich erkennbarer Schuhabsatz und eine Hautwunde an der linken Schläfe. Dies diagnostizierte der Frankenauer Arzt Brandes auch für die Untersuchung des Oberstaatsanwalts.[14] Zusammen mit seiner Frau verließ Max Oppenheimer Altenlotheim für mehrere Tage.

Einen Monat später, am 22. Juni, wurde Oppenheimer „in Schutzhaft genommen" und im Frankenberger Gefängnis eingesperrt. Der Marburger Oberstaatsanwalt, der auch Adressat der Anzeige Paula Oppenheimers nach dem Überfall auf ihren Mann war, forderte eine Erklärung des Oberlandjägers an, warum es zu jenem Überfall auf Oppenheimer am 15. Mai und zu seiner Inschutzhaftnahme gekommen sei. Der Oberlandjäger sah die Schuld ausschließlich bei Oppenheimer. Durch abfällige Bemerkungen gegen die NSDAP habe er sich in der Bevölkerung verhasst gemacht. Unter anderem habe er gesagt, dass er, wenn er

---

[13] Diese Passage aus Strausens Brief ist nur nachzuvollziehen, wenn man unterstellt, dass Bernhard Straus seiner Frau bei seiner Rückkehr in der vorausgegangenen Nacht nichts davon erzählt hat, dass er verprügelt wurde. Möglicherweise hatte sie bereits geschlafen.

[14] HStAM 274 Marburg, Acc. 1981/57 Nr. 389, hier wiedergegeben nach Gerhard Menk, Waldeck im Dritten Reich. Voraussetzungen und Wirken des Nationalsozialismus im hessischen Norden, Korbach/Wiesbaden 2010, S. 132.

einmal ein „S.A.-Jüngelchen“ erwische, es so drücken würde, „dass der Mist hinten raus käme“. Auch in Itter habe er so geredet, und deshalb habe ihn Best wohl „in Schutzhaft genommen“.

Als „Schutzhaft“ also bezeichnete Landjäger Albrecht jenen brutalen Überfall auf Max Oppenheimer. Mit der Verärgerung der Bevölkerung begründete übrigens auch Oberstaatsanwalt Heintzmann in einem Schreiben an den Preußischen Justizminister vom 3. August 1933, dass Oppenheimer am 22. Juni in Schutzhaft genommen wurde. Wie bereits erwähnt, hatte Paula Oppenheimer den Überfall auf ihren Mann beim Oberstaatsanwalt Heintzmann in Marburg angezeigt. Friedrich Best drohte Rache an, und die Oppenheimers zogen die Anzeige zurück. Oberstaatsanwalt Heintzmann bat in dem erwähnten Schreiben nach Berlin um Niederschlagung des Verfahrens mit der für sich sprechenden Begründung: „Hiernach sind die Taten meines Erachtens im Zusammenhang mit der nationalsozialistischen Revolution zur Durchsetzung des nationalsozialistischen Staates begangen worden.“ [15]

Wenige Tage später wurde der ebenfalls erst 16jährige Bruno Frankenthal Opfer Altenlotheimer Nationalsozialisten. Frankenthal erzählte: „Eines schönen Morgens, als ich nach Korbach fahren wollte, musste ich unterwegs mit meinem Fahrrad einen Bahnübergang überqueren. Es kam ein baumlanger Mann auf mich zu, ich war klein und untersetzt, hält mich an und sagt zu mir: ‚Du hast gesagt, ich wär ein Mörder.‘ Meine Antwort war: ‚Ich weiß ja nicht einmal, wie Sie heißen. Wie kommen Sie dazu?‘ Er gab mir einige Schläge. Ich konnte mich noch befreien. Er rief mir nach: ‚Na warte, heute Abend kommen wir zu dir, dann holen wir dich.‘ Danach bin ich dann nach Korbach gefahren, habe meine Leute zu Hause angerufen, und unsere gute Tante Lilli fuhr sofort nach Korbach mit Koffern mit Kleidung und Gebetssachen. Man beorderte mich: ‚Fahr nach Hallenberg, dem Geburtsort von Mutter.‘“ [16]

Die Situation in Altenlotheim im Jahr 1933 bewertete Frankenthal später so: „In unserem Dorf gab es die ersten und schlimmsten Nazis. Übernacht (!) entpuppten sich Leute, die vorher mit uns befreundet waren, als Nazis und verschworene Judenhasser.“ [17]

---

[15] Oberstaatsanwalt Heintzmann an den Preußischen Justizminister am 3. August 1933, HStAM 274 Marburg, Acc. 1981/57 Nr. 389.

[16] Lebenserinnerungen des Bruno Frankenthal, dem Verfasser als Schreibmaschinen-Exemplar zur Verfügung gestellt.

[17] Glade, S. 263.

Israel Straus beschrieb die Situation aus der Erinnerung heraus so: *„Vom Antisemitismus in unserer Gegend erfuhr ich sowohl von meinen Eltern wie auch von anderen jüdischen Familien, die wir besuchten. Ich weiß von den Überfällen, von Gewalttaten, von der Zerstörung von Häusern und Geschäften. Auch in Altenlotheim hat man Steine gegen Fenster und Türen geworfen, allerdings nicht bei unserem Haus. In der Kristallnacht 1938 wurden Häuser und Inventar beschädigt; Synagogen wurden angezündet. Bei uns hat man nur das Ladenschild, das am Haus hing, abgerissen und zerbrochen. Und es gab die Judenvermögensabgabe, die für ganz Deutschland galt."*

In einer anderen Quelle wird berichtet: „Bei Beerdigungen kam es zu Störungen; Schikanen und Gehässigkeiten von Seiten der nichtjüdischen Bevölkerung waren an der Tagesordnung." [18]

Juden verlassen Altenlotheim

Mehrere jüdische Familien verließen Altenlotheim in den folgenden Jahren. Max Oppenheimer, dem man 1933 so übel mitgespielt hatte, emigrierte mit Frau und Kindern im Herbst 1935 nach Argentinien, sein Cousin Moritz Oppenheimer wanderte mit Frau und Tochter im selben Jahr in die USA aus. Salomon Oppenheimer, von dem es ebenfalls heißt, er sei bereits 1933 von der SA zusammengeschlagen worden, erschien im Juli desselben Jahres zusammen mit Max Oppenheimer auf einer Liste von 35 Personen aus dem Kreis Frankenberg, die polizeilich zu beobachten seien. Er verließ mit seiner Frau Ende 1934 oder Anfang 1935 Altenlotheim und zog zunächst zu Sohn Moritz nach Fulda. Moritz und seine Familie emigrierten 1939 über Großbritannien in die USA; er holte seine Eltern nach. Richa Illfeld zog nach dem Tod ihres Mannes, bei dessen Beisetzung es zu den oben erwähnten Störungen kam, nach Westfalen, von wo aus sie 1942 ins östliche Polen deportiert wurde. 1937 schließlich verließen auch die Frankenthals Altenlotheim Richtung Heidelberg. Von dort aus wurden sie mit der ersten großen Deportation aus dem Deutschen Reich im Oktober 1940 nach Gurs in den Pyrenäen gebracht. Johanna Frankenthal, Großmutter des vorerwähnten Bruno, starb dort bereits im Februar 1941, während ihre Tochter Lilly im August 1942 in der Gaskammer von Auschwitz-Birkenau den Tod fand. Brunos Mutter Ida war 1940 in die Niederlande emigriert

---

[18] http://www.alemannia-judaica.de/altenlotheim_synagoge.htm.

und wurde im April 1943 in den Gaskammern von Sobibor ermordet. Ab 1937 war die Familie Straus die einzige jüdische Familie in Altenlotheim.

Von der Reichspogromnacht bis zur Deportation

Die von Israel Straus erwähnte „Kristallnacht“ war die Nacht vom 9. auf den 10. November 1938, die wir heute als Reichspogromnacht bezeichnen. Überall in Deutschland wurden Synagogen in Brand gesteckt, Geschäfte jüdischer Inhaber zerstört und geplündert, und alle jüdischen Männer, derer man habhaft werden konnte, wurden verhaftet und als so genannte „Aktionshäftlinge“ in den Konzentrationslagern Dachau (bei München), Sachsenhausen (bei Berlin) und Buchenwald (bei Weimar) inhaftiert. Nach Buchenwald kam auch Bernhard Straus: *„Da wurde Vater sel. verhaftet und kam ins KZ Buchenwald, Rudi*[19] *kam einige Tage nach der Kristallnacht zurück nach Hause von Bad Nauheim, er war auch 2 Tage verhaftet in der Polizei. Er wurde nach Hause geschickt, um Mutter sel. bei unserer Landwirtschaft zu helfen. (…) Vater wurde nach ca. 3 Wochen von Buchenwald entlassen, nachdem er das Eiserne Kreuz vom 1. Weltkrieg (…) abgegeben hatte und darauf verzichten musste, und er wurde zur Zwangsarbeit nach Kassel geschickt. Dort arbeitete er bei einer Hoch- und Tiefbau-Firma, bis wir evakuiert wurden.“*

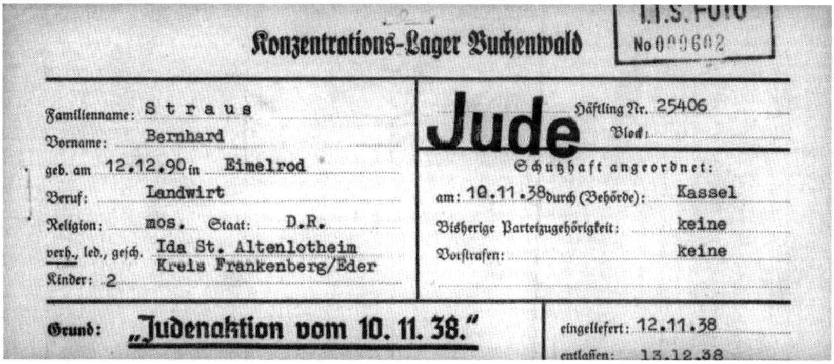

Konzentrations-Lager Buchenwald

I.T.S. FOTO
No 009602

Familienname: Straus
Vorname: Bernhard
geb. am 12.12.90 in Eimelrod
Beruf: Landwirt
Religion: mos. Staat: D.R.
verh., led., gesch. Ida St. Altenlotheim Kreis Frankenberg/Eder
Kinder: 2

Jude
Häftling Nr. 25406
Block:
Schutzhaft angeordnet:
am: 10.11.38 durch (Behörde): Kassel
Bisherige Parteizugehörigkeit: keine
Vorstrafen: keine

Grund: „Judenaktion vom 10. 11. 38.“
eingeliefert: 12.11.38
entlassen: 13.12.38

Abb. 4: Kennkarte im KZ Buchenwald

---

[19] Bernhard Strausens älterer Sohn.

Abb. 5: Bernhard Straus

Zur Zeit der Inhaftierung ihres Vaters in Buchenwald waren die Söhne Rudolf und Günther 15 bzw. 9 Jahre alt; es war für sie ein einschneidendes Erlebnis. Rudolf musste die Ausbildung in Bad Nauheim abbrechen und nach Altenlotheim zurückkehren. Wenn Israel Straus schreibt, dass Rudolf der Mutter bei der Landwirtschaft helfen musste, dann wird dadurch zumindest indirekt deutlich, dass auch der Vater bereits vorher die Tätigkeit des fahrenden Händlers nicht mehr ausgeübt hatte. Und als Bernhard Straus Mitte November heimkam, musste er - wie übrigens viele Juden, die früher als Händler oder Kaufleute ihr täglich Brot verdienten - bei einer Baufirma anheuern.

Günthers Frankfurter Zeit

Auch Günther Straus erlebte eine grundlegende Änderung seines Lebens. Am 14. November bereits verfügte Reichserziehungsminister Rust, dass jüdische Kinder aus deutschen Schulen zu entlassen seien und nur noch jüdische Schulen besuchen dürfen. Den Wechsel zum Philanthropin in Frankfurt schildert Israel Straus folgendermaßen:

„Am nächsten Tag[20] nach der Verhaftung von Vater sel. sagte mir Lehrer Busch, als ich zur Schule kam: ‚Du kannst nicht mehr hier lernen.' So war ich ungefähr einen Monat zu Hause ohne Schule, und dann kam ein Bescheid, ich weiß nicht, von wo und wem, dass ich nach Frankfurt in ein Kinderheim[21] gehen muss. (…) Als ich nach Frankfurt kam, lernte ich richtig den Judenhass kennen. Auf dem Weg zur Schule wurden wir von Kindern und Erwachsenen geschlagen, ausgeschimpft, mit Dreck bedrängt und vom Bürgersteig runter gejagt. Wenn wir bei Regen mit der Straßenbahn fahren

---

[20] Bezüglich des Tages irrt sich Israel Straus; die Nachricht, die Schule in Frankfurt besuchen zu müssen, kam wohl etwas später.

[21] Hier handelte es sich um eine Einrichtung der Flörsheim-Sickel-Stiftung.

wollten, denn wir hatten 3 bis 4 km bis zur Schule zu gehen, wurden wir öfters nicht reingelassen oder auch, wenn wir schon drin waren, rausgeschmissen. Es kam auch vor, wenn wir überfallen wurden, dass wir uns wehrten; dann ging es drum, wer stärker oder in der Überzahl war, der hat gewonnen. In den Sommerferien 40 wurde das Kinderheim beschlagnahmt und wir kamen ins Waisenhaus. Von dort zur Schule war es noch schlimmer; ich kam nur zu den Sommerferien nach Hause."

In dieser Zeit lernte er den etwas jüngeren Günter Sternberg aus Vöhl kennen. Sie hätten dann und wann zusammen gespielt und seien vor allem zu den Ferien mit dem Zug zusammen nach Hause gefahren. Über diese Ferienaufenthalte schreibt er: *„Vater sel. kam alle 2 Wochen auf 2 Tage am Wochenende nach Hause. Einstweilen bearbeiteten Mutter sel. und Rudi sel. Feld und Garten. Auch zu dieser Zeit gab es Leute in Altenlotheim, die heimlich hier und da Ratschläge und Hilfe gaben."*

Von Altenlotheim nach Riga

Im Oktober 1941 - so die Erinnerung von Israel Straus - mussten die Kinder Frankfurt verlassen. Weiter schreibt er:

„Im Nov. 41 bekamen wir Bescheid, uns auf eine Übersiedlung nach Osten vorzubereiten. Es gab Vorschriften, was und wie viel wir mitnehmen durften; das genaue Datum zur Abfahrt bekamen wir ungefähr eine Woche vor der Abfahrt. Vater kam drei bis vier Tage vorher von Kassel zurück; er hätte dort bleiben können bei der Arbeit in Kassel, aber ohne Familie, und das kam für ihn nicht in Frage. Also mussten wir - wie vorgeschrieben - zu einer bestimmten Zeit über Marburg nach Kassel abfahren. In Kassel wurden alle in einer Turnhalle[22] *gesammelt, und da fingen schon Brutalität und Grausamkeit an. Ein Teil der Sachen, die wir mitgenommen hatten, wurde abgenommen, ebenso alles Geld, Schmuck und andere wertvolle Sachen, auch die Kennkarte wurde weggenommen und abgestempelt mit „Evakuiert nach Riga", und danach gab es eine gräuliche körperliche Untersuchung nach eventuellen versteckten Gegenständen. Nach ein bis zwei Tagen wurden wir unter schwerer Bewachung zum Bahnhof abgeführt. Wir trugen die Koffer, die mitzunehmen man uns erlaubt hatte, nachdem uns ein Teil der Sachen weggenommen worden war. Wir wurden*

[22] Es handelte sich um Turnhallen von Schulen in der Schillerstraße.

in Personenwagen gepfercht. Wir hatten fast keinen Platz zu stehen. Da hatten wir noch etwas Glück, denn es gab Transporte, die mit einem Güterzug transportiert wurden. Nach drei bis vier Tagen[23] *kamen wir in Riga an. Noch vor unserer Ankunft sahen wir durch die Fenster Schnee und Eis. Es war verboten, die Fenster zu öffnen. Wenn es jemand geöffnet und den Kopf hinausgestreckt hätte, hätte man sofort geschossen. Im Zug war es wegen der vielen Menschen sehr heiß. Als Vater selig sah, wie es draußen aussah, forderte er uns auf, so viel wie möglich anzuziehen. Als wir ausstiegen, konnten wir wegen der Kälte fast nicht atmen. Man sagte, es seien 30 Grad Kälte.*[24] *Es gab Leute, die ohnmächtig wurden. Wer hinfiel, blieb liegen; keiner konnte und durfte helfen.*

Und da fing die richtige unvorstellbare Grausamkeit und Mörderei an. Es ist mir fast unmöglich, jetzt diese Einzelheiten, die wir durchmachten, zu beschreiben. Raus aus dem Zug und antreten zu 4 in der Reihe, dann kamen 2 SS-Männer (Offiziere); sie musterten alle Reihen und nahmen junge Männer raus und stellten sie abgesondert von uns auf. Wer nicht gehen wollte oder wen die Familie festzuhalten versuchte, bekam es mit dem Gummiknüppel über den Kopf, auch Rudi sel. wurde von uns getrennt. Als die Sortierung fertig war, sagte die SS: ‚Die hier werden euer Lager aufbauen im Kaiserwald[25] *und dann kommt ihr nach dort.' Wir kamen in Riga am Bahnhof mit ungefähr 1800 Menschen*[26] *an, ca. 100 kamen nach Kaiserwald, aber ins Ghetto kamen ca. 1400."*

---

[23] Heute wissen wir, dass der Zug am 9. Dezember Kassel verließ und am 12. Dezember in Riga am Bahnhof Skirotava eintraf.

[24] Es war ohne Zweifel sehr kalt. Es gibt allerdings mehrere Zeitzeugen, die die Abend- oder Nachttemperatur für Riga rund um den 10. Dezember mit ca. -10 Grad angeben.

[25] Hier wird Israel Straus sich irren. Das KZ Kaiserwald wurde erst später gebaut. Gemeint ist wohl das Arbeits- und Erziehungslager Salaspils, damals 15 km südlich von Riga gelegen, das sich seit Oktober 1941 im Aufbau befand.

[26] Hier wie auch bei den Angaben zur Temperatur trügt Strausens Erinnerung. Nicht 1.800, sondern exakt 1.034 nordhessische Juden wurden von Kassel nach Riga deportiert.

Exkurs: Deportationsziel Riga[27]

Die Deportation von Kassel nach Riga vom 9. bis 12. Dezember 1941 hat eine Vorgeschichte, die hier zumindest knapp wiedergegeben werden soll.

Deportationen vor Riga

Im Oktober 1939 wurden fast 1.600 Wiener Juden und mehr als 3.000 Juden aus Mähren und der Region um Krakau nach Nisko in Südostpolen deportiert. Im Februar 1940 folgten ca. 1.000 Stettiner Juden, die in Städte und Dörfer in der Nähe Lublins gebracht wurden. Im Oktober desselben Jahres transportierte die SS mehr als 6.500 Juden aus Baden, der Pfalz und dem Saarland in das Lager Gurs in den Pyrenäen. Zwischen Mitte Oktober und Anfang November 1941 brachten 20 Züge jeweils ungefähr 1.000 reichsdeutsche Juden nach Lodz, das in Deutschland damals Litzmannstadt genannt wurde. Innerhalb der SS-Führung wurde im Herbst 1941 darüber gestritten, wohin man die reichsdeutschen Juden bringen solle. Im Generalgouvernement gab es nur begrenzte Unterbringungsmöglichkeiten. Das Ghetto von Lodz hatte mit den genannten 20 Transporten seine Kapazitätsgrenze erreicht. Man entschied sich für Riga; allerdings sollten zunächst einige Züge - es wurden dann sieben - in die weißrussische Metropole Minsk gebracht werden.

Riga war am 1. Juli 1941 - elf Tage nach Beginn des Russland-Feldzuges - von der Reichswehr eingenommen worden; die SS-Einsatzgruppe A unter SS-Brigadeführer Walter Stahlecker folgte den Soldaten auf dem Fuße. Ihr Spezialauftrag: Vernichtung der jüdischen Bevölkerung hinter der Front. Ermutigt von Deutschen, kam es zu Pogromen von Letten gegen ihre jüdischen Landsleute, denen mehrere tausend Menschen zum Opfer fielen. Bereits am 21. Juli verfügte das Wirtschaftskommando Riga eine Konzentration jüdischer Arbeitskräfte in einem separaten Teil der Stadt. Ein abgezäuntes Wohngebiet mit 30.000 lettischen Juden wurde eingerichtet; im Oktober war das Ghetto rundum abgeriegelt. Diese paar Straßenzüge sollten nun den Juden aus dem Reichsgebiet als Bleibe dienen, was aber erst nach einer „Räumung" möglich wäre.

[27] Die Informationen zu den Deportationen und zur Situation in Riga wurden zwei hervorragenden Werken entnommen: Dem Buch von Gottwaldt/Schulle und dem Werk von Andrej Angrick und Peter Klein über „Die Endlösung in Riga" (vgl. Literaturverzeichnis).

Hierzu wurde SS-Obergruppenführer Friedrich Jeckeln nach Riga beordert und zum Höheren SS- und Polizeiführer Russland-Nord und Ostland ernannt. Jeckeln war Vernichtungsspezialist. Bei Kamenez-Podolsk in der Südukraine ermordeten die ihm unterstellten SS-Einheiten innerhalb von drei Tagen Ende August 1941 mehr als 23.000 Juden; am 29. und 30. September brachten sie in der Schlucht Babi Jar bei Kiew fast 34.000 Juden um; in den nächsten beiden Wochen wurden in der Ukraine weitere 51.000 Juden erschossen. Dieser Mann war geradezu prädestiniert für die nun in Riga zu erledigende Aufgabe. 300 deutsche Polizisten und SS-Leute sowie 500 lettische Hilfspolizisten[28] brachten im südlich der Stadt gelegenen Wald von Rumbula am 30. November ungefähr 15.000 und am 8. Dezember noch einmal 12.500 Juden um; mehr als die Hälfte von ihnen waren Frauen und Kinder. Während die Rigaer Juden den Befehlen der SS am 30. November noch bereitwillig folgten - woher sollten sie auch wissen, was sie erwartete? -, war das am 8. Dezember völlig anders. Viele Juden versuchten sich zu verstecken, um der Vernichtung zu entgehen. In aller Regel fand und erschoss man sie auf den Straßen und Plätzen des Ghettos. Die blutigen Spuren waren noch lange sichtbar. Bei den überlebenden Rigaer Juden handelte es sich um solche, die man ihrer Berufe wegen noch brauchte. Das Ghetto war nun aufnahmebereit für die Transporte aus Deutschland.

Für mehrere Judentransporte aus dem Reich war dies zu spät. Die Transportzüge hatten bei der Reichsbahn frühzeitig bestellt werden müssen; und so hatte die SS mehrere Züge für das Ziel Riga geordert, als das Ghetto noch nicht geleert war. Neben Zügen aus Berlin, München, Wien und Breslau galt dies auch für einen Transport aus Frankfurt/Main. Am 22. November verließ der Zug die südhessische Metropole mit der Zielvorgabe Riga mit knapp 1.000 Jüdinnen und Juden. Zusammen mit den zuvor eingetroffenen Juden aus Berlin und München wurden sie ausnahmslos am 25 November 1941 bei Fort IX in der litauischen Stadt Kowno (Kaunas) von Einheiten des SS-Einsatzkommandos 3[29] erschossen. Unter den 2.934 Toten befanden sich auch acht Personen aus unserem heutigen Landkreis.

---

[28] Diese Zahlen nennen Gottwaldt/Schulle, S. 111. Es sei angemerkt, dass die Einsatzgruppen der SS, die mit dem Judenmord hinter der Front beauftragt waren, nicht nur aus SS-Leuten bestanden; Ordnungs- und Kriminalpolizisten machten einen großen Teil der Einsatzkräfte aus.

[29] Die oben erwähnte Einsatzgruppe A unter Brigadeführer Stahlecker bestand aus knapp 1.000 Männern, die fünf Kommandos bildeten. Das Einsatzkommando 3 wurde von SS-Standartenführer Karl Jäger geführt, dessen detaillierte Vernichtungsberichte vorliegen.

Auch der erste Transport aus dem Reich, der tatsächlich Riga erreichte, kam zu früh: Am 30. November 1941, also dem Tag des ersten Massakers, trafen 1.053 Berliner Juden am Bahnhof Skirotava im Süden der lettischen Hauptstadt ein. Noch vor den lettischen Juden wurden sie in den Wald von Rumbula gebracht und an den vorbereiteten Massengräbern erschossen. Am 2., 4., 6. und 9. Dezember trafen weitere Züge mit jeweils eintausend Juden im Bahnhof Skirotava ein, die im Gutshof Jungfernhof - in Bahnhofsnähe - untergebracht wurden. Erst die Insassen des am 10. Dezember eintreffenden Zuges aus Köln kamen ins Ghetto; zwei Tage später folgten die nordhessischen Juden, unter ihnen auch die Familie Straus aus Altenlotheim.

Insgesamt kamen 20 Transporte aus dem Reich nach Riga: 10 im Dezember und 10 weitere nach der Weihnachtspause, in der wegen der Heimaturlaube der Frontsoldaten keine Züge für Deportationen zur Verfügung standen, vom 9. Januar bis zum 6. Februar.

Die Lager in Riga

Das Ghetto

Zwischen Juli und Oktober 1941 wurde das Ghetto südöstlich des Stadtzentrums von Riga eingerichtet. Nach den Mordaktionen vom 30. November und 8. Dezember wurde es deutlich verkleinert und in einen von den verbliebenen lettischen Juden bewohnten Abschnitt und den von reichsdeutschen Juden bewohnten größeren Bereich geteilt. Nach dem vorläufigen Ende der Deportationen aus dem Reich lebten im Februar 1942 ungefähr 13.000 deutsche Juden und knapp 5.000 lettische Juden im Ghetto. Sie mussten in verschiedenen Betrieben, beim Aufbau des Lagers Salaspils oder für die Wehrmacht arbeiten. Hin und wieder wurden Selektionen durchgeführt, nach denen nicht mehr arbeitsfähige Juden getötet wurden. Im Frühjahr 1942 fand die berüchtigte „Aktion Dünamünde“ statt. Den Juden im Ghetto und im Lager Jungfernhof wurde erzählt, in Dünamünde gebe es eine Fischfabrik, in der die Arbeit recht leicht sei. Viele meldeten sich freiwillig. 4.400 Juden aus dem Ghetto und 1.800 vom Jungfernhof wurden am Zielort erschossen.

Im Juni 1943 verbot der Reichsführer SS Heinrich Himmler das Herausbringen von Juden aus Lagern; für Riga ordnete er die Einrichtung eines Konzentrationslagers an, in dem nur noch Fertigungsarbeiten für Zwecke der Wehrmacht durchgeführt werden durften; privaten Firmen sollten nun keine Arbeitskräfte mehr zur Verfügung gestellt werden. Nicht mehr benötigte Ghettobewohner seien weiter nach Osten zu evakuieren, womit wohl ihre Ermordung gemeint war.

Ab Juli 1943 wurden sukzessive die im Ghetto lebenden Juden in dem im März eingerichteten KZ Kaiserwald registriert; am 2. November wurden alle, die sich an diesem Tag nicht im Arbeitseinsatz befanden, insbesondere also Kinder, Alte und Kranke, in großer Zahl (wahrscheinlich mehr als 2.000 Personen)[30] nach Auschwitz deportiert. Das Ghetto war dann weitgehend geräumt.

Salaspils

Das Lager Salaspils bei der gleichnamigen Stadt - 18 km südlich von Riga gelegen - wurde ab Oktober 1941 als Arbeits- und Erziehungslager eingerichtet. Sowjetische Kriegsgefangene sowie tschechische und deutsche Juden aus dem KZ Jungfernhof und aus dem Rigaer Ghetto leisteten die Aufbauarbeit. Hier, wie in allen Konzentrationslagern, wurden Juden an der Lagerverwaltung, auch bei Aufsichtsaufgaben und Bestrafungen beteiligt. Zeitweise war der Korbacher Jude Siegfried Kaufmann Chef der 85-köpfigen jüdischen Polizeitruppe in Salaspils.[31] Hunger, Kälte, Krankheiten und die Brutalität der Lagerleitung waren für eine hohe Sterblichkeit verantwortlich. Mehrmals gab es LKW-Transporte mit nicht mehr arbeitsfähigen Häftlingen in den Wald von Bikernieki, wo diese erschossen wurden. Im Sommer 1942 wurden die in Salaspils befindlichen deutschen Juden ins Reichsjuden-Ghetto verlegt. Salaspils wurde Polizeigefängnis für Letten und Russen. Im September 1944 wurde das Lager Salaspils aufgelöst. Wahrscheinlich war Rudolf Straus zeitweise Häftling in Salaspils. Aufgrund der großen Zahl ermordeter Juden wird Salaspils oft auch als „Vernichtungslager" bezeichnet.

---

[30] Während Gottwaldt/Schulle, S. 119, von 2.000 bis 2.500 Juden schreiben, berichtet Danuta Czech für den 5. November von einem tausendköpfigen Transport von Riga, der in Auschwitz ankam. 850 von ihnen starben sofort nach der Ankunft in der Gaskammer.

[31] Vgl. Angrick/Klein, S. 263f.

Jungfernhof

Das KZ Jungfernhof bestand ab 2. Dezember 1941 für eine Dauer von etwas mehr als vier Monaten in einem 6 km südwestlich vom Rigaer Zentrum gelegenen Dorf. Es handelte sich um einen heruntergekommenen Gutshof mit Gutshaus, drei Scheunen, fünf Baracken und einigen Ställen. 3.986 Juden, die zwischen dem 2. und 9. Dezember aus Stuttgart, Hamburg / Lübeck, Nürnberg und Wien kamen, wurden dort untergebracht. Als der Stuttgarter Transport eintraf, fanden sie auf dem Hof das Gepäck jener tausend Juden vor, die am 30. November von Berlin eingetroffen und sofort umgebracht worden waren. Mehrere hundert Häftlinge starben an Hunger, Kälte und Typhus. Im März brachte man unter dem Vorwand der Verlegung in ein anderes Lager mehr als 1.500 Häftlinge in den Wald von Bikernieki östlich von Riga und erschoss sie dort.

KZ Kaiserwald

Im Stadtteil Mezaparks wurde im März 1943 ein Konzentrationslager für Juden aus dem Baltikum und für Überlebende des Rigaer Ghettos eingerichtet. Im Mai 1944 wurden dort 11.878 Gefangene registriert, doch nur maximal 2.000 wohnten auch dort. Viele Häftlinge leisteten Zwangsarbeit, vor allem für die Reichswehr, aber nach wie vor auch für Privatfirmen. In der Regel waren sie dann kasernenartig in der Nähe ihres Arbeitsplatzes untergebracht. Am 28. April wurden in Kaiserwald und allen anderen Rigaer Lagern alle Kinder weggebracht und ermordet. Am 28. Juli gab es noch einmal eine Selektion, die alle Häftlinge unter 15 und über 50 Jahre betraf. Als im September 1944 die sowjetische Armee immer näher kam, wurde das Lager aufgelöst. Wie in Salaspils wurden nur die arbeitsfähigen Häftlinge in das KZ Stutthof bei Danzig deportiert; die anderen wurden getötet.

Familie Straus in Riga

Israel Straus erzählt, dass die Häftlinge nach dem halbstündigen Marsch vom Bahnhof zum Ghetto schon beim Tor und an Mauern Blut gesehen haben. Unter den Ankömmlingen habe man darüber spekuliert, ob man hier für Weihnachten Schweine geschlachtet habe. Sie hätten sich zu diesem Zeitpunkt sicher nicht vorstellen können, was die tatsächliche Ursache für diese Blutrückstände war. Dass nämlich bei den beiden Räumungsaktionen am 30. November und am 8. Dezember alte und kranke Juden, denen man den Fußweg in den Wald von Rumbula nicht mehr zutraute, oder auch solche, die protestierten oder zu fliehen versuchten, in den Straßen des Ghettos erschossen wurden. Wahrscheinlich hatte man bis zur Ankunft des Kasseler Transports noch nicht alle Überreste jener Aktion beseitigt.

Der Kasseler Gruppe wurden einige Häuser zugeteilt. In jedem Zimmer wohnten mehrere Personen, denen viel zu wenige Betten zur Verfügung standen. *„Wie Sardinen“* - so Straus - lebten sie hier. Die nordhessischen Juden bemerkten, dass die Häuser eilig verlassen worden waren. Die zurückgelassenen Lebensmittel waren in den ersten Wochen Grundlage der Ernährung der Gefangenen. Dem damals 12jährigen Günter Straus fielen vor allem Speck und Wodka auf. Als die Nahrungsmittel in dem von ihnen bewohnten Haus zur Neige gingen, waren sie gezwungen, Essen in jenen Häusern zu suchen, die noch nicht wieder bewohnt waren. Abends und nachts auf Erkundung zu gehen, war zu gefährlich, da die SS zwischen den Häusern patrouillierte. Auch tagsüber wurden Leute, die bei der Essenssuche erwischt wurden, als Plünderer erschossen. Bald war der Hunger so groß, *„dass man sagte, entweder finde ich essen und werde leben, oder ich werde vor Hunger sterben oder werde erschossen.“*

An einem jener sehr kalten Tage des Mangels wurden Günter Straus und eine große Zahl anderer Gefangener in leeren Häusern erwischt. *„Man trieb uns einen nach dem anderen in ein Zimmer im zweiten Stock eines Hauses. Die SS schloss jedes Mal die Tür, wenn sie jemanden rein brachten, was den Wartenden große Angst einflößte. Ich und noch ein Junge standen nahe bei einem Fenster und flüsterten uns zu, was denn passieren könne, wenn wir aus dem Fenster springen. Wegen des hohen Schnees würden wir vielleicht lebend wegkommen oder eben sterben. Wenn wir blieben, würden wir auf jeden Fall sterben. Wir sprangen also hinaus in den Schnee und blieben unverletzt. Wir versuchten wegzulaufen, aber das ging wegen des hohen Schnees nicht. Wir konnten nur hintereinander gehen. Einige weitere Leute folgten unserem Beispiel. Nach einer Weile merkte die SS, was geschah. Sie schossen auf uns und trafen einige, die am Ende liefen.“*

Straus berichte weiter, dass sie mit dem Haus, das ihnen zugeteilt worden war, durchaus Glück gehabt hätten. Mehrere Schuppen mit Holz befanden sich auf dem zugehörigen Hof, so dass sie das, was sie an Nahrungsmitteln fanden, kochen konnten. Da sie insbesondere Speck fanden, achteten die Juden nicht mehr darauf, koscher zu essen. Unter einem der Holzstapel fanden sie sogar eine größere Menge Kartoffeln, die in Gruben versteckt waren und ihnen das Überleben für einige Zeit erleichterte.

Im Laufe der ersten Tage lernte Günter Straus das doch recht überschaubare Ghetto kennen. Jenseits des Stacheldrahtzauns an der Nordseite des Deutschen-Ghettos entdeckte er weitere eingezäunte Häuserzeilen, in denen lettische Juden, und zwar nur Männer, lebten. Bald erfuhr er, dass dies die überlebenden Arbeitsfähigen der beiden Vernichtungsaktionen waren. Später entdeckten er und andere Jungen auch ein lettisches Frauenghetto.

Zwei Monate nach der Ankunft wurden die Juden zur Arbeit herangezogen. Sie wurden überwiegend außerhalb des Ghettos eingesetzt. Die Frauen und Männer gingen in der Frühe unter schwerer Bewachung zur Arbeit und kamen ebenso am Abend zurück. Abends wurde entsprechend der Zahl der noch lebenden Häftlinge das Essen ausgeteilt. Über die Situation seiner Familie schreibt Israel Straus:

„In dem Augenblick, wo Menschen zur Arbeit angefordert wurden, ging Mutter sel. sofort arbeiten und blieb bis zur Auflösung im Militärspital. Vater sel. war, wie schon erwähnt, im Ordnungsdienst und wurde in der Kleidungskammer eingesetzt, wo er mit der Kleidung und anderen Gegenständen zu tun hatte, die allen Gruppen bei der Ankunft abgenommen wurden, und auch denjenigen Gruppen, die überhaupt nicht ins Ghetto kamen, sondern sofort umgebracht wurden. Mutter selig arbeitete, wie schon erwähnt, im Militärspital, und da war ein SS-Mann, der die Frauen bei ihrer Arbeit beaufsichtigte und darauf achtete, dass die Befehle ausgeführt wurden. (…) Nach Arbeitsende gab er ihnen oft Essen aus der Küche mit. Er hatte es in kleinen Schachteln oder Papier versteckt, so dass sie es mit ins Ghetto nehmen konnten. Eines Tages kam ein neuer Aufseher, und man erzählte sich, dass der frühere bestraft worden sei, weil er Juden geholfen hat.

Auch ich suchte Arbeit oder Beschäftigung, aber für Kinder war das am Anfang unmöglich. Eines Tages kam Vater sel. von seinem Dienst und sagte, die Ordonnanz von unserer Gruppe (Kassel) sei krank; man brauche dringend einen anderen. Da lief ich ohne zu fragen zur Gruppenleitung und sagte, ich wolle als Ordonnanz arbeiten. Der Gruppenleiter sagte: ‚Du Schnörzel, putz dir die Nase und verschwinde.' Aber eine seiner Mitarbeiterinnen sagte, ich solle Papiere schnell zur Kommandantur bringen. Wenn die Papiere nicht sofort hingebracht würden, würden sie bestraft. (...) So lief ich schnell zur Kommandantur. Am Eingang des Gebäudes, in dem sich auch die Kleiderkammer befand, stand der diensthabende Wachmann vom Ordnungsdienst und wollte mich nicht rein lassen, aber ich war schneller als er und lief die Treppe rauf zum Kommandanten des Ghettos,[32] *wo ich die Papiere abgeben musste. Die Tür war offen, ich klopfte an, stand stramm und sagte, ich brächte die Papiere oder Meldungen der Gruppe Kassel. Und er fragte, wer ich sei. Ich antwortete schnell: Die neue Ordonnanz unserer Gruppe.' Er stellte noch einige Fragen wegen meiner Familie und sagte dann: ‚Wir werden sehen, ob du die Arbeit schaffst.' Von da an war ich einige Monate beschäftigt mit Wegen zwischen der Kommandantur, dem Arbeitsamt und der Gruppe. Auf einigen Arbeitsstellen außerhalb des Ghettos bekamen die Leute Mittagessen oder ein Stückchen Brot und was dazu, und das war viel wert, denn was wir im Ghetto bekamen, war sehr wenig. Auch die Leute beim Ordnungsdienst bekamen etwas zusätzlich, auch ich bekam hier und da mal etwas zu essen."*

Israel Straus schildert nun ein Vorkommnis, das ihn in große Angst versetzte: *„Es war Schabbes Vormittag; ich hatte Bar Mizwa*[33] *und wir waren mit dem Gebet zu Ende, als der Kommandant mit einigen SS-Männern in den Betsaal kam. Unser Gruppenführer, mein Vater selig, der Rabbiner und ich standen an der Bima.*[34] *Der Kommandant gab Befehl, uns zur Kommandantur zu bringen, denn es war verboten, im Ghetto zu beten. Als wir in den Hof der Kommandantur kamen, waren dort vier weitere Gruppen, in denen ebenfalls Bar Mizwa gefeiert worden war. Jemand musste uns verraten haben. Ich weiß nicht warum, aber wir waren die erste Gruppe, die zum Verhör gerufen wurde. Wir gingen zur Tür, die offen war, und es wehte ein starker*

---

[32] Kommandant des Ghettos war ab Dezember 1941 SS-Obersturmführer Kurt Krause. Er war vor dem Krieg Polizist in Berlin. Bis Dezember 1941 war er Kommandant des Lagers Salaspils und galt als sehr brutal.

[33] Bei seiner Bar Mizwa wird der jüdische Junge im Alter von 13 Jahren als „Mann" in die Gemeinde aufgenommen. Er muss nun alle Pflichten eines jüdischen Mannes erfüllen.

[34] Die Bima ist ein mit einem Altar vergleichbarer Tisch, von dem aus bei einem jüdischen Gottesdienst aus der Thora vorgelesen wird.

Wind. Wir durften den Talis[35] beim Verlassen des Betsaals nicht ablegen; daher wurde der Talis beim Betreten der Kommandantur vom Wind von unseren Schultern geblasen. Der Kommandant rief, wir sollten den Schal nicht runter nehmen. Als wir eingetreten waren, wollte er zunächst wissen, ob wir unsere Pflichten vernachlässigt hätten; er fragte zunächst den Gruppenführer, ob er nichts zu tun habe; der antwortete, er habe einiges zu tun, aber das sei bis zum Abend erledigt. Dann fragte er meinen Vater selig, wann er Dienst habe. Mein Vater war derzeit beim Ordnungsdienst beschäftigt und versah seine Arbeit im Kommandanturgebäude vor der Tür des Kleidungszimmers. Er antwortete dem Kommandanten, dass er Nachtdienst habe. Kommandant Krause fragte dann den Vorbeter, was er mache. Der erwiderte, er habe zweite Schicht (ich erinnere mich nicht, wo er arbeitete). Dann sprach Krause mich an und meinte, er habe mich schon am frühen Morgen in der Kommandantur gesehen. Als Ordonnanz der Kasseler Gruppe hatte ich jeden Morgen außer sonntags Meldungen in der Kommandantur abzugeben und solche für meine Gruppe mitzunehmen. Dieselbe Aufgabe hatte ich für das Arbeitsamt wahrzunehmen, das sich in einem anderen Gebäude befand. Dann stellte der Kommandant dem Gruppenführer eine Frage, die religiöse Angelegenheiten betraf. Der Vorbeter bat darum, die Frage beantworten zu dürfen, was der Kommandant erlaubte. Er stellte dann noch weitere Fragen in diesem Zusammenhang. Im Raum war ein weiterer SS-Offizier, den der Kommandant aufforderte, weitere Fragen zu stellen. Der sagte zu Krause, er solle den Unsinn lassen und die Leute freilassen. Das geschah dann auch. Möglicherweise hatte jener Offizier einen höheren Rang als Krause. Das war mein Bar-Mizwa-Geschenk. Als wir nach Hause kamen, saßen Mutter selig und einige weitere Frauen in unserer Stube und weinten, denn es war bekannt, dass Leute, die im Ghetto bei religiösen Handlungen erwischt wurden, ins Gefängnis mussten oder gar getötet wurden. Die Freude darüber, dass wir frei waren, war groß.

Es gibt ein weiteres Ereignis, das mit der Kommandantur zu tun hatte. Wie schon erwähnt, versah Vater selig dort seinen Dienst. Täglich kamen Offiziere zum Kommandanten. (…) Einmal kam ein Offizier, schaute Vater an und fragte ihn, ob er ihn kenne. Es war verboten, mit einem Offizier zu sprechen, wenn der es nicht ausdrücklich befahl. Also antwortete Vater nicht. Als jener Offizier vom Kommandanten zurück kam, befahl er meinem Vater ausdrücklich, ihm zu antworten. Vater sah ihn an und antwortete, dass er

[35] Der Talis oder Tallit ist den Gebetsumhang, den Juden im Gottesdienst tragen.

ihn nicht kenne. Der Offizier sagte seinen Namen und fragte ihn, ob er sich nicht an die Schule in Eimelrod erinnere. Vater bejahte dies und der Offizier ging. Dieser Mann hatte in der Schule neben meinem Vater gesessen. Als er nach zwei Tagen wieder zum Kommandanten ging, warf er meinem Vater ein kleines Päckchen zu. Darin befand sich etwas zu essen. Das ging einige Wochen so. Wenn Vater mal nicht da stand, legte er das Päckchen in die Kleiderkammer. Eines Tages legte er einen Briefumschlag ins Zimmer. Als Vater selig ihn öffnete, las er, dass jemand gemeldet hatte, dass der Offizier meinem Vater geholfen hat, und dass er deshalb am nächsten Tag an die Ostfront müsse. Es gab also wirkliche ‚Menschen' in dieser Zeit."

Nach einigen Monaten wechselte Günter Straus seinen Arbeitsplatz. Entgegen dem Wunsch seiner Gruppenleitung bewarb er sich erfolgreich für die Arbeit in einer Leimfabrik. Andere Jungen der Kasseler Gruppe meinten ironisch, er wolle wohl Hitler helfen, den Krieg zu gewinnen, wenn er nun Männerarbeit verrichten wolle. Zu seinem Bedauern musste der junge Günther grausam bestätigt finden, dass er richtig gehandelt hatte: *„Nach einiger Zeit wurden immer wieder Kinder geholt, abtransportiert und umgebracht."*

Neue Weisungen des Kommandanten schürten immer wieder Angst unter den Häftlingen. Allzu oft bedeuteten solche Befehle den Tod. Das galt vor allem, wenn Menschen das Ghetto zu verlassen hatten. Eines Tages wurde Bernhard Straus zum Kommandanten gerufen und verließ anschließend das Ghetto. *„Wir fürchteten das Schlimmste"*, schreibt Israel Straus. Doch nach zwei Wochen kam der Ehemann und Vater zurück. *„Er arbeitete als Maurer bei SS-Offizieren; er repariere ihre Wohnungen in der Stadt und schlafe in einem SS-Lager. Man habe ihm erlaubt, alle zwei Wochen ins Ghetto zur Familie zu fahren, wenn er dies wolle."*

Eine der besonderen Grausamkeiten im Ghetto schildert Israel Straus: *„Leuten, die außerhalb des Ghettos in Fabriken mit Rigaer Bürgern zusammenarbeiteten, bekamen oft Lebensmittel zugesteckt. Bei der Rückkehr von der Arbeit wurden sie am Eingang des Ghettos kontrolliert. Wenn die Lebensmittel gefunden wurden, wurden die betreffenden Juden sofort wegen Sabotage zum Tode verurteilt, und das Urteil wurde am nächsten Tag so vollstreckt, dass die von der Arbeit heimkehrenden Juden an den Galgen vorbeigehen mussten."*

In der zweiten Hälfte des Jahres 1943 wurde das Ghetto nach und nach aufgelöst. Die Leimfabrik, in der Günther tätig war, stellte ihre Arbeit ein und der inzwischen vierzehnjährige Günther wechselte zum Armeebekleidungsamt, in dem seine Mutter bereits beschäftigt war. Er arbeitete als Lorenschieber, dann als Klempner und Installateur. Später kam auch Vater Bernhard dorthin und arbeitete als Maurer bei der Errichtung einer Wäscherei für die Besatzungstruppen. Israel Straus schreibt über jene Tage: *„Alle übrigen wurden zur Vernichtung abtransportiert. Ich kann aus seelischen Gründen nicht auf Einzelheiten des Ghetto- und KZ-Lebens und die Ermordungen eingehen. Woran ich mich immer wieder erinnere, ist die Auflösung des Ghettos. Das geschah an einem Sonntagmorgen.*[36] *Viele SS-Männer kamen, nicht nur aus Deutschland, sondern auch aus vielen anderen Ländern. Viele waren Freiwillige, andere waren für die SS mobilisiert worden. Sie gingen von Haus zu Haus und von Zimmer zu Zimmer, und sie suchten auch in jeder Ecke und unter den Treppen, ob sich nicht jemand dort versteckt hat. Sie trieben uns zum Sammelplatz. Dort sortierten sie uns nach rechts oder links. Rechts standen Lastautos, und wenn einer voll war, fuhr er ab. Links ging es zum A.B.A. (Armeebekleidungsamt) und in einen größeren Saal. Auch diejenigen, die vorher in der A.B.A. gearbeitet hatten, wurden selektiert. Als Mutter und ich an der Reihe waren, zog man mich nach rechts, aber Mutter hielt mich fest bei der Hand. Man wollte sie schlagen. Da fasste einer von den SS-Offizieren von der A.B.A. den Arm desjenigen, der meine Mutter schlagen wollte, und sagte, dass wir dort bleiben sollten. So wurden wir gerettet. Am Nachmittag wurden wir vom Saal zurück in die Häuser geschickt, wo wir die ganze Zeit gewohnt hatten. Man hatte uns befohlen, am nächsten Morgen wie gewohnt zur Arbeit zu kommen. So ging es einige Tage, denn das Fabrikgebäude, in dem wir schlafen sollten, war noch nicht fertig. Das war eine Fabrik, in der man blaue Farbe herstellte. Wenn ich abends zur Nachtschicht ging oder im Dunkeln zurück kam und nur hier und da ein Licht in einem Fenster wahrnahm, war ich sehr bedrückt. Noch heute habe ich dieses Gefühl, wenn ich abends mal durch Gassen oder enge Straßen gehe und sehr wenig Licht in den Fenstern sehe. Ich erinnere mich dann an Riga und jene schwere Zeit. Es fällt mir schwer, davon zu schreiben, und es bedrückt mich auch sehr."*

[36] Israel Straus bezieht sich hier auf die Ereignisse des 2. November 1943, die im Abschnitt über das Reichsjuden-Ghetto geschildert wurden.

Im Konzentrationslager Stutthof

Über das letzte Jahr in Riga schreibt Israel Straus nicht viel, wahrscheinlich, weil sich wenig änderte. Die Strausens arbeiteten im Armeebekleidungsamt. Ende 1944 entstand eine neue Situation: *„Die Ostfront fing an sich zurückzuziehen, und wir montierten alle Sachen, die da waren, ab und verpackten sie zum Abtransport nach Deutschland. In der A.B.A. waren wir drei auch wieder zusammen. (…) Beim Rückzug der deutschen Armee und mit dem Vordringen der Russen wurden die noch lebenden und arbeitsfähigen Juden (…) nach Deutschland zurückgezogen, um dort weiter zu arbeiten. So wurden auch wir zurücktransportiert ins KZ Stutthof bei Danzig.[37] Dort arbeiteten wir für Militär und SS."* Am 1. Oktober kam die Familie Straus in Stutthof an.[38] Das „Einlieferungsbuch" des KL Stutthof nennt den Namen von Ida Straus.

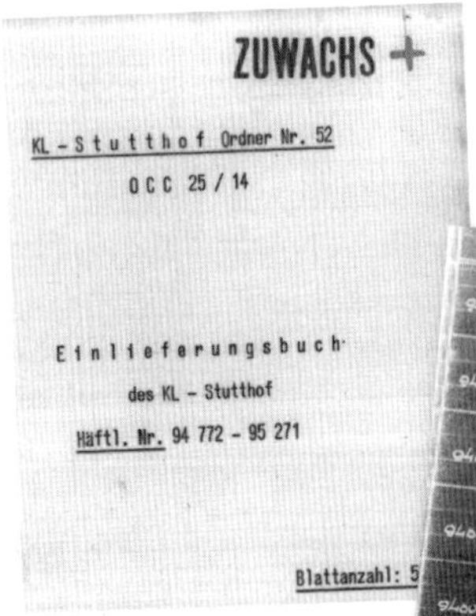
ZUWACHS +

KL - Stutthof Ordner Nr. 52

OCC 25 / 14

Einlieferungsbuch

des KL - Stutthof

Häftl. Nr. 94 772 - 95 271

Blattanzahl: 5

Abb. 6, 7:

Einlieferungsbuch des KZ Stutthof mit dem Namen von Ida Straus

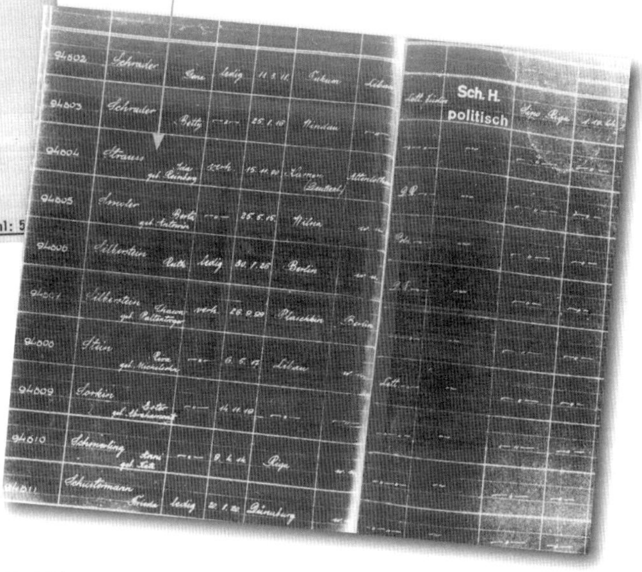

[37] Günther Straus hatte die Auflösung der Lager in Riga wohl nur überlebt, weil er wie ein Erwachsener arbeitete; wie oben erwähnt, wurden bei zwei Aktionen im April und Juli 1944 alle nicht arbeitsfähigen Juden umgebracht.

[38] Vgl. die Angaben auf der Häftlings-Personal-Kennkarte von Bernhard Straus (siehe unten).

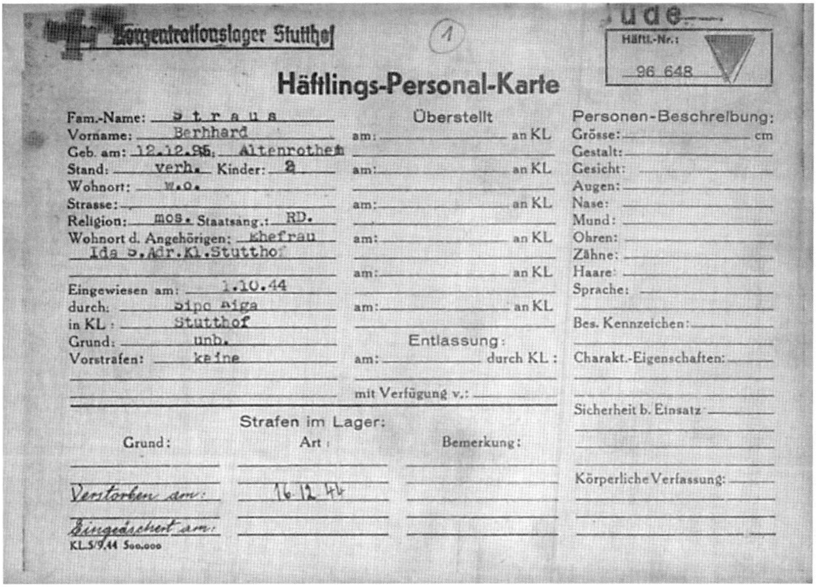
Konzentrationslager Stutthof

Jude

Häftl.-Nr.: 96 648

Häftlings-Personal-Karte

Fam.-Name: Straus
Vorname: Berhhard
Geb. am: 12.12.95. Altenrothem
Stand: verh. Kinder: 2
Wohnort: w.o.
Strasse:
Religion: mos. Staatsang.: RD.
Wohnort d. Angehörigen: Ehefrau Ida o.Adr.Kl.Stutthof

Eingewiesen am: 1.10.44
durch: Sipo Riga
in KL: Stutthof
Grund: unb.
Vorstrafen: keine

Überstellt
am: an KL
am: an KL
am: an KL
am: an KL
am: an KL
am: an KL

Entlassung:
am: durch KL:
mit Verfügung v.:

Personen-Beschreibung:
Grösse: cm
Gestalt:
Gesicht:
Augen:
Nase:
Mund:
Ohren:
Zähne:
Haare:
Sprache:

Bes. Kennzeichen:
Charakt.-Eigenschaften:
Sicherheit b. Einsatz:
Körperliche Verfassung:

Strafen im Lager:

Grund:	Art:	Bemerkung:
Verstorben am:	16.12.44	
Eingeäschert am:		

KL.5/9.44 500.000

Abb. 8: Häftlingspersonalkarte von Bernhard Straus

Aus vielen Lagern des Ostens trafen im Herbst 1944 47.109 jüdische Häftlinge ein.[39] Deshalb gab es zahlreiche Transporte in KZs im Reichsgebiet oder zur Zwangsarbeit in Rüstungsbetrieben innerhalb des Reiches.

Günther Straus erlebte hier den Tod seines Vaters wenige Tage nach seinem 54. Geburtstag. *„Vater sel. verunglückte bei der Arbeit, als er beim Schieben eines mit Leder beladenen Wagens ausrutschte; der Wagen fuhr über ein Bein, so dass er nicht mehr gehen konnte. Er lag einige Tage auf dem Boden der Baracke, in der wir schliefen, und starb höchstwahrscheinlich an der Ruhr; wir mussten ihn mit Gewalt zum Trinken veranlassen, und nach 2-3 Tagen starb er an Durchfall."* Bernhard Straus' Häftlings-Personal-Karte und seine Totenbescheinigung sind wichtige Dokumente, die im Archiv des Internationalen Suchdienstes aufbewahrt werden. Als Todesursache wird dort Herzmuskelschwäche attestiert.

[39] Gottwaldt/Schulle, S. 120.

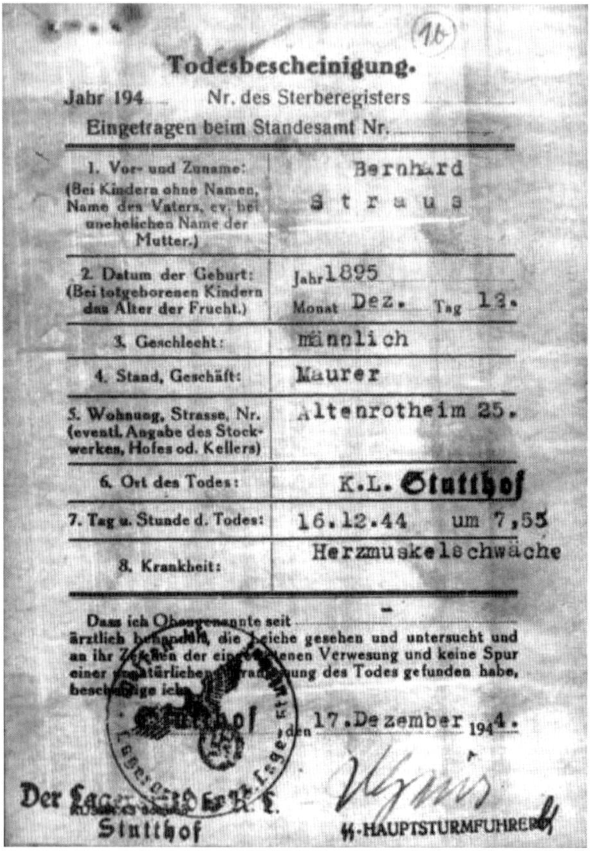

Todesbescheinigung.

Jahr 194 Nr. des Sterberegisters

Eingetragen beim Standesamt Nr.

1. Vor- und Zuname: (Bei Kindern ohne Namen, Name des Vaters, ev. bei unehelichen Name der Mutter.)	Bernhard Straus
2. Datum der Geburt: (Bei totgeborenen Kindern das Alter der Frucht.)	Jahr 1895 Monat Dez. Tag 13.
3. Geschlecht:	männlich
4. Stand, Geschäft:	Maurer
5. Wohnung, Strasse, Nr. (eventl. Angabe des Stockwerkes, Hofes od. Kellers)	Altenrotheim 25.
6. Ort des Todes:	K.L. Stutthof
7. Tag u. Stunde d. Todes:	16.12.44 um 7,55
8. Krankheit:	Herzmuskelschwäche

Dass ich Obengenannte seit ... ärztlich behandelt, die Leiche gesehen und untersucht und an ihr Zeichen der eingetretenen Verwesung und keine Spur einer unnatürlichen Veranlassung des Todes gefunden habe, bescheinige ich.

Stutthof, den 17. Dezember 1944.

Der Lagerarzt der K.L. Stutthof

SS-Hauptsturmführer

Abb. 9: Todesbescheinigung

Die Befreiung

„Als die Russen sich auch hier näherten, wurde der Rücktransport so wie von Riga gemacht, nur noch viel grausamer. Ich bekam einige Tage, bevor wir abtransportiert werden sollten, Flecktyphus und kam in eine Baracke, aus der normalerweise niemand mehr rauskam. Am nächsten Nachmittag hörte ich jemanden rufen; ich kroch zum Fenster und da war mein Freund, mit dem ich eine ganze Zeit zusammen in der A.B.A. gearbeitet hatte. Er sagte: ‚Versuch am Abend raus zu kriechen und komm in die und die Baracke. Morgen früh geht's ab. Wir helfen dir beim Abmarschieren.' Die Baracke, in der ich mich befand, war mit Stacheldraht umzäunt und von zwei SS-Männern bewacht. Aber die waren sicher, dass von denen, die da drin

sind, niemand im Stande ist, rauszukommen, denn die Insassen waren zu schwach und wohin hätten sie schon gehen können?! Am Abend schlich ich zur Tür, die nicht abgeschlossen war, denn zweimal am Tag holte man die Toten raus. Zu meinem Glück war etwas Schnee draußen, es war Anfang Januar 45. Ich kroch unter dem Stacheldrahtzaun hindurch und schleppte mich sehr langsam und vorsichtig, denn man sollte mich nicht bemerken, zu der Baracke, wo meine Freunde waren. Am frühen Morgen ging der Transport los. Zwei Freunde hielten mich fest unterm Arm beim Gehen. So gingen wir einen kurzen Weg bis zu einem kleinen Schiff. Als wir oben ankamen, war kein Platz mehr im Schiff, und wir blieben auf dem Deck. Es war vielleicht auch mein Glück, denn es schneite und ich hatte Fieber, und das kühlte mich etwas ab. Schon während der letzten Tage im KZ hatten wir Kanonenschüsse gehört, und sie waren immer näher gekommen. Wir waren einige Stunden auf dem Schiff und die Kanonenschüsse wurden schwächer. Als wir vom Schiff runter gingen, kamen wieder SS-Offiziere und teilten uns in Gruppen. Einige wurden auf Autos geladen, einige zurück aufs Schiff, und eine Gruppe, darunter meine Freunde und ich, kamen in ein kleines Lager auf einem Militärflugplatz.

Die SS-Wache dort war, wie wir sofort von Leuten erfuhren, die vor uns dorthin gekommen waren, nicht so, wie wir es bisher gewohnt waren. Sie waren vom Militär abkommandiert zur SS, und sie verhielten sich tatsächlich ganz anders als jene SS-Männer, die wir bisher kennengelernt hatten. Unsere Arbeit war dort, Minen und Bomben neben den Start- und Landebahnen zu platzieren. Die SS-Wache schaute nicht nach, ob alle raus zur Arbeit gingen. Auch das Essen war im Vergleich zu dem, was wir im KZ bekommen hatten, reichhaltiger und besser. Nach einigen Tagen, an denen ich mich ausruhte und mich dann besser fühlte, ging ich auch zur Arbeit. Inzwischen wurde das Schießen immer stärker, und wir mussten die Minen auf die Start- und Landebahnen legen. Man wollte uns weiter zurück transportieren, aber die Russen umzingelten in einem sehr starken Angriff die ganze Gegend, und da wurden die Startbahnen mit zwei Ausnahmen gesprengt. Wir mussten innerhalb von drei Minuten in einen nahen Deckungsgraben laufen; wer nicht rein gelangte oder in der Baracke blieb, kam ums Leben. Zwei Tage später war auch der Flughafen umzingelt und wir lagen inmitten der Toten. Die Schießerei ging über und zwischen uns durch, und da kamen russische Flugzeuge und bombardierten die noch am Flugplatz stehenden zwei Flugzeuge, welche wohl die noch in der Gegend stationierten Offiziere raus bringen sollten.

Nach weiteren zwei Tagen wurde es plötzlich ganz still. Neugierig schlichen wir uns zwischen den Trümmern raus, wo wir Unterschlupf gefunden hatten, um zu sehen, was geschah. Aber es gab nichts zu sehen. Doch bald kamen zwei russische Panzerwagen und einige Fahrzeuge. Einer der Soldaten sagte: ‚Geht in das hier anliegende Dorf. Ihr könnt dort machen, was ihr wollt.' So wurden wir befreit. Es war der 23. März 45."

Günther Straus hatte seine Freiheit wieder gewonnen. Doch er war allein. Sein Vater war in Stutthof gestorben. Seine Mutter war dort zurückgeblieben, als Günther das Lager verließ. Nach dem Schicksal seines Bruders Rudolf hat Günther Straus sich intensiv erkundigt. Noch in Stutthof traf er jemanden, der ihm erzählte, dass Rudolf im KZ Kaiserwald gewesen sei. Er habe in einem Kommando gearbeitet, das oft auf Schiffen die Düna, dem durch Riga fließenden Strom, hinauf- und hinunterfuhr. Auch einer der Brüder Kaufmann, den Günther Straus später in Korbach traf, erzählte, dass er Rudolf in Kaiserwald getroffen habe. Ein anderer Überlebender hat Günther Straus erzählt, Rudolf sei in einem Kommando gewesen, das Schiffe oder Flöße mit Holz zu beladen hatte. Ein SS-Mann habe die Arbeiter mit Schlägen angetrieben und sei sehr brutal gewesen. Rudolf habe diesen SS-Mann, als er das Schiff oder Floß mit Holz beladen wollte, durch eine unglückliche oder absichtliche Bewegung ins Wasser gestoßen. Darauf hin sei Rudolf zum so genannten Todeskommando abkommandiert worden, das die Leichen aus Massengräbern zu exhumieren und dann zu verbrennen hatte. In unregelmäßigen Abständen wurden dann auch die Mitglieder dieses Sonderkommandos umgebracht.

Als der nun 15jährige Günther Straus befreit wurde, hatte er noch ein Fünkchen Hoffnung, dass Mutter Ida und Bruder Rudolf den Holocaust überlebt haben könnten. Er hatte sich zwar zur Auswanderung nach Palästina entschlossen, wollte aber vorher noch in sein Heimatdorf Altenlotheim, weil dies wohl der einzige Ort sein konnte, wo er erfahren würde, ob die beiden Vermissten noch am Leben waren.

Das Ende des Lagers Stutthof

Im Januar 1945, als die Räumung begann, waren noch etwa 55.000 Häftlinge im KZ Stutthof und seinen Außenlagern. Knapp 12.000 von ihnen wurden nun auf einen Todesmarsch Richtung Westen geschickt.

Nicht mehr arbeitsfähige Juden wurden vor Ort erschossen. Die anderen wurden in Trupps zu je 1.000 bis 1.500 Häftlingen anschließend auf den Weg geschickt. Wer nicht mithalten konnte, wurde erschossen. Es kam zu mehreren Massakern der Wachleute an den Gefangenen. Häftlingstrupps, die die Reichsgrenzen erreichten, wurden in Arbeits- und Konzentrationslagern in Deutschland eingesperrt. Das KZ Stutthof wurde übrigens erst am Tage der deutschen Kapitulation am 8. Mai 1945 von sowjetischen Truppen befreit. Ida Straus wurde entweder bei der Auflösung des Lagers getötet oder kam auf dem Weg nach Westen ums Leben.

Deutschland im November 1945

Der Krieg endete im Mai 1945 mit der bedingungslosen Kapitulation Deutschlands. Unsere Dörfer wurden schon in der ersten April-Hälfte von amerikanischen Soldaten eingenommen und besetzt. Bilder von den befreiten Konzentrations- und Vernichtungslagern gingen um die Welt; Fotos von Leichenbergen auf den Lagerstraßen von Buchenwald und Bergen-Belsen riefen Entsetzen hervor. In unseren Dörfern und Städten begann die Entnazifizierung; das heißt, viele Deutsche wurden vor Spruchkammern der Alliierten der Mitwirkung an Verbrechen beschuldigt und mussten nun versuchen, ihre Unschuld zu beweisen. Wer ein öffentliches Amt bekleidete oder bekleiden wollte, wurde ohnehin überprüft. Da empfahl es sich natürlich zu behaupten, man habe von nichts gewusst. Andererseits war sich das deutsche Volk insgesamt seiner Schuld bewusst. Bei vielen mag die Scham groß gewesen sein. Vor diesem Hintergrund sollte man die Schilderung von Israel Straus über seine „Heimkehr" nach Altenlotheim verstehen.

Zurück in Altenlotheim

Israel Straus erinnert sich: *„Im Jahre 1945 kam ich auf dem Weg nach Palästina durch Deutschland. Ich wusste nicht, was mit Mutter und Bruder selig geschehen war, war aber sicher, dass sie - wenn sie am Leben waren - sich ebenso nach mir und Vater selig erkundigt hätten. Das war Anfang November. Auf jener Reise von Polen nach Altenlotheim stand uns immer die schreckliche Zeit vor Augen und in den Gedanken. Und bei jedem*

Mann in unserem Alter oder älter fragte ich mich, ob es nicht der Mann war, der mich geschlagen oder auf mich geschossen hat; aber wer weiß?!

Ich kam nachmittags mit der Bahn in Schmittlotheim an, und ich wusste nicht, wo ich übernachten konnte. Ich erinnerte mich, dass am Ende der Straße nach Altenlotheim ein Gasthaus war, das auch zwei bis drei Zimmer hatte. Wenn es noch existierte, wollte ich da übernachten und von dort nach Altenlotheim gehen und mich erkundigen. Ich ging rein und fragte nach einem Zimmer für diese Nacht. Ich stellte mich nicht vor, und die Frau forderte auch keinen Ausweis; sie gab mir ein Zimmer.

Dann ging ich schweren Herzens nach Altenlotheim und stand plötzlich vor unserem Haus. Das sah noch so aus, wie ich es kannte. Nach einer Weile entschloss ich mich, hinein zu gehen. Ich ging die Treppe vor dem Haus hinauf und klopfte an die Tür. Es öffnete eine junge Frau und ich fragte, ob jemand namens Straus da gewesen sei. Sie antwortete: ‚Nein. Wer bist du?' Da sagte ich: ‚Ich bin Günther Straus', und sie sagte: ‚Oh, komm rein!' Aber ich konnte nicht. Sie sagte: ‚Ich bin die Tochter von Schuhmachers' (ich weiß nicht, ob das der Familien- oder Rufname ist). Ich bedankte mich und ging die Treppe runter. Ich stand da eine Minute und fragte mich: ‚Was jetzt?'. Schweren Herzens musste ich mich damit abfinden, dass außer mir keiner überlebt hat.

Ich entschloss mich, zu einer Familie zu gehen, mit der wir bis zur letzten Minute guten Kontakt hatten. Nachdem ich angeklopft hatte, sagte man von innen: ‚Wir geben keine Spenden!' Ich antwortete: ‚Ich bin Günther Straus.' Da öffnete sich die Tür, die Frau kam raus und schrie: ‚Günther!'. Wir gingen rein und sie fragte nach meiner Mutter und der ganzen Familie. Da war ich leider sicher, dass keiner mehr am Leben war. Ich setzte mich und war ganz zerstört. Sie rief ihren Mann, der kam rein, und sie fragten nach der Vergangenheit. Ich konnte ihnen nicht viel erzählen. Da kam auch ihr Sohn. Als ich mich etwas beruhigt hatte, brachten sie mich zu anderen Bekannten. Ich erzählte, dass ich in Schmittlotheim übernachte und auf dem Weg nach Palästina bin. Inzwischen wurde es dunkel. Als ich gehen wollte, baten sie mich zu bleiben und weiter zu erzählen; sie würden mich nachher nach Schmittlotheim bringen.

Als wir später ins Schmittlotheimer Gasthaus kamen, stand die Besitzerin am Eingang der Gaststube und begrüßte mich mit: ‚Guten Abend, Herr

Straus.' Ich wunderte mich, dass sie wusste, wer ich war. Sie sagte: ,Hier sind einige Männer, die auf Sie warten.' Ich ging rein und sah am Tisch Männer, die mich herzlich begrüßten: ,Guten Abend!' und ,Willkommen, Günther!' Ich war sprachlos und fragte mich, woher sie wussten, dass ich dort war. Es hatte sich wohl wie ein Lauffeuer rumgesprochen. Sie stellten sich vor und fragten, wo ich gewesen war und ob bzw. wie lange ich bleiben wolle. Ich antwortete, dass ich nur heute hier sei, um zu sehen, ob noch jemand von meiner Familie überlebt hat. Ich wolle nach Palästina. Sie erwiderten, die Lage habe sich geändert. Ich solle bleiben und unseren Laden wieder eröffnen, so wie es damals war. Ich aber entgegnete, dass das nicht in Frage komme nach all dem, was ich erlitten und mitgemacht hätte. Am nächsten Morgen würde ich zurück zu meiner Gruppe fahren. Da baten sie mich, ich solle am nächsten Tag noch bleiben und mich mit ihnen weiter unterhalten, da es jetzt schon spät sei. Ich war einverstanden, erklärte aber, dass ich nur bis zum Abend bleiben könne, da ich den Zug nach Marburg nehmen müsse. Ich bot an, über die Post in Verbindung zu bleiben, und sie waren einverstanden. Ich fragte die Inhaberin, was ich schuldig sei. Da kam einer der Männer, der mit am Tisch gesessen hatte, und stellte sich als Inhaber vor. Er nannte seinen Namen, an den ich mich erinnerte, denn er war aus Altenlotheim. Er sagte: ,Du bist unser Gast und zahlst nichts.'

Altenlotheimer holten mich am nächsten Mittag ab, und wir fuhren zum Gasthaus Stiehl. Frau Stiehl begrüßte mich sehr herzlich. Auch mit dieser Familie hatten wir früher bis zum letzten Tag eine gute Beziehung. Im Gasthaus waren Leute, die am Vorabend nicht da gewesen waren. Einer, von dem ich bis heute nicht weiß, wer es war, fragte mich, ob ich mich noch an jenen Abend erinnern könne, als man den Juden-Max (Oppenheimer) verprügelt hat, den mein Vater zurück geholt hat. Er wusste, dass auch mein Vater dann zusammengeschlagen und verletzt worden und dass am nächsten Morgen der Arzt bei uns war und ihn behandelte. Ich fragte, ob er den Arzt geschickt habe. Er verneinte dies und wusste auch nicht, wer sonst ihn zu uns geschickt haben könnte.

Wir saßen dann am Tisch und sprachen über jene grausame Zeit und die heimlichen Verbindungen, die einige Altenlotheimer zu den ,Buchtals' unterhielten, denn das war ja unser Hausname. Die Zeit verging, und als ich auf die Uhr schaute, war der Zug schon weg. Also musste ich noch eine Nacht bleiben.

Abb. 10: Das frühere Haus der Familie Straus 2013

„Am anderen Morgen ging ich dann doch noch einmal zu unserem Haus, um es von innen zu sehen. Die Frau öffnete die Tür, und ich bat sie, mich im Haus umschauen zu dürfen. Sie erlaubte es sofort. Ich ging in die Küche und schaute mich um. Ich war innerlich erschüttert und ging zur Ladentür, die ich öffnete. Dies war nun das Wohnzimmer. Ich weiß nicht mehr, ob ich etwas sagte, drehte mich um, bedankte mich und ging schnell zum Bahnhof, wo ich auf den Zug nach Marburg wartete.

Ich war einige Tage sehr bedrückt. Bevor wir Deutschland auf dem Weg nach Palästina verließen, war ich noch zwei oder drei Mal in Altenlotheim. Ich erfuhr, dass die Gebrüder Kaufmann wieder in Korbach wohnten; also fuhr ich hin. Ich kann mich nicht an seinen Namen erinnern, aber er sagte, dass er meinen Bruder selig gekannt hat. Er sei in Kaiserwald gewesen. Es könne sein, dass er nach Salaspils gekommen sei. Wenn ich mich nicht irre, sagte Kaufmann, dass Rudi selig auf ein Strafkommando geschickt und dort ermordet wurde."

Mit folgender Liste teilte der Kasseler Polizeipräsident 1949 der Devisenbewirtschaftungsstelle beim Oberfinanzpräsidenten mit, welche Juden aus Altenlotheim deportiert wurden.

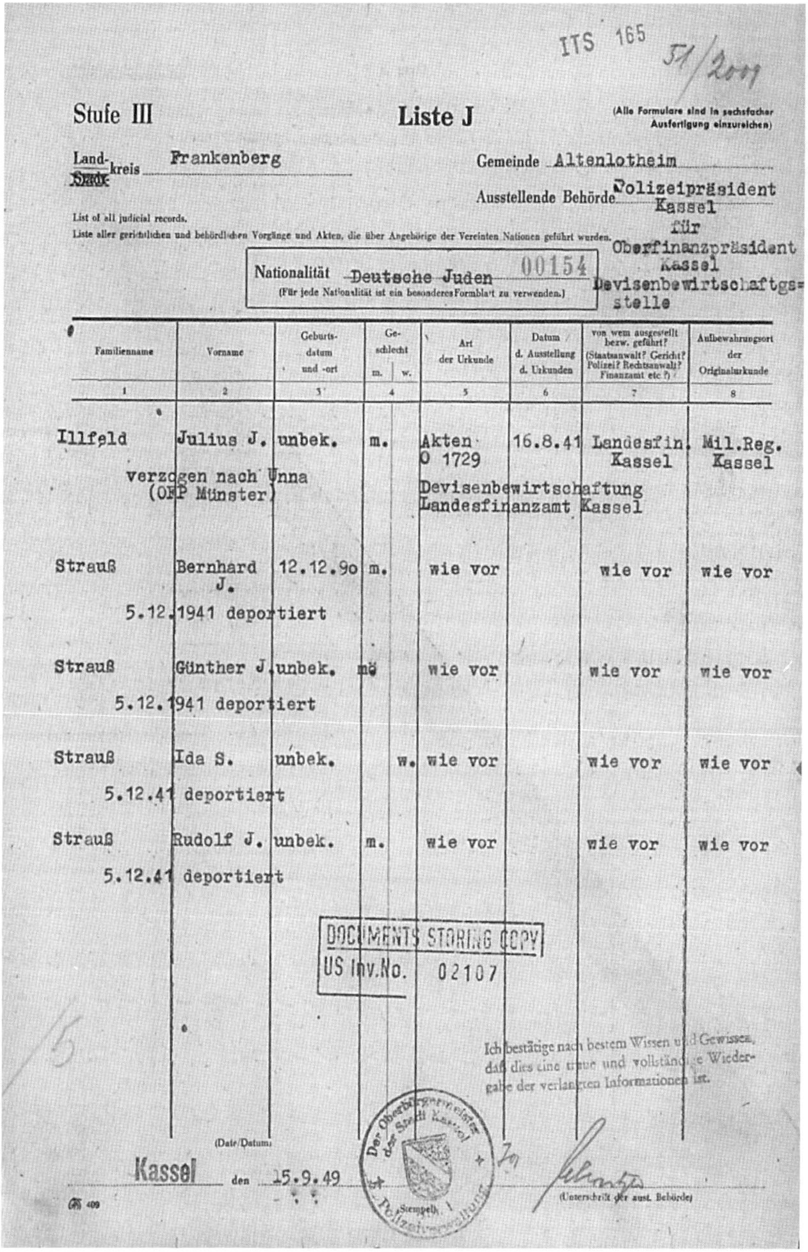

ITS 165 51/2001

Stufe III

Liste J

(Alle Formulare sind in sechsfacher Ausfertigung einzureichen)

Land-~~Stadt~~kreis Frankenberg

Gemeinde Altenlotheim

Ausstellende Behörde Polizeipräsident Kassel für Oberfinanzpräsident Kassel Devisenbewirtschaftgs=stelle

List of all judicial records.
Liste aller gerichtlichen und behördlichen Vorgänge und Akten, die über Angehörige der Vereinten Nationen geführt wurden.

Nationalität ~~Deutsche Juden~~ 00154
(Für jede Nationalität ist ein besonderes Formblatt zu verwenden.)

Familienname	Vorname	Geburtsdatum und -ort	Geschlecht m. / w.	Art der Urkunde	Datum d. Ausstellung d. Urkunden	von wem ausgestellt bzw. geführt? (Staatsanwalt? Gericht? Polizei? Rechtsanwalt? Finanzamt etc.?)	Aufbewahrungsort der Originalurkunde
1	2	3	4	5	6	7	8
Illfeld	Julius J.	unbek.	m.	Akten O 1729	16.8.41	Landesfin. Kassel	Mil.Reg. Kassel
verzogen nach Unna (OFP Münster)				Devisenbewirtschaftung Landesfinanzamt Kassel			
Strauß	Bernhard J.	12.12.90	m.	wie vor		wie vor	wie vor
5.12.1941 deportiert							
Strauß	Günther J.	unbek.	m.	wie vor		wie vor	wie vor
5.12.1941 deportiert							
Strauß	Ida S.	unbek.	w.	wie vor		wie vor	wie vor
5.12.41 deportiert							
Strauß	Rudolf J.	unbek.	m.	wie vor		wie vor	wie vor
5.12.41 deportiert							

DOCUMENTS STORING COPY
US Inv.No. 02107

Ich bestätige nach bestem Wissen und Gewissen, daß dies eine treue und vollständige Wiedergabe der verlangten Informationen ist.

(Date/Datum)
Kassel den 15.9.49

Der Oberbürgermeister der Stadt Kassel Polizeiverwaltung
(Stempel)

(Unterschrift der ausst. Behörde)

Abb. 11: Deportationsliste für Altenlotheim

Israel Straus

Günther Straus konnte und wollte nicht mehr in Deutschland und insbesondere nicht mehr in Altenlotheim leben. Er emigrierte nach Palästina, den späteren Staat Israel. Und diese Verbundenheit zur neuen Heimat veranlasste ihn zum Wechsel des Vornamens: aus „Günther" wurde „Israel". Dort heiratete er die polnische Jüdin Hadassa. Auch sie war eine Überlebende des Holocaust. Geboren und aufgewachsen in Lodz, lebte sie bis 1944 im dortigen Ghetto; bei dessen Auflösung wurde sie nach Auschwitz deportiert und überlebte auch das Vernichtungslager. Israel und Hadassa Straus haben drei Söhne, die zwischen 1951 und 1963 geboren wurden. Sieben Enkel und vier Urenkel vervollständigen die Familie. Sie wohnen in Kfar Saba, das nördlich an Tel Aviv grenzt.

Israel Straus kann nicht vergessen, was geschehen ist. (Wer könnte das?!) Er hatte Kontakte zu anderen Überlebenden von Riga, die allerdings weniger geworden sind. Und er kommt immer mal wieder in seinen Geburts- und ersten Heimatort, nach Altenlotheim. Die Jahre zwischen 1933 und 1945 werden dann in den Gesprächen meist ausgespart. Für Israel Straus sind die Erinnerungen zu schmerzlich, und für die Beziehung zu den Altenlotheimern wären sie eine Belastung.

Der Blick zurück macht nur dann Sinn, wenn er für den Weg in die Zukunft hilft.

Bildnachweis:

Abb. 1 - 3, 5: Israel Straus

Abb. 4, 6 - 9, 11: ITS Bad Arolsen

Abb. 10: Karl-Heinz Stadtler

„Erlösung von den deutschen Bestien!" Das Schicksal der Familie Mannheimer aus Bad Wildungen

von Richard Oppenheimer und Johannes Grötecke

Bad Wildungen hat als erste Gemeinde des Altkreises Waldeck „Stolpersteine" in Erinnerung an die Verfolgung und Deportation einstiger jüdischer Mitbürger verlegt. Sechs Steine sind der Familie Mannheimer gewidmet, die in der Altstadt lebte, zunächst in der Lindenstraße 12, später in der Mittelstraße 7. Das Schicksal dieser Familie ist besonders grausam und bewegend. Darüber recht viel zu wissen und reden zu können, ist auch Richard Oppenheimer zu verdanken. Seine Mutter Erika und seine Großmutter Lina lebten in Bad Wildungen und überlebten die Shoa. Es ist deshalb ein besonderes Glück und eine große Ehre, an dieser Stelle mit ihm gemeinsam über das Schicksal seiner Familie berichten zu können.

Isidor Mannheimer, Jahrgang 1885, war Viehhändler und Kaufmann von Beruf.[1] Die Mannheimers hatten einen Kuhstall im Haus und fristeten ein eher bescheidenes Dasein.[2] Im Ersten Weltkrieg hatte Isidor Mannheimer für Deutschland gekämpft und war mit dem Eisernen Kreuz ausgezeichnet worden.[3] Schon seine Eltern Moses und Marianne (geb. Nussbaum) lebten in Bad Wildungen. Ihr Grab befindet sich auf dem jüdischen Friedhof in Alt-Wildungen. Auch Isidors ältere Schwester Rosetta wurde in Bad Wildungen geboren. In der Lindenstraße gab es noch weitere

Abb. 1: Lina und Isidor Mannheimer

---

[1] Vgl. U. Heckel (Hg.), Adressbuch Bad Wildungen, Dillenburg 1925; Einwohnerbuch für Waldeck und den Regierungsbezirk Vöhl, Bad Wildungen 1929.

[2] So äußerten sich die Zeitzeugen W. B. (1981) und M. A. (1987).

[3] Brief von Erika Mannheimer an Johannes Grötecke vom 29.5.1987.

jüdische Familien. Juden und ihre nichtjüdischen Nachbarn lebten allem Anschein nach recht harmonisch zusammen, und alle fristeten ein materiell eher karges Leben im „Ackerbürgerstädtchen".[4]

Isidor hatte mit seiner Ehefrau Lina drei Kinder: Margarete (geboren 1921), Erika (1923) und Herbert (1927). Lina Mannheimer, geb. Lilienstein, Jahrgang 1892, war - Zeitzeugenaussagen zufolge - eine schöne Frau und stammte aus Goßfelden bei Marburg. Ihre Eltern hießen Joseph Lilienstein und Auguste (geb. Metzger). Lina hatte drei ältere Brüder (Salomon, Siegmund und Gustav), eventuell auch noch einen weiteren namens Emil, der schon mit 22 Jahren in Marburg gestorben sein soll.

Abb. 2: vordere Reihe: Lina mit den Eltern Auguste und Joseph Lilienstein; hintere Reihe (von links): Linas Brüder Siegmund, Salomon und Gustav

Der Machtantritt der Nationalsozialisten veränderte das Leben der Familie dramatisch.[5] Isidor Mannheimer wurde 1933 der Gewerbeschein entzogen. Seine Kinder wurden in der Schule zunehmend diskriminiert und isoliert. Tochter Erika erzählt: „Wir haben keine Prüfungen bekommen.

[4] Vgl. Ursula Wolkers, „Die Leute aus der Lindenstraße", in: Waldeckische Landeszeitung, 24.12.1986.

[5] Brief von Erika Mannheimer an Johannes Grötecke vom 29.5.1987.

Bekamen einfach nur schlechte Noten in den Zeugnissen. Durften keine Turnstunde mitmachen, keine Kochstunde und im Sommer war uns das Schulfest verboten. Ich persönlich habe viel gelitten in der Schule, wurde geschlagen, auf der Straße verfolgt und beschimpft". Nach ihren Erinnerungen durfte kein jüdischer Schüler mehr in die höhere Schule gehen, sodass auch ihr Bruder Herbert mit acht Jahren in die jüdische Schule nach Kassel gehen musste. Ab Mai 1938 wurde Juden die Nutzung der kulturellen und der Kur- Einrichtungen verboten: „Ich kann mich erinnern, als wenn es heute wäre. Wir waren an der Königsquelle, wollten Wasser trinken, da sagte uns Frau ... : ‚Für Juden zapfe ich kein Wasser'". In der Pogromnacht 1938 wurde die Familie beschimpft und geschlagen.[6] Alle ihre Möbel, ihr persönliches Hab und Gut wurden auf die Straße geworfen und zerstört. Als Mitglied im Vorstand der jüdischen Gemeinde musste Isidor Mannheimer kurz nach der Pogromnacht das Grundstück der geschändeten Synagoge an die Stadt abtreten.[7] Zusammen mit allen männlichen erwachsenen Juden wurde er ins KZ Buchenwald deportiert, aus dem er am 13.12.1938 entlassen wurde.[8] „Er durfte nie erzählen, wie er und die anderen Männer dorten behandelt wurden", so Erika Mannheimer. Ein knappes Jahr später, im November 1939,[9] wurden Isidor, Lina und Herbert Mannheimer, gemeinsam mit den noch verbliebenen Juden Bad Wildungens, nach Kassel abgeschoben und mussten dort den „Judenstern" tragen. Sie lebten in der Großen Rosenstraße 22, in der Kaiserstraße 73 und in der Bahnhofstraße 6.[10]

Zu diesem Zeitpunkt hatte die Tochter Erika „nach erfüllter Schulpflicht" die Stadt bereits verlassen.[11] Sie war ab Juni 1938 bei der Familie Mosheim in Korbach, Prof.-Kümmell-Str. 13, gemeldet, die eine Baustoff- und Eisenwarenhandlung betrieb.[12] Erika wurde von hier im

---

6 Vgl. Zeitzeuge G. D. (1987).

7 Vertrag vom 11.11.1938, abgeschlossen zwischen Bürgermeister Sempf und drei Vorstandsmitgliedern, Privatarchiv Grötecke.

8 „Nummernbuch der Judenaktion vom Nov. 1938", Buchenwaldarchiv Sign. 52-44-26.

9 Die Familie wohnte jetzt, laut Volkszählung vom Mai 1939, in der Lindenstraße 4, II. Etage; vgl. e-Mail des Fritz-Bauer-Institutes an Johannes Grötecke vom 4.4.2013.

10 Beate Kleinert/Wolfgang Prinz (Bearb.), Namen und Schicksale der Juden Kassels 1933 -1945, Kassel 1986, S. 218.

11 Vgl. Zeugnis Erika Mannheimer, Archiv Ense-Schule Bad Wildungen.

12 Karl Wilke, Die Geschichte der jüdischen Gemeinde Korbach, Korbach 1993, S. 272 und 207; Marion Möller/Schüler der Alten Landesschule, Spuren jüdischen Lebens und nationalsozialistischer Machtdemonstration, Korbach 2008, S. 144f.

November 1939 ebenfalls nach Kassel abgeschoben. Von dort aus wurde sie mit ihrer Familie (bis auf Margarete) am 9. Dezember 1941 nach Riga deportiert.[13] Erika Mannheimer schildert in der Schrift „Meine Verbannung im fernen Osten! vom 8.12.41 - 26.1.45" die Ereignisse dieser Tage eindringlich: „Am 8. Dezember 1941 wurden wir, ich & meine Eltern & mein Bruder aus unserer Wohnung, Kassel, Bahnhofstr. 6 zur Evakuierung nach Riga, Lettland vertrieben. Auf einem Montag früh, 8 Uhr mussten wir uns alle, es waren damals 1200 Kasseler Juden, Männer, Frauen, Kinder, Alte & Kranke verschiedenen Alters [,] in der Schillerstr. (Turnhalle) melden. Dorten wurden wir 25 Mal kontrolliert, ob wir kein Geld, Gold, Silber und dergleichen bei uns hatten. Als nun dieses alles erledigt war, sind wir am Dienstag Mittag 2 Uhr [,] es war der 9.12. [,] mit SD Bewachung & den berühmten SS Hunden am Hauptbahnhof wie die Schwerstverbrecher getrieben worden. Um 3 Uhr verließ der Judenzug genannt, aber es war der Zug in's Elend in der Richtung ‚Unbekannt' abgefahren. Die Fahrt war entsetzlich. Kein Wasser durften wir trinken, aber die entsetzliche Kälte war noch 10000x ärger. 3 Tage & 3 Nächte fuhren wir, bis wir zu unserem Elendsziel ankamen"[14] (sic!).

Ab dem Ghetto Riga gehen die Lebens- und Leidenswege der Mannheimers weit auseinander. Diese im Detail aufzuzeigen, würde den im Rahmen dieses Beitrages zur Verfügung stehenden Raum übersteigen. Daher soll hier nur eine kurze Übersicht aufgeführt werden:

- Isidor Mannheimer wurde in Riga am 26.3.1942 erschossen, weil er den Strapazen beim Aufbau des Lagers Salaspils nicht mehr standhalten konnte.[15]

- Sein Sohn Herbert wurde vermutlich bei der Auflösung des Ghettos Riga in das KZ Kaiserwald gebracht, wo er 1943 im Alter von 16 Jahren starb.[16]

---

[13] Vgl. „Namensliste vom 1. Transport Dez. 1941 nach Riga (Finanzamt Ks.-Innenstadt, Devisenstelle)", Archiv der Gedenkstätte Breitenau B 445.

[14] Vgl. „Meine Verbannung im fernen Osten! vom 8.12.41 - 26.1.45" (Archiv Richard Oppenheimer).

[15] http://www.bundesarchiv.de/gedenkbuch/directory.html.de?result (unter „Isaak Mannheimer"; Abruf: 31.3.2013).

[16] Vgl. http://www.gedenkbuch.neu-isenburg.de/mannheimer-marga-margarete/; Abruf am 31.3.2013; http://www.bundesarchiv.de/gedenkbuch/de924160, Abruf am 31.3.2013.

Abb. 3:
Herbert Mannheimer

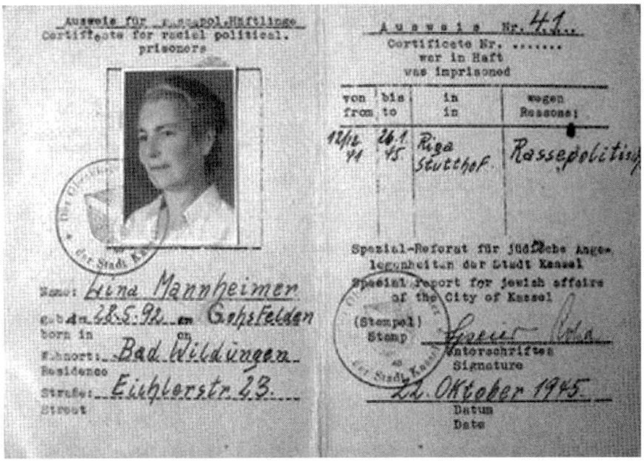

Ausweis für rass.pol. Häftlinge
Certificate for racial political prisoners

Name: Lina Mannheimer
geb. am 28.5.92 in Gehsfelden
born in on
Wohnort: Bad Wildungen
Residence
Straße: Eichlerstr. 23.
Street

Ausweis Nr. 41
Certificate Nr. ....
war in Haft
was imprisoned

von from	bis to	in in	wegen Reasons:
12/12 41	26.1. 45	Riga Stutthof	Rassepolitisch

Spezial-Referat für jüdische Angelegenheiten der Stadt Kassel
Special Report for jewish affairs of the City of Kassel

(Stempel)
Stamp

Unterschrift
Signature

22. Oktober 1945
Datum
Date

Abb. 4:
Ausweis von Lina Mannheimer, erstellt nach dem Zweiten Weltkrieg

- Erika und Lina Mannheimer (also Tochter und Mutter) wurden bei der Auflösung des Ghettos Riga getrennt und erfuhren eine Odyssee durch viele Konzentrations- und Zwangsarbeitslager, verbunden mit Krankheiten, Selektionen und Hinrichtungen.[17] Darüber berichtet Erika Mannheimer detailliert in ihrer bereits zitierten Schrift „Meine Verbannung im fernen Osten!". Vermutlich im KZ Stutthof trafen sie sich wieder. Von dort ging es im Januar 1945 auf den Todesmarsch. Richard Oppenheimer ist im Besitz eines einzigartigen Tagebuchs seiner Mutter. Es trägt den Titel „Unser Weg in die Freiheit", wurde am 15.2.1945 verfasst und erzählt von diesem Marsch. Dieser begann vom ‚Waldlager' bezw. K.Z. Lager ‚Thorn' (Warthegau)", beinhaltete Tagesmärsche von 20 - 30 km bei 30 Grad Frost, nah an der militärischen Front, quer durch Polen. Lina Mannheimer schildert den Schnee als einziges Mittel der „Ernährung", beschreibt vorbeifahrende Züge mit deutschen Flüchtlingen und drohende Erschießungen der 1.200 „Judenweiber" durch die SS. Die Rote Armee befreite sie Ende Januar 1945. Erika Mannheimer beschreibt diese Szene so: „Wie uns in dieser Minute so nach langen[,] langen schweren Jahren zu Mute war, ist einfach unerklärlich (...) Wir liefen wie die Irren aus den Zellen heraus (...) in die Arme von den Russen, unsere Lebensretter, sie küßten uns vor Freude, brachten uns sofort

[17] Vgl. Gernot Römer, Der Leidensweg der Juden in Schwaben, Augsburg 1983, S. 20 f.

Essen. Wir dankten unserem Befreier mit einem warmen Händedruck für ihre Erlösung von den deutschen Bestien! Sprechen konnten wir nicht, vor lauter Freude." Die beiden Frauen hatten die Shoa überlebt!

Abb. 5: Die Geschwister Margarete und Erika Mannheimer

Das Schicksal des letzten Familienmitglieds, Margarete Mannheimer, blieb lange Zeit im Dunklen und konnte erst vor kurzem geklärt werden. Margarete war nach Erinnerungen einer Zeitzeugin bescheiden, zurückhaltend, hilfsbereit und habe, wenn Mitschüler in der Schule krankheitsbedingt fehlten, die Hausaufgaben vorbeigebracht. Sie sei groß und schlank gewesen und habe im Sportunterricht gut werfen können.[18] Margarete hatte 1935 die Schule beendet, arbeitete fortan als Hausangestellte und lebte ab 1936 in Treysa (im Kaufhaus der Gebrüder Wallach), Kirchhain und wieder in Bad Wildungen.[19] Im Februar

[18] Vgl. Zeitzeugin T. F. (2012).

[19] Vgl. Brief von Carl Schwalm an den Verfasser vom 27.11.1988; Barbara Händler-Lachmann/Ulrich Schutt, „Unbekannt verzogen oder weggemacht". Schicksale der Juden im alten Landkreis Marburg 1933-1945, Marburg 1992, S. 96; Datenbank „Widerstand und Verfolgung unter dem Nationalsozialismus in Hessen", Ident-Nr. 0044469 (Schreiben von Dr. V. Eichler, HHStAW, vom 4.1.2006).

Abb. 6: *Margarete Mannheimer*

1938 ging sie nach Berlin.[20] Möglicherweise hatte sie dort eine Beziehung zu einem nichtjüdischen Mann. Im August 1938 kam die schwangere und unverheiratete junge Frau von Oppenheim am Rhein zur Geburtsvorbereitung in das Heim des jüdischen Frauenbundes nach Neu-Isenburg.[21] Dort lehrte man den jungen Frauen Hauswirtschaft und Kinderpflege.[22] Im Krankenhaus der israelitischen Gemeinde in Frankfurt/M. brachte die 17-Jährige am 29. September ihre Tochter Lane zur Welt.[23] Noch einige Wochen kümmerte sie sich in Südhessen um das Neugeborene, das sie wahrscheinlich dort zurückließ, bevor sie am 10. Dezember zu ihren Eltern nach Bad Wildungen zurückkehrte. Alles deutet darauf hin, dass Margarete Mannheimer niemandem in der Familie etwas von der Geburt ihrer Tochter erzählte. Es war wohl das letzte Mal, dass sie ihren Eltern persönlich begegnete. Im Februar 1941 war sie dann in Frankfurt/M. gemeldet.[24] Einen Monat später musste sie in Berlin als Maschinenarbeiterin bei der Siemens-Schuckertwerke GmbH Zwangsarbeit leisten. Untergebracht war sie im „Kulturbundsaal" in der Kommandantenstraße, der nach

[20] Vgl. individual report for Marga Maya Margarete Mannheimer, Archiv Richard Oppenheimer.

[21] Vgl. http://www.alemannia-judaica.de/oppenheim_synagoge.htm (Abruf: 31.3.2013).

[22] Vgl. e-Mail des Magistrats Neu-Isenburg an den Verfasser vom 17.1.2012.

[23] Eintrag des Geburtenbuches des Standesamtes V, jetzt Mitte in Frankfurt/M; vgl. http://gedenkbuch.neu-isenburg.de/mannheimer-lane-laura (Abruf: 31.3.2013).

[24] Vgl. http://www.gedenkbuch.neu-isenburg.de/mannheimer-marga-margarete/.

Auflösung des Jüdischen Kulturbundes zur Unterbringung von jüdischen Zwangsarbeiterinnen genutzt wurde.[25]

Weil das Kinderheim in Neu-Isenburg im Februar 1942 aufgelöst wurde, kam auch ihre Tochter Lane nach Berlin und lebte nun im Auerbach'schen Waisenhaus, Schönhauser Allee 162. Ob und wann sich Mutter und Tochter seit ihrer Trennung im Dezember 1938 gesehen haben, wissen wir nicht. Sicher ist nur, dass beide von Berlin aus am 19.10.1942 im gleichen Transport nach Riga deportiert wurden.[26] Mutter und Tochter wurden drei Tage später, kurz nach der Ankunft, in den umliegenden Wäldern des Ghettos erschossen. Sie starben im Alter von 21 bzw. vier Jahren. Weil das Schicksal von Margarete und Lane Mannheimer erst so spät aufgeklärt werden konnte, zudem so voller Irrwege und schwerer Schicksalsschläge war, verlegte der Kölner Künstler Gunter Demnig 2012 einen weiteren „Stolperstein" in Bad Wildungen für Lane, um sie mit ihrer Mutter symbolisch wieder zu vereinigen.

Abb. 7: „Stolperstein" für Lane Mannheimer, verlegt in Bad Wildungen

Wahrscheinlich erfuhren Erika und Lina Mannheimer erst nach Kriegsende vom fürchterlichen Schicksal ihrer nächsten Angehörigen. Sie waren Teil der ganz wenigen Überlebenden, die wieder nach Bad Wildungen zurückkehrten (dazu zählte auch Selma Hammerschlag und für kurze Zeit wohl auch Flora Hirsch, verheiratete Herz). Sie lebten ab Oktober 1945 in der Eichlerstraße und emigrierten im August 1946 über Bremen nach New York. Dort lebten sie zunächst zusammen mit Linas Bruder Siegmund, der mit seiner Frau Hedwig Goldschmidt sowie den Kindern Ernst und Edith 1938 von Marburg in die USA geflohen war.

---

[25] Vgl. e-Mail von der Koordinierungsstelle „Stolpersteine für Berlin" an den Verfasser vom 29.3.2011; vgl. Brief des ITS in Bad Arolsen an Richard Oppenheimer vom 24.5.2012.

[26] Vgl. e-Mail des Museums Pankow an den Verfasser vom 23.7.2012; Schreiben des ITS in Bad Arolsen an Richard Oppenheimer vom 24.5.2012; vgl. Wolfgang Scheffler und Diana Schulle (Bearb.), Buch der Erinnerung. Die ins Baltikum deportierten deutschen, österreichischen und tschechoslowakischen Juden, München 2003, Bd. 1, S. 351.

Erika und Lina Mannheimer litten sehr unter den traumatischen Erlebnissen in der NS-Zeit. Richard Oppenheimer erinnert sich: „Meine Mutter Erika konnte ihr fürchterliches Leben in Nazi-Deutschland nie vergessen und sprach mir gegenüber nicht viel darüber. Es war zu schmerzhaft für sie." Sie und ihr Mann Max Oppenheimer, den sie in den USA heiratete, „verstanden sich als Juden, nicht als Deutsche. Sie hatten nachts oft Alpträume über ihre Erlebnisse in der Nazi-Zeit und hassten die Deutschen bis zuletzt. Meine Mutter verbot uns Kindern, in Deutschland hergestellte Waren zu kaufen. Sie wollte niemals nach Deutschland zurückkehren".[27]

Auch in den USA blieben Erika und Lina Mannheimer der jüdischen Religion sehr verbunden und waren in der örtlichen Synagoge in New York aktiv. Nachdem sie so viele zerstörte Synagogen in Deutschland gesehen hatten, fühlten sie sich verpflichtet, fortan Synagogen zu erhalten und den Bau neuer zu unterstützen. Lina Mannheimer blieb eine bescheidene, würdevolle, stolze Jüdin und betete täglich. Sie starb 1981 in den USA, ihre Tochter Erika 1988.

Lange Zeit wusste Richard Oppenheimer wenig über das Schicksal seiner Familie. Vor wenigen Jahren begann er jedoch, sich intensiv damit auseinanderzusetzen. Er fand heraus, dass 22 Familienangehörige während der Shoa starben. Unter ihnen waren auch Salomon Lilienstein, der Onkel von Erika Mannheimer (er starb in Auschwitz), Erikas Tante Berta Lilienstein (geb. Katz), die in Stutthof starb, sowie Cousinen und Cousins von Erika: Zerline Lilienstein (ermordet in Auschwitz), Hans Lilienstein (Riga), Karoline Lilienstein (Theresienstadt), Bertha Edelmuth, geb. Lilienstein (Treblinka), Leopold Edelmuth (Treblinka), Irma Edelmuth (Treblinka), Gustel Mannheimer (Lublin), Berta Mannheimer (Belzyce), Albert Baer (Buchenwald), Berni Baer, geb. Mannheimer (Lublin) und Karl Dannenberg (Riga). Auch Lina Mannheimers Brüder Salomon und Gustav wurden mitsamt ihren Frauen und Kindern in Auschwitz und Sobibor ermordet.

Richard Oppenheimer ist das einzige Kind von Erika und Max Oppenheimer. „Für den Fall, dass noch einmal ein neuer Hitler an die Macht

[27] „Es war eine liebevolle Familie, die glücklich und in Frieden lebte, bis Hitler an die Macht kam". Ehemalige Bad Wildunger Juden und ihre Kinder im Interview. Begleitheft zur Ausstellung, Bad Wildungen 2012, S. 27.

kommen sollte, wollten sie nicht mehr als ein Kind verlieren", sagt er.[28] Richard Oppenheimer kam - auf der Suche nach Spuren seiner Familie - in den letzten Jahren wiederholt in die Badestadt und traf sich dort mit einer über 90-Jährigen Frau, die seine Tante noch aus Kinderzeiten kannte.

Ende 2012 wurde eine Ausstellung über ehemalige Bad Wildunger Juden und ihre Kinder im örtlichen Stadtmuseum gezeigt. Zur Eröffnung waren sieben Kinder von Überlebenden aus der ganzen Welt angereist. Unter ihnen befand sich Richard Oppenheimer. Er überreichte einen Familienstammbaum und ein altes jüdisches Gebetbuch seiner Familie an den Bürgermeister jener Stadt, die seine Vorfahren einst verfolgt und vertrieben hatte. Es war ein bewegender Moment, für beide Seiten.

Dies ist die Geschichte von sechs Menschen jüdischen Glaubens aus Bad Wildungen. Sie steht exemplarisch für das Schicksal der gesamten jüdischen Gemeinde, die zeitweise knapp 150 Personen umfasste.[29] Die Mannheimers könnten heute noch leben: Margarete, Erika und Herbert wären um die 90 Jahre alt.

Bildnachweis:

Alle Bilder stammen aus dem Nachlass von Erika Mannheimer. Ihr Sohn Richard Oppenheimer fand sie nach deren Tod und ist im Besitz der Originale.

---

[28] Vgl. http://www.its-arolsen.org/de/aktuelles/aktuelles-2012/index.html?expand=7147&cHash=d4b35718665e513663b65c10d14161a0 (Abruf: 31.3.2013).

[29] Vgl. auch den Aufsatz: Johannes Grötecke, ‚Erziehung nach Auschwitz': Der Koffer von Selma Hammerschlag aus Bad Wildungen, seine Geschichte und pädagogischen Einsatzmöglichkeiten, in: Geschichtsblätter für Waldeck, Bd. 100, 2012, S. 87-97.

Das Schicksal der jüdischen Gemeinde in Battenfeld[1]

von Reiner Gasse, Margit und Jürgen Hübner

Die jüdische Gemeinde in Battenfeld hat eine lange Tradition. Bereits Anfang des 17. Jahrhunderts sollen Juden in Battenfeld und Battenberg gelebt und gearbeitet haben. Als sogenannte „Schutzjuden" durften sie hier wohnen, wenn sie sich durch spezifische Steuerzahlungen an den Kaiser und den Landesherrn ausgewiesen hatten.

Seit dem Mittelalter verwehrte die christliche Gesellschaft den Juden den Zugang zu bestimmten Wirtschaftszweigen wie Zünften und Kaufmannsgilden, so dass ihnen eine Tätigkeit z.B. im Handwerk oder auch in der Landwirtschaft verwehrt war. Als Erwerbsquelle blieben ihnen somit z.B. der Handel und der Geldverleih. Nicht zuletzt die Tradition der großen Battenfelder Vieh- und Krämermärkte war deshalb ein wichtiger Teil der Existenzgrundlagen für die hier lebenden Judenfamilien. In der 2. Hälfte des 19. Jh. erst wurde ihnen der Zugang auch zu anderen Berufszweigen eröffnet.

In einer Einwohnerliste von 1668 tauchen zwar noch keine jüdischen Namen auf. Doch 1680 ist in der Battenfelder Pfarrchronik von einer Beschwerde des Superintendenten in Gießen zu lesen, dass ein Jude ganz nahe der Kirche ein Haus gekauft habe und damit möglicherweise der Kirchgang behindert werde.

Im Amts-Saalbuch von Battenberg von 1711/12 werden vier jüdische Familien in Battenfeld namentlich aufgeführt: Baruch, Wittibe, Jecuff und Salm. Detailliertere Angaben mit Namensnennungen gibt es dann im Laufe des 18. Jahrhunderts, wonach weitere Familien aus Allendorf, Battenberg, Berghofen, Bromskirchen, Laisa und Rennertehausen zur Gemeinde gehörten.

Im Verlauf von 200 Jahren wuchs in Battenfeld eine jüdische Gemeinde heran, die um 1830 mehr als 170 Mitglieder zählte und deren Zentrum die Synagoge in der Marktstraße war (s. Abb. 1).

---

1 Für den Beitrag wurde folgende Literatur verwendet: „1200 Jahre Battenfeld - Eine Dorfchronik", hrsg. von der Gemeinde Allendorf (Eder), gestaltet von Festbuchausschuss und Hauptausschuss Battenfeld 1978, Sundern 1978, S. 106 - 121; „Jüdische Schicksale aus unserer Region", Battenberger Geschichtsblätter Heft 36, hrsg. vom Geschichtsverein Battenberg e.V., Mai 2011.

Abb. 1:

Die Synagoge in der Marktstraße

Ebenfalls für 1830 weisen die Battenfelder Einwohnerregister 60 Juden als hier wohnhaft aus, während in Battenberg 64, in Bromskirchen 25, in Allendorf 23 und in Berghofen 21 gezählt werden. Jedoch nicht nur zahlenmäßig hatte die jüdische Gemeinde mit ihrem Zentrum in Battenfeld damit eine gewisse Bedeutung für die Region. Auch wirtschaftlich war sie ein nicht unwichtiger Faktor geworden, wie beispielsweise der beachtliche Umfang an Reparaturarbeiten an der Synagoge im April 1857 aufzeigt (vgl. die Bekanntmachung in Abb. 2).

Die jüdischen Mitbürger waren ein Teil des wirtschaftlichen, politischen und kulturellen Lebens in den Gemeinden, ohne jedoch ihren Glauben und ihre Traditionen aufzugeben. Auf Missionsversuche gibt es nirgendwo einen Hinweis. Vielmehr stehen z.B. 1814 mehrere jüdische Namen auf der Spendenliste für eine neue Kirchenorgel. Und in einer Stiftungsurkunde der vermögenden Familie Blumenthal in Battenfeld werden nicht nur jüdische, sondern ausdrücklich auch christliche Waisenkinder bedacht.

So lebten die Juden als Minderheit über 200 Jahre friedlich unter den christlichen Nachbarn, pflegten Freundschaften, waren auch in den Vereinen aktiv und die Männer nahmen am Ersten Weltkrieg teil. Noch 1930 hatte der Bürgermeister in seiner „Ehrenchronik unserer Gemeinde - Weltkrieg 1914-1918" auch vier jüdische Veteranen namentlich erwähnt und ihren Einsatz für das Vaterland besonders gewürdigt.

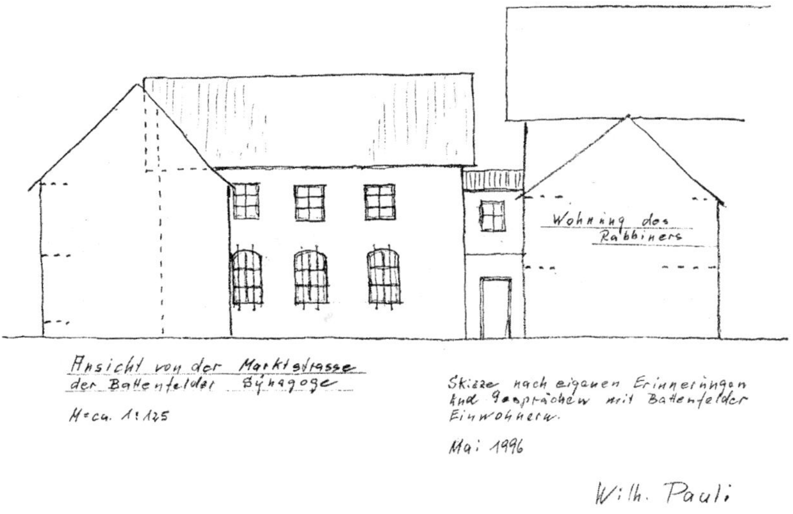

Abb. 2: Blick von der Marktstraße auf die Battenfelder Synagoge (links) und die Judenschule (rechts). Skizze von Wilhelm Pauli, Mai 1996

Die bereits 1777 im Brandsteuer-Kataster von Battenberg erwähnte Synagoge in der Marktstraße war das Zentrum der jüdischen Gemeinde im Oberen Edertal. Vermutlich war die Wahl dafür auf Battenfeld gefallen, weil hier die wohlhabenderen und deshalb einflussreichen jüdischen Familien lebten. Das Gebäude stand etwas abseits von der Straße, etwa wo heute die Scheune der Familie Wolf steht, Nr. 27. Von außen gesehen war es ein bescheidener Bau, dessen Giebel- sowie die Westseite mit Schiefer beschlagen und die Seite zur Marktstraße verputzt waren (vgl. das Foto in Abb. 1 und die Skizze in Abb. 2 mit Ansicht von der Marktstraße).

Neben der Synagoge gab es in Battenfeld auch eine israelitische Schule, die 1825 von Aron Blumenthal gestiftet wurde und der religiösen Unterweisung der zahlreichen Kinder aus den umliegenden Orten diente. 1876/77 wurde die „Religionsschule" in eine öffentliche Volksschule umgewandelt. Erst Anfang des 20. Jahrhunderts wurde das zweigeschossige Schulhaus, im Obergeschoss durch einen kleinen Übergang mit der Synagoge verbunden, auf Drängen des Lehrers Löwenstein so gebaut, wie in Abb. 2 und 3 zu sehen ist.

Abb. 3: Gesamtansicht der ehemaligen jüdischen Schule mit Wohnhaus (Aufnahme 1950)

Nach dem allmählichen Rückgang der jüdischen Bevölkerung seit Mitte des 19. Jahrhunderts und Abwanderungen in die Ballungsräume wurde die Schule dann 1925 aufgelöst. Danach wurden die jüdischen Kinder durch Privatlehrer unterrichtet. Im angrenzenden Wohnhaus wohnte zuletzt der aus Polen stammende jüdische Lehrer Moses Amsterdam mit seiner Familie bis zur sogenannten „Reichskristallnacht" am 9. November 1938. Nur knapp konnten sie sich vor den Flammen retten und vorübergehend notdürftig bei Familie Lehrberger unterkommen.

Mit der Gewaltherrschaft der Nationalsozialisten war nach 1933 auch für die im Raum Battenfeld lebenden jüdischen Bürgerinnen und Bürger eine Zeit der Erniedrigung, Verfolgung und Vernichtung hereingebrochen. Der von den NS-Ideologen propagierte Judenhass wurde bis in das kleinste Dorf getragen. Mit den NS-Rassengesetzen begann 1935 die zunehmende Entrechtung der jüdischen Bevölkerungsgruppe. Einige Battenfelder jüdische Familien sahen sich zum Auswandern gezwungen. In der sogenannten „Reichskristallnacht" vom 9. auf den 10. November 1938 brannten in Deutschland die Synagogen, in der Nacht zum 11. November stand auch die Battenfelder Synagoge in Flammen. Tage darauf wurde auch der Judenfriedhof geschändet. In ganz Deutschland begann eine systematische Verfolgung und Ausrottung der jüdischen Bevölkerung. Die letzten in Battenfeld verbliebenen Juden wurden 1941 / 42 deportiert und in Vernichtungslagern ermordet.

Wie alle Synagogen im Deutschen Reich wurde auch die Battenfelder Synagoge ein Opfer der sogenannten „Reichskristallnacht". Nach einem zunächst vergeblichen und dann abgebrochenen Versuch am Vorabend wurde das Gebäude schließlich in der Nacht vom 10. auf den 11. November 1938 mitsamt aller Inneneinrichtung vollkommen vernichtet. Alte Battenfelder erinnern sich noch an dieses schlimme Ereignis, die fanatischen Nationalsozialisten und ihren rassistischen Wahn, und verstummen darüber.

Auch an die organisierte Schändung des jüdischen Friedhofs „Auf der Struth" vor 75 Jahren erinnern sie sich. Von den etwa 170 Grabsteinen sind noch 100 erhalten, davon 16 aus der alten Zeit und ausschließlich mit hebräischer Schrift, aus dem 18. Jahrhundert stammt der älteste. Stumm klagende Zeugen des Tuns, als blindwütiger Hass selbst vor Toten nicht Halt machte, sind die Reste von zertrümmerten und schwer beschädigten Platten. Ebenso eindringlich mahnen die Bruchlinien der inzwischen wieder zusammengesetzten und restaurierten Steine heute den Betrachter. Der Friedhof ist nahe am Waldrand und 1,5 km vom Ort entfernt gelegen, ein heute gut gepflegtes, großartiges Denkmal.

Von den alten jüdischen Familien seien hier nur drei herausgegriffen, die noch einigen Battenfeldern ein Begriff sein dürften. Zunächst sind da die Sterns zu nennen. Isaak Stern hatte die Metzgerei in der Edertalstr. 30 geführt, jetzt Fleischerei Specht. Er war Weltkrieg-Teilnehmer und engagiertes Mitglied im Kyffhäuserverband. Verbittert über die nationalsozialistische Hetzjagd, wanderten er und seine Frau Frieda 1936 nach USA aus, während seine Schwester Lina in einem KZ umgebracht wurde. „Jetzt jagen sie mich fort wie einen Hund" soll er unmittelbar vor seiner Abreise gesagt haben.

In der Marktstraße 11 im Haus Benner wohnte die ursprünglich aus Berghofen stammende Familie Oppenheimer, die ein Geschäft und eine Landwirtschaft betrieben. Hermann Oppenheimer war mit Rosalie Drucker aus Battenberg verheiratet. 1936 verkaufte er an Karl Benner und zog mit seiner Frau nach Frankfurt, wo er 1937 bei einem Verkehrsunfall ums Leben kam. Sie hatten drei Kinder: Sohn Leo war zunächst praktischer Arzt in Frankenberg, wanderte bereits 1934 in die USA aus, wo er 1954 starb. Tochter Ida, verh. Höxter, wanderte zunächst 1939 nach England und 1940 in die USA aus. Sohn Samuel wanderte bereits 1935 ebenfalls in die USA aus. Mutter Rosalie folgte erst 1939 nach und verstarb 1952 in Wimette/Illinois.

Vielen Battenfeldern dürfte auch noch die Familie Elsoffer und ihr besonders tragisches Schicksal bekannt sein. Sie wohnten im Haus Edertalstr. 44, das heute noch „das Judenhaus" genannt wird (s. Abb.6). Der Geschäftsmann Levi Dessauer kam ursprünglich aus Elsoff, kaufte das Haus und hatte mit seiner Ehefrau Lina, geb. Nussbaum, aus Kirchhain drei Kinder. Die jüngste Tochter Alma Dessauer heiratete hier 1926 den Viehhändler Menke (genannt Menny) Lehrberger aus Borken, sie hatten ebenfalls drei Kinder: Irene, Margot und Gertrud (vgl. Abb. 6 und 7).

Abb. 4: Das Judenhaus in der Edertalstraße 44. Diese muntere Kinderschar beobachtete das Wirken des Wanderfotografen um 1910. Vorne links richtet sich der Blick auf den stattlichen spätbarocken Fachwerkbau, umschattet von Kastanienbäumen, im Volksmund „Jiddehaus" genannt. Dort wohnte damals die Familie des Handelsmannes Levi Dessauer, geb. 1846 in Elsoff. Dessen Sohn Wilhelm übernahm das Haus und nannte sich „Elsoffer".

Am Tag der Deportation, am 8. Dezember 1941, fuhr ein LKW vor das Judenhaus und holte die fünfköpfige Familie Lehrberger ab. Wie Verbrecher wurden sie auf die Ladefläche getrieben. Sie alle, Menko Lehrberger, geb. 23.4.1882, seine Ehefrau Alma, geb. Elsoffer am 20.7.1898 und ihre Kinder Irene, Margot und Gertrud wurden deportiert und im Konzentrationslager, vermutlich in Riga/Lettland, umgebracht. Sie gehören zu den sechs Millionen Juden in Europa, die Opfer der NS-Rassenpolitik wurden. Kein Mensch wird jemals das Leid ermessen können, das hinter dieser Zahl steht.

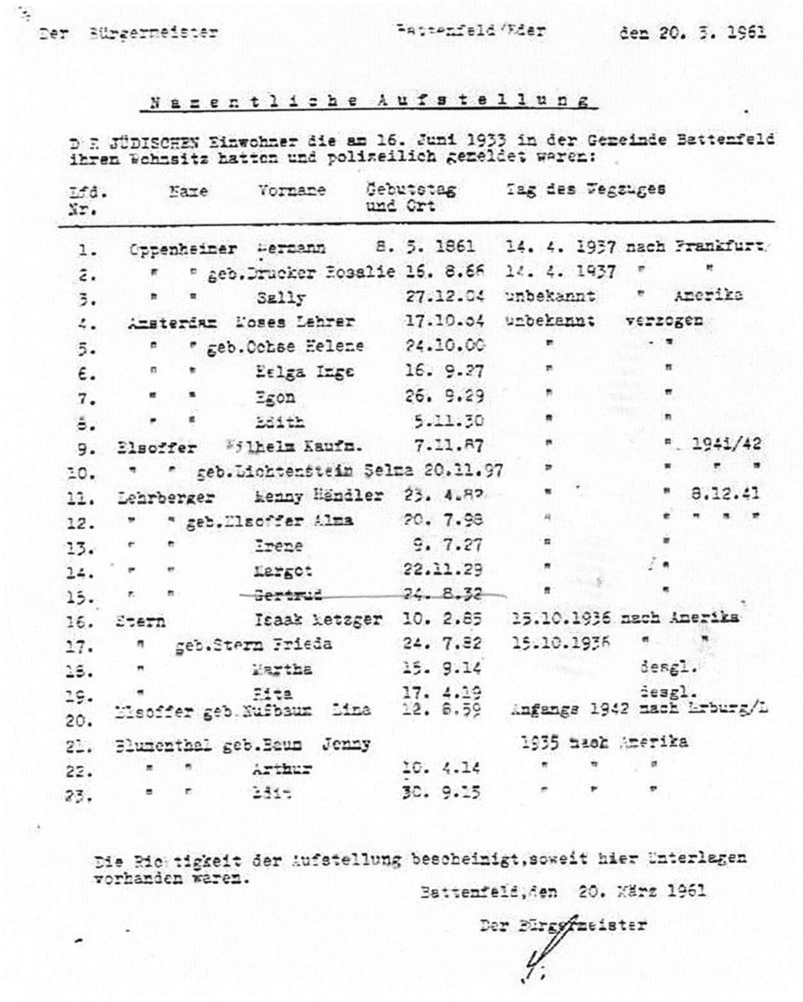

Der Bürgermeister Battenfeld/Eder den 20. 3. 1961

N a m e n t l i c h e   A u f s t e l l u n g

DER JÜDISCHEN Einwohner die am 16. Juni 1933 in der Gemeinde Battenfeld ihren Wohnsitz hatten und polizeilich gemeldet waren:

Lfd. Nr.	Name	Vorname	Gebutstag und Ort	Tag des Wegzuges
1.	Oppenheimer	Hermann	8. 5. 1861	14. 4. 1937 nach Frankfurt
2.	" "	geb. Drucker Rosalie	16. 8.66	14. 4. 1937 " "
3.	" "	Sally	27.12.04	unbekannt " Amerika
4.	Amsterdam	Moses Lehrer	17.10.04	unbekannt verzogen
5.	" "	geb. Ochse Helene	24.10.00	" "
6.	" "	Helga Inge	16. 9.27	" "
7.	" "	Egon	26. 9.29	" "
8.	" "	Edith	5.11.30	" "
9.	Elsoffer	Wilhelm Kaufm.	7.11.87	" " 1941/42
10.	" "	geb. Lichtenstein Selma	20.11.97	" " " "
11.	Lehrberger	Jenny Händler	23. 4.82	" " 8.12.41
12.	" "	geb. Elsoffer Alma	20. 7.98	" " " " "
13.	" "	Irene	9. 7.27	" "
14.	" "	Margot	22.11.29	" "
15.	" "	~~Gertrud~~	~~24. 8.32~~	" "
16.	Stern	Isaak Metzger	10. 2.85	15.10.1936 nach Amerika
17.	"	geb. Stern Frieda	24. 7.82	15.10.1936 " "
18.	"	Martha	15. 9.14	desgl.
19.	"	Rita	17. 4.19	desgl.
20.	Elsoffer geb. Nußbaum	Lina	12. 6.59	Anfangs 1942 nach Marburg/L
21.	Blumenthal geb. Baum	Jenny		1935 nach Amerika
22.	" "	Arthur	10. 4.14	" " "
23.	" "	Edith	30. 9.15	" " "

Die Richtigkeit der Aufstellung bescheinigt, soweit hier Unterlagen vorhanden waren.

Battenfeld, den 20. März 1961

Der Bürgermeister

Abb. 5: Diese Liste führt sämtliche in Battenfeld gemeldeten Bürger jüdischen Glaubens noch vor der Zerschlagung der jüdischen Gemeinde durch die Nationalsozialisten auf. Sie wurde 1961 als Auszug aus dem Einwohnermelderegister zum Stichtag 16. Juni 1933 angefertigt.

Abb. 6:

Irene Lehrberger, geb. 9.7.1927 in Marburg

Abb. 7:

Margot Lehrberger, geb. 22.11.1929 in Marburg

Irene, Margot und Gertrud Lehrberger waren noch Kinder, als sie zusammen mit ihren Eltern deportiert, ihrer Menschenwürde beraubt und umgebracht wurden.

1936 konnten noch christliche und jüdische Schüler in Battenfeld gemeinsam unterrichtet werden, nachdem im Jahre 1925 die jüdische Schule in der Marktstraße aufgelöst worden war (vgl. Abb. 8). Doch der Hass, den der Nationalsozialismus in Deutschland gesät hatte, verursachte auch hier eine Trennung. Die Schulchronik vermerkt ohne Kommentar: „Die jüdischen Schüler wurden laut ministeriellem Erlass vom 15.11.1938 aus der hiesigen Schule gewiesen."

Abb. 8: Kinder der Volksschule Battenfeld 1936 mit Schulleiter Philipp Schneider (oben Mitte) und dem österreichischen Lehrer Robert Tusch. Das Schulfoto zeigt die Geschwister Irene und Margot Lehrberger (oben rechts und links außen, jew. mit x gekennzeichnet) sowie die Geschwister Egon und Helga Amsterdam (oben links und rechts außen, ebenfalls mit x gekennzeichnet), die Kinder des letzten jüdischen Lehrers Moses Amsterdam.

„Natürlich habt ihr jungen Deutschen keine Schuld - aber ihr habt ein Vermächtnis !" sagte Ruth Zur aus Tel Aviv, Überlebende des Holocaust, anlässlich einer Diskussion bei ihrem Besuch in Battenfeld. Dem Unrecht, das verübt wurde, darf nicht das Unrecht des Vergessens hinzugefügt werden. Zur Erinnerung an unsere jüdischen Mitbürger und zur Mahnung für künftige Generationen enthüllte Pfarrer Klaus Fey in einer Feierstunde „50 Jahre nach der Zerstörung der Battenfelder Synagoge" am 10. November 1988 eine Gedenktafel am alten Backhaus in Battenfeld mit den Namen der 19 jüdischen Mitbürger, die unter dem Hitler-Regime ums Leben kamen (vgl. Abb. 9. Mehr als 400 Menschen haben daran teilgenommen. Besonders Pfarrer Fey ist zu danken, dass er sich dieser Aufgabe angenommen und damit das lange beklemmende Schweigen über diese Ereignisse zu überwinden geholfen hat.

Bildnachweis:

Reiner Gasse, Battenfelder Bilderbogen und Judenstube im Heimatmuseum Battenfeld

Die Familie Elsoffer aus Battenfeld

von Reiner Gasse

Die bekannte Battenfelder jüdische Familie Elsoffer lebte in ihrem Anwesen in der Hauptstraße, heute Edertalstraße 44 - von den älteren Einheimischen immer noch als „Judenhaus" bezeichnet (im Dialekt „Jiddehaus" genannt). Bei dem Gebäude handelt es sich um einen spätbarocken Fachwerkbau, der in seiner Entstehungszeit vermutlich von einem Obristen der hessisch-darmstädtischen Landgrafen bewohnt war. Dazu gehörten eine geräumige Scheune und ein separater Pferdestall. Im 19. Jahrhundert wurde es von einer jüdischen Familie käuflich erworben. Es dürfte ein Zusammenhang mit dem Battenfelder Kram- und Viehmarkt bestanden haben. Dieser erhielt erst um 1830 einen rasanten Aufschwung, nachdem jüdische Viehhändler „das Geschehen in die Hand nahmen". Welche jüdische Familie zuerst in diesem stattlichen, zweigeschossigen Gebäude gewohnt hat, ist nicht bekannt. Es besteht jedoch ein direkter Zusammenhang mit der Familie Elsoffer.

Der Handelsmann Levi Dessauer, geboren im Jahre 1846 in Elsoff/Wittgenstein, gestorben 1924, lebte in diesem „Judenhaus" mit seiner Frau Lina, einer geborenen Nußbaum, die aus Kirchhain, Krs. Marburg, stammte. Das Paar hatte drei Kinder. Der älteste Sohn Wilhelm wurde geboren am 7. November 1887 und heiratete 1929 seine Frau Selma, geb. Lichtenstein. Sie stammte aus Markköbel bei Hanau. Dieser Sohn Wilhelm nannte sich später mit Familiennamen Elsoffer. Wilhelms Bruder Julian, geboren am 23. April 1889, wanderte in den 1920er Jahren in die USA aus. Die jüngere Schwester Alma wurde geboren am 20. Juli 1896 und heiratete 1926 den Viehhändler Menke (genannt Menny) Lehrberger, der aus Borken bei Kassel stammte. Wilhelm Elsoffer und „Menny" Lehrberger waren Viehhändler von Beruf und lebten beide mit ihren Familien zusammen im Hause der Eltern (bzw. Schwiegereltern) in Battenfeld. Das Paar Wilhelm Elsoffer blieb jedoch kinderlos. Die Eheleute Lehrberger hatten drei Töchter, denen sie folgende (typisch deutsche) Vornamen gaben: Irene (geboren 1927), Margot (geboren 1929) und Gertrud Hildegard (geboren 1932).

Abb. 1: Haus der Familien Elsoffer und Lehrberger

Bevor die nationalsozialistische Schreckensherrschaft ihren Lauf nahm, lebten Christen und Juden auch in Battenfeld friedlich nebeneinander. Es gab nachbarschaftliche Freundschaften, Juden waren Mitglieder in örtlichen Vereinen.

Wilhelm Elsoffer und Menny Lehrberger hatten als Soldaten im Ersten Weltkrieg an der Front gekämpft. Sie fühlten sich als Deutsche und als Battenfelder. Im Jahre 1930 hatte der Bürgermeister eine „Ehrenchronik unserer Gemeinde - Weltkrieg 1914 - 1918" angelegt. Aus den „Ehrenblättern" entnehmen wir u. a. folgende Einträge: Wilhelm Elsoffer (eingezogen 5. 8. 1914, Rückkehr 22. 12. 1918); Menny Lehrberger (eingezogen Februar 1915, Rückkehr November 1918, infolge Verschüttung Nervenschock). Einer von ihnen war Artillerist, der andere Infanterist. Beide wurden mit dem Eisernen Kreuz II. Klasse ausgezeichnet.

Spätestens durch die „Nürnberger Gesetze" im Jahre 1935 waren die Juden in Deutschland zu „Menschen zweiter Klasse" degradiert worden. Aber schon im „Hitler- Deutschland" des Jahres 1933 spürten die Battenfelder jüdischen Familien den Druck der NS-Diktatur. Metzger

Isaak Stern erhielt Berufsverbot und durfte nicht mehr schächten. Die Witwe des bei einem Verkehrsunfall tödlich verunglückten Kaufmanns Hermann Blumenthal verkaufte ihr Haus und zog zur Verwandtschaft nach Wetter (Krs. Marburg). Dem Kaufmann Samuel Oppenheimer entsagte sich die einheimische Kundschaft bald völlig. Alle drei Familien waren in den Jahren 1935/36 in die Vereinigten Staaten „ausgewandert", nachdem sie ihre Häuser unter Wert verkaufen mussten. Die alte und kränkliche, in Battenfeld geborene Lina Schönstädt, geborene Stern, begab sich dagegen in ein Marburger „Altersheim für Juden".

Abb. 2: Marktstraße 11, Battenfeld, um 1935. 1. Reihe v. r.: Lehrer Amsterdam, Herman Drucker (Bruder von Rosalie Oppenheimer), Herman Oppenheimer, Rosalie Oppenheimer, Rosetta Neubürger, unbekannt; 2. Reihe v. r.: Thilo Höxter, Liesel Höxter, Ida Höxter, Inge Neubürge, Hanni Höxter; auf der Treppe v. r.: Egon Amsterdam, Hans Oppenheimer, Werner Neubürger, unbekannt (nach Werner Neubürger)

Nicht aus Battenfeld weggezogen sind die Familien Lehrberger und Elsoffer sowie die Familie des aus Polen stammenden Kantors und Religionslehrers der jüdischen Gemeinde (auch Privatlehrer), Moses Amsterdam. Dieser wohnte in der Marktstraße in der Wohnung neben der Synagoge. Als die Battenfelder Synagoge in der Nacht zum 10.

November 1938 „abgefackelt“ worden war, flüchtete Amsterdam mit Frau und zwei Kindern zunächst zu einer befreundeten Nachbarfamilie und wohnte dann noch einige Monate im „Judenhaus bei Elsoffers“. Ihm gelang 1939 noch die Ausreise in die USA über Schanghai. Zurück in Battenfeld blieben allein die fünfköpfige Familie Lehrberger und das kinderlose, ältere Ehepaar Elsoffer. Für ihr großes Haus fand sich kein Käufer, und sie hatten sich nicht „über alle Maßen“ mit der „Auswanderung“ befasst. Die drei jungen Mädchen der Familie Lehrberger durften nach der „Reichskristallnacht“ nicht mehr zur Schule gehen. Die Schulchronik vermerkt ohne Kommentar: „Die jüdischen Schüler werden lt. Minist. Erl. vom 15.11. 1938 aus der hiesigen Schule gewiesen.“

Beide Familien waren zunehmend im Dorfe isoliert. Dorfbewohner vermieden Kontakte, Einkäufe für die Lebenshaltung wurden ihnen in zunehmendem Maße verweigert und im Kriegsjahr 1940 gänzlich untersagt. Die Bewohner des „Judenhauses“, vier Erwachsene und drei Mädchen im Alter von 9 bis 14 Jahren, hätten im Jahre 1941 verhungern können. Der Bürgermeister (selbstverständlich auch Parteigenosse) duldete, dass Kinder aus der Nachbarschaft im Schutze der Dunkelheit regelmäßig Brot, Milch oder Eier durch ein Loch im Zaun abstellten. Sie durften aber nicht mit den Leuten reden. Die wenigen Erwachsenen, welche zuvor ihre Hilfsbereitschaft gezeigt hatten, wurden mit dem Satz eingeschüchtert: „Wenn ihr denen was gebt, bringt man euch ins Lager!“ Von örtlichen „Parteigängern madig gemacht“ wurde auch einmal ein Konfirmanden-Mädchen aus Battenfeld. Im Sinne christlicher Nächstenliebe fuhr es mit dem Fahrrad nach Marburg, um der in einem dortigen Altersheim dahin vegetierenden Lina Schönstädt eine Kanne Milch und einen daheim gebackenen Kuchen zu bringen.

Am 6. Dezember 1941 wurde die Familie Lehrberger „aus dem Haus geholt“. Eine frühere Nachbarin (Hedwig Dönges, inzwischen verstorben) hat als Kind diese „schreckliche Szenerie“ miterlebt. Ihre Schilderung: „Es kam ein Lastwagen vorgefahren, dessen Ladefläche (Pritsche) mit einer Plane verdeckt war. Es war ein kalter Tag. Das Begleitkommando in Uniform schrie herum und trieb die Eltern mit den drei Kindern (wie das Vieh) die Haustreppe herunter und auf die Ladefläche des Lastwagens hinauf. Der Hut von Menny Lehrberger blieb dabei an einem Ast des großen Kastanienbaumes hängen. Der Mann tat mir schon in den Sommermonaten leid, wenn er einsam seine Runden im Garten drehte, dabei seltsam mit dem Kopf zuckte und oft weinte. Die Frau und die Kinder kamen gar nicht aus dem Haus."

Nachdem die Familie in Battenfeld abgeholt wurde, erfolgte übergangslos der Eisenbahntransport zu den Vernichtungslagern in den besetzten Gebieten Osteuropas. Ausgangsstation für die noch im nordhessischen Raum verbliebenen Juden war der Hauptbahnhof in Kassel.

Das kinderlose Ehepaar Wilhelm und Selma Elsoffer aus Battenfeld blieb noch bis zum Juni 1942 in ihrem Hause. Entkräftet, mutlos und schweigend (nach Zeugenaussagen) ließen sich beide, nur mit einem Köfferchen in der Hand, vom Dorfgendarmen auf dem Fußwege zur Eisenbahnhaltestelle Battenfeld bringen. Bis nach Kassel mögen sie vielleicht noch im „normalen Personenwagen gereist" sein, wenn auch streng bewacht. Doch dann war es eine „Reise" in den sicheren Tod, „wie das Vieh in Güterwaggons verfrachtet".

Das „Judenhaus" ging in die „Obhut" der Gemeinde über und wurde nach dem Kriege von Privathand erworben. Das Vermögen der jüdischen Familien wurde eingezogen und der verbliebene Hausrat „verscherbelt".

Bleibt die Frage, in welchen Konzentrationslagern beide Familien aus Battenfeld ermordet wurden. Lange Jahre hieß es in offiziellen Listen lapidar: „Verschollen im Osten". Heute scheint etwas mehr Licht in das dunkelste Kapitel deutscher Geschichte gekommen zu sein. Das Ehepaar Elsoffer war bei dem Transport nach Sobibor dabei. Das Schicksal der Familie Lehrberger hat sich vermutlich in Riga „entschieden".

Im Bemühen zum Thema „Gegen das Vergessen" wird Besuchern im Heimatmuseum Battenfeld gerne ein Schulbild aus dem Jahre 1936 gezeigt, auf dem jüdische und christliche Kinder gemeinsam als Schüler der Volksschule zusammenstehen. Es wird dabei angeregt, sich einmal in das „Gefühlsleben" von Irene, Margot und Gertrud Lehrberger hineinzuversetzen, die ohne Hitlers Rassenwahn vielleicht noch heute als alte Menschen unter uns weilen könnten.

Fast 70 Jahre nach dem Ende der NS-Gewaltherrschaft besuchen vereinzelt Überlebende des Holocaust, deren Enkel oder Urenkel, die einstige Heimat ihrer Vorfahren. Es ist dabei erfreulich zu sehen, wenn ihnen bei der Spurensuche auch junge Menschen behilflich sind und dabei neue Freundschaften entstehen.

Abb. 3: 1936 In der Stede, mit Lehrer Tusch und Lehrer Schneider; 1. Reihe v.l.: Günther Born, Walter Muth, Richard Arnold, Herbert Wolf, Otto Arnold, Willi Becker, Ernst Born, Ewald Briel, Otto Siebott, Heinrich Krafthöfer, Darüber v.l.: Karl Gasse, Heinz Siebott, Anna Becker, (Vorname fehlt) Wolf, Henriette Siebott, Katharina Gasse, rechts außen: Lore Siebott, Adelheid Willstumpf, Werner Schäfer, Helene Muth, Elisabeth Pauly, Liselotte Knirr, Ruth Becker, Luise Born, Margot Lehrberger, Helene Arnold, Erich Mitze, Hertha Knirr, Hedwig Dönges, Hilde Pauly, Katharine Koch, Ernst Gasse, rechts außen: Helga Amsterdamm, vorletzte Reihe: Johanna Briel, Richard Koch, Waltraud Bornmann, Helene Siebott, Hilde, Obere Reihe v.l.: Egon Amsterdam, Karl Born, Heinrich Hirt, Walter Wolf, Amanda Willstumpf, Willi Knirr, Ursula Bornmann, Anna Siebott, Rosel Gaß, Anna Briel, rechts außen Irene Lehrberger (X: Margot Lehrberger, geboren 1929 in Battenfeld. Am 8.12.1941 wurde sie in Battenfeld zusammen mit ihren Eltern und Geschwistern abgeholt und im Winter 1941/42 nach Riga deportiert und umgebracht. Helga Amsterdam konnte mit ihren Eltern und Bruder Egon nach dem 11.11.1938 fliehen. Sie waren vermutlich später in Indochina ansässig.)

identisch → S. 164

Bildnachweis:

Abb. 1: Kurt-Willi Julius

Abb. 2, 3: Reiner Gasse

Die jüdischen Mitbürger von Bromskirchen im 19. und 20. Jahrhundert

von Wolfgang Mankel

Nach Archivunterlagen[1] lebten zu Beginn des 19. Jahrhunderts sechs jüdische Mitbürger in Bromskirchen und zwar: Levi Sontheim, Levi Sundheim mit Ehefrau Karoline, geb. Schönthal, sowie Samuel Schönthal mit Ehefrau Sophia, geb. Winterberger, und Sohn Maier. Sie gehören zur israelitischen Gemeinde Battenfeld, wo eine Schule, eine Synagoge und ein Friedhof vorhanden waren.

Laut der Hallenberger Chronik sollen 25 Juden in Bromskirchen gelebt haben. Wie sich jedoch herausgestellt hat, zählte der Hallenberger Chronist hierbei die Namen aller jüdischen Mitbürger zusammen, die über mehrere Generationen in Bromskirchen ansässig waren.

Bei einem Großbrand am 18. Juli 1843, dem insgesamt 63 Häuser zum Opfer fielen, wurde auch das Judenhaus eingeäschert. Samuel Schönthal wollte ein neues Haus errichten und stellte wie die übrigen Geschädigten beim Fiskus einen Antrag auf Bauholz. Eine Baugenehmigung wurde ihm jedoch nicht erteilt. Auch fand er keinen Bürgen zur Sicherung der notwendigen Ratenzahlungen. Die Gründe hierfür sind nicht aktenkundig. Es ist aber zu vermuten, dass Schönthal als zu arm galt und keiner ein derartiges Risiko eingehen wollte.

Trotz aller Probleme und Widrigkeiten baute Schönthal dann aber doch. Für das Bauen ohne Genehmigung musste er 20 Gulden Strafe zahlen. Sein neues Haus war das Gebäude Hauptstraße 16. Die Geldnöte wurden in der Folge jedoch so gravierend, dass er 1865 Konkurs anmelden und das neue Haus an die Gemeinde verkaufen musste. Diese brachte dort die Oberstufe der Schule und eine Lehrerwohnung unter. Daraufhin verließen Samuel Schönthal und seine Ehefrau Sophia Bromskirchen.

Schönthals Sohn Maier zog in das gegenüber liegende Haus in der Hauptstraße 9 um. Dieses Gebäude wird noch heute das „Judenhaus" genannt. Maier war inzwischen mit Amalie verheiratet. Das Ehepaar hatte vier Kinder: Josef, Lina, Sofie und Jeanette.

---

[1] Quelle: Gemeindearchiv Bromskirchen. Bilder der Bromskircher Juden liegen uns leider nicht vor.

Josef heiratete Bertha, geb. Berendt, und zog nach Frankfurt um. Lina heiratete Abraham Meier. Über ihren Verbleib ist nichts bekannt. Sofie heiratete Jakob Neheimer und blieb im Haus Hauptstraße 9 wohnen. Jakob Neheimer stammte aus Elspe im Sauerland und war Manufakturenhändler. Die Familie hatte zwei Kinder: Agnes und Hetti. Jeanette blieb ledig und lebte zusammen mit ihrer Schwester Sofie, ihrem Schwager Jakob und den Kindern in der Hauptstraße 9.

Die „Reichskristallnacht" ging auch an den Bromskircher Juden nicht spurlos vorüber. Jugendliche grölten Parolen und warfen Steine an die Fester des Judenhauses. Die fünf jüdischen Mitbürger sollen sehr verängstigt gewesen sein. Diese Situation wurde verstärkt durch die Tatsache, dass in unmittelbarer Nachbarschaft Jugendliche wohnten, die der NSDAP nahe standen bzw. ihr angehörten. Sie erzeugten ein fortwährendes Klima der Ablehnung, Bedrohung und Verachtung. Zeitweise patrouillierten junge Nationalsozialisten mit geschultertem Gewehr vor dem Judenhaus. Es war generell verboten, Waren von Neheimers zu kaufen. Die übrige Nachbarschaft unterhielt allerdings ein vertrauensvolles Verhältnis zur Familie Neheimer.

In dieser sehr bedrückenden Situation entschlossen sich Jakob und Sofie Neheimer, ihre Kinder Agnes und Hetti zu ihrem Onkel Josef nach Frankfurt zu schicken. Ob sie ihre Kinder dort für sicherer hielten oder sie nur der permanenten Bedrohungs- und Verachtungssituation in Bromskirchen entziehen wollten, ist nicht bekannt. Zeitzeugen berichten, dass sich Agnes und Hetti nur sehr ungern und unter heftigen Tränen von ihren Eltern und der Tante aus Bromskirchen verabschiedet haben. Sie wurden von grölenden Jugendlichen zum Bahnhof begleitet.

Kurze Zeit später siedelten auch Josef Neheimer mit Ehefrau Sophie sowie der Tante Jeanette nach Frankfurt um. Vermutlich haben die gleichen Gründe für diesen Entschluss vorgelegen wie bei der Umsiedlung ihrer Kinder. Bromskirchen wurde damit bereits 1939 „judenfrei". Es ist bedrückend, dass die NSDAP-Jugendlichen für ihr unmenschliches und grausames Verhalten von der Parteiführung auch noch eine Belobigung erhielten.

Das nun leer stehende Judenhaus Hauptstraße 9 übernahm die Gemeinde. Noch in den Kriegsjahren wurde dort ein Erntekindergarten eingerichtet. Später zogen Flüchtlingsfamilien ein und bewohnten es über viele Jahre. Heute ist das Haus in Privatbesitz.

Über das weitere Schicksal unserer jüdischen Mitbürger war zu erfahren:

Vater Jakob Neheimer wurde von Frankfurt aus am 1. September 1942 in das Ghetto Theresienstadt deportiert und fand dort am 27. September den Tod. Mutter Sophie wählte vor dem Abtransport ins KZ den Freitod. Die Tochter Hetti heiratete und wanderte mit ihrem Mann nach Bolivien aus. Zunächst unterhielt sie noch Briefkontakt mit deutschen Freundinnen. Den Kontakt brach sie jedoch nach dem gewaltsamen Tod der übrigen Familienmitglieder gänzlich ab. Über ihr weiteres Schicksal konnten wir nichts in Erfahrung bringen. Die Tochter Anni wurde im KZ Mauthausen umgebracht.

Die ledige Tante Jeanette Schönthal wurde - wie ihr Schwager Jakob Neheimer - von Frankfurt aus am 1. September 1942 über Theresienstadt in das Vernichtungslager Treblinka deportiert und dort am 29. September 1942 ermordet. Der in Frankfurt lebende Bruder Josef Schönthal, bei dem unsere zuletzt in Bromskirchen lebenden jüdischen Mitbürger Zuflucht gesucht hatten, wurde bereits am 31. Oktober 1941 in Litzmannstadt (Lodz) ermordet.

„Alle Juden raus, auch Schild, Kossen, Strauß!"[1]

Zum Schicksal jüdischer Familien aus Eimelrod im Waldecker Upland

von Ulrike Schätte und Alf Seippel

Als Upland wird der nordöstliche Teil des Rothaargebirges bezeichnet, das Gebiet gehört zum Bundesland Hessen. Bis 1929 war das Upland politisch ein Teil des Fürstentums und (ab 1918) des Freistaates Waldeck, bis auf eine Enklave: das Kirchspiel Eimelrod mit den Dörfern Eimelrod, Hemmighausen und Deisfeld. Das Kirchspiel war als hessen-darmstädtische Exklave über Jahrhunderte umgeben von waldeckischer Herrschaft und gehörte seit 1866 zu Preußen. Politisch hatte Eimelrod deshalb Beziehungen nicht zum nahe gelegenen Korbach, sondern zum Kreis Vöhl, der 1866 dem Kreis Frankenberg zugeschlagen wurde. Der Freistaat Waldeck verlor 1929 seine Eigenständigkeit und wurde ebenfalls Preußen angegliedert. Neu geschaffen wurde der Regierungsbezirk Kassel.

Eimelrod, heute ein Ortsteil von Willingen (Upland), liegt auf einer Höhe von 500 m (Mülmecke/ Diemel) bis 726 m (Seere). Karge, gebirgige Schieferböden, steile Hänge und klimatische Ungunst setzten der Landwirtschaft enge Grenzen. Immer wieder gab es schwere Unwetter mit Wassermassen, die Böden wegrissen, Hagelschlag, Kälteeinbrüche bis in den Sommer, Trockenheit mit großer Wassernot. All das bedrohte die grundsätzlich mageren Ernten, aber man musste allein vom Boden leben. Auch die zahlreichen Handwerker waren zugleich Eigenversorger und mussten ebenfalls Felder bewirtschaften und Tiere halten. Brände gab es regelmäßig. Bis vor 100 Jahren trugen viele Dächer der Fachwerkhäuser noch keine Dachziegel. 1870 vernichtete ein Großfeuer einen Teil des Dorfes.

Ein großer Teil der Dorfbewohner war bis in die 20er Jahre des 20. Jahrhunderts sehr arm, das Leben der ‚Gringen'[2] äußerst bescheiden und von harter Arbeit geprägt. „Wie alle Leute sich um kleine landwirtschaftliche Einkünfte mühten und abschufteten, werden sich

[1] Schilder in Eimelrod 1934/35; Chronik des Kirchspiels Eimelrod, Ev.-luth. Pfarramt, 1937.

[2] Eimelroder Platt: der ‚kleinen Leute'.

nach uns Kommende überhaupt nicht mehr vorstellen können! Sogar bei der Verpachtung der öffentlichen Wege machten sich Missgunst und versteckte Abwerbung breit! Jeder musste ja sein Vieh satt bekommen! Wie viel Lebenszeit brachten unsere Vorfahren in harter und geduldiger, aber wenig einbringender Arbeit zu! Baumstümpfe und Büsche zerrten und hackten sie überall per Körperkraft heraus, um jede Handbreit Boden als Hütestück oder Acker zu nutzen. (...) Kromes, Beuleken, Klanken, Künniges und Hillringhaus' hatten drei, vier und mehr Ziegen, die sie frei trieben und an den Bahndämmen, an Drieschen (unfruchtbares Land) und ,Häjen' (Hecken), auf ,Hallen' (Halden) und in Waldstücken täglich hüteten, meistens zweimal."[3] Einige arbeiteten ,upp de Gummi' in Korbach (im Reifenwerk Continental). Viele junge Erwachsene zogen in Industrieregionen, vorzugsweise ins Bergische Land. Wuppertal galt als die ,Hauptstadt Waldecks'.

Die Christen in Eimelrod sind seit Jahrhunderten evangelisch. Ihre Kirche liegt auf dem höchsten Punkt des Dorfes. Aber seit Jahrhunderten gab es auch Juden im Ort. Sichtbar wurde das am jüdischen Friedhof an der Violinenstraße am Dorfrand Richtung Stöckenberg / Usseln und an einer kleinen, auch (Juden-)Tempel[4] genannten Synagoge, einem Fachwerkständerhaus im Ortszentrum.

Abb. 1: Jüdischer Friedhof in Eimelrod, etwa 1975

[3] Erna Behle, Daten, Dokumente, Erinnerungen der Familien BEHLE / GOTTSCHALK, 1990-1992, gebunden, unveröffentlicht (Auszüge) .

[4] In Korbach gibt es die Straße ,Tempel', eine Bezeichnung seit dem Mittelalter.

Abb. 2:
Teilansicht der Eimelroder Synagoge, nach 1932

Der Friedhof soll um 1750 eingerichtet und 1850 erweitert worden sein, 1929 wurde der letzte jüdische Dorfbewohner nach jüdischem Ritus beerdigt. Mindestens 8 von 14 Steinen tragen den Familiennamen Straus bzw. Strauß. Die Synagoge wurde um 1810 erbaut. 1859 hatte Eimelrod 33 jüdische Bewohner/innen (7%). Die im Vergleich mit den umliegenden Ortschaften höhere Zahl von jüdischen Familien wird mit der politischen Zugehörigkeit zum liberaleren Hessen-Darmstadt zu tun gehabt haben.

In den 20er Jahren des 20. Jahrhunderts lebten in Eimelrod sechs jüdische Familien, vier Familien Straus,[5] Familie Meyer/Cossen und Familie Schild. Sie besaßen Land, hatten teilweise eigene Häuser im Dorfzentrum, lebten neben ihrer Landwirtschaft in der Regel vom Vieh-, Getreide- und Warenhandel. Sie waren Mitbegründer von und Mitglieder in Vereinen, waren Teil der Dorfbevölkerung, sprachen in der Regel Platt. Die jüdische Gemeinde gehörte zum Provinzialrabbinat in Marburg.

Für das agrarisch geprägte Waldeck mit überwiegend protestantischer Bevölkerung lässt sich „eine frühe und zugleich auch tiefe Verankerung des Nationalsozialismus“[6] feststellen. Und „ohne jede Frage hat der Antisemitismus im waldeckischen Upland schon in den 20er Jahren besonders starke Wurzeln geschlagen.“[7] Ab 1929 „gewann der Nationalsozialismus in Waldeck den Charakter einer gefährlichen Volksbewegung“, insbesondere im ‚bettelarmen Upland‘ wurde er zum ‚Flächenbrand‘.[8] Triebfedern waren hier die ‚desaströsen wirtschaftlichen Bedingungen‘ mit hoher Arbeitslosigkeit.[9] Bei der Reichstagswahl

[5] Es gibt keine einheitliche Schreibweise des Namens. Ein ‚ß‘ (ss) findet sich als ältere Schreibweise, üblich wird ein ‚s‘. Dieser Schreibweise folgt unser Artikel.

[6] Gerhard Menk, Waldeck im Dritten Reich, BAM Band 1, Korbach/Wiesbaden, 2010, S. 28.

[7] Ebenda, S. 50.

[8] Ebenda, S. 252.

[9] „Nicht zuletzt unter der großen Zahl arbeitsloser Jugendlicher in der recht abgelegenen und völlig landwirtschaftlich geprägten Region des Uplandes hatte der Nationalsozialismus starken Zulauf“, ebenda, S. 47.

1930 wählten 34% der Eimelroder die NSDAP, 1933 gab es 73%[10] NSDAP-Wähler/innen. So wurde, wie andere Dörfer, auch Eimelrod eine Hochburg der NSDAP.[11]

Fast alle Eimelroder Juden wurden Opfer des Nationalsozialismus. Zwei der fünf Familien wurden von Kassel aus nach Osten deportiert. Über ihr Leben und Schicksal berichten die folgenden Seiten.

Familie Hermann, Jenny, Irmgard und Friedel Straus

Im Haus Nr. 58, genannt Judenmägges, lebten die Familien der Brüder Hermann und Hugo Straus. Familie Hermann wohnte im oberen Stockwerk. Zum Haus gehörte ein Garten an der ‚Judengasse', und die Familie hatte drei Morgen Land. Sie hielten sich auch eine Ziege. Gute nachbarschaftliche Beziehungen unterhielten sie zum gegenüber liegenden Hof Ölges; dort holten sie sich auch regelmäßig Milch. Beide Straus-Familien boten 1931 im Werbefaltblatt des Verkehrsvereins Eimelrod über die Wohnungsliste für Wintersportgäste beheizbare Zimmer mit Frühstück an. 1937 wurde das baufällige, sehr eng und hoch an der Hauptstraße stehende Haus nach zwei Jahren Leerstand abgerissen.

Abb. 3: Abgerissenes Haus 58 Judenmägges, 1937

[10] Im Kreis des Eisenbergs: 70,4% NSDAP-Wähler/innen.

[11] Vgl. Menk, S. 56.

Hermann Straus wurde 1890 in Eimelrod als ältestes Kind der Eheleute Jakob Straus (*1861 in Eimelrod) und Berta geb. Frankenthal (*1858 in Vöhl, ermordet 1943 in Auschwitz), geboren. Seine Eltern hatten im Mai 1889 in Vöhl geheiratet. Seine Großeltern Straus in Eimelrod hießen wohl Jonas (*ca.1825) und Johanna geb. Nathanson (*ca. 1830).

Jakobs Schwester Dina (*1867 in Eimelrod), also Hermanns Tante, heiratete kurz nach der Hochzeit ihres Bruders Jakob den Gastwirt Selig/ Felix Kratzenstein 1889/1890 ebenfalls in Vöhl (Marienhagen). Sie emigrierte als Witwe mit ihrer Tochter Hedwig 1936 nach Enschede. Als 86jährige wurde Dina in Sobibor 1943 mit Gas ermordet.

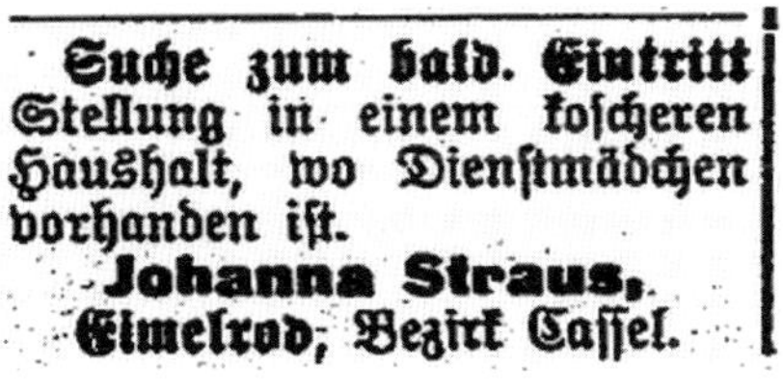
Suche zum bald. Eintritt Stellung in einem koscheren Haushalt, wo Dienstmädchen vorhanden ist.
Johanna Straus, Eimelrod, Bezirk Cassel.

Abb. 4:
Anzeige im „Frankfurter Israelitischen Familienblatt" vom 11. Oktober 1912

Hermanns Schwester Johanna (*1893) heiratete 1920 in Kamen Arthur Reinberg, der dort ein Polsterei- und Dekorationsgeschäft führte. Nach der Pogromnacht wurde er ins KZ Sachsenhausen deportiert, anschließend leistete er Zwangsarbeit in Duisburg. Dem Ehepaar Reinberg gelang 1939 über Dortmund und Genua die Auswanderung nach Santiago de Chile. Ihre Söhne Erwin und Rudi (*1923 und *1925) flüchteten von Holland aus über Italien ebenfalls nach Chile.

Hermanns Bruder Hugo Straus (*1891) heiratete 1921 in Kamen Ella Reinberg, eine Schwester von Arthur. Nach seiner Heirat ging es der Familie in Eimelrod wirtschaftlich gut, denn Ella Straus war Schneidermeisterin[12] und eröffnete einen Ausbildungsbetrieb.

Abb. 5: Hugo Straus im Gesangverein Eimelrod, 1933

[12] Erna Behle, Erinnerungen: dass sie „...mitgingen zu Judenmägges, wenn Mama dort wusch und im Hauswesen half. Judenmägges' ‚Tante' war anerkannte Schneidermeisterin. Sie hatte Lehrmädchen und vor allem Kursusmädchen in der Winterzeit. (Auch ich [*1927] stelle mir noch die lange Stube vor, in der bessere Möbel standen als in anderen mir bekannten Häusern ...) Weil Tochter Hannelore etwas älter war als Birte, bekam Mama neben reeller Bezahlung auch mancherlei noch gut tragbare Anziehsachen für ihre Mädchen. Vor allem auch schnitt Judenmägges' Tante alle Näharbeiten für Mama zu und half ihr überhaupt weiter dabei. Dass Mama sich nebenbei manche Nähtechnik abgeguckt habe, bekamen wir erzählt - und unsere alte, die Kindheit begleitende Nähmaschine stammte auch als ausrangierte aus der Werkstatt von Judenmägges' Tante."

Auch junge Frauen aus dem Ort absolvierten hier ihre Ausbildung.[13] Die Tochter Hannelore wurde 1922, sechs Monate nach ihrer Cousine Irmgard, geboren.

Abb. 6: Hannelore Straus in einer Kindergruppe, 1932

Die Familie zog 1935 nach Korbach, von dort nach Amsterdam. Im Februar 1941 wohnte die Familie zusammen mit Hugos und Ellas Müttern Bertha Straus, geb. Frankenthal aus Vöhl, und Berta Reinberg, geb. Frankenthal aus Kamen, in der Lekstraat 50 I. Berta Reinberg kam 1943 in Westerbork um. Ella, Hugo und seine Mutter Berta wurden 1943 in Auschwitz umgebracht. Tochter Hannelore überlebte versteckt in den Niederlanden und wanderte 1947 nach Chile aus. 1949 heiratete sie dort und bekam zwei Kinder, einen Jungen und ein Mädchen. Später zog sie in die USA, heiratete in zweiter Ehe Rolf Camnitzer, mit dem sie im August 1998 Eimelrod besuchte.[14] Hannelore starb 2006 in den USA.

Abb. 7: Hannelore Camnitzer, geb. Straus, mit Ehemann, 1998

Hermann und sein Bruder Hugo waren Soldaten im Ersten Weltkrieg. Ihnen wurde 1917 das Eiserne Kreuz 2. Klasse verliehen.[15] Hermann heiratete nach dem Krieg Jenny Levi (* 1893) aus Rhina, heute ein Ortsteil von Haunetal bei Bad Hersfeld.[16] 1921 und 1925 wurden ihre Töchter Irmgard und Friedel in Eimelrod geboren.

---

[13] Die Mitinhaberin der Pension ‚Zur Zweere' Martha Meier geb. Dietz „war bei Schneidermeisterin Ella Straus, der Mutter von Hannelore Straus, in der Lehre, so dass viele alte Erinnerungen aufgefrischt wurden", s. Anm. 14.

[14] Waldeckische Landeszeitung, August 1998.

[15] Waldeckische Landeszeitung vom 6.5.1917.

[16] Als Jenny Levi 1893 geboren wurde, war Rhina der einzige Ort in Preußen mit jüdischer Mehrheit der Ortsbevölkerung, und das fast 50 Jahre lang: 1885 gab es 314 jüdische Einwohner (55,8%). Synagoge und Schulgebäude wurden im November 1938 durch Brand völlig zerstört.

Abb. 8:

Irmgard (l.) und Hannelore (r.) Straus, 1930

Abb. 9:

Friedel Straus (Mitte) bei einem Kindergottesdienstausflug, 1930

Hermann und Hugo betrieben Handel mit Manufakturen und Kleinvieh, mit Kälbern, Ziegen und Schafen. „Sie haben Tiere aufgekauft und wieder verkauft und die Landbevölkerung mit verschiedenen Manufakturen[-waren] versorgt bis in die Richtung Adorf und Mühlhausen, Giebringhausen und Sudeck. Es war ein geringer Erwerb, aber es war das Auskommen.“ [17]

In der Erinnerung der Eimelroder einstigen Mitschülerinnen, den Schwestern Ilse Schätte und Emmi Schumann, kommt immer wieder die gute Kleidung der drei jüdischen Mädchen vor, die sie den Schneiderkünsten der Mutter bzw. Tante Ella Straus verdankten.[18] Die drei Mädchen gingen in die Unterklasse (1. - 4. Schuljahr), deren

[17] Ulrike Schätte (Berlin), Interview mit Ilse Schätte, geb. Bödicker, *1922 in Eimelrod, über die jüdischen Eimelroder/innen, Ostern 2011, unveröffentlicht.

[18] Ulrike Schätte (Berlin), Interview mit Emmi Schumann, geb. Bödicker, *1925 in Eimelrod, über die jüdischen Eimelroder/innen, Ostern 2011, unveröffentlicht.

Emmi Schumann, Interview 2011: „Hugo seine Frau, die war Näherin, Schneidermeisterin, die hat die Kinderchen alle in bestem Zeug gehabt. Und, die halfen sich untereinander bis aufs Letzte. Manche [Kinder im Dorf] hatten ein Kleid an und nichts drunter. Die [Straus' Kinder] waren vollständig mit Spitzenunterröcken, ob sie breit oder gekräuselt waren, hatten den passenden Unterrock dabei. Die anderen nit. Da konntest du von unten gucken bis oben an die Nieren.“

Lehrer das stramme NSDAP-Parteimitglied Heinrich Bohl war.[19] Die jüdischen Mädchen waren bei ihren Mitschüler/innen beliebt und nahmen, wie Fotos zeigen, auch an den Kinderfreizeiten des evangelischen Pfarrers Albrecht Seippel teil. Nur im Religionsunterricht waren die Kinder getrennt und am Samstag vom Schulunterricht befreit.[20] Jüdische Kinder erhielten ihren Religionsunterricht von Hugo Straus, der auch Vorbeter[21] im jüdischen Gottesdienst am Schabbes war.

Bereits im Oktober 1931 zog die Familie Hermann Straus nach Korbach in die Windmühlenstraße 9 (Vermieter Familie Ludwig).[22] Grund mag gewesen sein, dass der Lebensunterhalt der vierköpfigen Familie durch den Handel kaum noch zu decken war. Familie Hugo Straus verzog vier Jahre später: „Da die Mutter von Hannelore durch ihre Schneiderei noch ein gesichertes Einkommen hatte, konnten sie noch eine Weile in Eimelrod bleiben.“[23]

In Korbach begann Hermann ein Kleinkramgeschäft. Emmi Schumann erzählt: „Dann hieß es: ‚Och, Judenmägges Hermann hett ja in Kurbach nen Geschäfte upgemacht.‘ Dann gaben die Geschäftsleute die Artikel, die sie nicht mehr haben wollten, an Hermann ab. (…) Bei Tage war er dann unterwegs. Gehungert haben se.“[24] Sie berichtet auch, dass ihr Vater, Heinrich Bödicker, in Korbach Hermann Straus getroffen hat, wie er mit Restposten seinen ambulanten Handel betrieb und die Leute, die er kannte, ansprach. Zum Verdruss der kleinen Emmi kam so der Vater mit einem Griffelkasten nach Hause, der ihr nicht gefiel; sie hätte gern einen schöneren, modernen gehabt. Dann brachte Heinrich auch noch für den Garten einen Spaten mit. „Ja, Heinrich, wat geihste denn do hinne?“ Er hatte ihn dem Hermann abgekauft, um ihn zu unterstützen.

Ab Oktober 1935 wohnte die Familie in der jüdischen Schule in Korbach, Tempel 5,[25] „weil er nicht mehr bei seinem ‚arischen‘ Vermieter wohnen

---

[19] Ilse Schätte, Interview 2011: „Unser Morgengruß war ‚Heil Hitler!‘ und wir mussten dann sagen: ‚Die Juden sind unser Unglück‘. Und die Hannelore musste mit aufstehen und musste ebenfalls den Spruch sagen, sodass sie dann in Tränen ausbrach.“

[20] Emmi Schumann: „Samstag war Schabbes. Und do frogten wie: Ja, wir moten in de Schaule und am Nachmittag och auf dem Felde helpen. Warum denn die Juden nicht?“

[21] Ilse Schätte, Interview 2011.

[22] Emmi Schumann, Interview 2011: „Ich hobbe da nen Geschäfte, in so nen alten Haus.“

[23] Ilse Schätte, Interview 2011.

[24] Emmi Schumann, Interview 2011.

[25] Die Bezeichnung der Straße mit ‚Tempel‘ geht bis ins 15. Jh. zurück, Menk, S. 69, Anm. 123.

konnte."[26] Hermann Straus versah dort ‚Hausmeisterdienste'. Nach dem Umzug in die Jüdische Schule wurde die Familie offensichtlich auseinander gerissen, denn: Tochter Irmgard war ab 2. Mai 1936 bei Mosheim in der Prof.-Kümmell-Str. 25 gemeldet, für einige Monate zog sie mit 17 Jahren am 21. März 1939 nach Frankenberg, am 2. Dezember 1939 von Korbach, Tempel 5, nach Kassel in die Admiral-Scheer(er)-Str. 13. 1941/42 lebte sie wieder mit ihren zwangsumgesiedelten Eltern zusammen in Wrexen. Am 2. Januar 1939 kam Friedel in ein jüdisches Kinderheim in Kassel, am 1. November 1939 wird sie (jetzt 14 Jahre alt) in Kassel in das Haus Bahnhofstr. 4 umgemeldet.[27] Diese wenigen dürren Zahlen lassen das erbärmliche Schicksal der Straus-Kinder vor der endgültigen Deportation in den Osten nur erahnen.

Abb. 10:

Korbacher Juden vor der Ruine der Synagoge, 1938. Personen nicht bekannt, vermutlich mit dem Ehepaar Jenny und Hermann Straus

Im November 1938 erlebte die Familie Straus in Korbach die Schrecken des Pogroms: Auch „den jüdischen Lehrer Moritz Goldwein und die Hausmeisterfamilie Straus hatte man aus der Judenschule herausgeholt und an den gegenüber liegenden Zaun gestellt. Einige, die vorbeikamen und denen nicht ganz gut gesonnen waren, versuchten, ihnen in den Hintern zu treten oder sie anzuspucken."[28] Die Korbacher Synagoge und die jüdische Schule (?)[29] wurden abgebrannt.

Wie alle jüdischen Männer wurde Hermann nach dem Pogrom in „Schutzhaft" genommen und für einen Monat vom 2. November bis zum 14. Dezember 1938 als Jude und „Erdarbeiter" in das KZ Buchenwald mit der Häftlingsnummer 25.554 eingewiesen. Grund: „Judenaktion vom 10.11.38".

---

[26] Augenzeuge Herr Plutz. Interview 1989, AG Spurensicherung des kommunalen Jugendbildungswerks der Kreisstadt Korbach, Judenverfolgung in Korbach, 1989, 1995 , S. 91.

[27] Angaben aus dem Stadtarchiv Korbach u.a. über Marion Lilienthal (28.4.13).

[28] Augenzeuge Herr Plutz (vgl. Anm. 26), S. 71.

[29] Die Aussage, die Schule sei mit abgebrannt worden, passt nicht zu dokumentierten Abmeldedaten 1941. Danach lebten Familienmitglieder weiterhin im Haus Tempel 5.

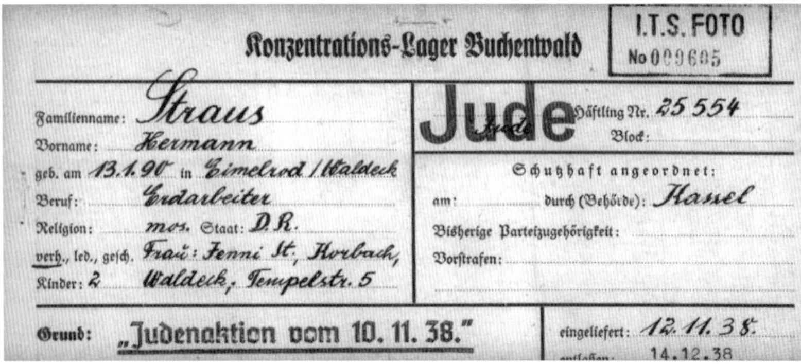
Konzentrations-Lager Buchenwald

I.T.S. FOTO No 009605

Familienname: Straus
Vorname: Hermann
geb. am 13.1.90 in Eimelrod / Waldeck
Beruf: Erdarbeiter
Religion: mos. Staat: D.R.
verh., led., gesch. Frau: Jenni St. Korbach,
Kinder: 2 Waldeck, Tempelstr. 5

Jude
Häftling Nr. 25 554
Block:

Schutzhaft angeordnet:
am: durch (Behörde): Kassel
Bisherige Parteizugehörigkeit:
Vorstrafen:

Grund: „Judenaktion vom 10. 11. 38."
eingeliefert: 12.11.38
entlassen: 14.12.38

Abb. 11: Hermann Straus, KZ Buchenwald

Die Eltern Hermann und Jenny wurden am 16. September 1941 für fast neun Monate in den Ort Wrexen deportiert. Sie lebten dort mit ihrer Tochter Irmgard in einem „Judenhaus", im Haus Nr. 50, in der Villa Mosheim.[30] Diese Umsiedlung diente der Konzentration in Waldeck verbliebener Juden vor ihrer Deportation. Frei bewegen durften sie sich als Juden nicht mehr. Im Archiv Diemelstadt liegen polizeiliche Reiseerlaubnisscheine der Gemeinde Wrexen vor: für Hermann, Beruf: Hilfsarbeiter,[31] für Jenny, Beruf: Hilfsarbeiterin,[32] und für Irmgard, Beruf: Hilfsarbeiterin.[33] Sie mussten vermutlich in einer der Papierfabriken arbeiten.[34]

Ende Mai 1942 wurden Hermann, Jenny und Irmgard Straus von Wrexen nach Kassel gebracht,[35] von dort aus transportierte man das Ehepaar Straus im Alter von 52 und 49 Jahren am 1. Juni 1942 nach Osteuropa. Die Töchter Irmgard und Friedel, inzwischen 20 und 17 Jahre alt, waren ebenso in diesem Transport. Der Zug fuhr nach Izbica/

[30] Renate Ise, Hans-Joachim Mosheim und Horst Schaake, Geschichte und Schicksale jüdischer Familien in Wrexen, 2008, S. 169.

[31] Für März und Mai 1942 (Kassel, Scherfede; Scherfede mit Fahrrad am 28. Mai 42!).

[32] Zum Einkauf am 24.11.41, zum Gesundheitsamt am 9.2.42, für den 3. u. 4.4.42, den 19. u. 20.4.42 zum Optiker (Brille) nach Kassel mit der Reichsbahn, für den 8., 11. u. 14.4.42 nach Scherfede, für den 27.5.42 mit der Reichsbahn nach Marsberg (Schein vom 3.4.42).

[33] Für den 23. und 24.12.41 mit der Reichspost zum Nachbarort Rhoden, für den 3., 4., 7., 9. und 10.2.42 nach Scherfede, für den 27.5.42 mit der Reichsbahn nach Marsberg.

[34] Siehe Bericht zur Familie Schild in Wrexen.

[35] „ … fuhren sie unter Polizeibewachung in Personenzügen nach Kassel, wo die Gestapo vorübergehend in den Turnhallen der nahegelegenen Bürgerschulen ein Sammellager eingerichtet hatte", Monica Kingreen, Vor 70 Jahren. Faltblatt anlässlich einer Gedenkveranstaltung am 2. und 3. Juni 2012 in der Ehemaligen Synagoge Vöhl.

Sobibor. Wahrscheinlich wurden alle in Sobibor am 3. Juni 1942 innerhalb von zwei Stunden nach ihrer Ankunft vergast.

Auf dem jüdischen Friedhof in Korbach sind die Namen der Familie Straus mit Geburtsdaten auf einem Gedenkstein für die Opfer des Holocaust vermerkt.

Familie Leopold, Julius und Rosa Schild, geb. Meyer

Leopold Schild wurde 1864 in Wünnenberg bei Paderborn/Marsberg geboren. Er heiratete Helene, geb. Eichholz (1861-1925), aus Höxter (Ovenhausen). Dem Ehepaar wurden in Eimelrod vier Kinder geboren: Siegfried, Max, Julius und Ella. Helenes Grabstein steht auf dem jüdischen Friedhof in Eimelrod.

Abb. 12: Leopold Schild im Handwerkerverein Eimelrod, Anfang des 20. Jahrhunderts

Grab 6, Helene Schild:
Deutsch-hebräische Beschriftung des Grabsteins:

פ״נ	Hier ruht
ת״נ״צ״ב״ה	Ihre Seele sei eingebunden in das Bündel des Lebens.
Helene Schild	
geb. Eichholz	
geb. 3. März 1861	13. 3. 1861.
gest. 10. Mai 1925	

Abb. 13: Grabinschrift Helene Schild, 1925

Der 1. Sohn Siegfried, (*1890), heiratete in Eimelrod 1920 Lina Stern aus Wetter bei Marburg und zog nach Usseln. 1925 kaufte er dort ein altes Haus, das 1927 abbrannte. Danach zog das Ehepaar mit seinen drei Kindern nach Korbach, wo Siegfried bis 1937 gemeldet war. 1933 ließ er sich von Lina scheiden. Lina arbeitete in Korbach als Putzmacherin (sie stellte Hüte her). Sie emigrierte im Mai 1938 mit 43 Jahren mit ihrem 9jährigen Sohn Erwin in die USA. Bereits vorher waren die Kinder Helmut 1935 mit 12 Jahren in die USA und Elfriede 1936 im Alter von 12 Jahren nach England geschickt worden.

1934 war Siegfried als „Schutzhaftgefangener" im KZ Breitenau inhaftiert. 1937 verzog er (über Eimelrod) nach Kassel. Dort heiratete er Jettchen Löwenstein, geboren 1893 in Bastheim. Am 9. Dezember 1941 deportierten die Nationalsozialisten das Ehepaar von Kassel in das Ghetto Riga. Die Todesdaten sind nicht bekannt. Siegfried starb mit etwa 52 Jahren zwischen 1942-44, Jettchen im KZ Stutthof mit 51 Jahren 1944/45.

Max, der 2. Sohn (*1891), lebte wohl in Ostwestfalen. Er heiratete Bertha Sommer, geboren 1887 in Rotenburg (?). Das Ehepaar wurde am 16. Juni 1942 im Güterwagen von Köln nach Theresienstadt transportiert. Dort starb Max im Mai 1944 mit 52 Jahren. Bertha wurde weiter nach Auschwitz transportiert und starb mit 51 Jahren im Oktober 1944.

Die Tochter Ella (*1893) heiratete 1923 den Eimelroder Lehrer Heinrich Wichmann.[36] ‚Dat Elleken het so lange um den Wichmann rumgebutzet, bit dat hei friejen mosste.'[37] Ella hat ein „anderes Leben als die Einheimischen geführt, weil sie auch so eine andere Erziehung und Jugend gehabt hat. Sie war wohl sehr verwöhnt."[38] 1925 ließ sich Ella in Kassel taufen.[39] 1926 wurde Sohn Kurt geboren. Nach der Machtübernahme der Nationalsozialisten wurde Heinrich Wichmann unter Druck gesetzt, sich scheiden zu lassen. Dem widerstand er zunächst und wurde deshalb nach Duisburg zwangsversetzt. Auch Ella und Sohn Kurt zogen nach Duisburg. „Wichmann hat sich in Duisburg scheiden lassen müssen, um weiter Lehrer sein zu können. Er hat dann wohl wieder geheiratet."[40] Ella Wichmann verlor durch die Scheidung ihren Schutz und wurde von Duisburg aus am 25. Juli 1942 im Transport von Düsseldorf nach Theresienstadt[41] verbracht. Nach drei Jahren

---

[36] „ … ein Umstand, der s. Zt. schon Ärgernis im Dorf erregt hatte. Als nun Gras darüber gewachsen war, kam der Umbruch 1933. Er hielt sich als Schwerkriegsverletzter, wurde dann aber nach Duisburg versetzt. Auch gegen ihn ist gehetzt worden.", Pfarrchronik 1934.

[37] So sollen die Leute gesagt haben: Emmi Schumann, Interview 2011.

[38] Ilse Schätte, Interview 2011.

[39] Nachtrag im Taufbuch Eimelrod.

[40] Ulrike Schätte (Berlin), Interview mit Karl Brüne, *1925 in Eimelrod, 3.1.2012 (auf 2 CD), unveröffentlicht; Karl Brüne, Interview 2011.

[41] Theresienstadt im heutigen Tschechien, als Ghetto / Durchgangslager / Konzentrationslager / Altersghetto / Sammellager 1941 eingerichtet von den deutschen Nationalsozialisten. Ab Mai 1942 begannen die Deportationen aus dem Reich. Das KZ hatte eine große ‚nicht-mosaische', vor allem christliche Minderheit, getaufte Juden (‚nichtjüdische Juden'). Zu ihnen gehörte auch Ella Wichmann, die mit etwa 17.000 Häftlingen am 8. Mai 1945 befreit wurde.

wurde sie am 8. Mai 1945 befreit.[42] „ … do het mir keener wot gedon,“[43] soll Ella dem Vater von Emmi Schumann gesagt haben. Denn nach dem Krieg war Ella wie auch ihr Sohn Kurt zu Besuch in Eimelrod, vermutlich auch wegen Wiedergutmachungsfragen.[44]

1899 gehörte Vater Leopold Schild mit 35 Jahren mit drei anderen Juden zu den Mitbegründern des Gesangvereins Eimelrod. Sein Sohn Siegfried wurde 1912 im Gesangverein Kassierer.[45] 1906 richtete Leopold als Gastwirt in seinem Haus einen Saal ein, in dem er ‚Tanzbelustigung‘ anbot. Er kaufte einen Neubau in der Nachbarschaft der Synagoge an der Hauptstraße (Haus Nr. 20), baute um und verlegte 1910 seine Gastwirtschaft. Der Gasthof „Zum Deutschen Haus“ hatte neben einer Gaststube mit Ausschank Fremdenzimmer, Landwirtschaft, Stallungen. Das ging nicht ohne Hausangestellte.

24.4. **Eimelrod.** 1906

Am Sonntag, den 29. d. M., findet in meinem neu erbauten Saale

Tanz-belustigung

statt, wozu freundlichst einladet **Leopold Schild,** Gastwirt.

Abb. 14:

Zeitungsanzeige Schild, Corbacher Zeitung 24.4.1906

1.12. **Geschäftsverlegung.** 1910

Wie bereits bekannt, habe ich das Heinrich Hegel'sche Wohnhaus käuflich erworben und nach umfangreichem Umbau meine

Gastwirtschaft

in dasselbe verlegt.

Es wird mein stetes Bestreben sein, mir auch in meinem neuen Hause durch aufmerksame Bedienung und Darbietung nur bester Speisen und Getränke die Zufriedenheit meiner werten Gäste zu erwerben.

Eimelrod, 30. November 1910.

Leopold Schild.

↑ Waldeckische Landeszeitung

Abb. 15:

Zeitungsanzeige Schild, WLZ 1.12.1910

---

42 Dokumente: 1. Individuelles Dokument Theresienstadt: Teresin ghetto - Transport 955 - VII/2 - Düsseldorf - Folie im Buch ‚Teresin‘ 514. 2. Auszug aus Transportliste von evakuierten Juden aus Düsseldorf: Alphabetisches Verzeichnis zum Transport VII/2 Aachen-Duisburg v. 26.7.1942: 955 Wichmann Elli. 3. Auszug Transportliste Gestapo-Bereich Düsseldorf zum Ghetto Theresienstadt: Liste über die am 25. Juli 1942 nach Theresienstadt evakuierten Juden. „Wichmann geb. Schild Elli S. 30.4.93 Elmrode Duisburg Ruhrstr. 29. 4. Auszug Häftlingslisten Ghetto Theresienstadt (Zimmerlisten) mit Transportnummern: Zimmerliste 56, 13. VII/2 - 955, Wichmann Elli. 5. Auszug aus Gedenkbuch Theresienstadt: Düsseldorf 463, Wichmann Elli *30.4.1893 VII/2: 25.7.1942 befreit Theresienstadt.

43 Emmi Schumann, Interview 2011.

44 Emmi Schumann, Karl Brüne, Ilse Schätte.

45 Arbeitskreis Festschrift (Hg.), 1899-1999. 100 Jahre Gesangverein Eimelrod, Broschüre zum Bezirkssängerfest. Angaben in der Festschrift 100 Jahre Gesangverein Eimelrod 1899/1999. „Bestellen der Mitglieder“. Insgesamt gehörten 8 Juden dem Gesangverein an. (mündlich Werner Wilke, Eimelrod).

Mitte der 1930er Jahre, als die politischen Spannungen wuchsen und persönliche Beziehungen einfroren, war Leopold bereits 70. Den Gasthof führten sein Sohn Julius und dessen Frau Rosa.

Abb. 16: Das Schild´sche Haus Nr. 20 nahe dem Platz der ehemaligen Synagoge

In der Pogromnacht 1938 wurden Schilds die Fenster eingeworfen. Eine Nacht später brannte die Synagoge. Leopold wurde am nächsten Morgen gezwungen, sich vor dem glimmenden Rest der Synagoge fotografieren zu lassen. „Der fast 80 Jahre alte Leopold wurde angebrüllt und gestoßen, bis er zur Fotomaßnahme ging“.[46] Alles wurde ihnen nach und nach genommen, wie es die ständig neuen Gesetze des Deutschen Reiches vorgaben.

Der dritte Sohn von Leopold, Julius Schild, wurde im August 1894 in Eimelrod geboren. Er heiratete Rosa, geb. Meyer (*1891 in Oberwinter-Remagen). Sie hatten keine Kinder. Julius war Kriegsteilnehmer im Ersten Weltkrieg. Er übernahm mit seiner Frau das Geschäft seines Vaters. 1932 war er Gemeindevorsteher der jüdischen Gemeinde.

„Julius Schild war ein Freund von meinem Vater, sie waren gleichaltrig[,] und es war eine sehr, sehr gute Nachbarschaft, wo einer dem

[46] Erna Behle, Erinnerungen 1990-92.

anderen zur Hand ging. Ich weiß, wenn bei Schilds der Viehhandel florierte, dass sie dann mit ihren Milcheimern kamen und die Milch über die Zentrifuge geschleudert haben. (...) Es sah nach einem kleinen Wohlstand aus. Frau Rosa Schild war eine tüchtige Hausfrau und Geschäftsfrau."[47] „Weil die Frau Schild, die Rosa, so tüchtig war, wurde die Gaststätte Schild sehr angenommen. Sie hatten auch Fremdenzimmer und sie gaben auch einen Imbiss. (...) Sie hatten so 10 Morgen Landwirtschaft. Ich kann mich an eine Theke erinnern, die sehr, sehr gepflegt war und wo das Bier gezapft wurde. Und sie hatten auch Hausangestellte, aus dem Dorf und auch aus dem Umland."[48]

Bis zur „Kristallnacht" gingen die jungen Leute noch zum Biertrinken in die Gastwirtschaft Schild.[49] Da ging es oft hoch her. Nach dem Abbrennen der Synagoge am 10. November 1938 wurde Julius Schild abgeführt. „Julius Schild hat nie darüber gesprochen, wie es ihm da ergangen ist, er kam nach Wochen wieder, nach drei, vier Wochen, vollkommen verstört, aber er hat nie darüber gesprochen, was geschehen war, an Demütigungen und Peinigungen."[50] Rosa bekam in der Novembernacht „eine Gallenkolik und sie hatte den Arzt angerufen, den Dr. Führer. Der hatte dann gesagt, er dürfte sie nicht besuchen, aber sie soll in seine Sprechstunde kommen. Am anderen Tag ist Frau Rosa in die Sprechstunde gefahren und meine Mutter, die kam von Usseln, die Rosa kam von Korbach, die Züge kreuzten sich. Weil die Rosa so schwach war, ist meine Mutter gegangen und hat ihr den Arm gereicht und hat sie unterstützt und sie nach Hause gebracht. Dann kam ein führender SA-Mann, ein Nachbar auf der gegenüber liegenden Straßenseite. Er drohte damit, dass er sie anzeigen würde, sollte er sie noch einmal so antreffen."[51]

Das Haus wurde zwangsverkauft, das Schild des Gasthofes „Zum Deutschen Haus" runter gerissen, zum Überleben wurden heimlich Gegenstände versetzt.[52] Frau Schild war vollkommen abgemagert und vergrämt. Schilds zeigten sich kaum noch auf der Straße.

---

[47] Ilse Schätte, Interview 2011.

[48] Ebenda.

[49] Karl Brüne, Interview 2012.

[50] Ilse Schätte, Interview 2011.

[51] Ebenda.

[52] Karl Brüne, Interview 2012.

Drei Jahre nach der Pogromnacht wurde Julius mit seiner Frau Rosa und seinem Vater Leopold am 3. November 1941 als die letzten jüdischen Eimelroder mit einem LKW nach Wrexen an der unteren Diemel in das Haus Nr. 4 abtransportiert. Es handelte sich um ein sog. ‚Judenhaus',[53] wie sie in vielen Orten des Reiches Anfang der 40er Jahre eingerichtet wurden, um die jüdische Bevölkerung zu konzentrieren, ehe sie deportiert wurde. So konnten planmäßig deutsche Juden von der übrigen Bevölkerung, von ihren Nachbarn, abgesondert werden.

Im Archiv Diemelstadt liegen polizeiliche Reiseerlaubnisscheine der Gemeinde Wrexen vor: Leopold konnte mit seiner Schwiegertochter Rosa noch einmal am 23. April[54] und am 19./20. Mai 1942 (allein?) über Korbach nach Eimelrod reisen. Julius Schild, Beruf: Hilfsarbeiter,[55] durfte im November und Dezember 1941 mehrmals mit der Reichspost einen Arzt in Rhoden[56] zur (Zahn-) Behandlung aufsuchen.[57] Rosa Schild, Beruf: Hilfsarbeiterin, durfte mit einem polizeilichen Erlaubnisschein vom 9. April 1942 mehrmals Wrexen verlassen.[58]

Julius und Rosa werden in einer Papierfabrik[59] gearbeitet haben, bis die Familie Schild nach gut acht Monaten am 16. Juli 1942 nach Kassel gebracht wurde.[60] Die drei polizeilichen Reiseerlaubnisse für den 16. Juli

---

53 Das Haus gehörte bis 1938 Siegfried und Levi Loeb (Bild in: Wrexen 2008, S. 149). Im 1938 verkauften Haus hatten Loebs einen Laden; es wurde 1956 abgerissen.

54 Auf diesen Tag wird sich eine Erinnerung beziehen, die Ingo Seippel (*1933) berichtet, eine Begegnung mit acht Jahren am Bahnhof Eimelrod: „Während Vater und ich im Bahnhof Eimelrod auf einen Zug nach Korbach warteten, war dort ein älteres Ehepaar, mit Köfferchen und als Juden gekennzeichnet. Die Stimmung gedrückt, ich frage Vater, wohin die fahren müssten. Darauf Vater: ‚Sie fahren in ein Lager und werden dort zum Straßenbau eingesetzt.' Ich dachte: Wie können diese alten Leute noch Straßen bauen? (…) Wir Älteren aus diesen Jahren bleiben, mehr oder weniger bewusst, bis an unser Lebensende geprägt durch die Verletzungen unserer Seelen." (6. Februar 2012).

55 „Ist Mörteltragen ein Beruf. Wenn man all die Jahre Mörtel trägt oder Schlackoblockziegel oder Kohle schaufelt oder Kartoffeln mit den Händen aus der Erde kratzt oder Keller putzt, weiß man, wie es geht, aber Beruf hat man keinen. Schwerstarbeit, aber keinen Beruf", Herta Müller, Atemschaukel, München 2009, S. 261f.

56 Dr. Köhler aus Mengeringhausen hielt in Rhoden Sprechstunden.

57 Wrexen 2008, S. 152 f.

58 Am 11., 14. und 21.4.42 von 9-14 Uhr nach Scherfede, am 23.4. von 7 bis 20 Uhr (mit Schwiegervater Leopold) nach Korbach und Eimelrod mit der Reichsbahn, am 2.6.42 von 13-21 Uhr in den Nachbarort Rhoden.

59 In welcher Papierfabrik, ist umstritten: Haupt oder ehemals Mosheim. Nach der Erinnerung von Emmi Schumann sollten Schilds, Julius sei ja (mit 45 Jahren) noch jung, unter Aufsicht in Wrexen in einer Papierfabrik arbeiten, wo sie aus Stroh Pappe machten, Pappfabrik.

60 „Erlaubnis am 16.7.42 von 12 Uhr ab mit der Reichsbahn oder Auto nach Kassel erteilt", Wrexen 2008, S. 152 - 157.

1942 ab 12 Uhr mit Reichsbahn oder Auto umschreiben die Deportation nach Kassel, Schillerstraße 7.

In Waggons verladen, gelangte Familie Schild im Sammeltransport am 8. September 1942 von Kassel über Chemnitz nach Theresienstadt/Terezin. Drei Monate nach der Ankunft in Theresienstadt starb Leopold Schild am 15. Dezember 1942 im Lager. Julius und Rosa wurden einen Monat danach, am 23. Januar 1943, mit 2.029 Juden (771 Männer und Jungen sowie 1.258 Frauen und Mädchen) nach Auschwitz transportiert. Fast alle wurden sofort in den alten Gaskammern von Auschwitz-Birkenau umgebracht. Ehepaar Schild wurde für tot erklärt. „Ich weiß, wie Frau Schild in unserer Kindheit sagte: ‚Wir hoffen doch, dass es einen Herrgott gibt.' Hat sie gesagt in ihrem Glauben."[61]

Aus den Unterlagen geht hervor, dass sich sechs aus Eimelrod stammende Jüdinnen und Juden und zwei ihrer Ehepartner/innen drei Monate lang gleichzeitig in Theresienstadt aufgehalten haben. Sie sind aus verschiedenen Gegenden deportiert worden:

	Transport aus	Einlieferung	Aufenthalt bis	† / weiter bis
Leopold Schild	Kassel	08.09.1942	15.12.1942	†
Max Schild (2. Sohn)	Köln	16.06.1942	Mai 1944	†
Berta, Frau von Max	Köln	16.06.1942	?	Auschwitz, † Okt. 44
Julius Schild (3. Sohn)	Kassel	08.09.1942	23.01.1943	Auschwitz †
Rosa, Frau von Julius	Kassel	08.09.1942	23.01.1943	Auschwitz †
Ella Wichmann, geb. Schild	Düsseldorf	25.07.1942	08.05.1945	befreit
Sternberg, Johanna, geb. Straus	Münster	01.08.1942	10.02.1944	†
Sternberg, Gustav, Ehem.	Münster	01.08.1942	43/44	†

Als Leopold mit Sohn Julius und Frau Rosa in Theresienstadt eintraf, war sein Sohn Max mit Frau Berta bereits drei Monate dort, seine Tochter Ella seit eineinhalb Monaten und Ehepaar Sternberg seit einem Monat. Drei Monate später starb Leopold. Julius Schild und Frau Rosa wurden einen Monat nach dem Tod des Vaters nach Auschwitz transportiert, sein Sohn Max starb 17 Monate später, Bertha wurde fünf Monate nach dem Tod ihres Mannes in Auschwitz umgebracht. Davor starben Sternbergs in Theresienstadt. Leopolds Tochter Ella Wichmann wurde 1945 befreit.

[61] Ilse Schätte, Interview 2011.

Eine Nachbemerkung

Sichtbar ist heute die jüdische Geschichte in Eimelrod nur noch durch den jüdischen Friedhof mit seinen 14 Grabsteinen. Dieser Friedhof erinnert uns daran, dass sich Juden früher auch im Waldecker Upland niedergelassen hatten. Sie sind hier für Jahrhunderte heimisch geworden.

Abb. 17: Jüdischer Friedhof, 2009

Mit dem Abtransport der Familie Schild 1941 war nun auch Eimelrod „judenfrei" - wie es die Nationalsozialisten in den von ihnen beherrschten Gebieten Europas erreichen wollten! Ein Gedenkstein vom November 1988 auf dem Friedhof erinnert an die aus ihrer Heimat Geflohenen und Deportierten mit der Inschrift: „Unseren jüdischen Bürgern zum Gedenken." Uns sind 23 ermordete bzw. umgekommene Jüdinnen und Juden bekannt, die in Eimelrod geboren sind und/oder zeitweilig im Dorf gelebt haben.

Abb. 18: Bronzeplatte am Gedenkstein

Jeder jüdische Grabstein ist, so schreibt der holländische Rabbiner Jacob Soetendorp, „ein Meilenstein auf dem langen Weg durchs Leben, auf dem langen Weg auch des Gottesvolkes."[62] Als in Waldeck heimische Juden blieben sie immer auch ein Teil des jüdischen Volkes, das eine zwei Jahrtausende lange Geschichte in Europa gelebt hat. Bei Festtagen im jüdischen Jahr - etwa beim Passahfest (Pässach) - gedenken Juden in ihren Familien und Gottesdiensten bis heute der Flucht des Volkes Israel aus Unterdrückung und Zwangsarbeit in Ägypten, dem Ruf der Freiheit ihres Gottes folgend. Sie erinnern sich ihres Weges mit seinen Entbehrungen durch die bedrohende Wüste. Ihr Gedenken ist nicht allein ein Rückblick auf Früheres, sondern Juden vollziehen die Geschehnisse der alten Glaubensgeschichte: in der eigenen Freude über Befreiung und geschenkter Zukunft, in der Teilnahme am Leiden ihrer Vorfahren. Das Frühere verbindet sich in den jüdischen religiösen Festen also mit dem Jetzt.

In ihrer europäischen Geschichte feier(t)en Jüdinnen und Juden ihr Zutrauen auf eine erfüllte Zeit der Nähe Gottes, und immer wieder litten sie darunter, verlassen zu sein - wegen ihres Glaubens ausgegrenzt, gedemütigt, gefoltert, ermordet, vertrieben zu werden. Das 20. Jahrhundert sah sie erneut auf der Flucht durch die ‚Wüste des Abendlandes'. Dem Grauen der Schoah (der Vernichtung) setzte der jüdische Religionsphilosoph Schalom Ben-Chorin[63] seine Zuversicht entgegen, das Massenmorden habe nicht das letzte Wort:

„Dass das Leben nicht verging, soviel Blut auch schreit,
achtet dieses nicht gering in der trübsten Zeit.
Freunde, dass der Mandelzweig sich in Blüten wiegt,
bleibe uns ein Fingerzeig, wie das Leben siegt." [64]

---

[62] Jacob Soetendorp, Symbolik der jüdischen Religion. Sitte und Brauchtum im jüdischen Leben. Gütersloh 1963, S. 98.

[63] ‚Friede, Sohn der Freiheit', geboren als Fritz Rosenthal 1913 in München, 1935 ausgewandert, †1999 in Jerusalem. 1961 Mitbegründer der AG Juden und Christen beim Deutschen Evangelischen Kirchentag. Er trat gegen christlichen Antisemitismus auf und suchte nach Möglichkeiten einer Theologie nach ‚Auschwitz'. Sein Sohn Dr. Tovia Ben-Chorin ist seit 2009 Rabbiner in Berlin.

[64] Text 1942 nach Jeremia 11, 1. Ab 1981 beim Hamburger Kirchentag (mit Schalom B.-Ch.) ein Lied der Friedensbewegung. Evangelisches Gesangbuch 651, Strophen 2+4.

Bildnachweis:

Abb. 1, 16 - 18: Foto Alf Seippel

Abb. 2, 3: Postkarte, Detail

Abb. 4: Frankfurter Israelitisches Familienblatt vom 11. Oktober 1912

Abb. 5: Broschüre 100 Jahre MGV Eimelrod 1899-1999

Abb. 6, 8, 9: Privatbesitz Seippel

Abb. 7: Waldeckische Landeszeitung, August 1998

Abb. 10: Stadtarchiv Korbach (Original verschollen)

Abb. 11: ITS Bad Arolsen

Abb. 12: Privatbesitz Ursel und Fritz Rohde, Eimelrod

Abb. 13: Heft Engewald / Schröter (Eimelrod), Grabsteine auf dem Eimelroder jüdischen Friedhof, 1994

Abb. 14: Corbacher Zeitung, 24.4.1906

Abb. 15: Waldeckische Landeszeitung, 1.12.1910

Die Deportation der letzten Juden aus Frankenberg

von Horst Hecker

Der 6. September 1942 war ein Sonntag. Daher werden nicht viele Frankenberger die gespenstische Szene beobachtet haben, die sich am frühen Morgen dieses Tages in ihrer Stadt abspielte. Bepackt mit Koffern und Rucksäcken zog eine kleine Gruppe älterer Personen unter Begleitung eines städtischen Polizisten von der ehemaligen Synagoge im Scharwinkel durch die Stadt zum Bahnhof. Die Teilnehmer an diesem traurigen Zug waren der 77-jährige ehemalige Kaufmann Jacob Katzenstein, seine fünf Jahre jüngere Ehefrau Rosalie, die 61 Jahre alte Mary Kaiser, deren Ehemann Josef wenige Tage zuvor im KZ Mauthausen qualvoll gestorben war, die 68-jährige Johanna Plaut, deren Ehemann ebenfalls schon im Frühjahr 1942 von der Gestapo verhaftet worden war und seit Juni im KZ Sachsenhausen saß, wo er im November 1942 den Tod finden sollte, sowie Hedwig Weitzenkorn, die Schwester von Rosalie Katzenstein, damals 57 Jahre alt. Sie waren die letzten jüdischen Einwohner Frankenbergs und sollten an diesem Morgen in das Getto Theresienstadt deportiert werden. Für alle fünf wurde es eine Reise in den Tod.

Fast sieben Jahrzehnte zuvor, im Sommer 1874, war der damals neunjährige Jacob Katzenstein mit seinen Eltern und zahlreichen Geschwistern von Allendorf bei Frankenau nach Frankenberg gezogen. Geboren worden war er am 8. April 1865 in Frankenau als achtes Kind des Kaufmanns Abraham Katzenstein und dessen Ehefrau Amalie, geb. Marx. Die Familie wohnte im Haus Nr. 217 am Wassertor (heute Ritterstraße 20), das Abraham Katzenstein zuvor erworben hatte.[1] Nach Abschluss der Schule erlernte Jacob Katzenstein den Beruf des Kaufmanns.[2] Im Mai 1894 eröffnete er in dem von der Witwe Auguste Bichmann erworbenen Haus am Linnertor Nr. 16 (jetzt Linnertorstr. 5) ein Manufaktur-, Kolonial- und Kurzwarengeschäft. Im Juli desselben Jahres heiratete

[1] Vgl. Horst Hecker, Jüdisches Leben in Frankenberg. Geschichte der Gemeinden und ihrer Familien. Mit Beiträgen über die Juden in Geismar und Röddenau sowie einer Dokumentation des jüdischen Friedhofs, Frankenberg 2011, S. 328.

[2] Vgl. zum Folgenden: Ebenda, S. 332ff.

Jacob Katzenstein die sechs Jahre jüngere Lina Marx aus Grüsen. Aus der Ehe gingen zwei Kinder hervor. Das erste Kind, eine Tochter, die im Juni 1895 zur Welt kam, starb nur wenige Stunden nach der Geburt. Im Dezember 1897 wurde der Sohn Albert geboren. Eine Woche nach der Geburt starb Lina Katzenstein im Kindbett. Im November 1900 heiratete der Witwer Rosalie Weitzenkorn aus Korbach. Diese zweite Ehe blieb kinderlos.

Abb. 1:
Das Wohn- und Geschäftshaus Katzenstein in der Bahnhofstraße in Frankenberg, um 1930

Wegen der ungünstigen Lage seines Geschäfts und zurückgehender Umsätze erwarb Jacob Katzenstein Anfang 1912 von dem Maurermeister Friedrich Droste das im Jahr 1904 erbaute Wohn- und Geschäftshaus Nr. 594 in der Bahnhofstraße (heute Bahnhofstr. 4). Das neue Manufaktur- und Modewarengeschäft Katzenstein, das im März 1913 seine Pforten öffnete, erwarb sich rasch einen guten Ruf. Als eine der ersten Adressen für Damen-, Herren- und Kinder-Konfektionsbekleidung war das Haus mit den drei großen Schaufenstern weit über die Grenzen Frankenbergs hinaus bekannt und beliebt.

Das große Ansehen, welches Jacob Katzenstein innerhalb und außerhalb der jüdischen Gemeinde Frankenberg besaß, geht unter anderem daraus hervor, dass ihn das Israelitische Vorsteheramt in Marburg im Frühjahr 1912 als Nachfolger des verstorbenen Kreisvorstehers Philipp Dilloff in Vorschlag brachte. Nach Ansicht des Vorsteheramts war Jacob Katzenstein von allen Gemeindegliedern „die am meisten qualificirte Persönlichkeit" für das schwierige Amt.[3]

[3] HStAM 180 Frankenberg, Nr. 3071.

Vermutlich um nicht in die heftigen Auseinandersetzungen hineingezogen zu werden, welche innerhalb der Frankenberger Gemeinde und in den übrigen jüdischen Gemeinden des Kreises damals um das Amt geführt wurden, lehnte er eine Kandidatur jedoch ab. 1932 war Jacob Katzenstein Leiter der israelitischen Männerchewra (Chewra Kaddischa). Bei der Wahl der Vertrauensmänner und Ersatzmänner in der Angestelltenversicherung im November 1927 wurde er in der Gruppe der Arbeitgeber gewählt. Überdies gehörte er einer ganzen Reihe von Frankenberger Vereinen als Mitglied an.

Im November 1918 traf Jacob Katzenstein ein weiterer schwerer Schicksalsschlag. Wenige Tage vor Kriegsende, am 2. November, erlag sein einziger Sohn Albert, der das väterliche Geschäft hätte einmal übernehmen sollen, in einem Lazarett in Poltawa in der Ukraine einer Typhuserkrankung. Seit September 1916 hatte er als Musketier im deutschen Heer gedient.

Im Oktober 1930 übergab Jacob Katzenstein nach 40-jähriger Führung sein Geschäft an seinen Neffen Jacob Höxter aus Frielendorf. Aus diesem Anlass veröffentliche die Frankenberger Zeitung folgende Würdigung: „Nach einem Menschenalter regster kaufmännischer Betätigung hat sich unser Mitbürger, Herr Jakob Katzenstein, entschlossen, sich vom geschäftlichen Leben zurückzuziehen und sein Lebenswerk, das bekannte Konfektionsgeschäft J. Katzenstein, jüngeren Händen anzuvertrauen. Der bisherige Inhaber und Leiter des zu beachtlicher Blüte gekommenen Unternehmens hat es verstanden, die ursprüngliche Zelle seiner Neugründung in rastloser Arbeit immer mehr zur Entfaltung zu bringen, hierbei bestens unterstützt durch den Grundsatz strengster Zuverlässigkeit im Einkauf und Verkauf. Das Vertrauen eines stetig wachsenden Kundenkreises gründete sich ferner auf die Bereitstellung einer größeren Auswahl der einschlägigen Waren seitens des Geschäfts, sowie auf Führung nur gediegener Sachen. Deshalb sieht man den umsichtigen Geschäftsmann auch nur ungern scheiden. […] Möge dem aus dem öffentlichen Wirken ausscheidenden Geschäftsmann, der im Kriege sein einziges Kind verloren hat, samt seiner Gattin ein geruhsamer Lebensabend beschieden sein“.[4] Derselbe Redakteur, der diese lobenden Zeilen schrieb, sollte sich nur wenige Jahre später in derselben Zeitung als Verfasser von antisemitischen Hetzartikeln der übelsten Art hervortun.

[4] Frankenberger Zeitung, 4.10.1930.

Der geruhsame Lebensabend, den ihnen die Frankenberger Zeitung gewünscht hatte, sollte Jacob und Rosalie Katzenstein nicht beschieden sein. Nach 1933 half auch seine frühere Reputation Jacob Katzenstein nicht mehr viel. Infolge der Geschehnisse und der Aufregungen, denen er im Zusammenhang mit der nationalsozialistischen Judenverfolgung ausgesetzt war, litt er zunehmend an Herz- und Nervenbeschwerden.

Abb. 2:
Jacob Katzenstein, Kennkartenfoto, 1939

Da das Ehepaar keine Kinder hatte, halfen ihnen Verwandte im Haushalt. Drei von ihnen fielen später dem Holocaust zum Opfer.[5] Zuletzt stand ihnen Hedwig Weitzenkorn aus Korbach, die ledige Schwester von Rosalie Katzenstein, zur Seite. Seit Ende 1937 lebte sie in der Bahnhofstraße 4. Bis Ende Juni 1942 konnten die Katzensteins und Hedwig Weitzenkorn in der Bahnhofstraße bleiben. Am 30. Juni 1942 mussten sie dann aber ihre beschlagnahmte Wohnung verlassen, in die anschließend das benachbarte Postamt mit zwei Diensträumen einzog. Als Ersatzwohnung wurde ihnen die frühere Synagoge zugewiesen, wo sich zu diesem Zeitpunkt bereits die übrigen noch in Frankenberg verbliebenen jüdischen Einwohner zwangsweise befanden. Nach Augenzeugenberichten musste Jacob Katzenstein beim Transport seiner Habe in den Scharwinkel schlimme Demütigungen über sich ergehen lassen. Oben auf dem Wagen sitzend, soll er durch die Stadt gefahren und dabei verhöhnt und beschimpft worden sein.[6] In drangvoller Enge und kaum mit dem Nötigsten versorgt mussten das Ehepaar Katzenstein und die anderen Juden die folgenden Wochen bis zu ihrer Deportation im Scharwinkel zubringen.

Wenige Tage vor seiner „Evakuierung", so die beschönigende Bezeichnung für die Aktion, ging der nationalsozialistische Staat daran, die

5 Vgl. Hecker, S. 334ff.

6 Vgl. Isolde Debus, Porzellan verschwindet unterwegs. Enteignung jüdischen Grundbesitzes (Teil 2), in: Frankenberger Allgemeine, 19.2.1994.

finanzielle Ausplünderung Jacob Katzensteins zu vollenden. Am 27. August 1942 verfügte der Regierungspräsident in Kassel die Einziehung seines Vermögens zugunsten des Deutschen Reiches. Daraufhin erging vier Tage später, am 31. August, unter dem Betreff „Vermögenswerte des Juden Jakob Israel Katzenstein" folgendes Schreiben der Gestapo Kassel an die Kreissparkasse in Frankenberg: „Nach hier vorhandenen Unterlagen befinden sich dort noch Vermögenswerte des Obengenannten, die hiermit staatspolizeilich sichergestellt sind. Ich bitte eine Vermögensaufstellung nach hier zu übersenden. Auszahlungen dürfen nur mit meiner Genehmigung erfolgen. Einzahlungen sind nach hier mitzuteilen".[7] Tags darauf, am 1. September 1942, wandte sich Jacob Katzenstein an die Kreissparkasse und bat sie, sein Konto in voller Höhe sowie die dort lagernden Wertpapiere an die Bezirksstelle Hessen-Nassau der Reichsvereinigung der Juden in Deutschland zu überweisen.[8]

Ebenfalls am 1. September übersandte die Kreissparkasse eine Aufstellung der bei ihr befindlichen Konten und Wertpapiere von Jacob Katzenstein an den Oberfinanzpräsidenten in Kassel. Nach dieser Aufstellung handelte es sich um ein beschränkt verfügbares Sicherungskonto (Sparkonto Nr. 6968) mit einem damaligen Guthaben in Höhe von 1228,88 RM und ein Depotkonto (Nr. 31), welches enthielt: eine Ablösungsanleihe der Landeshauptbank Darmstadt in Höhe von 25 RM, Hypothekenpfandbriefe der Landeskreditkasse Kassel in Höhe von insgesamt 4.900 RM zu 4 bis 4 Prozent Zinsen, eine Goldverschreibung der Westdeutschen Bodenkreditanstalt in Köln (2.500 RM zu 4 Prozent), Goldpfandbriefe der Frankfurter Hypothekenbank in Frankfurt (1.000 RM zu 4 Prozent) sowie diverse russische Eisenbahnanleihen. Insgesamt belief sich der Wert der Papiere auf ca. 62.500 Reichsmark. Das Depotkonto war bereits im November 1938, kurz nach dem Pogrom, zugunsten der Zollfahndungszweigstelle in Kassel gesperrt worden und wurde später auf die Deutsche Reichsbank in Berlin umgelegt. Zwei weitere Sparkonten mit Guthaben in Höhe von 3.478,85 RM und 717,37 RM waren am 15. Dezember 1938 bzw. am 14. August 1939 von der Kreissparkasse an die Finanzkasse in Frankenberg überwiesen worden.[9]

---

[7] HStAM 601/14, Nr. 96.

[8] Ebd.

[9] Mitteilung der Kreissparkasse Frankenberg an das Amt für Vermögenskontrolle, 22. Dezember 1948, HHStAW, Abt. 518, Nr. 16166.

„Der Kontoinhaber soll evakuiert werden", so heißt es in dem Schreiben der Kreissparkasse an den Oberfinanzpräsidenten, „und hat aus diesem Grunde den Antrag gestellt, das Guthaben und die hinterlegten Wertpapiere der Bezirksstelle Hessen-Nassau der Reichsvereinigung der Juden in Deutschland [...] zu überweisen. Wir bitten um umgehende Genehmigung, ob die Überweisung erfolgen darf".[10] Mit gleicher Anfrage wandte sich die Kreissparkasse auch an die Gestapo. Am 4. September teilte der Oberfinanzpräsident der Kreissparkasse mit, dass Anträge „von zur Umsiedlung kommenden Juden" zur Überweisung von Heimeintrittsgeldern und Heimeinkaufsbeträgen sowie Spenden an die Reichsvereinigung der Juden in Deutschland aus beschränkt verfügbaren Sicherungskonten genehmigungsfrei ausgeführt werden könnten. Desgleichen erhob er auch gegen die Übertragung von Wertpapieren an die Reichsvereinigung „unbeschadet ggf. erforderlicher Genehmigung anderer Stellen devisenrechtlich keine Einwendungen".[11] Im Juni 1943 wurde die Reichsvereinigung der Juden in Deutschland enteignet und ihr Vermögen zugunsten des Deutschen Reiches eingezogen.

Außerdem besaß Jacob Katzenstein noch eine im Grundbuch von Schreufa eingetragene Hypothek in Höhe von 3.000 Goldmark nebst 7 Prozent Zinsen. Diese hatte er offensichtlich für einen so genannten Heimeinkaufsvertrag ebenfalls an die Reichsvereinigung der Juden in Deutschland abgetreten. Auf Grund der Einziehungsverfügung des Kasseler Regierungspräsidenten vom 27. August 1942 wurde die Hypothek am 2. November 1942 auf das Deutsche Reich umgeschrieben. Zum Zweck des Abschlusses von Heimeinkaufsverträgen an die Reichsvereinigung abgetretenes Vermögen war jedoch von der Einziehung ausgeschlossen. Daher „bewillig(t)e und beantrag(t)e" der Oberfinanzpräsident in Kassel „als Vertreter des Großdeutschen Reiches (Reichsfinanzverwaltung)" am 9. Mai 1944 die Umschreibung der genannten Hypothek auf die Firma Heinz, Tecklenburg & Co in Berlin.[12]

---

[10] HStAM 601/14 Nr. 96.

[11] Ebenda.

[12] HHStAW, Abt. 518, Nr. 16166. - Im September 1944 erging die Anweisung an die Finanzämter, sämtliche Judenakten und Vermögensverzeichnisse in bombensicheren Kellern aufzubewahren. Auf diese Weise überstanden auch die Akten des Frankenberger Finanzamts den Krieg. Am 18. Juni 1945 ordnete die amerikanische Militärregierung an, sie im Tresor der Kreissparkasse sicherzustellen. Daraufhin wurden die insgesamt 35 Einzelakten vier Tage später dorthin gebracht. 1948 übernahm sie das für die Rückerstattung des Vermögens an die Betroffenen oder deren Erben zuständige Amt für Vermögenskontrolle. Sie befinden sich jetzt im Hessischen Hauptstaatsarchiv Wiesbaden. Vgl. dazu auch: Frank Seumer (sr), Judenfriedhöfe verkauft und Vermögen eingezogen. Auch das Frankenberger Finanzamt verwertete im „Dritten Reich" eingezogenes Eigentum von Juden - Deckname „Aktion drei", in: Frankenberger Zeitung, 10. April 1999.

Den Schlusspunkt der finanziellen Ausplünderung der Eheleute Katzenstein setzte die Versteigerung ihres zurückgelassenen Mobilienbesitzes durch das Frankenberger Finanzamt im Oktober 1942. Der Erlös soll 2.000 bis 3.000 Reichsmark betragen haben.[13] Ein Teil des Mobiliars wurde offenbar auch an das Hilfskrankenhaus in Frankenberg abgegeben bzw. von der „Nationalsozialistischen Volkswohlfahrt" (NSV) übernommen.

Abb. 3:
Rosalie Katzenstein, Kennkartenfoto, 1939

Bei der Bestandsaufnahme des Nachlasses, die mindestens 14 Seiten umfasste, stellte der mit der Versteigerung beauftragte Vollziehungsbeamte fest, dass ein nicht unerheblicher Teil der aufgelisteten Sachen fehlte. Im Zuge der zwangsweisen Umquartierung des Ehepaares Katzenstein und der Schwägerin Hedwig Weitzenkorn aus ihrer Wohnung in der Bahnhofstraße in die vormalige Synagoge am 30. Juni 1942 hatten sie eine Anzahl Kisten und Körbe mit kleinem Hausrat mitgenommen, diese wegen Krankheit und Platzmangel aber nicht mehr auspacken können. Diese Behältnisse enthielten u.a. wertvolles Porzellan, Gläser und Bestecke. Am 28. August 1942, eine Woche vor seiner Deportation nach Theresienstadt, gab Jacob Katzenstein gegenüber dem Landratsamt eine Erklärung ab, nach der er die Gegenstände, deren Wert er mit 600 Reichsmark bezifferte, bei seiner „Auswanderung" der Ortspolizeibehörde übergab.[14] Bei den verschwundenen Sachen handelte es sich nun um eben jene oben genannten Kisten und Körbe. Außerdem fehlten mehrere große Spiegel. Vorgefunden wurde lediglich eine Truhe mit Glas- und Porzellanwaren im Wert von 50 bis 60 RM, die bei der anschließenden Versteigerung verkauft wurden.

Bei der Versteigerung des „Judennachlasses" am 16. Oktober 1942 war auch der Arbeiter Jakob F. aus Frankenberg anwesend, der beim

[13] Diese Angabe machte der Rechtsanwalt der Erben von Jacob Katzenstein in dem Verfahren gegen das Deutsche Reich vor dem Landesamt für Vermögenskontrolle und Wiedergutmachung in Frankfurt am 26. Februar 1968, HHStAW, Abt. 518, Nr. 16166.

[14] HStAM 180 Frankenberg, Nr. 2939.

Umzug der Katzensteins mitgeholfen hatte. Er hatte es besonders auf einen getragenen Anzug abgesehen. Als ihm der Vollziehungsbeamte sagte, dass keiner mehr da sei, äußerte der verärgerte F., das sei wohl der Dank dafür, dass er sich mit den Judensachen so abgeschleppt habe. Er habe die Sachen in der Wohnung der Katzensteins aufgeladen und mit dem Lastwagen des Spediteurs Georg Braun in den Scharwinkel gebracht. Die Kisten und Körbe mit dem Glas und Porzellan seien auf dem Boden der Synagoge abgestellt worden. Nach dem Entladen habe er die Kisten und Körbe wieder auf den LKW aufladen müssen. Dieser sei dann in die Stadt gefahren. Wohin die Sachen anschließend gebracht worden seien, wisse er nicht.[15] Bei seiner ersten Vernehmung durch die Polizei bestritt F., gesagt zu haben, dass die auf dem Boden der Synagoge abgestellten Kisten und Körbe wieder auf den LKW geladen und abgefahren worden seien. Vielmehr seien Kisten und Körbe aus dem Keller der Katzenstein'schen Wohnung in der Bahnhofstraße zur Bahn gebracht worden. Was sich darin befunden habe, wisse er nicht. Bei den auf dem Boden der Synagoge abgestellten Kisten und Körben könne es sich dem Gewicht nach nur um Wäsche gehandelt haben.[16] Die Nachfrage bei der Güterabfertigung des Frankenberger Bahnhofs ergab jedoch, dass aus der Wohnung Katzenstein keine Kisten oder Körbe zum Versand gebracht worden waren, mit Ausnahme der Elektrogeräte, die von Hedwig Weitzenkorn als „Vertrauensmann" der Reichsvereinigung der Juden in Deutschland für den Kreis Frankenberg an die Gestapo in Kassel gesandt wurden, und des Hausrats, den die deportierten Juden mit nach Theresienstadt nehmen durften und der gleichfalls im Voraus als Bahngut an die Staatspolizei geschickt worden war.

Am Tag vor ihrem Abtransport hatte Hedwig Weitzenkorn gegenüber dem Landratsamt angegeben, dass Kisten mit besonders gutem Porzellan und anderen Gegenständen, alte Erbstücke von ihren Eltern, noch unausgepackt auf dem Boden der Synagoge stünden. Aus diesem Grund, so vermutete das Amt, habe Katzenstein, der glaubte, dass es sich dabei um die fraglichen Kisten und Körbe handelte, die Erklärung vom 28. August abgegeben. Bei einer weiteren Vernehmung gab F. dann zu, die von dem Vollziehungsbeamten berichtete Äußerung bezüglich der Kisten und Körbe getan zu haben. Allerdings habe er damals die

---

[15] Ebenda, Protokoll der Ortspolizeibehörde Frankenberg, 17. Oktober 1942.

[16] Ebenda, Vernehmungsprotokoll, 21. Oktober 1942.

Unwahrheit gesagt. In seiner Gegenwart sei von dem in die Synagoge transportierten Judengut nichts weggeholt oder weggebracht worden. Er habe auch nicht gesehen, dass sich die Anwesenden, die beim Umzug halfen, irgendwelche Gegenstände angeeignet hätten. Er selbst habe dies ebenfalls nicht getan. Das Landratsamt vermutete daher, dass die Sachen beim Transport von der Katzenstein´schen Wohnung zur Synagoge wieder aufgeladen und an einen anderen Ort geschafft worden waren.

Aufklärung über den Sachverhalt erhoffte man sich vor allem durch eine Befragung des Spediteurs Braun, dieser erkrankte jedoch im Dezember 1942 schwer und starb, bevor er vernommen werden konnte, Anfang Februar 1943. Anfang Mai legte das Landratsamt den Vorgang schließlich zu den Akten. Doch nur wenige Wochen später, am 21. Mai 1943, fand bei dem Einwohner Tobias F. in Bottendorf eine Haussuchung durch die Gendarmerie statt. Tobias F. war Angestellter beim Finanzamt. Dabei wurden Gegenstände aus dem Nachlass der deportierten Frankenberger Juden beschlagnahmt. Bei der Haussuchung soll der Beamte, der sie vornahm, zu der Ehefrau von Tobias F. gesagt haben: „Was wir gesucht haben, haben wir gefunden". Gegen diese Maßnahme führte F. anschließend Beschwerde beim Landratsamt; er behauptete, die Sachen „rechtmäßig" erworben zu haben und verlangte deshalb ihre sofortige Rückerstattung.[17] Daraufhin wurde ihm mitgeteilt, dass die Haussuchung auf Anordnung des Oberstaatsanwalts in Marburg durchgeführt worden sei und er sich deswegen an diesen wenden möge.[18] Über den Ausgang der Ermittlungen gegen Tobias F. ist nichts bekannt.

Am 6. September 1942 um 7.27 Uhr fuhr der Zug planmäßig vom Bahnhof in Frankenberg ab. Die Fahrt nach Theresienstadt, die insgesamt zwei Tage dauerte[19], muss eine Tortur gewesen sein, besonders für den gesundheitlich angeschlagenen Jacob Katzenstein. Am 27. November 1942 erlag er den elenden Lebensbedingungen im Ghetto. Seine Frau Rosalie folgte ihm am 13. Januar 1943. Ob sie sich nach ihrer Trennung nach der Ankunft in Theresienstadt noch einmal wiedersahen, wissen wir nicht. Eine Woche nach Rosalie Katzenstein starb ihre Schwester

---

[17] Ebenda, Schreiben von Tobias F. an das Landratsamt, 22. Mai 1943.

[18] Ebenda, Schreiben des Landratsamts an Tobias F., 25. Mai 1943.

[19] Zum Ablauf der Deportation der letzten Juden aus dem Regierungsbezirk Kassel am 6./7. September 1942 siehe den Beitrag von Monica Kingreen in diesem Band.

Hedwig Weitzenkorn. Von den übrigen am 6. September deportierten Frankenberger Juden war Johanna Plaut schon am 18. November 1942 gestorben. Nur Mary Kaiser gelang es, längere Zeit zu überleben. Mehr als zwei Jahre verbrachte sie in Theresienstadt, dann wurde sie am 9. Oktober 1944 nach Auschwitz deportiert und vermutlich noch am gleichen Tag im Vernichtungslager Birkenau vergast.

Mit der Deportation der letzten Juden im September 1942 endete nach 600 Jahren die jüdische Geschichte Frankenbergs. Seit 2006 erinnern „Stolpersteine" vor ihren ehemaligen Häusern an das Leiden und Sterben der dem Holocaust zum Opfer gefallenen jüdischen Frankenberger.[20] Sie mahnen zugleich zu steter Wachsamkeit gegenüber jeglichen Formen von Antisemitismus und Rassismus, damit sich so etwas nicht wiederholen kann.

Abb. 4: Stolpersteine für Jacob und Rosalie Katzenstein, Hedwig Weitzenkorn und Hilde Blum vor dem Haus Bahnhofstraße 4 in Frankenberg

Bildnachweis:

Abb. 1: Repro, Karl-Hermann Völker, Burgwald-Wiesenfeld
Abb. 2 und 3: Stadtarchiv Frankenberg
Abb. 4: Foto, Karl-Hermann Völker, Burgwald-Wiesenfeld

---

[20] Hier wohnte... Stolpersteine in Frankenberg (Eder). Erinnern an die Opfer des NS-Regimes, hrsg. von der Initiativgruppe Stolpersteine Frankenberg, Frankenberg 2008, S. 6f.

Bert Strauß aus Gemünden – ein Überlebender berichtet als Zeitzeuge[1]

von Karl-Hermann Völker

An einem Sonntagnachmittag im Dezember 1941 standen in Gemünden (Wohra) im Steinweg 25 zwei Polizisten im Haus der Familie von Isaak Strauß und eröffneten den Bewohnern, dass sie am nächsten Morgen um 6 Uhr „umgesiedelt" würden und sich mit kleinem Gepäck bereit halten sollten. „Umgesiedelt[,] wohin?" fragten die erschrockenen Eltern Strauß. Einer der Gendarmerie-Beamten war ein ehemaliger Mitschüler von Bella Strauß und versuchte, sie zu beruhigen. „Wir brauchen euch für unsere Kriegswirtschaft, alle Männer sind im Krieg, ihr könnt auf dem Land arbeiten", war die ominöse Antwort. Jeder sollte einen Koffer mit dem Notwendigsten packen: die Eltern Isaak („Issi") und Berta („Bella") Strauß, der Sohn Berthold Ludwig (später „Bert") und die Tochter Margarete („Grete") sowie die Tanten Bessi und Flora Andorn, die Schwestern von Bella.

„Und wir akzeptierten das, konnten nichts anderes tun. Kein Ort, an den wir gehen konnten, kein Platz, an dem wir uns verstecken konnten, nichts, wohin wir hätten rennen können. So packten wir unsere Koffer", berichtete später Berthold Ludwig Strauß (1925-2005), der als einziger diese Deportation aus Gemünden überlebte.

Nach seiner Rettung siedelte er in die Vereinigten Staaten von Amerika über, änderte mit dem neuen Lebensabschnitt auch seinen Gemündener Rufnamen Ludwig bewusst in Bert um und stellte sich dort später als Zeitzeuge für das Projekt des Regisseurs Steven Spielberg „Survivors - Testimonies Of The Holocaust" zur Verfügung. Von mehr als 50.000

---

[1] Dem Beitrag liegen folgende Quellen zugrunde: Berthold (Bert) Ludwig Strauß, Videointerview vom 13.07.1995. Online für Lehrkräfte zugänglich im Projekt IWitness der USC-Shoah-Foundation. Eine von dort freundlicherweise überlassene Kopie steht jetzt auch beim Förderkreis Synagoge Vöhl zur Verfügung. Ausschnitte daraus finden sich in der DVD von Steven Spielberg und der Shoah Visual History Foundation „Survivors" und mit Leonardo di Caprio und Winona Rider als Sprecher, 1996; vgl.: http://sfi.usc.edu/survivorexhibit/vhfmain.htm; The Kaiserwald Concentration Camp in Riga, in: Max Kaufmann, Churbn Lettland. The Destruction of the Jews of Latvia. München, 1947; vgl.: http://www.jewsoflatvia.com; Karl-Hermann Völker, Herausragende Persönlichkeiten der Familie Andorn. Gemünden war ihre „kleine jüdische Welt", in: Frankenberger Heimatkalender, 17. Jahrgang, Korbach/Bad Wildungen 1999, S. 123-131.

Interviews mit Holocaust-Überlebenden wählte Spielberg vier aus, darunter auch das von Bert Strauß, und produzierte damit eine Unterrichts-DVD. Tausende amerikanischer Schüler lernten so das Schicksal des Gemündeners Bert Strauß kennen, bei mehreren Veranstaltungen begleitete er als Zeitzeuge mit zurückhaltender Bescheidenheit, aber wertvollem, persönlich fundiertem Detailwissen den prominenten Regisseur an Schulen.

Die Langfassung seines Interviews - sie geht über drei Stunden und 42 Minuten - wurde am 13. Juli 1995 von der Studentin Rachelle Cohen an seinem Wohnort Chatsworth (Kalifornien) aufgenommen. Die Shoah-Foundation der University of South California stellte uns aus ihrem „IWitness"-Programm freundlicherweise eine Kopie des Films zur Verfügung. Für die Erforschung jüdischer Schicksale in Waldeck-Frankenberg ist dieses Interview ein ungemein faktenreiches autobiografisches Dokument eines jüdischen Zeitzeugen, der die beginnende Verfolgung als Jugendlicher in der Heimat Gemünden sowie seinen Leidensweg durch NS-Todeslager unter grausamsten Bedingungen überlebt und in dieser Form für die Nachwelt verarbeitet hat.

Abb. 1: Das letzte, erhalten gebliebene Familienbild der Gemündener Familie Strauß mit (von links) Mutter Berta („Bella") Strauß, geb. Andorn, Sohn Berthold Ludwig, Tochter Grete und Vater Isaak („Issi") Strauß

Der Bericht von Bert Strauß, geboren am 29. April 1925 in Gemünden, beginnt mit seiner wohlbehüteten Kindheit in einer traditionsbewussten jüdischen Familie, in der er sowohl mit dem Geschäftsleben eines kleinen Ladens wie auch mit der Landwirtschaft in Berührung kam. Insgesamt gab es nach seiner Erinnerung 16 jüdische Familien in Gemünden. „Wir waren eine Familie wie jede andere auch", erzählt er und schildert, welchen Einbruch es bedeutete, dass Hitler 1933 an die Macht kam, Gemünden „extrem nazifiziert wurde" und sich befreundete Familien von jüdischen Nachbarn plötzlich abwandten, vielleicht weil sie sich angesichts der Arbeitslosigkeit von dem NS-Staat ein besseres Leben versprachen, wie Bert Strauß vermutet.

Abb. 2: Erster Schultag für Ludwig Strauß 1931 in Gemünden/Wohra

Er erinnert sich an die ersten Boykotte, als die Braunhemden der SA mit Schildern „Kauft nicht bei Juden!" vor ihrem Geschäft standen. „Nun wusste ich, dass ich als Jude in dieser christlichen Stadt ein Ausgestoßener bin und verfolgt werde." Andere Schulkinder nannten Ludwig plötzlich einen „dreckigen Juden" und schlugen ihn, seine Mutter musste ihn 1934 auf dem Heimweg begleiten, dann wurden die jüdischen Kinder in einer eigenen Schule unterrichtet, bis auch dieser die staatlichen Zuschüsse entzogen wurden und überhaupt keine Beschulung mehr stattfand.

In den folgenden Jahren gebärdeten sich die Nationalsozialisten in Gemünden immer aggressiver, Steine flogen nachts durch die Fenster der Familie Strauß und landeten im Bett des damals Siebenjährigen. Noch später in seinem Leben, erzählt Bert Strauß, habe ihn nachts jedes fremde Geräusch hochschrecken lassen und in diese Tage seiner Kindheit zurück geführt. Wegen des Boykotts musste sein Vater das

Geschäft aufgeben. Bert besuchte später mit seiner Schwester eine in Bad Nauheim eingerichtete jüdische Bezirksschule, an der er mit dem Zionismus in Berührung kam, bis das NS-Regime diesen Lebensabschnitt auch dort am 9. November 1938 mit der Reichspogromnacht brutal beendete.

Heimgekehrt nach Gemünden, musste der Junge die Entdeckung machen, dass sein Vater in der Pogromnacht schrecklich misshandelt und schwer verletzt in die Klinik nach Marburg gebracht worden war. In einem Polizeibericht hieß es später verschleiernd, Isaak Strauß sei am 10. November 1938 „wegen eines Sturzes ... als Polizeigefangener der chirurgischen Klinik in Marburg zugeführt“ worden. Der Gendarmerie-Hauptwachtmeister forderte abschließend, ihn in ein Konzentrationslager zu überweisen. Bert setzte sich auf sein Fahrrad, raste nach Marburg und fand dort seinen Vater unter Verbänden mit gebrochenen Rippen, Armen und Beinen vor. Er blieb bei ihm, schlief auf dem Fußboden am Krankenbett und kehrte am nächsten Tag zu der verzweifelten Familie zurück.

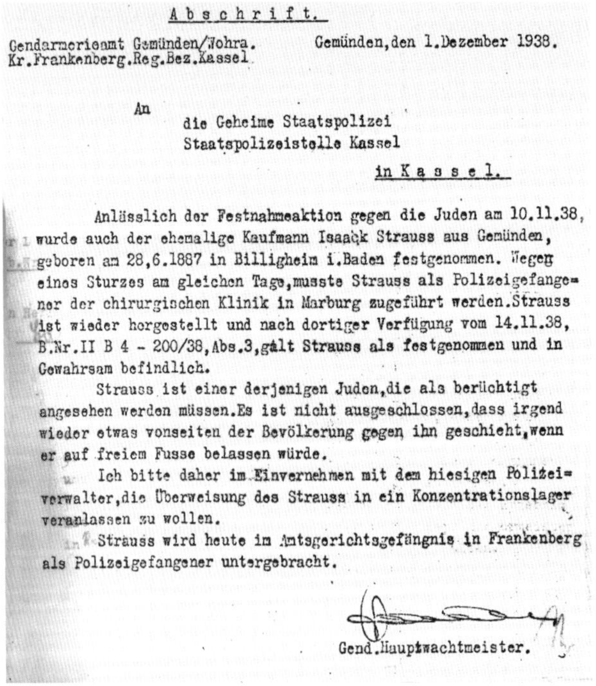

A b s c h r i f t.

Gendarmerieamt Gemünden/Wohra. Gemünden, den 1. Dezember 1938.
Kr. Frankenberg. Reg. Bez. Kassel

An
die Geheime Staatspolizei
Staatspolizeistelle Kassel
in K a s s e l.

Anlässlich der Festnahmeaktion gegen die Juden am 10.11.38, wurde auch der ehemalige Kaufmann Isaack Strauss aus Gemünden, geboren am 28.6.1887 in Billigheim i. Baden festgenommen. Wegen eines Sturzes am gleichen Tage, musste Strauss als Polizeigefangener der chirurgischen Klinik in Marburg zugeführt werden. Strauss ist wieder hergestellt und nach dortiger Verfügung vom 14.11.38, B.Nr. II B 4 - 200/38, Abs. 3, gilt Strauss als festgenommen und in Gewahrsam befindlich.

Strauss ist einer derjenigen Juden, die als berüchtigt angesehen werden müssen. Es ist nicht ausgeschlossen, dass irgend wieder etwas vonseiten der Bevölkerung gegen ihn geschieht, wenn er auf freiem Fusse belassen würde.

Ich bitte daher im Einvernehmen mit dem hiesigen Polizeiverwalter, die Überweisung des Strauss in ein Konzentrationslager veranlassen zu wollen.

Strauss wird heute im Amtsgerichtsgefängnis in Frankenberg als Polizeigefangener untergebracht.

Gend. Hauptwachtmeister.

Abb. 3:

Der örtliche Gendarmerieposten meldete statt der brutalen Misshandlungen, Isaak Strauß sei wegen eines „Sturzes“ in die Marburger Klinik gekommen, und forderte seine Verschleppung in das KZ Buchenwald.

Die Lebensumstände für Juden in Gemünden wurden in der Folgezeit ohne Einkommen, Geld und Nahrung immer härter. Ja, es habe Nachbarn gegeben, einige Christen, die sie heimlich mit Lebensmitteln unterstützten, erinnert sich Bert Strauß. Auch die Gemündener Synagoge war abgerissen, Thora und Inventarteile waren zerstört worden. Als er 1945 nach Gemünden zurückkehrte, konnte eine Freundin der Familie ihm sogar ein kleines, von ihr gerettetes und verstecktes Stück Pergament einer der drei einst vorhandenen Thora-Rollen überreichen, weil sie aufgrund ihrer christlichen Erziehung den Wert dieses Schriftstückes einzuschätzen wusste. Auf der Rückseite der Papierrolle waren noch die Abdrücke der SA-Stiefel zu sehen.

Zusammen mit seinem Vater Isaak wurde der 13-jährige Berthold Strauß 1939 zur Arbeit an einem 35 Kilometer entfernten Luftwaffen-Stützpunkt zwangsverpflichtet, wo beide täglich nach dreistündigem Fußmarsch Ziegelsteine schleppen mussten. „Wir machten den Versuch, nach Amerika auszuwandern - doch nach unserer Bearbeitungsnummer beim amerikanischen Konsulat in Stuttgart wären wir 1945 an der Reihe gewesen", musste er damals enttäuscht feststellen. Er war entschlossen, Gemünden zu verlassen, fand Arbeit in Frankfurt und versuchte, dort nicht aufzufallen, indem er den obligatorischen Judenstern nicht anheftete. 1940 kehrte er zurück zu seiner Familie, schleppte weiter Ziegelsteine, bis die Hände bluteten. „Es gibt Zeiten im Leben, wo du lernst, mit dem Elend zu leben. Da waren wir alle angekommen", erzählt er rückblickend.

Mit einem LKW wurde die Familie Strauß am 8. Dezember 1941 in Gemünden abgeholt und mit einer Menschenmenge in einer großen Turnhalle unter chaotischen, brutalen Umständen in Kassel unter gebracht. Über den Verlust aller Wertsachen, den Marsch zum Zug, die mehrtägige Fahrt von mehr als 1.000 Juden und die Ankunft im Ghetto Riga/Lettland unter furchtbaren Verhältnissen liegt dem Förderkreis Synagoge Vöhl bereits ein kurzer Bericht von dem aus Altenlotheim stammenden Israel Strauß vor. Der Wagen mit dem persönlichen Gepäck wurde vor der Abfahrt in Kassel vom Zug abgekoppelt. Berthold Strauß schildert diese Ereignisse in allen Details: Krankheiten und Todesfälle während der Deportation, die Ankunft, die Rufe der SS-Leute „Raus, raus, Saujuden!", die ungewohnte Kälte und den Schnee, einen mehrstündigen Marsch ins Ghetto, bei dem diejenigen, die am Wegrand liegen blieben, erschossen wurden.

Ihr erstes Essen, das sie in einem Haus vorfanden, waren zurückgelassene Lebensmittel von vorher dort lebenden lettischen Juden. Sie erfuhren später, dass die NS-Schergen diese getötet hatten, um für die deutschen Neuankömmlinge Platz zu schaffen - eine niederschmetternde Erkenntnis für die nordhessischen Juden. Wir wissen heute: Das Ghetto Riga war für die ankommenden Deutschen „freigemacht" worden, indem die lettische SS unter Aufsicht der deutschen SS die lettischen Juden ermordete. Am 30. November 1941 wurden etwa 15.000, am 8. und 9. Dezember noch einmal 12.500 Menschen vor ausgehobenen Massengräbern in den nahen Wäldern von Rumbula erschossen.

Berts Vater Isaak Strauß musste in einem Sägewerk außerhalb des Ghettos Riga arbeiten. Der 15-jährige selbst lebte mit Mutter, Schwester und Tanten zusammen, marschierte aber jeden Morgen mit einer Kolonne zu einer Werkstatt, wo SS-Fahrzeuge gewartet wurden. Seine 14-jährige Schwester Grete verrichtete Näharbeiten in einer Kleiderkammer. „Das Ghetto-Leben war, verglichen mit dem, was anschließend kam, leicht - ein Leben, wo ich noch meine Familie hatte, Gemeinschaft mit anderen Leuten, Informationen aus dem Rest der Welt", stellt Bert Strauß rückblickend fest. Es gab später auch ein gutes Verhältnis mit den verbliebenen lettischen Juden. Die Ghettobewohner organisierten Schulunterricht für die Kinder in ihren Wohnstuben, aber die Repressionen draußen nahmen täglich zu: Schauexekutionen, Galgen überall.

Unter den erbärmlichen Lebensverhältnissen im Ghetto wurde Mutter Bella sehr krank und starb 1943. Der alte jüdische Friedhof von Riga war Teil des Ghettos. „Wir konnten sie wenigstens dort beerdigen, ich werde das nie vergessen", sagt Bert Strauß, eine der bewegendsten Stellen in seinem Interview. Einige Zeit später wurden seine Tanten Bessi und Flora Andorn auf einen LKW geladen und mit unbekanntem Ziel weggefahren. „Das Schlimmste war: In der Kleiderkammer, wo zurückgekommene Kleidungsstücke sortiert wurden, fanden die jüdischen Lagerhelfer immer wieder Adressen und Nachrichten der früheren Besitzer. An dem Tag, als unsere Tanten geholt worden waren, kam nachts die Kleidung mit einem Notizzettel von Tante Flora auf dem nun leeren LKW zurück. Wir hörten von Zeugen, dass die Menschen sich ausziehen mussten, zu Massengräbern geführt und erschossen worden sind."

Abb. 4:

Mutter Bella Strauß, am 12.10.1893 in Gemünden geboren, starb 1943 an Entkräftung im Ghetto Riga.

Abb. 5:

Berts Tante Bessi Andorn, Jahrgang 1898, wurde 1943 außerhalb des Rigaer Ghettos ermordet.

Abb. 6:

Dieses Passbild von 1938 zeigt Tante Flora Andorn, Jahrgang 1894, die 1943 aus dem Ghetto Riga zur Erschießung abtransportiert wurde.

Ende 1943 begann der Prozess der Auflösung des Ghettos Riga. Diejenigen, die arbeiten konnten, wurden nach Kaiserwald gebracht, ein KZ mit Baracken, getrennten Männer- und Frauenlagern, von der SS und deutschen Berufsverbrechern aller Art geleitet, so Strauß. „Was die SS nicht selbst machen wollte, ließ sie diese Kriminellen und ehemaligen Mörder ausführen." Da Berts Vater und seine Schwester inzwischen außerhalb des Ghettos arbeiteten, wurde er als einziger in dieses KZ überstellt.

Eine unerwartete Wendung kam dort aber für ihn, als bei einem Zählappell KZ-Kommandant Albert Sauer einen Monteur für seine beiden Autos suchte und Bert Strauß auswählte. Das bedeutete: Bert musste? durfte! nun außerhalb des Lagers diese beiden Fahrzeuge in „Tipp-Topp-Zustand", so der Auftrag, halten. Der SS-Sturmbannführer legte dem Gefangenen regelmäßig zusätzliche Brote in ein Auto. „Ich hatte diesen Mann durchs Lager gehen sehen, in der Hand eine Pistole, mit der er Menschen in den Kopf schoss!" Und nun bekam er von diesem Mann jeden Tag das für ihn seit Jahren wieder „beste Essen" - Brot mit Butter, Wurst und Fleisch. „Es war wie ein Wunder für mich."

Es gelang Bert Strauß durch Fürsprache bei Sauer, noch einen zusätzlichen Helfer, nämlich seinen Freund Hirske Kliksman, aus dem KZ als Helfer in die Autowerkstatt abzustellen. Zudem erreichte er über den

Lagerkommandanten, dass sein Vater und später auch seine Schwester von den Außenstellen zu ihm nach Kaiserwald geholt wurden. „Sauer war ein Tier, für ihn bedeutete ein Menschenleben nichts - aber heute weiß ich, er half mir zu überleben." Seinen Job bei dem Lagerkommandanten behielt Bert Strauß bis Ende September 1944, dann wurde das KZ Kaiserwald aufgelöst.

Die SS trieb die Gefangenen auf ein Schiff, darunter auch Isaak, Berthold und Grete Strauß aus Gemünden/Wohra, und sie wurden von Riga über Danzig in das KZ Stutthof transportiert. Dort waren die Baracken mit jeweils 500 Menschen überfüllt, es gab eine dünne Kohlsuppe, schwere Epidemien wie Typhus und Cholera brachen aus - „Stutthof war die Hölle", berichtet Bert Strauß. Manchmal sah er seine Schwester im benachbarten Frauenlager, und sie konnte für ihn und den Vater sogar aus einem Kleiderdepot Wäsche herausschmuggeln. Bert Strauß bekam Typhus mit hohem Fieber bis zum Delirium - er weiß nicht, wer von den anderen ihm half, aber er überlebte.

Abb. 7:

Seinen Vater Isaak „Issi" Strauß, geb. am 28. Juni 1887 in Billigheim, musste Ludwig 1943 bei Evakuierung des Lagers Stutthof zurücklassen. Dieses Kennkartenfoto von 1938 ist das letzte von ihm erhaltene Bild.

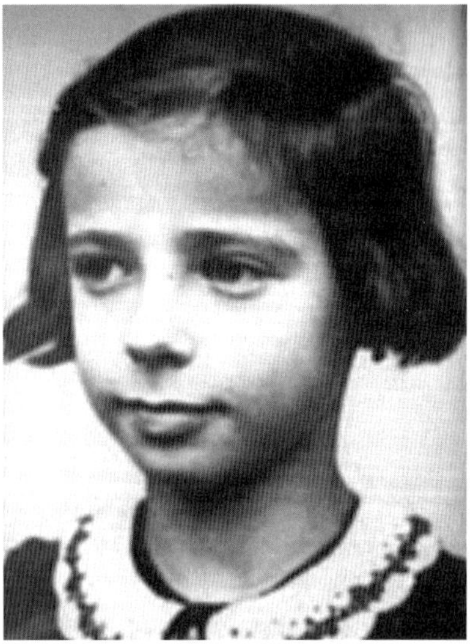

Abb. 8:

Im KZ Stutthof sah Ludwig Strauß auch seine Schwester Grete, geboren am 18.11.1926, zum letzten Mal. Bis dahin hatte er sich schützend um sie bemüht. Das Foto zeigt sie als Zwölfjährige.

Im April 1945 beschlossen die Deutschen, Stutthof zu evakuieren, weil sich die russische Armee näherte. Die Gefangenen, die nicht mehr gehen konnten, wurden in die Baracken zurück geschickt. Das war der Moment, wo Bert Strauß entscheiden musste, sich von seinem Vater zu verabschieden und ihn zurückzulassen. „Mein Vater sagte zu mir: ‚Bleib bei mir! Bleib bei mir!' Aber ich sagte: ‚Papa, ich kann nicht. Ich muss gehen.' Und ich ging. Sagte ihm auf Wiedersehen, das war der endgültige Abschied von meinem Vater."

Dann begann der für ihn albtraumhafte, später so genannte „Todesmarsch" von Stutthof in Richtung Danzig. Nur die Hälfte der Gefangenen kam lebend an - andere starben am Straßenrand oder wurden erschossen. „Kräfte in mir sagten: Du musst am Leben bleiben!" In Danzig wurde er mit 250 Personen in einen Leichter, einen Transportkahn für Kohle („Barge"), gepfercht, von dem Zugschiff mit SS-Leuten auf die Ostsee hinausgeschleppt, wo die Gefangenen fünf oder mehr Tage ohne Nahrung und Wasser ausharren mussten, bis die ersten verzweifelt begannen, Salzwasser zu trinken oder über Bord sprangen und sich das Leben nahmen. Beim Näherkommen der alliierten Kräfte flohen die SS-Bewacher und die wenigen Überlebenden aus dem Kohlentènder wurden von britischen Soldaten gerettet und in ein Hospital gebracht. „Ich werde unsere Befreiung am 3. Mai 1945 niemals vergessen! Das waren richtige Betten! Träumen wir, ist das real?" fragte er sich. „Einige meiner Freunde waren mit mir befreit. Sie waren stark genug zu überleben, aber leider nicht zu leben. Sie schon bald zu verlieren, war fast noch schlimmer."

Für Bert Strauß begann aber im Mai 1945 nun erst einmal wieder die Normalität. Er musste sich daran gewöhnen, dass er jetzt wieder auf dem Gehsteig laufen durfte und nicht mehr auf die Straße ausweichen musste, eine der vielen Demütigungen der Juden durch den Hitler-Staat. Er erholte sich, hoffte verzweifelt, dass wenigstens seine Schwester überlebt haben könnte und fuhr zurück nach Gemünden. Sein Geburtshaus hatte während des Krieges als Lager für russische Kriegsgefangene gedient und war unbewohnbar geworden, sodass er vom Bürgermeister eine Ersatzwohnung bekam. Bert diente von nun an dem Nachrichtendienst der amerikanischen Besatzungsarmee als CIC-Offizier und beteiligte sich an der Suche nach den abgetauchten Tätern des NS-Terrorsystems.

Als Bert die traurige Gewissheit hatte, dass sowohl sein Vater wie auch seine Schwester nicht überlebt hatten und allein von den Gemündener Andorn-Verwandten mütterlicherseits 24 umgekommen waren, emigrierte er 1947 in die USA. Frieda und Guste, die Schwestern seines Vaters, die bereits in New York wohnten, halfen ihm liebevoll dabei, eine neue Existenz zu gründen. „Ich kam an einem Donnerstag an und begann meinen Job schon am Montag. Raten Sie, was ich gearbeitet habe?" lacht Bert Strauß im Interview. „Ich habe Autos repariert. Das, was ich gelernt und womit ich überlebt hatte im KZ Kaiserwald bei Riga."

Aber dann holte er erst einmal seine ihm vorenthaltene Schulbildung nach, besuchte die Abendschule in New York, beendete seine automechanische Arbeit und stieg bei einem Onkel in der Fleischindustrie ein. Von 1949 bis 1951 leistete er seinen Wehrdienst bei der US-Armee, arbeitete danach selbstständig, heiratete 1958 seine Frau Jeanine und zog mit ihr nach Kalifornien. 1959 kam ihr erster Sohn Kenneth zur Welt, der heute als Professor für Molekularmedizin an der Michigan State University lehrt, und 1961 wurde Mark geboren, der als Computerspezialist in der Nähe der Eltern in Los Angeles lebte. 1989 ging Bert Strauß in Rente - „das Leben meinte es gut mit mir". Eine wichtige Lebensaufgabe sah er nun darin, anderen Menschen zu sagen, dass „der Holocaust die Wirklichkeit und nicht die Fantasie irgendwelcher Leute" war. Deshalb auch sein Engagement im Survivors-Projekt Steven Spielbergs und der Shoah-Foundation.

Abb. 9: Bert Strauß (Mitte) war zusammen mit dem Regisseur Steven Spielberg (rechts) als überlebender Zeitzeuge des Holocaust mehrmals, hier 1998, an amerikanischen High Schools zu Gast.

Abb. 10:

Zum letzten Mal besuchte Bert Strauss im August 2001 in Gemünden sein Elternhaus im Steinweg 25, mit dem sich für ihn so viele schöne Kindheitserinnerungen verbanden.

Einige wenige Male in seinem Leben kehrte Bert Strauß an seinen Geburtsort Gemünden/Wohra zurück, aber nur, um die Gräber seiner Großeltern auf dem jüdischen Friedhof zu besuchen - er vermochte nie länger als eine Nacht in Gemünden zu bleiben, zu sehr belasteten ihn die Erinnerungen, wie er uns sagte. Das letzte Mal kamen Bert und Jeanine Strauß im August 2001 für einen Kurzbesuch nach Gemünden und trafen dort zufällig mit Berts Kusine Ruth Zur, geb. Hirsch, zusammen, ebenfalls einzige Holocaust-Überlebende in ihrer Familie Andorn. Ruth war noch 1938 die Flucht über Hamburg gelungen. Sie wagte 1976 wieder den ersten Schritt von Tel Aviv zurück nach Gemünden, wo Johanna Möbus in alter Freundschaft ihr auf Lebenszeit ein Gästezimmer in ihrem Elternhaus Hainstraße 13 freihielt. Freundlich wurde auch Bert Strauß in seinem Elternhaus Steinweg 25 von den Familien Neumann/Borufka empfangen und hereingebeten.

Aber der Überlebende Bert Strauß nahm auch sehr bewusst 2001 bei seinem kurzen Besuch im Frankenberger Land die vielfältigen Versuche der Nachkriegsgenerationen wahr, durch Forschung und Gedenkarbeit an die Opfer zu erinnern, vor allem auch an die Zeiten gemeinsamen, christlich-jüdischen Zusammenlebens vor der Nazi-Barbarei. Zusammen mit seiner Frau Jeanine las Bert bei einem Besuch in Frankenberg die Gedenkplakette an der ehemaligen jüdischen Schule des Lehrers Stern in der Hainstraße, und in der Rathausschirn studierte er die Mahntafel für die Opfer des Holocaust. Auch die Tatsache, dass in Vöhl von ehrenamtlichen Bürgern eine ehemalige Synagoge wieder restauriert und mit Leben gefüllt wird, stimmte den Besucher aus den USA hoffnungsvoll.

Abb. 11: Die Mahntafel zur Erinnerung an die Opfer des NS-Regimes in Frankenberg, bei deren Einweihung 1988 die in Israel lebende ehemalige Gemündenerin Ruth Zur (rechts) das Kaddish-Gebet sprach, nahm Bert Strauss mit seiner Frau Jeanine 2001 sehr aufmerksam als öffentliches Zeichen des Gedenkens wahr.

Bert Strauß starb am 12. März 2005. Seine Frau Jeanine engagiert sich seitdem in seinem Sinne weiter in der Holocaust-Foundation.

Bildnachweis:

Abb. 1, 2, 4 - 8: Privatbesitz Jeanine Strauß

Abb. 3: Sammlung Karl-Hermann Völker

Abb. 9: USC Shoah Foundation Institute

Abb. 10, 11: Foto Karl-Hermann Völker

Die jüdische Gemeinde Höringhausen

von Heinrich Figge

Der Holocaust, die Vernichtung von etwa 6 Millionen europäischen Juden, war mehr als Auschwitz, Treblinka, Buchenwald, mehr als Reichspogromnacht, mehr als das Zerbersten von Schaufenstern jüdischer Geschäfte. Es bedeutete auch das plötzliche Verschwinden jüdischer Nachbarn, mit denen man als Kind zusammen gespielt, mit denen man gemeinsam die Schulbank gedrückt hatte, mit denen man in den Höringhäuser Vereinen war und mit denen man im Gemeinderat die Probleme des heimatlichen Dorfes diskutiert hatte. Sie waren ein wesentlicher Bestandteil des dörflichen Lebens, auch in Höringhausen. Über Nacht waren sie nicht mehr da. Grund genug, auf Spurensuche zu gehen, um für die Nachwelt festzuhalten, wer diese Menschen waren, wie sie gelebt hatten und was aus ihnen geworden ist.[1]

Wesentlicher Bestandteil des dörflichen Lebens[2]

Mehr als 200 Jahre lang gab es jüdische Familien in Höringhausen, jedoch ist aus früheren Jahrhunderten nur wenig Schriftliches überliefert. Die Juden-Matrikel beginnen mit dem Jahr 1773. Erst mit der Einführung der Standesämter (1875) sind Eheschließungen, Geburten und Todesfälle amtlich registriert worden. Im familiengeschichtlichen Teil des Ortssippenbuches sind ab 1875 alle jüdischen Familien erfasst. Soweit es möglich war, sind darin auch die Angaben der auf dem Judenfriedhof noch vorhandenen Grabsteine ausgewertet. In der wechselvollen Geschichte der Gemeinde Höringhausen haben die jüdischen Familien in den vergangenen 250 Jahren eine nicht unbedeutende Rolle gespielt. Ihre Entwicklung und ihr Wirken im dörflichen Sozialverband darf daher in der geschichtlichen Darstellung der Vergangenheit des Dorfes nicht fehlen.

Um die Jahrhundertwende 1700 sind bereits zwei Familien Grundeigentümer und haben eigene Wohnhäuser. Schon wenige Jahre später

[1] Zurückgreifen konnte ich bei meinen Nachforschungen auf Vorarbeiten der Höringhäuser/innen Anneliese Laartz, Friedrich Sauer und der WLZ - Mitarbeiterin Ursula Wolkers.

[2] Mit Auszügen aus dem Höringhäuser Ortssippenbuch, 1975.

taucht bei den jüdischen Namen der Zusatz auf: „Schutz Jud". Dies waren Personen jüdischen Glaubens, die mit besonderen Privilegien des Hessischen Landgrafen ausgestattet waren und die im hessisch-darmstädtischen Territorium (Herrschaft Itter) wohnen und Handel treiben durften.

Im Lehnsbrief der Wölffe von Gudenberg vom 10. Juni 1749 sind die Abgaben der Juden an die Standesherren aufgeführt: „Das Judenschutzgeld, von jedem jährlich 3 Schilling, 22 Albus und 4 Heller. Jede jüdische Familie muss zu Neujahr 1 1/2 Pfd. feinen weißen Zucker und alle Jahre einen Kalbsbraten zu 7 1/4- bis 8 Pfund, sowie alle Zungen von geschlachtetem Rindvieh, außerdem das Begräbnisgeld, nehmlich von einem Großen wenn er stirbt 1 Schilling und 15 Albus, von einem Kinde 22 Albus".

Bau der Synagoge

Ein verstärkter Zuzug jüdischer Familien setzte nach dem Jahre 1750 ein. Ab 1780 mussten sie auch an die Gemeinde ein Einzugsgeld in Höhe von 16 Gulden und 15 Albus entrichten. Nach den Heberegistern der Gemeinde hatten sich im Jahre 1783 bereits 24 jüdische Familien hier niedergelassen.

Die erste Synagoge wurde im Jahre 1792 auf dem heutigen Grundstück Wilh. Sauer erbaut. Sie musste aber bereits im Jahre 1851 abgebrochen werden, nachdem sie wegen Baufälligkeit polizeilich geschlossen worden war. Die zweite Synagoge (heute Grundstück der Raiffeisenkasse) mit der damaligen Haus-Nr. 59 war im Jahre 1845 Wohnhaus der jüdischen Familie Freudenstein Simon. Im Jahre 1852 wurde das Wohnhaus abgebrochen, zwei Jahre später wurde das gesamte Grundstück von der Judenschaft Höringhausen erworben und eine neue Synagoge darauf errichtet. Bis zum Jahre 1937 diente das Gebäude als Synagoge und Schule, wurde aber dann von der Raiffeisenkasse Höringhausen erworben.[3]

---

[3] Der Türsturz der ehemaligen Höringhäuser Synagoge ist noch erhalten. Er wird im Heimatmuseum aufbewahrt: Die erste Zeile ist nicht entzifferbar; wahrscheinlich handelt es sich um einen Psalmtext. 2. Zeile: Die Pforte Gottes durch die die Gerechten gehen werden. 3. Zeile: Die Synagoge wurde errichtet am Ende des Jahres. 4. Zeile: (Das dem christl. Jahr 1851 entsprechende jüdische Jahr) (evtl. Name des Erbauers). Übersetzer beider Texte: Shoshana Regev, Ramat Gan, und Ernst Loewenberg, Givatayim, beide Israel.

Abb. 1:

Die zweite Synagoge von Höringhausen nach dem Verkauf an die Raiffeisenkasse und kurz vor dem Umbau

Abb. 2:

Eingezeichnet ist das Bankgebäude nach dem Umbau.

Abb. 3:

1989 wurde das Gebäude abgerissen und ein etwas kleinerer Neubau erstellt. An diesem wurde diese Gedenktafel angebracht.

Die jüdische Schule

Schulisch waren die jüdischen Kinder allen anderen Dorfkindern gleichgestellt. Sie besuchten bis zum Jahre 1880 die Schule des Dorfes, und es gab nur einen Unterschied in der Religionserteilung. Der Religionsunterricht wurde von einem Rabbiner, der von außerhalb kam, in der Synagoge erteilt. Letzteres war überhaupt der einzige Unterschied im dörflichen Zusammenleben.

Nach einem Vermerk waren im Jahre 1839 fast die Hälfte aller Schulkinder Juden.[4] Bereits um die Mitte des 19. Jahrhunderts hat es eine jüdische Schule mit eigenem jüdischen Lehrer gegeben. Diese Schule wurde ebenso wie die christliche Schule jährlich durch die

4 Friedrich Sauer, Waldeckische Ortssippenbücher, Band 15, Höringhausen, 1975.

Bezirksschulkommission Vöhl visitiert. Sie ist aber später wieder eingegangen, weil die jüdische Gemeinde keinen Lehrer hatte. Erst im Jahre 1880 stellte sie wieder einen eigenen Lehrer ein und alle jüdischen Kinder wurden aus der Dorfschule entlassen. Häufig unterrichteten auch jüdische Lehrer an der Dorfschule.

Händler und Gewerbetreibende

Höringhausen war am Ende des 18. Jahrhunderts ein rein bäuerliches Dorf mit 19 Ackerleuten und 39 Köttern und einer Anzahl Handwerkern, deren Zahl durch die bäuerliche Bevölkerung bestimmt war. Es war damals noch alles auf Selbstversorgung zugeschnitten. Nahrungsmittel, meist aus eigener Erzeugung, sowie Kleidung aus Flachs und Wolle waren das Wirtschaftsziel der Einwohner. Der Zuzug zahlreicher jüdischer Familien, die unter landesherrlichem Schutz dem Handelsgewerbe nachgingen, hatte zur Ausbildung eines ungewöhnlich starken Händlerstandes geführt. Sie kauften überschüssige Produkte der Ackerleute und Kötter und versorgten diese wiederum mit Gütern des täglichen Bedarfs. Viele begannen als Lumpensammler und Hausierer und erweiterten in kurzer Zeit ihre händlerischen Tätigkeiten auf einträglichere Geschäfte, vornehmlich Vieh- und Fruchthandel mit Niederlagen, Ellwaren, Kram- und Kurzwaren, Branntwein, Woll- und Häutehandel. Nicht wenige gewährten der bargeldlosen bäuerlichen Bevölkerung Kredite und betätigten sich als Geldverleiher und Gütermakler. Interessant ist ein Verzeichnis der Gewerbetreibenden in Höringhausen aus dem Jahre 1865: Von den darin eingetragenen 65 Gewerbetreibenden, einschließlich der Mitarbeiter und Gehilfen, gehörten 33 zur jüdischen Gemeinde, unter ihnen ein Schuhmacher, ein Küfer und 7 Metzger. Außer dem Schuhmacher und Küfer übten alle mehrere Gewerbe gleichzeitig aus.

Um die Mitte des 19. Jahrhunderts, als die Fron- und Dienstpflicht aufgehoben wurde und die damit verbundenen Ablösungen der Zehnten usw. (teilweise mit dem 20-fachen Jahresbetrag) wirksam wurden, entstand eine große Geldknappheit und damit begann für den Handel eine Blütezeit. Die in der Herrschaft Itter ansässigen jüdischen Händler übten ihre Tätigkeit auch in den umliegenden waldeckischen Dörfern aus, wo sie sich nur tagsüber aufhalten durften. In Waldeck war es nur verhältnismäßig wenigen Schutzjuden gestattet, sich niederzulassen und einem Gewerbe nachzugehen. Im Jahre 1804 wurde in Waldeck der „Leibzoll“ aufgehoben, erst 10 Jahre später das „Judenschutzgeld“. Den Juden wurde aber immer noch die Zulassung zum Bürgereid versagt. In Korbach sind z.B. im Jahre 1849 die ersten Juden im Bürgerbuch verzeichnet, also 150 Jahre später als in Hessen-Darmstadt. Nach den Heberegistern der Gemeinde Höringhausen hatten sich im Jahre 1783 bereits 24 jüdische Familien niedergelassen. Im Jahre 1856 gab es 26 jüdische Familien mit 152 Einwohnern im Dorf, von denen 25 eigene Wohnhäuser besaßen. Kennzeichnend für ihre wirtschaftliche Lage war, dass sie nicht nur eine eigene Synagoge mit Schule bauten (die Baukosten betrugen 5.627 Schilling), sondern darüber hinaus einen eigenen Friedhof anlegten und ein Badehaus für die jüdischen Frauen bauten. Im Jahre 1840 betätigten sich bereits sechs jüdische Gewerbetreibende - neben ihrer Händlertätigkeit - als Schlachter, 1867 sind es acht jüdische Metzger am Ort, die auch gleichzeitig für jüdische Familien in Waldeck die Viehschlachtungen ausführten.

Um die Mitte des 19. Jahrhunderts trat für einen großen Teil der Dorfbewohner eine Verschlechterung der wirtschaftlichen Verhältnisse ein, während fast alle jüdischen Familien in gesicherter Position lebten. 24 der 28 jüdischen Familien besaßen ein eigenes Haus und eigenes Land. Dagegen wohnten nur 2/5 der übrigen Einwohner in einem eigenen Haus. Unter den fast 180 Auswanderern im 19. Jahrhundert befand sich nur der jüdische Färber Salomon Goldenberg. Die jüdischen Familien waren fast alle in den Besitz einiger Morgen Land und Wiesen gekommen. Damit erhielten sie auch die Berechtigung an der Nutzung der Gemeindewiesen und sogar der Gabeholz- Waldungen. Sie waren vollberechtigte Einwohner des Dorfes und bekleideten gelegentlich gemeindliche Ehrenämter (Gemeinderäte). Noch zu Beginn des 20. Jahrhunderts war viele Jahre ein jüdischer Einwohner Gemeinderatsmitglied. Während des Neubaues des evangelischen Pfarrhauses in den Jahren 1856 bis 1857 wohnte der damalige Pfarrer in der Zeit vom 8.5.1856 bis 25.10.1857 im Hause der jüdischen Familie Hirsch Lazarus.

Bereits Anfang des 19. Jahrhunderts dienten mehrere Söhne jüdischer Eltern als Soldaten in hessischen Regimentern. Am 1. Weltkrieg nahmen mehrere jüdische Einwohner, die bereits vorher aktiv gedient hatten, teil. Einer von ihnen hatte es zum Offizier gebracht. Zwei Juden des

Dorfes sind im 1. Weltkrieg gefallen. Alle, soweit sie Soldat gewesen waren, gehörten dem örtlichen Kriegerverein an. Der jüdische Einwohner Markus Lazarus, geb. am 5.6.1826 in Höringhausen, gest. am 16.8.1907, war Veteran des deutsch-französischen Krieges 1870/71 und gehörte zu den Gründern des hiesigen Kriegervereins und stiftete auch dem Verein die Fahne. Wenige Monate vor seinem Tode, am 27.5.1907 vermachte er der hiesigen jüdischen und der evangelisch-politischen Gemeinde je 9.000 Mark durch Schenkung, mit der Zweckbestimmung „für Arme, Kranke und sonstige gute Zwecke". Er war kinderlos, verheiratet und vermögend. Seine Beerdigung am 30. Mai 1907 erfolgte mit allen militärischen Ehren, unter Beteiligung einer Musikkapelle des Inf. Rgt. 167 in Kassel, einer Ehrensalve von sechs ehemaligen Soldaten, und einer großen Trauergemeinde aus dem Dorf.

Christian Emden, geb. am 7. Januar 1833 in Neerdar, verwaltete ab 1866 für Emil Graf das ehemalige Gut der Wölffe von Gudenberg in Höringhausen. Er schreibt in seinen Lebenserinnerungen: „Emil Graf befand sich fortlaufend in großer Geldverlegenheit. Diese Worte finden später in diesen Erinnerungen ihre Bestätigung. In diesen, wie auch in allen anderen Zeiten hat sein alter Hofjude Markus Lazarus ihm die größten Dienste geleistet". Im Jahre 1867 hatte die Jüdische Gemeinde mit 29 Familien und fast 180 Einwohnern ihren höchsten Stand erreicht. Mit Beginn der industriellen Entwicklung verlegten bereits mehrere jüdische Familien ihren Wohnsitz in größere Städte, weil sie dort ihre kaufmännischen Fähigkeiten besser einsetzen konnten als auf dem Lande. Bis zum 1. Weltkrieg hatten fast alle Familien neben eigenen Wohnhäusern auch Grundbesitz, den sie durch einheimische Landwirte bebauen ließen (Saat und Ernte). Alle hatten dazu eigene Geschäfte aller Art. Über zwei Generationen hinweg, bis zum Jahre 1937, gab es im Dorf eine jüdische Gastwirtschaft.

Änderung der politischen Verhältnisse

Im Jahre 1925 waren noch acht jüdische Familien, insgesamt 30 Einwohner, in Höringhausen ansässig. Die politischen Verhältnisse änderten sich. Im dörflichen Zusammenleben traten zunächst keine Änderungen ein. Als sich jedoch die antijüdischen Maßnahmen verstärkten, wurden die jüdischen Geschäfte mehr und mehr gemieden, sodass die Besitzer gezwungen waren, sie nach und nach aufzugeben. Da zwar alle eigene Häuser besaßen und außer zwei Familien auch alle Grundbesitz hatten, konnten sie sich teilweise ohne einen Verdienst im Dorf halten. Im Jahre 1936 verkaufte die jüdische Familie Albert Bernhard Rosengarten ihren Besitz und verließ das Dorf, nachdem die Mutter der Familie im Jahre 1932 verstorben war. Der älteste Sohn dieser Familie hat den Zweiten Weltkrieg als Soldat mitgemacht und lebt seitdem in Wiesbaden. Der Vater hat nach dem Kriege das Dorf wieder besucht, ebenso war die Tochter, die mit ihrer Familie in Israel lebt, in Höringhausen zu Besuch. Einer Gedenktafel am Grabe der Mutter auf dem hiesigen jüdischen Friedhof zufolge ist ein Sohn im Konzentrationslager Buchenwald gestorben. Zu dieser Familie bestehen heute noch Verbindungen im Dorf. Im Jahre 1937 sind vier Familien im Meldebuch der Gemeinde abgemeldet worden und verzogen. In den Jahren 1934 bis 1937 starben in Höringhausen weitere vier ältere jüdische Einwohner. Eine Familie war nach England ausgewandert; ein Sohn besuchte vor einigen Jahren seine alte Heimat.

Ausschreitungen gegen die jüdischen Einwohner, auch nicht in der sogenannten Kristallnacht, sind in Höringhausen nicht vorgekommen, aber zwei Höringhäuser Juden wurden auswärts so misshandelt, dass sie kurz darauf starben (vgl. das Kapitel „Zeitzeugen berichten"). Die Synagoge wurde bis zum Jahre 1937, in dem sie in den Besitz der Raiffeisenkasse überging, als solche noch von den wenigen hier noch ansässigen jüdischen Einwohnern benutzt. Sie ist niemals beschädigt worden, so dass sie am Kriegsende sofort von Flüchtlingsfamilien als Wohnraum benutzt werden konnte.

Letzter jüdischer Einwohner im Dorf war Menko Löwenstern. Nach dem Tode seiner Frau im Jahre 1924 führte ihm seine Nichte, Katinka Löwenstern, den Haushalt, weil die Ehe kinderlos geblieben war. Sie überredete ihn, das Dorf zu verlassen (obwohl man ihm - auch seitens der Partei - zugesichert hatte, ihn unbehelligt seinen Lebensabend im Dorf verbringen zu lassen). Menko Löwenstern genoss im Dorf besonderes Ansehen; er war viele Jahre im Gemeinderat und im Vorstand des dörflichen Kriegervereins tätig. Er starb am 12.1.1941 in Frankfurt (Main).

Einzelschicksale: Familie Adler

von Anneliese Laartz

In den Unterlagen des Standesamtes Höringhausen finden sich folgende Daten der Familie Adler: Baruch Adler und Liebchen Böhm heirateten am 20. Februar 1852. Das Ehepaar hatte 10 Kinder u.a. den Sohn Schafti, * 25. Dezember 1856. Schafti heiratete am 13. Oktober 1890 Rosalie Steßmann, geb. in Siedlinghausen. Das Ehepaar hatte 7 Kinder: Isaak, *4. Dezember 1892; Ricka, *22. Februar 1894; Hermann, *12. September 1895; Moses, *3. November 1896; Alfred, *28. Oktober 1900; Liebchen Lucie, *28. April 1902; Paul, *3. Oktober 1903.

Schaftis Frau Rosa starb im Alter von 64 Jahren. Er heiratete ein zweites Mal. Seine Frau Amalie, geb. Hertz, kam aus Dorsten. Die Hochzeit fand nicht in Höringhausen statt, sodass keine Daten vorliegen.

Die Adlers handelten mit Blech- und Altwaren. Sie hatten Landbesitz auf der Beiwitz, auf dem Krautgarten und an der Straße nach Nieder-Waroldern.[5] Zudem besaßen sie ein Haus in der Berghöfer Straße, das heute im Besitz von Karl-Heinz Pfeiffer ist. Die Scheune wurde inzwischen abgerissen.[6] Bertha Pfeiffer, Höringhausen, erzählt über Schafti Adler: „Der war immer ganz besonders nett zu uns Kindern. Wir sammelten am Bahnhof das Blei ein, das beim Entplomben der Waggons auf die Erde gefallen war. Dafür bekamen wir bei Schafti Adler ein paar Groschen".[7]

Das Ehepaar stellte schon 1938 einen Ausreiseantrag nach Holland, dort wohnte eine Tochter. Der Antrag wurde abgelehnt und die Reisepässe nicht verlängert. Erst 1939 erhielten sie die Ausreisegenehmigung. Schafti, Amalie und Sohn Paul Adler wanderten am 4. September 1939 nach Holland aus.[8] Amalie und Schafti Adler wohnten im April 1941 in Gouda, Niederlande, in einem Altenheim unter der Adresse Oosthaven

---

5 Vortrag Anneliese Laartz am 11.2.1998 und 18.4.1999 in Höringhausen.

6 Ebenda.

7 Ursula Wolkers, „Christen und Juden lebten in guter Nachbarschaft", Waldeckische Landeszeitung vom 13.7.1999.

8 Auskunft des Oberbürgermeisters der Stadt Kassel vom 15.9.1949 auf der Basis einer vom Landesfinanzamt Kassel im Dezember 1942 ausgestellten Urkunde (Internationaler Suchdienst Bad Arolsen).

31, Gouda. Diese Einrichtung war 1841 als jüdisches Armenhaus für ältere Menschen errichtet worden; 1892 wurde es an die neue Adresse verlegt. Am 9. April 1943 wurde das Altenheim aufgelöst; die Bewohner und das Personal wurden in das KZ Westerbork gebracht.[9] Amalie und Schafti Adler wurden am 20. Juli 1943 mit einem Transport von 2.023 Jüdinnen und Juden von Westerbork nach Sobibor deportiert. Am 23. Juli erreichte der Zug das Ziel. Wahrscheinlich wurden alle Insassen noch am selben Tag in den Gaskammern umgebracht.

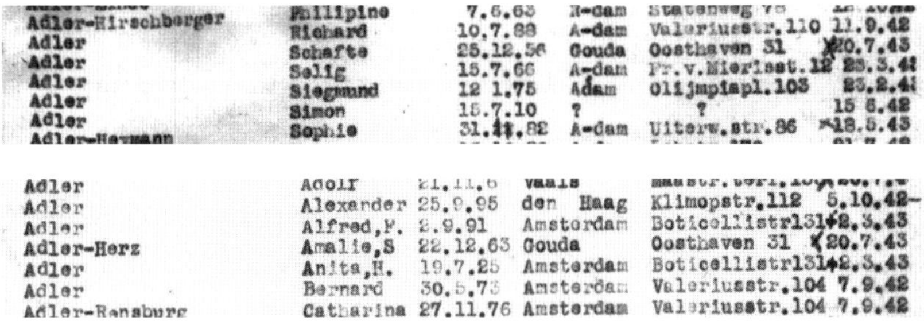

Adler-Hirschberger	Philipine	7.6.63	A-dam	[illegible]	[illegible]
Adler	Richard	10.7.88	A-dam	Valeriusstr.110	11.9.42
Adler	Schafte	25.12.56	Gouda	Oosthaven 31	X20.7.43
Adler	Selig	15.7.66	A-dam	Fr.v.Mierisst.12	23.3.43
Adler	Siegmund	12 1.75	Adam	Olijmpiapl.103	23.2.43
Adler	Simon	15.7.10	?	?	15 6.42
Adler	Sophie	31.11.82	A-dam	Uiterw.str.86	18.5.43
Adler	Adolf	21.11.6	Vaals	[illegible]	[illegible]
Adler	Alexander	25.9.95	den Haag	Klimopstr.112	5.10.42-
Adler	Alfred,F.	2.9.91	Amsterdam	Boticellistr131	+2.3.43
Adler-Herz	Amalie,S	22.12.63	Gouda	Oosthaven 31	X20.7.43
Adler	Anita,H.	19.7.25	Amsterdam	Boticellistr131	+2.3.43
Adler	Bernard	30.5.73	Amsterdam	Valeriusstr.104	7.9.42
Adler-Rensburg	Catharina	27.11.76	Amsterdam	Valeriusstr.104	7.9.42

Abb. 4: Auszüge aus den Deportationslisten des Lagers Westerbork: Genannt werden die Namen von Amalie und Schafti Adler, die Adresse in Gouda und das Deportationsdatum. Quelle: Internationaler Suchdienst Bad Arolsen

Was aus Paul Adler wurde, ist bisher nicht bekannt, doch ist anzunehmen, dass er nicht in den Niederlanden blieb, sondern in ein anderes Land auswanderte, eventuell nach England.

Sohn Alfred Adler stellte 1938 ebenfalls einen Ausreiseantrag. Dieser wurde abgelehnt, weil der Reiseantrittstermin noch nicht feststand, auch Alfred wurde der Reisepass zunächst nicht verlängert. Erst im April 1939 verlud er unter Aufsicht sein Gepäck - eine Kiste - und reiste nach England aus. Tochter Ricka Adler arbeitete in Berlin als Hausdame bei dem Buchdruckereibesitzer Bernhard Kugelmann. Als dessen Ehefrau starb, wurde Ricka am 22. März 1922 seine zweite Frau. Aus erster Ehe gab es 2 Söhne; die gemeinsame Tochter Miriam wurde am 17. Juli 1923 geboren. Die Familie emigrierte zunächst nach Holland, später nach England, wo sie den Krieg überlebte. Miriam arbeitete später von der Schweiz aus. Die Söhne Moses und Isaak Adler nahmen

---

[9] Informationen über den Aufenthalt in den Niederlanden: Digital Monument to the Jewish Community in the Netherlands: http://www.joodsmonument.nl/person/460959 und http://www.joodsmonument.nl/person/460960.

am 1. Weltkrieg teil und starben. Ihre Daten sind am Ehrenmal zu lesen. Mehrere Mitglieder der Familie Adler wanderten in den dreißiger Jahren über Holland nach England und Südamerika aus.

Nach dem Krieg

Am 4. September teilte der Höringhäuser Bürgermeister dem Landrat mit, dass Schafti Adler 1933 in Höringhausen ansässig gewesen und später mit Frau Amalie nach Holland verzogen sei. „In der Wiedergutmachungssache der Juden Isidor Katzenstein und Schafti Adler musste die Gemeinde [Höringhausen] für erworbene Grundstücke nochmals 900 - und 1200.- DM an die Irso [Jewish Restitution Successor Organization] zahlen".[10]

Schafti Adler hatte eine Enkeltochter namens Miriam Brasloff, die nach Höringhausen gekommen war und sehen wollte, wo und wie ihre Vorfahren gelebt hatten. Die Eltern von Miriam Brasloff sind bisher nicht bekannt.[11] Die Scheune der Adlers wurde erst in den 1980er oder -90er Jahren abgerissen. Eine Kiste mit Schrifttum der Höringhäuser Juden ging dabei verloren.

Einzelschicksale: Hermann Katzenstein

von Heinrich Figge

Ein jüdischer Mitbürger von Höringhausen war Hermann Katzenstein. Außer mit Fellen handelte er mit Leder und Schuhen und betätigte sich als Makler. Er verkaufte u.a. Schwagers Hof (Restgut der Wölffe von Gudenberg) und Ländereien der Gutspächterfamilie Schoch, die lange Jahre das Fürstliche Hofgut (Solms-Lich) in Höringhausen gepachtet hatten. Er war Mitglied im Höringhäuser Gemeinderat und im Handwerker- und Gewerbeverein. Hermann Katzenstein wurde am 10.06.1868 geboren und war verheiratet mit Frieda Katz, *12.05.1874 in Eiterfeld. Das Ehepaar hatte drei Kinder, Arthur, *16.07.1899, gest. am 30.09.1899, Irma, *16.07.1900, verh. mit dem Seifenfabrikant Hugo Wolf

[10] Tätigkeitsbericht von Bürgermeister Schubert 1948-1950.

[11] Vortrag Anneliese Laartz 1998/99 (Anm. 5).

in Schlüchtern, und Martha, *01.06.1902, verh. mit dem Textilkaufmann Sally Markhoff, der im heutigen Haus Manhenke in Korbach seine Waren verkaufte. Unter den Höringhäuser Juden stand sich Hermann Katzenstein am besten. Außerdem war er der erste Höringhäuser, der ein eignes Auto fuhr, und er hatte, was damals eine Seltenheit war, ein richtiges Badezimmer in seinem Haus. Seine Frau Frieda soll eine gute Mitgift mit in die Ehe gebracht haben und sogar mit der Bankiersfamilie der Rothschilds verwandt gewesen sein. Hermann Katzenstein haben die Zeitzeugen Bertha Pfeiffer und Marie Frese in ihren Jugendjahren als sehr freundlichen Mann kennengelernt, der vielen geholfen habe.

Im Februar 1936 wurde Hermann Katzenstein aufgelauert. Er wurde schwer misshandelt und zusammengeschlagen. Als Täter vermutete man einen Mann aus einem Nachbarort, der auf diese Weise eine private Rechnung begleichen wollte. Hermann Katzenstein starb am 12. Februar 1936. Er ist der letzte Jude, der auf dem Höringhäuser Friedhof bestattet wurde. Die jüdischen Beerdigungen wurden von den anderen Dorfbewohnern aufmerksam verfolgt, weil sie sich sehr von den christlichen Sitten und Gebräuchen unterschieden. Bertha Pfeiffer erinnert sich, dass die Särge nur aus einfachstem Fichtenholz zusammengezimmert waren und dass nur Männer mit zum Friedhof gingen. Am meisten hat sie jedoch der Brauch verwundert, dass man einem Sarg, der aus dem Hause getragen wurde, einen Eimer Wasser hinterher schüttete.

Hermann Katzensteins Tochter Irma hatte – wie erwähnt – in den 20er Jahren den Seifenfabrikanten Hugo Wolf aus Schlüchtern geheiratet. Das Ehepaar hatte keine eigenen Kinder und adoptierte deshalb ein Mädchen namens Judith. Bevor sie im September 1938 nach Palästina emigrierten,[12] verkaufte Hugo Wolf als Bevollmächtigter der Erben das Haus in Höringhausen an Heinrich Krummel und dessen Braut Luise Oesterling, die gerade heiraten wollten. Aus zwei Schreiben des Hugo Wolf an die Braut geht hervor, dass dieser Kauf nicht unter Druck geschah. In dem einen Brief fordert Wolf Luise Oesterling auf, dafür Sorge zu tragen, dass Heinrich Krummel den Termin beim Notar tatsächlich wahrnimmt, in dem anderen will er ein Stück Land an Heinrich Krummel verpachten; außerdem erinnert er an eine noch ausstehende Restzahlung.[13]

[12] Zu Irma Wolf, geb. Katzenstein: Christine Wittrock, Saubere Geschäfte, weiße Westen und Persilscheine. Die Geschichte der Seifenfabrikanten in Schlüchtern und Steinau seit 1825, Hanau 2002, S. 122ff.

[13] Privatarchiv Heinrich Figge.

Sehr aussagestark ist in diesem Zusammenhang ein Brief, den Irma Wolf, geb. Katzenstein, am 1. Dezember 1947 - also nach Krieg und Holocaust - von Palästina aus an Luise Krummel schrieb. Wir erfahren einiges über das Leben und die Arbeit der Ankömmlinge in diesem Land.

d.1.12.1947

Liebe Luise Krummel,

Deinen Brief vom 6. November 1947 schickte mir Marta heute ein u. ich will ihn gleich beantworten.

Es tut mir sehr leid, dass Du deinen lieben Mann verloren hast, er war so ein anständiger und arbeitsamer Mensch. Es ist schade um ihn! Anbei die gewünschte Bescheinigung, beglaubigt von unserem Bürgermeister. Ich hoffe damit sind Deine Sorgen in dieser Angelegenheit behoben. Es geht uns allen gut. Martas Junge „Jakob" ist schon 13 Jahre alt, ein sehr netter Junge. Wir leben in einem Dorf u. haben eine Farm. Wenn in Höringhausen die Leute nur halb soviel Zusammenhang gehabt hätten wie hier, wären nicht so viel Menschen so arm gewesen.

Nun wächst natürlich hier alles viel rascher, man wird gut beraten, es macht Freude zu sehen, wie sich alles entwickelt. Wir haben jetzt schon einen großen Kuhstall und zwischen 800 - 1000 Legehennen. Unser Zitronenwald hat 330 Kisten gebracht u. Apfelsinen müssen z. T. sogar an die Kühe verfüttert werden, die Kühlhäuser sind voll-

Die Ware fürs Ausland packen wir nicht selbst, die werden in Lastautos zu einer Sammelstelle gebracht, u. dort gepackt. Wir haben noch Äpfel. Es ist zwar Regenzeit, aber meist regnet es Nachts u. am Morgen ist schon die Sonne wieder da. In die Stadt kommen wir selten, obwohl sie nicht weit entfernt ist, dagegen fahren wir an jedem Sonnabend im Sommer gemeinsam mit den Kindern, in unserem Lastauto, ans Meer. Um 1 Uhr ist man dann zurück.

Unsere Arbeit ist schwer, aber sie macht uns Freude. Bis vor 1 Jahren haben wir, außer der Pflugarbeit, alles allein gemacht, aber jetzt ist die Farm zu groß. Wir haben allein 150 - 200 Liter Milch am Tag. Die geht jeden Morgen mit dem Auto in die Stadt, tagsüber ist sie in unserer Molkerei in einem Tank u. wird tief gekühlt. Hier wohnen sehr nette Leute. Wir kamen mit wenig Geld u. man hat uns durch Anleiten und Rat u. Tat geholfen. Bitte grüße Postillons von uns. Marta u. ich grüßen Dich vielmals,

Deine Irma Wolf - Katzenstein

Herzliche Grüße für Hegers.

Abb. 7: Brief von Irma Wolf-Katzenstein an Luise Krummel vom 1.12.1947, Abschrift H. Figge

In der im Brief erwähnten Bescheinigung erklärt sie ihren Verzicht auf irgendeine weitere Zahlung für Haus und Grundstück.

Irmas Schwester Martha Markhoff, geb. Katzenstein, schrieb in einem Brief: „Ich habe am eigenen Leib erfahren wie Ungerechtigkeit tut und möchte nicht, dass Jemand durch uns welche erleidet." Die Briefe der Erben von Hermann Katzenstein waren in keiner Weise von den unverzeihlichen und nicht wieder gutzumachenden Verbrechen an den europäischen Juden und von den großen Ungerechtigkeiten geprägt, die an ihren Familien begangen worden waren.

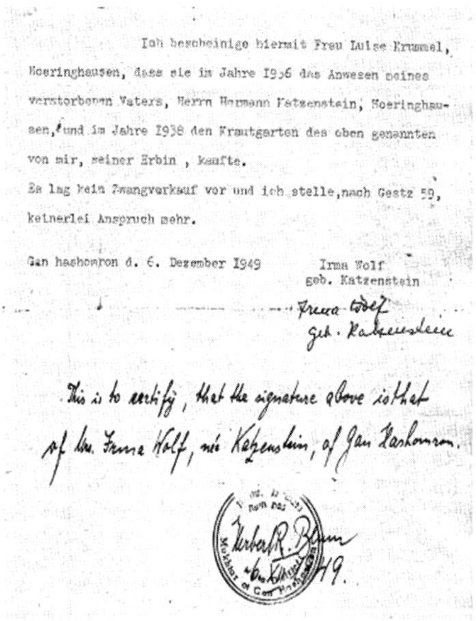
Ich bescheinige hiermit Frau Luise Krummel, Hoeringhausen, dass sie im Jahre 1936 das Anwesen meines verstorbenen Vaters, Herrn Hermann Katzenstein, Hoeringhausen, und im Jahre 1938 den Krautgarten des oben genannten von mir, seiner Erbin, kaufte.
Es lag kein Zwangverkauf vor und ich stelle, nach Gestz 59, keinerlei Anspruch mehr.

Gan hashomron d. 6. Dezember 1949

Irma Wolf
geb. Katzenstein

Irma Wolf
geb. Katzenstein

This is to certify, that the signature above is that of Mrs. Irma Wolf, née Katzenstein, of Gan Hashomron.

Abb. 5:
Bescheinigung von Irma Wolf-Katzenstein für Luise Krummel über den Verkauf der Besitzungen ihres Vaters vom 6.12.1949

Irma Wolf
Gan Hashomron /Rackiu 3. XII. 49
Israel

Liebe Luise,

ich danke Dir sehr für Deinen Brief vom 23. Okt., der erst jetzt zu mir kum, vielleicht bei der Zensur aufgehalten, obwohl das aus dem Stempel nicht ersichtlich war. Ich will Dir nun gleich die gewünschte Bescheinigung schicken, beglaubigt von unserer Dorfbehörde, bei uns hat die Polizei andere Funktionen u. ist dafür nicht zuständig.

Du u. Deine Kinder - Ihr habt nun die schwersten Jahre hinter Euch, betet darum, dass es nicht wieder Krieg gibt u. alles sich wieder aufwärts entwickeln kann. Wir wohnen 400 Meter von der Grenze u. das war am Anfang als nun Palästinensische Araber, die unsere guten Bekannten sind, die waren garnicht schlimm. Dann hat man aber die ganzen umliegenden Dörfer evakuiert, die Armen sitzen noch heute in Camps u. hat Soldaten hingetan, sie hatten viele deutschen Offiziere, es wurden später dauernd welche gefangen u. die haben dann ganz nett in der Gegend herum geschossen, wir haben also manches mal im Unterstand gesessen - später hat dann unsere Armee alles erobert u. gesäubert.

Wir sind also heil u. gesund davon gekommen, nur sind leider die Jungen u. Besten verwundet, einige gefallen, viele noch garnicht zu Hause. Das ist wohl in jedem Krieg, dass das alte Gerümpel übrig bleibt. Unser Dorf ist sehr gewachsen, wir haben schon einige Traktoren mit allen Geräten.

Grüße für die ganze Nachbarschaft bes. Hegers u. Eierdeys.

Wie geht es Mariechen?

Brief von Irma Wolf-Katzenstein an Luise Krummel vom 3.12.1949, Abschrift H. Figge

Rechtsanwalt
Dr. jur. K. Hartmann
Eing. 28. AUG. 1950

Liebe Luise, ich danke Ihnen sehr für Ihren lieben Brief u. hoffe, dass nun mit der Bescheinigung alles für alle in Ordnung kommt. Ich habe keinen Brief vorher erhalten, vielleicht war das als noch Krieg war, jetzt geht schon lange keine Post mehr verloren. Ich habe wirklich von Deutschland kein Geld mehr mitnehmen können u. nur dadurch dass meine Schwester u. gute Freunde von uns schon früher hier waren u. uns helfen konnten, haben wir aufgebaut. Aber dafür könnt Ihr ja nichts und sollt auch nicht darunter leiden. Ich habe am eigenen Leib erfahren wie Ungerechtigkeit tut u. möchte nicht, dass Jemand durch uns welche erleidet.

Grüßen Sie bitte alle Nachbarn u. Eierdeys herzlich.

Brief von Martha Markoff, geb. Katzenstein, an Luise Krummel, Eingang 28.8.1950, Abschrift H. Figge

Zeitzeugen erzählen

von Heinrich Figge

„Christen und Juden lebten in guter Nachbarschaft", unter diesem Titel berichtete Ursula Wolkers in der Waldeckischen Landeszeitung vom 13.09.1999 über das freundschaftliche Miteinander von Christen und

Juden in Höringhausen. Befragt hatte Frau Wolkers die Zeitzeugen Bertha Pfeiffer, geb. Figge, Jahrgang 1913, und Marie Frese, geb. Frese, Jahrgang 1914. Beide sind inzwischen verstorben. Sie waren in einer Zeit aufgewachsen, als in Höringhausen christliche und jüdische Familien noch in guter Nachbarschaft miteinander lebten. Zu ihren Schulkameradinnen gehörten zwei jüdische Mädchen, Gerti Kohlhagen und Johanna Rosengarten, mit denen sie gemeinsam gelernt und gespielt hatten und an die sie sich noch gut erinnern konnten. Auch Anneliese Laartz, Tochter der zum Zeitpunkt des Interviews schon verstorbenen Anna Schluckebier, hat viel von ihrer Mutter über das freundschaftliche Verhältnis von Christen und Juden im damaligen Höringhausen gehört.

Adlers Alpen

Vor mehreren Jahren kam eine Dame aus der Schweiz, Miriam Brasloff, die Nachrichten über ihre jüdischen Vorfahren aus Höringhausen erfahren wollte, zum vorerwähnten Ehepaar Schluckebier. Die Befangenheit und Nervosität auf allen Seiten war sehr groß, bis sich herausstellte, dass die Besucherin eine Enkeltochter des Höringhäusers Schafti Adler war, der in einem Haus in der Berghöfer Straße gewohnt und einen Handel mit Blech- und Altwaren, später auch mit Kohlen betrieben hatte. Die Familie Adler besaß auch einige Ländereien auf dem Piwitz, auf dem Krautgarten und ein Stück Wald an der Straße nach Nieder-Waroldern. Die Flurbezeichnung „Adlers Alpen" auf dem Waldstück, das den merkwürdigen Namen „Die Hose" trägt, weist noch heute auf die früheren Besitzer hin. Die Schluckebiers erzählten Frau Brasloff von ihren persönlichen Erinnerungen an ihre Großeltern und die übrigen jüdischen Familien in Höringhausen und das Eis war bald gebrochen. Dieses Erlebnis und die Erzählungen ihrer Mutter, die häufig ihre jüdischen Schulfreundinnen erwähnte, brachte Anneliese Laartz dazu, sich eingehend mit den jüdischen Familien in Höringhausen zu befassen. Sie hat inzwischen einige Vorträge über das Thema gehalten, erfährt aber an diesem Vormittag durch die Berichte der beiden alten Damen noch viele lebendige Einzelheiten aus erster Hand.

An Schafti Adler kann sich Berta Pfeiffer noch sehr genau erinnern: „Der war immer ganz besonders nett zu uns Kindern. Wir sammelten am Bahnhof das Blei ein, das beim Entplomben der Waggons zur Erde gefallen war. Dafür bekamen wir bei Schafti Adler ein paar Groschen."

Mitglieder der Familie Adler wanderten in den dreißiger Jahren über Holland nach England und Südamerika aus.

Erst vor einigen Jahren wurde die alte baufällige Scheune abgerissen, die zum Hause des Schafti Adler gehörte. Leider ist dabei, wie man erst später erfuhr, eine Kiste mit Schrifttum der Juden verloren gegangen.

Geschichtsklitterung

Zwei Söhne des Schafti Adler sind im Ersten Weltkrieg gefallen - Moses Adler 1914 im Alter von 18 Jahren und Isaak Adler 1918 im Alter von 26 Jahren. Ihre Namen sind auf dem Ehrenmal zu lesen, das für die Höringhäuser Gefallenen des Ersten Weltkriegs errichtet wurde. Anneliese Laartz war sehr erstaunt, als sie in Akten aus dem Marburger Staatsarchiv, die das Kreisamt Vöhl betreffen und aus Jerusalem stammen, las, die Namen der beiden Höringhäuser Brüder Adler seien vom Ehrenmal entfernt worden. In den gleichen Unterlagen las sie zu ihrem Erstaunen auch, die Höringhäuser Synagoge sei später in eine Kirche umgewandelt worden. Einige Höringhäuser können sich an eine Dame erinnern, die vor einigen Jahren um die Kirche herumging und ganz intensiv nach etwas Ausschau hielt. Als sie gefragt wurde, was sie denn suche, antwortete sie, dass sie den Hinweis auf die frühere Verwendung des Gebäudes als Synagoge nicht finden könne. Es handelte sich hier wohl um Thea Altaras, Herausgeberin des Buches „Synagogen in Hessen“, die hier ganz offensichtlich falsche Informationen hatte. In ihrem Buch stellte sie den Sachverhalt dann richtig dar.

Feuermachen am Sabbat

Bertha Pfeiffer war als Kind besonders eng verbunden mit der Familie Kohlhagen, die in der unmittelbaren Nachbarschaft lebte. Nicht nur, dass die gleichaltrige Gerti ihre Freundin war, ihre Mutter, Karoline Figge, ging auch am Sabbat zu Kohlhagens ins Haus, wenn Vater Isaak auf dem Schlüssel pfiff. Das war das Zeichen, dass sie herüberkommen sollte, um etwa Feuer anzumachen und um abends, wenn die Familie zu Bett gehen wollte, das Licht zu löschen. Den strenggläubigen Juden war es nämlich untersagt, an ihrem Feiertag irgendeine Arbeit zu verrichten. Als Anerkennung für ihre Hilfe über das ganze Jahr bekam die Mutter stets einen Kleiderstoff.

Isaak Kohlhagen gehörte keineswegs zu den wohlhabenden Juden. Er betrieb einen kleinen Tuchhandel und zog mit einem Rucksack über die Dörfer. Im Hause hatte die Familie noch einen kleinen Stubenladen eingerichtet, in dem sie Stoffe und Lebensmittel verkaufte. Familie Kohlhagen hatte drei Kinder: die Gerti, den Kurt und die Ilse. Trotz der bescheidenen Verhältnisse, in denen die Familie lebte, ging Kurt aufs Gymnasium nach Bad Wildungen.

Die Höringhäuserin erzählt: „Wir Höringhäuser lebten früher friedlich mit unseren jüdischen Nachbarn zusammen. Wir Kinder nahmen zwar wahr, dass wir in unterschiedlichen Traditionen erzogen wurden, aber wir nahmen es als selbstverständlich hin und machten uns keine großen Gedanken darüber. Wenn wir beispielsweise in der Schule Religionsunterricht hatten, hatten die jüdischen Kinder frei. Am Samstag nach der Schule, wenn wir die Straße fegen mussten, liefen sie in ihren guten Kleidern herum. Zu Weihnachten begleiteten mich aber immer meine jüdischen Freundinnen in die Kirche. Sie wollten doch an dem Fest teilhaben. Auf unserem Konfirmationsbild sind auch unsere beiden jüdischen Schulkameradinnen zu sehen. Sie sind natürlich nicht konfirmiert worden, gehörten aber doch zu uns. Einmal hat der Lehrer Gries am Freitagnachmittag die ganze Klasse brummen lassen und den Klassenraum abgeschlossen und uns vergessen. Heute würde sich das kein Kind mehr gefallen lassen, aber wir haben ausgeharrt. Erlöst wurden wir, als die Eltern der beiden jüdischen Mädchen ihre Töchter suchten, denn die Feiern zum Sabbat begannen, und die Kinder waren nicht da. Da kam der Lehrer ganz verlegen angelaufen und hat uns befreit."

Langfinger am Opferstock

„An den Gottesdiensten in der Synagoge haben wir nicht teilgenommen", erzählt Bertha Pfeiffer. „Wir haben aber durchs Fenster gesehen, dass die Männer unten und die Frauen auf der Empore gesessen haben. Sie haben aber nicht still gesessen, sondern die Körper bei ihren Gebeten hin- und herbewegt. Mein späterer Mann Willi Pfeiffer und seine Freunde Louis Graß und Heinrich Knaf, die in der unmittelbaren Nachbarschaft der Synagoge wohnten, sind als Jungen während der Gottesdienste oft um die Synagoge herumgelaufen und haben durchs Fenster geschaut. Sie konnten sämtliche Gebete und Gesänge auf Hebräisch und haben sie uns später noch manchmal vorgetragen.

Die drei haben auch die große Aufregung mitbekommen, die einmal in der jüdischen Gemeinde herrschte. Da bediente sich doch jemand aus dem Opferstock, der an der Wand befestigt war und gekippt wurde. Hermann Katzenstein sann auf Abhilfe. Er schüttete Tinte in den Opferstock, und der Langfinger konnte durch Indizienbeweis überführt werden."

Konfirmationsbild mit jüdischen Mädchen

Das gute Verhältnis der Höringhäuser zu ihren jüdischen Mitbürgern zeigt auch ein von Frau Elsbeth Zimmermann, geb. Pfeiffer, zur Verfügung gestelltes Bild, das anlässlich der Konfirmation 1927 entstanden ist. Auch die jüdischen Mädchen Gerti Kohlhagen und Johanna Rosengarten ließen sich mit ablichten, obwohl sie nicht konfirmiert wurden.

Abb. 6: Die Abbildung zeigt folgende Personen (v. l.): Else Graß, Hulda Meier, Elfriede Scherf, Anna Mehrhof, Dora Herdt, Anna Happe, Gerti Kohlhagen, Berta Figge, Kati Gänßler, Lina Fingerhut und Johanna Rosengarten; die Jungen (v. l.): Heinrich Schirmer, Willi Dreier, Rudolf Figge, Willi Schmidt, Fritz Figge, Fritz Drebes, Karl Neumeier und Heinrich Becker. Gerti und Ilse Kohlhagen haben in den 1980er Jahren zweimal Höringhausen besucht.

1927

Der letzte jüdische Einwohner

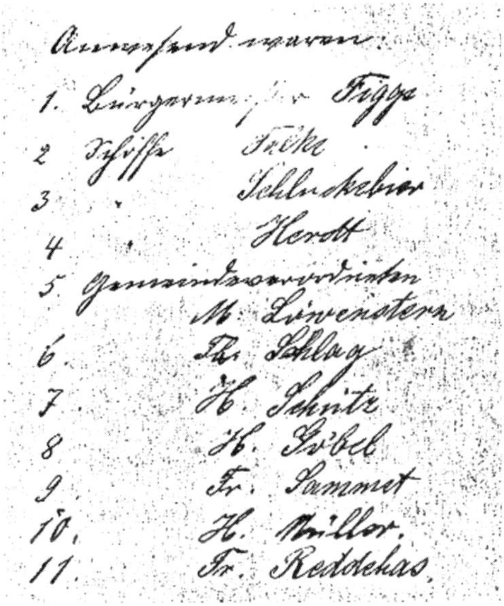
Anwesend waren:
1. Bürgermeister Figge
2 Schöffe Fricke
3 Schluckebier
4 Herold
5 Gemeindeverordneten M. Löwenstern
6. Th. Schlag
7. H. Schütz
8 H. Göbel
9. Fr. Sammet
10. H. Müller.
11. Fr. Reddehas.

Abb. 7:
Ausdruck aus einem Protokoll mit dem Anwesenheitsverzeichnis der Mitglieder des Gemeinderats, in der Mitte der Name von Menko Löwenstern

Der letzte jüdische Einwohner im Dorf war Menko Löwenstein, dessen Familie sich auch Löwenstern schrieb. Als in der ersten Hälfte des 19. Jahrhunderts alle jüdischen Familien ihre überlieferten hebräischen Namen ablegen und allgemein verständliche deutsche Namen annehmen mussten, soll angeblich der Name „Löwenstern" in Anlehnung an die Höringhäuser Grenzsteine entstanden sein, die auf der einen Seite den hessischen Löwen und auf der andern den Waldekker Stern zeigen. Menko Löwenstern oder -stein war im Dorf ein angesehener Mann. Er bewohnte ein Fachwerkhaus an der Stelle, an der heute das neue Haus Voigtländer steht. Lange Jahre hindurch war er im Vorstand des Kriegervereins tätig gewesen. Menko Löwenstern war Mitglied des Höringhäuser Gemeinderats. Man hatte ihm - auch seitens der Partei - zugesichert, dass er unbehelligt seinen Lebensabend im Dorf verbringen könne. Seine Nichte Katinka Lamm, die nach dem Tode seiner Frau seinen Haushalt führte, hatte im Hause ein kleines Handarbeitsgeschäft. Bertha Pfeiffer und Marie Frese haben hier unter anderem ihre Deckchen zum Aussticken gekauft, die damals beliebte Geschenke waren. Schließlich gab Menko Löwenstern doch dem Drängen seiner Nichte nach und zog nach Frankfurt, wo er 1941 gestorben ist.

In den zwanziger Jahren lebte in Höringhausen auch noch Isidor Katzenstein mit seiner Familie. Er verkaufte Nägel, Schrauben und Töpfe und war, wie Bertha Pfeiffer zu berichten weiß, als fairer

Geschäftsmann bekannt. Er hat mit Spirituosen gehandelt und selbst Schnaps gebrannt. Bevor er in den 20er Jahren zu seinen Kindern zog, hat er alles, was er nicht mitnehmen wollte, auf den Hof gestellt und verkauft. Es war wie ein Flohmarkt. Als später die Scheune durch Blitzschlag abbrannte und abgerissen wurde, fand man noch einige abgemauerte Türen, die zu seiner Schnapsbrennerei gehört hatten.

Rituelles Tauchbad

Als die Grundstücke zwischen den Familien Mettenheimer und Rhode begradigt wurden, verschwand ein kleiner Grasplatz mit einem Fliederbaum. Hier hatte früher das jüdische Badehaus für Frauen gestanden, das sogenannte „Plunkhäuschen". Diese Mikwen wurden stets an feuchten Stellen angelegt, an denen sich das Grundwasser sammelte. Zur Not behalf man sich auch mit Regenwasser. Das Wasser musste so tief sein, dass die Frauen untertauchen konnten. Vor ihrer Eheschließung und einmal im Monat nahmen die Frauen hier ein rituelles Tauchbad.

Ein jüdisches Gasthaus

Abb. 8: Das Gasthaus Kohlhagen auf einer Postkarte von 1914

Karl Kohlhagen betrieb, wie schon vor ihm sein Vater Jacob, das einzige jüdische Gasthaus in weitem Umkreis. Mit dieser Herberge hatte es eine besondere Bewandtnis: Im Fürstentum Waldeck durften sich früher nur die Schutzjuden aufhalten. Die durchziehenden Händler mussten nach Sonnenuntergang das Gebiet verlassen haben. Zahlreiche Juden betätigten sich als Händler und fanden hier in der hessisch-darmstädtischen Enklave Höringhausen ein Quartier, von dem aus sie am nächsten Morgen die waldeckischen Orte zu Fuß oder mit dem Pferdewagen leicht erreichen konnten. Das Gasthaus Kohlhagen war aber auch ein beliebter Treffpunkt für alle Dorfbewohner.

Isaak Kohlhagen abgeholt

1933 lebten noch 21 Juden aus sieben Familien in Höringhausen, die aber nach und nach das Dorf verließen, um auszuwandern oder in größere Städte zu ziehen. Eines Tages hielt ein Wagen vor dem Hause der Familie Kohlhagen, um Isaak Kohlhagen mitzunehmen. Marie Frese war zufällig Augenzeugin der Szene: „Ich sah genau, wie er im Wegfahren seiner Frau den Hausschlüssel zugeworfen hat. Als er wieder nach Hause kam, sah er furchtbar aus. Er konnte sich nur noch mit beiden Händen die Treppe hinauf ziehen." „Nachdem der Isaak Kohlhagen nach Hause zurückgekommen war, hat seine Frau meine Mutter um Hilfe gerufen: ‚Kommen Sie mal, mein Mann ist aus dem Bett gefallen!' Sie konnte allein den schweren Mann nicht heben. Er war völlig blau geschlagen und seine Frau verzweifelt", fügte Berta Pfeiffer hinzu. Lange hat Isaak Kohlhagen nach diesem Ereignis nicht mehr gelebt. Nach seinem Tode im Jahr 1938 zog seine Frau nach Israel zu ihren Kindern, die schon vorher gegangen waren. Sie durfte sogar ein paar Sachen mitnehmen, unter anderem ihr Silberbesteck.

Apfelsinen aus Israel

Noch während der Kriegszeit schickte die Familie Kohlhagen den Nachbarn in der alten Heimat Fotos. Bertha Pfeiffer erinnert sich, dass ihre Mutter aus Furcht, sie könnten beim Ansehen der Bilder gesehen werden, abends die Fenster verdunkelte. Nach 1933 hatte sich zunehmend eine Atmosphäre von Angst und Misstrauen entwickelt. Und die letzten Höringhäuser Juden waren von angesehenen Mitbürgern zu ängstlichen Außenseitern geworden, die sich nur noch im Schatten der Dämmerung in ein anderes Haus wagten, wenn sie beispielsweise im Krankheitsfall Hilfe holen wollten. Nach dem Krieg hat Bertha Pfeiffer kein Mitglied der Familie Kohlhagen mehr gesehen. Kurt Kohlhagen hat jedoch einmal eine Kiste Apfelsinen von seiner eigenen Plantage geschickt. Wie Frau Pfeiffer hörte, hat Berta Kohlhagen den Sohn ihrer ältesten Tochter großgezogen und mit dem Enkel nur deutsch gesprochen. Als der einmal mit einer Fußballmannschaft aus Israel in Deutschland weilte, hat er als Dolmetscher fungiert.

Dachbodenfund

Anfang der achtziger Jahre des 20. Jahrhunderts haben Heinz Mettenheimer und ich (Heinrich Figge) den Dachboden der Höringhäuser Schule nach Unterlagen der Gemeindeverwaltung abgesucht, die dort im Kriege gelagert waren. Der Dachboden war leergeräumt und sauber gefegt. In der äußersten Ecke unter den Ziegeln fand ich aber zusammen geknüllte Durchschriften zweier Schreiben.

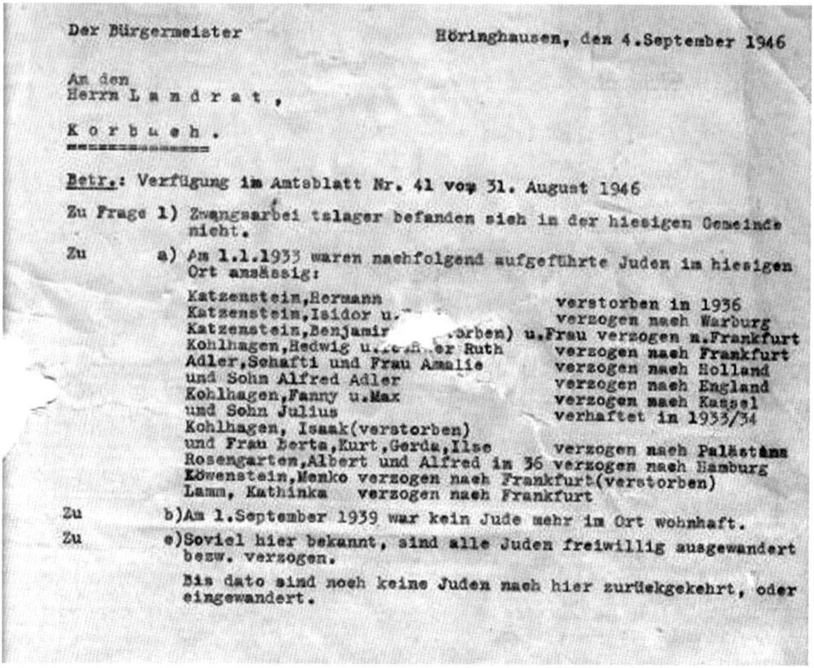

Der Bürgermeister — Höringhausen, den 4.September 1946

An den
Herrn L a n d r a t ,

K o r b a c h .

Betr.: Verfügung im Amtsblatt Nr. 41 vom 31. August 1946

Zu Frage 1) Zwangsarbeitslager befanden sich in der hiesigen Gemeinde nicht.

Zu a) Am 1.1.1933 waren nachfolgend aufgeführte Juden im hiesigen Ort ansässig:

Katzenstein,Hermann verstorben in 1936
Katzenstein,Isidor u. [illegible] verzogen nach Warburg
Katzenstein,Benjamin [illegible]orben) u.Frau verzogen n.Frankfurt
Kohlhagen,Hedwig u. [illegible]er Ruth verzogen nach Frankfurt
Adler,Schafti und Frau Amalie verzogen nach Holland
und Sohn Alfred Adler verzogen nach England
Kohlhagen,Fanny u.Max verzogen nach Kassel
und Sohn Julius verhaftet in 1933/34
Kohlhagen, Isaak(verstorben)
und Frau Berta,Kurt,Gerda,Ilse verzogen nach Palästina
Rosengarten,Albert und Alfred im 36 verzogen nach Hamburg
Löwenstein,Menko verzogen nach Frankfurt(verstorben)
Lamm, Kathinka verzogen nach Frankfurt

Zu b)Am 1.September 1939 war kein Jude mehr im Ort wohnhaft.

Zu c)Soviel hier bekannt, sind alle Juden freiwillig ausgewandert bezw. verzogen.

Bis dato sind noch keine Juden nach hier zurückgekehrt, oder eingewandert.

Abb. 9: Schreiben des Höringhäuser Bürgermeisters vom 4. September 1946

In dem Schreiben vom 4. September 1946 musste der Höringhäuser Bürgermeister Auskunft über die am 1. Januar 1933 in Höringhausen ansässigen Juden geben. Er zählt 21 Personen auf. Von diesen 21 Personen sind Isaak Kohlhagen und Hermann Katzenstein nach Misshandlungen durch auswärtige Banden gestorben. Julius Kohlhagen wurde 1933/34 verhaftet, hat aber überlebt. Benjamin Kohlhagen verstarb in Höringhausen. Von folgenden Juden heißt es, sie seien „verzogen“: Isidor Katzenstein und (nicht lesbar) nach Warburg, Benjamin

Kohlhagens Frau nach Frankfurt, Hedwig Kohlhagen und Tochter Ruth nach Frankfurt, Schafti Adler und Frau Amalie nach Holland, Sohn Alfred Adler nach England, Max und Fanni Kohlhagen nach Kassel, Berta, Kurt, Gerda und Ilse Kohlhagen nach Palästina, Albert und Alfred Rosengarten nach Hamburg, Katinka Lamm und Menko Löwenstein nach Frankfurt, letzterer starb dort. Am 1. September 1939 war kein Jude mehr im Ort wohnhaft, und „soweit hier bekannt, sind alle Juden freiwillig ausgewandert bzw. verzogen".

Hier verschweigt der Bürgermeister wahrscheinlich wider besseren Wissens einiges. Was er sehr wahrscheinlich nicht wusste, ist umso erschreckender. Es sind außer den hier aufgeführten drei Personen, die durch die Gewaltherrschaft umkamen, noch 33 in Höringhausen geborene jüdische Mitbürgerinnen und Mitbürger in verschiedenen Straflagern gestorben. Zu ihnen gehört Alfred Rosengarten, geb. am 28.02.1906, gest. im KZ Buchenwald. Seine Geschwister ließen eine Gedenkschrift auf dem Grabstein der Mutter, Rickchen Rosengarten, geb. Kugelmann, anbringen.

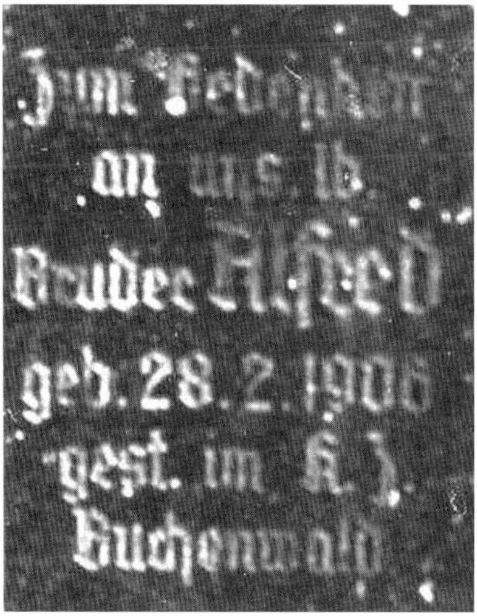

Abb. 10: Grabstein von Rickchen Rosengarten mit Gedenkschrift Alfred Rosengarten

Im Ortssippenbuch Höringhausen wird mit folgendem Eintrag an die Familie Rosengarten erinnert.

R o s e n g a r t e n

1673 ∞16.5.19oo: Albert Bernhard R',is, Schlosser,*2o.6.
1875 Westherbed +14.12.1955 Hamburg (S.d.Leser R'Hdlsm
u. Julie Rosengarten) u. Rickchen Kugelmann , is *8.9.
1874 +21.2.1932 (T.d. Gumbert K', Hdlsm u. Delzchen
Kohlhagen)
6 Kdr: 1) Julius *..... ?- 2) Thekla *2.3.19o4- 3) Al-
fred *28.3.19o6 +(Todeserklärung 3.3.1943) Buchenwald -
4) Martha *3.9.19o7 ∞28.6.1929 Bloch(146)- 5) Gerhard
*119.1o.1911 +26.1o.1911 Ar- 6) Johanna * 1.2.1913 ∞
1936 Hamburg

Abb. 11: Familie Rosengarten , Ortssippenbuch Höringhausen

Auf dem Grabstein und im Ortssippenbuch sind aus Unwissenheit Fehler unterlaufen. Alfred Rosengarten wurde am 6.7.1943 in Auschwitz umgebracht.

Bildnachweis:

Abb. 1: Historische Bilder im Museum Höringhausen

Abb. 2: Thea Altaras: Synagogen in Hessen, Königstein 2007, Seite 183

Abb. 3: Historische Bilder im Museum Höringhausen

Abb. 4: Internationaler Suchdienst Bad Arolsen

Abb. 5: Privatbesitz Krummel

Abb. 6: Privatbesitz Elsbeth Zimmermann, geb. Pfeiffer

Abb. 7: Stadtarchiv Waldeck, Protokollbuch der Gemeindevertretung Höringhausen 1898-1930

Abb. 8: Historische Bilder im Museum Höringhausen

Abb. 9: Archiv Museum Höringhausen

Abb. 10: Foto: Heinrich Figge

Abb. 11: Friedrich Sauer, Waldeckische Ortssippenbücher, Band 15 / Höringhausen, 1975

Deportation und Ausplünderung der Korbacher Juden

von Marion Lilienthal

Hitler forderte die „Entfernung“ der Juden aus Deutschland. Zunächst wohl eher als Ausweisung oder Auswanderung verstanden, erwog er später unmissverständlich ihre „Ausrottung“. Am 14. Oktober 1941 begann die Deportation jüdischer Bürger/innen aus dem Deutschen Reich. Der Abtransport der Korbacher Juden begann im Dezember 1941. Kassel fungierte als Sammelstelle des Regierungsbezirks Kassel, von der die Deportationszüge in die Konzentrations- und Vernichtungslager des Ostens abgingen.[1]

Abb. 1: Korbach, 1933

Die Verschleppung aus dem Regierungsbezirk Kassel vollzog sich in drei zentral durchgeführten, minutiös geplanten Deportationen.[2]

---

[1] HHStAW, LKA 1191, Juden. Deportation - Kassel - Transportlisten.

[2] Zu den drei Deportationen aus dem Regierungsbezirk Kassel siehe insbesondere Monica Kingreen, Die gewaltsame Verschleppung der Juden aus den Dörfern und Städten der Altkreise Frankenberg und Waldeck 1941/42, in: Geschichtsblätter für Waldeck, hg. vom Waldeckischen Geschichtsverein e. V., Bd. 99, 2011, S. 131-166; dies:, Die gewaltsame Verschleppung der Juden aus den Dörfern und Städten des Regierungsbezirks Kassel in den Jahren 1941 und 1942, in: Helmut Burmeister und Michael Dorhs (Hg.), Das achte Licht. Beiträge zur Kultur- und Sozialgeschichte der Juden in Nordhessen, hg. vom Verein für hessische Geschichte und Landeskunde e.V. Kassel 1834, Hofgeismar 2002, S. 223-242.

Am 9. Dezember 1941 wurden ab Kassel erste Korbacher Jüdinnen und Juden nach Riga deportiert.[3] Der zweite Transport erfolgte am 1. Juni 1942 nach Izbica/Sobibor und Majdanek,[4] der dritte und letzte Transport führte am 7. September 1942 in das Konzentrationslager Theresienstadt.[5] Im Nazi-Jargon galt Korbach ab Sommer 1942 als „judenrein".

Erste Opfer waren bereits im Rahmen der NS-„Euthanasie" (Ermordung Kranker und Behinderter) zu beklagen. Bernhard Löwenstern, geboren und aufgewachsen in Korbach, Schüler der Alten Landesschule, wurde am 1. Oktober 1940 in der Gasmordanstalt Brandenburg a. d. Havel ermordet.[6] Die in den deutschen „Euthanasie"-Anstalten gewonnenen Erfahrungen kamen in den Vernichtungslagern des Ostens zum Einsatz.[7]

Die Deportation Korbacher Juden und Jüdinnen nach Riga

Am 9. Dezember 1941 führte die Geheime Staatspolizeistelle Kassel unter der Leitung des Regierungsrates und SS-Sturmbannführer Dr. Karl Lüdcke die erste und größte Deportation von Juden aus dem Regierungsbezirk Kassel mit mehr als 1.000 Personen durch.[8] Der Transport

---

3 HHStAW, LKA 1191, Juden. Deportation - Kassel - Transportlisten, unfol., 1. Transport, Dezember 1941.

4 Ebenda, Aufstellung der aus dem Bez. Korbach am 1. Juni 1942 ausgesiedelten Juden.

5 Ebenda, Aufstellung über die am 7. September 1941 erfolgte dritte Umsiedlung von Kasseler Juden.

6 Vgl. www.gedenkportal-korbach.de, Online-„Gedenkportal Korbach im Gedenken an die Opfer des Nationalsozialismus", gestaltet und veröffentlicht von Marion Lilienthal in Kooperation mit der Kreisstadt Korbach, der Alten Landesschule und Anne Kersting.

7 Siehe dazu das Kapitel „Werner B. aus Korbach" von Marion Lilienthal in diesem Band.

8 Zur Deportation aus dem Regierungsbezirk Kassel nach Riga siehe Anm. 1; Monica Kingreen, Die Deportation aus Kassel am 9. Dezember 1941, in: Buch der Erinnerung. Die ins Baltikum deportierten deutschen, österreichischen und tschechoslowakischen Juden, bearbeitet von Wolfgang Scheffler und Diana Schulle, hg. vom Volksbund Deutsche Kriegsgräberfürsorge e.V., dem Riga-Komitee der deutschen Städte, der Stiftung Neue Synagoge Berlin-Centrum Judaicum und der Gedenkstätte Haus der Wannsee-Konferenz, Bd. II, München 2003, S. 657-659; Alfred Gottwaldt/Diana Schulle, Die „Judendeportation" aus dem Deutschen Reich 1941-1945, Wiesbaden 2005, S. 126f.; Jörg Kammler und Dietfrid Krause-Vilmar (Hg.), Volksgemeinschaft und Volksfeinde. Kassel 1933-1945. Eine Dokumentation, Fuldabrück 1984 (= Kasseler Quellen und Studien. Schriftenreihe des Magistrats der Stadt Kassel, Bd. 5/ Kassel in der Zeit des Nationalsozialismus, Bd. 1), S. 266-272; Wilhelm Frenz, Jörg Kammler, Dietfrid Krause-Vilmar (Hg.), Volksgemeinschaft und Volksfeinde. Kassel 1933-1945, Bd. 2: Studien, Fuldabrück 1987 (= Kasseler Quellen und Studien. Schriftenreihe des Magistrats der Stadt Kassel, Bd. 7), S. 206-215; Digitales Archiv Marburg (DigAM), http://www.digam.net/?exp =246, Stand vom 05.06.2009.

führte nach Riga (Lettland). Unter ihnen befanden sich sieben Personen mit Geburts- und/oder Wohnort Korbach. Deportiert wurden Alfred Kaufmann, Siegfried Kaufmann mit Ehefrau Gertrud und Tochter Helga, Fanny Kohlhagen, Erika Oppenheimer (geb. Mannheimer) und Siegfried Schild[9].

Das jüngste Deportationsopfer war erst drei Jahre, das älteste 67 Jahre alt. Der Altersdurchschnitt der Korbacher lag bei 32,86 Jahren[10], der des gesamten Transportes bei 39 Jahren[11]. Die Zahlen verdeutlichen, dass es sich bei den Betroffenen des ersten Transportes tendenziell um zur Zwangsarbeit genötigte, vergleichsweise junge und kräftige Juden handelte.

Vorbereitungen für den ersten Transport traf die Gestapo Kassel seit Anfang November.[12] Am 18. November 1941 fand im Sitzungssaal des Oberpräsidiums in Kassel eine geheime „Besprechung über die Judenevakuierung" statt, auf der genau der technische Ablauf von der Gestapo Kassel dargelegt und die Deportation auf regionaler Ebene vorbereitet wurde.[13]

Ausgewählt wurden arbeitsfähige Personen unter 65 Jahren, die nicht in Rüstungsbetrieben zur Zwangsarbeit eingesetzt waren.[14] Nach Monica Kingreen dürften Vermögen und Fürsorgeabhängigkeit weitere Auswahlkriterien gewesen sein. Auffällig viele Familien befanden sich auf der Namensliste.[15]

Die Befehlshaber der Ordnungspolizei und höheren SS- und Polizeiführer in Kassel wurden bereits mit einem geheimen „Schnellbrief"

---

9 Alfred Kaufmann (* 06.01.1911 Korbach), Siegfried Kaufmann (* 30.08.1905 Zierenberg), Fanny Kohlhagen (* 12.08.1874 Korbach), Erika Oppenheimer, geb. Mannheimer (* 16.11.1923 Bad Wildungen), Siegfried Schild (* 28.10.1890 Eimelrod). Die Namen und Daten Deportierter wurden anhand verschiedener „Evakuierungslisten" rekonstruiert. Vgl. HHStAW, 1191 Juden. Deportation - Kassel - Transportlisten, Liste Kassel. Weiterhin standen Hausbestandsbücher und Listen eingezogenen Vermögens (StadtA KS, S3, Nr. 350) zur Verfügung. Als wichtige Quelle gilt ferner das Gedenkbuch. Opfer der Verfolgung der Juden unter der nationalsozialistischen Gewaltherrschaft in Deutschland 1933-1945, hg. vom Bundesarchiv, Bd. III-IV, Berlin 2006, einschließlich der aktualisierten Onlinefassung, neben Unterlagen des Stadtarchivs Korbach, Zeugenaussagen (des Staatsarchivs Hamburg) und Wiedergutmachungsakten (des Hess. Hauptstaatsarchivs Wiesbaden).

10 Rekonstruiert anhand der Deportationslisten.

11 Gottwaldt/Schulle, S. 127.

12 Monica Kingreen, Die Deportation aus Kassel am 9. Dezember 1941, 2003, S. 657.

13 HStAM, 180 Fritzlar 2738, Bl. 153-157.

14 Vgl. ebenda, Abt. 483, Nr. 4969, Schreiben des Landrates aus Eschwege vom 20.11.1941.

15 Monica Kingreen, Die Deportation aus Kassel am 9. Dezember 1941, 2003, S. 657.

vom 24. Oktober 1941 über „Evakuierungen von Juden" – ein Euphemismus für Deportationen – informiert: „In der Zeit vom 1. November – 4. Dezember 1941 werden durch die Sicherheitspolizei aus dem Altreich, der Ostmark und dem Protektorat Böhmen und Mähren 50.000 Juden nach dem Osten in die Gegend um Riga und Minsk abgeschoben. Die Aussiedlungen erfolgen in Transporten der Reichsbahn zu je 1000 Personen."[16] Die Abfahrt nach Riga wurde für den 9. November 1941 geplant, dann aber auf den 9. Dezember 1941 verlegt.[17] Landräte und Oberbürgermeister informierte man mit Schreiben vom 27. November 1941 über die bevorstehende Deportation. Listen waren beigefügt. Bei Ausfall einzelner Juden (z. B. durch Krankheit) war Ersatz zu stellen.[18]

Wegen der Größe des Deportationszuges und der unmittelbaren Nähe zum Bahnhof wählte man in Kassel einen Turnhallenkomplex der Wörthschule (Schillerstraße, heute Grundstück der Walter-Hecker-Schule) als Sammelstelle aus.[19] Vor allen drei Deportationen wurden die Menschen hier konzentriert.

Dezidiert erhielten Landräte und Oberbürgermeister Angaben, wie die „Evakuierung" zu erfolgen habe, welche Maßnahmen zu ergreifen seien und wie mit zurückgelassenem Eigentum umzugehen sei: „Neben dem leichten Handgepäck dürfen die zu evakuierenden Juden pro Person bis zu 50 kg Gepäck bei dem Transport mitführen."[20]

Um den eigentlichen Zweck der Deportation zu verschleiern, wurde aufgefordert, zusätzlich Haushaltsgegenstände, Werkzeuge, Decken, Nähmaschinen, Schaufeln, Öfen und Gebrauchsgegenstände aller Art mitzuführen, da man angeblich zum „Arbeitseinsatz" im Osten käme. Die Frachtkosten hatten die Betroffenen selbst zu tragen. Die Aufgabe des Gepäcks erfolgte an die Anschrift: „Geheime Staatspolizeistelle Kassel, Auffanglager, Zielbahnhof: Hauptbahnhof Kassel."[21]

---

[16] Zitiert aus: Der Prozess gegen die Hauptkriegsverbrecher vor dem Internationalen Militärgerichtshof, Nürnberg 1947, Bd. XXXIII, S. 535-536, Dok. PS-3921.

[17] Gottwaldt/Schulle, S. 126-127.

[18] HStAM, 180 Fritzlar, 2738, Bl. 158-160.

[19] HHStAW, LKA 1191, Juden. Deportation - Kassel - Hauptakte, Zeugenaussage vom 20.01.1969.

[20] HStAM, 180 Fritzlar, 2738, Bl. 160-161. Nahezu identische Direktiven finden sich für die zweite und dritte Deportation.

[21] Ebenda, Bl. 162.

Das in der Wohnung der Evakuierten zurückgelassene Eigentum wurde nach dem Abtransport beschlagnahmt. Vorab sollten sie auf einem Vordruck eine Vermögensaufstellung vornehmen, die sie über jüdische Obmänner der Staatspolizeistelle Kassel auszuhändigen hatten. Zur Rekonstruktion hatten die Betroffenen vor ihrer Deportation ihr Eigentum mit einem Namensschild zu kennzeichnen. Beim Verlassen der Wohnung waren die Schlüssel der Polizeibehörde oder einer von ihr bestimmten Stelle auszuhändigen (in Briefumschlägen). Die Räume waren „nach Abzug der Juden sofort zu versiegeln" und zumindest stichprobenweise zu überholen. Die Schlüssel gingen dann an die zuständigen Finanzämter. Nutz- und Haustiere waren vorher bei den zuständigen Ortsbauernführern abzugeben.[22]

Die evakuierten Juden hielt man in dem Glauben, dass ihr Eigentum später nachkommen würde. Der eigentliche Zweck der Deportation sollte verschleiert werden. Um jegliche „Vermögensverschleppung" zu unterbinden, war die Einziehung des Vermögens erst im „Auffanglager Kassel" mitzuteilen.[23]

Zunächst blieben die Juden des Eisenberg-Kreises bzw. der Kreisstadt Korbach verschont. Dass dennoch etliche Korbacherinnen und Korbacher der ersten Deportation zum Opfer fielen, lag an Zwangsumquartierungen und Binnenwanderungsprozessen. Ende November 1941 erhielten erste Korbacher Deportationsbefehle, bereits kurze Zeit darauf rollte der erste Transport Richtung Osten, wo der Großteil der Deportierten verhungerte, erfror, erschossen oder durch härteste Lebens- und Arbeitsbedingungen ermordet wurde. Eine mangelnde Gesundheitsversorgung verschärfte die Situation.

Über folgende Ereignisse berichtet Julius Rosengarten aus Höringhausen: „Einige Wochen vor meiner Deportation bekamen wir laufend von der Gestapo über die jüdische Gemeinde Rundschreiben, in den[en] niedergelegt war, wie wir uns verhalten mussten. Auf diese Art bekamen wir auch Kenntnis davon, daß wir ausgesiedelt werden sollten. Uns wurden genaue Anweisungen gegeben, daß wir keine Sachen verkaufen oder verschenken dürften. Auch mussten wir Listen ausfüllen, in denen wir unser Eigentum aufführen mussten. Ebenfalls wurde uns mitgeteilt, wieviel und welche Sachen wir mitnehmen durften. [...] Der

22 Ebenda, Bl. 162-163.

23 Ebenda, Bl. 163.

Transport umfasste etwa 1000 Personen. [...] In der Schule in Kassel hatten wir erfahren, daß wir nach Riga kommen sollten. Nach etwa 3 Tagen waren wir in Riga. [...] Auf dem Transport nach Riga bekamen wir keine Verpflegung. Uns war auch gesagt worden, daß wir ausreichend Verpflegung mitnehmen sollten. [...] Als wir versuchten, uns bei einem Aufenthalt Wasser zu besorgen, kam es zu Mißhandlungen. [...] Erwähnen möchte ich, daß wir am Bahnhof in Riga die Möglichkeit hatten, zu Fuß oder mit Lkws in[s] Getto zu kommen. Später habe ich erfahren, daß diejenigen, die auf die Lkws aufgestiegen waren, zum sogenannten ‚Hochwald´ gefahren und dort sofort erschossen wurden." [24]

Auf die Frage, ob die Deportierten wussten bzw. ahnten, welches Schicksal ihnen bevorstand, antwortete Siegfried Kaufmann aus Korbach 1967: „Die Umstände [...] ließen nicht darauf schließen, daß eine physische Vernichtung geplant war".[25]

Die Zuleitungszüge aus der Region kamen am 8. Dezember 1941 am Hauptbahnhof in Kassel an.[26] Am gleichen Tag wurden mehr als 470 Personen in Kassel von der Gestapo aus ihren Wohnungen geholt.[27] Unter ihnen befanden sich auch die 67-jährige Korbacher Witwe Fanny Kohlhagen und ihr 26-jähriger Sohn Max sowie Siegfried Kaufmann aus Korbach mit Frau und Tochter.[28]

Kennkarten wurden von der Gestapo kontrolliert, entwürdigende Körperkontrollen folgten im Sammellager. Menschen mussten sich nackt ausziehen, auf einen Stuhl stellen und Gesäßkontrollen über sich ergehen lassen.[29] Gestapo-Bedienstete nahmen Wertsachen ab. Noch vor der Deportation wurden die aufgegebenen Gepäckstücke auf dem Kasseler Hauptbahnhof abgekoppelt.[30] Der zurückgelassene Besitz der verschleppten Juden wurde anschließend versteigert bzw. an „Fliegergeschädigte" und Ausgebombte abgegeben.[31]

---

[24] HHStAW, 1191 Juden. Deportation – Kassel – Hauptakte, S. 2-4, Zeugenaussage von Julius Rosengarten vom 05.05.1966.

[25] Ebenda, Zeugenaussage von Siegfried Kaufmann vom 10.10.1967.

[26] HStAM, 180 Fritzlar 2738, Bl. 159.

[27] Monica Kingreen, Die Deportation aus Kassel am 9. Dezember 1941, 2003, S. 659.

[28] HHStAW, 1191, Juden. Deportation - Kassel - Transportlisten, 1. Transport, Dezember 1941, Riga.

[29] Ebenda, Hauptakte, S. 1, Zeugenaussage von Julius Rosengarten vom 22.01.1969.

[30] Jörg Kammler, Dietfrid Krause-Vilmar (Hg.), Volksgemeinschaft und Volksfeinde, Bd. 1, 1984, S. 266.

[31] Monica Kingreen, Die Deportation aus Kassel am 9. Dezember 1941, 2003, S. 659.

Nach einer mehr als 70-stündigen Fahrt kam der Zug am Nachmittag[32] des 12. Dezember 1941 auf dem Stationsbahnhof Riga-Skirotava (Schirotawa) an.[33] Von dort wurde der größte Teil der Ankömmlinge ins Rigaer Ghetto gesteckt, jüngere arbeitsfähige Männer wie Alfred und Siegfried Kaufmann kamen in das Männerarbeitslager Salaspils. Siegfried Zierig berichtete, dass sie bei minus 40 °C und heftigem Schneesturm rund 10 km ins Lager marschieren mussten.[34]

Alfred Kaufmann, 1911 in Korbach geboren, berichtete über die Deportation: „Am 9.12.1941 wurde ich von Kassel nach Riga deportiert. Ich wurde damals von der Gestapo in Kassel schriftlich zur Wilhelmshöher Allee vorgeladen. Der Grund der Vorladung war zunächst nicht bekannt. Als ich aber bei der Gestapostelle erschien, hat man mir erklärt, daß ich am 9.12.41 nach Riga deportiert würde. Nähere Einzelheiten wurden mir nicht bekannt gegeben. [...] Anhaltspunkte für die Annahme, daß das Ziel unserer Reise die physische Vernichtung sein würde, konnten zunächst nicht gewonnen werden. Es wurden in Kassel jedenfalls keine Äußerungen laut, aus denen man zu dieser Auffassung mit Sicherheit hätte kommen können. [...] Unser Transport wurde zunächst in der Turnhalle in Kassel [Schillerstraße] zusammengestellt. Wir mußten dann zu Fuß zum Hauptbahnhof gehen und wurden in dort bereitstehende Personenwagen eingewiesen. [...] Ich erinnere mich [...], daß wir in Posen einen sehr langen Aufenthalt hatten und dort vergeblich um etwas Wasser bettelten. In diesem Zusammenhang erinnere ich mich an die Äußerung eines SS-Mannes: ‚Ihr braucht kein Wasser, Ihr verreckt sowieso.' Bei unserem Transport waren viele Kinder und sehr alte Leute. [...] In Riga selbst und im Pikkernicker Wald sind Juden in einer Menge getötet worden, die zahlenmäßig von mir nicht näher benannt werden kann. Die Juden wurden erschossen, erhängt, erschlagen, sie sind teils verhungert und teils erfroren. Ich kann heute nicht mehr sagen, in wieviel hundert Fällen ich selbst zugegen war, wenn Juden getötet worden sind."[35]

---

[32] Bestätigt durch Josef Katz, HHStAW, 1191 Juden. Deportation - Kassel - Hauptakte, Zeugenaussage vom 20.01.1969, S. 2, und Julius Rosengarten, ebenda, Aussage vom 22.01.1969.

[33] Vgl. ebenda, Aussagen der Überlebenden Siegfried und Alfred Kaufmann aus Korbach.

[34] Brief von Siegfried Ziering, abgedruckt in: Jörg Kammler, Dietfrid Krause-Vilmar (Hg.), Volksgemeinschaft und Volksfeinde, Bd. 1, 1984, S. 268.

[35] HHStAW, 1191 Juden. Deportation - Kassel - Hauptakte, Zeugenaussage vom 13.07.1967, S. [1]-3.

Siegfried Kaufmann kam mit anderen jüngeren Männern zunächst ins Männerlager Salaspils, die anderen - z.B. seine Frau und seine kleine Tochter - ins Rigaer Ghetto. Im Ghetto angekommen, bot sich den Deportierten ein Bild des Grauens. Um „Platz" für die ankommenden „Reichsjuden" zu schaffen, waren am 30. November und am 8. Dezember 1941 mehr als 25.000 lettische Juden des Ghettos im Rumbula-Wald erschossen worden. Die Spuren, die die Mörder hinterlassen hatten, waren allgegenwärtig. Beim Anblick des Blutes, zertrümmerter Einrichtungsgegenstände und zurückgelassener Habseligkeiten schwanden alle Illusionen.

Erika Oppenheimer (geb. Mannheimer), von 1938 bis 1941 in Korbach gemeldet,[36] wurde wie viele andere am 9. Dezember 1942 mit ihrer Familie nach Riga deportiert. Laut Zeugenaussage kam sie am 12. Dezember 1941 im Ghetto mit ihrem Vater, der Mutter und dem Bruder an. Am Bahnhof in Skirotava wurden sie ausgeladen und marschierten stundenlang, begleitet von deutscher und lettischer SS, ins Ghetto. „Alle rannten, dass sie noch ein Zimmer kriegten." Als sie im Ghetto ankamen, lag alles drunter und drüber, „als ob dort eine Bande gehaust" hätte. Überall sahen sie Blut, auf dem Boden, an den Türen, Leichen aber nicht. Diejenigen, die ins Ghetto nicht laufen oder gefahren werden wollten, verlud man auf geschlossene LKWs. Erika Oppenheimer berichtet, dass sie im Ghetto nie ankamen.[37] Der Tod war allgegenwärtig. Willkürliche Erschießungen, Vergewaltigungen und Raubüberfälle waren stetige Begleiter. Nicht einmal nachts blieben sie verschont. So brachen u.a. lettische SS-Wachen in die Häuser der Deportierten ein, raubten Habseligkeiten, vergewaltigten Frauen, junge Mädchen und Jungen.[38]

---

[36] StadtA KB, Einwohnermeldekartei jüdischer Bürger/innen der Stadt Korbach.

[37] Staatsarchiv Hamburg 213-12 Staatsanwaltschaft Landgericht - NSG - 0041-016, Zeugenaussage von Erika Oppenheimer (geb. Mannheimer) vom 29.05.1964, Bl. 7969. Zunächst verrichtete sie Zwangsarbeit im Rigaer Ghetto, dann in der Armeebekleidungsanstalt, in der Peripherie Torf stechend, in Mitau in der Zuckerfabrik und im Lager Kaiserwald (Meteor-Gummifabrik). Im Sommer 1944 erfolgte per Schiff die Evakuierung ins KZ Stutthof. Sie gelangte nach Thorn und wurde am 26.01.1945 durch russische Truppen befreit. Erika Oppenheimer emigrierte nach Kriegsende in die Vereinigten Staaten (New York) und erlangte die amerikanische Staatsangehörigkeit. Vgl. ebenda, Bl. 7969-7971; HStAM 401.17, Nr. 338, Wiedergutmachungsliste.

[38] Vgl. Bericht von Lilli Strauß, in: Monica Kingreen, „Wir werden darüber hinweg kommen". Letzte Lebenszeichen deportierter hessischer Juden. Eine dokumentarische Annäherung, in: Die Deportation der Juden aus Deutschland. Pläne - Praxis - Reaktionen. 1938 - 1945, hg. von Birthe Kundrus und Beate Meyer, 2. Aufl., Göttingen 2005 (= Beiträge zur Geschichte des Nationalsozialismus, Bd. 20), S. 100.

Alfred Kaufmann ließ sich aus Liebe zu einer Frau deportieren: Am 9.12.1941 erhielt seine „damalige Braut, Bertha Speyer" die Aufforderung, nach „Riga zu evakuieren". Er schloss sich freiwillig an und ging mit.[39] Alfred Kaufmann gelangte mit seinem Bruder Siegfried[40] ins Arbeitslager Salaspils. Dieses Lager war damals im Aufbau begriffen. Ende 1941 befanden sich dort rund 1.000 Lagerinsassen.[41] Bis zum Februar 1942 befanden sich - laut Kaufmann - etwa 4.000 bis 5.000 Juden männlichen Geschlechts[42] dort. In erster Linie bestand ihre Tätigkeit aus Rodungs- und Steinbrucharbeiten und dem Bau von Baracken und Sicherungsanlagen.

Rückblickend berichtete Siegfried Kaufmann: „Auf dem Marsch ins Getto wurden wir Arbeitsfähigen ausgesucht, so daß wir das Getto gar nicht betreten haben. Unser Kommando war ca. 80 - 90 Mann stark."[43] „Die jungen Männer bis 35 Jahre[44] mussten zur Seite treten und kamen geschlossen nach Salaspils."[45] „Das Arbeitslager Salaspils war z.Zt. als ich ankam nur zwei Baracken groß und da schon vor dem Transporte aus Köln und Düsseldorf[46] dort angekommen waren, blieb uns eine Unterkunft versagt. Erst im Laufe der Zeit wurden weitere Baracken erstellt."[47]

Siegfried Kaufmann erinnert sich, dass an manchen Tagen acht bis vierzehn Personen starben. Anfangs soll es überhaupt kein Fleisch und Fett, später ein wenig Pferdefleisch und Heringsköpfe gegeben haben,

---

39 Staatsarchiv Hamburg 213-12 Staatsanwaltschaft Landgericht - NSG - 0041-004, Zeugenaussage von Alfred Kaufmann vom 02.11.1960, Bl. 1153.

40 Siegfried Kaufmann verweist auf 42 Personen. Siehe Staatsarchiv Hamburg 213-12, Staatsanwaltschaft Landgericht - NSG - 0041/001, Zeugenaussage vom 03.03.1950, Bl. 307. An anderer Stelle spricht er von 44 Personen, Bruder Siegfried hingegen von 80 - 90 Männern.

41 Ebenda, Zeugenaussage von Siegfried Kaufmann vom 23.11.1960, Bl. 1148; ebenda, Zeugenvernehmung von Alfred Kaufmann vom 02.11.1960, Bl. 1153.

42 Ebenda, Zeugenaussage von Alfred Kaufmann vom 02.11.1960, Bl. 1154.

43 Ebenda, NSG - 0041/023, Zeugenaussage vom 26.10.1967.

44 Die Angabe ist ungenau. Siegfried Kaufmann war z.B. bereits 36 Jahre und Josef Katz 39 Jahre alt.

45 Staatsarchiv Hamburg 213-12, Staatsanwaltschaft Landgericht - NSG - 0049/002, Zeugenaussage vom 29.11.1951.

46 Siegfried Kaufmann meinte vermutlich Stuttgart. Der Transport aus Düsseldorf traf erst einen Tag nach dem Kasseler Transport in Riga ein. Zur Übersicht der Transporte siehe: Gottwaldt/Schulle, S. 127.

47 Staatsarchiv Hamburg 213-12 Staatsanwaltschaft Landgericht - NSG - 0041-004, Zeugenaussage von Siegfried Kaufmann vom 23.11.1960, Bl. 1148.

Nahrung die im Wesentlichen aus Abfällen bestand.[48] Wer sich nicht irgendwie etwas Essbares besorgte, starb. Nahezu täglich fanden Erschießungen statt.[49] Oft mussten die Männer antreten, um einer Hinrichtung beizuwohnen. Manchmal wurden 10 bis 15 Personen gleichzeitig ermordet.[50] Im Januar 1942 begann der Abtransport Alter und Kranker, unter ihnen Isidor Mannheimer aus Bad Wildungen,[51] um sie im angrenzenden Wald zu erschießen.[52]

Ab Sommer 1942 wurde Salaspils umfunktioniert. Siegfried und Alfred kamen im Juli 1942 ins Rigaer Ghetto. „Im Getto angekommen erlebte ich [Siegfried Kaufmann] den Chef des Gettos, den Obersturmbannführer K r a u s e. […] Er konnte sehr gut mit der Pistole umgehen und legte die Leute eigenhändig um. Von Krause hab ich persönlich gesehen, daß er Juden selbst erschossen hatte. Ich war bei der jüdischen Lagerpolizei und Krause bestimmte jedes Mal[,] dass wir dabei zuzusehen hatten, wenn er Juden erschoss. […] Krause liess sich die Juden vorführen, meistens direkt auf den Friedhof. Wir mussten zusehen, wie der diese mit seiner Pistole erschossen hatte[,] eine Verurteilung oder ein Gericht gab es da nicht, wir waren Freiwild."[53]

Die Juden des Rigaer Ghettos waren überwiegend bei verschiedenen Betrieben und Dienststellen in der Stadt untergebracht. Jeden Morgen marschierten sie unter Bewachung in großen Kolonnen zu ihren Arbeitsstellen, z. B. zum Armeebekleidungsamt (ABA), zum Heereskraftfahrpark oder zu Dienststellen der Gestapo und der Reichsbahn, wo sie Schwerstarbeiten zu verrichten hatten. Die Sterblichkeit war infolge der harten Arbeit äußerst hoch.[54] Arbeitskommandos außerhalb des Ghettos boten die Möglichkeit, etwas Essbares „organisieren" zu können. Nur so war das eigene Überleben und das der Familie zu sichern. Eigene und vorgefundene Habseligkeiten wurden gegen Lebensmittel eingetauscht. Dies war allerdings verboten. Auf Tauschhandel stand die Todesstrafe.

---

48 Ebenda, NSG - 0041/01, Zeugenaussage vom 03.03.1950, S. 2-3. Vgl. ebenda, 0049-001, Bl. 79-80.

49 HHStAW, 1191 Juden. Deportation - Kassel - Hauptakte, S. 2-5, Zeugenaussage von Josef Katz vom 20.01.1969.

50 Staatsarchiv Hamburg 213-12, Staatsanwaltschaft Landgericht - NSG - 0041/023, Zeugenaussage vom 26.10.1967.

51 Ebenda, NSG - 0041/01, Zeugenaussage von Alfred Kaufmann vom 03.03.1950, Bl. 310 h.

52 Ebenda, NSG - 0041-004, Zeugenaussage von Siegfried Kaufmann vom 23.11.1960, Bl. 1148-1149.

53 Ebenda, Bl. 1148.

54 Ebenda, NSG - 0049/01, Anklageschrift der Oberstaatsanwaltschaft vom 01.06.1951, Bl. 68.

Um den Vernichtungsprozess zu beschleunigen, fanden groß angelegte Tötungsaktionen statt. Zwischen Februar und April 1942 - andere sprechen von Februar bis März[55] - wurden tausende, meist alte, kranke und arbeitsunfähige Menschen des Rigaer Ghettos und des Jungfernhofes selektiert und im Rahmen der „Aktion Dünamünde" im Bikernieki-Wald erschossen. Deportierte des Regierungsbezirks Kassel waren am 15. März 1942 betroffen. Der Kasseler Bezirk hatte zwischen 60 und 120 Personen zu stellen. Weitere Transporte folgten.[56] Man sagte ihnen, dass sie in eine Konservenfabrik zum Arbeiten kämen. Es meldeten sich sogar Freiwillige. Die Autobusse kamen jeweils nach 15 bis 20 Minuten mit den Kleidungsstücken der Erschossenen zurück. Die „Aktion Dünamünde" forderte nach Angaben der Staatsanwaltschaft Hamburg mindestens 5.000 Opfer[57], andere sprechen von 3.500[58] bis 4.400[59] Opfern. Auch Siegfried Kaufmann erfuhr von der „Akion Dünamünde": Die „Ghettoinsassen schlossen das daraus, dass die LKWs stets nach kurzer Zeit ins Ghetto zurückkamen, um neue Transporte durchzuführen. Die LKWs konnten in der Zwischenzeit niemals in Dünamünde gewesen sein."[60]

Erika Oppenheimer (geb. Mannheimer) berichtete: „Anfang Februar, es war ein Sonntagmorgen, wurde gepfiffen. Alles musste auf der Hauptstrasse im Ghetto antreten. Wir wurden in Reihen aufgestellt, es waren drei oder vier Reihen hintereinander. [...] Ich stand in der ersten Reihe. KRAUSE ging langsam die Reihen ab und holte mit seinem kleinen Rohrstoeckchen die Leute aus Reih und Glied heraus. Er deutete auf die Leute und sagte: ‚Du, Du, Du´ usw. Die Leute mussten sofort heraustreten. In der Leipziger Strasse des Ghettos standen ca. 10 LKW´s. Die Leute wurden mit Schimpfworten wie ‚Schweinehund´, ‚Macht los ihr Saujuden´ auf die LKW´s getrieben. Sobald einer voll war, kam der naechste LKW. Ich kannte viele Leute, die auf diese Weise verschwanden. Ich selbst habe ca. 200 Leute wegkommen sehen. Es waren zumeist Alte und Kranke. Man hatte gesagt, die Leute kaemen nach

55 Ebenda, NSG - 0049-001, Bl. 68.

56 Gertrude Schneider, Reise in den Tod, 2008, S. 103 -105.

57 Staatsarchiv Hamburg 213-12 Staatsanwaltschaft Landgericht - NSG - 0049-001, Bl. 68.

58 Ebenda.

59 Gottwaldt/Schulle, S. 117.

60 Staatsarchiv Hamburg 213-12, Staatsanwaltschaft Landgericht - NSG - 0049/002, Zeugenaussage vom 29.11.1951.

‚Duenamuende'. Lettische Juden sagten uns jedoch, ‚Duenamuende existiert nicht, die Leute werden erschossen['.] Nach der ersten Selektion wussten wir dies auch. Nach der Duenamuende-Aktion [...] war ich drei Tage lang bei einem sogen. Aufraeumungskommando. [...] Dort musste ich Kleider von lettischen Juden sortieren, die in der Aktion „Duenamuende" erschossen worden waren. [...] Die Kleidung war blutbefleckt und hatte Einschussloecher. Man fand Briefe, Wertsa[ch]en und sogar ab und zu abgeschossene Koerperteile. Ich selbst sortierte einen Mantel, in dem noch ein abgeschossener Arm steckte."[61]

Dies war nicht die einzige Massenexekution. Selektionen dieser Art gab es viele.[62] Siegfried Kaufmann sah u. a. die Massenerschießung lettischer Ghettopolizisten aus nächster Nähe.[63] Das Leben bzw. Überleben wurde oft einfach durch Zufälle bestimmt. Siegfried Kaufmann gelang es durch persönliche Fürsprache, mehrere Gefangene vor dem Tod zu retten.[64] Er musste aber auch mit eigenen Augen ansehen, wie seine eigene Tochter bestialisch ermordet, von einem SS-Wachmann mit einem Gewehrkolben erschlagen wurde.[65]

Bis zum Dezember 1943 sollten sämtliche Ghettos auf Befehl des Reichssicherheitshauptamtes aufgelöst und die Insassen in Konzentrationslager verbracht werden.[66] Siegfried Kaufmann kam im Oktober 1943 ins Außenlager Mühlgraben.[67] Dort wurden u.a. Schiffe und Züge be- und entladen, blutverkrustete Uniformen repariert und gereinigt.[68]

Bewegt durch die irreale Vorstellung, Spuren des Verbrechens kaschieren zu können, begann mit dem Vormarsch sowjetischer Truppen die Zurückverlegung überlebender Juden. Am 6. August 1944 erfolgte die

---

[61] Ebenda, NSG - 0041-016, Zeugenaussage von Erika Oppenheimer (geb. Mannheimer) vom 29.05.1964, Bl. 7970.

[62] Ebenda, Bl. 7971.

[63] Ebenda, NSG - 0049/002, Zeugenaussage von Siegfried Kaufmann vom 12.12.1951, Abschrift, S. 2f.

[64] Ebenda, S. 4.

[65] Bericht Siegfried Kaufmanns an Walter Zimmermann. Erinnerungen schriftlich fixiert am 03.02.2008.

[66] Staatsarchiv Hamburg 213-12, Staatsanwaltschaft Landgericht - NSG - 0049/01. Anklageschrift der Oberstaatsanwaltschaft beim Landgericht Hamburg vom 01.06.1951, Bl. 69.

[67] Ebenda, NSG - 0041/004, Zeugenaussage von Siegfried Kaufmann vom 23.11.1960, Bl. 1150.

[68] Wolfgang Benz und Barbara Distel, Der Ort des Terrors. Geschichte der nationalsozialistischen Konzentrationslager. Riga-Kaiserwald, Warschau, Vaivara, Kauen (Kaunas), Płaszów, Kulmhof/Chełmno, Bełżec, Sobibór, Bd. 8, München 2008, S. 80.

Auflösung des Lagers.[69] Hauptziel war das nächstgelegene Vernichtungslager Stutthof bei Danzig, unter ihnen Jettchen Schild (Ehefrau des Korbachers Siegfried Schild) sowie Gertrud und Siegfried Kaufmann.[70] Die Ankunft ist für Herbst 1944 belegt.[71]

Siegfried Kaufmann gab sich als Mechaniker aus.[72] Dies sicherte ihm sein Überleben. Im Januar 1945 begann die Evakuierung des Lagers (Todesmärsche). Bei stärkstem Frost quälten sich die Häftlinge in Marschblöcken von bis zu 1.000 Mann durch tiefen Schnee. Wer zurückblieb, wurde erschossen. Die letzte Kolonne gelangte über die Ostsee nach Schleswig-Holstein, wo noch etliche erschossen wurden. Siegfried und Gertrud Kaufmann überlebten.[73]

Alfred Kaufmann deportierte man im Frühjahr 1945 ins KZ Bergen-Belsen. Nach der Befreiung durch die Alliierten kehrte er nach Korbach zurück.[74]

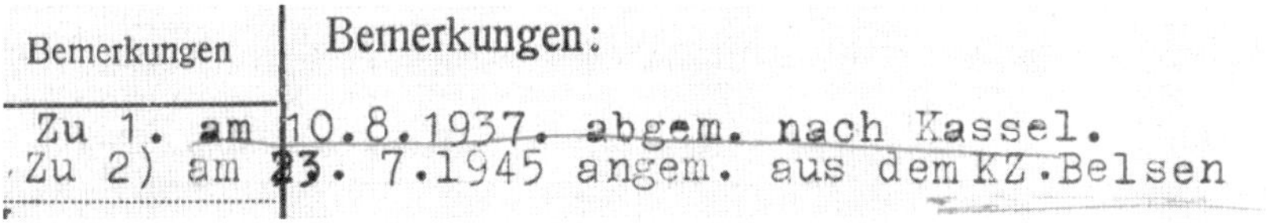
Bemerkungen | Bemerkungen:
Zu 1. am 10.8.1937. abgem. nach Kassel.
Zu 2) am 23. 7.1945 angem. aus dem KZ.Belsen

Abb. 2: Vermerk zu Alfred Kaufmann auf der Einwohnermeldekarte

Die letzten Kriegsmonate und -tage forderten noch viele Opfer. Mehr als neun Zehntel der 1.022 Deportierten des ersten Transportes starben,[75] unter ihnen die dreijährige Helga Kaufmann, Fanny Kohlhagen und Siegfried Schild aus Korbach.

---

[69] Im Außenlager Mühlgraben befand sich auch Erika Mannheimer. Vgl. BA Ludwigsburg, B 162/14634, Bl. 75.

[70] Staatsarchiv Hamburg 213-12 Staatsanwaltschaft Landgericht - NSG - 0041-005, Zeugenaussage von Siegfried Kaufmann vom 28.06.1961, Bl. 1874.

[71] Vgl. www.bundesarchiv.de/gedenkbuch/directory.html [ID: 229340; 200960; 201043]. Stand vom 22.06.2009.

[72] Staatsarchiv Hamburg 213-12 Staatsanwaltschaft Landgericht - NSG - 0041-005, Zeugenaussage von Siegfried Kaufmann vom 28.06.1961, Bl. 1874.

[73] Vgl. StadtA KB, Einwohnermeldekartei jüdischer Bürger/innen der Stadt Korbach.

[74] Staatsarchiv Hamburg 213-12 Staatsanwaltschaft Landgericht - NSG - 0041-004, Zeugenaussage von Alfred Kaufmann vom 02.11.1960, Bl. 1153-1154.

[75] Monica Kingreen, Die Deportation aus Kassel am 9. Dezember 1941, 2003, S. 659. Vgl. dies., „Wir werden darüber hinweg kommen", 2005, S. 101.

Die Deportation von Korbacher Juden und Jüdinnen in den Destrikt Lublin (Izbica/Sobibor und Majdanek)

Nachdem im Mai 1942 die Staatspolizei(leit)stellen vom Reichssicherheitshauptamt angewiesen worden waren, aktuelle Zahlen der noch in ihrem Bezirk lebenden Juden bis zum 27. Mai 1942 zu melden, bestimmte das RSHA die Gruppe der zu deportierenden Juden des Regierungsbezirks Kassel, diesmal in den Destrikt Lublin (Polen). Eigentlich für den 15. April 1942 mit Zielort Trawniki geplant, wurde der Transport auf den 1. Juni 1942[76] mit Ziel Izbica verlegt.[77]

Minutiös wurde wieder die „Evakuierung" vorbereitet. Mit Schreiben vom 20. März 1942 unterrichtete die Geheime Staatspolizeistelle Kassel u.a. die Landräte in Korbach, Arolsen, Frankenberg / Eder und Bad Wildungen. Daraus geht hervor: „Im Zuge einer bereits laufenden Evakuierungsaktion werden in nächster Zeit auch aus dem Regierungsbezirk Kassel ca. 840 Juden nach dem Osten abgeschoben. [...] Die Auswahl des für die Evakuierung in Frage kommenden Personenkreises erfolgt [...] durch die Staatspolizeistelle Kassel. Eine namentliche Liste der für die Evakuierung in Betracht kommenden Juden, getrennt für jeden Bezirk, werde ich noch nachsenden. Da der Zeitpunkt der Evakuierung aus verkehrstechnischen Gründen noch nicht feststeht und voraussichtlich erst 4 Tage vorher angegeben werden kann, müssen sämtlich mit dieser Aktion in Beziehung stehenden Vorbereitungsmassnahmen sofort in Angriff genommen werden. [...] Sämtliche Juden werden vor ihrem Abtransport nach dem Osten wie beim ersten Transport in der Bürgerschule [Schillerstraße / Ecke Wörthstraße] in Kassel konzentriert."[78]

Am 1. Juni 1942 erfolgte der Transport von 509[79] Juden des Regierungsbezirks Kassel in den Destrikt Lublin (Izbica / Sobibor und Majdanek). 20 der 509 Deportierten wiesen als Geburts- oder Wohnort Korbach auf (3,93%). Das jüngste Korbacher Opfer war erst sieben Jahre, das älteste

[76] Vgl. HStAM, 180 Fritzlar 2737, Bl. 17. Schreiben der GeStaPo Kassel vom 22.05.1942 u.a. an den Landrat in Korbach.

[77] Gottwaldt / Schulle, S. 169 und 211.

[78] HStAM, 180 Fritzlar 2737, Bl. 01, Schreiben der Geheimen Staatspolizeistelle Kassel vom 20.03.1942.

[79] Monica Kingreen, Die gewaltsame Verschleppung der Juden aus den Dörfern und Städten des Regierungsbezirks Kassel in den Jahren 1941 und 1942, 2002, S. 228.

64 Jahre alt. Der Altersdurchschnitt lag bei 45,55 Jahren.[80] Als einziger des gesamten Transportes überlebte Robert Eisenstädt.[81]

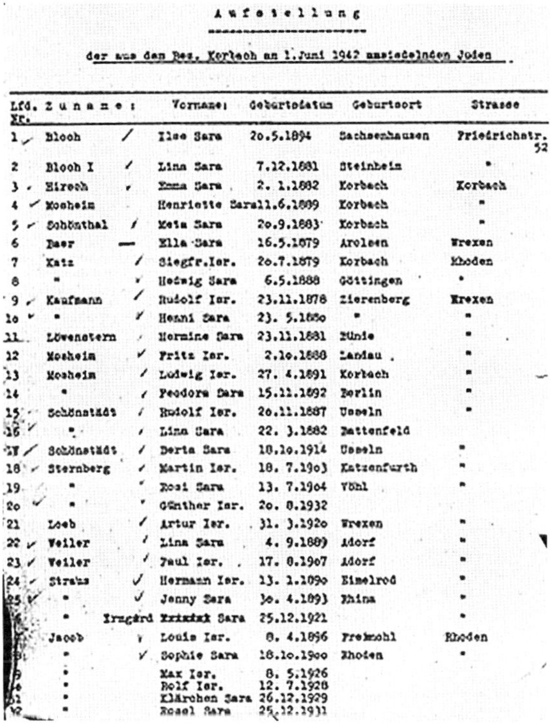

Aufstellung

der aus dem Bez. Korbach am 1. Juni 1942 auszusiedelnden Juden

Lfd. Nr.	Zuname:	Vorname:	Geburtsdatum	Geburtsort	Strasse
1	Bloch	Ilse Sara	20.5.1894	Sachsenhausen	Friedrichstr. 52
2	Bloch I	Lina Sara	7.12.1881	Steinheim	"
3	Hirsch	Emma Sara	2. 1.1882	Korbach	Korbach
4	Mosheim	Henriette Sara	11.6.1889	Korbach	"
5	Schönthal	Meta Sara	20.9.1883	Korbach	"
6	Baer	Ella Sara	16.5.1879	Arolsen	Wrexen
7	Katz	Siegfr. Isr.	20.7.1879	Korbach	Rhoden
8	"	Hedwig Sara	6.5.1888	Göttingen	"
9	Kaufmann	Rudolf Isr.	23.11.1878	Zierenberg	Wrexen
10	"	Henni Sara	23. 5.1880	"	"
11	Löwenstern	Hermine Sara	23.11.1881	Bünde	"
12	Mosheim	Fritz Isr.	2.10.1888	Landau	"
13	Mosheim	Ludwig Isr.	27. 4.1891	Korbach	"
14	"	Feodora Sara	15.11.1892	Berlin	"
15	Schönstädt	Rudolf Isr.	20.11.1887	Usseln	"
16	"	Lina Sara	22. 3.1882	Battenfeld	
17	Schönstädt	Berta Sara	18.10.1914	Usseln	"
18	Sternberg	Martin Isr.	18. 7.1903	Katzenfurth	"
19	"	Rosi Sara	13. 7.1904	Vöhl	"
20	"	Günther Isr.	20. 8.1932		
21	Loeb	Artur Isr.	31. 3.1920	Wrexen	"
22	Weiler	Lina Sara	4. 9.1889	Adorf	"
23	Weiler	Paul Isr.	17. 8.1907	Adorf	"
24	Strauss	Hermann Isr.	13. 1.1890	Eimelrod	"
25	"	Jenny Sara	30. 4.1893	Rhina	"
[illegible]	"	Irmgard Sara	25.12.1921		"
[illegible]	Jacob	Louis Isr.	8. 4.1896	Freienohl	Rhoden
[illegible]	"	Sophie Sara	18.10.1900	Rhoden	"
[illegible]	"	Max Isr.	8. 5.1926		
[illegible]	"	Rolf Isr.	12. 7.1928		
[illegible]	"	Klärchen Sara	26.12.1929		
[illegible]	"	Rosel Sara	25.12.1931		

Abb. 3:

HStAM, 601.12 Korbach, Acc. 1985/71, Nr. 36

Zuvor ausgesparte Regionen wurden diesmal einbezogen. Insgesamt waren jüdische Einwohner aus 62 Ortschaften betroffen.[82] Deportiert wurden Personen unter 65 Jahren, falls gebrechlich auch unter 55 Jahren, die nicht im kriegswichtigen Einsatz waren. Kinder unter 14 Jahren waren mit ihren Eltern zu deportieren.[83]

---

80 Vgl. Anm. 8.

81 Siehe Bericht von Robert Eisenstädt über die gewaltsame Verschleppung im Mai 1941, in: Helmut Burmeister und Michael Dorhs (Hg.), Das achte Licht, 2002, S. 243-247.

82 Monica Kingreen, Die gewaltsame Verschleppung der Juden aus den Dörfern und Städten des Regierungsbezirks Kassel in den Jahren 1941 und 1942, 2002, S. 228.

83 HStA Düsseldorf, Film A 28, Bl. 2-3, Schnellbrief des Reichssicherheitshauptamtes vom 31.01.1942 „Betrifft: Evakuierung von Juden".

Verschont blieben Juden, die in Mischehen lebten, älter als 65 Jahre alt waren, Gebrechliche und Transportunfähige, Inhaber von Verwundetenabzeichen und hohen Tapferkeitsauszeichnungen, Personen im kriegswichtigen Arbeitseinsatz, ausländische Juden und jüdische Ehegatten, die vom Kennzeichnungszwang befreit waren.[84]

Abb. 4: Ludwig Mosheim

Personen, die vom ersten Transport zurückgestellt worden waren - wie der Korbacher Albert Goldberg und dessen Ehefrau Frieda (geb. Löwenstern) - standen jetzt auch auf der Deportationsliste.[85] Es ist zu vermuten, dass die Korbacher Juden relativ spät von der bevorstehenden „Umsiedlung" erfuhren. Für den Abtransport vom Korbacher Bahnhof nach Kassel war der 31. Mai 1942, 6.20 Uhr vorgesehen. Der ungewöhnlich frühe Termin ermöglichte einen Abtransport ohne öffentliches Aufsehen. Auf Anordnung der Gestapo durfte in den Melderegistern weder der Zielort noch der Vermerk „evakuiert nach dem Osten", sondern „unbekannt verzogen" bzw. „ausgewandert" angegeben werden.[86] Dies deckt sich mit Eintragungen in der jüdischen Meldekartei der Kreisstadt Korbach auch zur dritten Deportation.[87]

Deportiert wurden nicht nur Korbacher und Kasseler Juden, sondern auch neun der vierzehn im Herbst 1941 nach Wrexen zwangsumgesiedelten Korbacher Juden, unter ihnen Hermine Löwenstern, Henni Kaufmann, Feodora und Ludwig Mosheim, Hedwig und Siegfried Katz.

---

[84] Ebenda, Bl. 121 - 124, „Richtlinien zur technischen Durchführung der Evakuierung von Juden nach dem Osten" (Izbica bei Lublin).

[85] HHStAW, LKA 1191, Z 544, Juden. Deportation - Kassel - Transportlisten, Schreiben des Finanzamtes Kassel vom 12.12.1941, Kassel, S. 3, Nr. 42.

[86] HStAM, 180 Fritzlar, Nr. 2737, Bl. 1f.. Eintrag in der Einwohnermeldekartei jüdischer Bürger/innen der Stadt Korbach (Bestand StadtA KB) decken sich mit entsprechender Anordnung, vgl. Einträge zu Emma Hirsch (geb. Katz), Met[h]a Schönthal und Herjette Mosheim. Bei allen findet sich der Vermerk „am 31.5.1942 n. unbekannt verzogen".

[87] StadtA KB, vgl. u.a. Einwohnermeldekarte von Margarethe Katz, Vermerk: „7.9.42 ausgewandert".

Bei der Zwangsumsiedlung handelte es sich um eine gesetzlich geregelte Konzentrierung jüdischer Familien, die die Kontrolle und Überwachung der jüdischen Bewohner erleichterte, nachbarschaftliche Beziehungen unterband und eine leichtere Deportation ermöglichte.

Welche Angst, Verzweiflung und Not die bevorstehende Deportation auslöste, kann nur erahnt werden. Anna und Ella Baer, die neben einigen Korbacher Juden von Wrexen nach Izbica/Sobibor deportiert werden sollten,[88] sahen scheinbar keinen anderen Ausweg, als sich unmittelbar vor der Deportation das Leben zu nehmen.[89] Zum Zeitpunkt des Selbstmordes lebten sieben Korbacher Juden im Haus der beiden Schwestern,[90] fünf befanden sich zwei Tage später auf dem Weg in die Konzentrations- und Vernichtungslager des Ostens. Die beiden im Haus verbliebenen Korbacher teilten am 7. September 1942 das gleiche Schicksal, nur dass sie nach Theresienstadt kamen.

Der zeitliche Rahmen legt die Vermutung nahe, dass ein Teil der nach Wrexen zwangsumgesiedelten Korbacher Juden am Morgen des 31. Mai 1942 nach Kassel verbracht wurde. Dass diese wie andere zunächst in das „Auffanglager" der Bürgerschulen Schillerstraße/Ecke Wörthstraße kamen, ist entsprechend öffentlicher Direktiven zwingend notwendig, da eine Personenkontrolle, Durchsuchung, Leibesvisitation und Zustellung der Einziehungsverfügung vorgesehen war.[91] Am 1. Juni 1942 verließ der „Sonderzug" Da 57 den Kasseler Bahnhof: Über den Transport berichtet der einzige Überlebende: „Es war sehr heiß. Die Fenster durften nicht mehr geöffnet werden. Wenn der Zug hielt, patroullierten an beiden Seiten SS-Polizisten. [...] Vorbeifahrende Soldaten sangen Schmählieder auf uns. [...] Das Wasser war aufgebraucht, so auch die Eßvorräte und der Kaffee. Da die Fenster nicht geöffnet

---

88 HHStAW, LKA 1191, Z 544, Juden. Deportation - Kassel - Transportlisten, Aufstellung der aus dem Bez. Korbach am 1. Juni 1942 aussiedelnden Juden; ebenda, „Berichtigte Liste des 2. Auswanderungstransportes aus dem Regierungsbezirk Kassel, nach dem Stande vom 15. Mai 1942".

89 Ebenda, Abt. 519/3, Nr. 36011.26, Bl. 47, 53.

90 Hedwig Katz (geb. Plaut), Siegfried Katz, Elias Löwenstern, Goldine Löwenstern (geb. Goldschmidt), Hermine Löwenstern (geb. Horwitz), Ludwig Mosheim, Feodora Mosheim (geb. Behrendt). Vgl. Geschichte und Schicksale jüdischer Familien in Wrexen, bearb. von Renate Ise, Hans-Joachim Mosheim, Horst Schalk, hg. vom Heimat- und Verkehrsverein Wrexen e.V. und dem Waldeckischen Geschichtsverein Bad Arolsen, Korbach 2008, S. 183.

91 HStAM, 180 Fritzlar 2738 Bl. 156, Geheimes Schreiben der GeStaPo Kassel vom 17.11.1941 über den geplanten Ablauf der „Judenevakuierung", Kap. III: „Die Arbeit im Auffanglager am 8. und 9.12.1941".

werden durften, war ein erstickender Geruch im Wagen. [...] Durch die drückende Hitze, den Hunger und Durst und die aussichtlose Lage waren die Leute völlig mutlos."[92] Am 3. Juni 1942 erreichte der Zug den Bahnhof von Lublin in Polen. Auf einem Nebengleis wurde „selektiert". 98 bis 115 kräftige Männer[93] zwischen 15 und 50 Jahren mussten den Zug verlassen.[94] Sie wurden in das Konzentrationslager Majdanek getrieben, wo sie unter unmenschlichen Bedingungen körperliche Schwerstarbeit leisten mussten.

Das Konzentrations- und Vernichtungslager Majdanek (auch Kriegsgefangenen-, Durchgangs- und Straflager) des Lubliner Vorortes Majdan Tatarski diente als zentraler Stütz- und Knotenpunkt der SS im Osten. Primitivste Lagerbedingungen, schlechte Behandlung, hygienische Mängel, Krankheiten und menschenunwürdige Zwangsarbeit führten zu einer exorbitant hohen Todesrate. Die durchschnittliche Lebenserwartung lag bei drei Monaten. Zu den rund hundert Männern, die nach Majdanek kamen, gehörte auch der vierzigjährige Albert Goldberg aus Korbach. Trotz bester körperlicher Konstitution überlebte er nur 3 Monate.[95]

Die restlichen Frauen, Kinder, Jugendlichen und Männer des Kasseler Transportes wurden in das Vernichtungslager Sobibor (nordöstlich von Lublin) transportiert, ohne das überfüllte Zwischenlager Izbica zu passieren. Izbica war das größte Transit-Ghetto zwischen Belzec und Sobibor. Das Öffnen der Zugtür in Sobibor bedeutete, dass sie nur noch wenige Stunden zu leben hatten. Ihre Vergasung erfolgte noch am gleichen Tag. In getrennten Baracken hatten sich Männer und Frauen zu entkleiden, die Kleidung ordentlich zurechtzulegen, den Frauen wurden noch die Haare geschoren und dann trieb man die Männer, dann die Frauen und Kinder in Gruppen von 50 bis 100 Menschen in die Gaskammern, wo man sie ermordete. Unter ihnen waren 19 Opfer mit Geburts- oder Wohnort Korbach: Frieda Goldberg, Lothar Goldberg

---

92 Bericht von Robert Eisenstädt über die gewaltsame Verschleppung im Mai 1941, kommentiert von Monica Kingreen, 2002, S. 245-246.

93 Gottwaldt/Schulle, S. 213. Robert Eisenstädt spricht von 98 Männern. Vgl. Bericht von Robert Eisenstädt über die gewaltsame Verschleppung im Mai 1941, kommentiert von Monica Kingreen, 2002, S. 246.

94 Bericht von Robert Eisenstädt über die gewaltsame Verschleppung im Mai 1941, kommentiert von Monica Kingreen, 2002, S. 246.

95 www.bundesarchiv.de/gedenkbuch/directory.html (Stand: 10.06.2009).

(7 Jahre alt), Rosel Jakob (10 Jahre alt), Emma Hirsch, Hedwig Katz, Siegfried Katz, Hennie Kaufmann, Rudolf Kaufmann, Hermine Löwenstern, Feodora Mosheim, Ludwig Mosheim, Henriette Mosheim, Hermine Rothschild, Martha Schönthal, Friedel Straus, Irmgard Straus, Hermann Straus, Jenny Straus und Johanna Wertheim.[96] Anschließend wurden den Opfern die Goldzähne ausgebrochen, Körperöffnungen nach versteckten Wertgegenständen durchsucht, die Leichen in Massengräber geworfen. Um Spuren zu verwischen, grub man diese wenige Monate später wieder aus und verbrannte sie.[97]

Alle deportierten Frauen, Kinder, Jugendlichen und älteren Männer des zweiten Transportes waren wenige Tage nach ihrer Abfahrt tot. Keinen Monat später gingen dem Finanzamt in Korbach bereits Akten der Korbacher Juden zur „Vermögensverwertung" bzw. zur Ausplünderung[98] zu.

Deportation in das Konzentrationslager Theresienstadt

Am 7. September 1942 erfolgte der dritte und letzte Transport aus dem Regierungsbezirk Kassel mit 753[99] Personen in das Konzentrationslager Theresienstadt, der ebenso wie der zweite Transport als Koppeltransport in Chemnitz „aufgestockt" wurde. Betroffen waren die über 65-jährigen Juden und Familien von bisher verschont gebliebenen

---

[96] Rekonstruiert anhand der Deportationsliste des Hessischen Hauptstaatsarchivs Wiesbaden, HHStAW, 1191, Juden. Deportation - Kassel - Transportlisten (1. Abschrift aus der Devisenbeschäftigungsstelle des Finanzamtes Kassel-Innenstadt (Akte: Eva[k]uierung, Abgabe von Judenakten an Finanzämter): Berichtigte Liste des 2. Abwanderungstransportes aus dem Regierungsbezirk Kassel, nach dem Stand vom 15. Mai 1942; 2. Berichtigte Liste des 2. Abwanderungstransportes aus dem Regierungsbezirk Kassel, nach dem Stande vom 15. Mai 1942 [für Korbach und Wrexen]; 3. Aufstellung der aus dem Bez. Korbach am 1. Juni ausgesiedelten Juden; 4. Aufstellung der aus Kassel am 1. Juni 1942 umsiedelnden Juden); Bestand des Stadtarchivs Kassel (StadtA KS, S3 Nr. 358-367. Devisenakten des Oberfinanzpräsidenten in Kassel. Deportationsliste „Lublin"); Gedenkbuch. Opfer der Verfolgung der Juden unter der nationalsozialistischen Gewaltherrschaft in Deutschland 1933-1945, Bd. II-IV, hg. vom Bundesarchiv, Bd. II-IV, Berlin 2006, einschließlich der aktualisierten Onlinefassung; StadtA KB, Einwohnermeldekartei der jüdischen Bürger/innen der Stadt Korbach.

[97] Monica Kingreen, Die gewaltsame Verschleppung der Juden aus den Dörfern und Städten des Regierungsbezirks Kassel in den Jahren 1941 und 1942, 2002, S. 230-231.

[98] HHStAW, 519/2, Nr. 1097, Finanzamt Korbach, Judenvermögen, A-K, Kontoblätter; ebenda, Nr. 1096 Finanzamt Korbach, Judenvermögen, Nachweisung.

[99] Monica Kingreen, Die gewaltsame Verschleppung der Juden aus den Dörfern und Städten des Regierungsbezirks Kassel in den Jahren 1941 und 1942, 2002, S. 232. Gottwaldt/Schulle sprechen von 755 Personen, siehe: Die „Judendeportation" aus dem Deutschen Reich, 2005, S. 321.

Kriegsverwundeten und Kriegsausgezeichneten wie Edmund Mosheim (EK I) und Bernhard Lebensbaum. Als „Prominenten- und Altersghetto“ bezeichnet, sollte das Konzentrationslager Theresienstadt über die inhumane, menschenverachtende Behandlung der Juden hinwegtäuschen (vgl. Propagandafilm „Der Führer schenkt den Juden eine Stadt“).

23 Personen mit Wohn- oder Geburtsort Korbach befanden sich unter den Deportierten (3%).[100] Das Durchschnittsalter der deportierten Korbacher betrug 57,9 Jahre, unter ihnen waren auch drei Jugendliche im Alter von 13, 14 und 17 Jahren. Die Korbacher Witwe Johanna Katz war bereits 87 Jahre alt. Lässt man die drei Jugendlichen unberücksichtigt, lag der Altersdurchschnitt bei 64,4 Jahren. Die Berechnung bestätigt die These, dass jetzt überwiegend verschont gebliebene ältere Menschen deportiert wurden.

Minutiös wurde auch der dritte Deportationszug geplant. Wieder wurden die Landräte von der Geheimen Staatspolizei Kassel über die geplante Deportation in Kenntnis gesetzt. Das Schreiben trägt das Datum vom 25. August 1942: „Am 7.9.1942 werden die restlichen Juden aus dem Regierungsbezirk Kassel nach Theresienstadt abgeschoben. [...] Eine namentliche Liste der nach den gegebenen Richtlinien in Frage kommenden Juden, getrennt für jeden Kreis, ist als Anlage beigefügt.“[101] Keine zwei Wochen später erfolgte ihr „Abtransport“.

Der Mundvorrat wurde von ehemals fünf bis sechs Tagen der ersten Deportation auf drei Tage reduziert. Weitere Direktiven betreffs des Abtransports vom Heimatort, der Prüfung der Personalien, der Mitnahme von Gepäck, der Konzentrierung in Kassel, der Abnahme von Wertsachen, der „Verwertung“ des zurückgebliebenen Eigentums oder der abschließenden Meldung über den Vollzug der „Evakuierungsaktion“ entsprachen im Wesentlichen denen der ersten beiden Deportationen.

---

[100] Moritz Goldwein (jüd. Lehrer), Rosalia Goldwein, Johanna Katz, Margarethe Katz, Rosalie Katzenstein, Emma Kohlhagen, Ludwig Lazarus, Bernhard Lebensbaum, Therese Lebensbaum, Ruth Lebensbaum (17 Jahre), Gertrud Lebensbaum (14 Jahre), Paula Levy, Rosalie Löwenstein, Elias Emil Löwenstern, Edmund Mosheim, Henriette Mosheim, Julius Mosheim, Jenny Mosheim, Bertha Schiff, Hedwig Weitzenkorn, Marianne Weitzenkorn (13 Jahre). Rekonstruiert anhand der Deportationsliste des Hessischen Hauptstaatsarchivs Wiesbaden, HHStAW, 1191, Juden. Deportation - Kassel Transportlisten („Aufstellung über die am 7. September 1942 erfolgte dritte Umsiedlung von Kasseler Juden“); ebenda, 519/F 26 Kassel („Liste der am 7.9.1942 im Reg.Bez. zur Abwanderung kommenden Juden“).

[101] HStAM 180 L.A. Marburg 4830, Bl. 05.

Als Auffanglager fungierte abermals das Sammellager Schillerstraße/ Ecke Wörthstraße in Kassel.[102]

Wenige Tage später folgte eine Aufstellung der Abfahrtszeiten, je nach Entfernung am 5. oder 6. September (Samstag oder Sonntag). Die Aufstellung war mit dem Hinweis versehen: „Diese Fahrpläne sind unbedingt verbindlich. Für die genaue und pünktliche Einhaltung derselben bitte ich daher, unter allen Umständen Sorge zu tragen."[103]

Anders als bei den Betroffenen der Kreise Frankenberg/Eder, die man erst kurz vor der Deportation in Kassel konzentrierte (von Frankenberg mit der Reichsbahn am 6. September 1942 um 7.27 Uhr, Holzhausen/Eder um 8.24 Uhr, Itter um 6.35 Uhr)[104] wurden Korbacher Juden schon im Juli 1942 auf Veranlassung der Staatspolizeistelle Kassel in Kassel konzentriert. Sie kamen u. a. in die Sammelstellen Große Rosenstr. 22[105], Mombachstr. 17[106] oder das Sammellager Wartekuppe[107]. Andere wurden in der Schillerstraße 7[108], Klosterstraße 24[109] oder Kastenalsgasse 28[110] einquartiert. Allein aus dem jüdischen Altersheim Große Rosenstraße 22 wurden zehn Korbacher nach Theresienstadt deportiert.

Ähnlich erging es den im Herbst 1941 nach Wrexen zwangsumgesiedelten Korbacher Juden. Diese wurden vermutlich alle am 15.[111] und

[102] Ebenda, Bl. 05ff. und 11ff., Schreiben der Geheimen Staatspolizeistelle Kassel vom 25.08. und 28.08.1942.

[103] Ebenda, 28.08.1942, Bl. 13.

[104] Ebenda, Bl. 12.

[105] U.a. Moritz und Rosa Goldwein, Johanna Katz (geb. Mosheim), Margarethe Katz, Elias und Goldine Löwenstern, Edmund, Henriette, Jenny und Julius Mosheim (= 10 Personen aus Korbach). Vgl. Deportationsliste HHStAW 1191, Juden. Deportation - Kassel - Transportlisten („Aufstellung über die am 7. September 1942 erfolgte dritte Umsiedlung von Kasseler Juden"), S. 10-11.

[106] Gertrud und Ruth Lebensbaum, Marianne Weitzenkorn (= 3 Personen). Vgl. ebenda, S. 13-15.

[107] Louis Lazarus (auch Kastenalsgasse geführt), Rosa und Siegfried Löwenstein, Berta Schiff (= 3 Personen plus eine Person). Vgl. ebenda, S. 5-6.

[108] Bernhard und Therese Lebensbaum (= 2 Personen), vgl. ebenda, S. 5.

[109] Emma Kohlhagen., vgl. ebenda.

[110] Louis Lazarus (auch unter Wartekuppe geführt). Rosalie Katzenstein, Hedwig Weitzenkorn wurden am 06.09.1942 - unmittelbar vor der Deportation - in die Sammelstelle Schillerstraße verbracht, wie die Korbacherin Paula Levy.

[111] Vgl. HHStAW, Abt. 518, Nr. 16060, Bd. 1, Edmund Mosheim, Bl. 182, Brief von Bernhard Lebensbaum.

16. Juli von Wrexen nach Kassel gebracht.[112] Deportationslisten erfassen daher Korbacher Deportationsopfer nicht als Korbacher / innen im eigentlichen Sinne, sondern als Opfer der Stadt Kassel, da ihre letzte offizielle Wohnadresse Kassel war.

Bernhard Lebensbaum, Korbacher Postbeamter und Überlebender des KZs Theresienstadt, berichtete Leopold Mosheim vom tragischen Schicksal seiner Eltern Edmund und Henriette: „Am 12. Juli 1942 kam Dein Vater zu mir und sagte: Die Gestapo Kassel hat angerufen, am 15. Juli müssen wir alle[,] die damals noch hier waren, in Kassel sein. Ein grosser Teil der Juden war [19]41 nach Wrexen, wo sie in einer Papierfabrik arbeiten mussten, gekommen. Darunter auch Dein Onkel Ludwig und Tante Dore [Feodora]. Diese sind im Mai 1942 schon mit einem Transport von Kassel nach Polen gekommen und man hat nie wieder etwas von diesem Transport bis heute gehört. Wir wurden dann[,] als wir nach Kassel kamen[,] zu 2 Familien in einem Zimmer untergebracht und blieben dort bis am 7. September 1942 [, bis] der Rest der Juden aus dem Kasseler Bezirk, es waren damals 753, in einem Transport nach Theresienstadt kamen. Von den Korbacher Juden gingen mit: Julius Mosheim und Frau, die alte Frau Katz und Grete [Margarethe], Frau Löwenstein und Sohn, Lazarus, Frau Schiff, Frau Färber Kohlhagen, Goldwein und Frau, Deine Eltern, meine Frau[,] die beiden Mädels und ich, Marianne Weitzenkorn, deren Eltern schon vorher in ein K.Z. durch die Gestapo kamen, hatten [wir] noch bei uns. Später erfuhren [wir] dann[,] das[s] Mariannchens Eltern dort gestorben sind. Frau Kohlhagen und Lazarus sind schon gleich nach unsrer Ankunft nach Auschwitz weitertransp[o]rtiert [worden], später dann noch Grete Katz. Die alten Leute starben dann ziemlich rasch hintereinander. Mit Deinen lieben Eltern war [ich] sehr viel zusammen, auch mit Goldweins. Deine liebe Mutter hat fast ein Jahr lang mit meiner 1. Frau zusammen gearbeitet, und [es] haben sich Deine lb [lieben]. Eltern, bis wir durch diese Verbrechergesellschaft im Oktober [19]44 getrennt wurden[,] gut gehalten. Im Oktober kamen dann noch mal 20000 aus unserem Lager nach Auschwitz. Mit Deinen Eltern kam[en]

[112] Vgl. Elias und Goldine Löwenstern, die am 15. und 16.07.1942 von Wrexen nach Kassel und am 07.09.1942 von dort nach Theresienstadt deportiert wurden. Vgl. Geschichte und Schicksale jüdischer Familien in Wrexen, bearb. von Renate Ise, Hans-Joachim Mosheim und Horst Schaake, hg. vom Heimat- und Verkehrsverein Wrexen e.V. und Waldeckischen Geschichtsverein e.V. Bad Arolsen, Korbach 2008, S. 149 und 183.

auch Deine Tante aus Melsungen (Frau Levi) und Goldweins nach Auschwitz. Leider kann ich Dir[,] lieber Polder [Leopold,] keine Hoffnung machen, denn alles[,] was nach Auschwitz gekommen ist, ist bis auf wenige junge Menschen, nicht zurückgekommen. [...] Alfred und Siegfried Kaufmann sind ausser uns die einzigen[,] welche von den Korbachern zurückgekommen sind. Im ganzen Kasseler Bezirk sind von ungefähr 3000 Juden höchstens 100 zurückgekommen. [...] Die Häuser [der Familie] hat die Stadt Korbach übernommen, ebenso den Garten, die Ware aus dem Geschäft hat die Fa. C[...] seinerzeit abgefahren[,] und das Geld hat der Staat eingestrichen."[113]

Über den Abtransport der Korbacher Juden im Juli 1942 berichtete Bürgermeister Paul Zimmermann ergänzend: „Korbacher Bürger sind Zeuge gewesen, als Edmund Mosheim [...] mit Fußtritten in einen Wagen der Gestapo gestoßen und mit [...] anderen Korbacher Schicksalsgenossen zunächst nach [Kassel] geschafft worden ist."[114]

Abb. 5:

Edmund Mosheim mit Tochter Elionore vor dem Geschäft in der Prof.-Kümmell-Str. 15 (heute Rathausvorplatz)

Selma Hammerschlag, die zeitweise in Korbach lebte, beschrieb die Ereignisse des 6. und 7. September 1942 wie folgt: „Alle Juden von Kassel und Umgebung mußten sich am 5.9.1942 [und 6.9.1942] in der Bürgerschule Schillerstraße Kassel versammeln. Schon am

[113] HHStAW, Abt. 518, Nr. 16060, Bd. 1, Edmund Mosheim, Bl. 182.

[114] „Berichtigung" von W. Zimmermann, in: Klosterglöckchen, Nachrichten für die Mitglieder des Vereins ehemaliger Korbacher Gymnasiasten, Nr. 3, 30. Jg. Korbach Oktober 1963, S. 11.

Sonnabendnachmittag rollten von der Provinz die Züge ein. [...] Wirklich - ein trauriger Anblick! Hier ein Kranker auf der Bahre mit einem kleinen Rucksack oder Köfferchen, das letzte Hab und Gut, was ihm geblieben [war]; Alte und Schwache. [...] Die Lage ist gedrückt, man sieht viele Tränen, im allgemeinen haben sich alle in ihr trauriges Los geschickt. [...] Nun wird alles Gepäck von der Gestapo untersucht; [...] sämtliche Leute werden leibesvisitiert. Geld, Uhren, Schmuck usw. müssen abgeliefert werden, und jeder bekommt eine Nummer angehängt. [....] Die Nacht ist kalt, die Kranken wimmern und stöhnen [...]. Montag früh [7. September] ist schon alles aufgeregt auf den Beinen. Lastautos fahren in den Schulhof hinein, nachdem man noch jüdische Gestalten fotografiert hat, lädt man die Nicht-Gehfähigen in die Lastwagen und bringt sie zur Bahn. Die anderen folgen zu Fuß. Ein langer Zug bewegt sich durch die Straßen [...]."[115]

Gleichzeitig bereitete der Oberfinanzpräsident in Kassel die Enteignung vor. Mit der rechtlichen Konstruktion der XI. Verordnung zum Reichsbürgergesetz vom November 1941 verlor ein Deutscher (jüdischen Glaubens) die deutsche Staatsangehörigkeit, wenn er seinen Hauptwohnsitz ins Ausland verlagerte. Aufgrund dieser Verordnung wurde die zwangsweise Verschleppung nach Theresienstadt als Auslandsverlagerung deklariert, die es ermöglichte, den Deportationsopfern ihren Besitz zu rauben. Gutgläubig ließen nicht wenige Korbacher Juden und Jüdinnen Bargeld, Versicherungspolicen und Sparbücher - das Wenige, das ihnen noch geblieben war - in ihren Wohnungen zurück, im Vertrauen, dieses - wie mitgeteilt - zu einem späteren Zeitpunkt zu erhalten.[116]

Der Zug aus Kassel fuhr am 7. September 1942 über Chemnitz nach Theresienstadt und wurde dort am 8. September 1942 registriert (mit 753 Personen[117] aus dem Regierungsbezirk Kassel). Er ging bis zur Bahnstation Bauschowitz. Erst später errichtete man eine Gleisverbindung,

---

[115] Bericht von Selma Hammerschlag, 1945, in: Michael Winkelmann, „Auf einmal sind sie weggemacht". Lebensbilder Arolser Juden im 20. Jahrhundert. Eine Dokumentation, hrsg. Von der Gesamthochschule Kassel, Fachbereich 1, Kassel 1992 (=Nationalsozialismus in Nordhessen. Schriften zur regionalen Zeitgeschichte, Heft 15), S. 351-353.

[116] U.a. Meta Schönthal, Korbach (7,00 RM Bargeld etc.); Ludwig und Feodora Mosheim, Zwangsumzug nach Wrexen (94,13 RM Bargeld etc.); Emma Hirsch, Korbach (11,35 RM Bargeld etc.); Hedwig Katz (geb. Plaut), Zwangsumzug nach Wrexen (18,15 RM Bargeld etc.). Vgl. HHStAW, 519/2, Nr. 1097, Bd. 1 und Bd. 2, Finanzamt Korbach, Judenvermögen, Kontenblätter jüdischer Korbacher Bürger/innen A-Z.

[117] Vgl. Anm. 105.

die direkt zum Lager führte. Von der Station zur Militärfestung Theresienstadt, rund 60 km von Prag entfernt, waren es zweieinhalb Kilometer[118] in das Lager. Zum Zeitpunkt der Ankunft war das Lager mit mehr als 50.000[119] Personen völlig überfüllt, die hygienischen Bedingungen entsprechend katastrophal.

Über die Ankunft berichtete Selma Hammerschlag: „Alle Transportteilnehmer kommen in eine Kaserne, sogenannte ‚Schleuse'. Dort werden die Leute und ihr Gepäck wieder untersucht. Der letzte Rest, was [der] SS an Kleidungsstücken, Medikamenten, Nahrungsmitteln, Geschirr usw. gefällt, wird hier noch geraubt [...]. Dann werden die sogenannten Wohnungen zugewiesen. [...] Die Männer beziehen zum größten Teil die Kasernen der alten Festung [...]. Wir Frauen ziehen zum Teil in die sogenannten Blocks. Wir versuchen zu schlafen, denn alle sind totmüde und abgespannt von der qualvollen Reise [...]. [...] Viele denken das Gleiche: ‚Nur nicht wieder aufwachen.' Hätten wir doch zu Hause Schluß gemacht, den Gashahn auf, dann wäre uns viel, viel erspart geblieben. Die Jugend nimmt es leichter als das Alter. [...] Jetzt wird uns vieles klar, Theresienstadt ist nur ein Durchgangslager, immer gehen Transporte nach dem Osten, und wie wir heute wissen, gingen all diese armen Menschen - nur ein kleiner Bruchteil ist gerettet - dem sicheren Tod entgegen. Dafür mußten wir den sogenannten Heimeinkauf unterschreiben und unser ganzes Vermögen den Nazis geben. Statt daß diese Menschen in dem Lager bleiben durften [...], gingen 99% in die Gaskammern nach Auschwitz. Lug und Trug war alles auf der ganzen Linie."[120]

Bis zum Ende des Jahres war fast jede fünfte Person des Transportes tot. Edmund und Henriette waren in Theresienstadt in der Bahnhofstraße 23 untergebracht, bevor sie im Oktober 1944 in das Vernichtungslager Auschwitz kamen.[121] Weitere Transporte nach Auschwitz und Treblinka folgten.[122]

---

118 Vgl. Bericht von Selma Hammerschlag, in: Michael Winkelmann, S. 353.

119 Theresienstädter Gedenkbuch, 2000, S. 20. Im April 1942 waren es 12.968 Personen.

120 Bericht von Selma Hammerschlag aus dem Jahre 1945, in: Michael Winkelmann, S. 353-355.

121 HHStAW, Abt. 518, Nr. 16060, Bd. 1, Bl. 174 und 183, u. a. Schreiben des Überlebenden Otto Baruch vom 15.10.1946 an Carl Mosheim. Eine Nachricht des noch lebenden Edmund Mosheim vom 02.07.1944 kam in den Besitz Herrn William Levys. Vgl. ebenda.

122 Sechs Deportationsopfer mit Geburts- und/oder Wohnort Korbach verschleppte man nach Auschwitz, fünf nach Treblinka. 47,83% der deportierten Korbacher/innen kamen nach Auschwitz und Treblinka, 30,43% starben in Theresienstadt, 21,74% überlebten.

Bernhard Lebensbaum, Überlebender des Konzentrationslagers Theresienstadt berichtet am 4. September 1946 während einer Befragung vor dem Amtsgericht Korbach: „Ich selbst befand mich im Durchgangslager Theresienstadt. Hier ging im Oktober 1944 unter vielen anderen ein Transport von 1200 Mann[123] zum KZ Auschwitz ab. Von diesen 1200 Mann habe ich bisher nur einen wieder getroffen und zwar Heinemann Israel, Händler, jetzt wohnhaft in Kirchhain Krs. Marburg / Lahn. Er erzählte mir, daß von den 1200 Mann bei der Ankunft in Auschwitz sofort 1130 Mann in die Gaskammer kamen, die restlichen 70 Mann wurden zu schweren Arbeiten eingesetzt, von denen der größte Teil noch durch Erschießungen, Erfrierungen usw. verstorben sind."[124]

Um den eigentlichen Charakter der Deportation zu verschleiern und sich ohne Widerstand des Vermögens bemächtigen zu können, wurden Betroffene seit 1942 auf Veranlassung der Gestapo genötigt, einen so genannten „Heimeinkaufsvertrag" abzuschließen. Lebenslange Unterkunft und Verpflegung sollten gewährleistet werden, bestehende Heimverträge wurden in „Heimeinkaufsverträge" umgestellt.[125] Nach außen hin suggerierte man die Funktion eines „Vorzugsheims". Die Betroffenen hatten ihr Bargeld, Bankguthaben, ihre Wertpapiere und Versicherungspolicen der Reichsvereinigung ganz oder teilweise zur Verfügung zu stellen.[126] In Wahrheit gelangte das Geld letztlich in die Reichsfinanzkasse. So fuhren vermutlich noch viele Korbacher und Korbacherinnen in Kassel mit der Überzeugung ab, dass sie mit ihren Familien in ein „Altersghetto" kämen, mit entsprechender Unterkunft, Verpflegung und medizinischer Versorgung. Nachweislich haben 15 der 23 nach Theresienstadt Deportierten (mit Geburts- und/oder Wohnort Korbach) „Heimeinkaufsverträge" abgeschlossen (65,22%). Vermutlich waren es mehr. Verträge für Personen von 13 bis 87 Jahren sind belegt.[127]

---

[123] Die Angabe scheint ungenau. Nach Danuta Czech, Kalendarium, 1989, S. 891-920, verließen neun Transporte mit rund 1500 bis 2038 Personen Theresienstadt Richtung Auschwitz.

[124] HHStAW, Abt. 518, Nr. 16060, Bd. 2, Bl. 200.

[125] Susanne Willems, Der entsiedelte Jude, Berlin 2002, S. 395.

[126] HHStAW, Abt. 518, Nr. 16110, Louis Lazarus.

[127] HHStAW, Abt. 519/2, Nr. 1097, Bd. 2 Finanzamt Korbach, Judenvermögen, Nachweisung.

„Heimeinkaufsverträge“ (Wohn- oder Geburtsort Korbach) :

	Name	Konto-Bewegung	Betrag	D (Deportation) † verstorben
1 - 2	Moritz und Rosa[lia] Goldwein (geb. Schellenberg)	24.09.1942	2.215,43 RM[1]	D: Theresienstadt †Auschwitz
3	Johanna Katz (geb. Mosheim)	25.09.1942	16.200,00 RM 78,26 RM[2]	D: Theresienstadt † 26.09.1942
4 - 7	Bernhard und Therese Lebensbaum (geb. Lewin), Tochter Ruth Lebensbaum, Tochter Gertrud Lebensbaum	24.09.1942 24.09.1942 24.09.1942 24.09.1942	74,23 RM 1.464,80 RM 603,73 RM 643,64 RM[3]	D: Theresienstadt Überlebende
8 - 9	Julius und Jenny Mosheim (geb. Katz)	24.09.1942	1.586,11 RM[4]	D: Theresienstadt † Julius 27.09.1942 † Jenny 20.09.1942
10	Berta Schiff (geb. Hirsch)	24.09.1942	3.049,99 RM[5]	Theresienstadt † 06.05.1944
11	Marianne Weitzenkorn	25.09.1942	5.400,00 RM 147,37 RM	Theresienstadt Überlebende
12	Hedwig Weitzenkorn (Tante von Marianne W.)	25.09.1942	3.400,00 RM[6]	Theresienstadt † 20.11.1943
13	Emma Kohlhagen (geb. Appel)	unbekannt	7.849,51 RM[7]	D: Theresienstadt † Treblinka
14	Rosalie Katzenstein (geb. Weitzenkorn)	unbekannt	15.000 RM[8] 3.000,00 RM	D: Theresienstadt † 13.01.1943[9]
15	Louis Lazarus	25.09.1942	16.901,43[10]	D: Theresienstadt † Treblinka

1 Ebenda, Abt. 519/2, Nr. 1096 Finanzamt Korbach, Judenvermögen, Nachweisung.

2 Ebenda, Abt. 518, Nr. 33714, Bl. 80, 94.

3 Ebenda, Abt. 519/2, Nr. 1096 Finanzamt Korbach, Judenvermögen, Nachweisung; ebenda, Abt. 519/3, Nr. 36636, Bd. II, u. a. Bl. 124.

4 Ebenda.

5 Ebenda.

6 Ebenda.

7 Ebenda.

8 Ebenda, Abt. 518, Nr. 16166, Bl. 105.

9 Ebenda, Bl. 129.

10 Ebenda, Nr. 16110, Louis Lazarus.

Abb. 6:
Gertrud und Ruth Lebensbaum, 1932 (Spielschule in Korbach)

Männer und Frauen lebten in Theresienstadt getrennt, auch Kinder und Jugendliche bis zum Alter von 15 Jahren. 15 bis 40 Mädchen oder Jungen bildeten eine Not- und Zimmergemeinschaft, wie die 13- und 14-jährigen Mädchen Marianne Weitzenkorn und Gertrud Lebensbaum aus Korbach. Oft betreuten die Jugendlichen Leidensgenossen und Leidensgenossinnen, die nur wenige Jahre älter waren. In Theresienstadt begann für die beiden Mädchen eine Phase völliger Entmenschlichung. Die Konfrontation mit dem Tod war allgegenwärtig, Angst war ihr steter Begleiter. Hedwig Weitzenkorn verstarb 1943 infolge der unmenschlichen Zustände.

Marianne Weitzenkorn und Gertrud Lebensbaum waren im L 414 untergebracht, dem Theresienstädter „Jugendheim".[128] Viele der Kinder stammten von Kriegsversehrten des Ersten Weltkrieges ab, wie Gertrud und Ruth Lebensbaum. Hella Wertheim, Zimmergenossin und Überlebende des Holocaust, erinnerte sich an Marianne, die besonders fürsorglich behandelt wurde, weil sie „Vollwaise" war.[129] Zusammengewürfelt, eine Notgemeinschaft bildend, einte sie der Überlebenskampf.

Hella Wertheim kam einen Monat vor den Korbachern nach Theresienstadt. Ihre Erinnerungen geben einen prägnanten Einblick: „In unserem Kinderheim lebten die Jungen in den Zimmern des ersten Stocks, und unsere Zimmer lagen im zweiten Stock. Die Zimmer waren relativ geräumig, aber in unserem zum Beispiel lebten auch etwa 18 Mädchen zusammen. An der Wand waren Stockbetten aufgestellt. Auf drei Etagen lagen jeweils fünf Mädchen zusammen, meine Bettstelle lag ganz oben. An der gegenüberliegenden Wand waren drei Einzelbetten aufgestellt, so daß fast der ganze Raum damit ausgefüllt war. Ich war damals bei der Ankunft in Theresienstadt vierzehn und beim Abtransport nach Auschwitz sechzehn Jahre alt. Die Mädchen in meinem Zimmer hatten auch ungefähr mein Alter. [...] Aus Kassel kam Marianne Weizenkorn. Ihr Vater und ihre Mutter waren [...]

---

[128] Gisela Spier-Cohen, Aus den Erinnerungen an Kindheit und Konzentrationslager, hg. von der Gesellschaft für christlich-jüdische Zusammenarbeit in Marburg, 2. Aufl., Marburg 1998, S. 29.

[129] Interview mit der Überlebenden Hella Wertheim am 11.10.2007.

umgebracht worden […].“[130] Marianne schneiderte und verrichtete außerhalb von Theresienstadt landwirtschaftliche Arbeiten.[131] Unterricht war unter Strafe verboten. Arbeitspflicht bestand für alle arbeitsfähigen Personen ab 14 Jahren ca. 10 bis 12 Stunden täglich, später wurden auch zwölfjährige Kinder zu landwirtschaftlichen Arbeiten herangezogen.

Für viele stellte Theresienstadt jedoch nicht das Ende ihres Leidensweges dar. Ihre Spuren verlieren sich in den Vernichtungslagern von Auschwitz und Treblinka. Dort angekommen, wurden sie in der Regel gleich zur Gaskammer geführt, allein 11 Personen mit Geburts- und/oder Wohnort Korbach, sechs kamen nach Auschwitz[132] und fünf nach Treblinka[133]. Schwache, Alte und Kranke starben gleich in Theresienstadt. Im „Kalendarium“ des Konzentrationslagers Auschwitz-Birkenau vom 9. Oktober 1944 - dem Ankunftstag der Korbacher Paare Mosheim und Goldwein - ist vermerkt: „Mit einem Transport des RSHA [Reichssicherheits-Hauptamt] sind 1550 Juden aus dem Ghetto Theresienstadt eingetroffen. […] In den Gaskammern des Krematoriums II werden 2000 jüdische Männer, Frauen und Kinder getötet.“[134] Dreieinhalb Monate trennten sie von der Befreiung des Vernichtungslagers durch die Alliierten (27. Januar 1945), dreieinhalb Monate, die sie nicht überleben sollten. Ihre Spuren verlieren sich im Oktober 1944 in Auschwitz. Ludwig Mosheim starb im Konzentrationslager Theresienstadt, seine Frau Feodora gilt im Osten als verschollen.

Die Befreiung Theresienstadts erlebten nur 50 Personen des Regierungsbezirks Kassel,[135] fünf davon stammten aus Korbach. Marianne Weitzenkorn neben Bernhard und Therese Lebensbaum mit den Kindern Ruth und Gertrud.

---

130 Hella Wertheim/Manfred Rockel, Immer alles geduldig getragen. Als Mädchen in Theresienstadt, Auschwitz und Lenzing, seit 1945 in der Grafschaft Bentheim, 4. Aufl., Bielefeld 2004 (= Schriftenreihe des Museumsvereins für die Grafschaft Bentheim, Bd. 3), S.31 und 33.

131 Interview mit Hella Wertheim am 11.10.2007.

132 Margarethe Katz verschleppte man am 23.01.1943 nach Auschwitz, Edmund und Henriette Mosheim, Moritz und Rosalia Goldwein am 09.10.1944 und Paula Levy am 12.10.1944.

133 Am 29.09.1942 tötete man Emma Kohlhagen, Ludwig Lazarus, Elias und Goldine Löwenstern, am 22.10.1942 Siegfried Löwenstern in Treblinka.

134 Danuta Czech, Kalendarium der Ereignisse im Konzentrationslager Auschwitz-Birkenau 1939-1945, Frankfurt 1989, S. 901.

135 Monica Kingreen, Die gewaltsame Verschleppung der Juden aus den Dörfern und Städten des Regierungsbezirks Kassel in den Jahren 1941 und 1942, 2002, S. 236. Gottwaldt/Schulle, S. 323, gehen von 70 Überlebenden aus.

Überlebende - Rückkehr nach Korbach

Den Holocaust überlebten nur sieben Korbacher Juden, unter ihnen die nach Riga verschleppten Alfred und Siegfried Kaufmann. Am 3. Juli 1945 kehrte die Familie Lebensbaum mit Marianne Weitzenkorn nach Korbach zurück. Wohin sollten sie auch gehen? Ganze Familien waren „ausgelöscht", ihr Eigentum war ihnen geraubt. Vor ihrer Rückkehr waren sie für drei Wochen in einem „Sanatorium" in Kassel-Wilhelmshöhe untergebracht. Zwischenzeitlich wurde ihr Haus in der Korbacher Hagenstraße, welches sich die Stadt Korbach nach ihrer Deportation angeeignet hatte, notdürftig hergerichtet.[136] Nicht jeder war erfreut, als die wenigen Überlebenden zurückkehrten.[137]

Drei bis vier Jahre grausame Lager- und Ghettoerlebnisse lagen hinter ihnen, die nicht zu verwinden sind. Bernhard Lebensbaum berichtete Ende 1945 rückblickend: „Es waren 3 schwere Jahre und [wir] haben in dieser Zeit sehr viel schweres mitgemacht. [...] Wir sind wohl die einzige Familie in ganz Deutschland[,] welche zusammen geblieben ist. Edmund [Mosheim] und Frau, Goldwein und Frau waren bis Oktober 44 mit uns zusammen [in Theresienstadt], kamen aber dann nach Auschwitz [...]. Julius Mosheim und Frau sind bei uns im Lager gestorben, ebenso Frau Schiff, die alte Frau Katz[,] wo die anderen geblieben sind[,] wissen [wir] nicht, aber es ist anzunehmen[,] dass niemand mehr lebt. Hier sind nur Alfred und Siegfried Kaufmann zurückgekommen. Marianne Weitzenkorn hatten wir bei uns und haben sie auch wieder mit uns nach hier gebracht. [...] Uns haben sie alles genommen[.] Wir kamen am 3. Juli zurück [...]."[138]

Vielen ging es ähnlich. Drei bis vier schwere Jahre, die die Überlebenden gezeichnet hatten. Gebrochen, traumatisiert, kehrten sie zurück, Jugendliche ohne Schulausbildung und Perspektive.[139]

---

[136] HHStAW, Abt. 518, Nr. 16060, Bd. 1, Bl. 184, Brief an die Familie Mosheim vom 24.10.1945.

[137] Interview mit Isidor Schindelheim (Ehemann von Marianne Weitzenkorn), New York, 17.10.2007.

[138] HHStAW, Abt. 518, Nr. 16060, Bd. 1, Bl. 184, Brief an Familie Mosheim vom 24.10.1945.

[139] Vgl. ebenda, LKA 1191 Juden. Deportation – Kassel – Hauptakte, Zeugenaussage von Alfred Kaufmann vom 13.07.1967: „Mein Gesundheitszustand ist stark reduziert. Ich bin restlos erschöpft. Die Erinnerungen an diese Zeit strengt mich zu sehr an."

Abb. 7: Marianne Weitzenkorn, 1946

Bildnachweis:

Abb. 1 und 2: Stadtarchiv Korbach

Abb. 3: Hessisches Staatsarchiv Marburg

Abb. 4 – 7: Stadtarchiv Korbach

Louis Meyer aus Korbach, verfolgt als Jude und Sozialdemokrat

von Marion Lilienthal

Mit der Machtübernahme Adolf Hitlers 1933 begann für die Deutschen jüdischen Glaubens die Zeit der systematischen Entrechtung und Unterdrückung, wer nicht floh, wurde deportiert und ermordet. Antisemitismus ist kein Phänomen, das sich erst mit der Machtübernahme durch die Nationalsozialisten seinen Weg gebahnt hat. Erste Ausschreitungen - wie die des November 1932 - ließen erahnen, dass sich eine menschenverachtende Gesinnung ihren Weg bahnen würde. 1932 waren es vergleichsweise noch vereinzelte Anzeichen antisemitischer Einstellungen, die aber bereits Schlimmeres heraufbeschworen. Zunächst waren es die Fensterscheiben des jüdischen Lehrers und Sozialdemokraten Louis Meyer und die der Synagoge.

„11. November [1932]. Im dem Waldeckschen Städtchen Corbach haben S.A.-Leute durch Steinwürfe sämtliche Fenster der Synagoge eingeworfen. Zugleich wurde gegen das Haus des jüdischen Lehrers des Ortes ein regelrechtes Steinbombardement eröffnet, bis sämtliche Fensterscheiben zertrümmert waren."[1] „Lehrer i.R. Meyer gehört der S.P.D. an und gilt als tätiges Mitglied. Es ist daher anzunehmen, dass das Einwerfen der Fensterscheiben durch politische Gegner erfolgt ist, die, wie ich annehme, der N.S.D.A.P. angehören werden."[2]

Louis Meyer traf es in der nationalsozialistischen Hochburg Waldecks gleich in zweierlei Hinsicht. Er hatte das Pech, jüdischer Abstammung und Sozialdemokrat in einer Person zu sein. Einer dieser Gründe hätte schon ausgereicht, um ihn in den Augen der Nationalsozialisten verdächtig zu machen.

Die Familie Meyer war 1926 aus Vöhl in die Arolser Landstraße 16 zugezogen. Am 1. September 1931 zog sie in die Flechtdorfer Straße 55 und 1934 zur jüdischen Familie Kohlhagen in die Stechbahn 7.[3]

---

[1] Hessische Zeitung vom 12.11.1932.

[2] HStAM, Abt. 165, Nr. 3982, Bd. 9, Bl. 503.

[3] StadtA KB, Einwohnermeldekartei der jüdischen Bürger der Stadt Korbach.

Abb. 1:
Stechbahn um 1938
(1. Haus von links)

Abb. 2:
Stechbahn 7,
Dezember 2007

Vormals in Vöhl als Lehrer tätig, übernahm Louis Meyer in Korbach von 1926 bis 1930 das Amt des Lehrers und Kantors der jüdischen Gemeinde, aus der er am 3. Februar 1932 austrat. Das Ehepaar Louis und Pauline oder Paula Meyer, geb. Rothschild, hatte drei Söhne und eine Tochter. Die drei Söhne Hermann, Ludwig und Wilhelm besuchten wie so viele andere jüdische Kinder das Landesgymnasium in Korbach (heute „Alte Landesschule").[4]

Wie stark die jüdischen Einwohner unter dem nationalsozialistischen System in Korbach litten, verdeutlichen die biographischen Angaben des achtzehnjährigen Oberprimaners Wilhelm Meyer vom 30. November 1934: „Ich persönlich habe immer das Lernen als eine nützliche und deshalb notwendige Pflicht betrachtet. Doch als die nat. soz. Revolution kam, erschien mir das ganze Lernen sinnlos, und der Schulbesuch als eine Vergeudung der Zeit. Denn jetzt verschlossen sich alle Berufe für mich. Was sollte mir Latein, Griechisch, Deutsch, Geschichte, wenn ich vielleicht auswandern und ein Handwerk lernen musste! Da habe ich mich oft mit dem Vorwurf gequält: Hättest du doch ein Handwerk gelernt! Von der seelischen Qual, sich plötzlich isoliert und als Menschen minderen Wertes zu finden, muß ich schweigen. So war ich oft nahe daran, die Schule zu verlassen, wie es viele andere in meiner Lage getan haben.

[4] SchulA ALS, Matrikelverzeichnis.

[…] Bei der Bestimmung meines ferneren Lebens nach Abschluß der Schulbildung sehe ich mich gezwungen, da kein Platz mehr für mich in Deutschland ist, mich mit dem Gedanken der Auswanderung vertraut zu machen."[5] Es ist nicht verwunderlich, dass ihn sein Lehrer „gedrückter in seinem Wesen als früher" beschrieb.[6]

Antijüdische Agitation bahnte sich schnell ihren Weg. Sie ist jedoch nicht erst ein Produkt der Machtübernahme Hitlers, sondern war bereits präsent und fiel umso leichter auf einen bereiteten Nährboden. Über die Behandlung der Korbacher Juden berichtete Otto Dumke am 29. September 1999 in einem Interview in der Waldeckischen Landeszeitung:

„Ich war damals 17 Jahre alt und wohnte im Waldhaus am Waldecker Berg. Mein Vater war Arzt. Er wurde später aufgefordert, keine Juden mehr zu behandeln, aber er weigerte sich und behandelte jeden der kam, gleich ob Jude oder Christ."

[Frage] Hatten Sie Juden in der Klasse?

Otto Dumke: Ja, einen unter 22 Schülern. Er war Sohn des Rabbiners Maier und wohnte in der Stechbahn. Ich erinnere mich, dass er immer sehr unglücklich über die Behandlung der Juden war.

[Frage] War er irgendwie anders? Hat er am Religionsunterricht teilgenommen?

Otto Dumke: Nein, er war ganz normal. Am [christlichen] Religionsunterricht hat er teilgenommen und das Abitur mit uns gemacht."[7]

Im Jahre 1934 verstärkte die Korbacher SA ihre antijüdische Propaganda. Mitglieder der Ortsgruppe achteten darauf, dass jüdische Geschäfte gemieden wurden. Nationalsozialisten bekundeten unverhohlen in der Professor-Bier-Straße, wie sie mit Personen verfahren würden, die noch „zum Juden stehn".

---

5 Ebd., Abitur, Herbst 1934.

6 Ebd.

7 WLZ vom 29.09.1999.

Abb. 3: Antisemitische Propaganda

Das Treiben der Korbacher Ortsgruppe blieb sogar der amerikanischen Presse nicht verborgen. Im November 1934 fragt A. W. Partak vom „The German Echo" (Miami-Florida) bei einem Kollegen der Waldeckischen Landeszeitung an: „[...] nun geht durch die amerikanische Presse eine Nachricht aus Korbach [...], daß der dortige Ortsgruppenbonze eine Anordnung verfügt hat, alle christlichen Käufer in nicht „arischen" Geschäften sollten photographiert werden und ihre Namen öffentlich dem Pranger übergeben werden. [...] Bitte klären Sie mich auf, ob wirklich eine derartige Aufforderung an die braven Korbacher dort ergangen ist."[8]

Von Februar bis April 1933 wurden die gesetzlichen Voraussetzungen zur Errichtung eines Führerstaates geschaffen. In atemberaubend kurzer Zeit wurde mit entsprechenden Gesetzen, Verordnungen und Erlassen Deutschlands erste Demokratie demontiert.

Louis Meyer wurde am 30. September 1933 - wie so viele andere Sozialdemokraten und Juden - aufgrund des Gesetzes zur Wiederherstellung des Berufsbeamtentums vom 7. April 1933 aus dem öffentlichen Schuldienst entlassen und seiner wirtschaftlichen Existenz beraubt, nachdem er zunächst vom 06. bis 24. Mai 1933 im Gefängnis Zweibrücken und vom 01. Juli bis 28. September 1933 im Konzentrationslager Breitenau inhaftiert war.[9] Am 26. September 1933 ist zu erfahren: „Im Konzentrationslager Breitenau: 1 kommunistischer Funktionär (Mohaupt), 1 Funktionär der S.P.D. (Meyer)[,] der hier als Verbindung zwischen der

8 10 Jahre Ortsgruppe Korbach der NSDAP 1928-1938. Geschichtlicher Abriß von Heinrich Casselmann, [Korbach 1938], S. 34.

9 HHStAW, Abt. 518, Nr. 3621, Bd. 1, Bl. 128.

Corbach, den 11. September 1933.

343

Regierung Kassel
13SEP.1933 V.

A II Nr.
Anl.

In Erledigung nebenstehender Verfügung berichte ich zu:

a) Es sind 3 politische Häftlinge vorhanden, gegen die Freiheitsbeschränkung von hier angeordnet worden ist.
(Davon befinden sich 2 Schutzhäftlinge (Meyer und Fingerhut) im Konzentrationslager Breitenau).

b) Die politischen Häftlinge befinden sich nicht in einem der in dem Erlass des Herrn Ministers des Innern vom 16. 6. 1933 - II G 1066/16.6.1933 - aufgeführten Konzentrationslager sondern in anderem Polizeigewahrsam.

c) Fehlanzeige.

Abb. 4: Bericht des Landrates vom 11.9.1933

Eisernen Front und der K.P.D. zu betrachten ist und sich als großer Hetzer gegen die nationale Bewegung hervorgetan hat, 1 Häftling, der sich nach dem 21.3.1933 noch aktiv im staatsfeindlichen Sinne betätigt hat, [....]."[10]

Die Errichtung des Konzentrationslagers Breitenau (bei Guxhagen) stand im Zusammenhang mit reichsweiten Massenverhaftungen politischer Gegner und „missliebiger Personen" zu Beginn der NS-Zeit. Unter den 470 Gefangenen des frühen Konzentrationslagers Breitenau (1933/34) kamen allein 25 Personen aus dem heutigen Kreis Waldeck-Frankenberg. Mindestens vier stammten aus Korbach.[11]

Der älteste Sohn, Hermann Meyer (geb. 1911), wandte sich am 6.7.1933 an den Regierungspräsidenten mit der Bitte um frühzeitige Entlassung seines Vaters: „Ich möchte Sie höflichst bitten, doch dafür zu sorgen, dass mein Vater aus dem Konzentrationslager in Breitenau entlassen wird. Er ist seit dem 1. April dreimal festgenommen worden und war seit dieser Zeit nur 14 Tage bei der Familie. Mein Vater ist schwer nervös und kann mit einem Arm nicht richtig arbeiten. Auch können wir ihn im Haushalt nicht entbehren, zumal meine Mutter zwei Finger der rechten Hand nicht benutzen kann und die gröberen Arbeiten allein verrichten muß. Meine berufliche Ausbildung ist dadurch unmöglich gemacht worden. Mein Vater gehörte nur den Organisationen

[10] HStAM, Abt. 165, Nr. 3982, XI, Bl. 514, Bericht vom 26.09.1933.

[11] Louis Meyer, Max Mohaupt, Siegfried Schild und Eduard Borkowski neben Christian König und Carl Fingerhut (Kreis Eisenberg).

der S.P.D. an und stand mit Kommunisten nicht in Verbindung. Er war drei Jahre im Kriege. Da sich der Gesundheitszustand durch die Haft noch verschlimmert hat, wie ich selbst sah, so möchte ich Sie nochmals um die Freilassung meines Vaters bitten."[12]

In einem Schreiben an den Landrat attestierte der Polizei-Präsident in Kassel Meyers Vater zwar einwandfreie Führung, so dass seiner Entlassung nichts im Wege stand (Schreiben des Polizei-Präsidenten an den Landrat in Corbach vom 3. Sept. 1933), der Landrat lehnte dieses Gesuch jedoch mit der Begründung ab: „In Übereinstimmung mit dem Kreisleiter der N.S.D.A.P. sp[reche] ich mich gegen die Entlassung des Meyer aus, weil dieser als großer Hetzer gegen die N.S.D.A.P. bekannt ist und große Unruhe in der [Bürgerschaft] bei seinem Erscheinen in Corbach verursachen würde."[13]

Politische Gegner sollten gedemütigt und gefügig gemacht werden. Für zahlreiche Internierte war dies der Beginn einer langen Verfolgungsphase und Odyssee durch verschiedenste Gefängnisse und Konzentrationslager.

Louis Meyer wurde 1937 bezichtigt, in den Jahren 1936 und 1937 am Wiederaufbau der illegalen KPD in Hessen-Waldeck beteiligt gewesen sein. Im Mai 1937 ermittelte der Oberstaatsanwalt in Kassel im Verfahren Eisenberg gegen Meyer wegen Vorbereitung zum Hochverrat. Am 5. Mai wurde er festgenommen.[14]

Zwischenzeitlich wieder auf freiem Fuß, siedelte Louis Meyer am 22. September 1937 mit seiner Frau nach Frankfurt a. M. um. Von dort wurde er am 2. Oktober 1937 in das Konzentrationslager Dachau deportiert. Seine Verlegung in das Konzentrationslager Buchenwald erfolgte vom 22. September 1938 bis Juni 1939.[15] Mit der erzwungenen Zusage, so schnell wie möglich auszuwandern, wurden viele aus Buchenwald entlassen.

Zwei Tage später emigrierte Louis Meyer mit seiner Ehefrau Pauline nach Palästina. Die Kinder Hermann, Else und Wilhelm Meyer fanden in den USA Zuflucht. Der 1912 geborene Ludwig Meyer verließ am 15.

---

12 HStAM, Abt. 165, Nr. 3982, XI, Bl. 410.

13 Ebd., Anhang, Transkription des Schreibens vom 29.08.1933.

14 Zur Verfolgung siehe HHStAW, Abt. 518, Nr. 13958, Bd. 1-2, hier insbesondere Bd. 1, Bl. 111-128.

15 HHStAW, Abt. 520, Fra, Nr. 23976, Bd. 2, Bl. 283.

Juni 1937 Korbach. Leider konnte er sich nicht mehr rechtzeitig vor den NS-Häschern in Sicherheit bringen. Er wurde von Frankfurt aus mit unbekanntem Ziel deportiert und gilt seitdem als verschollen.[16]

Bildnachweis:

Abb. 1: Stadtarchiv Korbach, Photoarchiv

Abb. 2: Privatbesitz

Abb. 3: Stadtarchiv Korbach, Photoarchiv

Abb. 4: HStAM, Abt. 165, Nr. 3982, XI, Bl. 343

---

[16] http://www.bundesarchiv.de/gedenkbuch/zwangsausweisung.html.de, Ludwig Meyer, Stand v. 22.10.2013. Gedenkbuch. Opfer der Verfolgung der Juden unter der nationalsozialistischen Gewaltherrschaft in Deutschland 1933-1945.

Familie Freudenthal aus Laisa

von Matthias Seim

Die geographische Herkunft der Familie Freudenthal liegt im Dunklen. Da Juden, als sie Ende des 18. Jahrhunderts damit begannen, sich Familiennamen zuzulegen, häufig die Namen ihrer Herkunftsorte wählten, liegt die Möglichkeit nahe, dass sie aus einem Ort dieses Namens – am ehesten wohl Freudenthal bei Borken im heutigen Schwalm-Eder-Kreis – stammten. Dies kann aber nur vermutet werden.

Im Raum Battenberg tritt die Familie erstmals 1813 in Erscheinung, als Joseph Freudenthal ein Sohn namens Samuel geboren wurde.[1] Da im „Verzeichnis der Juden im Amt Battenberg" von 1809 noch kein Freudenthal erscheint, muss die Familie um 1810 nach Battenberg gekommen sein. Im Laufe der Zeit integrierte sie sich gut in die örtliche Gemeinde. Dies zeigt vor allem der Umstand, dass ihre Mitglieder bei den eingesessenen jüdischen Familien wiederholt als Zeugen von Geburten, Eheschließungen und Trauerfällen auftreten.[2] Darüber hinaus erscheint Joseph Freudenthal im Verzeichnis der Wähler des jüdischen Gemeindevorstehers in Battenfeld.[3] Ein weiterer Sohn Josephs, Moses, der Schreinermeister war, wird zudem als Erbauer der neuen Kanzel in der Battenfelder Synagoge genannt.[4] In Battenfeld liegt auch der jüdische Friedhof, auf dem die Mitglieder der Familie Freudenthal bestattet sind.[5] Moses Freudenthal tritt 1848 weiterhin als Mitunterzeichner einer Petition der Battenberger Gewerbetreibenden an die Frankfurter Nationalversammlung auf.[6]

Ein Sohn Moses Freudenthals, der wie sein Großvater Joseph hieß, zog um 1887 mit seiner Frau Karoline, geb. Oppenheimer, nach Laisa, wo er das Haus in der heutigen Kirchstraße 18 von der Familie Mankel erwarb.[7] Anscheinend war diese in Schulden geraten und hatte ihr

[1] HStAM, Best. 180 Biedenkopf, Nr. 813.

[2] Ebenda, Best. Protokolle II Battenberg, Bd. 9.

[3] Ebenda, Best. 180 Biedenkopf, Nr. 773.

[4] Ebenda, Nr. 786.

[5] LAGIS Hessen, Jüdische Friedhöfe, Battenfeld (www.lagis-hessen.de).

[6] 750 Jahre Battenberg (Eder). Die Bergstadt im Walde, Korbach 1984, S. 129.

[7] HStAM, Best. 180 Frankenberg, Nr. 1679.

Anwesen an eine jüdische Kaufmannsfamilie aus Rennertehausen - vermutlich die Familie Blumenthal - veräußert[8]. In Laisa waren die Freudenthals zwar nicht die ersten Juden, da um 1830 bereits ein Moses Bröger erwähnt wird,[9] wohl aber die ersten dauerhaft ansässigen.

Joseph Freudenthal lebte von der Landwirtschaft.[10] Er muss bereits um 1900 gestorben sein, denn bei der Gründung der Spar- und Darlehenskasse (später Raiffeisenbank) Laisa 1905 tritt seine Witwe Karoline als Unterzeichnerin auf.[11] Von ihren Kindern heiratete die Tochter Betty (geb. 1894) Tobias Bachenheimer aus Wetter, mit dem sie später nach Salzwedel im heutigen Sachsen-Anhalt zog und dort ein Lebensmittelgeschäft betrieb.[12] Die Verbindung kam vermutlich durch den Wetteraner Zweig der Familie Freudenthal zustande, der auf den oben erwähnten Samuel Freudenthal zurückgeht, welcher in die Wetteraner Familie Tannenberg eingeheiratet hatte.[13]

Bettys Bruder Willy Freudenthal (geb. 1896) heiratete 1921 Berta Buchheim (geb. 1894) aus Wohra[14] und bekam 1922 von seiner Mutter das elterliche Haus überschrieben.[15] Da noch im selben Jahr ihr Sohn Ernst geboren wurde, ließ Willy es bereits 1923 im Inneren ausbauen.[16] Gleichzeitig richtete er im Erdgeschoss ein Gemischtwarengeschäft ein und führte daneben ein Wandergewerbe mit Stricksachen,[17] die er hauptsächlich mit dem Fahrrad ausgeliefert haben soll.[18] In seinem Geschäft ließ er 1927 zudem zwei Schaufenster einbauen.[19] Die Familie Freudenthal scheint bestens in die dörfliche Gemeinschaft integriert gewesen zu sein. Hierfür sprechen nicht nur Schulfotos der Kinder

---

8 Laisa - Tradition und Alltag. Dokumentation eines Dorfes, Laisa 1999, S. 77.

9 HStAM, Best. 180 Biedenkopf, Nr. 810.

10 HstAM, Best. Kataster II Laisa, Bd. 10.

11 Karl-Hermann Völker, Den Menschen nahe. Aus der Raiffeisenidee erwuchs die Frankenberger Bank, Frankenberg/Eder 2011, S. 102.

12 Yad Vashem, Gedenkblatt für Betty Bachenheimer (www.yadvashem.org).

13 HstAM, Best. Protokolle II Battenberg, Bd. 9; Vgl. auch Heinz Brandt, Die Judengemeinde Frankenau zwischen 1660 und 1940 (Frankenberger Hefte 1), Frankenberg/Eder 1992, S. 35.

14 Yad Vashem, Gedenkblatt für Bertha Freudenthal (www.yadvashem.org); Vgl. auch Alfred Schneider, Die jüdischen Familien im ehemaligen Kreise Kirchhain, Amöneburg 2006, S. 372.

15 HStAM, Best. Gebäudebuch Laisa.

16 Ebenda, Best. Kataster II Laisa, Bd. 10.

17 Ebenda, Best. 330 Battenberg, Nr. E 294.

18 Laisa - Tradition und Alltag. Dokumentation eines Dorfes, Laisa 1999, S. 77.

19 HStAM, Best. 330 Battenberg, Nr. E 200.

Ernst (geb. 1922) und Lore (geb. 1930) und Berichte ihrer noch lebenden Schulkameraden,[20] sondern auch der Umstand, dass Willy für das Deutsche Reich als Soldat im Ersten Weltkrieg kämpfte und 1918 dementsprechend auf der Ehrentafel der Gemeinde Laisa erscheint.[21]

Abb. 1: Ernst Freudenthal (links vom Schild) in der Laisaer Volksschule

Abb. 2: Lore Freudenthal (2. Reihe, 6. von links) in der Laisaer Volksschule

[20] Jörg Paulus, Das Schicksal der jüdischen Familie Freudenthal, in: Laisa - Tradition und Alltag. Dokumentation, 3. Teil, Laisa 2013, S. 164.

[21] Freundliche Mitteilung von Herrn Karl Michel, Laisa.

Mit der Machtergreifung der Nationalsozialisten in Deutschland 1933 änderte sich dies jedoch schlagartig. Dies bekamen vor allem die beiden heranwachsenden Kinder Ernst und Lore zu spüren, für die nun eine Zeit häufiger Schulwechsel und damit verbundener Trennungen von Familie und Freunden begann. Ernst verließ die Laisaer Volksschule 1935 bereits vorzeitig und wechselte auf das Internat der jüdischen Privatschule im fränkischen Coburg[22] (Haus Hohe Straße 30). Er dürfte damit den größten Teil seiner Schulzeit noch in Laisa verbracht haben. Weniger glücklich war das Schicksal hingegen für seine Schwester Lore, die nach ihrer Einschulung 1936[23] schon ein Jahr später auf die jüdische Volksschule nach Frankenberg gehen musste.[24] Wie sie dort täglich hingelangte oder ob sie in der Zeit in Frankenberg wohnte, ist nicht bekannt. Bereits 1938 wurde die jüdische Schule in Frankenberg jedoch geschlossen, nachdem sie am 10. November im Inneren verwüstet worden war.[25] Lores Eltern blieb somit nichts anderes übrig, als ihre Tochter ebenfalls auf ein Internat zu schicken - die jüdische Bezirksschule in Bad Nauheim.[26]

Inzwischen hatte der nationalsozialistische Terror auch vor Laisa nicht halt gemacht. In der Reichspogromnacht vom 9./10. November 1938 war es nach Zeitzeugenberichten zu Ausschreitungen gegen das Haus der Familie Freudenthal gekommen: Fensterscheiben wurden eingeworfen und das Haus mit dem örtlichen Feuerwehrschlauch unter Wasser gesetzt. Diese Taten sollen jedoch, wie es gängige Praxis war, überwiegend von NSDAP-Leuten aus Nachbarorten verübt worden sein.[27] Auch sollen viele Laisaer trotz Verbots in der Folgezeit weiterhin bei den Freudenthals eingekauft haben. Dennoch standen sie der Entrechtung ihrer jüdischen Mitbürger zunehmend machtlos gegenüber und konnten es ebenfalls nicht verhindern, dass Willy Freudenthal kurze Zeit später sogar im Konzentrationslager Buchenwald interniert wurde. Zwar kam er schon im Dezember 1938 wieder frei,[28] über seine Erlebnisse in der Haft ist jedoch nichts bekannt.

[22] Chronik der Schule zu Laisa, S. 58 (Freundliche Einsichtnahme durch den Geschichtsverein Battenberg).

[23] Ebenda, S. 61.

[24] Ebenda, S. 69.

[25] Horst Hecker, Jüdisches Leben in Frankenberg, Frankenberg/Eder 2011, S. 121.

[26] Stephan Kolb, Die Geschichte der Bad Nauheimer Juden, Bad Nauheim 1987, S. 263.

[27] Laisa - Tradition und Alltag. Dokumentation eines Dorfes, 1999, S. 77.

[28] Yad Vashem, Gedenkblatt für Willy Freudenthal (www.yadvashem.org).

Durch diese traumatischen Ereignisse musste den Freudenthals bewusst werden, dass ihnen das kleine Dorf Laisa, in dem sie nach wie vor die einzigen Juden waren, nicht mehr die nötige Anonymität bot, um vor dem Hintergrund des aufkeimenden nationalsozialistischen Terrors ein wenigstens einigermaßen sicheres Leben führen zu können. So soll Willys Mutter Karoline bereits am Tag nach der Reichspogromnacht 1938 mit dem Postauto nach Marburg und von dort weiter zu Verwandten nach Frankfurt gefahren sein.[29] 1940 verkaufte Willy Freudenthal schließlich sein Elternhaus an seine Nachbarn, die Familie Freiling, und zog mit seiner Frau Berta nach Marburg, wo sie im Haus Behringweg 7 eine Anstellung als Hausdiener bei Prof. Kurt Hensel erhielten,[30] der selbst zum Teil jüdischer Abstammung war. Das Haus in Laisa wurde um 1970 abgerissen und durch einen Neubau ersetzt.[31] Zu seinem Verkauf war Willy Freudenthal auch durch die Nürnberger Gesetze von 1935 gezwungen worden, die Juden den Besitz von Grund und Boden untersagten. Wenig später kam auch Ernst, der sich bis dahin wohl für eine Schneiderlehre in Frankfurt und Düsseldorf aufgehalten hatte, nach Marburg - jedoch wahrscheinlich nicht zu seinen Eltern, sondern in das Haus Steinweg 16, bei dem es sich um ein sogenanntes Juden- bzw. Ghettohaus handelte.[32] Von dort aus wurde er mit ihnen 1942 zunächst nach Kassel gebracht und anschließend am 1. Juni in das Vernichtungslager Sobibor nach Polen deportiert.[33]

Berta wurde hier wie alle Frauen und Kinder vermutlich bereits kurz nach ihrer Ankunft am 3. Juni in den Gaskammern ermordet,[34] Willy hingegen wie alle Männer im nahegelegenen Konzentrationslager Majdanek inhaftiert, wo er noch im gleichen Jahr an den Haftbedingungen starb. Das Totenbuch von Majdanek gibt sein Todesdatum mit dem 15. September 1942 an.[35] Für Ernst Freudenthal ist kein Sterbeort und -tag überliefert.

---

[29] Jörg Paulus, Das Schicksal der jüdischen Familie Freudenthal, in: Laisa - Tradition und Alltag. Dokumentation, 3. Teil, Laisa 2013, S. 166-167.

[30] HStAM, Best. 180 Frankenberg, Nr. 1679.

[31] Jörg Paulus, Das Schicksal der jüdischen Familie Freudenthal, in: Laisa - Tradition und Alltag. Dokumentation, 3. Teil, Laisa 2013, S. 164.

[32] Yad Vashem, Gedenkblatt für Bertha Freudenthal (www.yadvashem.org); Vgl. auch Günther Rehme/ Konstantin Haase, „Mit Rumpf und Stumpf ausrotten". Zur Geschichte der Juden in Marburg und Umgebung nach 1933 (Marburger Stadtschriften zur Geschichte und Kultur 6), Marburg 1982, S. 171.

[33] BA, Gedenkbuch der Opfer der Verfolgung der Juden (www.bundesarchiv.de/gedenkbuch).

[34] Ebenda.

[35] Horst Wagner/Reiner Naumann/Mark Engelbach, Die Oberaspher Juden, Münchhausen-Oberasphe 2006, S. 221.

Er dürfte daher entweder wie sein Vater in Majdanek[36] oder bereits mit seiner Mutter in Sobibor[37] umgekommen sein. Willys Schwester Betty und ihr Mann Tobias waren vermutlich bereits am 14. April 1942 in das Warschauer Ghetto deportiert und dort getötet worden.[38]

Allein Lore entging einem ähnlich schlimmen Schicksal durch einen der letzten Kindertransporte aus Deutschland nach Großbritannien im Jahr 1939. Es ist zu vermuten, dass dies von der jüdischen Bezirksschule in Bad Nauheim ausging, in der Lore bis zuletzt wohnte.[39] Auch ihre Cousins, die Söhne von Betty und Tobias Bachenheimer, überlebten den Holocaust.[40] In Großbritannien wurde Lore von der Familie Fish adoptiert und heiratete später Alan Burgess, mit dem sie zwei Kinder hatte: Gina und Neil. Bis zu ihrem Tod im Jahr 1988 hat sie über ihre Vergangenheit in Deutschland jedoch so gut wie nie gesprochen.

Bildnachweis:

Abb. 1: Heinrich Moog

Abb. 2: Karl Michel

---

[36] Yad Vashem, Gedenkblatt für Ernst Freudenthal (www.yadvashem.org).

[37] BA, Gedenkbuch der Opfer der Verfolgung der Juden (www.bundesarchiv.de/gedenkbuch).

[38] Ebenda.

[39] Stephan Kolb, Die Geschichte der Bad Nauheimer Juden, Bad Nauheim 1987, S. 263.

[40] Yad Vashem, Gedenkblätter für Betty und Tobias Bachenheimer (www.yadvashem.org).

Die Oberaspher Juden und das Schicksal der Familie des Gustav Hess[1]

von Reiner Naumann und Horst Wagner

Zu Beginn der NS-Zeit lebten in Oberasphe noch drei jüdische Familien. Von zwei Familien wurden alle Mitglieder ermordet. Von Familie Gustav Hess kamen vier Mitglieder lebend aus den Konzentrationslagern zurück. Aus diesem Grund sind hierüber mehr Informationen vorhanden. Diese sollen daher auch näher vorgestellt werden.

Oberasphe gehörte bis 1848 als Filialdorf zu Frohnhausen bei Battenberg. Seit 1591 gibt es erste Hinweise auf jüdisches Leben in Frohnhausen, spätestens seit 1694 auch in Oberasphe.[2] Der jüdische Friedhof befand sich zunächst, ebenso wie der christliche, in Fronhausen. Der jüdische Friedhof in Oberasphe wurde erst 1922 angelegt. Im 19. Jahrhundert lebten bis zu acht jüdische Familien in Oberasphe. Durch Wegzug verringerte sich die Zahl nach und nach, so dass zu Beginn der NS-Zeit 1933 nur noch drei jüdische Familien in Oberasphe lebten.

Diese waren: Familie Gustav Hess, Familie Ferdinand Katten und Familie Samuel (Salli) Stern. Zu diesen Familien gehörten insgesamt 22 Menschen. Zwei von Ihnen, Levi Stern und Regine Hess, starben vor den Deportationen. Ilse Hess, konnte emigrieren. 15 Oberaspher Juden wurden in den Ghettos und KZs des NS-Regimes ermordet. Lediglich Gustav Hess, seine Frau Sara und zwei seiner Kinder kamen lebend nach Oberasphe zurück.

Schon bevor die großen Deportationen ab Herbst 1941 aus dem deutschen Reichsgebiet begannen, kam es auch in Oberasphe bereits zu Verhaftungen und Verschleppungen. Der erste Oberaspher, der verhaftet und verschleppt wurde, war Heinz Katten. Er wurde als Neunzehnjähriger am 10. November 1938 in Folge der „Reichkristallnacht" verhaftet und in das KZ Buchenwald eingeliefert. Von dort wurde er im Januar 1939 krank entlassen. Er starb wenige Tage später zu Hause und wurde in Oberasphe beerdigt.

---

[1] Horst Wagner, Reiner Naumann, Mark Engelbach, Die Oberaspher Juden, Münchhausen-Oberasphe 2006. Außer den gesondert gekennzeichneten Stellen ist der Inhalt dieses Aufsatzes hieraus entnommen.

[2] Ulrich Stöhr, Die Frohnhäuser Juden, in: Frohnhausen vor der Hohen Hardt, Battenberg-Frohnhausen 2008, S. 163ff

Abb. 1:

Salli und Martha Stern mit ihren Kindern (v.l.) Fritz, Ruth und Meta um 1925

Abb. 2:

Salomon und Regine Hess, Ende der 1930er Jahre

Ilse Hess, die älteste Tochter der Familie Hess, konnte im Januar 1937 zu ihrem Onkel Max Hess in die USA auswandern. Ihr Bruder Alfred war zu dieser Zeit in Frankfurt, wo er in einer Anlernwerkstatt handwerklich ausgebildet wurde. Von dort wurde er verhaftet und ins KZ Majdanek verbracht. Schon am 15. September 1941 wurde er dort ermordet.

Am 29. Juli 1941 wurden die beiden Familienväter Salli Stern und Ferdinand Katten verhaftet. Sie kamen über das Arbeitslager Breitenau in das KZ Sachsenhausen, wo sie später beide ermordet wurden.

Von Familie Stern mussten alle drei Kinder Ruth, Fritz und Meta nach Frankfurt umziehen. Von dort aus wurde die älteste Tochter Ruth verschleppt. Sie war zunächst in Berlin, wo sie wahrscheinlich als Zwangsarbeiterin eingesetzt wurde. Danach verliert sich ihre Spur. Sie ist schließlich als „in Auschwitz verschollen" gemeldet worden. Ihre Geschwister Fritz-Erich und Meta kamen kurzzeitig wieder nach Oberasphe zurück, von wo sie zusammen mit ihrer Mutter deportiert wurden.

Die erste große Deportation, bei der Oberaspher Juden betroffen waren, begann am 8. Dezember 1941 und führte nach Riga. Von Oberasphe wurden sieben Menschen deportiert: Sophie Katten mit ihren Kindern Grete, Betti-Erika und Manfred sowie Martha Stern mit ihren Kindern Fritz-Erich und Meta. Auch von diesen Sieben kam niemand lebend zurück. Sie fanden entweder noch in Riga oder in einem anderen Konzentrationslager, in welches sie später verbracht wurden, den Tod.

Abb. 3:
Gustav und Sara Hess, um 1920

Danach lebten in Oberasphe nur noch 6 Juden. Diese wurden am 6. September 1942 beginnend in das KZ Theresienstadt deportiert. Dies waren: Gustav und Sara Hess mit ihren Kindern Inge und Werner und Gustavs Vater Salomon sowie Simon und Sarah Katten. Im KZ Theresienstadt wurden die Familien aufgeteilt, Werner Hess (11 Jahre) kam in eine Jungenbaracke, Inge (15 Jahre) in eine Mädchenbaracke. Salomon Hess wurde in der gleichen Baracke wie Gustav und Sara untergebracht. Inge Hess schildert in einem Interview Details aus dem Lagerleben:[3] Sie und ihr Bruder durften einmal pro Woche ihre Eltern besuchen. Ihr Bruder erkrankte an Typhus, sie selbst an Gelbsucht. Auch ihre Mutter wurde krank, aber alle überlebten, obgleich die medizinische Versorgung mangelhaft war. Inge arbeitete in einer Wäscherei und schnitt Haare. Auch die Lebensmittelversorgung war knapp: "Die ganze Woche bekam man ein Stück Brot oder ein bisschen Suppe. Wir wurden in einen großen Essraum gebracht. So sahen wir unsere Eltern. Meine Mutter war so eine gute Frau, sie gab uns ihr Stück Brot. Wenn sie wusste, dass sie nicht beobachtet wurde, ging sie zu den Mülleimern und nahm die Kartoffelschalen oder was sie finden konnte. Sie hatte einen alten Topf und kochte, was sie fand. So gab sie uns was zu essen."

Die drei älteren Oberaspher lebten nicht mehr lange im KZ Theresienstadt. Simon Katten starb bereits am 30. November 1942, er war 77 Jahre alt. Sara Hess, die sich ab und zu um die alten Katten kümmern konnte, erzählte später, Simon Katten "wäre wie ein Hund hinter der Tür" verendet.[4] Sara Katten starb am 7. Dezember 1942, nur eine Woche nach

---

3 Interview mit Inge Hess am 21.12.1995, Miami Beach/USA, Videoaufzeichnung des von der Spielberg-Foundation geführten Interviews. Übersetzung der Niederschrift aus dem Englischen: Mark Engelbach; s. Anm. 1.

4 Interview mit Hermann Heiner und Anna Rabe am 08.11.1996.

Abb. 4:

Alfred Hess, Anfang der 1940er Jahre

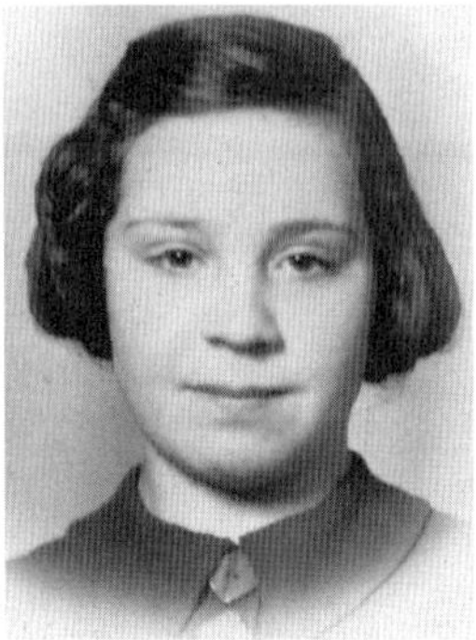

Abb. 5:

Ingrid (Inge) Hess, Anfang der 1940er Jahre

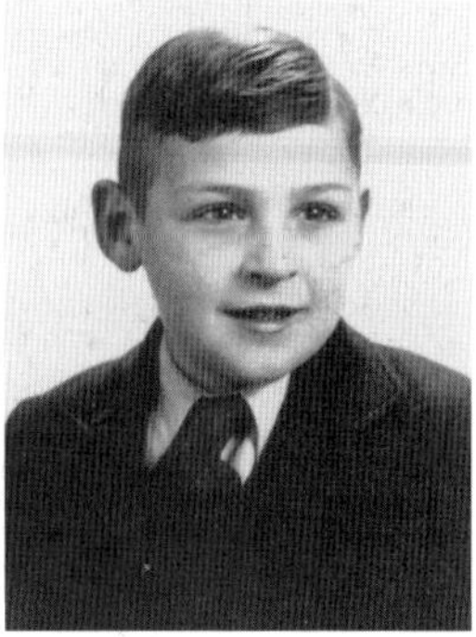

Abb. 6:

(Fritz) Werner Hess, Anfang der 1940er Jahre

ihrem Mann, sie war 84 Jahre alt. Salomon Hess starb am 20. April 1943 im Alter von 82 Jahren, er hatte noch knapp acht Monate im Lager gelebt.

Inge Hess wurde später von Theresienstadt weiter nach Auschwitz deportiert. Zurück blieben nur noch ihre Eltern und ihr jüngerer Bruder Fritz Werner. Ihren weiteren Lebensweg schildert Inge Hess 1995 in ihrem Interview:

"Oh ja, ich hatte von Auschwitz gehört. Natürlich wusste ich, dass das unser Ende bedeutet. [...] Dass es dort schlimm ist. Dass alle Menschen getötet werden. Die Leichenstraße und all die Sachen. Wir wussten, dass die Menschen vergast wurden. [...] Ich hatte nicht mehr viele persönliche Gegenstände. Nüchtern betrachtet hatte ich eigentlich gar nichts mehr. Als wir dort ankamen, bekamen wir die Haare abrasiert. Wir waren in einer riesigen Halle. Dort saßen Männer und Frauen nackt. Wie lange wir dort waren, bis wir ein Kleidungsstück bekamen, weiß ich nicht mehr. Jeden Morgen mussten wir für Stunden dort draußen, bei bitterer Kälte, stehen. Einmal am Tag wurden wir zum so genannten Waschraum gebracht. Aber es war kein Waschraum, sondern ein Loch irgendwo draußen, wo wir uns waschen konnten. Dann wurden wir zurück geleitet. In Auschwitz bekamen wir auch Brot und Wassersuppe, aber das war alles, was sie uns gaben. Wir mussten viele Märsche machen, jeden Tag. Aber es war uns gleichgültig geworden, denn wir wussten, dass wir sowieso sterben werden. Ich war oft kurz vor der Gaskammer. Wir sahen sie schon, dann marschierten wir wieder zurück. Viele Menschen kollabierten, sie wurden geschlagen.

Dann gingen wir zurück zu den Baracken. Dieses Prozedere – mehr oder weniger jeden Tag [...].Dann brachten sie uns in Duschen und wir wussten nicht, wird Wasser rauskommen oder Gas. Jedoch war es uns wie bereits erwähnt egal, weil wir wussten, dass wir sowieso sterben würden. [...] Viele wurden weggebracht und vergast. [...] Es (das Wachpersonal, H.W.) waren viele Nazis, Frauen und Männer. Die Frauen waren schlimmer als die Männer, meistens zumindest. [...] Es war eine beängstigende Situation. Aber das Schlimmste war, dass ich nicht wusste, ob meine Familie noch lebt oder schon tot war, ich hatte ja keine Ahnung. Ich dachte immer an sie. [...] Ich erinnere mich, als ich keine Kleidung an hatte und meine Periode hatte, es lief an meinen Beinen herunter. Wir mussten marschieren, hin und her, vor und zurück. Das alles vor den Nazis, sie lachten und machten sich einen Spaß daraus. Ich weinte und war wie gelähmt vor Entsetzen. Später bekamen wir unsere Periode nicht mehr."

Inge Hess blieb nur acht Wochen in Auschwitz. Dann hatte sie das Glück, dass sie bei einem Selektionsverfahren zu den "Arbeitsfähigen" sortiert wurde.

"Ich erinnere mich, wir wurden nach rechts und links geschickt. Einer rechts, einer links: so wurden Menschengruppen gebildet. Ich gehörte zu den Glücklichen. [...] Dann wurden wir nach Öderan [in Sachsen, H.W.] gebracht. Wir arbeiteten in einer Munitionsfabrik. Wir arbeiteten dort sehr hart. [...] Wir waren wieder in Baracken, wie zuvor. Wir hatten nur ein Kleidungsstück zum Anziehen. Das mussten wir abends waschen und am nächsten Tag wieder anziehen. Ich hatte eine schwere Arbeit. Wir mussten sehr früh aufstehen und wir arbeiteten den ganzen Tag in der Munitionsfabrik. An einer Maschine, wo man etwas sehr fest runter drücken musste. [...] Es gingen viele Nazis in der Fabrik umher, um zu sehen, was dort vorgeht. Wir hatten dort eine deutsche Frau, sie war neben mir, eine Art Vorarbeiterin. Natürlich konnten wir nicht mit ihr sprechen. Aber ich werde sie, solange ich lebe, nie vergessen. Ich kenne ihren Namen nicht, sie wird jetzt sowieso nicht mehr leben, denn sie war nicht jung. Sie sagte oft zu mir, sie hätte ein Stück Brot für mich. Sie musste sehr vorsichtig sein. Als wir zum Waschraum gingen, gab sie es mir und ich versteckte es in der Hose, die ich trug. Im Waschraum aß ich es dann sehr schnell. Vor dem Waschraum standen SS-Leute. Dann gingen wir zurück zu den Baracken. Auch dort bekamen wir etwas Brot und Suppe - sonst nichts."

Während Inge Hess und ihre Leidensgenossinnen und -genossen ein elendes Dasein fristeten, näherte sich der Krieg allmählich dem Ende. Am 27. Januar 1945 wurde das KZ Auschwitz von der Roten Armee befreit. Wichtige Neuigkeiten drangen schließlich auch in das Arbeitslager und in die Munitionsfabrik durch:

„Wir wussten gar nichts. Die einzige Sache, an die ich mich erinnere, ist die, dass die deutsche Frau [...] zu mir sagte: ‚Es geht dem Ende zu und ihr gewinnt'. Ich war so glücklich, als ich das hörte, und sagte es den anderen, die in meiner Nähe waren. ... Sie hatte Recht, es dauerte wirklich nicht mehr lange. Wir hofften und beteten jeden Tag, dass es zu einem Ende kommen würde. [...] Wir wurden dazu angehalten, all unsere Sachen zu packen, wir hatten ja nicht mehr viel. [...] Wir kamen in einen Viehzug. Das werde ich nie vergessen. Zwei Wochen waren wir darin, wir wurden hin und her gefahren, keine Ahnung, wo wir uns befanden. Einmal am Tag wurden wir raus gelassen, auf die Felder um unsere Notdurft verrichten zu können. Ich glaube, manchmal gaben sie uns auch etwas zu essen. Immer wieder hin und her. Dann sah ich Flugzeuge und überall sah man Fallschirmspringer runterkommen. Und dann bemerkten wir, dass eine Vielzahl von den SS-Leuten, sogar die Frauen, wegliefen. So wussten wir, dass es bald zum Ende kommen würde. Plötzlich kamen die Russen und befreiten uns. [...]"

Von der Roten Armee wurden die befreiten Juden nach Theresienstadt gebracht, wo Inges Eltern und ihr Bruder Werner noch waren: „Es war ein riesiger Platz in Theresienstadt. Das Rote Kreuz war auch schon da .Wir kamen alle in Quarantäne. Sie können sich ja denken wie ich aussah. Ich war abgemagert und wog nur noch 60 Pfund, und das war viel. Als ich merkte, dass wir in Theresienstadt waren, war ich froh draußen ein Mädchen zu sehen, das ich kannte. [...] Als erstes fragte ich sie, ob sie mir einen Gefallen tun und herausfinden könne, ob meine Eltern und mein Bruder noch leben. Das tat sie und es dauerte eine Weile, dann kam sie zurück und sagte, dass sie noch leben. [...] Und dann, ich weiß nicht wie viel später das war, als meine Eltern und mein Bruder kamen, nahe dem Fenster dort. Sie können sich ja vorstellen, wie bewegend dieser Moment war. Es war sehr hart. Wir waren dort in Quarantäne für etwa zehn Tage. Das Rote Kreuz untersuchte uns und man musste erst gesund sein, bevor man raus gelassen wurde."

Bildnachweis:

Abb. 1: Erna Meyer, Vineland NJ

Abb. 2 – 6: Werner Hess, Frankfort, Il.

Das Schicksal der Familie Louis Jakob aus Rhoden

von Heinrich Friele

Aus Rhoden verschleppt

Im Stadtarchiv Diemelstadt, Abt. Stadt Rhoden, befindet sich ein nicht archivierter, gefalteter DIN A-3-Bogen, in dem handschriftlich mit Bleistift (datiert: 31.5.1945) jüdische Einwohner aufgelistet sind, die Rhoden in der Zeit von 1933 - 1945 verließen. Das Formular forderte detaillierte Angaben. Die Angaben waren vermutlich die Grundlage für einen Bericht der Stadtverwaltung Rhoden mit Datum vom 18.9.1945 an:

"To the MILITARY GOVERNEMENT DT I 6 D 2 Korbach

II. Personen, die in den Jahren 1932 - 1945 von der Nazi-Partei verschleppt wurden.

Verschleppt wurden:

Jakob, Louis, Händler, 48 Jahre, am 31.5.1942
Jakob, Sofie, Ehefrau, 42 Jahre, am 31.5.1942
Jakob, Max, Kind, 16 Jahre, am 31.5.1942
Jakob, Rolf, Kind, 14 Jahre, am 31.5.1942
Jakob, Clare, Kind, 12 Jahre, am 31.5.1942

Alle wurden nach Lublin geschafft. Alles Nähere ist unbekannt. Sie wurden nachts gegen 3 Uhr von Gendarmerie-Wachtmeister Guth im Auto abgeholt. Jetziger Aufenthaltsort ist unbekannt." [1]

Die Angaben zur Familie Jakob bestätigt Robert Levie[2] am 10.9.1945 mit der Zeugenbenennung des ehemaligen Bürgermeisters Friedrich Sinemus und dem Hinweis, dass der jetzige Aufenthaltsort der

[1] Auszug aus einem umfangreichen Bericht mit weiteren Opfernamen. Stadtarchiv Diemelstadt, Abt. Rhoden - nicht archiviert.

[2] Der Rhodener Jude Robert Levie war mit einer Christin verheiratet und konnte deshalb dem Pogrom entgehen. Nach einer Internierung in Kassel kam er als einziger jüdischer Bürger nach dem Krieg mit seiner Familie nach Rhoden zurück. Er verfasste auf Veranlassung der Militärregierung zahlreiche Berichte über die Judenverfolgung in Rhoden.

Familie Jakob unbekannt sei. In einer anderen handschriftlichen Notiz (Verfasser unbekannt) wird lapidar gesagt: „Familie Jakob unbekannt verzogen". Soweit die amtliche, „sachliche" Abhandlung zum Verbleib der Familie Jakob aus Rhoden. Was in der Nacht zum 31.5.1942 geschah, geht andeutungsweise aus einer schriftlichen Aussage von Karl Grineisen (Hausname: Wakobs), einem Nachbarn der Familie Jakob, hervor: „Im Jahre 1942 wurde der Einwohner jüdischen Glaubens, Luis Jacob mit seiner Frau und seinen Kindern Max, Rolf, Klärchen und Rosel durch den Gendarmen Guth gegen etwa 3 Uhr nachts mit einem Auto aus seiner Wohnung abgeholt. Seit dieser Zeit hat man hier nicht mehr von ihnen gehört."[3]

Von anderen Nachbarn der Familie Jakob ist mündlich die Äußerung des Gendarmen Guth überliefert, mit der er die Familie abholte: „Wird´s bald oder soll ich die Feuerwehr holen?" Die Folgerung daraus und aus den vorliegenden Unterlagen lassen den Schluss zu, dass die Familie Jakob (wie auch andere) von ihrem möglichen Abtransport wussten, den Zeitpunkt aber nicht kannten. Damit könnte das Kapitel „Jakob" in der Rhoder Familien-Geschichte eigentlich abgeschlossen werden. Doch das wäre zu kurz gegriffen. Einiges zur Familie muss erwähnt werden, um die Perversität solcher Taten und die spezielle Situation der Familie deutlich zu machen.

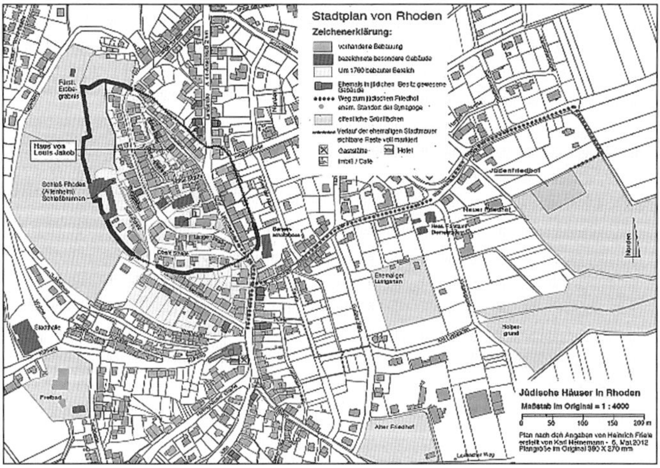

Abb. 1: Jüdische Häuser in Rhoden

---

3 Siehe Anm. 1.

Die Familie Jakob

Die Familie Jakob ist vom weiblichen Stamm eine traditionell Rhoder jüdische Familie, die fast von Beginn (2. Hälfte des 18. Jahrhunderts) der jüdischen Ansiedlung an in Rhoden lebte, was ein kurzer Einblick in die Familienchronik belegt. Die Familien-Geschichte beginnt mit Coppel Levie, geb. 1796 in Rhoden. Die Eltern kamen wohl als Neubürger nach Rhoden (das Datum der Ankunft in Rhoden ist unbekannt). Ein Sohn von Coppel Levie wurde 1826 in Rhoden geboren. Dessen Tochter (geb. 1867) heiratete 1900 den Handelsmann Meier Goldschmidt aus Madfeld (Westf.). Aus der Ehe ging die Tochter Sofie hervor. Meier Goldschmidt starb an den Folgen des Ersten Weltkrieges (Spanische Grippe) am 23.12.1918, seine Frau am 25.12.1918. Die Tochter Sofie, geb. 1900, heiratete 1912 Louis Jakob aus Freienohl - genannt „Meiers-Jockel" (nach dem Geburtsnamen der Ehefrau Meier und seinem Familiennamen Jakob). Das Ehepaar Jakob wurde mit ihren 4 Kindern am 3. Juni 1942 ermordet.[4]

Schneidermeister Heinrich Friele, geb. 15.2.1906, Vater des Verfassers dieser Zeilen, schreibt in seinen Erinnerungen „Wie ich Rhoden vor und nach dem 1.Weltkrieg gesehen und erlebt habe" über die Familie Meier-Goldschmidt / Jakob: „Meier-Goldschmidt hatte eine Tochter. Er und seine Frau sind im Jahre 1918 an Grippe gestorben und wurden zusammen beerdigt.[5] Die Tochter Sofie heiratete einen Ludwig Jakob, der den 1. Weltkrieg mitgemacht hat und mit dem Eisernen Kreuz ausgezeichnet wurde. Aus dieser Ehe wurden 2 Jungen und 2 Mädchen geboren. Die ganze Familie wurde von den Nazis abgeholt und vergast."

Die Familie Jakob wohnte in Rhoden, im Haus Gruland 5 (früher: Hintere Straße), das Sofie von ihren Eltern geerbt hatte. Louis Jakob war Händler (Altwaren- und Viehhandel) und bewirtschaftete drei Morgen Ackerland und Wiese. Sie führte ein unauffälliges, bescheidenes Leben. Die wirtschaftlichen Grundlagen waren mehr als dürftig und ab 1933 kamen noch Repressalien nicht nur von politischer Seite hinzu, sondern auch von Bürgern, die dem damaligen Regime nahestanden.

---

[4] Im Ortssippenbuch Rhoden ist fälschlicherweise das Jahr 1943 genannt.

[5] Vgl. Heinrich Friele und Karl Heinemann, Der jüdische Friedhof Rhoden. Eine Dokumentation, Hrsg. Waldeckischer Geschichtsverein, Korbach 2008, S. 114f.

Abb. 2:

Das Haus der Familie Jakob in Rhoden, Gruland 5, früher Hintere Str. 203, angebaut an das Nachbarhaus. Man beachte das kleine Dachgeschoß! Die Fenster und die Haustür wurden erneuert. Hinter den Sträuchern ist der Treppenaufgang, links die Tür zum Ziegenstall. Hinter dem früher nicht vorhandenen Staketenzaun befand sich die Miste/Dungstätte.

In seinem Bericht vom 7. August 1946 über Ernst Sinemus, einen führenden Nazi-Funktionär in Rhoden, erwähnt Robert Levie auch Louis Jakob: „7. Louis Jakob, ein in Rhoden lebender Jude, der mit Frau und 4 Kindern im KZ Lublin umgekommen ist, hatte eines Abends wegen drohendem Unwetters ein Fuder Korn in den Schuppen meines Vaters untergestellt. Die Hälfte des Schuppens gehörte Sinemus. Unter großem Lärm und Drohungen zwang er Jakob, das Fuder in den einsetzenden Regen auf die Straße zu fahren. Gez. Robert Levie. Beglaubigt: Rhoden 7.8.1946. Bürgermeister.“ [6]

Ein von Karl Heinemann aufgeschriebenes Schmäh- und Spottgedicht auf die Familie Jakob und ihr Haus macht deutlich, wie die jüdischen Bürger in jener Zeit behandelt und drangsaliert wurden:

Burg Nideck liegt im Gruland,
Der Sage wohl bekannt
Die Höhe vor Zeiten
Die Burg von Meiers Jockel stand
Sie einst, ist nun verfallen,
Ist alles öd und leer.
Und fragst du nach dem Jockel,
Den findest du nicht mehr.

[6] S. Anm. 1.

Zu den Vermögensverhältnissen

In den Archivunterlagen der Stadt über die Judenverfolgung in Rhoden von 1933 bis 1945 nehmen die Ausführungen über das jüdische Vermögen einen erheblichen Umfang ein. Im Folgenden sollen die Vermögensverhältnisse der Familie Jakob vereinfacht dargestellt werden. Ein Schreiben an die Stadtverwaltung Rhoden (Datum und Verfasser unbekannt) lautet:

„Betr.: Jüdische Einwohner. Am 30.1.1939 wohnten in der hiesigen Gemeinde 9 jüdische Familien mit 34 Personen. Die jüdischen Einwohner hatten folgende Grundstücke: ... Jakob, Louis und Sofie, Haus Nr. 203 (später Hintere Str. 5 - heute Gruland 5) 1 Wohn- und Geschäftshaus, Altbau, Garten- und Landgrundstücke, Grundbuch Arolsen Bd. XXVII, Bl. 783 v. Rhoden".[7]

Sofie Jakob wurde erst im Jahre 1938 durch Erbauseinandersetzung mit der Familie Levie (Abraham Levie war ihr Onkel) Eigentümerin der Grundstücke. Die grundbuchliche Übertragung mit Belastung erfolgte am 10.1.1939.[8] Im Beschleunigungsantrag des Rechtsanwalts Brunner vom 22.11.1938 zur Übertragung der Grundstücke auf Sofie Jakob heißt es: „Die Eheleute Jakob wollen auswandern und zur Geldbeschaffung das ihnen zufallende Land verkaufen".[9] Die Enteignung / der Zwangsverkauf ist durch Schreiben des Oberpräsidenten der Landeskulturabteilung Kassel vom 17.10.1940 wie folgt bestätigt:

„Treuhänder Kreisbauernführer hat Judenländereien zum Durchschnittspreis von 500,- RM/ha an die Hessische Heimat zu Anliegersiedlungen verkauft. Juden haben den Betrag als zu niedrig bemängelt. Darum soll ein Ortschätzer den Verkehrswert ermitteln. Berechnung durch das Kulturamt. Zu schätzen sind: Grundbuch von Rhoden Blatt 44, Nr. 62/20; Acker und Wiese - Dumbergwiese 20,25 ar 380,-- RM; Grundbuch von Rhoden Blatt 44, Nr. 61/20; Acker Siebringsgrund der Ehefrau Sofie Jakob 41,93 ar 900,-- RM".[10]

---

7 S. Anm. 1.

8 Stadtarchiv Diemelstadt Rhoden Abschn.. XXIII, Abt. 6, Konv. 2, Fasz. 14.

9 S. Anm. 1.

10 Stadtarchiv Diemelstadt Rhoden Abschn.. XXIII, Abt. 6, Konv. 2, Fasz. 14. Die Schätzbeträge sind in Bleistift notiert (örtliche Schätzung).

Mit dem Vermögensübergang an den „Staat“ waren die politischen Maßnahmen zwar abgeschlossen, nicht aber der Verwaltungsvorgang. Es ist erstaunlich, mit welcher Präzision der Verwaltungsapparat funktionierte, die einzelnen Maßnahmen abgewickelt und dabei die politischen Vorgaben realisiert wurden. So musste dem Eigentumsübergang an die Hessische Heimat eine Löschungsbewilligung für eine Grundbuchbelastung zu Gunsten der Stadt Rhoden vorausgehen. Die Hessische Heimat bietet der Stadt die Übernahme der Belastungen, die in Höhe von 136,80 RM auf den Grundstücken eingetragen sind, an. In diesem „Angebot“ wird vom Ankauf von Siedlungsflächen und erneut davon geredet, dass Jakob die Grundstücke veräußern will, um Geld für die Auswanderung zu bekommen. Dagegen werden von den Behörden keine Einwendungen erhoben. So lautet die Löschungsbewilligung: „Die auf den Grundstücken des Händlers Abraham Levie (früherer Eigentümer) ruhende Hach- und Spiegelheuer: 2 Spind 1 9/60 Roggen und 2 Spind 1 9/60 Hafer jährlich ist durch Hessische Heimat, Siedlungsgesellschaft Kassel abgelöst. Löschung im Grundbuch Rhoden wird bewilligt.“[11]

Am 23.9.1940 wurde der Kaufvertrag vom 9.9.1940 zwischen der Hessischen Heimat und Louis Jakob zum Kaufpreis von 1.200,- RM mit dem Vermerk genehmigt, dass der Betrag nicht an die Familie Jakob ausgezahlt werden darf, sondern auf ein Sperrkonto geht. Das bestätigt am 24.9.1940 der Oberpräsident der Provinz Hessen-Nassau mit der Begründung, dass damit evtl. Schulden des Verkäufers abgedeckt werden sollen.[12] Die Löschungsbewilligung zur Grundschuld erging am 4.10.1940. In einer Aufstellung (ohne Datum, wahrscheinlich 1945) über die Vermögensverhältnisse der jüdischen Bürger in Rhoden bestätigt dies Robert Levie. Zu Sofie Jakob heißt es: „Besitzer Anschriften: Sofie Jakob Wohnhaus 10.000,- RM, KZ Lublin, 3 Morgen Land und Wiese (ca. 0,75 ha), Geld gezahlt an Finanzamt Korbach, 1939 enteignet, jetzt Besitzer Finanzamt Korbach und Hess. Heimat Kassel.“[13]

Der Familie Jakob wurde mit der Enteignung (Zwangsverkauf) ein erheblicher Teil der Lebensgrundlage entzogen - es sei denn, die Bewirtschaftung der Flächen wurde ihr weiter gestattet. Angaben hierzu sind jedoch nicht bekannt.

---

[11] Ebenda.

[12] Ebenda.

[13] Ebenda.

In einer handschriftlichen Notiz wird gesagt, dass Jakob, Louis Israel (jüdische Bürger waren gezwungen, den Zusatznamen „Israel" zur Kenntlichmachung der Religions- bzw. Rassenzugehörigkeit zu führen) ein Grundstück von 4,11 ar für 530,74 RM verkauft hat. Der Betrag liege auf einem Sicherungskonto bei der Kreissparkasse Waldeck.[14] Am 4.1.1943 fragt der Landrat bei der Stadt Rhoden an, ob Interesse am Vermögen Jakob besteht. Am 11.1.1943 antwortet die Stadt Rhoden: „[…] Wohnhaus kommt für Wohnzwecke nicht mehr infrage. Muß dem angebauten Nachbarn Lotze verkauft werden. Der Wert m.E. 400,-- RM. Die landwirtschaftlichen Grundstücke möchte die Stadt kaufen für Austausch von Bauland -Preise je Grundstück: 200,-- RM."[15]

Neue Aktivitäten dazu gibt es erst nach dem Krieg. Die unterschiedlichen Vermögens- und Wertangaben sind den Quellen entnommen und chronologisch wiedergegeben. Die Widersprüchlichkeit konnte nicht aufgeklärt werden. Zu den Fragen der Höhe des Vermögens der Familie Jakob antwortet der ehemalige Bürgermeister Friedrich Sinemus („Figgens") - Bürgermeister von 1932 bis zum 31.3.1945 - auf einem Fragebogen am 10.9.1945: „ […] Fragen können nachstehend nur soweit beantwortet werden, wie sie im Gedächtnis schweben, da keine Unterlagen vorhanden. Zu c) jüd. Familien in Rhoden haben alle Teile ihres Grundvermögens notarisch bzw. gerichtlich verkauft.

Gebäude, die nicht verkauft sind, wie Wohnhaus Moses Lichtenstein, Louis Jakob, Abraham Levie (Vater von Robert Levie) - Speyer Haus, Scheune Aron Stern nebst 3 Gemüseländer und Friedhof, hat das Finanzamt Korbach in Verwaltung.

Eigentümer des Grundvermögens des Louis Jakob ist die Hess. Heimat."[16]

Friedrich Sinemus bestätigt also, dass das Finanzamt Korbach Besitzer des Hauses Jakob wurde, während das übrige Grundvermögen an die Hessische Heimat ging. Das Haus Jakob wurde erst nach dem 2. Weltkrieg verkauft.[17] Die sehr langwierigen Verwaltungsprozesse können

[14] S. Anm. 1.

[15] S. Anm. 1.

[16] S. Anm. 1.

[17] Die Hessische Heimat kaufte die Ländereien jüdischer Bürger für einen Flächentausch im Zuge des geplanten Baues der Autobahn Kassel - Ruhrgebiet. Die Autobahn wurde erst in den 1960er Jahren gebaut.

dazu beigetragen haben, dass die Familie Jakob ihre Auswanderungspläne nicht realisieren konnte. Oder waren die Verzögerungen sogar gewollt?

Deportation lange unbekannt

Über das Ende der Familie Jakob, wie sie in welchen Lagern lebte, der Transport dorthin (z.B. Sobibor / Majdanek) und schließlich die Ermordung, war hier lange Zeit nichts bekannt. Lediglich für Sofie Jakob wurde im Erbschein, der am 4.3.1949 für Rechtsanwalt Hattendorf[18] ausgestellt wurde, der Todestag im KZ genannt: 3.8.1942.[19] Auch im Archiv des Internationalen Suchdienstes (ITS) in Bad Arolsen gibt es auf Anfrage lt. ITS-Schreiben vom 20.4.2012 darüber keine Angaben. Zu Louis Jakob ist jedoch vermerkt, dass er in der Zeit vom 22.6.1938 bis 3.9.1938 im Konzentrationslager Sachsenhausen (Oranienburg) unter der Kategorie „Asozial, Arbeitsscheu, Jude" inhaftiert war.

Des Weiteren waren nach Angaben des ITS die Kinder Rolf und Klärchen Jakob vom 12.1.1938 bis zum 6.4.1942 und Rosel Jakob vom 18.11.1940 bis zum 4.4.1942 in Paderborn wohnhaft. Dies ist in Rhoden nicht bekannt, ebenso wenig die Gründe für diesen Aufenthalt.

Erbstreitigkeiten

Mit der Auslöschung der Familie Jakob war aber das Schicksal der Familie immer noch nicht abgeschlossen. Um das kleine Vermögen der Jakobs entwickelten sich nach dem Krieg noch Streitereien. Eine Schwester von Louis Jakob, die Witwe Pia Zander, geb. Jakob, wohnhaft in Freienohl, beantragte Entschädigungsleistungen bzw. eine Rückerstattung des Vermögens ihres Bruders Louis. Sie gab an, dass sie von ihrem Bruder beauftragt sei, nach seinem Tod für sein Vermögen Sorge zu tragen.[20] In Schreiben vom 26.4.1948 und 22.9.1948 an die Wiedergutmachungsbehörde der amerikanischen Zone - Zentralmeldeamt

---

[18] RA Hattendorf wurde von der bereits erwähnten Rhoder Fam. Levie mit der Vertretung ihrer Interessen beauftragt.

[19] Stadtarchiv Diemelstadt Rhoden, Abschn.. XXIII, Abt. 6, Konv. 2, Fasz. 14. Wie bereits erwähnt, wurden die Jakobs nicht im August, sondern am 3. Juni 1942 im Vernichtungslager Sobibor ermordet.

[20] Stadtarchiv Diemelstadt Rhoden, Abschn. XIII, Abt. 6, Konv. 2, Fasz. 14.

Bad Nauheim - listete sie detailliert das Vermögen der Familie Jakob auf. Diese Auflistung wird hier wiedergegeben, weil damit sehr deutlich wird, in welch ärmlichen Verhältnissen die Familie Jakob lebte. Sie macht aber auch die soziale Situation vieler anderer „deutscher" Familien klar. Pia Zander schreibt:

„In dem Tagebuch welches mein Bruder, der Handelsmann Louis Jakob am 5. April 1942 niederschrieb, bringe ich vollgendes zur Kenntnisnahme und Rückerstattung:

Zu 1: Kreissparkasse Arolsen verfügte am 1.3.1942 über ein Guthaben von 1530,53 RM[,]welches in einem Sicherungskonto mit der Nr. 378 festgelegt war.

Zu 2: Sind entwendet: 2 Kleiderschränke, 4 Bettstellen, 2 Stühle, 2 Waschtische, 1 Kommode, 3 Kopfkissen, 3 Unterbetten, 2 Matratzen, 3 Oberbetten, 1 Wasserkanne.

Zu 3: Wohnzimmer: 2 große und 2 kleine Tische, 4 Stühle, 2 Sofa, 1 Lampe, 1 Wanduhr, 1 Spiegel, Diverse Bücher, 1 Atlanten Atlas, 6 Bierbecher.

Zu 4: Diehle: 1 Lampe, 3 kleine Schränke für Glasgeschirr und Leinen, 1 Dezimalwaage und Gewicht 100 Pfundstein.

Zu 5: Küche: 2 Küchenschränke, 2 Küchenstühle, 1 Leiter, 1 Kohlenkasten, 1 Lampe, 1 Waage, Diverse Kochtöpfe, 1 Fliegenschrank, Diverses Küchengeschirr, 1 Bügeleisen, Diverse Teller, Tassen und sonstiges Essgeschirr.

Zu 6: Im Keller: 20 Ztr. Kartoffel, 25 Ztr. Runkeln.

Zu 7: Auf dem Boden: 10 Ztr. Grummet und 35 Ztr. Stroh, 1 Häxelmaschine.

Zu 8: Verschiedenes: 1 Reisekoffer, 1 Handkoffer, Werkzeuge, Landwirtschaftliche Geräte, 2 Äxte, 2 Sägen, Einmachgläser und Glasgeschirr.

Zu 9: Im Stall: 1 Ziege, und Stalldung

Zu 10: Wäsche: 3 Tischdecken, 1 Serviette, 2 Tischtücher, 9 Handtücher, 5 Trockentücher, 7 Betttücher, 14 Kissenbezüge, 3 Bettbezüge, Sämtliche Gardinen.

Zu 11: Damenkleidung: 5 Kleider, 1 Mantel, 3 Nachthemden, 12 Paar Strümpfe, 3 Paar Handschuhe, 1 Paar Schuhe, 1 Handtasche, 10 Hosen, 3 Hemdhosen, 3 Untertaillen, 5 Schürzen, 2 Nachtjacken, 5 Hemden, 7 Unterröcke.

Zu 12: Sonstige Gegenstände des Haushaltes: 1 Waschkorb, 1 Waschkessel, 1 Waschwanne, 1 kl. Badewanne, 1 Wäschekoffer, einige Steintöpfe, 1 Waschkoffer mit schmutziger Leib- und Bettwäsche.

Zu 13: Louis Jakob: Im Anfang wie bei Sofie Jakob, Barvermögen usw.

Zu 14: Herrenkleidung: 1 Straßenanzug, 1 Wintermantel, 2 Staubmäntel, 4 Oberhemden, 6 Krawatten, 4 Paar Schuhe, 4 Nachthemden, 20 Kragen, 10 Paar Halbstrümpfe, 1 Hemd, 2 Hauthemden, 1 Unterhose.

Zu 15: Rosel Jacob: Kinderkleidung:

1 paar Hausschuhe, 1 Nachthemd, 1 Kleid, 1 paar Strümpfe, 2 paar Handschuhe, 1 paar Schuhe, 1 Schal, 1 Mütze, 2 Röcke, 2 Schürzen, 2 Hosen, 2 Polo Blusen, 1 Unterrock.

Zu 16: Klärchen Ruth Jacob: Kinderkleidung: 2 Unterröcke, 1 Nachthemd, 1 paar Turnschuhe, 1 paar Strümpfe, 2 Hosen, 1 paar Handschuhe, 2 Kleider, 3 Schürzen, 1 Mütze, 2 Nachthemden, 2 Paar Strümpfe.

Zu 17: Rolf Jacob: Kinderkleidung: 3 Hemden, 1 Wintermantel, 3 Hosen, 2 Polo-Blusen, 2 Sommer-Blusen, 1 Anzug, 1 Mütze, 2 Paar Strümpfe.

Zu 18: Max Jacob: Kinderkleidung: 3 Hemden, 2 Polo-Hemden, 1 Wintermantel, 2 paar Schuhe, 2 Mützen, 2 Hosen, 1 Pulover, 1 Unterhose, 2 paar Strümpfe, 1 Anzug.

Zu 19: 2 Komplette Fahrräder

Zu 20: Mehrere gebrauchte Mäntel, Hosen, Röcke, Westen, 15 qm gute Bretter, 60 Stück Jute Säcke, 3 Stühle.

Zu 21: Am 16. Mai 1942 hat Karl Schaub, Roden, 3 Fuder Mist ohne zu fragen aus der Mistgrube gefahren, er hat nur den Bürgermeister gefragt.

Zu 22: 1 Großen und kleinen Holzstall, 4 Apfelbäume, 1 Birnbaum, 1 Zwetschenbaum, 3 Stachelbeersträucher, 7 Johannesbeersträucher.

Gez. Witwe Paul Zander Pia, geb. Jakob
(Frau Ww. Pia Zander, geb. Jacob)“[21]

Das Amt für Vermögenskontrolle bemängelte in einem Brief an Frau Zander vom 28.10.1948, dass der Antrag nicht schlüssig begründet und die Erbberechtigung durch Erbschein nachzuweisen sei.[22] Der ehemalige Bürgermeister der Stadt Rhoden, Friedrich Sinemus,[23] nahm am 16.12.1948 auf eine Anfrage zur Erbschaftsangelegenheit Jakob Stellung und ging dabei auch auf die Ausführungen Pia Zanders ein:[24]

„An das Bürgermeisteramt Rhoden nachfolgender Stellungnahme zurückgereicht.

I Als ehemaliger ehrenamtlicher Landbürgermeister der Gemeinde Rhoden habe ich nie irgendwelche Angelegenheiten der Familie Louis Jakob in die Wege geleitet, nie etwas befürwortet und nie eine Wegnahme von einzelnen Teilen angeordnet. Familie Jakob war die ärmste Familie in Rhoden, weil 4 schulpflichtige Kinder vorhanden waren und Frau Jakob wegen Gallen-Leber- und Herzkrankheiten dauerkrank war. Die laufenden Steuer, Abgaben und Wassergeld habe ich ihnen in den letzten Jahren gestundet und am Schluß erlassen. Fettverbilligungsscheine habe ich der Familie Jakob von Anfang bis zum Fortzug zukommen lassen. Beweis: Franz Schaub und Frl. Martha Grebe beide in Rhoden.

II Der Name des früheren Bürgermeisters wird in dem Fragebogen von Frau Zander missbraucht und das Schreiben wird als leeres Gerede bezeichnet. Louis Jakob hat vor der Abreise seinen Haustürschlüssel dem ehemaligen Gend. -Hauptwstm. Guth übergegeben und dieser dem Finanzamt ausgehändigt. In Erfahrung habe ich gebracht, dass Frau Zander und Tochter 8 Tage vor der Abreise der Familie Jakob

21 Ebenda.

22 Ebenda.

23 Vgl. S. 297.

24 Der Text wird hier wegen der grundsätzlichen Bedeutung weitgehend ungekürzt wiedergegeben.

in Rhoden waren und sind mit schweren Koffer aus Jakobs Hause abgereist. Viele Sachen soll Frau Jakob zuvor an Nachbarfrauen verkauft bzw. verschenkt, ebenfalls Aufbewahren der Frau Anni Levi in Rhoden übergeben haben. Einbrüche oder Diebstähle in diesem Hause sind mir nicht bekannt geworden. Zeuge: Frau Wilhelmine Frank, Frau Sophie Gerke und Witwe Anna Lotze, alle Nachbarfrauen von Jakob.

III Weiter habe ich in Erfahrung gebracht, dass Möbel usw. die Fürstliche Hauptverwaltung von Arolsen mit Lastwagen abgeholt hat.

Zeuge: Frau Wilhelmine Frank und Frau Sophie Gerke (Nachbarfrauen).

Zu 6. Louis Jakob und Frau haben angeblich an den verstorbenen Karl Schaub die restlichen 2 Ctr. Kartoffeln (nicht 20 Ctr.) und restlichen 2 Ctr. Runkeln (nicht 25 Ctr.) verkauft und sind angeblich an das Finanzamt Korbach bezahlt. Zeuge: Sylvester Schaub und Heinrich Bärthel beide in Rhoden. (Erklärlich ist, dass die aufgeführten Mengen im Herbst 1941 vorhanden gewesen waren.)

Zu 7. Das vorhandene Stroh von insgesamt 5 Ctr. hat Frau Sophie Jakob ihrer Nachbarin Frau Sophie Gerke verkauft. (Also statt 35 Ctr. nur 5 Ctr.) erwähnen möchte ich, 35 Ctr. Stroh sind 175 Pressballen. Diese Menge kann der kleine Boden nicht aufnehmen. Die Hächselmaschine soll heute noch auf dem Boden stehen. Es ist anzunehmen, dass auch das Grummt dort noch lagert.

Zu 11. Gardinen und 1 Kleid hat Frau Jakob einer Nachbarin verschenkt. Zeugin: Frau Wilhelmine Frank.

Zu 11, 14 bis 18. Sämtliche Kleidung, Wäsche und Schuhe hat die Familie Jakob bei ihrer Abreise doppelt am Körper getragen bzw. in großen Rucksäcken mit genommen. Zeuge: Nachbarin Frau Wilhm. Frank.

Zu 20. Bretter sind angeblich im Hause (Fussboden) verbraucht. Etwa 12 bis 15 Säcke hat angeblich Frau Jakob u. deren Onkel Abraham Levi der Frau Sophie Gerke angeboten. Die Nachschau soll ergeben haben, dass es lauter zerissene Säcke waren. Zeuge: Frau Sophie Gerke.

Zu 21. Der verstr. Karl Schaub will von Familie Jakob 2 kl. Fuder Mist gekauft haben. 1 Fuder aus der Mistgrube, 1 Fuder aus dem Stall. Heinrich Bärthel soll ihn aufgeladen haben. Bezahlung soll an das Finanzamt erfolgt sein. Zeuge: Heinrich Bärthel u. Sylvester Schaub beide in Rhoden.

Zu 22. Holzstall, Bäume und Sträucher sollen noch im Garten hinter dem Hause 203 stehen. Rhoden, den 15. Dez. 1948

gez.: Fr. Sinemus, fr. Bürgermeister" [25]

Den Inhalt und Sachverhalt bestätigt der Rhoder Bürgermeister Heine mit Schreiben vom 23.12.1948 an das Amt für Vermögenskontrolle. Er weist darauf hin, dass die Ländereien von der Hessischen Heimat und das Haus vom Finanzamt Korbach verwaltet und von dort auch die Pacht bzw. Miete eingezogen wurde. „Die Gemeinde stellt keine Ansprüche und stimmt der Rückerstattung an die rechtmäßigen Erben zu. Sämtliche an die Gemeinde Rhoden gestellten Ansprüche werden abgelehnt."[26] Der von Frau Zander angekündigte Nachweis, Erbe des Vermögens Jakob zu sein, wurde ebenso wenig erbracht, wie ein Erbschein. Dieser wurde für Abraham Levie am 4.3.1949 durch das Amtsgericht Arolsen ausgestellt, der diesen als Alleinerben ausweist.[27] Abraham Levie wurde im KZ Theresienstadt ermordet. Sein Sohn Robert Levie hat das Erbe angetreten. Damit endete die tragische Familien-Geschichte Jakob in Rhoden.[28]

---

[25] Stadtarchiv Diemelstadt Rhoden Abschn. XXIII, Abt. 6, Konv. 2, Fasz. 14.

[26] Ebenda.

[27] Ebenda.

[28] Nach dem Abtransport der Familie Jakob am 31.5.1942 aus Rhoden wurden am 15.7.1942 die jüdischen Familien Stern und Lichtenstein sowie Abraham Levie zunächst nach Kassel und von dort in das Konzentrationslager Theresienstadt gebracht. Auch die Familie Robert Levie wird in Kassel bis zum Kriegsende interniert. Roberts Frau Anni war Christin und hielt trotz politischem Druck zu ihrem Mann. Nur deshalb konnte die Familie Robert Levie 1945 nach Rhoden zurückkommen und ihr Eigentum wieder übernehmen.

Resümee

Beim Recherchieren für und beim Verfassen dieses Berichtes wurde mir das ganze Ausmaß der Judenverfolgung und des Pogroms selbst in Rhoden sehr bewusst. Ich stellte mir vor, wie eine alteingesessene Rhoder Familie ohne „Schimpf und Tadel" im kleinen Städtchen Rhoden ein sehr bescheidenes, friedliches Dasein fristet und dann plötzlich mit politischen Verhältnissen konfrontiert wird, die unfassbar sind - einfach nicht wahr sein können. Das fing mit kleinen Repressalien, Beschimpfungen und Drangsalierung durch Menschen / Nachbarn an, mit denen man jahrelang, z.T. über Generationen hinweg, friedlich und problemlos zusammen gelebt hatte, und führte bis zu Bedrohungen und Enteignung. Dazu noch das grausame Ende der Familie mit vielen offenen Fragen: In welchem Umfang wusste die Familie, welches Schicksal sie mit dem offensichtlich bekannten Abtransport erwartet? Wohin sind sie wie transportiert worden? Wann und wie wurden sie in das Vernichtungslager gebracht? Dann die Vernichtung selbst - war die Familie zusammen oder wurde sie auseinandergerissen? Viele Fragen und keine Antworten - aber es ist geschehen!

Bildnachweis:

Abb. 1: Karl Heinemann.

Abb. 2: Foto: Heinrich Friele

Joseph Buchheim – Ein jüdisches Opfer aus Rosenthal

von Horst Hecker

Unter den 128 Juden, die am 8. Dezember 1941 aus Stadt und Kreis Marburg in das Ghetto Riga deportiert wurden,[1] waren auch das Ehepaar Joseph und Ella Buchheim mit ihrer Tochter Inge.[2] Josef Buchheim stammte aus Rosenthal, wo er am 17. Januar 1890 als Sohn des Handelsmanns und Metzgers Levi Buchheim und Jette, geb. Wertheim geboren wurde. Er ergriff ebenfalls den Beruf des Viehhändlers. Im Ersten Weltkrieg kämpfte er als Soldat für sein Vaterland. Ausgezeichnet mit dem Eisernen Kreuz 2. Klasse, kehrte er nach Kriegsende nach Hause zurück.

Abb. 1: Kennkartenfoto von Joseph Buchheim

Im Oktober 1921 heiratete Joseph Buchheim die sieben Jahre jüngere Ella Katz aus Wetter und trat als Viehhändler in das Geschäft seines Schwiegervaters Liebmann Katz im Haus Obertor 13 ein. Sie führten eine glückliche Ehe; im Oktober 1922 wurde der Sohn Alfred geboren, im Mai 1929 folgte die Tochter Inge.

Die Machtübernahme Hitlers und der NSDAP im Januar 1933 zerstörte auch die private und berufliche Existenz von Joseph Buchheim. Sein Viehhandelsgeschäft kam durch die Boykottmaßnahmen der Nationalsozialisten nach und nach zum Erliegen, die wirtschaftliche Situation der Familie verschlechterte sich zusehends. Im Zuge des November-Pogroms wurden Joseph und Alfred Buchheim festgenommen und im Landjahrlager in Kirchhain inhaftiert. Als Weltkriegsteilnehmer und Inhaber des Ehrenkreuzes für Frontkämpfer wurde Joseph Buchheim am 1. Dezember 1938 aus der „Schutzhaft" entlassen,[3] während sein

[1] Zahl nach: Gottwaldt/Schulle, S. 127.

[2] Vgl. Barbara Händler-Lachmann und Ulrich Schütt, „unbekannt verzogen" oder „weggemacht". Schicksal der Juden im alten Landkreis Marburg 1933-1945, Marburg 1992, S. 215f.

[3] HStAM 180 Marburg, Nr. 4827.

Sohn erst Wochen später wieder frei kam. Anschließend flüchtete Alfred (Fred) Buchheim über die Niederlande nach England. Er sollte als einziger seiner Familie die nationalsozialistische Verfolgung überleben.

Im September 1939 zog Joseph Buchheim mit seiner Frau nach Marburg. Dort stieß die Tochter Inge, die Anfang Mai nach Frankfurt geschickt worden war, wieder zu den Eltern. Die Familie wohnte in einem Judenhaus in der Moltkestraße 11. Über ihre Lebensbedingungen in Marburg ist bisher wenig bekannt.

Nach ihrer Deportation blieb die Familie Buchheim bis zum Sommer 1944 zusammen. Als das Ghetto Riga Ende 1943 geräumt wurde, verschleppte man sie zusammen mit den anderen Überlebenden in das KZ Kauen (Kaunas) in Litauen. Nach Auflösung des Stammlagers am 14. Juli 1944 wurde die Familie schließlich doch noch auseinandergerissen: Während Ella und Inge am 19. Juli durch die Sicherheitspolizei Kauen in das KZ Stutthof bei Danzig eingeliefert wurden,[4] kam Joseph Buchheim am 29. Juli in das Kommando Kaufering, einem Außenlager des KZ Dachau. Dort starb er am 6. Dezember 1944.[5]

Seine Frau starb am 9. Januar 1945 in Stutthof, Inge Buchheim wurde auf einem Gefangenenmarsch auf der Flucht vor den sowjetischen Truppen von einem SS-Bewacher erschlagen. Zur Erinnerung an ihr Schicksal wurde im Juni 2013 ein Weg in Wetter nach ihr benannt.[6]

Bildnachweis:

Abb. 1: Barbara Händler-Lachmann, Ulrich Schütt, „unbekannt verzogen" oder „weggemacht". Schicksale der Juden im alten Landkreis Marburg 1933-1945, Marburg 1992, S. 215

---

4 Archiv des Internationalen Suchdienstes (ITS) Bad Arolsen, Häftlingspersonalbogen des KZ Stutthof, Doc. No. 4435372; Einlieferungsbuch des KZ Stutthof, Doc.No. 4398510 bzw. Häftlingspersonalkarte KZ Stutthof, Doc.No. 4435375; Häftlingskarte KZ Stutthof, Doc.No. 4950400; freundliche Mitteilung vom 17.8.2013.

5 Ebd., Zugangsbuch KZ Dachau, Doc.No. 9895223; Schreibstubenkarte KZ Dachau, Doc.No. 10623631); vgl. auch: www.hdbg.de/dachau/pdfs/10/10_04/10_04_01.PDF, Jüdische Häftlinge - Haus der Bayerischen Geschichte (abgerufen am 15.8.2013). - Die Angabe, Joseph Buchheim sei mit seiner Familie im September 1939 von Rosenthal nach Marburg verzogen, ist falsch.

6 Oberhessische Presse vom 28.6.2013.

Sachsenhausen – 175 Jahre jüdische Mitbürger[1]

von Lothar Albrecht

Jüdische Zuwanderer in Sachsenhausen

In Sachsenhausen waren es nach 1770 drei jüdische Familien, die durch einen Schutzbrief mit besonderen Rechten ausgestattet waren. ... Bald kamen auch ärmere Juden ins Waldecker Land, die das Schutzgeld nicht bezahlen konnten, aber auf bestimmte Zeit und auf Widerruf toleriert wurden. 1814 wurden die Juden in Waldeck den übrigen Untertanen rechtlich gleichgestellt, und die Schutzgelder entfielen. (...) Für die Zeit zwischen 1771 und 1945 können 24 verschiedene Namen von Familien nachgewiesen werden. Die Familien Bloch, Hirsch, Jacob und Liebmann lebten in mehreren Generationen über hundert Jahre in Sachsenhausen. Sie brachten es zu Wohlstand und wurden für viele Leute zum Arbeitgeber. Ihre Häuser standen inmitten der Stadt, die Männer gehörten örtlichen Vereinen an, die Frauen engagierten sich sozial und karitativ.

Die Synagogengemeinde

Zur Synagogengemeinde gehörten auch Familien aus Netze, Waldeck, Nieder-Werbe und Meineringhausen. Ebenso gab es zahlreiche Kontakte zur selbständigen jüdischen Gemeinde in Höringhausen. Höringhausen gehörte damals zu Hessen-Darmstadt.[2] (...) Es gibt Hinweise auf Synagogen in Privathäusern für die Jahre 1781, 1786, 1796, 1801, 1812 und 1831. Synonym wird der Begriff „Judenschule" gebraucht. Der letzte mündliche Hinweis auf eine Judenschule in der Kirchlücke stammt von dem verstorbenen Karl Graf, dessen Vater das Gebäude noch gekannt hatte. Es befand sich schräg angrenzend hinter dem Haus von Meyer Bloch, genannt „Jüddemeyer". (...)

---

[1] Beim folgenden Text handelt es sich um Auszüge aus: Lothar Albrecht, 175 Jahre jüdische Mitbürger, in: Magistrat der Stadt Waldeck, Festausschuß 750 Jahre Sachsenhausen (Hrsg.), Sachsenhausen - 750 Jahre Stadtrechte. Beiträge zu Geschichte und Gegenwart. Korbach 1995, S. 91-97. Die Informationen über die Familie Bloch hat Lothar Albrecht, Sachsenhausen, aktuell ergänzt.

[2] Alle statistischen Angaben beziehen sich nur auf Sachsenhausen, nicht auf die gesamte Kultgemeinde.

Die Sachsenhäuser Synagoge

Die hier ansässige jüdische Gemeinde hatte das Bestreben, ein eigenes Synagogengebäude zu errichten. Es entstand 1863 aus Abbruchmaterial der Stadtmauer, das ein Jude gekauft hatte. (...) Die Fertigstellung wurde mit einem dreitägigen Fest mit Musik und Tanz auf Schaumburgs Saal gefeiert.

Abb.1: Synagoge, erbaut 1863

Nachdem die Nationalsozialisten 1933 die Macht im Deutschen Reich übernommen hatten, wurde jüdischen Bürgern das Leben sehr erschwert, ja durch den Erlass der „Rassengesetze" zunehmend unmöglich gemacht. 1934 wurden alle Juden aus den Vereinen ausgeschlossen. Den jüdischen Geschäftsleuten wurde untersagt, ihr Geschäft weiter zu betreiben. Befreundete Sachsenhäuser kauften weiter an der Hintertür, bis die Vorratslager ausverkauft waren. Diejenigen Familien, die ihre Traditionen und religiösen Gewohnheiten beibehielten und auch in Kleidung und Lebensweise sichtbar äußerten, waren oftmals Opfer von Spott und Verachtung, mehr aus Unkenntnis jüdischer Gebräuche als aus Gründen der Judenverfolgung. Letztere fand staatlicherseits mit unerbittlicher Härte statt. Viele der ansässigen Familien verkauften ihren Besitz, um sich durch Flucht ins Ausland zu retten. Wer dazu nicht bereit war, hat es später mit dem Leben bezahlen müssen. Nachdem die Synagoge im Jahre 1938 von der Gemeinde aufgegeben und verkauft worden war, diente sie dem neuen Besitzer als Baustofflager. (...) Im Gegensatz zu anderen Synagogen in Deutschland wurde die Sachsenhäuser Synagoge in der „Reichskristallnacht" nicht beschädigt. (...) Nach dem Krieg mussten Sachsenhäuser Bürger eingeworfene Fensterscheiben wieder instand setzen. Unter den Augen der Amerikaner widmete Pfarrer Mihr 1945 das Gebäude wieder religiösen Zwecken.

Abb. 2: Synagoge, abgerissen 1960

1949 kaufte die neue katholische Gemeinde das Haus und benutzte es als Kirche. 1960 wurde es von der Straßenbauverwaltung erworben und im Zuge einer Straßenerweiterung abgerissen. Heute erinnert eine Gedenktafel an den Standort der Synagoge und die Geschichte der jüdischen Mitbürger. (...)

Familie Bloch

Nach Informationen aus verschiedenen Archiven und aus der Bevölkerung von Sachsenhausen gehört die Familie Bloch zu den ersten Juden, die seit 1780 in Sachsenhausen das Recht erhielten, sich niederzulassen und eine jüdische Gemeinde zu gründen. Die Synagoge befand sich nacheinander in verschiedenen Privathäusern. Der Familienname taucht in vielen Zusammenhängen in mindestens vier verschiedenen Haustraditionen auf. Während die meisten jüdischen Einwohner aus Sachsenhausen der Vernichtung entgingen durch Verkauf ihrer Häuser und Flucht nach Amerika, Argentinien und Palästina, hatten die beiden Familien Bloch, die noch 1941 in Sachsenhausen lebten, das unerschütterliche Vertrauen an ihren Gott, dass ihnen nichts geschehe. So ist verbürgt, dass die beiden Töchter des alten Süßel Bloch mit ihrem alten Vater ganz lustig ins Altersheim nach Kassel gingen, von wo aus der letzte der Todestransporte am 7. September 1942 losfuhr.

Die Familie Bloch lebte unter ärmlichen Verhältnissen als „Selbstversorger" in der Nähe der Kirche gegenüber der alten Schule. Sie war bekannt für ihre traditionelle jüdische Lebensweise, lebte also nicht angepasst wie andere Juden, die der Oberschicht in Sachsenhausen angehörten und sehr angesehen waren. Durch die Nähe zur Schule ergab es sich, dass die Familie etlichem Schabernack ausgesetzt war von Jugendlichen, aber auch von Erwachsenen, die der traditionellen jüdischen Lebensweise wenig Verständnis entgegenbrachten.

Die Familie Bloch, deren Mitglieder dem Transport nach Sobibor zum Opfer fielen, besaß ein Textilgeschäft in der Hauptstraße am Marktplatz.

1. Siegmund Bloch, geboren am 2.2.1861 in Sachsenhausen, Staatsangehörigkeit: deutsch, letzter Wohnort: Friedrichstr. 52 (heute Waldecker Bank am Marktplatz).
2. Ilse Bloch, geboren am 20.5. 1894 in Sachsenhausen, Staatsangehörigkeit: deutsch, letzter Wohnort: Friedrichstr. 52 (heute Waldecker Bank am Marktplatz). Vom 9. bis zum 23. Februar 1942 saß sie in der Untersuchungshaft in Kassel wegen „Schriftverkehr m.d. Ausland"; wahrscheinlich hat sie einem Verwandten in einem KZ in Frankreich geschrieben.

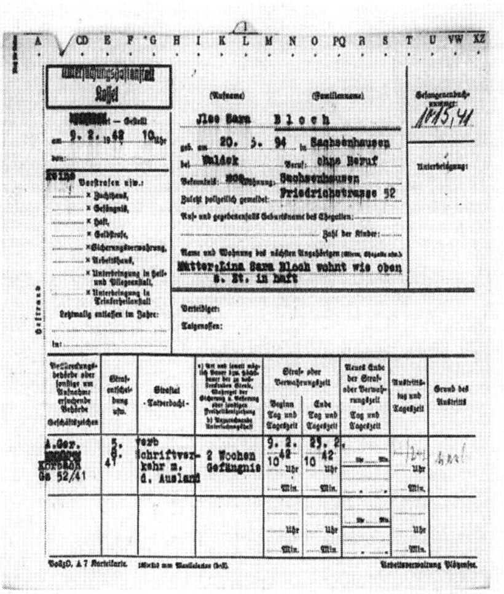
Untersuchungshaftanstalt Kassel

(Rufname) (Familienname)
Ilse Sara Bloch
geb. am 20. 5. 94 in Sachsenhausen
bei Waldeck Beruf: ohne Beruf
Wohnung: Sachsenhausen Friedrichstrasse 52
Zuletzt polizeilich gemeldet:
Zahl der Kinder:
Name und Wohnung des nächsten Angehörigen:
Mutter: Lina Sara Bloch wohnt wie oben
Verteidiger:
Tatgenossen:
Gefangenenbuchnummer: 1045,41

Einlieferungsbehörde	Strafentscheidung usw.	Straftat - Tatverdacht -		Beginn	Ende
A.Ger. Ge 52/41	5. 6. 41	verb. Schriftverkehr m. d. Ausland	2 Wochen Gefängnis	9. 2. 42 10 Uhr	23. 2. 42 10 Uhr

Abb. 3: Karte der Untersuchungshaftanstalt Kassel für Ilse Bloch

3. Lina Bloch, geborene Kleinstrass, geboren am 7.12.1881 in Steinheim, Staatsangehörigkeit: deutsch, letzter Wohnort: Friedrichstr. 52 (heute Waldecker Bank am Marktplatz).

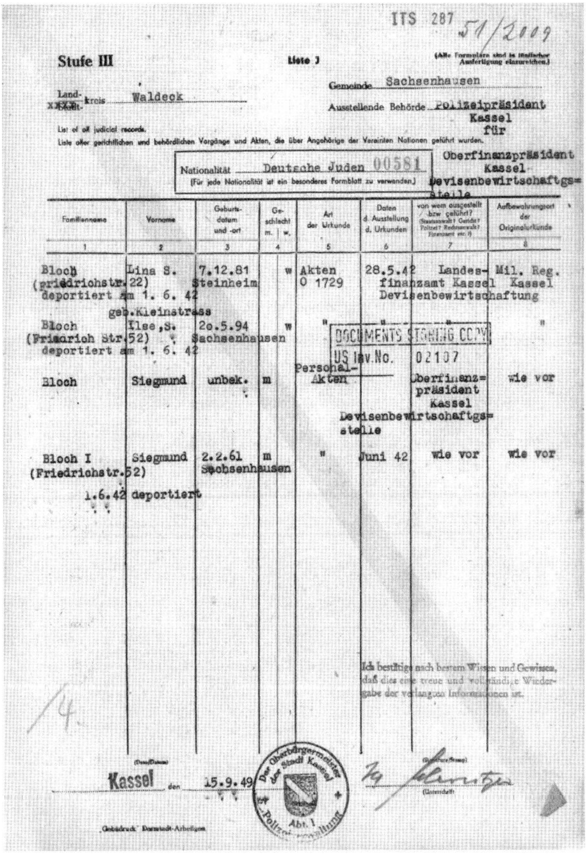

ITS 287 51/2009

Stufe III

Liste J

(Alle Formulare sind in 3facher Ausfertigung einzureichen)

Landkreis Waldeck

Gemeinde Sachsenhausen

Ausstellende Behörde Polizeipräsident Kassel für Oberfinanzpräsident Kassel Devisenbewirtschaftgs=stelle

List of all judicial records.
Liste aller gerichtlichen und behördlichen Vorgänge und Akten, die über Angehörige der Vereinten Nationen geführt wurden.

Nationalität Deutsche Juden 00581
(Für jede Nationalität ist ein besonderes Formblatt zu verwenden)

Familienname	Vorname	Geburtsdatum und -ort	Geschlecht m. | w.	Art der Urkunde	Daten d. Ausstellung d. Urkunden	von wem ausgestellt bzw. geführt? (Staatsanwalt? Gericht? Polizei? Rechtsanwalt? Finanzamt etc.?)	Aufbewahrungsort der Originalurkunde
1	2	3	4	5	6	7	8
Bloch (Friedrichstr. 22) deportiert am 1. 6. 42	Lina S. geb. Kleinstrass	7.12.81 Steinheim	w	Akten O 1729	28.5.42	Landesfinanzamt Kassel Devisenbewirtschaftung	Mil. Reg. Kassel
Bloch (Friedrich Str. 52) deportiert am 1. 6. 42	Ilse, S.	20.5.94 Sachsenhausen	w	"	"	"	"
Bloch	Siegmund	unbek.	m	Personal-Akten		Oberfinanz=präsident Kassel Devisenbewirtschaftgs=stelle	wie vor
Bloch I (Friedrichstr. 52) 1.6.42 deportiert	Siegmund	2.2.61 Sachsenhausen	m	"	Juni 42	wie vor	wie vor

DOCUMENTS SIGNING COPY
US Inv. No. 02107

Ich bestätige nach bestem Wissen und Gewissen, daß dies eine treue und vollständige Wiedergabe der verlangten Informationen ist.

/4.

(Ort/Datum)
Kassel den 15.9.49

Der Oberbürgermeister der Stadt Kassel Polizeiverwaltung Abt. I

(Unterschrift)

Abb. 4: *Bescheinigung des Polizeipräsidenten in Kassel für den Oberfinanzpräsidenten vom September 1949, die die Deportation von Siegmund, Ilse und Lina Bloch am 1. Juni 1942 dokumentiert*

Bildnachweis:

Abb. 1, 2: Pfarrer Ellbracht, 1961

Abb. 3, 4: Internationaler Suchdienst Bad Arolsen

Die Geschichte der Familie Schönstädt[1] aus Usseln

von Dirk Bender und Karl-Heinz Stadtler

Usseln hatte keine jüdische Gemeinde, doch seit Mitte des 19. Jahrhunderts wohnten einige jüdische Familien zumindest zeitweise dort. Es handelte sich um die Familien Feldheim, Gottlieb, Schild und Schönstädt. Die Schönstädts – das sind Rudolf und Lina mit ihren Töchtern Frida und Erna – waren eine angesehene Kaufmannsfamilie in Usseln. Sie betrieben einen kleinen Krämerladen im Haus mit der heutigen Anschrift Ringstr. 40. Diese Gegend im Ort heißt Kattwinkel. Sie war und ist das alte Ortszentrum; da, wo die Leute leben, die besonders stolz sind auf ihre alte Abstammung. Familien, deren Stammbäume teilweise bis vor den 30jährigen Krieg zurückreichen.

Abb. 1 Das Haus in der Ringstraße heute

1 Die Schreibweise des Familiennamens in den Dokumenten wechselt zwischen „Schönstädt" und „Schönstedt".

Rudolf Schönstädts Vater Hermann Hirsch;[2] der aus Landau stammte, war mit seiner Frau Helene, geb. Feldheim, wohl im letzten Viertel des 19. Jahrhunderts nach Usseln gezogen und hatte dort ein Gemischtwarengeschäft betrieben. Das Geschäft ging zweimal in Insolvenz, einmal deshalb, weil Herrmann Schönstedt seinem Nachbarn ein Grundstück abkaufte, damit dieser sich einer Augenoperation unterziehen konnte.

Im Uplanddorf wurden im November 1887 Sohn Rudolf und im Februar 1893 dessen Bruder Max geboren. Max erlernte den Beruf des Metzgers. Im Ersten Weltkrieg kämpfte er als Musketier „für Kaiser und Vaterland" in Galizien. Er fiel am 12. Juni 1915 in Manastatz im heutigen Südostpolen. Die Eltern sowie Bruder Rudolf und dessen Frau Lina schalteten eine Todesanzeige in der Waldeckischen Landeszeitung. Und selbstverständlich ist sein Name auf der Ehrentafel der Gefallenen aus Usseln verzeichnet.

Ruhe sanft in Feindesland.

Den Heldentod fürs Vaterland starb am 12. Juni bei Manastaz unser lieber Sohn, Bruder, Schwager und Onkel, der

Musketier

Max Schönstedt

im 22. Lebensjahre.

Usseln, den 18. Juni 1915.

In tiefstem Schmerz:
H. Schönstedt und Frau,
Rudolf Schönstedt,
Lina Schönstedt, geb. Stern.

Abb. 2: Todesanzeige der Familie

Abb. 3: Gedenktafel der Gefallenen

Bruder Rudolf hatte bereits am 1. Januar 1910 die fünf Jahre ältere Lina Stern aus Battenfeld geheiratet. Dem Ehepaar wurden drei Töchter geboren, von denen die zweitgeborene Frida 1916 nur wenige Wochen nach ihrer Geburt starb. Berta wurde am 18. Oktober 1914, die jüngste Tochter Erna am 1. Februar 1920 in Usseln geboren.

---

2 Juden hatten oft einen bürgerlichen und einen religiösen Vornamen. Hirsch oder Herschel waren allgemein übliche Namen; im 19. Jahrhundert und später wurden meist deutsche Namen beim Standesamt angegeben; oft bestand eine Lautähnlichkeit zum religiösen Vornamen. In diesem Zusammenhang wird es verständlich, wenn Hirsch Schönstädt sich in der nichtjüdischen Umgebung Hermann nennen lässt.

Über die Lebensverhältnisse der Schönstädts vor Hitlers Machtantritt ist wenig bekannt. Dass es bis Anfang der 30er Jahre keine Probleme zwischen Juden und Nichtjuden gegeben habe, meint ein nach 1930 geborener Usselner Bürger, kann dies aber nur vom Hörensagen wissen. Uns ist bekannt, dass das Verhältnis der anderen Bürger zu den jüdischen Familien in aller Regel schöngeredet wurde und wird. Insbesondere der NS-Ortsgruppenleiter – so jener ältere Usselner – habe die Schönstädts nicht belästigt. Allerdings weiß auch er, dass Ende der 1930er, Anfang der 1940er Jahre Kinder Pappschilder mit der Aufschrift „Jud Süß"[3] durch die geöffneten Fenster warfen. Schon kurz nach der Machtergreifung postierten sich SA-Männer vor dem Eingang des Geschäftes in der Ringstraße, um die Usselner vom Einkaufen bei Schönstädts abzuhalten. Das wird nicht alles gewesen sein. Auch in Usseln wurden die Juden beschimpft und beleidigt. Obrigkeitshörige Nachbarn und Mitbürger werden jene denunziert haben, die Mitte der 1930er Jahre noch im Geschäft der Schönstädts verkehrten; Kinder, die dorthin zum Einkaufen geschickt wurden, weil sich die Eltern nicht trauten, wurden von Hitlerjungen auf offener Straße verprügelt. Die Zahl der Kunden wird stark zurückgegangen sein, im April 1938 mussten die Schönstädts ihr Vermögen detailliert anzeigen, und um 1938 herum wird man ihnen die Berechtigung zur Führung eines Geschäfts entzogen haben.

Die beiden Töchter wohnten damals nicht mehr bei der Familie. Berta, die ältere, zog Anfang 1937 nach Hilchenbach im heutigen Kreis Siegen-Wittgenstein. Sie wohnte im Haus Unterzeche 187, wo sie Hausmädchen bei Herz Stern war.[4] Schwester Erna emigrierte 1938 nach England. Bei den Schönstädts war es wie bei vielen anderen Familien im Waldecker und Frankenberger Land: Die Alten schickten die Jungen in Sicherheit, blieben aber selbst zurück. Heimatverbundenheit wird dafür eine ebenso wichtige Rolle gespielt haben wie die Furcht vor einem kompletten Neuanfang in einem fremden Land mit einer fremden

---

[3] Der im nationalsozialistischen Deutschland sehr populäre antisemitische Propagandafilm „Jud Süß" schildert in absolut verfälschender Weise das Leben des Juden Joseph Süß Oppenheimer, der im ersten Drittel des 18. Jahrhunderts Finanzberater des württembergischen Herzogs war und hingerichtet wurde; wahrscheinlich war er Sündenbock für die das Volk ausbeutende Politik des Herzogs.

[4] Angaben zum Teil auf der Basis des Adressbuches von Hilchenbach, mitgeteilt von Klaus Dietermann, Gesellschaft für Christlich-Jüdische Zusammenarbeit Siegerland, e-Mail vom 14.8.2007; eine Kennkarte mit Passbild, ausgestellt am 19.12.1938, befindet sich im Stadtarchiv von Hilchenbach.

Sprache und einem völlig unbekannten Umfeld. Und im Übrigen hätte Ende der 1930er Jahre kein Jude und vielleicht auch kaum ein Nichtjude in Deutschland für möglich gehalten, was später geschah: Die systematische Ausrottung der deutschen und europäischen Juden.

Nach der Pogromnacht im November 1938 wurde – wie alle jüdischen Männer – auch Rudolf Schönstädt verhaftet und über Kassel ins Konzentrationslager Buchenwald gebracht. Die dortigen Lebensverhältnisse waren katastrophal, was man nachvollziehen kann, wenn man weiß, dass das 1937 errichtete Lager für einige hundert Menschen vorgesehen war, nun aber von cirka 10.000 Menschen – den so genannten „Aktionshäftlingen" – bewohnt war. Die hygienischen Verhältnisse spotteten jeder Beschreibung; die Versorgung mit Lebensmitteln musste erst organisiert werden. Eine am 3. Januar 1939 erstellte Liste der noch „einsitzenden Aktionsjuden" – hier ein Ausriss – nennt Rudolf Schönstädts Namen mit der Häftlingsnummer 25755.

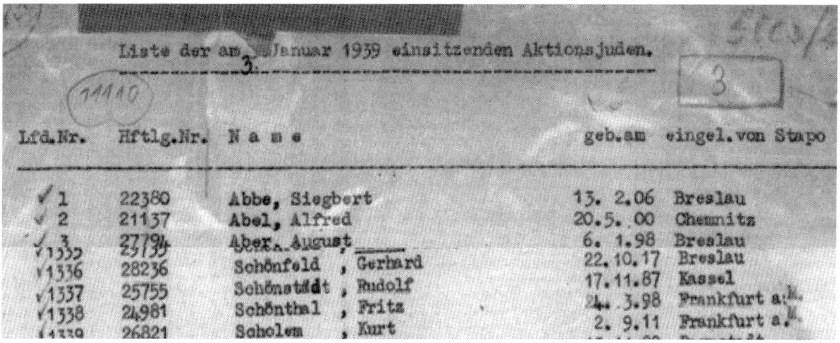

Liste der am 3. Januar 1939 einsitzenden Aktionsjuden.

Lfd.Nr.	Hftlg.Nr.	Name	geb.am	eingel.von Stapo
1	22380	Abbe, Siegbert	13. 2.06	Breslau
2	21137	Abel, Alfred	20.5..00	Chemnitz
3	27794	Aber, August	6. 1.98	Breslau
1336	28236	Schönfeld, Gerhard	22.10.17	Breslau
1337	25755	Schönstädt, Rudolf	17.11.87	Kassel
1338	24981	Schönthal, Fritz	24. 3.98	Frankfurt a.M.
1339	26821	Scholem, Kurt	2. 9.11	Frankfurt a.M.

Abb. 4: *Liste der am 3. Januar 1939 in Buchenwald einsitzenden Aktionshäftlinge (Ausschnitt)*

Der nebenstehende Ausriss zeigt seine „Geldverwaltungskarte" als Aktionshäftling in Buchenwald. Am 6. Dezember 1938 bekam er 10 Reichsmark, wahrscheinlich zugesandt durch seine Frau Lina. Zwei Tage später ließ er sich das Geld auszahlen. Zum Jahreswechsel bekam er weitere 10 Reichsmark, die er sich am Tag seiner Entlassung aushändigen ließ und wohl für die Heimreise nutzte.

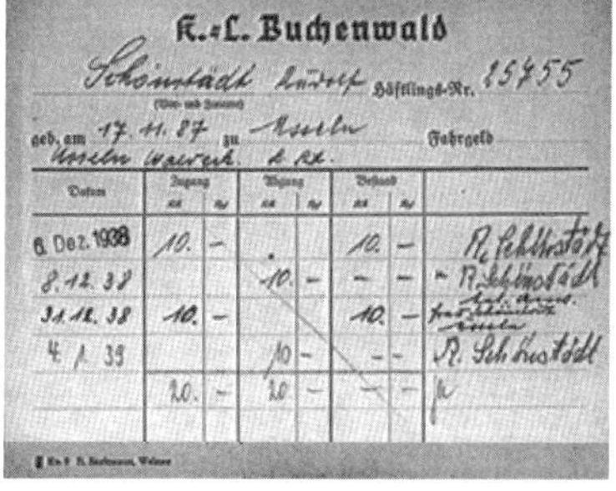

K.-L. Buchenwald

Schönstädt Rudolf Häftlings-Nr. 25755

geb. am 17.11.87 zu Kassel — Fahrgeld

Datum	Zugang	Abgang	Bestand	
6 Dez. 1938	10.–		10.–	R. Schönstädt
8.12.38		10.–	– –	R. Schönstädt
31.12.38	10.–		10.–	
4/1 39		10.–	– –	R. Schönstädt
	10.–	10.–	–	

Abb. 5: *Rudolf Schönstädts „Geldverwaltungskarte" in Buchenwald*

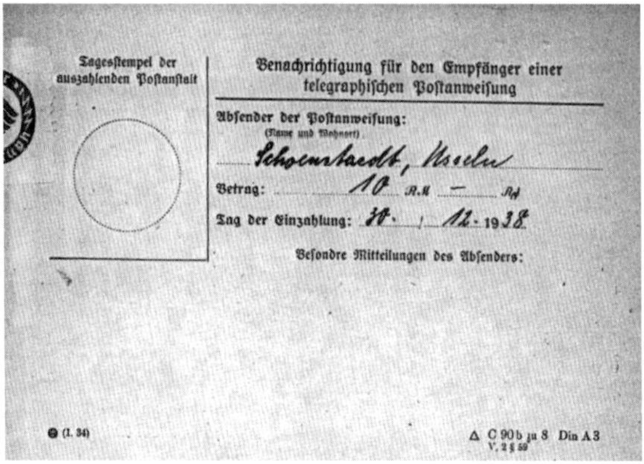

Tagesstempel der auszahlenden Postanstalt

Benachrichtigung für den Empfänger einer telegraphischen Postanweisung

Absender der Postanweisung: (Name und Wohnort)

Schoenstaedt, Usseln

Betrag: 10 RM — Rpf

Tag der Einzahlung: 30. 12. 1938

Besondre Mitteilungen des Absenders:

Δ C 90b zu 8 Din A3

Abb. 6: Telegraphische Geldanweisung für Rudolf Schönstädt

Der zweitgenannte Betrag wurde am 30. Dezember 1938 für ihn ausweislich des folgenden Dokuments telegraphisch angewiesen.

Am 4. Januar 1939 erscheint sein Name auf einer Liste der an diesem Tag aus Buchenwald entlassenen Juden. Ähnlich erging es den meisten Aktionshäftlingen: Zwischen Dezember 1938 und Februar 1939 wurden sie entlassen. Die Heimkehr beschleunigen konnten sie, wenn sie glaubhaft erklärten oder sogar durch Einreisegenehmigungen belegen konnten, dass sie Deutschland verlassen würden. Allerdings darf nicht verschwiegen werden, dass allein in Buchenwald mehr als 200 von ihnen ermordet wurden oder auf andere Weise den Tod fanden. Viele starben nach dem Lageraufenthalt (wie zum Beispiel der Vöhler Alfred Rothschild) oder töteten sich selbst kurz nach der Rückkehr aus Buchenwald.

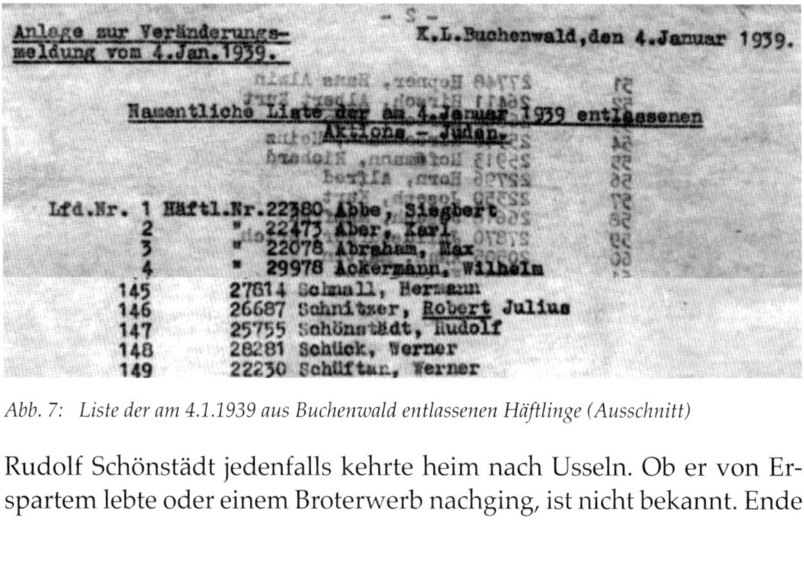

- 5 -

Anlage zur Veränderungsmeldung vom 4.Jan.1939.

K.L.Buchenwald,den 4.Januar 1939.

Namentliche Liste der am 4.Januar 1939 entlassenen Aktions - Juden.

Lfd.Nr. 1	Häftl.Nr.	22380	Abbe, Siegbert
2	"	22473	Aber, Karl
3	"	22078	Abraham, Max
4	"	29978	Ackermann, Wilhelm
145		27814	Schmall, Hermann
146		26687	Schnitzer, Robert Julius
147		25755	Schönstädt, Rudolf
148		28281	Schück, Werner
149		22230	Schüftan, Werner

Abb. 7: Liste der am 4.1.1939 aus Buchenwald entlassenen Häftlinge (Ausschnitt)

Rudolf Schönstädt jedenfalls kehrte heim nach Usseln. Ob er von Erspartem lebte oder einem Broterwerb nachging, ist nicht bekannt. Ende der 1930er, Anfang der 1940er Jahre wurde sein Haus „arisiert“,[5] d.h. es wurde von einem nichtjüdischen Deutschen für wenig Geld erworben. Die Schönstädts durften das Dachgeschoss weiterhin bewohnen, durften aber das Haus nur über eine Leiter aus dem Fenster im Obergeschoss verlassen. Die genaueren Umstände sind nicht bekannt, doch ist davon auszugehen, dass es beim Schönstädt´schen Hausverkauf so vorging wie beim Verkauf jüdischer Häuser in jener Zeit üblich: Der ohnehin geringe Kaufpreis ging nicht an den Vorbesitzer, sondern wurde auf ein Sperrkonto eingezahlt, auf das die Schönstädts keinen Zugriff hatten. Später ging dieses Konto in den Besitz des Deutschen Reiches über.

Im Februar 1940 füllte Rudolf Schönstädt den folgenden Fragebogen für sich, Frau und Tochter aus:

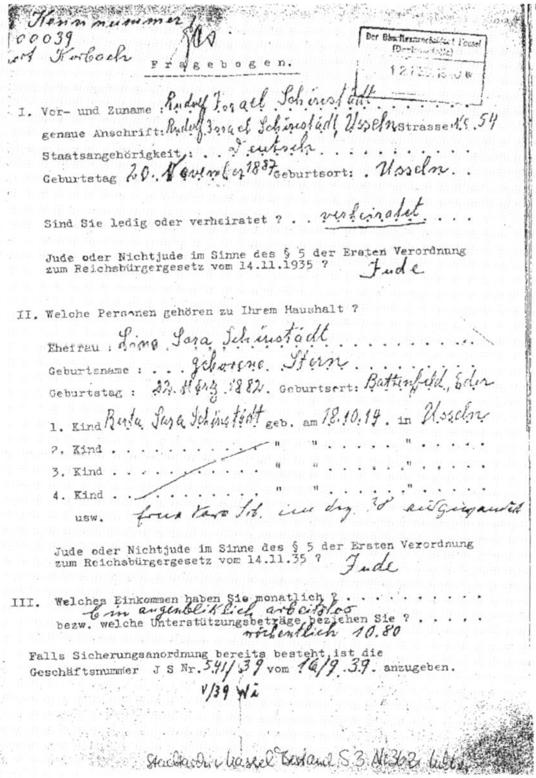

Kennnummer
00039
Korbach

Fragebogen.

I. Vor- und Zuname : Rudolf Israel Schönstädt

genaue Anschrift: Rudolf Israel Schönstädt, Usseln Strasse Nr. 54

Staatsangehörigkeit : Deutsch

Geburtstag 20. November 1887 Geburtsort: Usseln

Sind Sie ledig oder verheiratet ? verheiratet

Jude oder Nichtjude im Sinne des § 5 der Ersten Verordnung zum Reichsbürgergesetz vom 14.11.1935 ? Jude

II. Welche Personen gehören zu Ihrem Haushalt ?

Ehefrau : Lina Sara Schönstädt

Geburtsname : geborene Stern

Geburtstag : 22. März 1882. Geburtsort: Battenfeld, Eder

1. Kind Berta Sara Schönstädt geb. am 18.10.14. in Usseln

2. Kind . . . " " "

3. Kind . . . " " "

4. Kind . . . " " "

usw. [illegible] '38 ausgewandert

Jude oder Nichtjude im Sinne des § 5 der Ersten Verordnung zum Reichsbürgergesetz vom 14.11.35 ? Jude

III. Welches Einkommen haben Sie monatlich ? bin augenblicklich arbeitslos
bezw. welche Unterstützungsbeträge beziehen Sie ? wöchentlich 10.80

Falls Sicherungsanordnung bereits besteht, ist die Geschäftsnummer J S Nr. 541/39 vom 16/9.39. anzugeben.
V/39 Wi

Staatsarchiv Kassel Bestand S 3 Nr. 362

Abb. 8:

Fragebogen für die Familie Schönstädt

[5] Quelle für den Hausverkauf: Waldeckische Landeszeitung, 15.5.2013 (Ulrike Schiefner: Die Schönstedts: Ein Familienschicksal).

Da Berta als zum Haushalt gehörig aufgeführt wird, kann angenommen werden, dass sie ihre Stelle in Hilchenbach in der Zwischenzeit aufgegeben hatte. Ende 1941 wurden die Schönstädts in Usseln abgeholt und nach Wrexen gebracht. Der oben erwähnte Usselner Bürger hat als damals ungefähr 10jähriger Junge Folgendes gesehen: „Im Jahr 1941 ist dann ein Wehrmachts-LKW gekommen, besetzt mit jungen Soldaten, und man hat die schon recht betagten alten Leute gezwungen, ihr gesamtes Hab und Gut auf den LKW zu laden. Niemand hat dabei geholfen. Zuletzt sind die Beiden an Armen und Beinen gefasst und zuoberst auf den Anhänger geworfen worden.“[6] In Wrexen wurden Sie ins Haus Nr. 4 eingewiesen, in dem 6 weitere Juden wohnten.[7]

In Wrexen wurden Polizeiliche Erlaubnisscheine ausgestellt, wenn ein dort eingewiesener Jude den Ort verlassen wollte. Für Rudolf Schönstädt – als Beruf wurde „Hilfsarbeiter“ notiert – sind für folgende Termine Genehmigungen erteilt worden:

24.12.1941	von 8 bis 14 Uhr	nach Rhoden
27.12.1941	von 8 bis 14 Uhr	nach Rhoden
29.12.1941	von 8 bis 14 Uhr	nach Rhoden
31.12.1941	von 8 bis 14 Uhr	nach Rhoden
2.1.1942	von 8 bis 14 Uhr	nach Rhoden
3.1.1942[8]	von 8 bis 14 Uhr	nach Rhoden
19.5.1942	von 7 bis 20 Uhr	nach Korbach
28.5.1942	von 8 bis 13 Uhr	nach Warburg und Marsberg bis 20 Uhr.

Bei den Fahrten vom 24. Dezember 1941 bis zum 2.1.1942 hat jeweils ein Arzt in Mengeringhausen mit Stempel und Unterschrift bestätigt, dass Schönstädt dort war.[9]

---

6 Der erwähnte Bürger besteht darauf, dass es ein Wehrmachts-LKW mit Soldaten, nicht aber Gestapo- oder SA-Leute gewesen seien, die die Familie Schönstädt geholt haben.

7 Elias Löwenstern aus Korbach, Julius, Rosa und Leopold Schild aus Eimelrod sowie Paul und Lina Weiler aus Adorf.

8 In der Quelle ist - wohl versehentlich - das Jahr 1941 genannt.

9 Renate Ise, Hans-Joachim Mosheim und Horst Schaake, Geschichte und Schicksale jüdischer Familien in Wrexen, 2008, S. 158.

Für Lina Schönstädt sind für folgende Termine Genehmigungen erteilt worden:

25.4.1941	von 7 bis 17 Uhr	nach Rhoden
11.5.1942	von 7 bis 15 Uhr	nach Rhoden
13.5.1942	von 8 bis 20 Uhr	nach Kassel
19.5.1942	von 7 bis 20 Uhr	nach Korbach
21.5.1942	von 7 bis 20 Uhr	nach Korbach.[10]

Lina und Rudolf Schönstädt wurden wohl Ende Mai 1942 nach Kassel und von dort am Dienstag, dem 1. Juni nach Osten deportiert.[11] In Usseln wurde erzählt, dass in Wrexen alle Juden, die zum Zug gingen, angewiesen wurden, ihre Koffer in den letzten Wagen zu laden. Dann stiegen sie selbst in die vorderen Waggons. Als der Zug losfuhr, blieb der letzte Wagen mit allen Habseligkeiten auf dem Wrexer Bahnhof zurück.

---

[10] Ebenda, S. 161.

[11] Von März bis Mitte Juni 1942 gab es mindestens 43 Transporte aus dem Deutschen Reich und dem Protektorat Böhmen und Mähren in das Generalgouvernement. Grundlage dieser Deportationen war ein „Schnellbrief" von Adolf Eichmann aus dem Reichssicherheitshauptamt an die Staatspolizeistellen und die Inspekteure der Sicherheitspolizei und des Sicherheitsdienstes der SS vom 31. Januar 1942. Die Adressaten des Schreibens wurden darin aufgefordert, alle in Frage kommenden Juden zu erfassen. Ausgenommen wurden zu diesem Zeitpunkt noch in Mischehe lebende Juden, Juden mit ausländischer Staatsangehörigkeit, in Rüstungsbetrieben arbeitende Juden, Juden über 65 Jahre und gebrechliche Juden ab 55 Jahren. Offensichtlich sollte durch diese Bestimmungen der Schein gewahrt werden, dass die zu evakuierenden Juden im Osten zu einem Arbeitseinsatz kommen. Im Reichssicherheitshauptamt wurden in Ergänzung zu diesem Erlass Richtlinien für die Deportation herausgegeben. Die Dienststellen der Staatspolizei hatten die zu deportierenden Juden – in Erlass und Richtlinie wird der Begriff „Evakuierung" benutzt – an bestimmten Orten zu konzentrieren, sie zu erfassen und den Abtransport mit Sonderzügen der Reichsbahn entsprechend dem vorgeschriebenen Fahrplan und unter Beachtung der Regeln für vermögensrechtliche Angelegenheiten zu organisieren. Jeweils 1.000 Juden sollten für einen Transport vorgesehen werden. Genau festgelegt wurde, was mitgenommen werden durfte: 50 RM oder 100 Zloty, Koffer oder Rucksack mit Ausrüstungsstücken, Bekleidung, Bettzeug, Verpflegung für 2 Wochen und Essgeschirr. Die jüdischen Organisationen vor Ort konnten zur Hilfeleistung herangezogen werden. Eine jüdische Transportleitung war zusammenzustellen, die für jeden Waggon einen Ordner zu bestimmen hatte. Bei der Abmeldung sollte nicht der Zielort angegeben werden, sondern es sollte „unbekannt verzogen" oder „ausgewandert" vermerkt werden. Jedem Transport waren 1 Führer und 15 Mann von der Ordnungspolizei zuzuordnen. Der Führer hatte eine Namensliste mit Berufsangabe für alle Deportierten in doppelter Ausfertigung mit sich zu führen. Sowohl die Dienststellen am Start-, als auch die am Zielort hatten dem RSHA einen Gesamtbericht mit zahlenmäßigen Unterlagen (Geschlechts-, Alters- und Berufsgliederung) vorzulegen. (Schnellbrief und Richtlinie sind abgedruckt in Gottwaldt/Schulle, S. 140ff. und 148ff.) Die Juden aus dem Regierungsbezirk Kassel sollten eigentlich bereits am 15. Mai nach Trawniki bei Lublin deportiert werden. Dies wurde dann auf den 1. Juni verlegt; als Zielort wurde Izbica vorgesehen.

Wahrscheinlich am 3. Juni kam der Zug mit der Nr. Da 57[12] in Lublin[13] an. Die arbeitsfähigen Männer – 98 bis 115 Personen – mussten dort aussteigen und wurden nach Majdanek[14] getrieben, während der Zug mit den Frauen, Kindern und alten Männern, also wahrscheinlich auch mit den Schönstädts, nach Sobibor weiter fuhr. Wahrscheinlich wurden sie dort innerhalb von zwei Stunden nach ihrer Ankunft vergast.[15] 1949 fertigte der Polizeipräsident in Kassel für den Oberfinanzpräsidenten Listen jener Juden an, die deportiert wurden; für die Schönstädts ist der 1. Juni 1942 vermerkt.

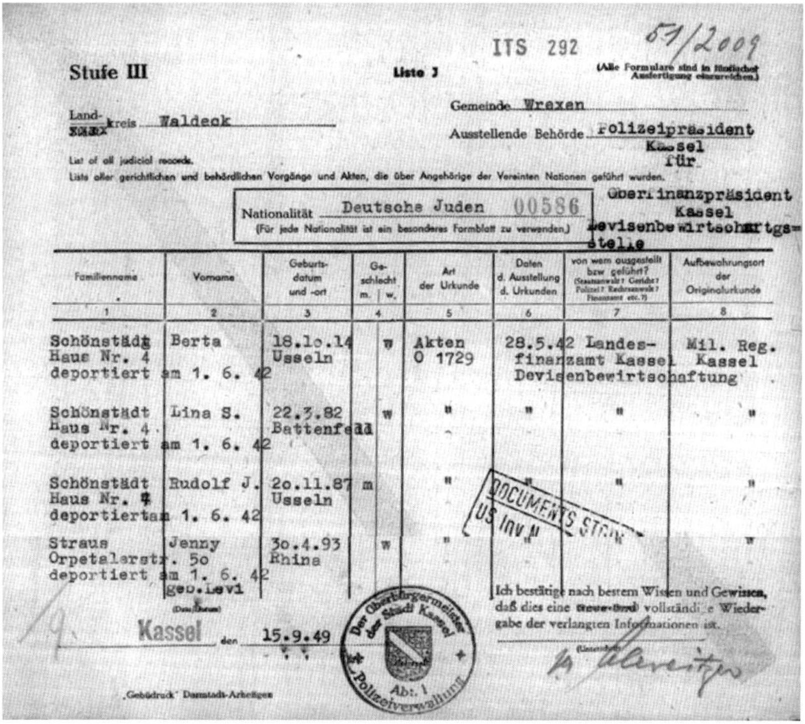

ITS 292 51/2009

Stufe III Liste 3 (Alle Formulare sind in fünffacher Ausfertigung einzureichen.)

Gemeinde Wrexen

Land-kreis Waldeck

Ausstellende Behörde Polizeipräsident Kassel für Oberfinanzpräsident Kassel Devisenbewirtschaftungsstelle

List of all judicial records.

Liste aller gerichtlichen und behördlichen Vorgänge und Akten, die über Angehörige der Vereinten Nationen geführt wurden.

Nationalität Deutsche Juden 00586

(Für jede Nationalität ist ein besonderes Formblatt zu verwenden.)

Familienname	Vorname	Geburtsdatum und -ort	Geschlecht m. | w.	Art der Urkunde	Daten d. Ausstellung d. Urkunden	von wem ausgestellt bzw geführt? (Staatsanwalt? Gericht? Polizei? Rechtsanwalt? Finanzamt etc.?)	Aufbewahrungsort der Originalurkunde
1	2	3	4	5	6	7	8
Schönstädt Haus Nr. 4 deportiert am 1. 6. 42	Berta	18.1o.14 Usseln	w	Akten O 1729	28.5.42	Landesfinanzamt Kassel Devisenbewirtschaftung	Mil. Reg. Kassel
Schönstädt Haus Nr. 4 deportiert am 1. 6. 42	Lina S.	22.3.82 Battenfeld	w	"	"	"	"
Schönstädt Haus Nr. 4 deportiert am 1. 6. 42	Rudolf J.	2o.11.87 Usseln	m	"	"	"	"
Straus Orpetalerstr. 5o deportiert am 1. 6. 42 geb. Levi	Jenny	3o.4.93 Rhina	w	"	"	"	"

DOCUMENTS STORE US INV II

Ich bestätige nach bestem Wissen und Gewissen, daß dies eine vollständige Wiedergabe der verlangten Informationen ist.

(Unterschrift)

(Ort, Datum) Kassel, den 15.9.49

Der Oberbürgermeister der Stadt Kassel Polizeiverwaltung Abt. 1

„Gebüdruck" Darmstadt-Arheilgen

Abb. 9: Kasseler Liste von Deportierten 1949 (Ausschnitt)

[12] Quelle für die Zugnr.: Gottwaldt/Schulle, S. 166.

[13] Der Zug wurde wahrscheinlich an einer Eisenbahnrampe neben dem Alten Flugplatz in Lublin gestoppt, um die jüngeren Männer herauszuholen, vgl. Gottwaldt/Schulle, a.a.O., S. 166.

[14] Die jüngeren Männer aus vielen Deportationszügen jener Wochen wurden in Lublin für den Aufbau des Lagers Majdanek selektiert.

[15] Monica Kingreen, Telefongespräch am 20. Februar 2003; außerdem: dies., Verschleppung.

Tochter Erna überlebte den Holocaust. Über England wanderte sie in die USA aus, verlobte sich 1944, heiratete 1945 und bekam Kinder und Enkel. Am 26. April 2002 starb sie im Alter von 82 Jahren in New York.

Bildnachweis:

Abb. 1, 3: Foto: Dirk Bender 2012

Abb. 2: Archiv Dirk Bender

Abb. 4: ITS/Arch/KL Buchenwald, Ordner 185a, S. 24

Abb. 5, 6: Ebenda, individuelle Unterlage

Abb. 7: Ebenda, Ordner 105, Seiten 14 u.16

Abb. 8: Stadtarchiv Kassel, Bestand S3, Nr. 362

Abb. 9: ITS/Arch/SK Kassel, Ordner 2243, S. 292

Die Deportation von Vöhler Juden nach Sobibor und Majdanek

von Karl-Heinz Stadtler

Juden in Vöhl und Marienhagen nach 1933

Im Jahre 1933, als Adolf Hitler Kanzler des Deutschen Reiches wurde, lebten 500.000 Juden in Deutschland und 44 in Vöhl und Marienhagen. In Marienhagen waren dies: Dina Kratzenstein; Hedwig, Max, Berni und Gertrud Winter; Louis, Rosa und Ilse Schönthal. In Vöhl wohnten: Abraham und Frida Blum; Bernhard, Johanna und Beate Frankenthal; Emma und Bertha Frankenthal; Ferdinand und Ida Kaiser; Rickchen Katzenstein; Siegmund, Toni und Else Katzenstein; Levi und Lina Mildenberg; Hermann, Minna, Hilde, Ilse und Lotte Mildenberg; Sally, Bertha, Walter und Ursula Mildenberg; Salomon und Amalie Mildenberg; Max Mildenberg; Alfred, Hermine und Richard Rothschild; Selma Rothschild; Rosalie und Albert Stern; Martin, Rosalie und Günter Sternberg. Von ihnen starben in den nächsten Jahren eines natürlichen Todes in Vöhl: Frida Blum (1933), Bernhard Frankenthal (1934), Salomon Mildenberg (1934), Levi Mildenberg (1935) und Emma Frankenthal (1940).

Auch in Vöhl und Marienhagen war das Leben nach 1933 für Juden extrem schwer: Für Ursula Mildenberg gab es Mitte der 30er Jahre nur noch ein einziges Haus einer christlichen Familie, in dem sie willkommen war, um mit einer Schulfreundin zu spielen. Der Schulbesuch war für sie vor allem an jenen Tagen ein Spießrutenlauf, wenn die Klasse in der ersten Stunde Rassenkunde hatte und sie erst zur zweiten Stunde kam. Männer wurden ins Gefängnis gesperrt oder von NS-Aktivisten zusammengeschlagen; die Geschäfte von Juden wurden so lange boykottiert, bis diese aufgaben und in Hilfsarbeiterberufe auswichen. Jüdische Kinder wurden vom Besuch der staatlichen Schule ausgeschlossen, private Kontakte abgebrochen oder heimlich bei Nacht fortgesetzt. Auch in Marienhagen und Vöhl gingen in der damals so genannten „Kristallnacht" im November 1938 Fensterscheiben zu Bruch - in Marienhagen sogar, obwohl die betreffende jüdische Familie bereits weggezogen war - und die drei noch in Vöhl lebenden jüdischen Männer wurden ins KZ Buchenwald gebracht.

Kein Wunder also, dass auch in Vöhl und Marienhagen in den 1930er Jahren ein jüdischer Exodus einsetzte, an dessen Ende für viele Juden der Tod stand: Abraham Blum verkaufte 1934 sein Geschäft und verließ Vöhl; es ist unbekannt, was aus ihm wurde; wahrscheinlich starb der damals knapp 80jährige in den folgenden Jahren eines natürlichen Todes. Ferdinand und Ida Kaiser verkauften ihr Geschäft Ende 1935 und zogen im nächsten Jahr nach Frankfurt. Im August 1942 wurden sie in das Ghetto Theresienstadt deportiert, wo sie 1943 starben. SS-Schergen verprügelten Siegmund Katzenstein, er versteigerte 1936 Haus und Land, zog mit Frau Toni und Tochter Else nach Frankfurt und emigrierte in die USA. Lina Mildenberg zog 1937 zu einem ihrer Söhne nach Frankfurt und starb dort im September 1941.

Ende des Jahres 1937 wanderten die Brüder Hermann und Sally Mildenberg mit ihren Frauen Minna und Bertha sowie den Kindern Hilde, Ilse, Lotte, Walter und Ursula in die USA aus. Sie überlebten den Holocaust. Walter und Ursula besuchten im September 2000 zum ersten und einzigen Male Vöhl. Amalie Mildenberg zog 1942 nach Frankfurt und starb dort im selben Jahr. Ihr Sohn Max Mildenberg wurde im November 1938 im KZ Buchenwald interniert und unter der Auflage, Deutschland zu verlassen, im Februar 1939 entlassen. Während die nichtjüdische Frau und die Tochter in Vöhl zurück blieben, emigrierte er nach Belgien. Nach dem deutschen Einmarsch im Frühjahr 1940 wurde er wieder verhaftet, erlebte eine Odyssee durch verschiedene französische Konzentrations- und Arbeitslager und wurde Anfang September 1942 von Drancy bei Paris nach Auschwitz deportiert, wo er nach seiner Ankunft in einem zur Gaskammer umgebauten Bauernhaus im Vernichtungslager Birkenau ermordet wurde.

Alfred Rothschild war ebenfalls nach der Reichspogromnacht im November 1938 in das KZ Buchenwald gebracht worden. Nach schlimmen zehn Monaten wurde er Anfang September 1939 entlassen, kam nach Hause und starb eine Woche später an den Folgen des Lageraufenthalts. Sein Sohn Richard, bereits 1933 für einige Wochen im Frankenberger Gefängnis in „Schutzhaft", emigrierte bereits im Januar 1935 nach Palästina. Nach dem Krieg hielt er sich mehrmals für einige Tage in Vöhl auf.

1936 oder 1937 verließen Albert und seine Schwester Rosalie Stern Vöhl und zogen nach Frankfurt, von wo aus sie im September 1942 nach Theresienstadt deportiert wurden. Albert starb bereits einen Monat später, Rosalie im Februar des Folgejahres. Hedwig, Berni, Gertrud und Max Winter emigrierten im Januar 1936 von Marienhagen in die Niederlande. Nach der Besetzung durch deutsche Truppen wurden sie im holländischen Durchgangslager Westerbork interniert, bevor sie im Oktober 1942 nach Auschwitz-Birkenau deportiert und dort vergast wurden. Louis, Rosa und Ilse Schönthal zogen 1936 von Marienhagen nach Herford. Anfang Dezember 1941 wurden sie von dort aus nach Riga deportiert und getötet.

Rickchen Katzenstein, Selma Rothschild und Johanna Frankenthal waren die letzten drei Jüdinnen, die in Vöhl lebten und im September 1942 von Kassel nach Theresienstadt deportiert wurden. Friederike Katzenstein starb zehn Tage, Johanna Frankenthal zwei Monate nach ihrer Ankunft. Selma Rothschild deportierte man Ende September in einem Zug mit 2.000 Jüdinnen und Juden in das nördlich von Warschau gelegene Treblinka, das furchtbarste, weil effektivste der Vernichtungslager, wo sie am 1. oder 2. Oktober 1942 vergast wurde. Vöhl war ab dem 6. September 1942 - jenem Tag, an dem man die drei alten Frauen aus ihren Häusern geholt und zum Bahnhof Itter gebracht hatte - „judenfrei“, um dies im damaligen Sprachgebrauch zu formulieren.

Etwas ausführlicher soll nun über jene Vöhler und Marienhagener Jüdinnen und Juden berichtet werden, die 1942 bzw. 1943 in den Lagern Sobibor und Majdanek ermordet wurden.

Hermine Rothschild, geb. Katz

Hermine Katz wurde am 4. August 1877 als älteste Tochter des Korbacher Getreidehändlers Salomon Katz und seiner Frau Johanna, geb. Mosheim, geboren. Ihre Geschwister: Siegfried, Emma, Meta und Margarete. Die gutsituierte Familie wohnte in einem großen Haus in der Lengefelder Straße in Korbach, wo Hermine aufwuchs.

Am 4. Juli 1904 heiratete sie in Korbach den Hotelier und Kaufmann Alfred Rothschild und zog zu ihm nach Vöhl, wo sie zusammen den Gasthof „Prinz Wilhelm“ bewirtschafteten und einen Kolonialwarenladen führten. Ein Jahr nach der Hochzeit wurde Sohn Richard geboren. Das Lokal ging recht gut. Im Saal fanden Klavierkonzerte und kleine Theateraufführungen statt. Ehemann Alfred wurde 1910 in den Gemeinderat gewählt. Im Ersten Weltkrieg (1914-1918) diente Alfred Rotschild in der

Reichswehr und wurde mit dem Eisernen Kreuz ausgezeichnet. Hermine kümmerte sich allein um Gasthaus, Geschäft und Sohn. Rothschilds Gasthaus ging gut. Die Familie hatte regelmäßig Angestellte, unter anderem das Küchenmädchen Luise Siegmann Ende der 20er Jahre, die noch Jahrzehnte später berichtete, Hermine Rothschild habe das Regiment in der Küche geführt, ausgezeichnet gekocht, und die jungen Mädchen hätten viel bei ihr gelernt. Ehemann Alfred wirkte in den Vöhler Vereinen mit. Unter anderem war er einer der Regisseure der Laienspielgruppe.

Abb. 1: *Blick auf Vöhl und den Gasthof „Prinz Wilhelm" in den 1920er Jahren*

Abb. 2: *Eine Kellnerin sowie Hermine und Alfred Rothschild vor dem Eingang ihres Gasthofs*

Am Abend des 30. Januar 1933 meldete das Radio auch im Gasthof „Prinz Wilhelm" die Machtübernahme Hitlers. Gäste und Familie Rothschild waren geteilter Meinung. Nachdem es Hitler gelungen war, für den 5. März Neuwahlen für den Reichstag durchzusetzen, wurden in Hessen im selben Monat auch Kommunalwahlen durchgeführt. Alfred Rothschild, der seit 1910 dem Gemeinderat angehört hatte, kandidierte auch diesmal wieder; allerdings zierte seine Liste nur sein eigener Name. Diejenigen, die in der Vergangenheit mit ihm zusammen auf einer gemeinsamen Liste angetreten waren, wagten oder wollten dies nicht mehr. Rothschild wurde nicht gewählt.

Im Juni wurde Sohn Richard verhaftet und für zwei Wochen im Frankenberger Gefängnis eingesperrt. Im Juli 1933 wurde in Frankenberg eine Liste von ca. 35 Personen aus dem Kreisgebiet erstellt, die polizeilich zu beobachten seien. Zu den Aufgeführten zählten neben dem Frankenberger Sozialdemokraten Karl Richter viele Juden, unter ihnen die beiden Vöhler Richard Rothschild und Siegmund Katzenstein. Hermines und Alfreds Sohn Richard entschied sich für die Emigration nach Palästina; in einer „Hachschara" (Vorbereitungslager) in Grüsen bereitete er sich auf eine landwirtschaftliche Tätigkeit vor. Er lernte seine spätere Frau Gerda kennen, heiratete sie Ende 1934 und verließ im Januar 1935 seine Eltern, Vöhl und Deutschland. Hermine und Alfred Rothschild spürten auch geschäftlich die Herrschaft der Nationalsozialisten. Aus Überzeugung oder aus Angst blieben die Kunden weg und die Familie Rothschild verlor Gasthaus und Geschäft. Eine Familie Intemann - ein männliches Mitglied der Familie gehörte zu den führenden Korbacher Nationalsozialisten - übernahm das Rothschild´sche Anwesen für ein „Butterbrot", wie in der Zeit der so genannten „Arisierung jüdischen Eigentums" allgemein üblich. Die Rothschilds mussten von nun an zur Miete wohnen.

Im August 1938 verkaufte die jüdische Gemeinde die Synagoge, sicher nicht ganz freiwillig, aber auch deshalb, weil absehbar war, dass bei nur noch 13 Personen, die sie noch waren, darunter drei Männern, kein Gottesdienst mehr stattfinden würde. Sie beauftragten Alfred Rothschild, für sie die Verhandlungen zu führen. Für ein Spottgeld verkaufte die jüdische Gemeinde die Synagoge, doch das Geld ging auf ein Sperrkonto, über das sie nicht mehr verfügen konnten.

Am 10. November 1938, dem Tag nach der Reichspogromnacht, wurde auch der inzwischen 67-jährige Alfred Rothschild verhaftet und über Kassel in das Konzentrationslager Buchenwald deportiert. Hermine Rothschild blieb allein zurück. Als ihr Mann am 5. September 1939 zurückkehrte, war er schwer krank. Der Hausarzt, Dr. Evers, stellte schwere, von außen nicht sichtbare Verletzungen fest. Wahrscheinlich wollte Hermine Rothschild ihren Mann in das Korbacher Krankenhaus bringen, doch dies war wohl nicht mehr möglich. Sie zog mit ihm nach Korbach ins Hinterhaus ihres elterlichen Anwesens. Am 13. September starb Alfred Rothschild dort und wurde auf dem jüdischen Friedhof in Korbach beigesetzt. Eine Einfassung oder gar einen Grabstein gab es nicht; daher ist die Grabstelle heute nicht zu erkennen. Hermine Rothschild zog am 25. September zurück nach Vöhl. Ihre Schwester Emma Hirsch leistete ihr eine Woche lang Beistand.

Bruder Siegfried, der in Korbach das Unternehmen des Vaters übernommen, aber inzwischen aufgrund der politischen Verhältnisse auch wieder verloren hatte, und seine Frau Hedwig Katz wurden am 26.9.1941 nach Wrexen deportiert, wo sie in der Papierfabrik Haupt zu arbeiten hatten. Im Herbst des Jahres musste Mutter Johanna Katz mit ihren Töchtern Margarete und Emma das Haus Lengefelder Straße 11 verlassen und in das „Judenhaus" Kirchstraße 13 umziehen. Über die Ereignisse bis zur Deportation am 1. Juni 1942 geben Briefe von Hermines Schwester Emma Hirsch Aufschluss:

Ende März war Hermine Rothschild wohl gefallen und hatte sich am Fuß verletzt. Als dann Anfang April - ungefähr am 3.4. - die Nachricht von der vorgesehenen Deportation[1] kam, konnte sie noch nicht auftreten, und ihre Schwester kam von Korbach, um ihr beim Packen zu helfen. Mitgenommen werden durften ein kleiner Koffer und eine Einkaufstasche für Lebensmittel. Emma hofft, dass zusätzlich auch ein Rucksack erlaubt ist. Bis zum 8. April musste eine Vermögenserklärung abgegeben werden. Das Ziel der Deportation war Mitte April noch unbekannt. Emma Hirsch erfuhr Anfang Mai, der Transport sei zurückgestellt worden, wusste jedoch nichts Genaues. Am 26. Mai 1942 konnte Emma einer Verwandten mitteilen, dass sie am kommenden Sonntag um 6.20 Uhr nach Kassel zu fahren hätten.[2]

1 Emma Hirsch benutzt den Begriff „Abwanderung".

2 Die Briefe stellte Emma Hirschs Tochter Hildegard Arndt zur Verfügung.

Beate Frankenthal und Hermine Rothschild wurden am 30. oder 31. Mai 1942 nach Kassel und zusammen mit Martin, Rosalie und Günter Sternberg und 500 weiteren nordhessischen Juden von dort am Dienstag, dem 1. Juni nach Osten deportiert. Wahrscheinlich am 3. Juni kam der Zug mit der Nr. Da 57[3] in Lublin[4] an. Die arbeitsfähigen Männer - 98 bis 115 Personen - mussten dort aussteigen und wurden nach Majdanek getrieben, während der Zug mit den Frauen, Kindern und alten Männern, also auch mit Hermine Rothschild, nach Sobibor weiter fuhr. Wahrscheinlich wurden sie dort innerhalb von 2 Stunden nach ihrer Ankunft vergast.[5]

Erich Bauer, Angehöriger der Mannschaft des Vernichtungslagers Sobibor, schildert den Ablauf von Vernichtungsaktionen folgendermaßen: „Innerhalb des Lagers hatte normalerweise jeder Angehörige des Stammpersonals eine bestimmte Funktion (z.B. Zugführer der ukrainischen Hiwis, Leiter eines Arbeitskommandos, Ausheben von Gruben, Verlegung von Stacheldraht und ähnliches mehr). Wenn jedoch ein Judentransport ankam, fiel so viel >Arbeit< an, dass die regelmäßige Beschäftigung eingestellt wurde und jeder Angehörige des Stammpersonals in den routinemäßigen Vernichtungsvorgang irgendwie eingreifen musste. Vor allem bei dem Entladen der Transporte ist jeder Angehörige des Stammpersonals irgendwann eingesetzt gewesen. Das Entladen der Transporte erfolgte durch Arbeitsjuden, die sehr grob mit den Juden umgingen. Die Juden wurden gewaltsam aus den Waggons gezerrt und geschmissen, so dass sie teilweise Knochenbrüche erlitten. Während dieses Vorgangs standen ukrainische Hiwis mit gezogenen Karabinern Wache. Die Oberaufsicht wurde von Angehörigen des Stammpersonals geführt. (...) Nach dem Entladen wurden die Juden in das Lager II geführt. Dort hielt Michel eine kurze Ansprache. Er sagte den Juden, dass sie die Wertgegenstände abgeben müssten, sich zu entkleiden hätten und anschließend gebadet würden, um alsdann zum Arbeitseinsatz zu kommen. In Wahrheit wurden die Juden jedoch in Gruppen zu etwa je 50 - 100 Personen (Frauen und Männer getrennt)

---

3 Quelle für die Zugnr.: Gottwald/Schulle, S. 166.

4 Der Zug wurde wahrscheinlich an einer Eisenbahnrampe neben dem Alten Flugplatz in Lublin gestoppt, um die jüngeren Männer herauszuholen, vgl. ebenda.

5 Monica Kingreen, Die gewaltsame Verschleppung der Juden aus den Dörfern und Städten des Regierungsbezirks Kassel in den Jahren 1941 und 1942 (Vortrag in Vöhl am 7. Sept. 2007); vgl. auch den Beitrag von M. Kingreen in diesem Band.

durch den sogenannten Schlauch in die Gaskammern geführt. Der Weg zu den Gaskammern erfolgte in der Weise, dass irgendein Angehöriger des Stammpersonals der Gruppe voranschritt. Dem Aufseher folgten die nackten Juden und hinter den Juden gingen etwa 5 ukrainische Hiwis mit gezogenen Karabinern. (...) Die Juden wurden erst misstrauisch, als sie bereits in den Gaskammern waren. Zu diesem Zeitpunkt gab es jedoch kein Zurück mehr. Die Kammern waren dicht gefüllt. Es herrschte Sauerstoffmangel. Die Türen wurden luftdicht verschlossen, und sofort setzte der Vergasungsvorgang ein. Nach etwa 20 - 30 Minuten trat in den Gaskammern völlige Stille ein; die Menschen waren vergast und tot. Alsdann wurden die Kammern geöffnet, Arbeitsjuden zerrten die getöteten Menschen aus den Gaskammern heraus und transportierten die Opfer mittels Loren zu den Gruben. Später wurden die Opfer verbrannt. (...)“ [6]

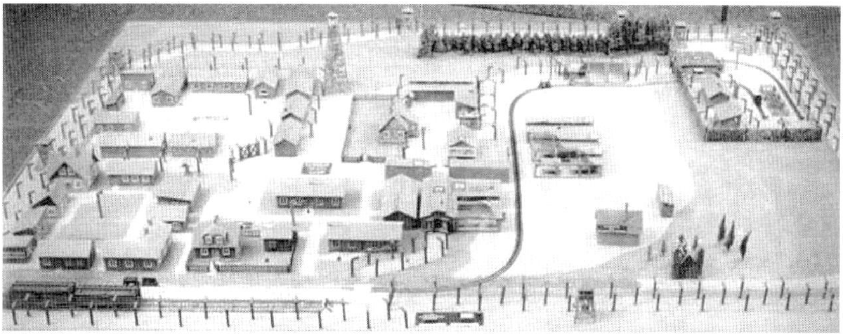

Abb. 3: Modell des Lagers Sobibor

In einer Akte des Finanzamts Frankenberg vom 4. Juni 1942 wird erwähnt, dass für „Rothschild, Hermine Sara Vöhl“ eine Karteikarte bezüglich des verfallenen Vermögens ausgestellt wurde.

Beate Frankenthal

Beate Frankenthal wurde am 7. Juni 1892 nachmittags um halb vier in der elterlichen Wohnung im Haus Nr. 60, heute Schulberg 12 (Straßen und Hausnummern gab es zum Zeitpunkt ihrer Geburt allerdings

[6] Peter Longerich (Hrsg.), Die Ermordung der europäischen Juden. Eine umfassende Dokumentation des Holocaust 1941-1945, München 1989, S. 369ff.

Abb. 4: Haus Frankenthal auf dem Schulberg

noch nicht) in Vöhl geboren. Wie alle jüdischen Kinder bekam sie außer dem bürgerlichen auch einen religiösen Namen: Bayah bas Yisochar (= Bayah, Tochter des Yisochar). Yisochar wiederum war der hebräische Name ihres damals 29jährigen Vaters Bernhard Frankenthal, verheiratet mit der aus Langenschwarz bei Hünfeld stammenden 24jährigen Johanna, geb. Bachrach. Zwei Jahre später erblickte Schwester Ida das Licht der Welt.

Frankenthals hatten - wie damals sehr viele Familien im Dorf - eine kleine Landwirtschaft (eine Wiese auf der Maise und einen Acker ‚Hinter den Brunkelgärten') von zusammen knapp 50 ar; Bernhard Frankenthal war oft mit Pferd und Wagen unterwegs. Sein letztes Pferd hörte (oder auch nicht) auf den Namen Fritz. Während Beates Jugendzeit lebten auch die Großeltern noch im Haus. Großvater Selig starb im Jahre 1900, die aus der Korbacher Familie Löwenstern stammende Oma Jettchen lebte bis 1911 im Haushalt des Sohnes. Beate und Ida besuchten die jüdische Schule in Vöhl.

Abb. 5: Mutter Johanna mit den Töchtern Beate und Ida

Abb. 6: Das Foto zeigt die Schwestern im Jahre 1912.

Ida Frankenthal lernte 1912 Hugo Davidsohn aus Oberschlesien kennen. Im Juni 1920 heiratete sie, zog zu ihrem Mann nach Stuttgart und bekam mit ihm Mitte 1921 den Sohn Ernst. Beate blieb ledig und im Elternhaus. Die Stuttgarter kamen oft zu Besuch.

Abb. 7: Beate und Mutter Johanna, Neffe Ernst, Vater Bernhard, Schwester Ida

1934 starb Vater Bernhard, und Beate und ihre Mutter Johanna wohnten nun allein zusammen. Mit der Ernennung Adolf Hitlers zum Reichskanzler trat ein gravierender Wandel im Verhältnis zwischen jüdischen und nichtjüdischen Deutschen ein. Das bekamen auch die beiden Frauen zu spüren, die sich immer mehr zurückzogen. Natürlich hielten sie Kontakt zu den anderen jüdischen Familien, von denen allerdings immer mehr Vöhl verließen. In der Nachbarschaft wohnten bis Anfang 1940 Beates Tante Emma Frankenthal und Cousine Bertha. Nach Emmas Tod in Folge eines Schlaganfalls musste Bertha allerdings Vöhl verlassen und zog nach Frankfurt.

1939 wurde das Eigentum der Frauen „arisiert“: In Schein-Kaufverträgen mussten sie Land an die Gemeinde und „interessierte Mitbürger“ abgeben. Das Geld bekamen nicht sie, sondern es wurde auf ein Sperrkonto gebucht. Insbesondere die Kinder des Dorfes ärgerten die beiden Frauen; weil sie wussten, dass niemand sie bestrafte, warfen sie Fensterscheiben ein, Schneebälle in den Hausflur oder machten Spottverse auf sie. 1939 emigrierten Beates Schwester Ida Davidsohn und ihr Sohn Ernst nach England; Ehemann und Vater Hugo folgte bald. 1940 wanderten sie in die USA aus. Aus den teilweise vorhandenen Briefen von Johanna und Beate Frankenthal geht hervor, dass sich die „Amerikaner" sehr bemühten, die beiden ebenfalls nach Amerika und in Sicherheit zu holen. Dies misslang jedoch.[7]

In einer Akte des Finanzamts Frankenberg vom 4. Juni 1942 wird erwähnt, dass für „Beate Sara Frankenthal Vöhl" eine Karteikarte bezüglich des verfallenen Vermögens ausgestellt wurde. Beate Frankenthal wird in einer nach dem Krieg angefertigten Aufstellung der am 1. Juni aus dem Kreis Frankenberg deportierten Juden genannt. Es fällt auf, dass als Adresse das Haus Mittelgasse 7 bezeichnet ist. Mittelgasse 7 war das Haus der Familie Mildenberg.

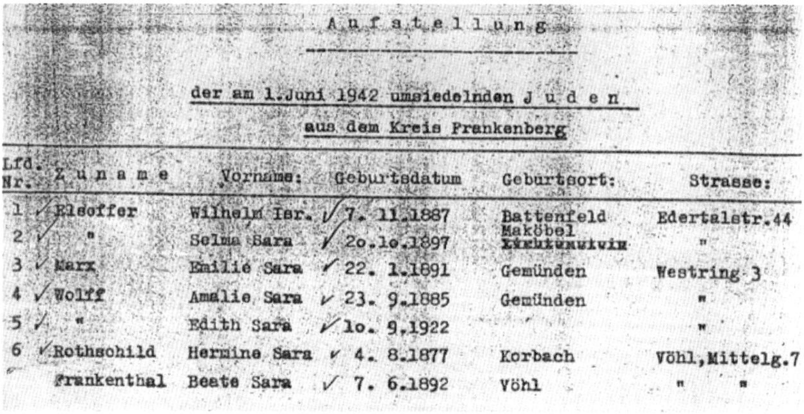

Aufstellung

der am 1.Juni 1942 umsiedelnden Juden
aus dem Kreis Frankenberg

Lfd. Nr.	Zuname	Vorname:	Geburtsdatum	Geburtsort:	Strasse:
1	Elsoffer	Wilhelm Isr.	7. 11.1887	Battenfeld	Edertalstr.44
2	"	Selma Sara	20.10.1897	Maköbel	"
3	Marx	Emilie Sara	22. 1.1891	Gemünden	Westring 3
4	Wolff	Amalie Sara	23. 9.1885	Gemünden	"
5	"	Edith Sara	10. 9.1922		"
6	Rothschild	Hermine Sara	4. 8.1877	Korbach	Vöhl,Mittelg.7
	Frankenthal	Beate Sara	7. 6.1892	Vöhl	" "

Abb. 8: Aufstellung der am 1. Juni aus dem Kreis Frankenberg deportierten Juden

Ein 1949 ausgefertigtes Dokument der Polizeidirektion Kassel an den dortigen Oberfinanzpräsidenten belegt, was mit den zuletzt in Vöhl lebenden Juden geschah. Für Beate Frankenthal und Hermine Rothschild ist der 1.6.1942 als Tag der Deportation genannt; Beates Mutter Johanna Frankenthal, Hermines Schwägerin Selma Rothschild und die alte

[7] Bezüglich der Deportation von Kassel nach Sobibor und Majdanek sei auf den entsprechenden Abschnitt im Kapitel über Hermine Rothschild verwiesen.

Rickchen Katzenstein wurden drei Monate später - am 7. September 1942 - nach Theresienstadt deportiert.[8]

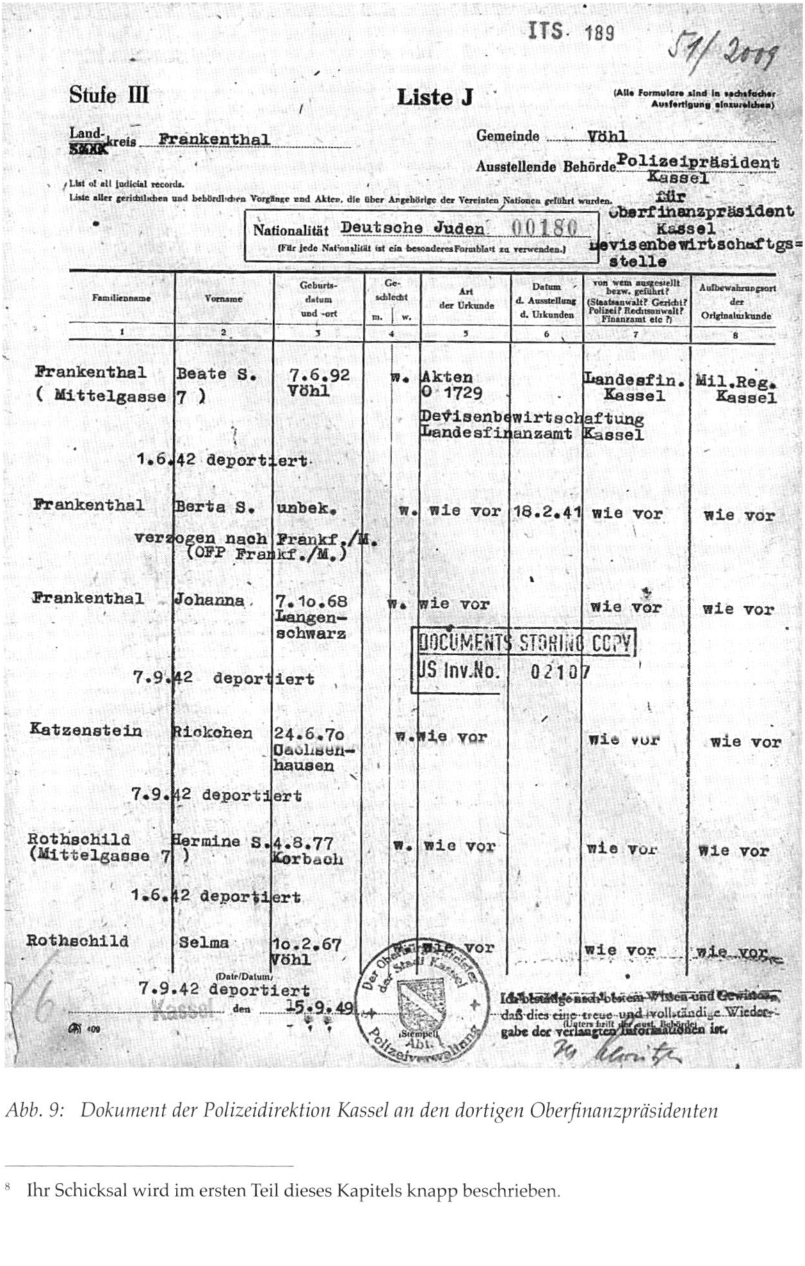
ITS. 189 51/2009

Stufe III — Liste J — (Alle Formulare sind in sechsfacher Ausfertigung einzureichen)

Landkreis Frankenthal — Gemeinde Vöhl

Ausstellende Behörde Polizeipräsident Kassel für Oberfinanzpräsident Kassel Devisenbewirtschaftgsstelle

List of all judicial records.
Liste aller gerichtlichen und behördlichen Vorgänge und Akten, die über Angehörige der Vereinten Nationen geführt wurden.

Nationalität Deutsche Juden 00180
(Für jede Nationalität ist ein besonderes Formblatt zu verwenden.)

Familienname	Vorname	Geburtsdatum und -ort	Geschlecht m.	Geschlecht w.	Art der Urkunde	Datum d. Ausstellung d. Urkunden	von wem ausgestellt bzw. geführt? (Staatsanwalt? Gericht? Polizei? Rechtsanwalt? Finanzamt etc ?)	Aufbewahrungsort der Originalurkunde
1	2	3	4		5	6	7	8
Frankenthal (Mittelgasse 7)	Beate S.	7.6.92 Vöhl		w.	Akten O 1729 Devisenbewirtschaftung Landesfinanzamt Kassel		Landesfin. Kassel	Mil.Reg. Kassel
1.6.42 deportiert								
Frankenthal	Berta S.	unbek.		w.	wie vor	18.2.41	wie vor	wie vor
verzogen nach Frankf./M. (OFP Frankf./M.)								
Frankenthal	Johanna	7.10.68 Langenschwarz		w.	wie vor		wie vor	wie vor
7.9.42 deportiert								
Katzenstein	Rickchen	24.6.70 Sachsenhausen		w.	wie vor		wie vor	wie vor
7.9.42 deportiert								
Rothschild (Mittelgasse 7)	Hermine S.	4.8.77 Korbach		w.	wie vor		wie vor	wie vor
1.6.42 deportiert								
Rothschild	Selma	10.2.67 Vöhl		w.	wie vor		wie vor	wie vor
7.9.42 deportiert								

DOCUMENTS STORING COPY
US Inv.No. 02107

(Date/Datum) Kassel den 15.9.49

(Stempel) Der Oberbürgermeister der Stadt Kassel Abt. Polizeiverwaltung

Ich bestätige nach bestem Wissen und Gewissen, daß dies eine treue und vollständige Wiedergabe der verlangten Informationen ist.
(Unterschrift der ausst. Behörde)

Abb. 9: Dokument der Polizeidirektion Kassel an den dortigen Oberfinanzpräsidenten

8 Ihr Schicksal wird im ersten Teil dieses Kapitels knapp beschrieben.

Die Sternbergs

Glocken für den Krieg

1917 leisteten die Vöhler ihren Kriegsbeitrag: Die Glocken der Martinskirche wurden feierlich aus ihrem Turm geholt und zum Einschmelzen weggebracht. Polizist, Pfarrer, Lehrer, Küster sowie viele Kinder - andere Erwachsene blieben im Hintergrund - verabschiedeten die Glocken. Unter ihnen, im folgenden Foto mit langen, dunklen Haaren direkt unter der Glocke, die damals dreizehnjährige Rosalie, Tochter des in der Mittelgasse oberhalb der Synagoge wohnenden jüdischen Kaufmanns Salomon Mildenberg und seiner Frau Amalie. Zur Familie gehörte auch Rosalies zwei Jahre älterer Bruder Max.

Abb. 10: Rosalie Mildenberg unter der Kirchenglocke

Ins Dorfleben integriert

Vater Salomon war von Beruf Metzger; da es aber sehr viele Metzger in Vöhl gab, verdiente er sich sein Geld als Kaufmann mit einem kleinen Laden im 1910 gekauften Haus und mit eigentlich verbotenem Straßenhandel.

Abb. 11: Rosalie, Max, Amalie und Salomon Mildenberg

Die Mildenbergs waren gut in Vöhl integriert. Seit der zweiten Hälfte des 18. Jahrhunderts lebten sie im Dorf. Salomon wie auch sein Sohn Max gehörten dem Gesangverein an; Max war außerdem Mitglied der Burschenschaft; als Mitglied des Sportvereins gehörte er zur Faust- wie auch zur Fußballmannschaft und war erfolgreicher Leichtathlet. Wie für Mädchen und Frauen üblich, lebte Rosalie zurückgezogener. Sie heiratete im Mai 1931 den am 18. Juli 1803 in Katzenfurt bei Wetzlar geborenen Juden Martin Sternberg, der am 2. Mai von seinem bisherigen Wohnort Ehringshausen nach Vöhl gezogen war. Mehrere christliche Klassenkameradinnen Rosalies wohnten der Zeremonie unter dem Hochzeitsbaldachin in der Vöhler Synagoge bei. Ein Jahr später, am 20. August 1932, wurde Sohn Günter in Sachsenhausen geboren.

Die Diskriminierung beginnt

Mit dem Jahr 1933 wurde vieles anders. Adolf Hitler wurde Reichskanzler, im Zuge der Gleichschaltung wurden die Parteien außer der NSDAP verboten oder lösten sich auf, die Reichsregierung erhielt Gesetzgebungsbefugnisse und auch im dörflichen Leben änderte sich viel. Im März 1933 fanden auch Kommunalwahlen statt, und die Vereine wurden nach und nach aufgelöst oder nationalsozialistischen Verbänden angeschlossen. Auf allen Ebenen des gesellschaftlichen Lebens wurde sehr bald im Rahmen der „Gleichschaltung" das so genannte „Führerprinzip" eingeführt. Auch in Vöhl kam es zu Aktionen gegen die damals noch recht zahlreichen jüdischen Mitbürger:

- Am 1. April 1933 wurden jüdische Geschäfte boykottiert.
- Im Juni verbrachte Richard Rothschild einige Wochen in „Schutzhaft" im Frankenberger Gefängnis.
- Im Juli 1933 erschienen die Namen Richard Rothschilds und Siegmund Katzensteins auf einer Liste politisch Verdächtiger für den Kreis Frankenberg. Richard Rotschild musste für einige Wochen ins Gefängnis.
- Ab 1934 verloren jüdische Händler und Kaufleute wie Sally Mildenberg in der Mittelgasse, Ferdinand Kaiser in der Arolser Straße und Alfred Rothschild sowie Abraham Blum in der Basdorfer Straße nach und nach ihre Kunden. Besonders in der Mittelgasse meldeten christliche Nachbarn, wenn Christen in die Geschäfte von Juden gingen.
- Bei einem Festzug des Gesangvereins Mitte der 30er Jahre holten der Bürgermeister und ein weiterer Parteigenosse Hermann und Sally Mildenberg in der Mittelgasse aus dem Festzug heraus und jagten sie unter Schmährufen durch das Gässchen zwischen ihren Häusern.
- In jener Zeit holten SS-Schergen - wahrscheinlich aus den Nachbardörfern, aber auch in Vöhl gab es SS-Aktivisten - Siegmund Katzenstein aus seinem Haus, sperrten ihn einige Tage ein und folterten ihn. 1936 versteigerte er Haus und Land (WLZ, 2. April 1936: „Infolge des Landhungers waren die Ländereien äußerst begehrt.") und verließ Vöhl und Deutschland.

1938: Pogromnacht, Buchenwald

Am 9. November 1938, als überall in Deutschland die Synagogen brannten und die Wohnungen von Juden zerstört wurden, wurden auch in der Mittelgasse die Fensterscheiben der von Juden bewohnten Häuser eingeworfen. Die Synagoge, die im August jenes Jahres an eine christliche Familie verkauft worden war, entging der Zerstörung. Augenzeugenberichte von den Ereignissen jener Nacht in Vöhl liegen nicht vor. Ein älterer Mitbürger erzählte allerdings, dass am nächsten Morgen vor einigen Häusern die Straße mit Scherben übersät war. Die drei einzigen in Vöhl noch lebenden jüdischen Männer wurden am 10.

November verhaftet. Alfred Rothschild, Max Mildenberg und Martin Sternberg wurden zunächst nach Kassel und am 12. November von da in das Konzentrationslager Buchenwald bei Weimar gebracht. Die dortigen Lebensverhältnisse spotteten jeder Beschreibung, denn ungefähr 10.000 Juden kamen Mitte November in das erst Mitte 1937 für nur einige hundert Häftlinge eingerichtete KZ.

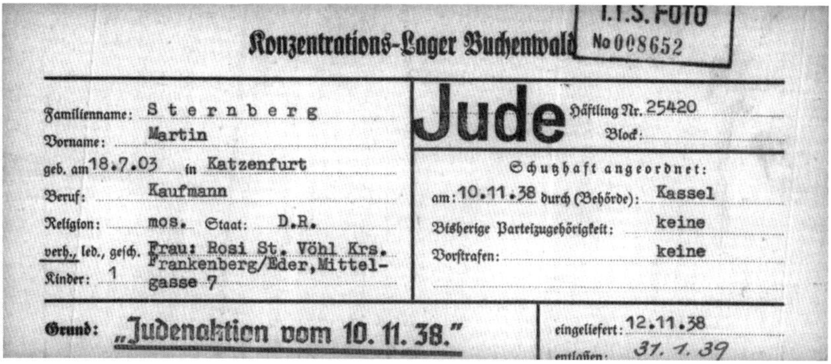

Konzentrations-Lager Buchenwald

I.T.S. FOTO No 008652

Jude

Familienname: Sternberg
Vorname: Martin
geb. am 18.7.03 in Katzenfurt
Beruf: Kaufmann
Religion: mos. Staat: D.R.
verh., led., gesch. Frau: Rosi St. Vöhl Krs. Frankenberg/Eder, Mittelgasse 7
Kinder: 1

Häftling Nr. 25420
Block:
Schutzhaft angeordnet:
am: 10.11.38 durch (Behörde): Kassel
Bisherige Parteizugehörigkeit: keine
Vorstrafen: keine

Grund: „Judenaktion vom 10. 11. 38."
eingeliefert: 12.11.38
entlassen: 31. 1. 39

Abb. 12: Lagerkarte für Martin Sternberg

Martin Sternberg erhielt die Häftlingsnummer 25.420 und musste bis zum 31. Januar 1939 im Lager bleiben. Dann kam er zurück nach Vöhl. In seinem Beruf als Kaufmann hatte er schon vorher nicht mehr arbeiten dürfen. Bei der Baufirma Rohde arbeitete er im Straßenbau. Sternbergs Schwager Max Mildenberg, der im Februar aus Buchenwald entlassen wurde, verließ Vöhl und wohnte einige Zeit in Brüssel, wohin er - allerdings wegen des Kriegsbeginns vergeblich - Frau und Tochter nachholen wollte. Im März 1940 gab die Ehefrau dem Drängen der Behörden und vielleicht auch der Verwandten nach und willigte in die Scheidung von Max Mildenberg ein. Als im Frühjahr 1940 der Westfeldzug begann, wurde Mildenberg verhaftet und nach kurzen Aufenthalten in anderen Lagern kam er in das Durchgangslager Gurs in den französischen Pyrenäen. Die Vöhler Angehörigen - Mutter, Ehefrau, Schwester und Schwager - wollten ihm schreiben. Weil die direkte Kontaktaufnahme nicht möglich war, schrieben sie Briefe und schickten Päckchen über das Internationale Rote Kreuz in Genf. Als dies entdeckt wurde, wurden alle vier 1941 angeklagt und zu Gefängnisstrafen verurteilt.

Im Urteil zu Martin Sternberg heißt es: „Die Staatsanwaltschaft beschuldigt Sie, in Vöhl im Jahre 1940 fortgesetzt handelnd es unternommen zu haben, in zwei Fällen mittelbar ohne Genehmigung, Nachrichten in das feindliche Ausland gelangen zu lassen. Sie haben an Ihren Schwager Max Mildenberg, der sich im Lager St. Gurs befindet, das im unbesetzten Frankreich, also im feindlichen Ausland liegt, Briefe geschrieben und diese zwecks Weiterleitung an Ihren Schwager an das „Kommitee zur Hilfeleistung für die kriegsbetroffene jüdische Bevölkerung" in Genf senden lassen. Sie geben das zu. [...] Es wird gegen Sie eine Gefängnisstrafe von 6 Wochen festgesetzt. Die erfaßten Briefe werden eingezogen."[9] Max Mildenbergs Odyssee durch französische Konzentrations- und Arbeitslager setzte sich fort, bis er schließlich am 2. September 1942 vom Bahnhof Drancy bei Paris nach Auschwitz deportiert wurde. Dort traf der Zug zwei Tage später ein. Da es keine Max Mildenberg betreffenden Akten von dort gibt, ist davon auszugehen, dass er sofort nach seiner Ankunft in einem zur Gaskammer umgebauten Bauernhaus in Auschwitz-Birkenau ermordet wurde.

Günter Sternberg in Frankfurt

Rosalies und Martins Sohn Günter hätte eigentlich Ostern 1939 in Vöhl eingeschult werden müssen. Am 14. November 1938 allerdings - also fünf Tage nach der Reichspogromnacht" - verfügte der Reichsminister für Wissenschaft, Erziehung und Volksbildung, Bernhard Rust:

„Nach der ruchlosen Mordtat von Paris kann es keinem deutschen Lehrer und keiner deutschen Lehrerin mehr zugemutet werden, an jüdische Schulkinder Unterricht zu erteilen. Auch versteht es sich von selbst, daß es für deutsche Schüler und Schülerinnen unerträglich ist, mit Juden in einem Klassenraum zu sitzen. [...] 1) Juden ist der Besuch deutscher Schulen nicht gestattet. Sie dürfen nur jüdische Schulen besuchen. Soweit es noch nicht geschehen sein sollte, sind alle zurzeit eine deutsche Schule besuchenden Juden sofort zu entlassen [...]".[10] Günter Sternberg wurde also nicht mehr in die Vöhler Volksschule aufgenommen. Erst im Jahre 2000 erfuhren wir von einem aus Altenlotheim

---

9 Abschrift eines Urteils, das sich im Besitz von Gisela Frees befindet.

10 Wolfgang Michalka (Hrsg.), Das Dritte Reich, Band 1: „Volksgemeinschaft" und Großmachtpolitik 1933-1939, (dtv Dokumente) München 1985, S. 168f.

stammenden Juden namens Günther Straus[11], der die Deportation nach Riga überlebt hatte und heute in Israel wohnt, dass Günter Sternberg zusammen mit ihm selbst die Philanthropie in Frankfurt besuchte.

Abb. 13: Günter Sternberg

Diese Einrichtung war die am längsten bestehende jüdische Schule in Deutschland. Sie wohnten nach Strausens Auskunft zunächst in einem jüdischen Kinderheim der Flörsheim-Sickel-Stiftung. Auf dem Weg zur Schule seien sie häufig von Kindern und Erwachsenen geschlagen und vom Bürgersteig gedrängt worden. Wenn sie bei Regen den ca. drei Kilometer langen Weg vom Kinderheim zur Schule mit der Straßenbahn hätten fahren wollen, habe man sie oft rausgejagt.

Er und Günter seien zwar nicht in dieselbe Klasse gegangen und hätten auch nicht im selben Zimmer geschlafen, aber sie hätten oft zusammen gespielt und seien in den Ferien immer gemeinsam mit dem Zug nach Hause gefahren, er bis Schmittlotheim und Günter weiter bis nach Herzhausen. Nach den Sommerferien im Jahre 1940 hätten sie in ein jüdisches Waisenhaus umziehen müssen, da das Kinderheim beschlagnahmt worden war. Seiner Erinnerung nach im Oktober 1941 wurden einige Kinder, darunter auch er und Günter Sternberg, zu den Eltern geschickt, um nach Osten abtransportiert zu werden. Günther Straus wurde mit seiner Familie im Dezember 1941 ins Ghetto von Riga verbracht. Zu diesem Transport hätten auch einige weitere Kinder der Philanthropie-Schule gehört, doch Günter sei nicht dabei gewesen.

Nach Wrexen

Ungefähr zu jener Zeit, als Günter Straus mit seinem Bruder und den Eltern nach Riga deportiert wurde, brachte man die Sternbergs nach Wrexen. Eine Augenzeugin berichtete, man habe zuerst nur den kleinen Günter und etwas später die Eltern geholt. Dort wohnten sie im Haus Nr. 5, dem Haus des Land- und Gastwirts Hugo Kruse.

[11] Vgl. den Aufsatz über die Altenlotheimer Familie Straus in diesem Buch.

Abb. 14: Haus Nr. 5 in Wrexen

Über den Aufenthalt der Sternbergs in Wrexen informieren die Reise-Erlaubnisscheine. Zwischen dem 27. März und dem 29. Mai 1942 fuhr Martin Sternberg neun Mal mit dem Fahrrad von Wrexen nach Scherfede und zurück. Eine dreitägige Fahrt nach Frankfurt mit der Reichsbahn Ende April ist ebenso dokumentiert wie ein halbtägiger Aufenthalt in Rhoden. Ehefrau Rosalie durfte noch ein einziges Mal nach Vöhl fahren, und zwar für die Zeit vom 12. bis 14. April 1942.

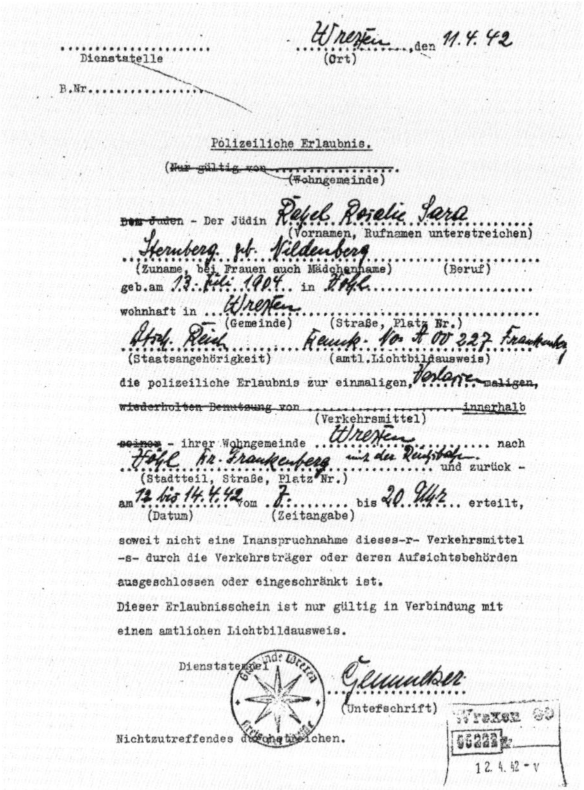

Dienststelle .... Wrexen, den 11.4.42 (Ort)

B.Nr. ....

Polizeiliche Erlaubnis.

(~~Nur gültig von~~ .... (Wohngemeinde)

~~Dem Juden~~ - Der Jüdin Rahel Rosalie Sara (Vornamen, Rufnamen unterstreichen)

Sternberg geb. Wildenberg (Zuname, bei Frauen auch Mädchenname) (Beruf)

geb. am 13. Juli 1904 in Vöhl

wohnhaft in Wrexen (Gemeinde) (Straße, Platz Nr.)

Dtsch. Reich (Staatsangehörigkeit) Kennk.-Nr. A 00227 Frankenberg (amtl. Lichtbildausweis)

die polizeiliche Erlaubnis zur einmaligen, ~~.......maligen, wiederholten Benutzung von ....~~ innerhalb (Verkehrsmittel)

~~seiner~~ - ihrer Wohngemeinde Wrexen nach Vöhl Kr. Frankenberg mit der Reichsbahn und zurück - (Stadtteil, Straße, Platz Nr.)

am 12 bis 14.4.42 (Datum) vom 7 bis 20 Uhr (Zeitangabe) erteilt,

soweit nicht eine Inanspruchnahme dieses-r- Verkehrsmittel -s- durch die Verkehrsträger oder deren Aufsichtsbehörden ausgeschlossen oder eingeschränkt ist.

Dieser Erlaubnisschein ist nur gültig in Verbindung mit einem amtlichen Lichtbildausweis.

Dienststempel .... (Unterschrift)

Nichtzutreffendes durchstreichen.

Wrexen

12. 4. 42 - V

Dokument 78: Polizeiliche Reiseerlaubnis für Rahel Rosalie Sternberg vom 11. 4. 1942*

Deportation von Wrexen nach Kassel unbekannt, am 1.6.1942 von Kassel deportiert, Ziel unbekannt

Abb. 15: Reiseerlaubnis für Rosalie Sternberg

Und für Sohn Günter ist eine Fahrt ebenfalls vom 12. bis 14. April 1942 von Wrexen nach Scherfede dokumentiert. Die Erlaubnisscheine nennen keine Gründe für die Fahrten. Insofern ist auch nicht bekannt, warum sich Günter während des Aufenthaltes seiner Mutter in Vöhl nicht in Wrexen, sondern in Scherfede aufhielt. Möglicherweise hat Martin Sternberg, vielleicht auch seine Frau Rosalie, in einer früher der jüdischen Familie Mosheim gehörenden Papierfabrik gearbeitet. Gesichert ist dies allerdings nicht. Bisher ist auch nicht bekannt, wann genau die Sternbergs und zahlreiche andere in Wrexen wohnende Juden nach Kassel gebracht wurden; jedenfalls spricht viel dafür, dass dies am 30. oder 31. Mai geschah, da Martin Sternbergs letzte Reiseerlaubnis vom 29. Mai datiert.

Am 1. Juni traten Rosalie, Martin und Günter Sternberg von Kassel aus die Fahrt in den Tod an. Die Einzelheiten der Deportation werden an anderer Stelle geschildert. Hier sei lediglich angemerkt, dass Martin Sternberg zusammen mit anderen arbeitsfähigen Männern den Zug in Lublin verlassen musste, um im südlich der Stadt gelegenen Konzentrationslager Majdanek - offiziell „KZ Lublin" - als Zwangsarbeiter Verwendung zu finden. Er überlebte die Verhältnisse in Majdanek drei Monate lang. Harte Arbeit und Hunger, vielleicht auch Krankheit und Folter waren verantwortlich dafür, dass die durchschnittliche Lebenserwartung der Männer dieses Transports in Majdanek bei drei Monaten lag. Sternberg starb ausweislich des folgenden Ausdrucks im Krematorienbuch am 5. September 1942.

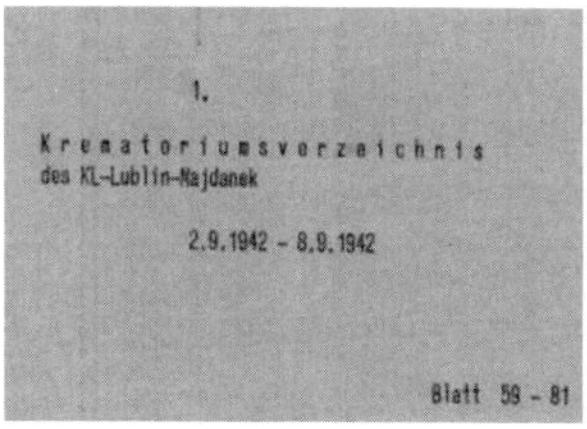
1.

Krematoriumsverzeichnis
des KL-Lublin-Majdanek

2.9.1942 - 8.9.1942

Blatt 59 - 81

Abb. 16: Krematoriumsverzeichnis

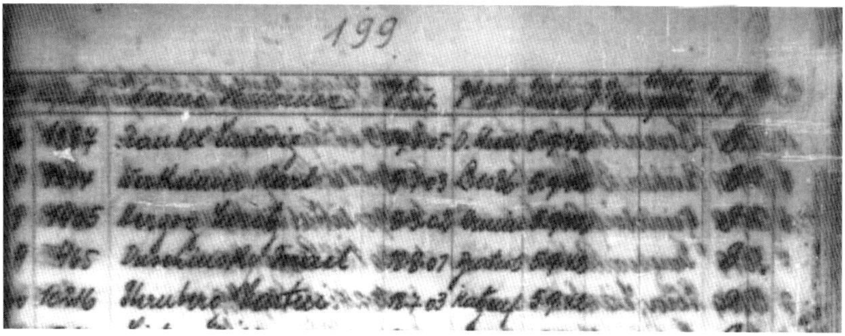

Abb. 17: Krematoriumsverzeichnis, Sternbergs Name in der untersten Zeile

Abb. 18: *Zum Gedenken an Günter und Rosalie Sternberg*

In Sobibor wurde eine Gedenkallee für die dort ermordeten Menschen angelegt. Eine Fichte und ein Stein mit Namen für jedes Opfer. Der „Förderkreis Synagoge in Vöhl" initiierte Gedenksteine für die Menschen aus Vöhl, die dort starben.

Dina Kratzenstein, geb. Strauß

Dina Strauß wurde am 14. April 1867 in Eimelrod geboren. Am 14. Dezember 1889 verlobte sie sich laut einer Anzeige der Corbacher Zeitung mit dem drei Jahre älteren Marienhagener Gastwirt Felix Selig Kratzenstein, den sie im folgenden Jahr heiratete. Sie zog zu ihm nach Marienhagen und beide wohnten in jenem Gebäude - damals Haus Nr. 12 -, das heute als „Altes Landschulheim" bezeichnet wird.

Abb. 19: *In der Mitte liegt das große Haus der Kratzensteins.*

Abb. 20: *Dina Kratzenstein mit ihren Enkelinnen Gertrud und Berni*

Felix und Dina Kratzenstein bekamen zwischen 1891 und 1904 vier Kinder: Hermann, Hedwig, Herda und Julius. Das Ehepaar betrieb die Gastwirtschaft und auf ca. 3 Hektar eine kleine Landwirtschaft.[12] Wie auch die andere jüdische Familie Marienhagens (Familie Schönthal) gehörten die Kratzensteins zur Synagogengemeinde Vöhl. Als gute Gemeindeglieder spendeten sie zwischen 1904 und 1911 für die Erneuerung des Friedhofsgitters und zwischen 1911 und 1915 für die Verschönerung der Synagoge.[13] Als gute Deutsche und treue Staatsbürger beteiligte sich das Ehepaar auch an der Finanzierung des 1. Weltkrieges. Die Marienhagener Schulchronik enthält eine „Liste über die gezeichneten Beiträge der hiesigen Schulkinder zur 4. (vierten) Kriegsanleihe". Julius Kratzenstein zeichnete mit 200 Mark einen der höchsten Beträge in Marienhagen.[14]

Ehemann Selig Kratzenstein starb nach „langem, schwerem Leiden"[15] am 10. Juli 1919 und wurde auf dem jüdischen Friedhof in Vöhl beerdigt. Laut der Todesanzeige war sein Sohn Hermann zu diesem Zeitpunkt bereits in Niedermarsberg verheiratet und hatte ein Kind. Uns mag heute ungewöhnlich erscheinen, dass die angehenden Ehemänner der Töchter Herda und Hedwig - Max Winter und Josef Maier - in der Traueranzeige bereits als Schwiegersöhne bezeichnet wurden, obwohl sie erst November 1919 (Hedwig heiratete Max Winter) bzw. Januar 1920 (Herda heiratete den Katholiken Josef Maier und zog zu

[12] Rezess Marienhagen, 1894 (Gemeindearchiv Vöhl)

[13] Bestand 1, 45 A Vöhl im Archiv der Stiftung „Neue Synagoge Berlin - Centrum Judaicum"; in der Spendenliste für das Jahr 1904 wird der Name Kratzenstein nicht genannt.

[14] Chronik der Schule Marienhagen, Seite 157. Es wird unterstellt, dass der Betrag wohl eigentlich vom Vater gezeichnet wurde.

[15] Anzeige Waldeckische Landeszeitung 12. Juli 1919.

ihm nach Süddeutschland) die Ehe eingingen. Landwirtschaft, Gasthof und Manufakturladen wurden von Tochter Hedwig und ihrem Mann Max betrieben, der von Beruf Zigarrenmacher war und als Stahlhändler sein Geld verdient hatte. 1920 und 1924 wurden Dina Kratzensteins Enkelinnen Berni und Gertrud geboren, die später in Marienhagen die Volksschule besuchten.

Mit Beginn des Dritten Reiches wurde auch Dina Kratzenstein und den Winters das Leben in Marienhagen schwer gemacht. Einzelheiten sind nicht bekannt, doch nicht ohne Grund haben sie sich um die Auswanderung in die Niederlande bemüht. Nachdem sie ihr großes Haus in Marienhagen gegen ein Haus in Enschede, Bruggertsteeg 277[16] eintauschen konnten, emigrierten Dina Kratzenstein und die Winters im Januar 1936 in das Nachbarland.

Möglicherweise ungefähr zur selben Zeit emigrierten auch Dina Kratzensteins Sohn Hermann, Ehefrau Emilie und die Kinder Hilde, Ilse und Erich von Niedermarsberg nach Holland und wohnten in Amsterdam. Im Juli 1942 wohnten Dina Kratzenstein und die Familie Winter noch in Enschede, Bruggertsteeg 277.[17] Kurze Zeit später wurden die Winters abgeholt, im Lager Westerbork kurze Zeit interniert und am 16. Oktober 1942 in das Vernichtungslager Auschwitz deportiert. Dina Kratzenstein blieb alleine zurück.

Wie die folgende Personenkarte des Konzentrationslagers Herzogenbusch-Vught belegt, wurde Dina Kratzenstein am 8. April 1943 in das noch im Bau befindliche Konzentrationslager Herzogenbusch (in den Niederlanden „Kamp Vught" genannt) eingeliefert, um nur zwei Wochen später, am 22. April, in das holländische Durchgangslager Westerbork gebracht zu werden. Fünf Tage später, am 27. April 1943, wurde die Marienhagenerin mit insgesamt 1.204 Jüdinnen und Juden in einen Zug Richtung Osten gesetzt. Sie kam am 30. April in Sobibor an und wurde dort, wie damals üblich, innerhalb von wenigen Stunden in den Gaskammern getötet.

---

[16] DigitalMonument to the Jewish Community in the Netherlands; http://www.joodsmonument.nl/location.php?thg_id=1007.132003&lang=en.

[17] Digital Monument, s. o.

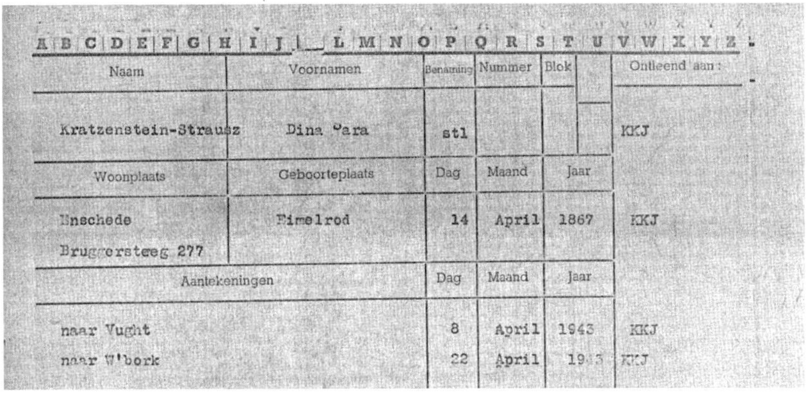

Naam	Voornamen	Benaming	Nummer	Blok	Ontleend aan:
Kratzenstein-Straußz	Dina Sara	stl			KKJ

Woonplaats	Geboorteplaats	Dag	Maand	Jaar	
Enschede Bruggersteeg 277	Mimelrod	14	April	1867	KKJ

Aantekeningen	Dag	Maand	Jaar	
naar Vught	8	April	1943	KKJ
naar W'bork	22	April	19[illegible]	KKJ

Abb. 21: *Personenkarte des Konzentrationslagers Herzogenbusch-Vught*

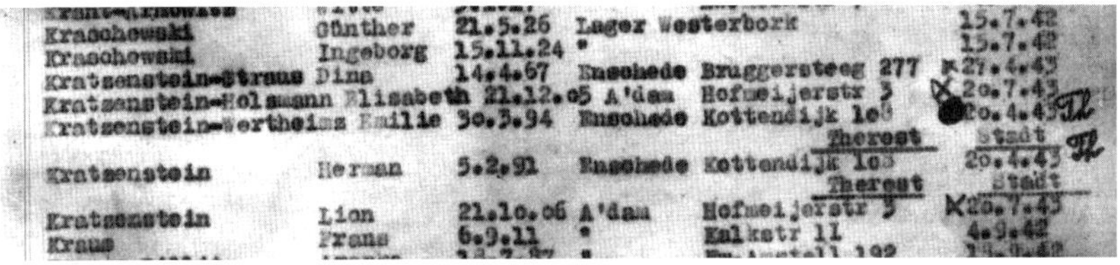

Kraschowski	Günther	21.5.26	Lager Westerbork		15.7.42
Kraschowski	Ingeborg	15.11.24	"		15.7.42
Kratzenstein-Straus	Dina	14.4.67	Enschede	Bruggersteeg 277	27.4.43
Kratzenstein-Holzmann	Elisabeth	21.12.05	A'dam	Hofmeijerstr 3	20.7.43
Kratzenstein-Wertheims	Emilie	30.3.94	Enschede	Kottendijk 103 Therest	20.4.43 Stadt
Kratzenstein	Herman	5.2.91	Enschede	Kottendijk 103 Therest	20.4.43 Stadt
Kratzenstein	Lion	21.10.06	A'dam	Hofmeijerstr 3	K20.7.43
Kraus	Frans	6.9.11	"	Kalkstr 11	4.9.42

Abb. 22: *Auszug aus einem Verzeichnis des Lagers Westerbork*

Dina Kratzensteins Sohn Hermann, seine Frau Emilie und die Kinder Ilse und Erich wurden ebenfalls Opfer des Mords an den Juden. Die beiden Frauen starben in Auschwitz, Hermann Kratzenstein in Leitmeritz (heute Litomerice) in Tschechien und Sohn Erich im Konzentrationslager Flossenbürg. Dina Kratzensteins Tochter Herda Maier überlebte den Zweiten Weltkrieg, ebenso der Sohn Julius, von dem es heißt, er sei rechtzeitig ins Ausland emigriert.

Für Dina Kratzenstein hat der Förderkreis Synagoge in Vöhl in der Gedächtnisallee im ehemaligen Vernichtungslager Sobibor einen Baum pflanzen und einen Stein mit ihren Lebensdaten setzen lassen.

Bildnachweis:

Abb. 1, 2: Richard Rothschild

Abb. 3: http://www.deathcamps.org/sobibor/pic/blattmodel.jpg

Abb. 4 - 7: Carol Baird, Solana Beach, CA

Abb. 8: Barbara Händler-Lachmann, Heimatforscherin in Marburg, stellte die Liste dem Battenfelder Heimatforscher Reiner Gasse zur Verfügung (Sammlung Reiner Gasse)

Abb. 9, 12, 16, 17, 21, 22: Internationaler Suchdienst Bad Arolsen

Abb. 10, 11, 13: Gisela Frees, Wuppertal

Abb. 14, 15: Renate Ise, Hans-Joachim Mosheim, Horst Schaake, Geschichte und Schicksale jüdischer Familien in Wrexen, 2008, S. 164ff.

Abb. 18: Ernst Klein, Volkmarsen

Abb. 19, 20: Hans-Friedrich Kubat, Marienhagen

Schicksale jüdischer Familien aus Volkmarsen

von Ernst Klein

Die Familie Lichtenstein

Der Schneidermeister Lichtenstein lebte mit seiner Frau und den drei Kindern im eigenen Haus in der Oberen Stadtmauer 33. Er war ein tüchtiger Schneidermeister, der in der Stadt sehr angesehen und beliebt war. Im Ersten Weltkrieg wurde er als Soldat mit dem Eisernen Kreuz ausgezeichnet, weshalb er sich - wie so viele jüdische Frontkämpfer - nicht vorstellen konnte, dass die ab 1933 anlaufenden Repressalien noch schlimmere Maßnahmen nach sich ziehen würden. Doch durch die sich steigernden Boykottmaßnahmen ging das Geschäft in den nächsten Jahren immer schlechter. Kunden, die sich von den Naziparolen „Kauft nicht bei Juden!" nicht beirren ließen, wurden im Aushangkasten des „Stürmer" öffentlich angeprangert. Der 1920 geborene Sohn Arthur ging bis 1933 in das Gymnasium der Nachbarstadt Arolsen und musste, wie alle jüdischen Schüler in Arolsen, bereits 1933 die Schule verlassen. Er lernte dann als 13jähriger beim Vater das Schneiderhandwerk und wanderte mit 17 in die Vereinigten Staaten aus, wo er sich schon bald mit der Firma „Arts Customs Tailoring" selbständig machte.

Abb. 1: Familie Lichtenstein im Juni 1937, Volkmarsen; v.l.: Ilse Lichtenstein, Rosa u. Selig Frankenthal (Großeltern), Inge, Käthe u. Meinhard Lichtenstein

Alle Hoffnungen der Familie lagen nun bei ihm, der sich unentwegt bemühte, USA-Einreisegenehmigungen für Eltern und Geschwister zu bekommen. Das Lichtenstein´sche Haus, der Garten, die drei Nähmaschinen und das Warenlager waren Objekte der Begierde lauernder Mitbürger und angeblich „christlicher" Konkurrenten.[1] Meinhard Lichtenstein war niemals bereit, sein Haus zu verkaufen, auch dann nicht, als im November 1938 seine Wohnung und die Schneiderwerkstatt total verwüstet wurden und er selbst vier Wochen lang im Konzentrationslager Buchenwald schwersten Misshandlungen ausgesetzt war.

Sofort nach seiner Entlassung aus Buchenwald nutzten die Lichtensteins die Gelegenheit, ihre beiden damals 10 und 15 Jahre alten Töchter Inge und Ilse mit einem Kindertransport nach Holland zu schicken. Auch Anneliese Kann aus Wolfhagen entkam mit diesem Transport dem Nazi-Terror in Deutschland. Aus Holland sandte Tochter Ilse Lichtenstein einen aufschlussreichen Brief an den Bruder in Amerika, den ich hier teilweise zitieren möchte, geschrieben am 10.1.1939 in Bergen aan Zee, Holland, im Kinderheim:

„Meine Lieben! Heute will ich Euch einmal ein paar Zeilen senden. Wir sind hier in Bergen in einem Kinderheim. Am Mittwoch[,] dem 4.[,] sind wir hier her gekommen. Es gefällt uns sehr gut. 91 Kinder sind wir hier. Jungens und Mädels. Wir haben es gut. Stehen morgens um 7 Uhr auf und gehen abends um 8 Uhr zu Bett. Jeden Morgen und auch oft nachmittags gehen wir spazieren. Jetzt haben wir Wolle bekommen für Pullover zu stricken. Jeden Abend werden wir gebadet. Jetzt will ich Euch ein bisschen von D. [D.=Deutschland, Klein] erzählen. Aber nicht viel. Wie ihr ja wisst, sind alle Männer im KZ gewesen. Der Liebe Papa und Friedel waren auch da. Papa war 4 Wochen und Friedel 5 Wochen dort. Natürlich kamen sie mit kahlgeschorenen Köpfen zurück. Auch dort haben sie es nicht besonders gehabt. 3 Tage nichts zu essen und überhaupt kein Wasser. Viele Leute sind meschugge geworden. Auch Lehrer Stern aus Frankenberg. Er ist in die Latrine gesprungen."

Ilse Lichtenstein schreibt dann in ihrem Brief ganz genau, was in ihrem Elternhaus alles zerstört worden ist. Hier auszugsweise einige Zitate: "kein Bild, kein Teller, keine Tasse waren mehr ganz. Die

[1] Nach meinem Verständnis ist die Bezeichnung „christlich" in diesem Zusammenhang fehl am Platze, der Ausdruck wird aber in vielen Schriftstücken ausdrücklich als Abgrenzung gegenüber den Juden verwendet.

Schabbeslampe ist kaputt. Der Teppich war mit Mehl, Himbeersaft und Erdbeeren verziert. Keine Scheibe war mehr heil." Ähnliche Schilderungen bekam ich auch von Anneliese Kann aus Wolfhagen. Dann folgt in dem Brief: "Was alles gestohlen ist, kann ich gar nicht sagen. Friedels 2 Anzüge und Mantel, Papas schwarzer Anzug, meine ganze Wäsche und Kleider. Vom Lager sind 18 Anzüge, 6 gestreifte Hosen, Winterulster und viele Futtersachen weg. (...) Und dann ist noch das Schönste, 1.600 RM Vermögensabgabe als Buße. Ist das nicht allerhand?"

Es ist hinreichend bekannt, dass von der Reichs-Regierung eine Buße von 1 Milliarde RM zulasten der deutschen Juden wegen „Erregung des Volkszorns" festgesetzt wurde. Und diese 1 Milliarde wurde umgerechnet auf die einzelnen jüdischen Bürger. Dies konnte man sehr einfach organisieren, weil man schon im Frühjahr 1938 genaue Vermögensverzeichnisse angelegt hatte, mit deren Hilfe nun die anteilige Buße für jeden einzelnen Juden berechnet wurde. Für Herrn Lichtenstein wurde die zu zahlende Buße auf 1.600 RM festgesetzt. Da er seine Ersparnisse weitgehend aufgebraucht hatte, das Warenlager teilweise geplündert war und er das Haus nach wie vor nicht verkaufen wollte, konnte er die Raten für die auferlegte Buße nicht zahlen. Ein Nachbar, der Polizeiwachtmeister Claus, half dadurch, dass er dem Herrn Lichtenstein zu einem angemessenen Preis den Gemüsegarten abkaufte, aber zwei Dinge machte, die ich von der überlebenden Tochter, Ilse Lichtenstein erfahren habe. Der Kaufpreis, der offiziell mit 450 RM angegeben war, der übrigens beschlagnahmt wurde, war nicht der tatsächliche Kaufpreis. Herr Claus hatte insgeheim das bezahlt, was der Garten wirklich wert war, ohne dass es die Behörden erfahren hatten, und zudem, das muss ausdrücklich erwähnt sein, hat er Herrn Lichtenstein zugestanden, dass Herr Lichtenstein zeitlebens die Hälfte des Gartens weiter nutzen konnte. Dieser Garten ist dann in der Zeit von 1939 bis 1942 der zentrale Punkt gewesen für die redlichen Bemühungen einiger Volkmarser Bürger, den Lichtensteins und anderen Juden zu helfen. Regelmäßig wurden nachts im Garten Lebensmittelpakete versteckt. Getarnt unter Kraut und Gemüse wurden auch Stück für Stück wertvolle Hausratsgegenstände, darunter ein Rosenthal Porzellan-Service sowie Tisch- und Bettwäsche und sakrale Gegenstände der Lichtensteins per Handwagen in das Haus des Polizisten Claus und einer anderen Familie gebracht, dort verwahrt und Jahrzehnte später unangetastet an die Tochter zurückgegeben.

Ich komme zurück auf die seit dem 4. Januar 1939 in Holland lebenden Kinder der Lichtensteins. In ihrem Brief vom 13.2.1939 schrieben sie u.a.: „Hier bekommen wir nur Margarinebrot. Aber es ist besser als Butterbrot in D." Trotz der schwierigen Verhältnisse verlebten die Mädchen ein relativ glückliches Jahr. Sie strickten, lernten englisch und etwas niederländisch. Und sie schrieben an jedem „Schreibtag" Briefe, einmal an die Eltern, einmal an den Bruder oder andere Verwandte. Immer wieder kommt die Sorge um die geliebten Eltern zum Ausdruck und die Hoffung auf die Reise nach Amerika.

Im Frühjahr 1940 trugen die Bemühungen des Bruders teilweise Früchte: Schwester Ilse, inzwischen über 16, erhielt eine Einreisegenehmigung für die ersehnte Passage nach Amerika. Und hier trennten sich die Wege der beiden Schwestern, die schon so viel zusammen erlebt hatten. Die kleine Inge durfte nicht mitfahren, weil sie erst zehn Jahre alt war, ein holländisches Ehepaar versprach, sich um sie zu kümmern, und riet der großen Schwester eindringlich, die Reise in die USA anzutreten.

Vor ihrer Abreise ereignete sich noch folgendes: Ende 1939 und am 20.1.1940 bat der Vater die zuständigen Behörden um eine Genehmigung zur Versendung gebrauchter Kleidungsstücke an die Kinder in Holland. Die Anträge wurden abgelehnt. Im März 1940 bat die Tochter Ilse in einem Brief die Eltern um Zusendung ihres Schlafanzuges und zweier von ihr selbst bestickter Kopfkissenbezüge. Da der Vater hierfür keine Genehmigung hatte, verschickte er am 27. März 1940 zwei Päckchen an seine Tochter in den Niederlanden - ohne Absenderangabe. Beide Päckchen wurden in Kassel bei der Post beschlagnahmt und der Absender durch Rückfrage beim Postamt Volkmarsen ermittelt. Gegen Herrn Lichtenstein wurde ein Strafbefehl der Devisenstelle wegen „unerlaubter Ausfuhr" erlassen und am 18. Mai 1940 eine Geldstrafe in Höhe von 55 RM verhängt. Der Kinderschlafanzug und die zwei Kissenbezüge wurden beschlagnahmt und am 21. 3.1941 vom Auktionshaus Krell in Kassel im Auftrag des Finanzamts versteigert. Der Erlös für das deutsche Reich betrug 13,10 RM.

Zwei Postkarten, die Ilse am 29.3. und 4.4.1940 vor ihrer Abreise in die USA aus Rotterdam an die Eltern in Volkmarsen schrieb, wurden in Kassel beschlagnahmt und haben dadurch die Eltern nie erreicht. Die Postkarten sind erst im Jahr 2010 in den Devisenakten des Hauptstaatsarchivs Wiesbaden wiedergefunden worden.

Mit dem letzten Schiff, das das unbesetzte Holland verließ, fuhr Ilse in die Vereinigten Staaten und kam in Wisconsin bei Verwandten unter. Sie war jetzt 17 Jahre alt, konnte nur wenig englisch und hatte nie einen Beruf erlernen dürfen. Damals war es auch in den USA ungeheuer schwer, unter diesen Umständen eine Anstellung zu finden. So arbeitete sie zunächst in einem Schlachthof, wo sie Tag für Tag 8-10 Stunden lang bei den geschlachteten Schweinen die Eingeweide entfernen musste. Dies ist sicherlich für jeden eine furchtbare und schwere Arbeit, für ein junges, jüdisches Mädchen war es doppelt schlimm, weil nach ihrem Glauben der Umgang mit Schweinefleisch verboten war. Trotzdem schlug sie sich tapfer durchs Leben, täglich mit der Frage gemartert, was aus den Eltern, der Schwester und den vielen anderen Verwandten geworden war.

Nach Jahren traf sie den jungen Meinhard Meyer aus Kassel wieder, die beiden kannten sich aus Kindertagen. Auch Meinhard hatte seine ganze Familie in Deutschland verloren. Die beiden heirateten und bauten sich mit harter Arbeit eine bescheidene Existenz auf. Ilse arbeitete in einem Friseursalon, ihr Mann war Handelsvertreter. Obwohl Ilse seit Kriegsende mit ehemaligen Freunden der Familie in Volkmarsen schriftliche Verbindung hielt, kam sie zunächst nie mehr in die alte Heimat zurück. Zu tief saßen Schmerz und der Hass gegenüber dem Land, das ihr und auch ihrem Mann so unermesslich großes Leid und Unrecht zugefügt hatte.

Ende 1995 habe ich die beiden im Namen des Vereins „Rückblende gegen das Vergessen“ zu einem Besuch nach Volkmarsen eingeladen. Viele Briefe und Telefonate waren nötig, um Ihnen die Angst und die Scheu vor diesem Besuch zu nehmen. Letztendlich sagten sie dann zu und kamen zusammen mit weiteren 26 Emigranten aus aller Welt in ihre alte Heimat zurück. Für Ilse Lichtenstein war der Besuch sehr schmerzhaft, die alten Wunden rissen wieder auf, und trotzdem sagte sie mir zum Abschied mit einer herzlichen Umarmung die Worte: „Ich habe 55 Jahre nur mit Hass an Deutschland denken können. Danke, dass Du mir diesen Hass genommen hast.“

Inzwischen war Ilse zum zweiten Mal bei uns zu Besuch, sie hat alte Freunde wieder getroffen, gemeinsam mit ihrem Neffen das Vaterhaus besucht und uns unendlich viele wichtige Dinge aus ihren Lebenserinnerungen weitergegeben. Obwohl sie inzwischen schon 78 Jahre alt ist, spricht sie in ihrer Heimat in Kentucky sehr oft vor Schülern und Studenten. Sie erzählt vom Holocaust und dem traurigen Schicksal ihrer Familie. Sie berichtet aber auch davon, dass es heute in Deutschland Menschen gibt, die sich ehrlich mit der jüngeren deutschen Geschichte auseinandersetzen und dafür sorgen, dass die deutschen Juden und ihr Schicksal nicht vergessen werden.

Der kleinen Schwester wurde am 10. Mai 1940 der deutsche Einmarsch in Holland zum Verhängnis, viele jüdische Menschen fielen in die Hände der Nationalsozialisten. Doch weil Inge erst zehn Jahre alt war, blieb ihr zunächst das Schlimmste erspart. Ihre holländische Pflegemutter bewahrte sie vor der Verhaftung und brachte sie mit der Bahn zurück nach Volkmarsen zu den Eltern in dem guten Glauben, dass das Kind dadurch am besten vor weiterer Verfolgung geschützt wäre. Bis zum 30.5.1942 lebte sie hier, zusammen mit insgesamt noch 13 jüdischen Einwohnern, eingepfercht im jüdischen Schulhaus. Nur morgens vor 8 Uhr und spät abends durften sie ihre Wohnung verlassen. Mit den ausgehändigten Lebensmittelkarten konnten sie sich kaum am Leben halten. Für Juden - auch für Kinder - gab es keine Milch, kein Fleisch, keine Eier. Einzelne Mitbürger, die sich ihren Anstand und ein christliches Gewissen bewahrt haben, halfen ihnen, so gut es ging. Immer verzweifelter wurden die Briefe nach Amerika, immer wieder die Frage, wann bekommen wir ein Einreisevisum? Für die Lichtensteins, auch für die inzwischen 12 jährige Inge, war alles Hoffen und Beten vergeblich. Am 30.5.1942 wurden sie zunächst nach Kassel gebracht und von dort nach Sobibor in Polen deportiert und ermordet. Ihr letztes Lebenszeichen war ein am 3.6.1942 über das Internationale Rote Kreuz nach Amerika geschicktes Telegramm. Es lautete: „Liebe Kinder! Wir sind gesund. Auf Omas Geburtstag fahren wir nach P. Wir hoffen auf ein frohes Wiedersehen. Bleibt gesund. Grüsse, Küsse. Vater, Mutter, Inge."

Das Haus der Familie Lichtenstein wurde vom Finanzamt Kassel beschlagnahmt, die Wohnung vermietet. Die Miete kassierte viele Jahre lang das Finanzamt. In den 1950er Jahren wurde das Haus vom Finanzamt an einen privaten Interessenten verkauft. Der legalisierte Raub begleitete die Opfer bis zum Tod und darüber hinaus. Den Deportierten wurden unmittelbar vor ihrer Ermordung die letzten kleinen Wertsachen abgenommen, die Haare zur industriellen Verwertung abgeschnitten und nach der Tötung noch die Goldzähne herausgebrochen.

In der bekannten bürokratischen Genauigkeit wurde das in den Vernichtungslagern noch geraubte letzte Eigentum der jüdischen Menschen aufgelistet. Ein Beispiel hierüber ist der an den Reichsführer der SS Heinrich Himmler gerichtete Schlussbericht über die sog. „Aktion Reinhardt" nach Abschluss der ungeheuren Mordaktionen im Großraum Lublin, aufgestellt vom SS Gruppenführer und Generalleutnant der Polizei Odilo Globocznik. Dieser Bericht ist viele Seiten lang, aus Platzgründen können hier nur wenige Einzelheiten aufgezeigt werden: „An den Reichsführer. Ich habe mit 19.10.43 die Aktion Reinhardt, die ich im Generalgouvernement geführt habe, abgeschlossen und alle Lager aufgelöst." Er schreibt dann: „Als Abschlussdarstellung erlaube ich mir, beiliegende Mappe, Ihnen, Reichsführer, zu überreichen". In einem Absatz heißt es: „Bei einem Besuch haben mir, Reichsführer, in Aussicht gestellt, dass für die besondere Leistung dieser harten Aufgabe einige EK's [Eisernes Kreuz, Klein] nach Abschluss der Arbeiten verliehen werden könnten. Ich bitte, Reichsführer, um Mitteilung, ob ich hierfür Vorschläge unterbreiten darf." Himmler schreibt wenig später u.a. „Ich spreche Ihnen für Ihre großen und einmaligen Verdienste, die Sie sich bei der Durchführung der Aktion Reinhardt für das ganze deutsche Volk erworben haben, meinen Dank und meine Anerkennung aus."

Die angesprochenen Dienste waren der grauenhafte Mord an Millionen Menschen und die erwähnten Eisernen Kreuze wurden den Mördern verliehen. Der weitere Bericht über die „Aktion Reinhardt" enthält eine detaillierte Aufstellung aller Gegenstände, die den Ermordeten abgenommen worden sind. Alles wird akribisch gegliedert in Einzelgruppen, z. B. Edelmetalle, Devisen. Allein die Aufstellung der Devisen, umfasst ungefähr 50 verschiedene Posten. Zum Beispiel, dass 1 kolumbianischer Peso dabei war für 60 Pfennig, ein China-Dollar für 1,50 RM, aber auch USA-Dollar im Wert von insgesamt 2,7 Millionen RM usw. Alles Hab und Gut, was die Deportierten mitgenommen hatten in der Hoffnung, es irgendwo noch zum Überleben zu gebrauchen, wurde ihnen abgenommen und wurde hier aufgeführt. Alle Ringe, Armbanduhren, Herren-Taschenuhren, Armbänder, Broschen, Brillanten, Anstecknadeln, Halsketten, Füllhalter, bis hin zur letzen Position: 230 Fieberthermometer. Unendliche Listen mit genauen Berechnungen des Wertes. Die letzte Seite in dieser erschreckenden Bilanz endet: 1.901 Waggons mit Bekleidung, Wäsche, Bettfedern. Die abgelieferten

Geldmittel, Edelmetalle, Devisen, Juwelen und Spinnstoffe ergeben, alles zusammengerechnet, einen Gesamtbetrag von 178.743.960,59 RM. Der legalisierte Raub ging bis in den Tod und noch über den Tod hinaus.

Diese erschreckenden Geschehnisse haben auch nicht vor der Kleinstadt, auch nicht vor dem Dorf, auch nicht vor den einfachen, weniger wohlhabenden Menschen Halt gemacht. Vieles wird bis heute verdrängt, verleugnet oder verfälscht wiedergegeben. Zu einem redlichen Umgang mit unserer jüngeren Geschichte gehört auch, dass wir uns an die unangenehmen Ereignisse erinnern, dass wir erkennen, wie leicht sich Menschen zu bösen Taten verleiten lassen und vor allem, dass wir daraus unsere Lehren ziehen für die Gegenwart und die Zukunft. Ein besonders oft gebrauchtes Wort in der Zeit der Nazi-Herrschaft war der Begriff „Volksgemeinschaft". Rückwirkend betrachtet bildete der größte Teil der deutschen Bevölkerung ab 1933 eine Zustimmungsgemeinschaft, die mit der weiteren Entwicklung einverstanden war, und entwickelte sich schnell zu einer Beutegemeinschaft, in der viele auf unterschiedlichste Weise von der Verfolgung ihrer Mitmenschen profitieren konnten, und fand sich ab 1945 lange Zeit in einer schweigenden Schuldgemeinschaft wieder, die alles Vorhergegangene verdrängen und verschweigen wollte.

Nach allem, was geschehen ist, müssen wir heute Lebenden die Verantwortung dafür übernehmen, für eine Gemeinschaft der gegenseitigen Achtung zu arbeiten, in der niemand mehr Angst haben muss, in der niemals mehr Menschen wegen ihrer Religion, ihrer Hautfarbe, ihrer Volkszugehörigkeit, ihrer Weltanschauung oder aus anderen Gründen verfolgt werden.

Rosa Rosenstock: Vor dem Mord stand die Ausplünderung. Was geschah mit dem Eigentum der Frau Rosa Rosenstock?

Die alleinstehende Rosa Rosenstock, geboren 1882, besaß ein kleines Haus in der Volkmarser Wittmarstraße und bestritt ihren Lebensunterhalt als Putzmacherin, d. h. sie stellte Damenhüte her, arbeitete ältere Hüte um, verkaufte manchmal auch etwas Neues und hatte so ein bescheidenes, aber geregeltes Einkommen. Alles Geld, was sie nicht zum Lebensunterhalt brauchte, zahlte sie jahrelang auf ein Sparbuch bei der Sparkasse ein.

Abb. 2: Das Haus der Rosa Rosenstock in Volkmarsen

Am 9. November 1938 wurde Rosa Rosenstock, wie viele andere jüdische Einwohner, von fanatischen Nationalsozialisten heimgesucht, wobei u.a. die Haustür eingeschlagen wurde. Ob von ihren Vorräten an Bargeld und Material etwas gestohlen wurde, konnte ich nicht mehr feststellen. Bereits vier Tage später, am 14.11.1938, verkaufte sie dann mit notariellem Vertrag Nr. 414 ihr Häuschen an das Ehepaar S. zum Preis von 2.500 RM. Der Einheitswert des Hauses betrug 2.650 RM.

Wer jemals mit Grundstückskäufen oder -verkäufen zu tun hatte, der weiß sicherlich, dass der tatsächliche Verkehrswert in der Regel, damals wie heute, höher ist als der vom Finanzamt festgesetzte Einheitswert. Beim Notar wurde vereinbart, dass die Hälfte des Kaufpreises in bar sofort nach erfolgter Umschreibung bezahlt werden sollte. Die andere Hälfte sollte verzinst und am 1.5.1939 bezahlt werden. Aber erst am 11. Juli 1939 erteilt der Regierungspräsident die Genehmigung zum Kaufvertrag mit der Auflage, dass

1. der Erwerber 600 RM „als Ausgleichszahlung zugunsten des Reiches" zu zahlen hat und

2. „der bar zu entrichtende Kaufpreis nicht unmittelbar an den Veräußerer ausgezahlt werden darf, sondern auf ein Sperrkonto einzuzahlen ist, über das nur mit Genehmigung der zuständigen Devisenstelle verfügt werden darf."

Nachweislich haben die Käufer den gesamten Kaufpreis von 2.500 RM am 14.10.1939, also 11 Monate nach Kaufvertragsabschluss, auf das Sperrkonto bei der Kreissparkasse Wolfhagen eingezahlt. An diesem Tag wies das Konto der Frau Rosenstock nach Zahlung des Kaufpreises, zusammen mit früher angespartem Geld, ein Gesamtguthaben

Das Protokoll ist den Erschienen in Gegenwart des Notars vorgelesen,
von ihenen genehmigt und, eigenhändig, unterschrieben:

gez. Rosa Rosenstock,
gez. Frau [redacted]
gez. [redacted]
gez. Dr. Johannes Hölting, Notar.

Vorstehende Verhandlung wird hiermit für die Erschienen zu 2 ausgefertigt.
Volkmarsen, den 14. November 1938

Dr. Johannes Hölting, Notar.

Bl. 18 Der Regierungs-Präsident   Kassel, den 11. Juli 1939
A II Wolfhagen 7Jud.

Zur Veräusserung des im Grundbuch von Volkmaresen
Band 49 Blatt 2267 eingetragenen Grundbesitzes Ktbl. 18 Parz.
976/215 bebauter Hofraum, Wittmarstrasse lo, (früher Nr. 149)
= o.80 ar der ledigen Rosa Sara Rosenstock in Volkmarsen
Wittmarstrasse lo an die Eheleute Arbeiter [redacted] in Volkmarsen, Pfortenstrasse [redacted] zum Pre
von 2500,-- RM gemäss des von dem Notar Dr. Johannes Hölting in Vol
marsen beurkundeten Vertrages vomm e 14. November 1938
- Urk. Rolle Nr. 414/1938 erteile ich die nach § 8 der Verordnung
über den Einsatz des jüdischen Vermögens vom 3 12.1938 (RGBL. IS 17o
erforderliche Genehmigung mit der Auflage, dass vom Erwerber gemäss
§ 15 Abs. 1 a.a.O vor der Auflassung, jedoch spätestens binnen eine
Monats nach Zustellung dieser Verfügung, ausserdem eine Ausgleichza
lung von 600.-- RM wörtlich : Sechshundert Reichsmark " zu Gunste
des Reiches gezahlt wird. Die Ausgleichszahlung ist bei der Sta'-
lichen Kreiskasse in Wolfhagen einzuzahlen.
Der bar zu entrichtende Kaufpreisteil darf nicht unmittelbar dem
Veräusserer ausgezahlt werden, sondern ist auf ein Sperrkonto bei
einer Devisenbank einzuzahlen, über das nur mit Genehmigung der zuständigen Devisenstelle verfügt werden darf,
Zugleich mit der Einzahlung ist von dem Erwerber die zuständige Devisenstelle (in Kassel, Skagerrakplatz 31 - Fernsprecher 31961 -
davon in Kenntnis zu setzen, bei welcher Devisenbank die Einzahlung
erfolgt ist. Etwa sich hieraus ergebende Zweifel sind mit der Devisenstelle zu klären.
Die Ueberschreitung der Genehmigung und die Nichtbefolgung der Massgaben ist strafbar nach § 23 e der Verordnung vom 3.12.1938 in Verbindung mit § 8 der Verordnung über die Anmeldung des Vermögens vo
Juden vom 26.4.1938 (RGBl . IS 414)
Dieser Bescheid unterliegt gemäss Ziffer 3o II des Tarifs zu der
Preuss. Verwaltungsgebührenordnung einer von 2o.-- RM. Diesen Betra
haben Sie binnen 8 Tagen an die hiesige Regierungshauptkasse, Buchhalterei I, unter Angabe übenstehenden Geschäftszeichens portofrei
unverkürzt einzuzahlen. Ein Zahlkartenvordruck liegt bei.

Im Auftrage
gez. S c h e f e r

Abb.3: Notarieller Kaufvertrag über das Haus der Rosa Rosenstock

von 6.615 RM aus. Frau Rosenstock durfte von ihrem Konto monatlich nur einen Betrag von 100 RM abheben, mit dem sie ihren Lebensunterhalt bestreiten musste. Das Geschäft durfte sie nicht mehr fortführen. Ihr wurde eine kleine Wohnung innerhalb des jüdischen Schulhauses zur Verfügung gestellt, in dem bald alle noch in Volkmarsen lebenden jüdischen Menschen untergebracht wurden, und lebte dort unter schwierigsten Bedingungen und vielen Auflagen noch bis zum 31.5.1942.

Älteren Menschen wird es bekannt sein: Die noch in der Stadt wohnenden Juden, und das war an vielen Orten so, durften nur zu ganz bestimmten Zeiten, außerhalb der Geschäftszeiten, noch einkaufen. Die Lebensmittelversorgung für Juden war ganz besonders eingeschränkt, sie bekamen keine Marken für Fleisch und Eier, Milchprodukte und Ähnliches. Außerdem durften sie keine Haustiere mehr halten, kein Radio besitzen und mussten unter vielen weiteren Schikanen leiden.

Wie bereits erwähnt, lebte Frau Rosenstock im jüdischen Schulhaus bis zum 31.5.1942. Am 27.5.1942 wurden von ihrem Konto 1.700 RM an die Reichsvereinigung der Juden für ihren Abtransport überwiesen. Ja, Sie lesen richtig: Frau Rosenstock musste für ihre Deportation 1.700 RM bezahlen! Man wies teilweise die Reichsvereinigung der deutschen Juden an, die jüdischen Familien, die noch etwas besaßen, zu „Schenkungen" zu animieren. Und teilweise hat man es ganz unverhohlen so gemacht wie im Fall der Rosa Rosenstock: 1.700 RM. Nun muss man das ins Verhältnis setzen. Sie hat für ihr ganzes Haus 2.500 RM bekommen. Da kann man ausrechnen, was das für ein Gegenwert war, der für diese angeblichen „Transportkosten und Verpflegung" bezahlt werden musste.

Drei Tage später wurde sie zusammen mit anderen jüdischen Volkmarser Einwohnern nach Kassel gebracht, von dort mit dem Transport am 1.6.1942 über Lublin nach Sobibór deportiert und dort sofort nach ihrer Ankunft in den Gaskammern ermordet. Kurz vor ihrem Tod wurde sie, wie alle Opfer dieser Vernichtungslager, ihrer Kleidung und ihrer Haare beraubt und im Rahmen einer Leibesvisitation auf die unmenschlichste Art auf versteckte Wertgegenstände untersucht. Die bei den Menschen und in ihren Kleidungsstücken gefundenen Wertsachen wurden genau registriert und vom Staat „verwertet". Die Kleidung wurde je nach Qualität und Zustand an Bombengeschädigte im Reich oder an Insassen der Arbeitslager weitergegeben. Die Haare der Ermordeten wurden zum Kilogrammpreis von 0,50 Reichsmark an deutsche Fabriken verkauft, die daraus z. B. Filzsocken für U-Boot-Besatzungen herstellten. Den Verkaufserlös hierfür erhielt die SS. Das auf dem Konto von Frau Rosenstock noch verbliebene Restguthaben in Höhe von 2.572 RM wurde am 14.7., also direkt nach der Deportation, vom Finanzamt Kassel Innenstadt eingezogen. Das Konto wurde damit gelöscht.

Nachdem die von der Erbin der Frau Rosenstock später gestellten Wiedergutmachungsanträge im Jahre 1953 bereits einmal abgelehnt worden waren, wurde diese Entscheidung nach Intervention amerikanischer Anwälte aufgehoben. Mit Urteil vom 17.3.1954 beim Landgericht Kassel wurde der Erbin eine Entschädigung in Höhe von 340 DM, jetzt dann schon DM, für die „geleistete Abgabe für Transportkosten in Höhe von 1.700 RM" zugesprochen. Alle anderen Entschädigungsansprüche betreffs des Hauses, des Sparbuchs und des Inventars wurden endgültig abgelehnt. Es gibt darüber genaue Vorgänge.

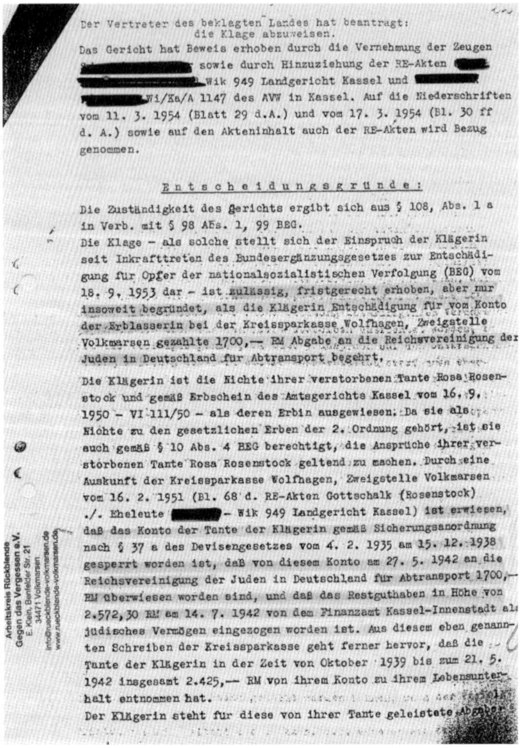

Der Vertreter des beklagten Landes hat beantragt:
die Klage abzuweisen.
Das Gericht hat Beweis erhoben durch die Vernehmung der Zeugen [redacted] sowie durch Hinzuziehung der RE-Akten [redacted] Wik 949 Landgericht Kassel und [redacted] Wi/Ka/A 1147 des AVW in Kassel. Auf die Niederschriften vom 11. 3. 1954 (Blatt 29 d.A.) und vom 17. 3. 1954 (Bl. 30 ff d. A.) sowie auf den Akteninhalt auch der RE-Akten wird Bezug genommen.

Entscheidungsgründe:

Die Zuständigkeit des Gerichts ergibt sich aus § 108, Abs. 1 a in Verb. mit § 98 Abs. 1, 99 BEG.
Die Klage – als solche stellt sich der Einspruch der Klägerin seit Inkrafttreten des Bundesergänzungsgesetzes zur Entschädigung für Opfer der nationalsozialistischen Verfolgung (BEG) vom 18. 9. 1953 dar – ist zulässig, fristgerecht erhoben, aber nur insoweit begründet, als die Klägerin Entschädigung für vom Konto der Erblasserin bei der Kreissparkasse Wolfhagen, Zweigstelle Volkmarsen gezahlte 1700,— RM Abgabe an die Reichsvereinigung der Juden in Deutschland für Abtransport begehrt.
Die Klägerin ist die Nichte ihrer verstorbenen Tante Rosa Rosenstock und gemäß Erbschein des Amtsgerichts Kassel vom 16. 9. 1950 – VI 111/50 – als deren Erbin ausgewiesen. Da sie als Nichte zu den gesetzlichen Erben der 2. Ordnung gehört, ist sie auch gemäß § 10 Abs. 4 BEG berechtigt, die Ansprüche ihrer verstorbenen Tante Rosa Rosenstock geltend zu machen. Durch eine Auskunft der Kreissparkasse Wolfhagen, Zweigstelle Volkmarsen vom 16. 2. 1951 (Bl. 68 d. RE-Akten Gottschalk (Rosenstock) ./. Eheleute [redacted] – Wik 949 Landgericht Kassel) ist erwiesen, daß das Konto der Tante der Klägerin gemäß Sicherungsanordnung nach § 37 a des Devisengesetzes vom 4. 2. 1935 am 15. 12. 1938 gesperrt worden ist, daß von diesem Konto am 27. 5. 1942 an die Reichsvereinigung der Juden in Deutschland für Abtransport 1700,— RM überwiesen worden sind, und daß das Restguthaben in Höhe von 2.572,30 RM am 14. 7. 1942 von dem Finanzamt Kassel-Innenstadt als jüdisches Vermögen eingezogen worden ist. Aus diesem eben genannten Schreiben der Kreissparkasse geht ferner hervor, daß die Tante der Klägerin in der Zeit von Oktober 1939 bis zum 21. 5. 1942 insgesamt 2.425,— RM von ihrem Konto zu ihrem Lebensunterhalt entnommen hat.
Der Klägerin steht für diese von ihrer Tante geleistete Abgabe

Abb. 4:

Auszug aus dem Urteil vom 17.3.1954

Julius Wertheim

Julius Wertheim, geboren am 6.6.1888 in Helmarshausen, ist im Jahr 1909 von Frankenberg nach Volkmarsen zugezogen und war Angestellter bei der Familie Katzenstein in Volkmarsen, Baustr. 1. Hier hatte er auch seine Wohnung bis zum 10.11.1938. Dann wurde er mit anderen jüdischen Männern verhaftet und in das Volkmarser Polizeigefängnis eingeliefert. Am 11.11.1938 wurden die Gefangenen nach Kassel überführt und von dort ins KZ Buchenwald gebracht.

Hier verlor sich nach den bisherigen Akten der Stadt Volkmarsen seine Spur. In einer nach dem Krieg auf Anordnung des Regierungspräsidenten von der Stadt gefertigten Aufstellung über den Verbleib der jüdischen Einwohner heißt es „am 31.05.1942 deportiert". Anscheinend hat sich niemand der Volkmarser Einwohner über den Verbleib des Herrn Wertheim Gedanken gemacht, denn über sein Schicksal wurde nie gesprochen. Inzwischen steht eindeutig fest, dass er nach seiner Verhaftung im November 1938 nie mehr zurückgekehrt ist. Gemäß den Aufzeichnungen in Buchenwald wurde Julius Wertheim - Häftlings-Nr. 25.750 - von den SS-Wachmannschaften an ein Fensterkreuz gebunden und einen ganzen Tag lang so bestialisch geschlagen, dass er am 19.12.1938 seinen schweren Verletzungen erlegen ist. Diese Aussagen wurden von Frau Ilse Lichtenstein, Tochter des seinerzeit ebenfalls in Buchenwald inhaftierten Volkmarser Bürgers Meinhard Lichtenstein, aufgrund der Erzählungen ihres Vaters bestätigt.

Das kurze Leben der Lieselotte Michel

Lieselotte Michel wurde am 5.7.1926 in Volkmarsen geboren und lebte mit ihrer Mutter Erna Michel, geb. Meyerhoff, und den Großeltern Betty und Abraham Meyerhoff in der Geilingstraße. Am 6.4.1932 wurde sie als jüdisches Mädchen in der katholischen Volksschule in Volkmarsen eingeschult. Im Frühjahr 1934 verlor sie ihren Vater Siegmund Michel, der als Handelsvertreter tätig war und während eines Aufenthalts in Korbach Selbstmord beging. Als in Deutschland die Nationalsozialisten unter Hitler an die Macht kamen, haben sich auch viele Volkmarser Einwohner diesen fanatischen, gegen alle Minderheiten und Andersdenkende völlig rücksichtslosen, Leuten angeschlossen. Die Hetze gegen die deutschen Juden wurde von Tag zu Tag schlimmer und auch den jüdischen Familien in Volkmarsen wurde das Leben immer schwerer gemacht. Nur wenige Volkmarser Bürgerinnen und Bürger haben versucht, ihren jüdischen Mitbürgern zu helfen.

Abb. 5:

Lieselotte Michel mit Mutter Erna und Großmutter Betty Meyerhoff, ca. 1935

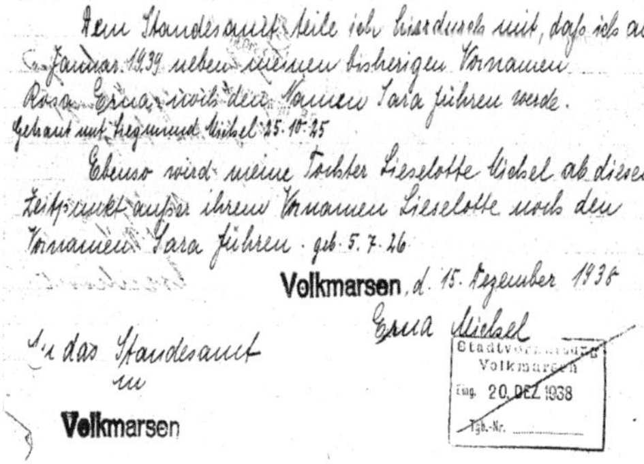

Dem Standesamt teile ich hierdurch mit, daß ich ab 1. Januar 1939 neben meinen bisherigen Vornamen Rosa Erna noch den Namen Sara führen werde.

Ebenso wird meine Tochter Lieselotte Michel ab diesem Zeitpunkt außer ihrem Vornamen Lieselotte noch den Vornamen Sara führen. geb. 5.7.26

Volkmarsen, d. 15. Dezember 1938

Erna Michel

An das Standesamt in Volkmarsen

Stadtverwaltung Volkmarsen Eing. 20. DEZ 1938 Tgb.-Nr.

Abb. 6:

Im Jahr 1938 mussten sämtliche deutschen Juden zwangsweise die zusätzlichen Vornamen „Sara" bzw. „Israel" annehmen.

Nach den schlimmen Ereignissen am 9. November 1938 (eine ehemalige Klassen-Kameradin kann sich heute noch daran erinnern, wie Lieselotte bitterlich weinend zusehen musste, wie die Thorarollen der jüdischen Gemeinde öffentlich verbrannt wurden) entschlossen sich auch die Mutter und die Großeltern von Lieselotte, wenigstens das Kind mit Hilfe eines Kindertransportes nach Holland in Sicherheit zu bringen. Gemeinsam mit den beiden Schwestern Lichtenstein und vielen anderen Kindern aus unserer Region fuhr Lieselotte Michel am 3. Januar 1939 mit der Bahn nach Holland, wo die Kinder freundlich aufgenommen wurden.

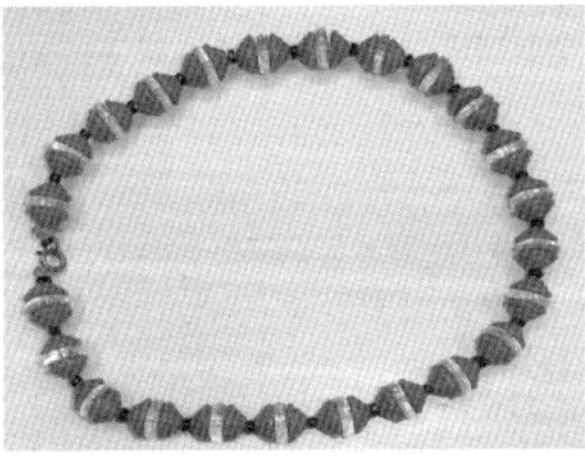

Abb. 7:

Halskette von Lieselotte Michel

Am 10. Mai 1940 überfiel die deutsche Wehrmacht auf Befehl Hitlers das kleine Holland. Das Land wurde von den Deutschen besetzt, und sofort begann auch die Verfolgung der im Land lebenden jüdischen Menschen. Lieselotte wurde zunächst von holländischen Leuten versteckt, später aber doch gefangen und in das Konzentrationslager Westerbork verschleppt.

Die Mutter und die Großeltern lebten zu dieser Zeit noch in Volkmarsen, wurden aber im Jahr 1942 nach Polen deportiert und von den Nazi-Verbrechern ermordet. Lieselotte Michel wurde 1943 mit vielen anderen jüdischen Menschen aus Holland in das Vernichtungslager Sobibor in Polen gebracht und dort am 26.3.1943 im Alter von 16 Jahren ebenfalls ermordet

Abb. 8: Straßenschild „Lieselotte-Michel-Ring" in Volkmarsen

Otto Bernstein. Lebenserinnerungen aus Theresienstadt

Otto Bernstein lebte von 1873 bis 1961. Er stammte mütterlicherseits aus der alteingesessenen Volkmarser Familie Hüneberg und verlebte einen Teil seiner Kinder- und Jugendzeit in Volkmarsen. Die Familie seines Vaters (Behrend/Bernstein) wohnte im westfälischen Borgentreich und auch in Warendorf. Im Alter von 10 Jahren wurde er Schüler des Realgymnasiums (Friedrichs-Gymnasium) in Kassel. Während dieser Zeit wohnte er bei seinem Onkel Lieberg. Er ging später nach Berlin und dann nach Moskau, wo er vor dem 1. Weltkrieg erfolgreich als deutscher Kaufmann tätig war. Nach abenteuerlicher Internierungszeit während des 1. Weltkriegs gelang ihm die Flucht über Schweden nach Deutschland.

Seinem damals 15-jährigen Sohn Gerd konnte er 1938 die Ausreise nach England ermöglichen. Gerd war zunächst in einem Jugendheim in Südengland untergebracht und arbeitete in einer Fabrik. Bei Kriegsausbruch wurde er von der britischen Regierung mit vielen anderen Deutschen zunächst interniert und später nach Australien verschifft. Otto Bernstein wurde 1942 in das KZ Theresienstadt eingeliefert und war dort bis zur Befreiung des Lagers. Er konnte seinen Sohn in Australien wiederfinden und verbrachte bei ihm seinen Lebensabend.

Er hat viele Aufzeichnungen über seine Jugendzeit, seine Abenteuer in Russland und seine Jahre in Theresienstadt verfasst, die ich über seinen

Sohn aus Australien vor einiger Zeit bekommen habe. U.a. hat Herr Bernstein während seiner KZ-Zeit viele Gedichte geschrieben, die im Originaltext erhalten geblieben sind.

Theresienstadt[2]

„Während der ganzen Zeit hörten die Drangsalierungen durch die SS nicht auf. So wurde einmal an einem kalten regnerischen Novembertag eine „Volkszählung" vorgenommen. Nicht etwa, dass Listen ausgefüllt wurden; die ganze Einwohnerschaft musste sich um 6 Uhr morgens auf einem eine halbe Stunde vor der Stadt gelegenen Felde versammeln. Jedes Haus als geschlossenes Ganzes. Bis die 40 oder 50.000 Menschen geordnet waren - es waren ja keine Soldaten, sondern alte Menschen - wurde es Nachmittag; bis die Zählung durch die SS durchgeführt war, wurde es Abend und erst gegen 9 Uhr abends war man wieder Zuhause. Man stelle sich 70- und 75-jährige Frauen vor, die 15 Stunden lang in Sturm und Regen auf freiem Felde ausharren müssen ohne auch nur die Möglichkeit zu haben, sich niederzusetzen. Die Folgen dieses Ausfluges waren katastrophal. Ein andermal wurde als Repressalie wegen irgendeiner kleinen Unordnung - an einem Fenster war die Verdunkelung angeblich nicht vorschriftsmäßig durchgeführt - eine 6-wöchige Lichtsperre über die ganze Stadt verhängt. Es war in den dunkelsten Tagen des Winters.

Auf der Straße konnte man erschütternde Bilder sehen: So z.B. alte Leute, manche davon frühere Rechtsanwälte, Ärzte, Professoren, die schwere Last- und Leichenwagen ziehen mussten oder als Straßenreiniger arbeiteten. Zwar bestand für die Leute über 65 keine Arbeitsverpflichtung, doch bemühte sich jeder, der irgend wie dazu imstande war, beschäftigt zu werden, um die kleinen „Zubusse" bestehend aus etwas Margarine und Zucker zu erhalten, später kam dann noch eine Vergütung in Theresienstädter Ghettokronen hinzu.

Man suchte auf jede Weise, seinen Hunger vergessen zu machen, denn gehungert wurde bis zuletzt, d.h. bis die Russen kamen. Zuerst herrschten geradezu katastrophale Zustände bei der Essensausgabe. Der wütende Hunger zwang die Menschen stundenlang bei jedem

[2] Aus den Aufzeichnungen von Otto Bernstein 1873 - 1961, gefangen im KZ Theresienstadt von 1942 - 1945.

Wetter auf den Kasernenhöfen auszuharren, um schließlich nach unbeschreiblichem Gedränge ein paar oft verfaulte, harte Kartoffeln und vielleicht eine Wassersuppe zu ergattern. Aber selbst um diese Wassersuppe wurde man angebettelt. Erst später wurden Wärmeküchen eingeführt. Vor den Küchen lauerten noch viele Menschen und warteten nach Schluss der Essensausgabe bis die Abfälle herausgeworfen wurden, um darin vielleicht noch etwas Essbares zu finden".

Bildnachweis:

Privatarchiv E. Klein

Die Papierfabrik der Familie Mosheim und weitere jüdische Familien – Spuren jüdischen Lebens in Wrexen

von Monica Kingreen

In Wrexen lebten im 19. und 20. Jahrhundert einige jüdische Familien.[1] Sie waren ein prägender Teil des dörflichen Lebens. Mit dem „Waldeckischen Organisationsedikt" vom Januar 1814 waren die Juden den übrigen Bürgern gleichgestellt.

Die Familie Löb war die ortsälteste Familie in Wrexen und lebte dort vermutlich mindestens seit dem ersten Drittel des 19. Jahrhunderts. Die bedeutendste Familie war die Familie Mosheim, die sich im Jahre 1901 in Wrexen niederließ und die wirtschaftliche Entwicklung des Ortes maßgeblich prägte. Für das 20. Jahrhundert sind noch die Familien Baer und Weitzenkorn zu nennen. Im Jahre 1905 lebten hier 17, im Jahre 1925 23 jüdische Personen, sämtlich geachtete Mitglieder der Dorfgemeinschaft.

In der Zeit des Nationalsozialismus wurden jüdische Bürger verfolgt, entrechtet und beraubt. Im Mai 1939 lebten 14 jüdische Personen im Dorf. Alle Personen waren seit dem 19. September 1941 gezwungen, den diskriminierenden Stern auf ihrer Kleidung zu tragen. Zu dieser Zeit wurde Wrexen zum Ghettoisierungs-Ort jüdischer Menschen aus der Region: aus der Stadt Korbach, aus Vöhl im Kreis Frankenberg sowie aus den Dörfern des Uplandes, Usseln, Eimelrod und Adorf im Kreis des Eisenberges.[2] Bei der Massendeportation Ende Mai 1942

---

1 Dieser Text beruht ganz wesentlich auf dem Buch: Geschichte und Schicksale jüdischer Familie in Wrexen, bearbeitetet von Renate Ise, Hans-Joachim Mosheim, Horst Schaake, Bad Arolsen 2008. Es enthält zahlreiche Dokumente und Erinnerungen. Die Zitate aus dem Buch sind hier im einzelnen nachgewiesen, zitiert als Wrexen 2008. Weiter beruht der Text auf http://www.alemannia-judaica.de/rhoden_synagoge.htm, den Daten der Volkszählung vom 17. Mai 1939 des Bundesarchivs Berlin, auch im Fritz Bauer Institut vorhanden, der Akte zu Rhoden der Sammlung Paul Arnsberg im Jüdischen Museum Frankfurt am Main, dem Gedenkbuch des Bundesarchivs für die Opfer des Nationalsozialismus, http://www.bundesarchiv.de/gedenkbuch/, der Datenbank der Opfer des Holocaust von Yad Vashem, http://db.yadvashem.org/names/search.html?language=en, Beate Kleinert/Wolfgang Prinz (Hrg.), Namen und Schicksale der Juden Kassels 1933-1945, Ein Gedenkbuch, Kassel 1986. Diese Quellen sind nicht im einzelnen angegeben.

2 Der Zeitpunkt September 1941 lässt sich nur für Korbach nachweisen, vgl. Karl Wilke, Die Geschichte der jüdischen Gemeinde Korbach, Korbach 1993, S. 77, beispielsweise. Für die anderen Orte wird der Zeitpunkt der erzwungenen Zuweisung nach Wrexen hier zeitgleich angenommen.

wurden einige dieser Menschen aus Wrexen verschleppt und ermordet. Die übrigen wurden Mitte Juli 1942 zu einem Umzug nach Kassel gezwungen und dann mehrere Wochen später von dort gewaltsam verschleppt. Nach dem Krieg übernahm Siegmund Mosheim, der aus dem Ghetto Theresienstadt zurückgekehrte Sohn des Firmengründers Jonas Mosheim, zusammen mit seinem Sohn Joachim die Fabrik bis zum Jahre 1951 und lebte mit seiner Familie in Wrexen.

Religiöses Leben

Die jüdischen Familien von Wrexen gehörten zur jüdischen Gemeinde im benachbarten Rhoden, die seit dem 18. Jahrhundert bestand. Hier befand sich ihr Gotteshaus, die Synagoge, an der Landstraße. Die Führung der Gemeinde wurde im Vorstand zwischen Rhoden und Wrexen aufgeteilt. So war um 1925 Siegfried Löb aus Wrexen der 2. Vorsteher, während Aron Stern aus Rhoden der 1. Vorsteher war. Die Gemeinde hatte bis mindestens 1903 ihren eigenen Lehrer, Kantor und Schächter, der das religiöse Oberhaupt der Gemeinde war. Die Finanzierung hatten alle Familien aus Rhoden und Wrexen anteilig zu tragen. Die Gemeinde verfügte sicherlich auch über eine Mikwe, das jüdische Ritualbad.

Der Friedhof der Gemeinde[3] befand sich seit mindestens 1821 auf dem „Heidhüwwel" und war Begräbnisstätte der jüdischen Familien aus Rhoden, Wrexen, Dehausen und Ammenhausen. Einige Grabsteine von Wrexener Bürgern finden sich dort: 1878 Berta Löb; 1881 Abraham Löb; 1897 Salomon Löb; 1921 Lina Baer; 1934 Hannchen Loeb; 1936 Jonas Mosheim; 1940 David Mosheim; 1942 Anna Baer; 1942 Ella Baer.

Familie Mosheim und die Papierfabrik Mosheim in Wrexen

Im Jahre 1899 hatten vier Brüder Mosheim, die aus Landau (Waldeck) stammten, in Rhoden ein Haus gekauft. Zwei Jahre später erwarben die vier Brüder Mosheim: Jonas, *1859, Moses, *1861, Levi, *1863 und David, *1866, die im selben Jahr in Konkurs gegangene Papiermühle Hanweg in Wrexen. Sie war im Jahre 1711 erbaut worden und die erste

---

3 Vgl. Der jüdische Friedhof Rhoden. Eine Dokumentation von Heinrich Friele und Karl Heinemann, Korbach 2008.

Papiermühle im Ort. Die Familie Mosheim hatte seit dem 18. Jahrhundert in Adorf gelebt.[4] Fünf Jahre führten die vier Gebrüder Mosheim ihre Papiermühle in Wrexen gemeinsam. Im Jahre 1906 erwarben die Brüder eine weitere Papiermühle in Vlotho. Die beiden mittleren Brüder Levi und Moses Mosheim zogen nach Vlotho und führten die Fabrik dort, während der älteste Bruder Jonas mit dem jüngsten Bruder David die Fabrik in Wrexen in der Orpetalerstraße leitete.

Jonas Mosheim kaufte den Hof Biggenhammer, einen ehemaligen Eisenhammer. Er fuhr zusammen mit einem Kutschknecht mit der Pferdekutsche oder im Winter mit dem Jagdschlitten von der Fabrik zum Hof Biggehammer und zurück. David Mosheim baute gegenüber der Papierfabrik eine Villa, „Mosheims Villa" genannt. Er wurde 1911 Schützenkönig in Wrexen und seine Ehefrau Thekla, die aus Rhoden stammte, Schützenkönigin. Bis 1924 blieb er Schützenkönig.[5]

Abb. 1: Schützenfest in Wrexen. David Mosheim wurde im Jahre 1911 Schützenkönig. Seine Frau Thekla wählte er als Schützenkönigin. Er trägt die entsprechenden Orden und einen Zylinder. Der Bürgermeister steht neben der Schützenkönigin, der Dechant neben dem Schützenkönig.

---

4 Siehe dazu auch http://www.synagoge-voehl.de/Juden_im_Landkreis/adorf/index.htm.

5 Siehe Fotos im Fotowebportal http://www.vor-dem-holocaust.de unter Wrexen.

Die Papierfabrik Mosheim war ein wichtiger wirtschaftlicher Faktor für Wrexen und Umgebung. Neben den Mitgliedern der Familie Mosheim arbeiteten zahlreiche Personen dort. Altpapier wurde am Bahnhof Wrexen angeliefert und zur Fabrik gefahren. Der große Kessel der Papierfabrik wurde mit Kohlen gefeuert, die mit einem Kastenwagen vom Bahnhof herbeigeschafft wurden. Fuhrknechte waren zum Ein- und Ausladen beschäftigt. Diverse Arbeiter und Angestellte waren in der Papierfabrik beschäftigt. Auch wurden Lehrlinge als Papiermacher ausgebildet. Die fertige Papierware verschickte man vom Bahnhof aus an die Käufer. Die Firma Mosheim besaß als erster Betrieb einen LKW mit Kettenantrieb und Vollgummirädern. Auch Wiesen und Ländereien gehörten zu der Fabrik, ebenso ein Kuhstall. Es herrschte ein gutes Arbeitsklima in der Papierfabrik Mosheim.

Abb. 2: Die Gebrüder Mosheim leiteten die Papierfabrik seit 1901 (Foto: 1900)

Zeit des Nationalsozialismus

In der Zeit des Nationalsozialismus wurden die Firma und die Familien Mosheim unter starken Druck gesetzt. Am 29. August 1933 gab es einen Überfall von Nationalsozialisten auf den Fabrikanten Mosheim in seinem Büro. Die Täter wurden nicht verfolgt, doch die jüdische Angestellte Ella Baer für zwei Tage in Wrexen in Schutzhaft genommen, dann im Polizeigefängnis in Korbach, später in Kassel verhört und inhaftiert.[6] 1936 starb Jonas Mosheim und wurde auf dem Jüdischen Friedhof in Rhoden beerdigt.

Die Papierfabrik war dem Boykott ausgesetzt, so wurde beispielsweise eine Buchhandlung in Arolsen, die ihr Altpapier von der Firma Mosheim abholen ließ, von einem Nachbarn denunziert und zog so den Boykott der NSDAP-Führung Arolsen auf sich.[7] 1938 wurde die Papierfabrik wegen der nationalsozialistischen Verfolgung und des jahrelangen Boykotts zusammen mit den Ländereien verkauft. Einem Teil der Familie war die Flucht nach England gelungen. Über Ausschreitungen während des Novemberpogroms 1938 ist nichts bekannt, was nicht bedeutet, dass es keine gab.

Im Mai 1939 lebten in der „Villa Mosheim" das Ehepaar David und Thekla Mosheim, die Schwester von Thekla Mosheim, Rosa Frohsinn, geb. Stern, sowie die vier Kinder des Mitfirmengründers Jonas Mosheim: Friedrich, Else und Tilla Mosheim sowie Hedwig Stern, geb. Mosheim. Den drei Schwestern Else und Tilla Mosheim und Hedwig Stern gelang später die Flucht nach San Francisco.

1940 starb David Mosheim in Wrexen und wurde auf dem Jüdischen Friedhof in Rhoden beigesetzt. Seine Witwe Thekla, die einstige Schützenkönigin, lebte weiter in „Mosheims Villa". Sie musste erleben, wie sich die Villa zu einem Ghettohaus wandelte, in das jüdische Menschen aus der Umgebung zwangsweise eingewiesen wurden. So wurden im September 1941 aus Korbach eingewiesen: Das Ehepaar Hermann und Jenny Straus mit seiner 19-jährigen Tochter Irmgard sowie das Ehepaar Rudolf und Henni Kaufmann mit seinem 30-jährigen Sohn Alfred, der aber nach kurzer Zeit wieder in Kassel war und im Dezember 1941 von dort nach Riga verschleppt wurde und dies überlebte. Alle Personen waren seit dem 19. September 1941 gezwungen, den diskriminierenden Stern auf ihrer Kleidung zu tragen. In diese Zeit gehört auch diese Erinnerung eines damals jugendlichen Mädchens: Es „hat mich ‚Bäckers' Tante,

---

[6] Siehe Faksimileabdruck der Dokumente bei Michael Winkelmann, „Auf einmal sind sie weggemacht". Lebensbilder Arolser Juden im 20. Jahrhundert, Kassel 1992, S. 143f., entsprechend auch bei Wrexen 2008, S. 73f.

[7] Vgl. Winkelmann, a.a.O., S. 284.

Marie Wetekam ... häufig gefragt, ob ich mit ihr zusammen in das Haus Villa Mosheim gehen würde, um Essen/Lebensmittel hinzubringen. Ich bin jedes Mal mitgegangen und habe geholfen, die Sachen zu tragen."[8]

Im Oktober 1941 betrieb Thekla Mosheim wohl von Verwandten in den USA in die Wege geleitet, ihre Auswanderung nach Kuba. Wenige Tage nach dem Beginn der Massendeportationen jüdischer Deutscher aus dem Deutschen Reich wurde Thekla Mosheim von der HAPAG Hamburg-Amerika Linie, Reisebüro in Essen, aufgefordert, persönliche Rücksprache zu nehmen. Einen Notar in Vlotho, bei dem sie bereits ihr Testament hinterlegt hatte, bat sie: „Ich möchte aber vor meiner Ausreise nochmal Verfügungen treffen". Die Bewegungsfreiheit für jüdische Deutsche war zu dieser Zeit seit kurzem aufgehoben, so dass für solche Reisen polizeiliche Genehmigungen einzuholen waren. Die Auswanderung von Thekla Mosheim scheiterte.[9]

Ende Mai 1942 erhielten die aus Korbach in die Villa Mosheim eingewiesenen Personen die Aufforderung zur Deportation. Die Verzweiflung dieser Tage kann man sich nur versuchen vorzustellen. Thekla Mosheim und ihre Schwester Rosa Frohsinn standen den bedrängten Menschen sicherlich zur Seite. Nach dem Abschied blieb ihnen nur noch kurze Zeit in ihrem Haus. Hier wurde nun wohl das Ehepaar Siegfried und Ida Löb mit seiner 19-jährigen Tochter Liesel aus ihrem Haus in Wrexen eingewiesen und gezwungen, in der „Villa Mosheim" einzuziehen, möglicherweise geschah dies aber auch schon zu einem früheren Zeitpunkt. Wenige Wochen später - Mitte Juli 1942 - mussten sie zusammen mit anderen Menschen aus Wrexen zwangsweise nach Kassel umziehen. Zu diesen gehörte Willy Schwabe aus Kassel, er war möglicherweise auch hier eingewiesen gewesen.

Am 7. September 1942 wurde Thekla Mosheim zusammen mit ihrer Schwester Rosa Frohsinn über Kassel mit einem Massentransport in das Ghetto Theresienstadt und von dort nach wenigen Wochen in ein Vernichtungslager verschleppt und ermordet. Thekla Mosheim, die einstige Schützenkönigin von Wrexen, wurde im Alter von 67 Jahren in der Gaskammer des Vernichtungslagers Treblinka ermordet. Auch alle anderen Bewohner der Villa Mosheim wurden ermordet.

---

8 Wrexen 2008, S. 52.

9 Vgl. Faksimileabdruck zweier Dokumente ebenda, S. 58.

Nach 1945

Der Sohn des Firmen-Mitbegründers Jonas Mosheim, Siegmund Mosheim, 1890 in Landau (Waldeck) geboren, kam nach dem Krieg nach Wrexen, um die Fabrik der Familie Mosheim, die durch die amerikanischen Besatzer zurückerstattet worden war, zu übernehmen. Er war im Februar 1945 aus Hannover in das Ghetto Theresienstadt verschleppt worden und konnte im Mai 1945 die Befreiung erleben. Von den früheren Massendeportationen war er wegen seiner Ehe mit einer sogenannten „Arierin" ausgenommen gewesen. Zusammen mit seiner katholischen Ehefrau Margarete lebte er in Wrexen. 1946 kehrte der Sohn Hans-Joachim (*1922), der von Beruf Papiermacher war, aus dem Schweizer Exil zurück. Siegmund und Hans-Joachim Mosheim führten die Fabrik als Treuhänder für die Erben der Familie Mosheim, dann als „Papiergroßhandlung Siegmund Mosheim". Sie lebten im Gebäude der Fabrik. Eine Erinnerung zu Siegmund Mosheim: „Er besaß schon ein Auto, mit dem er viele Dinge transportieren konnte. Er hatte Organisationstalent, welches nach dem Krieg sehr gefragt war, und konnte für den Haushalt sehr viel besorgen. Immer wieder groß war die Freude, wenn zurückgekommene jüdische Verwandte und Freunde bzw. Überlebende der Konzentrationslager zu Besuch kamen. Mosheimers hatten ein sehr offenes Haus. Hans-Joachim und seine Frau zogen Anfang 1946 in die Villa Mosheim."[10] Nach dem Verkauf der Firma im Jahre 1951 zog Siegmund Mosheim mit seiner Frau im Sommer 1953 in die ehemalige „Villa Baer" an der Hauptstraße. Im Alter von 75 Jahren starb Siegmund Mosheim.

Familie Baer

Die Witwe Lina Baer zog nach dem Tod ihres Mannes 1901 zusammen mit ihren Töchtern Ella und Anna, die Anfang und Mitte zwanzig waren, aus Arolsen nach Wrexen. Anna Baer (*1875) arbeitete bei der Firma Gebr**üder** Pohlmann und Ella Baer (*1879) als Buchhalterin bei der Firma Gebrüder Mosheim, der Papierfabrik. Sie wurde dort im Laufe der Jahre zur „Seele der Buchhaltung und der Finanzen".[11] Die Schwestern Baer lebten mit ihrer Mutter in der Damm-Mühle in

---

[10] Ebenda, S. 54.

[11] Ebenda, S. 86. Das Zitat ist von Hans-Joachim Mosheim.

Wrexen. Ihre Mutter starb im Jahre 1921 und wurde auf dem Jüdischen Friedhof in Rhoden beerdigt. Die Schwestern ließen auf den Grabstein die Inschrift „Hier ruht unsere liebe Mutter" anbringen.

Nach dem Tode ihrer Mutter bauten sich die beiden Schwestern ein Haus auf einem parkähnlichen Grundstück in der Rhodener Straße, im Dorf „Villa Baer" genannt. Auf einem Plätzchen hinter dem Haus spielte Ella Baer - nach den Erinnerungen älterer Wrexener Bürger - gerne und regelmäßig mit dem Förster und dem Postsekretär Skat. Hier weitere Erinnerungen aus dem Buch „Jüdische Familien in Wrexen"[12]: „Für uns Kinder waren die Fräuleins etwas Besonders. Wir waren Nachbarn und wir hatten zusammen mit den Bewohnern aus der Trotzmühle, dem Forsthaus und unserem Haus Meier ein sehr nettes Verhältnis untereinander." „Wie oft hat mich meine Mutter, wenn kein anderer Verwandter da war, in die Obhut von Tante Anna und Tante Ella Baer gegeben. Meine Mutter war für diese Hilfe sehr dankbar und ich habe mich bei den Tanten sehr wohl gefühlt. [...] Jedesmal wurde ich freundlich und herzlich empfangen und bekam zuerst einmal ein Glas Himbeersaft zu trinken." „Ella kam immer mit dem Fahrrad zur Arbeit in die Papierfabrik Mosheim gefahren. Sie war für die damalige Zeit schon eigenartig gekleidet (nicht als Frau und nicht als Mann), sie trug immer ein keckes Hütchen. Ella Baer war Zigarrenraucherin." „Wenn wir Durst hatten, gingen wir zu Fräulein [Anna] Baer, denn Ella war ja auf der Arbeit, und bekamen auch etwas zu trinken. Manchmal auch Plätzchen oder ‚Bomchen', beide Schwestern waren zu uns immer sehr lieb, freundlich und freigiebig. [...] Ich kenne Ella gekleidet mit Oberhemd und Krawatte." „Von dem guten Nachbarschaftsverhältnis [...] haben meine Eltern oft gesprochen."

In der Nazi-Zeit änderte sich dieses enge Verhältnis deutlich. Einige Erinnerungen:[13] „Ab 1935/1936 durfte meine Mutter ihre Näharbeiten für die Schwestern Baer nur noch heimlich machen, ebenso die Anprobe im Haus. (...) [es] wurde sich nur noch in unbeobachteten Augenblikken zugewinkt." „Nach 1935/1936 gab es sehr wenig Kontakt und die gemeinsamen Bestellungen von EDUSCHO Kaffee, den ich bis dahin immer ausgeliefert hatte, hörten auf. Die Baer Fräuleins zogen sich immer mehr zurück. Bis zu dieser Zeit bekamen Fritz Dietz und ich

---

[12] Ebenda, S. 86ff.

[13] Ebenda.

immer eine Kleinigkeit an Süßigkeiten oder Erdbeeren von den beiden geschenkt. In der Reichskristallnacht 9.11/10.11.1938 wurden auch die Fensterscheiben an dem Haus Baer zerschmissen. Zum Jahre 1939 zog das Ehepaar Albert und Jeanette Weitzenkorn als Mieter zu ihnen, nachdem sie sich gezwungen sahen, ihr Haus in der Hauptstraße in Wrexen zu verkaufen."

Im September 1941 wurden sieben jüdische Menschen aus Korbach zwangsweise in das Haus der Schwestern Baer eingewiesen: Das Ehepaar Emil und Goldine Löwenstern mit seiner Schwägerin Hermine Löwenstern, das Ehepaar Ludwig und Feodora Mosheim aus Korbach sowie das Ehepaar Siegfried und Hedwig Katz im Jahre 1941.[14]

„Bis zum Todestag von Anna und Ella Baer brachte mein Vater [...] in die Nähe des Hauses Baer noch täglich eine Kanne Milch und versteckte diese hinter einem bestimmten Baum, manchmal zusammen mit anderen Lebensmitteln. Im Winter war der Schnee das Versteck der Milch, im Sommer wurde mit Laub und Gebüsch das Versteck unsichtbar gemacht."[15]

Unmittelbar nach dem Beginn der Massendeportationen jüdischer Deutscher aus dem Deutschen Reich Mitte Oktober 1941 gab es letzte Auswanderungsbemühungen nach Kuba. Ella Baer wurde von der HAPAG Hamburg-Amerika Linie, Reisebüro in Essen, aufgefordert, persönliche Rücksprache zu nehmen. Verwandte in den USA haben dies vermutlich eingeleitet, näheres ist jedoch nicht bekannt. Am 4. November 1941 suchte Ella Baer zusammen mit der Mitbewohnerin Hedwig Katz „wegen der Auswanderungsangelegenheit" das Büro der Bezirksstelle Hannover der Reichsvereinigung der Juden in Deutschland auf, die der Gestapo unterstand.[16] Ihre Auswanderungspläne scheiterten jedoch.

Wenige Monate später - Ende Mai 1942 trafen in der „Villa Baer" die Aufforderungen zur Verschleppung ein für Ella Baer, Hermine Löwenstern sowie das Ehepaar Katz. Die ältere Schwester Anna Baer war nicht betroffen, da sie älter als 65 Jahre und somit nach den Richtlinien

---

14 Vgl. Karl Wilke, Die Geschichte der jüdischen Gemeinde Korbach, Korbach 1993.

15 Wrexen 2008, S. 87.

16 Vgl Faksimileabdruck von Dokumenten, Wrexen 2008, S. 73-80, besonders S. 75 und 78.

der Gestapo nicht für die Verschleppung vorgesehen war.[17] Am Tag vor der Verschleppung jüdischer Personen aus Wrexen hatten sich die Schwestern Anna und Ella Baer, 66 und 63 Jahre alt, entschlossen, ihrem Leben ein Ende zu setzen und gemeinsam aus dem Leben zu scheiden. Ihre Todesurkunden vermerken, dass sie „zuletzt am 30. Mai 1942 lebend gesehen wurden."[18] Sie wurden auf dem Jüdischen Friedhof in Rhoden beerdigt. Unter dem Eindruck des gewaltsamen Todes der beiden Schwestern Baer wurden Hermine Löwenstern und Hedwig Katz, deren Auswanderungspläne nach Kuba ebenfalls gescheitert waren, und ihr Mann Siegfried aus Wrexen nach Kassel und dann in die Region Lublin verschleppt. Die übrigen Bewohner des Hauses die Ehepaare Weitzenkorn, Löwenstern und Mosheim, wurden erneut zwangsweise umquartiert, vermutlich in das Haus Löb und in die „Villa Mosheim".

Familie Max Loeb - „Salmens"

Die Familie Loeb[19] lebte vermutlich seit dem Beginn des 19. Jahrhunderts in Wrexen. Das Haus 77 in der heutigen Orphetalerstraße 2 war mindestens seit 1890 im Besitz der Familie Löb, Salomon Löb ist als Besitzer genannt. Er hatte als Soldat am Krieg 1870/71 gegen Frankreich verdienstvoll teilgenommen. Als er 1911 starb, wurde er auf dem Jüdischen Friedhof in Rhoden beerdigt. Sein Grabstein schmückt prominent die Darstellung eines Eisernen Kreuzes für seine Verdienste im Krieg. Das Haus ging dann auf die Tochter Rosa Hedwig über, die 1917 als Besitzerin genannt ist, zu einer Zeit, als ihr Bruder Max Loeb im Ersten Weltkrieg für sein deutsches Vaterland kämpfte. Von ihm ist eine Fotopostkarte an seine christlichen Nachbarn Groß überliefert: „Liebe Familie Grohs! Für Euer gesandtes Paket sage ich meinen besten Dank. Es freut mich, dass es Euch allen recht gut geht, mir geht es auch noch gut. Noch für heute die besten Grüße Euer Max".[20]

---

[17] Zu den Deportationen siehe: Monica Kingreen: Die gewaltsame Verschleppung der Juden aus den Dörfern und Städten des Regierungsbezirks Kassel in den Jahren 1941 und 1942, in: Helmut Burmeister und Michael Dorhs (Hrsg.): Das achte Licht. Beiträge zur Kultur- und Sozialgeschichte der Juden in Nordhessen. Hofgeismar 2002, S. 223-242.

[18] Wrexen 2008, S. 81f.

[19] Die Schreibweise des Familiennamens wechselt zwischen Loeb und Löb.

[20] Wrexen 2008, S. 90.

Max Loeb hatte 1913 seine Frau Rosalie geheiratet. Das Ehepaar hatte drei Kinder Siegfried, *1914, Selma, *1917, und Walter, *1922. Max Loeb betrieb im Hause Salomon eine Metzgerei. Das Schlachthaus befand sich hinter dem Haus. Über dem Geschäftseingang stand ein großes Schild „Metzgerei Max Loeb". Die Leute im Dorf sagten „wir gehen nach Salmens". Max Loeb betrieb auch noch Landwirtschaft. Zur Adventszeit bot Max Loeb zusätzlich Weihnachtsgeschenke an, in den Schaufenstern des Ladengeschäftes waren Geschenkartikel präsentiert. „Wir gingen sogar in den Schulpausen in das Geschäft, und die Familie Löb ließ uns dort allein, damit wir sehen und staunen konnten. Vor allem die Spielsachen hatten es uns angetan. In einem Jahr hatte ich mich in ein kleines helles Klavier verliebt und wünschte mir dies vom Christkind zu Weihnachten. Leider bekam ich es nicht, sondern ein Xylophon."[21] Zusammen mit der Familie Max Loeb lebte die Schwester Hedwig Rosa, sie war behindert.

Abb. 3: Am Kaufhaus Loeb mit seinen großen Schaufenstern führte ein Aufmarsch mit Hakenkreuzfahnen vorbei (Foto um 1933)

[21] Ebenda, S. 97.

In der NS-Zeit entschlossen sich Max und Rosalie Löb, mit ihren drei Kindern wegen der zunehmenden nationalsozialistischen Verfolgung ihre Heimat zu verlassen. Die Familie konnte Visa zur Einreise in die USA erlangen, für die Schwester Hedwig Loeb war dies wegen ihrer Behinderung allerdings nicht möglich. Sie ging in das Bathildisheim in Neu-Berich, als Versorgungsleistung für seine Schwester übertrug Max Loeb sein Haus in Wrexen an das Bathildisheim. Sein Wiesengrundstück im Köhlerbusch verkaufte Max Loeb im Sommer 1937. Einige Zeit später verließ das Ehepaar Löb wohl zusammen mit seinen Kindern, dem 16-jährigen Walter, der 20-jährigen Selma und dem 23-jährigen Siegfried Wrexen, um nach Amerika zu gehen.

Hedwig Loeb lebte bis zum September 1940 im Bathildisheim. Von dort wurde sie zwangsweise in die Heilanstalt Gießen zusammen mit zahlreichen jüdischen Patienten aus anderen Orten verlegt. Diese Patienten wurden von dort nach Brandenburg in die „Euthanasie"-Mordanstalt gebracht und ermordet. Hedwig Rosa Löb wurde 52 Jahre.[22]

Zum Kriegsende liegt diese Erinnerung vor: „Als bei Kriegsende 1945 die Amerikaner einmarschiert sind, kam ein sehr gut deutsch sprechender Soldat zu uns und fragte meine Mutter, ob er einmal durch sein Elternhaus gehen dürfte. Es war Walter Loeb, amerikanischer Soldat. Natürlich ist es ihm erlaubt worden. Einige Jahre später ist er noch einmal in Wrexen zu Besuch gewesen."[23]

Familie Weitzenkorn

Das Ehepaar Albert und Jeanette Weitzenkorn lebte in der Hauptstraße 66 (heute Nr. 10) in Wrexen. Albert Weitzenkorn war Viehhändler und stammte aus Helsen und hatte schätzungsweise um 1900 Jeanette Weissenklee in Wrexen geheiratet. Sie war in Wrexen im Jahre 1876 als Tochter von Koppel Weitzenkorn geboren worden. Das Ehepaar hatte einen Sohn Karl, er war als junger Mann Torwart der Fußballmannschaft Wrexen. Alfred Weitzenkorn betrieb neben dem Viehhandel

[22] Siehe dazu ausführlich Monica Kingreen, Jüdische Patienten in der Gießener Anstalt und deren Funktion als „Sammelanstalt" im September 1940, in: Uta George, Herwig Groß, Michael Putzke, Irmtraut Sahmland, Christina Vanja (Hrg.): Psychiatrie in Gießen. Facetten ihrer Geschichte zwischen Fürsorge und Ausgrenzung, Forschung und Heilung, Gießen 2003, S. 251-289.

[23] Wrexen 2008, S. 96.

mit Kleinvieh auch eine Gastwirtschaft im Hause Weitzenkorn. „Im Gasthaus Weitzenkorn tranken die Steinhauer, wenn sie aus den Steinbrüchen in Wrexen kamen, gern ihren Korn.“[24] Eine andere Erinnerung: „Albert Weitzenkorn wurde einmal gefragt, warum er [in seiner Gastwirtschaft] keinen Ballsaal habe. Er erwiderte, er habe vier Säle: ein Schicksal, ein Trübsal, ein Drangsal und ein Scheusal, was brauche ich einen Ballsaal.“[25]

Wegen der nationalsozialistischen Verfolgung sah sich das Ehepaar 1938 gezwungen, die Gastwirtschaft zum 1. November 1938 aufzugeben und auch sein Haus zu verkaufen. Ihr Sohn Karl war bereits einige Jahre zuvor nach Palästina geflohen. Das Ehepaar Weitzenkorn zog zur Miete zu den Schwestern Baer in der Rhodener Straße 153. Albert Weitzenkorn musste Zwangsarbeit leisten. Das Ehepaar Weitzenkorn musste im Hause der Schwestern Baer miterleben, dass einige ihrer Mitbewohner den Befehl zur Deportation bekamen und sich darauf vorbereiteten. Sie mussten auch miterleben, dass die beiden Schwestern Baer den Freitod wählten.

Das Ehepaar Weitzenkorn wurden zusammen mit zahlreichen anderen Menschen aus Wrexen einige Wochen später, Mitte Juli 1942, gezwungen, ihren Heimatort zu verlassen und nach Kassel zu ziehen. Sechs Wochen später wurden Alfred und Jeanette Weitzenkorn, beide 66 Jahre alt, mit einem Massentransport aus Kassel in das Ghetto Theresienstadt verschleppt. Von dort wurde das Ehepaar drei Wochen später weiter in das Vernichtungslager Treblinka gebracht und unmittelbar nach der Ankunft in den Gaskammern ermordet. Karl Weitzenkorn kam nach dem Krieg wohl einmal aus Amerika zu Besuch zu Mosheims in Wrexen.

Zeitweise waren auch die Eheleute Siegmund und Toni Weitzenkorn aus Korbach zwangsweise in Wrexen, es ist aber nicht bekannt, in welchem Haus sie lebten. Siegmund Weitzenkorn kam im Januar 1942 in das KZ Sachsenhausen, Toni Weitzenkorn war im KZ Ravensbrück und dann in Auschwitz. Beide wurden ermordet.

---

[24] Ebenda, S. 140.

[25] Ebenda, S. 139.

Familie Loeb – „Abrahams“

„Kaufhaus A. Loeb“ stand in großen Lettern am Haus der Familie Löb Oberdorf 4. Der Dorfname der Familie war „Abrahams“. Dort war alles zu bekommen, was an täglichen Dingen des Lebens im Dorf und auch in den umliegenden Ortschaften benötigt wurde. Mit dem Aufdruck „Colonial-, Manufactur- und Branntwein-Handlung“ hatte Abraham Loeb beispielsweise im Jahre 1875 seine Rechnungen bedruckt. Abraham Loeb war im Jahre 1837 in Wrexen geboren worden und hatte um 1870 Hannchen Loeb aus Madfeld geheiratet. Das Ehepaar hatte sechs Kinder. Abraham Loeb starb im Alter von 44 Jahren, seine Witwe gebar das jüngste Kind erst nach dem Tod ihres Mannes. Hannchen Loeb führte das Geschäft alleine weiter und konnte so ihre sechs Kinder versorgen.

Später führten das Geschäft auch die beiden Söhne Levi und Siegfried mit ihr zusammen. Während Levi Loeb unverheiratet blieb, heiratete Siegfried seine Frau Ida, die aus Beverungen stammte, nach dem Ersten Weltkrieg. Der Sohn Artur wurde 1920, die Tochter Alice, „Liesel“ genannt im Jahre 1923 geboren. Die Familie Siegfried Loeb lebte im Hause also zusammen mit der alten Mutter bzw. Großmutter Hannchen und dem ledigen Levi Loeb, der auch als Viehhändler tätig war. „Oma Loeb machte den besten Handkäs, dieser wurde mit Bier verfeinert.“[26]

Das Geschäft Loeb „Abrahams“ verkaufte auch Gemischtwaren, Haushaltswaren und Manufakturwaren. In drei großen hohen Schaufenstern wurden die Waren präsentiert. „Bei Abraham Loebs haben meine Freundin und ich Tischdecken gekauft, die wir uns dann für die Aussteuer mit Kreuz- und Plattstich bestickt haben.“[27] Frauen im Dorf nähten in Heimarbeit für "Abrahams". So erinnert man sich, die Mutter „hat für das Kaufhaus A. Loeb, Inh. Siegfried Loeb aus grünem Stoff Arbeitshemden genäht, die dann im Geschäft verkauft wurden." „ (…) erinnern wir uns nur an weiße, gestreifte Hemden, die meine Mutter für Abraham Loebs genäht hat. Siegfried Loeb ging auch mit seiner Ware auf die Dörfer und machte dort Geschäfte mit den Bauersleuten.“ Zu seinem Bruder Levi liegt diese Erinnerung vor: „Zu Fuß ging Levi Loeb (Viehhändler) mit den genähten Hemden auch in die Börde zu den Bauern. Unseres Wissens waren dies Biberhemden.“[28]

---

[26] Ebenda, S. 108.

[27] Ebenda.

[28] Ebenda, S. 107.

Das Haus 7 (heute Ramser Straße 4) gehörte ebenfalls der Familie Siegfried Loeb. Dort „war das Lager von Löbs Laden mit Nähmaschinen, Öfen, Ofenrohren, Brautöpfen und vielen anderen nützlichen Dingen für das tägliche Leben. Wenn wir in eines dieser Geschäfte gingen, hieß es, wir gehen nach ‚Abrahams'." [29] Eine andere Erinnerung: „In Loebs Laden, Haus Nr. 7, konnten die Wrexer die ersten Badewannen kaufen. Hier gab es u.a. Zinkbadewannen, Gießkannen, Nähmaschinen, Öfen und Zinkeimer. Kurzwaren, Stoffe und Zubehör gab es im Haus Nr. 4."[30] Zu einer Nähmaschine gibt es diese Erinnerung: „Als die Nähmaschine unserer Mutter nicht mehr repariert werden konnte, hat sich die Familie Loeb beim Kauf einer anderen gebrauchten Maschine großzügig gezeigt, denn unsere Mutter konnte in Raten zahlen." [31] Die Familie Loeb betrieb auch noch ein zusätzliches Geschäft: „Bei Abrahams (Loeb) konnten die Wrexer damals schon Geld borgen wie auf einer Bank oder Sparkasse. Mein Vater hat für den Hauskauf in Neu-Wrexen das Geld bei Siegfried Loeb leihen können." [32]

Mit dem Beginn der NS-Zeit begann sich das Leben der Familie Löb einschneidend zu ändern. Die Straße, an der sie lebte, wurde in Adolf-Hitler-Straße umbenannt, einschlägige Umzüge führten an ihrem Haus vorbei. Im Januar 1934 starb Hannchen Loeb im Alter von 84 Jahren. Sie wurde auf dem Jüdischen Friedhof in Rhoden beigesetzt. Auch ihr Geschäft wurde nun boykottiert. „Schulkinder, deren Mütter noch in den jüdischen Geschäften einkauften, wurden vom damaligen Lehrer vor der gesamten Schulklasse angesprochen und ermahnt, ihren Müttern zu sagen, dass dies zu unterlassen sei. Demgegenüber hat sich der damalige Schulleiter neutral verhalten." [33] Zu gewalttätigen Ausschreitungen während des Novemberpogroms sagte die christliche Freundin von Liesel Loeb: „In der Kristallnacht im November 1938 wurde auch das Geschäft und die am Hause befindlichen Schaukästen des Kaufhauses A. Loeb abgerissen und verwüstet. Die darin befindliche Kleidung lag auf der Straße herum. Für mich als junges Mädchen und Freundin von Liesel war dies eine schreckliche Nacht." [34]

---

[29] Ebenda, S. 106.

[30] Ebenda, S. 107.

[31] Ebenda.

[32] Ebenda, S. 106.

[33] Ebenda, S. 107.

[34] Ebenda, S. 108.

Die Brüder Levi und Siegfried Löb sahen sich wenige Wochen nach dem Novemberpogrom gezwungen - es ist anzunehmen, dass sie einige Wochen im KZ Buchenwald inhaftiert waren - , ihre beiden Häuser an Wrexener Bürger zu verkaufen. Die Familie Loeb blieb aber im Haus wohnen. Wohl auch im September 1941 wurden im Haus Nr. 4, in dem die Familie Loeb lebte, acht Personen aus Dörfern des Uplandes eingewiesen: das Ehepaar Rosa und Julius Schild mit dem alten Vater Leopold Schild aus Eimelrod; das Ehepaar Rudolf und Lina Schönstedt mit seiner 26-jährigen Tochter Berta aus Usseln sowie Lina Weiler und ihr 34-jähriger Sohn Paul aus Adorf. Weitere drei Personen aus Vöhl waren im Hause Nr. 5, das unmittelbar neben dem Haus der Familie Loeb stand, eingewiesen worden: das Ehepaar Martin und Rosalie Sternberg mit seinem neunjährigen Sohn Günther.

Ende Mai 1942 erhielten der Sohn der Familie Loeb, der 22-jährige Artur Loeb sowie die Familien Schönstedt und Weiler und auch Sternbergs den Befehl zur Deportation. Ihre Verzweiflung bei ihren Vorbereitungen kann man sich nur versuchen vorzustellen. Das Ehepaar Loeb und die Tochter Liesel mussten sich von ihrem Sohn bzw. Bruder und den anderen Mitbewohnern verabschieden. Nach der Verschleppung all dieser Menschen aus Wrexen wurde das Ehepaar Loeb zusammen mit seiner Tochter Liesel wohl gezwungen, in der „Villa Mosheim" zu leben.

Mitte Juli 1942 wurden Loebs dann gezwungen, ihren Heimatort Wrexen zu verlassen und nach Kassel zu ziehen. Dort mussten die Familie Löb mit vielen anderen in den Räumen des Gemeindehauses der Jüdischen Gemeinde in der Große Rosen Straße 22 leben. Die 19-jährige Liesel schrieb ihrer Freundin Annliese Budde in Wrexen zwei Briefe aus Kassel, in denen sie von dem Leben unter schwierigen Bedingungen in der neuen Unterkunft, die zwischen den Zeilen gelesen werden müssen, berichtete. Einige Auszüge aus dem Brief vom 30. Juli 1942:

„Liebe Anneliese! Nachdem wir bereits 14 Tage hier sind, will ich mein Versprechen halten und Dir einige Zeilen senden. Ich hoffe, es geht Dir und Deinen Angehörigen gesundheitlich gut, das gleiche kann ich auch von uns berichten. Wir haben uns gut eingelebt, es ist zwar alles sehr eng, trotzdem muß man zufrieden sein. - Mein Vater und Onkel arbeiten bei einer Baufirma, meine Mutter in einer Fabrik, wo Apotheker-Schächtelchen etc. gemacht werden. [Zwangsarbeit] - Ich beschäftige mich hier im Hause etwas und halte unser ‚Eckchen' sauber. [Sie hatte einige Monate zuvor bei einem Arbeitsunfall ihre linke Hand verloren.] Wir wohnen mit Lichtensteins aus Rhoden in einem Zimmer, in der Mitte stehen Schränke, damit die Familien getrennt sind. - Man muß eine große Prüfung bestehen, bis man die Augen für immer schließt. - Von Artur [dem Bruder, der einige Wochen zuvor aus Wrexen verschleppt worden war] haben wir noch nichts gehört, werden auch wohl keine Post bekommen. (...) Ich würde mich besonders freuen, wenn Du mal Sonntags nach hier kommen würdest, die Fahrt will ich Dir gerne vergüten. Hier im Hause wohnen auch Arier [Hinweis auf ungefährliche Besuchsmöglichkeit] (...). Heute bekamen wir ein Paket von Frau Bigge [aus Wrexen]. Sie sandte uns Gemüse mit Genehmigung des Bürgermeisters. Liebe Anneliese, ich habe eine große Bitte, ist es Dir vielleicht möglich, einen Essenträger zu besorgen? Da meine Mutter über Mittag fort ist, muß sie doch Essen mitnehmen. Es fällt mir bestimmt schwer, bei Dir um etwas anzufragen, aber was tut man nicht alles, wenn man in Not ist. -...herzliche Grüße von deiner Liesel L."[35]

Die Freundin Anneliese Budde erinnerte sich: „Liesel hat mich mehrfach nach Kassel eingeladen. Meine Tante Anna Reins und ich haben es mehrfach wahr gemacht und gleichzeitig den Essenträger für die Mutter Ida mitgenommen. Unser Besuch musste abgebrochen werden, denn es gab Fliegeralarm und wir liefen in den Luftschutzkeller in der Großen Rosen Straße."

Ein weiterer Brief von Liesel Loeb liegt vom 28. August 1942 vor. Zu diesem Zeitpunkt wusste sie bereits, dass sie mit ihren Eltern deportiert werden sollte und hatte mit ihrer Freundin bei deren Besuch bereits darüber gesprochen: „Liebe Anneliese! Gestern morgen erhielt ich Deinen Brief und freute mich, dass Du gut angekommen bist. Hier gibt es noch nichts Neues, wir wissen noch nicht, wann wir fahren, ungefähr noch 14 Tage. Ich nehme an, dass Du Dir die Bezüge noch holst, welche Du uns geborgt hattest. Ich schreibe Dir noch vorher. ... sei Du selbst vielmals gegrüßt von Deiner Liesel"[36]

Eine Woche später wurde Liesel Loeb zusammen mit ihren Eltern mit einem Massentransport aus Kassel in das Ghetto Theresienstadt verschleppt. Dort starb ihr Vater im August 1943. Sie und ihre Mutter

---

[35] Faksimileabdruck ebenda, S. 111f.

[36] Faksimileabdruck ebenda, S. 113.

lebten dort mehr als zwei Jahre. Im Oktober 1944 wurden sie mit einem Massentransport in das Vernichtungslager Auschwitz-Birkenau weiterverschleppt und dort ermordet.

Schicksal der am 31. Mai 1942 aus Wrexen verschleppten Menschen

Die aus Wrexen am 31. Mai 1942 verschleppten Menschen fuhren mit der Bahn nach Kassel in ein Sammellager der Gestapo, das vorübergehend in den Turnhallen der Bürgerschulen nahe des Bahnhofs eingerichtet worden war. Hier wurden mehr als fünfhundert Menschen aus zahlreichen Orten des Regierungsbezirkes Kassel zusammengetrieben. Nach einer Übernachtung wurden die Menschen von dort zum Hauptbahnhof Kassel getrieben. Von dort fuhr der Zug nach Lublin. Auf einem Nebengleis, Alter Flugplatz, wurden Männer im Alter von 15 bis 50 Jahren aus dem Zug getrieben und in das nahegelegene KZ Majdanek gebracht. Sie kamen dort in den folgenden Wochen zu Tode. Der restliche Transport mit den Kindern, Frauen und älteren Männern fuhr in das Vernichtungslager Sobibor. Unmittelbar nach der Ankunft wurden alle Personen vergast.[37]

Schicksal der Mitte Juli 1942 zwangsweise nach Kassel umgesiedelten Menschen

Die Mitte Juli 1942 aus Wrexen zwangsweise nach Kassel umgesiedelten Menschen wurden am 6. September 1942 in dem von der Gestapo eingerichteten Sammellager in den Turnhallen der Bürgerschulen nahe des Bahnhofs gebracht. Mehr als 700 Personen aus zahlreichen Orten des Regierungsbezirks Kassel wurden dort zusammengetrieben und nach einer Übernachtung zum Bahnhof geführt. Von dort fuhr der Personenzug in das Ghetto Theresienstadt bei Prag. Drei Wochen später wurden verschiedene Personen, die in Wrexen gewohnt hatten, von dort in das Vernichtungslager Treblinka verschleppt und unmittelbar nach ihrer Ankunft ermordet. 1943 und 1944 gab es Transporte in das

[37] Bericht von Robert Eisenstädt über die gewaltsame Verschleppung im Mai 1942, kommentiert von Monica Kingreen, in: Helmut Burmeister und Michael Dorhs (Hrsg.): Das achte Licht. Beiträge zur Kultur- und Sozialgeschichte der Juden in Nordhessen. Hofgeismar 2002, S. 243-247.

Vernichtungslager Auschwitz. Niemand der aus Wrexen verschleppten Personen erlebte die Befreiung.[38]

40 Opfer des Holocaust aus Wrexen

40 Personen wurden im Holocaust ermordet, Menschen, die in Wrexen geboren wurden und hier gelebt haben, wegen Heirat oder Berufsausbildung bereits vor der NS-Zeit verzogen waren, aber auch Menschen, die in der NS-Zeit zwangsweise nach Wrexen verschleppt wurden und von hier deportiert wurden. Im Jahre 1961 wurde auf dem Jüdischen Friedhof in Rhoden ein Gedenkstein für die Ermordeten der Jüdischen Gemeinde Rhoden und Wrexen eingeweiht. Zu Wrexen nennt er 13 Namen.

Anna Bär *1875
Ella Bär *1879

Rosa Frohsinn, geb. Stern *1876

Siegfried Katz *1879
Hedwig Katz, geb. Plaut *1888

Rudolf Kaufmann *1878
Hennie Kaufmann, geb. Schartenberg *1880

Siegfried Löb *1874
Ida Löb *1895
Arthur Löb *1920
Liesel Alice Löb *1923
Levi Löb *1876

Hedwig Rosa Löb *1888

Berta Löb-Philipp *1886
Alwine Löb-Stamm *1882

Emil Elias Löwenstern *1871
Goldine Löwenstern *1873
Hermine Löwenstern, geb. Horwitz *1881

---

[38] Ebenda.

Thekla Mosheim, geb. Stern *1875
Feodora Mosheim, geb. Behrendt *1892
Friedrich Mosheim *1888
Ludwig Mosheim *1891
Hermann Mosheim *1904

Rudolf Schönstädt *1887
Lina Schönstädt, geb. Stern *1882
Bertha Schönstädt *1914

Martin Sternberg *1903
Rosalie Sternberg *1904
Günther Sternberg *1932

Hermann Straus *1890
Jenny Straus *1893
Irmgard Straus *1921

Lina Weiler *1889
Paul Weiler *1907

Albert Weissenklee *1873
Frieda Weissenklee-Kleeberg *1871

Albert Weitzenkorn *1876
Jeanette Weitzenkorn, geb. Weissenklee *1876

Sigmund Weizenkorn *1879
Toni Weitzenkorn, geb. Freudenstein *1888

Bildnachweis:

Abb. 1 - 3: Archiv des Heimat- und Verkehrsvereins Wrexen

Zwei Bäume in Jerusalem (Züschen) [1]

von Ernst Klein

In dem kleinen, ehemals waldeckischen Städtchen Züschen (heute Stadtteil von Fritzlar) lebten seit Anfang des 17. Jahrhunderts einige jüdische Familien unter dem Schutz der Familie von Meisenbug. Um 1760 wohnten ca. 50 jüdische Einwohner in Züschen, 1925 noch zwölf.

Während der NS-Zeit lebte in Züschen das Pfarrerehepaar Anita und Walter Disselnkötter, das auf beeindruckende Weise bedrängten und verfolgten Menschen unter größter Gefahr zur Seite stand. Im Wald der „Gerechten unter den Völkern" in der Gedenkstätte Yad Vashem erinnern heute zwei Bäume an Anita und Walther Disselnkötter.

Anita Disselnkötter, geb. Haas, wurde 1907 im lothringischen Diedenhofen geboren, ging später nach Frankfurt und beschloss, tief berührt von der sozialen und wirtschaftlichen Not vieler Menschen, Fürsorgerin zu werden. Ende der 1920er Jahre lernte sie den aus Traben-Trarbach stammenden Vikar Walther Disselnkötter kennen, 1930 heirateten beide in Baden-Baden. Zunächst lebte das Paar in Sensweiler im Hunsrück, wo Walther Disselnkötter seine erste Pfarrstelle antrat. Seine Frau engagierte sich dort in der Krankenpflege. In der NS-Zeit gehörten beide der Bekennenden Kirche an und setzten sich gegen die nationalsozialistische Gleichschaltung der Kirche zur Wehr. Auf Druck der Kirchenleitung der nazihörigen „Deutschen Christen" mussten sie das Rheinland verlassen und kamen 1937 nach Züschen.

Als im November 1938 auch in Züschen die Wohnungen und Geschäfte jüdischer Einwohner verwüstet und geplündert wurden, versuchten sie, sich den Plünderern entgegenstellen, mussten aber der Gewalt weichen. Wenig später erfuhr das Pfarrerehepaar, dass ein Zwillingspärchen, von dem ein Kind krank war, im Rahmen der NS-Zwillingsforschung abgeholt werden sollte. Sie klärten die Eltern auf und erreichten, dass die Zwillinge wieder nach Hause zu ihren Eltern kamen.

---

[1] Quellenangaben: Michael Dorhs, Lebensbilder aus der Kirchengeschichte Kurhessen-Waldeck, Hofgeismar 2002; Bericht Pfarrerin Waterkamp, Züschen; Paulgerhard Lohmann, Die Juden in Fritzlar und seinen Stadtteilen, Archiv Rückblende/E.Klein.

In der Folgezeit gab es noch viele beachtenswerte Bemühungen der Disselnkötters, die herausragendsten mutigen Taten ereigneten sich im Jahr 1945: Der nichtjüdische Zahnarzt Plüer aus Kassel war mit einer Jüdin verheiratet, das Ehepaar hatte zwei Söhne, die christlich getauft und erzogen worden waren. Aufgrund der NS-Rassenideologie war die Familie ständigen Bedrohungen ausgesetzt. Ein Sohn hatte sich das Leben genommen, der Ehemann wurde immer wieder zur Einwilligung in die Scheidung genötigt, was dieser aber verweigerte. Im Januar 1945 stellte die Kasseler Gestapo ein Ultimatum: Entweder sofortige Scheidung oder Berufsverbot und Dienstverpflichtung als Hilfsarbeiter in den Rüstungswerken. Der Zahnarzt lehnte wiederum die Scheidung ab und bekam sofort den Bescheid zum Arbeitsantritt. Voller Verzweiflung wollte sich nun die jüdische Ehefrau das Leben nehmen, doch eine in Züschen als Lehrerin tätige Freundin veranlasste sie dazu, in der Hoffnung auf ein baldiges Kriegsende unterzutauchen.

Es wurde ein Selbstmord vorgetäuscht, Frau Plüer war in Kassel nicht mehr auffindbar. Am 28. Januar 1945 stand eine verängstigte Frau vor der Tür des Pfarrhauses in Züschen und wurde sofort eingelassen. Sie erzählte, sie sei aus Königsberg geflohen, wollte zu Freunden in Kassel, aber das Haus sei zerstört. Die erfahrene Fürsorgerin Anita Disselnkötter erkannte sofort, dass die Angaben der völlig aufgelösten Frau nicht stimmen konnten, nahm sie aber auf. Als später Walther Disselnkötter nach Hause kam, berieten sich die Eheleute und ergriffen verschiedene Maßnahmen zur Rettung der Jüdin. Sie erreichten beim Bürgermeister die Ausgabe von Lebensmittelkarten und eines vorläufigen Ausweises für „Frau Elisabeth Schmidt aus Königsberg" und nahmen sie als Haushaltshilfe auf. Die hilfreiche Lehrerin thematisierte das Schicksal der Flüchtlinge in der Schule und konnte so zum Funktionieren des Plans beitragen. Das Risiko war für alle Beteiligten groß, da einige Leute aus Züschen Patienten des Kasseler Zahnarztes Plüer waren und immer die Gefahr bestand, dass die angebliche Flüchtlingsfrau aus Königsberg als Frau des Zahnarztes aus Kassel erkannt werden konnte. Doch durch den außergewöhnlichen, höchst gefährlichen Einsatz des Ehepaares konnte Frau Plüer überleben.

1946 wanderte sie mit ihrem Mann, der die letzten Kriegsmonate in einem Arbeitslager überlebt hatte, nach Brasilien aus. Das Ehepaar Disselnkötter nahm nach Kriegsende zahlreiche Flüchtlinge und

Ausgebombte im Züschener Pfarrhaus auf und sorgte umsichtig für deren Verpflegung. Später wirkte Walther Disselnkötter noch bis 1971 in Bad Wildungen als Gemeindepfarrer und Kurseelsorger, ihre letzten Jahre im Ruhestand verbrachten die Eheleute im Haus ihrer Tochter in Kassel. Walther Disselnkötter starb im Jahr 2000 im Alter von 96 Jahren, seine Ehefrau Anita starb 2006 im hundertsten Lebensjahr.

Bezugnehmend auf die Verleihung des besonderen Ehrentitels „Gerechter unter den Völkern" durch den israelischen Botschafter schrieb Walther Disselnkötter kurz vor seinem Tod folgende Zeilen an seinen Enkel Andreas: „Ja, wir haben Angst gehabt, wie wohl jeder, der im 3. Reich bewusst gelebt hat. Wir waren keine Helden. Dass wir jene Frau „retten" konnten, war nur möglich, weil eine Reihe von Umständen günstig war. Wenn der gute Herr Botschafter uns als Vorbilder herausstellt, dann war das ein zu großer Frack. Wie oft haben wir den Mund gehalten, aus Angst. Gerade als Christ weiß ich, wie feige ich oft war. Wenn alle Deutschen - oder sagen wir die Deutschen mehrheitlich - aufrichtige Christen gewesen wären, hätte Hitler nur kurze Zeit regieren können. Wir haben immer in Angst gelebt. Es war oft nahe dran, dass unser Schützling entdeckt wurde (...) Es wird heute viel geschrieben, was die Vergangenheit verklärt. Es sollte aber nicht vergessen werden, was uns - mit Recht - Angst gemacht hat."

Erinnerungsarbeit in Waldeck-Frankenberg

von Karl-Heinz Stadtler

Es vergeht kaum ein Monat, in dem nicht heimische Zeitungen über Aktivitäten von Personen, Gruppen, Vereinen oder Institutionen berichten, die in irgendeiner Weise an die auch jüdische Vergangenheit des Waldecker und des Frankenberger Landes erinnern. Die Mitarbeiter dieses Buches freuen sich darüber, sind vielleicht auch stolz darauf, weil sie selbst - zusammen mit einigen anderen - dafür verantwortlich zeichnen; aber es muss doch auch festgestellt werden, dass dies nicht immer so war.

Im ersten Vierteljahrhundert nach dem Ende der nationalsozialistischen Herrschaft in Deutschland war der Völkermord an den Juden nicht Gegenstand der öffentlichen Diskussion; Diskriminierung, Ausgrenzung, Enteignung, Deportation und Ermordung der Juden auch vor Ort wurden verschwiegen. Wir (und damit sind alle gemeint, die die Jahrzehnte nach dem Krieg bewusst erlebten) wagten es sehr spät, an jene Jahre zu erinnern; nämlich erst ab dem Moment, als die Generation der Täter - nicht nur die Täter selbst, sondern die ganze Generation - nicht mehr lebte oder zumindest ihren Einfluss verloren hatte. Gerade bei uns, in unseren kleinen Städten und Dörfern, in denen jeder jeden kennt, brauchten wir sehr lange, bis wir uns mit jener Zeit kritisch beschäftigten. Warum war das so? - Eine einfache Antwort: Die Zeit war vorher noch nicht reif dafür. Was machte es so schwer?

Wenige Täter wurden nach 1945 verurteilt, aber viele waren schuldig, und noch mehr empfanden Schuld. Außerdem gehörten selbstverständlich nach 1945 unheimlich (!) viele jener Deutschen noch zu den „Entscheidern", die auch zwischen 1933 und 1945 Verantwortungsträger waren. Dies galt vielleicht nicht für die Riege der Minister, aber es galt für die zweite Garnitur der Politik; vor allem aber - und das ist das in diesem Zusammenhang Wichtige - stimmte dies für diejenigen, die auf kommunaler Ebene das Sagen hatten. Zwar gab es die Entnazifizierung, aber spätestens mit Beginn des „Kalten Krieges" kamen auch die vorher Kaltgestellten, kamen auch diejenigen, die sich vorübergehend weggeduckt hatten, wieder in verantwortliche Positionen.

Der Historiker Jochen Spielmann meint, Erinnerung erlange ihre zentrale Bedeutung erst, nachdem die Integration des Nationalsozialismus in das kulturelle Gedächtnis keine Gefahr mehr für die Mehrheit der Tätergesellschaft darstellte, die mit der Nachkriegsgesellschaft gleichgesetzt werden kann.[1]

So wird das auch bei uns gewesen sein: Solange die Täter lebten, wäre es ein Wagnis gewesen, zu erinnern. Ein Wagnis zwar auch wegen der Täter selbst, aber vor allem wegen derer, die sich mit ihnen identifiziert oder zumindest solidarisiert hätten. Und das galt für viele. Auch heute - bei den Nachgeborenen - findet Identifikation und Solidarisierung mit den Eltern und Großeltern noch statt.

Das Verhalten der Täter in den Jahrzehnten nach ihren Taten war verschieden, und es war verschieden motiviert. Die erste Reaktion war stets: Verschweigen. Verschwiegen hat man, weil man jene Taten nun selbst als Unrecht empfand und sich ihrer schämte. Verschwiegen hat man zweitens, weil man annehmen konnte, dass die Menschen in der Umgebung - Familienangehörige, Nachbarn, Freunde und Bekannte - jene Taten als Unrecht ansehen würden. Verschwiegen hat man individuelles Handeln aber sicher vor allem, weil man befürchten musste, dass der Staat jene Taten als Unrecht bezeichnen und gegebenenfalls Strafen verhängen würde. (So ganz nebenbei: Gesetzwidrig war der Völkermord an den Juden und die Tötung all der anderen Menschen auch nach den Gesetzen des NS-Staates.)

Ihr Tun verschwiegen haben aber nicht nur diejenigen, die in den Konzentrations- und Vernichtungslagern oder als Angehörige der Sonderkommandos an der Ostfront persönlich Juden erschlugen, erschossen oder vergasten, sondern auch diejenigen, die davon wussten und nicht widersprachen, schließlich auch diejenigen, die Hitler wählten und das Regime unterstützten.

Wenn man Offenkundiges nicht mehr verschweigen konnte, hat man die persönliche Verantwortlichkeit reduziert, indem man vorgab, auf Befehl gehandelt zu haben. Noch einen Schritt weiter gingen jene, die

[1] Zitiert nach Angeli C. F. Sachs, Neue Formen der Erinnerung. Zwei Mahnmale von Jenny Holzer und Sol de Witt in Deutschland, Kunsttexte.de 3/2002--; in: http://edoc.hu-Berlin.de/kunsttexte/download/kume/sachs.PDF, Stand: 7.5.2013.

postulierten, auch die SS-Leute hätten „guten Glaubens und besten Willens nichts als ihre Pflicht getan."[2] Viele Deutsche gaben nach dem Krieg vor, von der Ermordung der Juden nichts gewusst zu haben. Wir sollten uns allerdings von dem Gedanken verabschieden, dass tatsächlich nur wenige gewusst hätten, was geschah.

Mehrere tausend Männer und Frauen arbeiteten in den Konzentrations- und Vernichtungslagern, zwar in verschiedenen Funktionen und nicht alle dort, wo Juden vergast oder erschossen wurden; aber alle, die dort arbeiteten, wussten, was geschah. Mehrere tausend gehörten zu den Einsatzgruppen, die in Russland hinter der Front Juden massenweise töteten, bis zu 30.000, ja sogar fast 40.000 Menschen an einem oder an zwei Tagen. Mitglieder dieser Einsatzgruppen waren nicht nur SS-Leute, sondern auch Sicherheits- und Ordnungspolizisten sowie Angehörige von Polizei-Ersatzbataillonen aus dem Reich. Letztere waren ältere Männer, die für den Kriegseinsatz nicht mehr geeignet erschienen; aber das Hinmorden sich nicht wehrender Juden traute man ihnen zu.[3]

Hunderte, vielleicht Tausende von Beamten der Reichsbahn waren informiert. Als Lokomotivführer und Zugbegleiter deportierten sie in zahllosen Zügen die Juden in die Vernichtungslager oder zu den temporär eingerichteten Mordstätten. In einigen, aber nicht in allen Lagern war es üblich, dass das Bahnpersonal die Züge vor den Lagern verließ und auf der Rückfahrt dort wieder übernahm. Selbstverständlich nahmen sie wahr, dass die zurückfahrenden Züge leer waren. Und selbstverständlich erlebten sie, dass die mitreisenden Polizisten - auch hierbei handelte es sich in der Regel um ganz normale Polizisten aus den Herkunftsorten, also beispielsweise auch aus Kassel - Juden bei Fluchtversuchen erschossen oder zumindest den Befehl dazu hatten. Außerdem waren viele hundert Beamte der Reichsbahn mit der Bereitstellung und Koordination der Züge in die Lager befasst.

---

[2] Laut DER SPIEGEL (Heft 15/1979) rechtfertigte Waldeck-Frankenbergs erster Landrat Hermann Reccius die Ehemaligen-Treffen der Panzerdivision „Totenkopf" Ende April, des Panzerkorps „Großdeutschland" und der „Brandenburg-Verbände" im Mai des Jahres 1979 in Arolsen mit diesem Satz. Die Kritiker des Treffens bezeichnete er als „radikale Chaoten".

[3] Am Beispiel der Einsatzgruppe A sei dargestellt, aus welchen Personengruppen sich diese Einheiten zusammensetzten: Geheime Staatspolizei: 89 (9,0%), Kriminalpolizei: 41 (4,1%), Ordnungspolizei: 133 (13,4%), Sicherheitsdienst: 35 (3,5%), Waffen-SS: 340 (34%), Hilfspolizei: 87 (8,8%), Kradfahrer: 172, Dolmetscher: 51, Fernschreibkräfte: 3, Funker: 8, Verwaltung: 18, Weibliche Beschäftigte: 13, Summe: 990.

Tausende von Soldaten der Reichswehr, vielleicht Zehntausende, haben gesehen und erlebt, wie die Einsatzgruppen hinter der Front Juden massenweise erschossen und vergasten. Viele wurden zum Zuschauen, oft gar zum Mittöten eingeladen und haben die Offerte akzeptiert. Nicht alle können all das verschwiegen haben.

Auch hier - in unseren Dörfern und Städten - ahnte man mindestens, was geschah; und wenn die Alten vor sich selbst ehrlich sind, müssen sie eingestehen, dass sie es eigentlich wussten. Vielleicht kann man sagen: Sie wussten so viel, dass sie nicht noch mehr wissen wollten.

Tausende von Beamten der Finanzverwaltung im ganzen Reich, mehrere Dutzend auch in Korbach und Frankenberg, hatten mit der Einziehung des Hab und Gutes der deportierten Juden zu tun. Sie wussten sehr genau, dass niemand von ihnen zurückkommen würde. Und die Mär vom Arbeitseinsatz im Osten konnte nur glauben, wer nicht wahrnahm, dass vor allem alte und kranke Juden von Möglichkeiten zur Emigration und Auswanderung keinen Gebrauch gemacht hatten.

Die Juden verschwanden, doch sie verschwanden nicht plötzlich und unbemerkt. Tage, manchmal Wochen vor der Deportation wurden sie informiert, dass sie abgeholt werden würden. Sie berichteten dies Verwandten und Bekannten; in dem einen oder anderen Fall werden sie auch christliche Nachbarn in Kenntnis gesetzt haben. Die Bürgermeister, örtliche Polizeibeamte, Partei- und SA-Angehörige haben die Juden mit ihrem Rucksack oder Koffer aus ihren Häusern geholt und in die Züge nach Kassel gesetzt. Polizeibeamte haben sie von den lokalen Bahnhöfen aus dorthin begleitet. Nachdem die Juden weg waren, fanden in ihren Häusern Versteigerungen statt. In unseren Dörfern waren es der Bürgermeister und eine Schreibkraft, die in die leeren Häuser der Juden gingen. Zahlreiche, oft sicher hundert Bürger kamen, um das Eigentum der Juden zu ersteigern. Ihnen allen war klar, dass sie nicht zurückkommen würden. Wenn die offizielle Version auch war, dass sie zum Arbeiten nach Osten gebracht würden - wer mag dies ernsthaft geglaubt haben, wo doch auch die Alten und Schwachen weggebracht wurden.

Briefe von Juden dokumentieren eindrucksvoll ihre Angst vor der Zukunft und das Wissen um das, was geschehen würde. Da ist zum Beispiel der Brief der Johanna Frankenthal aus Vöhl, die ihrer in die

USA emigrierten Tochter schreibt, dass sie sich wohl nicht mehr wiedersehen würden.[4] Oder Emma Hirsch aus Korbach schreibt in Briefen an Angehörige, wie sie sich auf ihre Deportation vorbereitet. Nicht zu übersehen ist in einem dieser Briefe die Hoffnung, dass es doch noch gut gehen möge; doch in einem der nächsten Sätze ist sie sicher, dass es kein Wiedersehen mehr geben wird.[5]

Für die Bediensteten der Konzentrationslager und für die Mitglieder der SS-Einsatzgruppen galt ein sogenannter Schweigebefehl: Sie sollten nichts von dem, was dort geschah, erzählen dürfen. Viele mögen sich an diese Weisung gehalten haben; sehr viele allerdings werden im Urlaub Familienangehörigen, Mitgliedern der heimischen NSDAP-Ortsgruppe, den Kollegen in SA und SS davon erzählt haben. - Warum auch nicht?!

Sie waren überzeugte Nazis oder sie wurden in Lager oder Einsatzgruppe dazu. Sie konnten an den Verbrechen, an denen sie beteiligt waren, nur dann teilnehmen, wenn sie sich selbst einredeten, ja, wenn sie sich selbst davon überzeugten, dass ihre Taten keine Verbrechen waren. Es war in ihrem eigenen Interesse, zu glauben, dass Juden Parasiten, dass sie Schädlinge, dass sie eine Gefahr für das Land und das Volk seien. Die Täter müssen sich selbst als Helden, als die Retter des Volkes gesehen haben. Und da war es für sie gewiss nicht immer einsichtig, über ihre „Heldentaten" zu schweigen.

Vor allem für die, die applaudiert, sympathisiert oder geschwiegen hatten, gilt: Sie fühlten sich schuldig, wollten aber weder sich selbst noch anderen ihre Schuld und ihre Verantwortung eingestehen. Sie verschwiegen und leugneten, beschuldigten des Verrats auch diejenigen, die nicht verschweigen und leugnen wollten. Sie verschwiegen, deckten und verteidigten die Täter, um die eigene, auch die nicht eingestandene Schuld zu verschweigen, um sich selbst zu rechtfertigen; zu rechtfertigen vor anderen, aber vor allem auch vor sich selbst.

Auch die, die keine Verantwortung trugen, die keine Weisungen gaben, fühlten und fühlen Schuld; falls sie Kinder waren, sehen sie in ihren Eltern Schuldige. Und sie empfinden diejenigen, die an die damaligen Ereignisse rühren, als Störenfriede.

---

4 Original im Besitz der Urenkelin Carol Baird; eine Kopie liegt dem Verfasser vor.

5 Original im Besitz der Tochter Hilde Arndt; eine Kopie liegt dem Verfasser vor.

Diejenigen, die 1960, 1970 und noch 1980 nicht berichteten, nahmen Rücksicht auf ihre Brüder, dann auf ihre Väter; und auch wir nehmen bei unserer Erinnerungsarbeit Rücksicht; Rücksicht auf unsere Väter, in vielen Fällen bereits auf Groß- und Urgroßväter. Wir nehmen insbesondere Rücksicht auf die Kinder und Enkel jener Täter; sie sollen nicht in Sippenhaft genommen werden für das Tun ihrer Vorfahren. Diese Rücksichtnahme ist zu rechtfertigen, soweit es sich um Verführte und Mitläufer handelte.

Allerdings muss deutlich werden: Es waren nicht nur Monster und Sadisten, die Juden, Sinti und Roma, russische Kriegsgefangene und Zivilisten massenweise töteten, sondern ganz normale Männer und manchmal auch Frauen.

Übrigens bemerken wir heute immer wieder, wie sehr es uns hilft, dass unsere Zeitungen - für Waldeck-Frankenberg seien die Waldeckische Landeszeitung/Frankenberger Zeitung sowie die Waldeckische und Frankenberger Allgemeine genannt - über unsere Arbeit berichten. Dies macht zu großen Teilen den Erfolg unserer Arbeit aus. Anders herum gilt aber auch: So lange die Medien nicht oder fast nicht berichteten, wurde Aufklärungsarbeit, wurde Erinnerungsarbeit nicht bemerkt oder wäre nicht bemerkt worden, wenn es sie gegeben hätte.

Damit seien die Medien genau so wenig oder genau so sehr kritisiert, wie jene, die erst spät mit der Erinnerungsarbeit begannen. Aber es erklärt und unterstreicht die Eingangsformulierung: Die Zeit war noch nicht reif für eine Beschäftigung mit dem Holocaust.

Erinnerung muss sein. Sie muss sein, weil sich nicht wiederholen darf, was geschehen ist. Deshalb: Es waren einfache, ganz normale Menschen, die zu Mitläufern und Wegguckern wurden. Es waren ganz normale Menschen, ganz normale Männer und Frauen, die in bestimmter Situation zu Tätern werden konnten. Und gerade dies verlangt von uns allen die kritische Auseinandersetzung mit allem, was unsere Freiheit und unsere Grundrechte einschränkt oder auch nur einschränken könnte.

Im Hof der Vöhler Synagoge steht ein Stein, den wir den „Sag-Nein-Stein“ nennen: Wenn mehr Menschen früher „Nein“ gesagt hätten, wäre nicht geschehen, was geschah. Immer dann, wenn wir sehen, dass Unrecht geschieht - besonders auch dann, wenn dieses Unrecht nicht uns selbst, sondern anderen gilt - sollten wir „Nein" sagen und Widerstand leisten. An dieser Stelle sei Martin Niemöller zitiert:

„Als die Nazis die Kommunisten holten,
habe ich geschwiegen,
ich war ja kein Kommunist.

Als sie die Sozialdemokraten einsperrten,
habe ich geschwiegen,
ich war ja kein Sozialdemokrat.

Als sie die Gewerkschafter holten,
habe ich geschwiegen,
ich war ja kein Gewerkschafter.

Als sie mich holten,
gab es keinen mehr,
der protestieren konnte." [6]

Im Folgenden sei dargestellt, in welcher Weise in unserem Landkreis Erinnerungsarbeit geleistet wird. Übrigens hat der Landtagsabgeordnete Reinhard Kahl im Rahmen seiner alljährlichen „Sommertour" in den Jahren 2002 und 2003 Stätten jüdischen Lebens im Frankenberger Land und in Bad Wildungen besucht. Nie vorher nahmen so viele Bürgerinnen und Bürger an diesen Spaziergängen teil. Ein Wandel im Denken und im Mut zum Bekennen wurde offensichtlich.

Karl-Hermann Völker, Vorsitzender des Zweigvereins Frankenberg im Verein für hessische Geschichte und Landeskunde, veröffentlicht als freier Mitarbeiter der Frankenberger Allgemeinen regelmäßig auch Beiträge zur jüdischen Geschichte der Gemeinden im Frankenberger Land.

Viele waldeckische Dörfer haben Ortssippenbücher, in denen auch die wichtigen Lebensdaten der jüdischen Familien dargestellt sind.

Ein ganz neues Medium der Information ist die Website der Landesarbeitsgemeinschaft hessischer Gedenkstätten, auf der auch einige Initiativen aus unserem Landkreis über ihre Arbeit berichten.

---

6 In dieser Textversion wurden von der Bekennenden Kirche Postkarten verteilt. Häufig hat man statt der Gewerkschaften des dritten Verses andere Bevölkerungsgruppen genannt, z.B. Katholiken oder Juden.

Allendorf/Eder

In Battenfeld, wo sich mit der Synagoge, der Schule und dem noch vorhandenen Friedhof das Zentrum des jüdischen Gemeindelebens im oberen Edertal befand, hat das Gedenken an das Schicksal der jüdischen Familien bereits Tradition. Im Jahr 1988 wurde auf Betreiben des damaligen Pfarrers Klaus Fey zum 50. Jahrestag der Reichspogromnacht, in der die Synagoge zerstört und der Friedhof geschändet worden war, in einem öffentlichen Akt eine Gedenktafel am historischen Backhaus angebracht, welche die Namen der jüdischen Opfer des nationalsozialistischen Terrors im Ort enthält. Gleichzeitig begann Fey mit der Einrichtung einer „Judenstube" im Battenfelder Heimatmuseum, die das Leben der jüdischen Bevölkerung anschaulich darstellt. Die Erinnerungsarbeit wird mittlerweile schon seit vielen Jahren von Reiner Gasse fortgeführt.

Fernab vom Dorf befindet sich der jüdische Friedhof, dessen Grabsteine inzwischen vollständig in das Modul „Jüdische Friedhöfe" des „Landesgeschichtlichen Informationssystems Hessen" aufgenommen wurden und unter http://www.lagis-hessen.de frei und kostenlos eingesehen werden können. Das frühere Haus der Familien Elsoffer und Lehrberger wird heute noch als „Judenhaus" bezeichnet.

In Rennertehausen[7] und Allendorf[8] hat im Rahmen von schriftlichen Dokumentationen zur Ortsgeschichte eine erste Aufarbeitung der Schicksale einzelner jüdischer Familien stattgefunden.

Bad Arolsen

Im Nachkriegs-Arolsen war die Auseinandersetzung mit dem Holocaust ein besonderes Problem. Erbprinz Josias zu Waldeck und Pyrmont war als Höherer SS- und Polizeiführer von Hessen und Thüringen im Range eines SS-Obergruppenführers und Generals der Waffen-SS einer der höchsten Würdenträger der SS, die für die Ermordung der europäischen Juden in besonderer Weise verantwortlich war und nach dem

---

[7] Rennertehausen 1274-1974. 700 Jahre Geschichte eines Dorfes im Edertal, hrsg. von Walter Sellmann in Zusammenarbeit mit dem Festbuchausschuss Rennertehausen, Rennertehausen 1974, S. 62-67.

[8] Norbert Henkel, Dorfbuch Allendorf (Eder). Beiträge zur Geschichte einer hessischen Gemeinde, Bielefeld 2004, S. 261.

Krieg zur verbrecherischen Organisation erklärt wurde. 1946 wurde er nach dem Tod seines Vaters dessen Nachfolger als Chef des Hauses Waldeck. Ein amerikanisches Militärgericht verurteilte ihn 1947 für Verbrechen im Konzentrationslager Buchenwald zu lebenslanger Haft, die 1948 auf 20 Jahre verkürzt wurde. 1950 wurde der 54-Jährige aus gesundheitlichen Gründen aus der Haft entlassen. Josias zu Waldeck starb 1967. Arolsen erlangte traurige Berühmtheit als ein Ort, in dem viele Veteranen- und Kameradschaftstreffen der Waffen-SS stattfanden. Große Teile der Bevölkerung waren dem Fürsten eng verbunden; die städtischen Buchhandlungen führten und besorgten keine Bücher, die sich mit dem Dritten Reich, dem Holocaust und der Vergangenheit des Josias zu Waldeck kritisch auseinandersetzten.

Kameradschaftstreffen der SS in der Stadt des Internationalen Suchdienstes, in dem Dokumente und Effekten aus Konzentrations- und Vernichtungslagern die Schrecken des Holocaust besonders nachdrücklich illustrieren: das war ein Paradoxon.

Doch auch hier begann um 1990 die kritische Auseinandersetzung mit der Judenverfolgung. Ähnlich wie in anderen Orten war es auch in Bad Arolsen ein Lehrer, der die Initiative ergriff. Michael Winkelmann führte mit Oberstufenschülern der Christian-Rauch-Schule ein Projekt durch, an dessen Ende im Jahre 1992 ein bemerkenswertes Buch mit dem Titel „Auf einmal sind sie weggemacht" veröffentlicht wurde. Dem vorausgegangen war 1990 Günter Steiners „Waldecks Weg ins Dritte Reich". 1994 folgte Bernd Joachim Zimmers „Deckname Arthur" uber das KZ-Außenkommando in Arolsen und schließlich 1998 Anke Schmelings „Josias Erbprinz zu Waldeck und Pyrmont". In den letzten Jahren beschäftigten sich immer wieder Schulklassen mit der Thematik, und die Gedenkveranstaltungen der Stadt - in der Regel gemeinsam mit Schulen - finden Resonanz in Bevölkerung und Presse. Der Verein „Historicum 20" wurde vor wenigen Jahren gegründet und arbeitet am Thema.

1994 wurde als Nachtrag zur Stadtchronik das Buch „Landau - der Geschichte zweiter Teil" mit einem interessanten Kapitel zur Geschichte der jüdischen Gemeinde veröffentlicht. Im Stadtteil Helsen befindet sich ein jüdischer Friedhof.

Herausragend ist die Arbeit des Internationalen Suchdiensts, der sich seit 1946 in Arolsen befindet, insbesondere seit der Öffnung der Archive für die Forschung. Regelmäßig finden hochkarätige Veranstaltungen zur Judenverfolgung statt; der Suchdienst unterstützt mit Kompetenz und Dokumenten gerade auch die regionalen Forscher und Vereine.

Bad Wildungen

Bereits Anfang der 1980er Jahre forschte Volker Berbüsse zur Geschichte der Juden in Waldeck und promovierte auch zu diesem Thema. Er schildert in seinem Buch die Judenpolitik im Fürstentum, setzt sich mit Judenfeindschaft und Antisemitismus auseinander und analysiert die Böckel-Bewegung Ende des 19. Jahrhunderts, die gerade in unserer Region starken Rückhalt hatte. Seit Ende der 1980er Jahre ist Johannes Grötecke der Gestalter der Erinnerungsarbeit in der Kurstadt. Zusammen mit anderen organisierte er mehrere Ausstellungen über Juden in Bad Wildungen (so 1988 und 1998), schrieb eine Vielzahl von Aufsätzen und Zeitungsartikeln und bietet seit 2002 historische und kulturelle Rundgänge über den jüdischen Friedhof und in der Altstadt zur Geschichte der jüdischen Gemeinde an. Immer wieder besuchten Überlebende der Shoa ihre alte Heimatstadt, so Werner Baruch, Sonja und Felix Epelbaum, Alfred Younghem und Freddy Hirsch. Ein weiterer Höhepunkt war die Ausstellung „Es war eine liebevolle Familie, die glücklich und in Frieden lebte, bis Hitler an die Macht kam" im Herbst 2012. Zu deren Eröffnung waren sieben Kinder von Überlebenden aus aller Welt angereist.

Angeregt durch derlei vielfältige Aktivitäten, gründete sich bereits Ende 2005 eine „Stolperstein"-Initiative in Bad Wildungen. Durch Vorträge, eine Fotoausstellung, Zeitzeugen-Berichte und das Putzen der Steine wurde das Projekt in die Öffentlichkeit getragen. Nach vier Verlegungen liegen heute insgesamt 77 Steine, die an die Verfolgung und Ermordung der Juden erinnern. Eine Begleitbroschüre informiert über die Lebensläufe der Opfer. Zudem erarbeitete eine Arbeitsgruppe eine Ausstellung über die 1938 zerstörte Synagoge, die einen ausgezeichneten Einblick in das Thema bot.

Battenberg

In Battenberg steht der Beginn der Erinnerungsarbeit in Zusammenhang mit den im Jahr 2005 unter dem Titel „Dark Clouds Don't Stay

Forever" erschienenen Lebenserinnerungen des Battenbergers Werner Neuburger, der 1939 mit einem Kindertransport nach England kam und heute in den USA lebt. Eine auszugsweise deutsche Übersetzung wurde von einigen engagierten Bürgern erstmals im Jahr 2008 unter dem Titel „Auch dunkle Wolken ziehen vorüber" in der Schriftenreihe des Geschichtsvereins Battenberg herausgegeben. Mittlerweile liegt sie bereits in der dritten Auflage vor.[9] Im Jahr 2009 erfolgte auf Einladung des Geschichtsvereins schließlich die „zweite Heimkehr" Werner Neuburgers nach Battenberg, bei dem er im Alten Rathaus unter großer öffentlicher Anteilnahme aus seinen Lebenserinnerungen berichtete und sich ins Goldene Buch der Stadt eintrug. Anschließend folgten Lesungen in der Battenberger Gesamtschule, Besuche der Stätten jüdischen Lebens im oberen Edertal sowie Treffen mit Bekannten von früher. 2011 wurde das Schicksal der Familie Neuburger neben anderen in einer Ausstellung des Geschichtsvereins im Alten Rathaus zum Thema „Jüdische Schicksale aus unserer Region" gezeigt.

In Laisa fand erstmals im Rahmen der Arbeiten am Festbuch zum Rückersfest 1999 anhand von Zeitzeugenberichten eine Beschäftigung mit dem Schicksal der dort bis 1940 lebenden Familie Freudenthal statt.[10] Neue Impulse hierfür gingen von dem Besuch der in England lebenden Tochter, der einzigen Überlebenden der Familie im Jahr 2010 aus, an dessen Ende auf Initiative einiger engagierter Laisaer Bürger unter großem Interesse der Öffentlichkeit vor dem ehemaligen Grundstück der Familie von dem Kölner Künstler Gunter Demnig fünf sogenannte „Stolpersteine" verlegt wurden. 2011 fand die Geschichte der Familie Freudenthal Eingang in die Ausstellung des Battenberger Geschichtsvereins „Jüdische Schicksale aus unserer Region". Später wurden die beiden Ausstellungstafeln dem Heimatmuseum in Laisa übergeben. 2013 schließlich erschienen im Festbuch zum Rückersfest zwei ausführliche, anhand von archivalischem und privatem Quellenmaterial recherchierte Artikel über das Schicksal der Familie.[11]

---

9 Werner Neuburger, „Auch dunkle Wolken ziehen vorüber". Erinnerungen eines jüdisch-deutschen Jungen an die 30er und 40er Jahre in Deutschland. Auszugsweise ins Deutsche übertragen und ergänzt von Marie-Luise Hinrichs, Christel Kahler und Rüdiger Richter (Battenberger Geschichtsblätter 33), 3. erweiterte Auflage, Battenberg 2011.

10 Laisa - Tradition und Alltag. Dokumentation eines Dorfes, hrsg. vom Festbuchausschuss Laisa, Laisa 1999, S. 77.

11 Laisa - Tradition und Alltag. Dokumentation, 3. Teil, hrsg. vom Festbuchausschuss Laisa, Laisa 2013, S. 159-167.

Weiterhin hat auch in anderen Orten des ehemaligen Amtes Battenberg mit jüdischer Vergangenheit - namentlich Berghofen[12] und Frohnhausen[13] - im Rahmen von schriftlichen Dokumentationen zur Ortsgeschichte eine erste Aufarbeitung der Schicksale einzelner jüdischer Familien stattgefunden.

Neben dem bereits im Zusammenhang mit Allendorf/Eder genannten Reiner Gasse seien für die Stadt Battenberg insbesondere Jürgen Hübner und Matthias Seim genannt, die für die Erinnerungsarbeit verantwortlich zeichnen.

Bromskirchen

1988 gab der Gemeindevorstand eine Chronik zur 750-Jahr-Feier der Gemeinde heraus, die ein dreiseitiges Kapitel zur jüdischen Ortsgeschichte enthält.

Diemelsee

In Adorf wurde eine Erinnerungstafel für die zerstörte Synagoge angebracht. Die Inschriften der Grabsteine wurden übersetzt, und im Jahre 2011 wurde ein Gedenkstein für die Adorfer Opfer des Holocaust eingeweiht. Aus diesem Anlass gab der ortsansässige Geschichtsverein zusammen mit der Gemeinde ein Faltblatt heraus, in dem die Geschichte der jüdischen Gemeinde dargestellt wurde.

Diemelstadt

Auf dem jüdischen Friedhof in Rhoden wurde ein Denkmal für die Opfer errichtet. Renate Ise, Horst Schaake und Hans-Joachim Mosheim verfassten 2008 ein Buch über die jüdischen Familien in Wrexen. 2010 veröffentlichten Heinrich Friele und Karl Heinemann ein Buch über den jüdischen Friedhof.

---

[12] 1200 Jahre Berghofen. Eine Zeitreise durch die Jahrhunderte, hrsg. vom Festbuchausschuss Berghofen, Cölbe-Schönstadt 2002, S. 116f.

[13] Ulrich Stöhr, Frohnhausen vor der Hohen Hardt. Beiträge zur Ortsgeschichte, Frohnhausen 2008, S. 163-173.

Edertal

Ernst-Friedrich Gallenkamp sammelte Informationen über die Juden in den jüdischen Gemeinden im Edertal, insbesondere in Wellen. In Bergheim gibt es einen kleinen jüdischen Friedhof.

Frankenau

Eine Erinnerungstafel für die Frankenauer Holocaustopfer wurde 1992 an deren ehemaligem Standort eingeweiht. Im selben Jahr veröffentlichte der inzwischen verstorbene Vorsitzende des Zweigvereins Frankenberg im Verein für hessische Geschichte und Landeskunde, Heinz Brandt, eine sehr informative Broschüre über die jüdische Gemeinde in Frankenau. Gerhard Keute nutzte seine Tätigkeit in der Stadtverwaltung zur Sammlung von Informationen über die letzten jüdischen Familien der Stadt. Es gibt familiäre Kontakte zu einer ehemaligen jüdischen Familie in den USA, die schon mehrmals in Frankenau war. Aufsehen erregend war ein Besuch der Familie Auerbach aus New York, die eine frühere Frankenauer Thorarolle mitbrachte, im Jahr 2007.

In Altenlotheim gibt es einen kleinen jüdischen Friedhof. Der hier geborene Israel Straus hat den Ort mehrmals besucht. In der Dorfchronik zur 750-Jahr-Feier erinnert der Heimatforscher Walter Zarges in einem Aufsatz an die jüdische Gemeinde.

Frankenberg

In Frankenberg erinnern der jüdische Friedhof wie auch die alte Synagoge und die frühere jüdische Schule - beide nach dem Krieg zu Wohnhäusern umgebaut - als Relikte der Vergangenheit an die ehemalige jüdische Gemeinde. 1988 wurde in der Rathausschirn eine Gedenktafel für die Opfer der Judenverfolgung angebracht. In der 1996 herausgegebenen zweibändigen „Chronik der Stadt Frankenberg an der Eder" gibt der Autor Helmut Wissemann zahlreiche Informationen zum Leben auch der jüdischen Mitbürger. 2006 und in den folgenden Jahren wurden auf Initiative einer aus mehreren Vereinen der Stadt bestehenden Arbeitsgruppe Stolpersteine verlegt und eine Broschüre erstellt, in der die ermordeten Personen vorgestellt werden. 2011 veröffentlichte Horst Hecker ein umfassendes Werk über die jüdischen Familien in Frankenberg, Geismar und Röddenau unter dem

Titel „Jüdisches Leben in Frankenberg - Geschichte der Gemeinde und ihrer Familien". Viele andere Veröffentlichungen Heckers und Karl-Hermann Völkers in Fachzeitschriften und den regionalen Zeitungen kamen in den letzten Jahren hinzu. Die erwähnte Arbeitsgruppe, hin und wieder auch die Jungsozialisten in der SPD, laden zu Gedenkveranstaltungen zur Reichspogromnacht ein.

Die Ortschronik von Röddenau zur 1200-Jahr-Feier im Jahre 2005 enthält ein fünfseitiges Kapitel über die jüdische Familie Bachenheimer.

Gemünden

Zwischen Gemünden und Rosenthal liegt der alte jüdische Friedhof, über den Horst Hecker einen Aufsatz in der Zeitschrift des Vereins für hessische Geschichte und Landeskunde veröffentlicht hat. Ruth Zur (1922-2009), einzige Überlebende aus der Familie Andorn, kehrte 1960 erstmals in ihren Heimatort zurück und stellte sich seitdem als Zeitzeugin immer wieder in Gemünden und Frankenberg der Erinnerungsarbeit mit jungen Menschen. Auf ihre Einladung hin arbeitete Werner Ebert mit Gemündener Schülern 1984 drei Wochen lang in einem Kibbuz in Israel. Der Kulturherbst Burgwald e. V. entwickelte 2001 einen „Kulturhistorischen Stadtrundgang", der mit Broschüren und Tafeln auch auf Orte jüdischen Lebens in der Stadt hinweist. Karl-Hermann Völker hat unter dem Titel „Gemünden war ihre ‚kleine jüdische Welt'" der Familie Andorn ein Denkmal im Frankenberger Heimatkalender gesetzt; Horst Hecker veröffentlichte einen Aufsatz über die Gemündener Synagoge.

Auch in Grüsen gibt es einen kleinen jüdischen Friedhof, auf dem sich ein Gedenkstein befindet, der sowohl an die Gefallenen des Ersten Weltkriegs wie auch an die Opfer des Holocaust erinnert. Bis vor wenigen Jahren standen die Gebäude der Hachschara - eines Vorbereitungslagers für Palästina-Emigranten in den 30er Jahren - im Ort. Diese für Nordhessen einmalige Erinnerungsstätte wurde leider abgerissen.

Die jüngst erschienene Chronik von Schiffelbach[14] enthält einen sehr guten Beitrag über die Juden im Ort von Heiko Lingelbach.

---

[14] Heimat- und Kulturverein 750 Jahre Schiffelbach: Schiffelbach. Geschichte und Geschichten, 2013, S. 120-125.

Haina

In Haina gab es keine jüdische Gemeinde. In der dortigen Landesheilanstalt waren jedoch zahlreiche jüdische Patienten untergebracht, die im Oktober 1940 in der Tötungsanstalt Brandenburg vergast wurden. Auf dem gemeindlichen Friedhof erinnert seit 1990 ein Gedenkstein an die Opfer des Nationalsozialismus. Ein Jahr vorher wurde auf dem Klinikgelände ein Stein zur Erinnerung an die Leiden der Patienten während des Nationalsozialismus errichtet.

Korbach

Der jüdische Friedhof mit eindrucksvollen Grabmalen und einem Gedenkstein für die Korbacher Opfer des Holocaust erinnert an die jüdische Vergangenheit der Stadt. Eine Gedenktafel wurde dort angebracht, wo sich bis 1938 Synagoge und jüdische Schule befanden, um an die entrechteten, gedemütigten und ermordeten jüdischen Mitbürger zu erinnern, zur Schärfung unseres Gewissens und als Mahnung zu Toleranz und Menschlichkeit. Seit vielen Jahren kommen immer wieder Korbacher Juden bzw. deren Nachfahren in die Stadt und werden freundlich Willkommen geheißen und vom Bürgermeister der Stadt im Rathaus empfangen. Eine Gedenktafel am Rathaus erinnert an das Schicksal der Familie Mosheim, die im Vernichtungslager des Ostens den Tod fand. Dort, wo heute der Anbau des Korbacher Rathauses steht, befand sich früher ihr Haus.

Die Stadt Korbach organisiert jährlich eine Gedenkfeier für die Opfer des Nationalsozialismus am 27. Januar, dem Jahrestag der Befreiung des Konzentrationslagers Auschwitz, der seit 1996 als offizieller Tag des Gedenkens für die Opfer des Nationalsozialismus begangen wird. Unter Beteiligung von Schülerinnen und Schülern der Korbacher Schulen wird die Erinnerung an das Geschehene aufrechterhalten - oft mit lokalem Bezug. Stadtführungen - insbesondere für Jugendliche - vermitteln prägnante Einblicke.

Mit städtischer Unterstützung gab und gibt es mehrere Buchprojekte zum Thema. 1989 veröffentlichte die Arbeitsgemeinschaft Spurensicherung des Kommunalen Jugendbildungswerks eine Dokumentation über die Judenverfolgung; 1993 folgte die vielgelesene „Geschichte der jüdischen Gemeinde in Korbach" von Karl Wilke; 2006 publizierte Marion Möller (heute Marion Lilienthal) mit Schülerinnen und Schülern der Alten Landesschule „Korbach während des Nationalsozialismus 1933-1945"; 2008 folgte der „Andere Stadtführer durch Korbach/ Waldeck", in dem die Autoren den „Spuren jüdischen Lebens und nationalsozialistischer Machtdemonstration" in der Kreisstadt nachgegehen; 2010 folgte die Publikation „Waldeck im Dritten Reich. Voraussetzungen und Wirken des Nationalsozialismus im hessischen Norden von Gerhard Menk, hrsg. von Marion Möller, Hans-Rudolf Ruppel, Wilhelm Völcker-Janssen und Wolfgang Werner. 2013 erschien unter der Leitung von Marion Lilienthal das Hörbuch „Judenverfolgung in Korbach", gesprochen von Svenja Schneider, Nadine Machel und Alexander Bunte. Das Hörbuch spannt einen Bogen von der ersten Ansiedlung jüdischer Bürger bis zur Diskriminierung, Ausgrenzung, Verfolgung, Deportation und Auslöschung jüdischen Lebens in Korbach.

Marion Lilienthal und Wilhelm Völcker-Janssen, Leiter des Wolfgang-Bonhage-Museum Korbach, prägen seit einigen Jahren die Auseinandersetzung mit dem Holocaust in der Stadt. Mehrere Sonderausstellungen im Museum zu den Themen NS-„Euthanasie", Legalisierter Raub und Anne Frank fanden großen Anklang in der Bevölkerung. Wegweisend ist die von Marion Lilienthal begründete Website „Gedenkportal Korbach" (www.gedenkportal-korbach.de), die über die Opfer der nationalsozialistischen Herrschaft informiert.

Lichtenfels

In Goddelsheim gibt es einen jüdischen Friedhof. Auf der Homepage des Ortes ist das Ortssippenbuch online gestellt, wo auch die jüdischen Familien mit den wichtigsten Daten genannt sind.

Auf dem Friedhof in Sachsenberg erinnert ein Grabstein an eine Jüdin, die dort zeitweise wohnte.

Oberasphe

In Oberasphe, neben Battenfeld dem zweiten Mittelpunkt jüdischen Lebens im früheren Amt Battenberg, ging die Initiative zur

Beschäftigung mit dem Schicksal der jüdischen Bevölkerung von einer kleinen Gruppe engagierter Bürger aus, die sich zur „Arbeitsgruppe Oberaspher Juden" zusammenschlossen und im Jahr 1996 mit der Sammlung von Material, der Recherche in den Archiven und der Befragung von Zeitzeugen begannen. Als Ergebnis kam im Jahr 2006 unter dem Titel „Die Oberaspher Juden" ein Buch heraus,[15] das auf 235 Seiten einen umfassenden Einblick in das Leben der jüdischen Familien in dem Dorf von den Anfängen bis in die Zeit nach 1945 bietet. Im Jahr 2008 wurde die Arbeit der drei Autoren vom Landkreis Marburg-Biedenkopf mit dem Otto-Ubbelohde-Preis ausgezeichnet. 2009 schließlich erfolgte zum Gedenken an die Juden in Oberasphe die Enthüllung einer Gedenktafel am Dorfplatz. Zudem pflegt die Arbeitsgruppe vor Ort den jüdischen Friedhof.

Rosenthal

An die ehemalige Synagoge, die zu einem Wohnhaus mit Schreinerwerkstatt umgebaut wurde, erinnert eine kleine Hinweistafel. Horst Hecker schrieb einen Aufsatz über das jüdische Schulwesen in Rosenthal. Das von Hans-G. Hentschel und Karl Trust im Jahr 1988 herausgegebene Buch „Unsere Gemeinde Rosenthal" enthält ein Kapitel über die jüdischen Bürger (S. 232-257).

Vöhl

In Vöhl erinnerte man erstmals 1985 - also 40 Jahre nach dem Ende der nationalsozialistischen Herrschaft in Deutschland - an die Verfolgung der Juden in Deutschland. Günter Maier, soeben Pfarrer der evangelisch-lutherischen Kirchengemeinde geworden, lud im November jenes Jahres zu einer Gedenkfeier anlässlich der Reichspogromnacht ein. Auch in den nächsten Jahren wurde im Rahmen von Gottesdiensten oder Friedensgebeten in der Martinskirche an die Ereignisse im Jahre 1938 erinnert. Nachdem die Gemeinde einen Gedenkstein für die Vöhler Holocaustopfer hatte errichten lassen, wurde die Gedenkfeier jeweils am 9. November dort gefeiert.

---

[15] Horst Wagner, Reiner Naumann, Mark Engelbach, Die Oberaspher Juden, Oberasphe 2006.

Anfang der 90er Jahre führte die Pfarrvikarin Christiane Hilmes zahlreiche Gespräche mit älteren Vöhler Bürgern, forschte in Archiven und nahm auch Kontakt mit den Nachfahren einiger Vöhler Juden auf. Sie erstellte ein Verzeichnis der Grabsteine auf dem jüdischen Friedhof des Ortes und übersetzte in diesem Zusammenhang viele der hebräischen Steininschriften. In der Jubiläumsschrift zur 850-Jahr-Feier der Ersterwähnung des Ortes veröffentlichte sie einen fünfseitigen Aufsatz über die Vöhler Juden, in dem sie unter anderem die Namen von 23 Holocaust-Opfern nannte.

Entscheidend neue Impulse gab die Gründung des Fördervereins „Synagoge in Vöhl" am 9. November 1999 und der Erwerb der alten Synagoge mit Hilfe der Gemeinde kurz darauf. Der Verein hatte bei der Gründung bereits über 70 Mitglieder, und innerhalb sehr kurzer Zeit wurde der Förderkreis mit 200 Mitgliedern zu einem der größten in der Gemeinde. Bereits im folgenden Jahr folgten ehemalige Vöhler Juden bzw. deren Nachfahren der Einladung des Förderkreises zu einem Besuch: Richard und Gerda Rothschild, Walter und Sonja Rothschild, Rudolf und Sigrid Rothschild, Walter und Marian Mildenberg, Ursula und Howard Behrend, Carol, Steve und Geoffrey Baird sowie Gisela und Werner Frees.

Vereinsvorsitzender Kurt-Willi Julius organisiert seit der Vereinsgründung alljährlich mehrere Konzerte; darüber hinaus gestaltet er eine Website, die sich großer Resonanz erfreut. Neben den „Synagogen-Konzerten" finden seit 2011 Veranstaltungen mit regionalen Künstlern unter dem Label „Offene Bühne Synagoge" statt.

Der historischen Forschung hat sich der Verfasser dieser Zeilen angenommen. 5.500 Juden aus Vöhl und dem Landkreis Waldeck-Frankenberg hat er inzwischen mit unzähligen Daten und Ereignissen in seiner Datenbank.

Höhepunkte der letzten Jahre waren eine Kunstausstellung mit Künstlern aus allen fünf Erdteilen (2005), die Einweihung des renovierten Sakralraums (2006), der Besuch der Familie Auerbach mit der Frankenauer Thorarolle (2007), die Einweihung eines Denkmals für die Opfer der Deportation im Hof der Synagoge (2007), die Ausstellung der Bilder von Richard Rothschild (2008), der Besuch der Familie Dimor-Mildenberg (2011), die Gedenkfeier zur Erinnerung an die Deportation von Juden aus Waldeck-Frankenberg nach Sobibor und Majdanek mit dem Überlebenden Jules Schelvis (2012). „Spaziergänge auf den Spuren Vöhler Juden“, Vorträge auf dem jüdischen Friedhof und in der Synagoge, die Führung von Schulklassen, Konfirmandengruppen und Vereinen gehören ebenso zum Veranstaltungsrepertoire wie Besuche von Gästen des Internationalen Suchdienstes oder von Nachfahren ehemaliger jüdischer Familien aus der Region. Die Kontakte zu den inzwischen sehr betagten ehemaligen Vöhler Juden werden ebenfalls gepflegt.

Volkmarsen

Einer der Pioniere der Erinnerungsarbeit im Landkreis Waldeck-Frankenberg ist der Volkmarser Ernst Klein. Bereits in den beginnenden 80ern bemühte er sich um Kontakte zu ehemaligen jüdischen Familien Volkmarsens. Anfang der 90er Jahre fand er Gleichgesinnte, mit denen er die Arbeit fortsetzte. Durch Zeitungsinserate in New York und Jerusalem wurden die Kontakte zu vielen in Israel, den USA und Australien lebenden Emigranten geknüpft, die früher in Volkmarsen, Breuna oder Wolfhagen zu Hause waren.

1995 wurde der Verein „Rückblende - Gegen das Vergessen“ gegründet. 1996 folgten 28 ehemalige jüdische Bürger der Einladung zu einer zehntägigen Begegnung in Volkmarsen. Sämtliche Kosten für Flugtickets, Unterkunft und Verpflegung wurden von den Vereinsmitgliedern und weiteren Unterstützern aufgebracht. Weitere ähnliche Besuchswochen wurden dann im Abstand von zwei Jahren organisiert. Nach anfänglichen Unsicherheiten bei den Gästen und den Mitgliedern des Vereins entstand sehr schnell ein tiefgehendes Vertrauensverhältnis, das sich weiterentwickelte zu ganz besonderen lebenslangen Freundschaften.

Mit Hilfe der mitgebrachten Fotos und Dokumente und auf der Grundlage der Lebensgeschichten, die die Volkmarser bei dieser Gelegenheit erfuhren, erarbeiteten sie 1998 eine kleine Ausstellung zum Thema „Deutsch-jüdisches Leben in unserer Region im Lauf der Jahrhunderte“ und präsentierten sie in der Stadthalle. Daraus entwickelte sich eine sehr beachtenswerte Dauerausstellung im Informations- und Dokumentationszentrum zur deutsch-jüdischen Lokal- und Regionalgeschichte. Die weit über die Region hinausgehenden Aktivitäten von Ernst Klein werden unter anderem an seinem Engagement für die

Unterstützung einer „Gedenkallee" im Vernichtungslager Sobibor im Jahre 2003 deutlich. An einem Ort, wo nur noch wenig an die damaligen Gräuel erinnert, wurden am letzten Weg, den die Deportierten zu gehen hatten, Fichten gepflanzt und davor Steine mit Namen der Opfer von Sobibor aufgestellt. Darunter befinden sich mehrere Steine für Deportierte aus Volkmarsen und Vöhl.

Im Mai 2005 wurde auf Initiative von Ernst und Brigitte Klein eine Gedenkmauer an der Straßenseite des ehemaligen jüdischen Friedhofs errichtet. Die zum Bau der Mauer verwendeten hellen Sandsteine wurden aus Polen beschafft; sie sollen als symbolische Brücke zu den in Polen liegenden Vernichtungslagern verstanden werden, in denen die Volkmarser Juden ermordet wurden. Innerhalb des Mauerwerks wurden verschiedene Bruchsteine zerteilt und dadurch große, sichtbare Lücken geschaffen. Sie erinnern daran, dass die Opfer willkürlich aus dem Leben gerissen wurden, nur weil sie Juden waren. Die innerhalb des Mauerverbunds fehlenden Steine wurden in unregelmäßigen Abständen auf die Mauerkrone gesetzt in Anlehnung an den jüdischen Brauch, zum Andenken an die Verstorbenen Steine auf die Gräber zu legen. Die im Verlauf der Mauer angebrachten 22 Edelstahltafeln erinnern an die Volkmarser Opfer des Holocaust. Dem neu geschaffenen Platz vor der Gedenkmauer wurde der Name „Platz der gegenseitigen Achtung" gegeben. Zwei Volkmarser Straßen - *„Inge-Lichtenstein-Weg"* und *„Lieselotte-Michel-Ring"* - tragen die Namen ermordeter jüdischer Kinder.

Seit vielen Jahren bietet der Verein regelmäßig u.a. Film- und Vortragsabende, Gedenkveranstaltungen und Informationsfahrten zu Gedenkstätten an. Die umfangreichen Forschungsarbeiten zur Geschichte der jüdischen Gemeinden wurden inzwischen auch auf die Städte und Gemeinden der Umgebung ausgeweitet. Die heute in der Villa Dr. Bock (Kasseler Str. 6) untergebrachte Dauerausstellung findet als außerschulischer Lernort weit über Volkmarsen hinaus große Beachtung. Neben zahlreichen Schulklassen, Jugendgruppen, Vereinen etc. haben in den letzten Jahren interessierte Gäste aus allen fünf Erdteilen und 22 verschiedenen Ländern die Ausstellung besucht. 2012 erschien als Begleitband zur Ausstellung das 300-seitige Buch *„Verschwundene Nachbarn - Verdrängte Geschichte"*. Zurzeit hat der Verein Rückblende 135 Mitglieder aus über 30 Orten zwischen Korbach, Kassel und Warburg/Westfalen.

Waldeck

In Sachsenhausen erinnern der jüdische Friedhof, eine Gedenktafel am Standort der früheren Synagoge und ein Balken mit Inschrift in der katholischen Kirche an die Juden der Stadt. Ein von Lothar Albrecht verfasstes Kapitel in der 1995 erschienenen Stadtchronik stellt die Familien vor. 2011 besuchte Michael Dimor mit seiner Familie die Stadt, in der sein jüdischer Großvater bis Januar 1945 lebte. Zahlreiche Zeitzeugen erzählten über jene Jahre.

In Netze und Waldeck, auch in Niederwerbe, lebten vereinzelt Juden. Orte der Erinnerung gibt es nicht. Die Juden, die früher in Oberwerbe wohnten, gehörten zur Vöhler Synagogengemeinde.

In Höringhausen sind ein jüdischer Friedhof und eine Gedenktafel am Standort der früheren Synagoge vorhanden. Anneliese Laartz und Heinrich Figge haben Zeitzeugen befragt und akribisch Dokumente gesammelt. Von beiden liegen Vortragsmanuskripte oder Aufsätze zu den Höringhäuser Juden vor.

Willingen (Upland)

50 Jahre nach der ‚Reichspogromnacht' wurde auf dem jüdischen Friedhof in Eimelrod am 10. November 1988 ein vom Ortsbeirat gewünschter und von der Gemeinde Willingen gestifteter Gedenkstein mit Inschrifttafel enthüllt. Der Ortsvorsteher erinnerte in seiner Ansprache an die Geschichte der Eimelroder jüdischen Glaubens, an die Vernichtung ihrer Synagoge und an das Schicksal der jüdischen Mitbürger in den 1930er und 1940er Jahren. Die Ev. Kirchengemeinde bot eine Veranstaltungsreihe zum 10. November an und lud nach der Gedenkfeier zu einem Gedenkgottesdienst ein.

Seit 2011 sprechen Ulrike Schätte (Berlin) und Alf Seippel (Dortmund) mit Zeitzeugen und sammeln Dokumente über die auch jüdische Geschichte des Dorfes.

2012 und 2013 fanden auf Initiative des Usselners Dirk Bender auf dem Eimelroder jüdischen Friedhof Gedenkfeiern statt, um die Erinnerung an das Schicksal früherer Upländer Juden wachzuhalten. An diesen

Feiern nahmen der Willinger Bürgermeister, die Usselner Pfarrerin und die Eimelroder Ortsvorsteherin teil. Diese Gedenkveranstaltungen sollen fortgesetzt werden.

In Usseln beschäftigt sich Dirk Bender mit dem Schicksal der im Juni 1942 im polnischen Sobibor ermordeten Familie Schönstedt, die Mitglied der Eimelroder Synagogen-Gemeinde war; die Uplanddörfer liegen 4 km voneinander entfernt.

Sie starben im Holocaust

von Karl-Heinz Stadtler

Abb. 1: Karte der Vernichtungslager, der meisten großen Konzentrationslager (Arbeits-, Inhaftierungs- und Durchgangslager), der Hauptdeportationsrouten, Ghettos und der Orte großer Massaker. Grenzen etwa 1942. Vor- und Nachkriegsstaatennamen in Klammern.

Dieses Verzeichnis von Holocaustopfern aus Gemeinden des heutigen Landkreises Waldeck-Frankenberg ist sicher umfangreicher als jede bisherige Aufstellung; es erhebt jedoch keinen Anspruch auf Vollständigkeit. Für Ergänzungen und Korrekturen sind wir dankbar.

Aufgenommen wurden mit Züschen und Oberasphe Orte, die bis zur Gebietsreform zu den Kreisen Waldeck bzw. Frankenberg gehörten. Für einige Personen kann nicht exakt angegeben werden, wann oder wo sie gestorben sind bzw. umgebracht wurden; in diesen Fällen ist ein Fragezeichen vermerkt. Wenn als Sterbeorte Städte wie Warschau, Lodz oder Minsk, Piaski oder Zamosc angegeben sind, dann kann es durchaus sein, dass die betreffenden Personen nicht im dortigen Ghetto, sondern in einem nahegelegenen Vernichtungslager (Chelmno bei Lodz, Treblinka bei Warschau, Mali Trostinec bei Minsk, Belzec, Sobibor oder Majdanek im östlichen Polen) ermordet wurden. Listen über diese Personen liegen bisher nicht vor. Wenn Juden in Lager eingewiesen wurden, die sowohl Konzentrations-, als auch Vernichtungslager waren, wurden sie manchmal nicht sofort umgebracht, sondern zunächst als Arbeitssklaven missbraucht. In der Regel, aber nicht immer, wurden sie dann in den Lagern auch registriert. Manchmal, aber nicht immer, gibt es dann auch eine offizielle Meldung über ihren Tod. In anderen Fällen ist der Tag ihres Todes unbekannt. Wenn hinter einem Todesjahr ein „f." vermerkt ist, erfolgte die Deportation in dem genannten Jahr; die Menschen mögen in einem der Folgejahre ermordet worden, verhungert oder an Krankheiten und Seuchen gestorben sein. Wenn deutsche Orte genannt sind, in denen keine Konzentrationslager waren, dann starben die betreffenden Personen nach einem Lageraufenthalt (in der Regel in Buchenwald), während einer so genannten „Schutzhaft" in einem Gefängnis, wurden vor Ort totgeschlagen oder machten aufgrund einer drohenden Deportation oder wegen anderer Ereignisse ihrem Leben selbst ein Ende. Der Vermerk „Brandenburg" bezieht sich auf die dortige „Tötungsanstalt" für Behinderte im Rahmen des „Euthanasie"-Programms.

Im folgenden Verzeichnis werden Juden im Verzeichnis jener Orte genannt, in denen sie zumindest zeitweise lebten oder mit denen sie wegen ihrer Ehegatten oder Kinder in Beziehung standen. Wenn Personen in mehreren Orten wohnten, werden sie auch mehrmals genannt.

Allendorf/Eder, Allendorf: Joseph Holländer, 1884-1942, Zamosc; Willy Holländer, 1893-1943, Zamosc; Hermann Reis, 1896-1944, Auschwitz; **Battenfeld:** Lina Elsoffer, geb. Nussbaum, 1859-1942, Treblinka; Selma Elsoffer, geb. Lichtenstein, 1897-1942, Sobibor; Wilhelm Elsoffer, 1887-1942, Sobibor; Alma Lehrberger, geb. Elsoffer, 1898-1941f., Riga; Gertrud Lehrberger, 1932-1941f., Riga; Irene Lehrberger, 1927-1941f., Riga; Margot Lehrberger, 1929-1944f., Stutthof; Menny Lehrberger, 1882-1941f., Riga; Selma Marx, geb. Blumenthal, 1877-1942, Chelmno; Pauline Oppenheimer, geb. Cahn, 1863-1942, Treblinka; Berta Schönstädt, 1914-1942, Sobibor;

Lina Schönstädt, geb. Stern, 1882-1942, Sobibor; Rudolf Schönstädt, 1887-1942, Sobibor; Alfred Strauss, 1891-1944, Auschwitz; Lore Rosa Strauss, geb. Dahl, 1907-1944, Auschwitz; Regina Strauss, geb. Rosenberg, 1898-1944, Auschwitz; Richard Strauss, 1926-1944, Auschwitz; Siegfried Strauss, 1891-1944, Auschwitz. **Rennertehausen:** Gustav Lindheim, 1869-1942, Treblinka; Hugo Lindheim, 1892-1943, Auschwitz; Laura Irmgard Lindheim, 1921-1943, Auschwitz; Settchen Reis, 1869-1942, Treblinka; Toni Stern, geb. Lindheim, 1866-1943, Theresienstadt. **Bad Arolsen**, **Arolsen**: Anna Baer, 1875-1942, Wrexen; Ella Baer, 1879-1942, Wrexen; Flora David, geb. Pfeiffer, 1852-1942, Theresienstadt; Ernst Frank, 1891-1943, Auschwitz; Klara Heller, geb. Scharff, 1876-1940, Gurs; Max Holländer, 1900-1944, Stutthof; Paula Jacob, 1877-1941f., Riga; Arno Katz, 1893-1943, Auschwitz; Bertha Julie Katz, geb. Stern, 1905-1944f., Stutthof; Ida Katz, geb. Schartenberg, 1873-1943, Theresienstadt; Jenny Katz, ?, Auschwitz; Max Katz, 1900-1944f., Stutthof; Ferdinand Kern, 1929-1942, Majdanek; Friedrich Levell, geb. Levie, 1878-1940, KZ Sachsenhausen; Grete Löwenstein, geb. Rosenthal, 1886-1942, Chelmno; Rosa Löwenstein, geb. Löwenstein, 1866-1943, Theresienstadt; Siegfried Löwenstein, 1899-1942, Treblinka; Lisette Meyer, geb. Schönstädt, 1866-1942, Treblinka; Lina Meyer, 1890-1942, Theresienstadt; Sophie Neumann, geb. Mayer, 1880-1944, Theresienstadt; Rahel Reichhardt, geb. Löwenstein, 1875-1942, Chelmno; Abraham Ries, 1885-1944, Auschwitz; Ernst Rosenbaum, 1909-1938, Buchenwald; Pauline Rosendahl, geb. Schlüsselblum, 1856-1942, Theresienstadt; Albert Schiff, 1900-1942f., Warschau; Julius Schönstädt, 1904-?, Warschau; Richard Schönstädt, 1874-1943, Theresienstadt; Klara Schürmann, geb. Katz, 1861-1940, Brandenburg; Karl Simon, 1884-1943, Sobibor; Selma Simon, geb. Katz, 1894-1943, Sobibor; Max Stein, 1871-1942, Treblinka; Hedwig Johanna Stein, geb. Benjamin, 1883-1942, Treblinka; Ferdinand Stern, 1890-1938, Buchenwald; Manfred Stern, 1923-1942, Majdanek; Martha Stern, geb. Katz, 1897-1942, Sobibor; Max Heinz Stern, 1936-1942, Sobibor; Richard Jakob Stern, 1932-1942, Sobibor; Hedwig Walther, geb. Mayer, 1890-1941, Gurs; Lilly Elisabeth Weil, geb. Kuhn, 1990-1941, Kaunas. **Helsen**: Meta Berliner, geb. Reinhard, 1905-1943, Auschwitz; Fanny Grünewald, geb. Reinhard, 1876-?, ?; Meta Grünewald geb. Schönstädt, 1889-1941f., Warschau; Ida Katz, geb. Schartenberg, 1873-1943, Theresienstadt; Recha Schmuckler, geb. Schönstädt, 1892-1944, Auschwitz; Ida Schönstädt, geb. Schloß, 1880-1942, Treblinka; Julchen Schönstädt, 1866-1942, ?; Mathilde

Schönstädt, 1873-1942, Treblinka; Rudolf Schönstädt, 1871-?, ?; Sally Schönstädt, 1869-1942, Treblinka; Klara Schürmann, geb. Katz, 1861-1940, Brandenburg; Albert Weitzenkorn, 1876-1942, Treblinka; Frieda Weitzenkorn, 1879-1943, Auschwitz; Jeanette Weitzenkorn, geb. Weißenklee, 1876-1942, Treblinka. **Landau:** Hugo Alexander 1889-1944, Auschwitz; Viola Alexander, 1900-1945, Bergen-Belsen; Benedikt Baruch, 1872-1942, Theresienstadt; Fanny Baruch, 1871-1940, Brandenburg; Hermann Baruch, 1860-1942, Theresienstadt; Stefanie Gross, 1896-1944, Ravensbrück; Dora Grundmann, geb. Mosheim, 1888-1942, Warschau; Ida Hirsch, geb. Altschul, 1865-1943, Westerbork; Ferdinand Lehrberger, 1868-1942, Treblinka; Bertha Levy, geb. Abraham; 1878-1941f., Lodz?; Fritz Löwengrund, 1888-?, Izbica; Lisette Meyer, geb. Schönstädt, 1866-1942, Treblinka; Friedrich Mosheim, 1888-1942, Sobibor; Moses Mosheim, 1861-1943, Theresienstadt; Pauline Rosendahl, geb. Schlüsselblum, 1856-1942, Theresienstadt; Else Steinberg, geb. Oberländer, 1902-1943, Sobibor; Adele Stern, geb. Mosheim, 1886-1943, Auschwitz; Regine Stern, geb. Schönstädt, 1868-1941f., Riga. **Massenhausen:** Alexander Katz, 1863-1942, Treblinka; Aron Katz, 1868-1942, Treblinka; Louis Katz, 1878-1941f., Riga. **Mengeringhausen:** Salomon Blumenthal, 1873-1942, Treblinka; Arnold Elsbacher, 1931-1942f., Izbica; Frieda Elsbacher, geb. Lebensbaum, 1898-1942f., Izbica; Irmgard Elsbacher, 1927-1942f., Izbica; Max Elsbacher, 1899-1942f., Izbica; Betty Emanuel, 1874-1941f., Riga; Carl Emanuel, 1974-1943, Frankfurt/M.; Thekla Lichtenstein, 1870-1941f., Riga; Erna Löwengrund, geb. Löwenstern, 1893-1942f., Izbica; Heinz Werner Löwengrund, 1924-1942f., Izbica; Julius Löwengrund, 1893-1942f. Izbica; Herta Löwenheim, 1924-1942, Auschwitz; Hilde Löwenheim, geb. Löwenstern, 1894-1942, Auschwitz; Kurt Löwenheim, 1928-1942, Auschwitz; Siegfried Löwenheim, 1885-1942, Auschwitz; Else Oppenheimer, geb. Löwenstern, 1900-1943, Auschwitz; Erna Schwerin, geb. Aronstein, 1893-?, ?; Ernestine Schwerin, geb. Rapp, 1894-1941f., Lodz; Hermann Schwerin, 1886-1942, Lodz; Ilse Schwerin, 1921-1941f., Lodz; Paul Schwerin, 1886-1942, Minsk; Paula Stern, geb. Löwenstern, 1883-1943, Riga. **Neu-Berich:** Fanny Baruch, 1871-1940, Brandenburg; Hedwig Rosa Loeb, 1888-1940, Brandenburg; Klara Löwenstern, 1904-1940, Brandenburg; Anna Romberg, 1889-1940, Brandenburg; Klara Schürmann, geb. Katz, 1861-1940, Brandenburg. **Bad Wildungen:** Hildegard Bachenheimer, 1921-1942, Sobibor; Rosalie Bachmann, geb. Baruch, 1880-1944 Auschwitz; Berta Bär, 1867-1940, Kassel; Hedwig Bär,

1865-1940, Kassel; Lieselotte Bär, 1929-1942f., Belzyce; Berthold Baruch, 1877-1942, Riga-Salaspils; Felix Baruch, 1888-1942, Riga; Ferdinand Baruch, 1871-1942, Berlin; Friedel Baruch, 1886-1942, Riga; Klara Baruch, geb. Flörsheim, 1894-1941f., Riga; Paula Baruch, geb. Rothschild, 1881-1941f., Riga; Ruth Baruch, 1930-1941f., Riga Kaiserwald; Emil Berger, 1870-1942f., Riga; Helene Berger, geb. Bachrach, 1870-1942f., Riga; Salomon Buchheim, 1884-?, Buchenwald; Arthur Flörsheim, 1890-1941f. Minsk; Gisela Flörsheim, 1888-1941f., Riga; Manfred Flörsheim, 1903-1941f., Minsk; David Theo Frank, 1902-1943, Auschwitz; Amalie Hertha Frank, geb. Hirsch, 1903-1942, Auschwitz; Lotte Frank, 1936-1942, Auschwitz; Rosel Grüneberg, geb. Oppenheimer, 1892-1942f., Riga; Siegmund Gutheim, 1878-?, ?; Anschel Adolf Hammerschlag, 1856-1942, Theresienstadt; Edgar Hammerschlag, 1922-1944, Auschwitz; Hermann Hammerschlag, 1894-1942, Auschwitz; Inge Hammerschlag, 1931-1942, Auschwitz; Irene Hammerschlag, geb. Vöhl, 1903-1942, Auschwitz; Max Hammerschlag, 1899-1945, Buchenwald; Henriette Hecht, geb. Stiefel, 1891-1941, Kaunas; Jonas Hecht, 1873-1941, Kaunas; Julia Hirtz, geb. Flörsheim, 1900-1941f., Lodz; Rika Höxter, 1884-1941f., Riga; Emil Isaak, 1887-1941f., Lodz; Sabine Isaak, geb. Flörsheim, 1917-1941f., Lodz; Rieka Jungheim, 1891-1942f., Izbica; Betty Katz, geb. Plaut, 1872-1942, Treblinka; Ilse Katz, 1930-1941f., Riga; Iwan Katz, 1933-1941f., Riga; Jakob Katz, 1897-1942, Riga-Salaspils; Johanna Katz, geb. Leopold, 1886-1941f., Riga; Salomon Katz, 1871-1942, Treblinka; Sara Katz, geb. Meier, 1874-1942, Theresienstadt; Selma Katz, geb. Mansbach, 1905-1943, Riga-Jungfernhof; Sofie Katz, geb. Krittenstein, 1906-1942, Treblinka; Margarete Kaufmann, geb. Wolff, 1876-1943, Theresienstadt; Lina Krittenstein, geb. Marx, 1878-1943, Theresienstadt; Helene Külsheimer, 1874-1942, Theresienstadt; Berta Leiser, geb. Lion, 1888-1941f., Riga; Leopold Leiser, 1876-1941f., Riga; Ruth-Eva Leiser, 1923-1941f., Riga; Salomon Levi, 1868-1942, Treblinka; Sarah Levi, geb. Katz, 1871-1942, Treblinka; Ella Löwenstern, 1905-1942, Sobibor; Max Löwenstern, 1867-1942, Treblinka; Rosa Löwenstern, geb. Samuel, 1879-1942, Treblinka; Gustel Mannheimer, 1898-1942, Sobibor; Herbert Mannheimer, 1927-1943, Riga-Kaiserwald; Isaak Isidor Mannheimer, 1885-1942, Riga; Lane Mannheimer, 1938-1942, Riga; Marga Mannheimer, 1921-1942, Riga; Eva Marx, 1897-1942f., Zamosc; Leopold Marx, 1877-1943, Auschwitz; Max Marx, 1906-1938, Buchenwald; Brigitte Marx, 1938-1942, Auschwitz; Manfred Meyer, 1909-1943, Auschwitz; Salomon Meyer, 1940-1942, Auschwitz; Sidonie Meyer, geb. Hirsch, 1907-1942, Auschwitz; Hess Oppenheim, 1878-1941f., Riga; Josef Oppenheim, 1895-1942f., Izbica; Pauline Oppenheim, geb. Lorge, 1862-1942, ?; Edith Ronsheim, 1921-?, Polen; Friedel Rothschild, geb. Katz, 1902-1942f., Belzyce; Isaak Samuel, 1876-1941f., Riga; Julie Schultheis, geb. Lange, 1875-1939, Alsbach; Hermann Stern, 1893-1944, Dachau; Irma Stern, geb. Katz, 1897-1944, Auschwitz; Edith Tobias, geb. Ronsheim, 1921-1942, Treblinka; Erna Tromp, geb. Goldschmidt, 1913-1942 Auschwitz; Jenny Wallach, 1857-1942, Theresienstadt; Babette Wasservogel, geb. Fürstenheim, 1867-1942, Treblinka; Edith Helene Willinger, geb. Kohlhagen, 1909-1943, Sobibor; Guido Willinger, 1908-1943, Sobibor; Anita Wolf, geb. de Jonge, 1916-1941f., Riga; Hans Wolf, 1914-1941f., Riga; Käthe Wolf, geb. Hammerschlag, 1883-1944, Auschwitz; Meier Wolf, 1873-1944, Theresienstadt. **Mandern:** David Katz, 1873-1942, Theresienstadt; Frieda Katz, 1879-1942, Auschwitz; Jakob Katz, 1897-1942, Riga-Salaspils; Max Katz, 1900-1941f., Riga; Salomon Katz, 1871-1942, Treblinka; Sarah Levi, geb. Katz, 1871-1942, Treblinka; Selma Levi, geb. Katz, 1871-1942f., Minsk. **Battenberg:** Paula Abraham, geb. Löwenstein, 1875-1943, Auschwitz; Else Rosa Blumenfeld, geb. Drücker, 1888-1944 Auschwitz; Hermann Blumenfeld, 1880-1944, Auschwitz; Bertha Eckstein, geb. Marx, 1895-1944, Auschwitz; Berthold Eckstein, 1893-1944, Auschwitz; Norbert Eckstein, 1929-1944, Auschwitz; Joseph Holländer, 1884-1942, Zamosc?; Julie Holländer, geb. Sommer, 1886-1942, Zamosc?; Willy Holländer, 1893-1943, Zamosc?; Berta Isenberg, geb. Stern, 1899-1941f., Riga oder Auschwitz; Gustav Isenberg, 1896-1944, Riga-Jungfernhof; Ilse Isenberg, 1932-1943, Auschwitz; Marion Isenberg, 1935-1943, Riga oder Auschwitz; Nanny Katz, geb. Marx, 1880-1942f., Izbica; Theodor Klein, ?-1943?, ?; Selma Löwenstein, 1876-1944 Auschwitz; Louis Neubürger, 1891-1937; Battenberg; Bianca Schäfer, geb. Holländer, 1886-1942, Zamosc; Regine Stern, geb. Schönstädt, 1868-1941, Riga. **Berghofen:** Luise Daniel, geb. Selig, 1891-1944, Stutthof; Salomon Hess, 1861-1943, Theresienstadt; Liselotte Lilie, geb. Oppenheimer, 1868-1942, Treblinka; Pauline Oppenheimer, geb. Cahn, 1863-1942, Treblinka. **Laisa:** Betty Bachenheimer, 1894-1942, Warschau; Bertha Freudenthal, geb. Buchheim, 1893-1942, Sobibor; Ernst Freudenthal, 1922-1942, Sobibor oder Majdanek; Willy Freudenthal, 1896-1942, Majdanek. **Bromskirchen:** Emma Agnes Abraham, geb. Neheimer, 1903-?; Mauthausen; Jakob Neheimer, 1871-1942, Theresienstadt; Sofie Neheimer, geb. Schönthal, 1865-1941, Frankfurt/M.; Bertha Oppenheim, geb.

Sontheim, 1864/65-1943, Theresienstadt; Jeanette Schönthal, 1865-1942, Treblinka; Joseph Schönthal, 1860-1941, Lodz. **Diemelsee: Adorf:** Berta Buchthal, geb. Mosheim, 1900-1944f., Stutthof; Hugo Buchthal, 1897-1941f., Riga; Bertha Goldwein, geb. Mosheim, 1885-1942, Theresienstadt; Bruno Isaak, 1901-1942f., Izbica; Manfred Isaak, 1932-1942f., Warschau; Paula Isaak, geb. Stamm, 1901-1942f., Warschau; Klara Kann, geb. Weiler, 1885-1942, Chelmno; Louis Kann, 1878-1942, Chelmno; David Mosheim, 1869-1942, Treblinka; Doris Mosheim, geb. Blankenstein, 1869-1942, Treblinka; Jettchen Mosheim, geb. Beifuß, 1867-1943, Theresienstadt; Louis Mosheim, 1897-1942, Majdanek; Max Mosheim, 1897-1945, Neuengamme; Minna Mosheim, geb. Koofmann, 1857-1942, Treblinka; Mathilde Neuwahl, geb. Mosheim, 1874-1942, Auschwitz; Caroline Schartenberg, geb. Lebach, 1872-1942, Theresienstadt; Bernhard Stamm, 1866-1943, Theresienstadt; Ella Stamm, 1895-1942f., Warschau; Julius Stamm, 1927-1942f., ?; Max Stamm, 1894-1941f., Riga; Helene Sternberg, geb. Lebach, 1870-1943, Theresienstadt; Lina Weiler, 1889-1942, Sobibor; Paul Weiler, 1907-1942, Majdanek. **Diemelstadt: Rhoden:** Julia Lea Cohn, geb. Stern, 1919-1941f., Riga; Karl Devries, 1884-1942f., Izbica; Pauline Devries, geb. Freund, 1884-1942f., Izbica ; Rosa Eichengrün, geb. Levi, 1886-1941f., Lodz; Hedwig Freund, geb. Seligmann, 1881-1942f., Minsk ; 1860-1942, Treblinka; Max Hecht, 1882-1942, Treblinka; Richard Hecht, 1894-1941, Kaunas; Klara Ruth Jacob, 1929-1942, Sobibor; Louis Jacob 1896-1942, Sobibor; Max Jacob, 1926-1942, Sobibor; Rolf Jacob, 1928-1942, Sobibor; Rosel Jacob, 1931-1942, Sobibor; Sophie Jacob, geb. Goldschmidt, 1900-1942, Sobibor; Levi Abraham, 1861 1942, Theresienstadt; Jettchen Lichtenstein, geb. Freund, 1882-1944, Auschwitz; Moses Lichtenstein, 1858-1943, Theresienstadt; Ruth Lichtenstein, 1923-1944, Auschwitz; Thekla Mosheim, geb. Stern, 1875-1942, Treblinka; Frida Neuhaus, geb. Hecht, 1891-1942, Riga; Berta Polak, geb. Lichtenstein, 1888-1943, Sobibor; Levi Polak, 1883-1943, Sobibor; Bertha Schwabacher, geb. Löwenstein, 1864-1943, Theresienstadt; Adele Stern, geb. Mosheim, 1886-1943, Auschwitz; Aron Stern, 1874-1943, Theresienstadt; Emma Stern, 1909-1942, Theresienstadt; Hanna Stern, geb. Stern, 1909-1943, Auschwitz. **Wrexen:** Anna Baer, 1875-1942, Wrexen; Ella Baer, 1879-1942, Wrexen; Rosa Frohsinn, geb. Stern, 1876-1942, Treblinka; Hedwig Katz, geb. Plaut, 1888-1942, Sobibor; Siegfried Katz, 1879-1942, Sobibor; Henny Kaufmann, geb. Schartenberg, 1880-1942, Sobibor; Rudolf Kaufmann, 1878-1942, Majdanek; Frieda Kleeberg, geb. Weißenklee, 1871-1941f., Riga; Alice

Liesel Loeb, 1923-1944, Auschwitz; Arthur Löb, 1920-1942, Sobibor; Hedwig Rosa Loeb, 1888-1940, Brandenburg; Ida Loeb, geb. Goldschmidt, 1895-1944, Auschwitz; Levi Abraham Loeb, 1876-1943, Theresienstadt; Siegfried Loeb, 1874-1943, Theresienstadt; Feodore Mosheim, geb. Behrendt; 1892-1942, Sobibor; Ludwig Mosheim, 1891-1942, Sobibor; Friedrich Mosheim, 1888-1942, Sobibor; Hermann Mosheim, 1904-1942, Jasenovac (Jugoslawien); Thekla Mosheim, geb. Stern, 1875-1942, Treblinka; Berta Philipp, geb. Loeb, 1886-1943, Auschwitz; Berta Schönstädt, 1914-1942, Sobibor; Lina Schönstädt, geb. Stern, 1882-1942, Sobibor; Rudolf Schönstädt, 1887-1942, Sobibor; Alwine Stamm, geb. Löb, 1882-1942f., Warschau; Günter Sternberg, 1932-1942, Sobibor; Martin Sternberg, 1903-1942, Majdanek; Rosalie Sternberg, geb. Mildenberg, 1904-1942, Sobibor; Hermann Strauss, 1890-1942, Sobibor; Irmgard Strauss, 1921-1942, Sobibor; Jenny Strauss, geb. Levi, 1893-1942, Sobibor; Lina Weiler, 1889-1942, Sobibor; Paul Weiler, 1907-1942, Majdanek; Albert Weißenklee, 1873-1943, Theresienstadt; Albert Weitzenkorn, 1876-1942, Treblinka; Jeanette Weitzenkorn, geb. Weißenklee, 1876-1942, Treblinka; Toni Weitzenkorn, geb. Freudenstein, 1888-1942, Auschwitz. **Edertal: Affoldern:** Henriette Freudenthal, 1865-1942, Treblinka; Julie Fromm, geb. Löwenstern, 1858-1943, Theresienstadt; Albert Goldberg, 1901-1942, Majdanek; Frieda Goldberg, geb. Löwenstein, 1907-1942, Sobibor; Lothar Goldberg, 1934-1942, Sobibor; Rosa Katz, geb. Samuel, 1882-1942, Belzyce; Albert Lilienfeld, 1914-1941f. Riga; Kurt Lilienfeld, 1912-1941f., Riga; Naphtali Lilienfeld, 1872-1941f., Riga; Regina Lilienfeld, 1906-1941f., Riga; Rosa Lilienfeld, geb. Löwenstern, 1877-1941f., Riga; Thea Lilienfeld, geb. Löwenstern, 1909-1941f., Riga; Elias Löwenstern, 1871-1942, Treblinka; Julius Löwenstern, 1869-1942, Treblinka; Klara Löwenstern, 1904-1940, Brandenburg; Max Löwenstern, 1867-1942, Treblinka; Rosa Löwenstern, geb. Samuel, 1879-1942, Treblinka; Isaak Samuel, 1876-1941f., Riga; Max Samuel, 1882-1942, Buchenwald; Rosa Samuel, geb. Heldmann, 1883-1942f., Belzyce; Ilse Schönthal, 1927-1941f., Riga; Louis Schönthal, 1895-1941f., Riga; Rosa Schönthal, geb. Löwenstern, 1902-1941f., Riga. **Bergheim:** Emilie Baruch, geb. Katz, 1890-1944, Auschwitz; Felix Baruch, 1888-1942, Riga-Salaspils; Friedel Baruch, 1886-1942, Riga-Salaspils; Josef Baruch, 1923-1941f., Lodz; Julius Baruch, 1884-1944, Auschwitz; Kurt Baruch, 1924-1942, Auschwitz; Ruth Rosa Baruch, 1926-?, ?. **Kleinern:** Henriette Freudenthal, 1865-1942, Treblinka; Hannelore Schön, 1928-1943, Sobibor; Theodor

Schön, 1893-1942, KZ Sachsenhausen. **Mehlen:** Henriette Freudenthal, 1865-1942, Treblinka. **Frankenau: Altenlotheim:** Paula Deutsch, geb. Frankenthal, 1900-1944, Treblinka; Salomon Deutsch, 1893-1945, Mauthausen; Ida Frankenthal, geb. Bachenheimer, 1885-1943, Sobibor; Johanna Frankenthal, geb. Adler, 1854-1941, Gurs; Lilly Frankenthal, 1887-1942, Auschwitz; Richa Illfeld, geb. Katzenstein, 1883-1942f., Zamosc; Gustav Jakobs, 1878-1943, Auschwitz; David Katzenstein, 1876-1943, Sobibor; Helene Katzenstein, geb. Cohn, 1879-1943, Sobibor; Bertha Klein, geb. Oppenheimer, 1902-1943, Sobibor; Inge Lichtenstein, 1930-1942, Sobibor; Käthe Lichtenstein, geb. Frankenthal, 1892-1942, Sobibor; Meinhard Lichtenstein, 1886-1942, Sobibor; Giedel Oppenheimer, geb. Spier, 1862-1942, Auschwitz; Markus Oppenheimer, 1861-?, ?; Martin Oppenheimer, 1930-1944, Riga; Mathilde Oppenheimer, geb. Seiferheld, 1876-1942, Treblinka; Siegfried Oppenheimer, 1894-1944, Riga; Berta Reinberg, geb. Frankenthal, 1862-1943, Westerbork; Adolf Spier, 1894-1944, Majdanek; Emma Spier, geb. Oppenheimer, 1904-1942, Sobibor; Helene Spier, geb. Oppenheimer, 1900-1942, Sobibor; Samuel Spier, 1901-1942, Sobibor; Emma Sternheim, geb. Oppenheimer, 1890-1942f., ?; Leopold Sternheim, 1882-1942f., ?; Bernard Straus, 1890-1944, Stutthof; Ida Straus, geb. Reinberg, 1892-1944f., Stutthof; Rudolf Straus, 1923-1942f., Riga; Eleonore Strauß, geb. Reinberg, 1895-1943, Auschwitz. **Frankenau:** Jakob Baruch, 1878-1942, Stanislawow (Polen); Henriette Kahn, geb. Plaut, 1885-1943, Sobibor; Arthur Katzenstein, 1901-1942, Auschwitz; Fanny Katzenstein, geb. Bickardt, 1868-1943, Theresienstadt; Isaak Katzenstein, 1866-1942, Treblinka; Jakob Katzenstein, 1865-1942, Theresienstadt; Max Katzenstein, 1898-1942, Auschwitz; Rosalie Katzenstein, geb. Weitzenkorn, 1870-1943, Theresienstadt; Erna Lichtenstein, geb. Patek, 1885-1942, Auschwitz; Emil Plaut, 1871-1942, Sachsenhausen; Hermann Plaut, 1877-1944, Auschwitz; Hermann Plaut, 1876-1941f., Riga; Isaak Plaut, 1871-1941, Kaunas; Johanna Plaut, geb. Marx, 1976-1942, Theresienstadt; Paula Plaut, geb. Heimann, 1885-1944f., Auschwitz; Siegmund Plaut, 1880-1942, Treblinka; Sofie Wertheim, geb. Rose, 1864-1943, Theresienstadt. **Frankenberg:** Ida Alexandrowitz, geb. Buchheim, 1904-1943, Auschwitz; Renate Alexandrowitz, 1937-1943, Auschwitz; Willy Alexandrowitz, 1899-1943, Auschwitz; Adolf Abraham Bachenheimer, 1882-1944, Auschwitz; Johanna Bachenheimer, geb. Katz, 1886-1944, Auschwitz; Albert Bär, 1882-1941f., Minsk; Minna Bär, geb. Kadden, 1894-1941f., Minsk; Hildegard Blum, 1923-1944, Stutthof;

Johanna Blumenfeld, 1878-1942, Lodz; Hedwig Buchheim, geb. Woff, 1881-1944, Riga-Kaiserwald; Isaak Julius Buchheim, 1877-1942, Riga; Jonas Dilloff, 1864-1942, Treblinka; Philipp Uri Dilloff, 1863-1942, Treblinka; Rudolf Dilloff, 1892-1940, Brandenburg; Else Fürst, geb. Jacoby, 1884-1941f., Riga; Max Fürst, 1883-1941f., Riga; David Goldschmidt, 1873-1943, Theresienstadt; Hedwig Heinrich, geb. Dilloff, 1880-1941f., Lodz; Julie Holländer, geb. Sommer, 1886-1942, Zamosc; Recha Joseph, geb. Dilloff, 1879-1943, Sobibor; Josef Kaiser, 1869-1942, Mauthausen; Mary Kaiser, geb. Josephs, 1881-1944, Auschwitz; Sophie Katz, 1891-?, Auschwitz; Jakob Katzenstein, 1865-1942, Theresienstadt; Rosalie Katzenstein, geb. Weitzenkorn, 1870-1943, Theresienstadt; Benjamin Keyzer, 1881-1944 Auschwitz; Johanna Keyzer, geb. Fürst, 1881-1944, Auschwitz; Recha Lamm, 1890-1942, Minsk; Georg Liebmann, 1893-1942, Majdanek; Jenny Liebmann, geb. Kaiser, 1895-1942, Sobibor; Horst Liebmann, 1926-1942, Majdanek; Jenny Marx, 1879-1942?, Izbica; Sara Marx, 1875-1942, Sobibor; Emil Plaut, 1871-1942, KZ Sachsenhausen; Johanna Plaut, geb. Marx, 1876-1942, Theresienstadt; Regina Redlich, 1889-1943, Auschwitz; Lina Rosenbaum, geb. Marx, 1882-1942, Treblinka; Martha Rosenbaum, 1898-1943, Auschwitz; Moritz Rosenbaum, 1882-1935, Witten / Westf.; Flora Slapkowker, geb. Katz, 1889-1942f., Auschwitz; Ferdinand Stern, 1890-1938, Buchenwald; Manfred Stern, 1923-1942, Majdanek; Martha Stern, geb. Katz, 1897-1942, Sobibor; Max Heinz Stern, 1936-1942, Sobibor; Richard Jakob Stern, 1932-1942, Sobibor; Hedwig Weitzenkorn, geb. Isaak, 1885-1943, Theresienstadt. **Röddenau:** Anneliese Bachenheimer, 1927-1943, Auschwitz; Doris Bachenheimer, 1924-1943, Auschwitz; Hilde Bachenheimer, 1937-1943, Auschwitz; Johanna Bachenheimer, geb. Katz, 1886-1944, Auschwitz; Julius Bachenheimer, 1887-1939, Röddenau; Selma Bachenheimer, geb. Elsoffer, 1897-1943, Auschwitz; Rosalie Elsoffer, geb. Stern, 1865-1942, Theresienstadt; Mathilde Lindheim, 1892-1943, Auschwitz. **Gemünden:** Anna Andorn, geb. Löwenstein, 1885-1944, Auschwitz; Bessi Andorn, 1898-1941f., Riga; Flora Andorn, 1894-1941f., Riga; Hans Andorn, 1903-1945, Bergen-Belsen; Israel Andorn, 1864-1942, Theresienstadt; Meier Andorn, 1872-1943, Theresienstadt; Salomon Andorn, 1863-1942, Theresienstadt; Sophie Andorn, geb. Moses, 1871-1944, Auschwitz; Rosa Buchheim, geb. Katz, 1886-1941f., Minsk; Salomon Buchheim, 1883-1941f., Minsk; Martha Gijzen, geb. Maijer, 1892-1943, Auschwitz; Rickchen Harth, 1887-?, ?; Scheinchen Selma Harth, 1897-?, ?; Bertha Hirsch, geb. Andorn, 1897-

1944, Auschwitz; Ilse Hirsch, um 1925-1943, Auschwitz; Abraham Höflich, 1889-1941f., Riga; Hannelore Höflich, 1924-1941f., Riga; Elias Höxter, 1862-1942, Theresienstadt; Hilde Höxter, 1935-1943, Theresienstadt; Simon Höxter, 1890-1942, Buchenwald; Rosalie Isaac, geb. Harth, 1884-1942f., Izbica; Dina Joseph, geb. Höxter, 1876-1942, Treblinka; Moritz Joseph, 1870-1942, Treblinka; Johanna Lamm, geb. Andorn, 1875-1943, Theresienstadt; Gisela Levi, 1930-1941f., Minsk; Hannelore Levy, 1924-1941f., Minsk; Hella Levi, geb. Steinmann, 1902-1941f., Minsk; Josefine Levi, 1884-1942f., Izibica; Marga Levi, 1927-1941f., Minsk; Emma Löwenberg, geb. Marx, 1880-1942, Treblinka; Bertha Mannheimer, geb. Schloss, 1875-1943, Theresienstadt; Emilie Marx, 1891-1942, Sobibor; Selma Marx, 1900-1942, Treblinka; Wilhelm Marx, 1917-1943, Auschwitz; Clothilda Moses, geb. Höxter, 1880-1942, Sobibor; Berta Spier, 1876-1943, Theresienstadt; Sally Spier, 1864-1943, Theresienstadt; Rosalie Steinmann, geb. Schön, 1891-1941f., Riga; Hildegard Stern, geb. Steinmann, 1917-1943, Riga; Dora Stiefel, geb. Höxter, 1865-1942, Theresienstadt; Bertha Strauß, geb. Andorn, 1893-1941f., Riga; Grete Strauß, 1924-1944, Stutthof; Isaak Strauß, 1887-1944f., Stutthof; Margarete Strauß, 1926-1941f., Riga; Adolf Wagner, 1872-1942, Treblinka; Amalie Wolff, 1885-1942, Sobibor. **Grüsen**: Franziska Kugelmann, geb. Marx, 1869-1942, Treblinka; Anna Mansbach, geb. Marx, 1865-1942f., Izbica; Bertha Marx, geb. Biermann, 1882-1944, Auschwitz; Eva Marx, 1879-1942f., Zamosc; Herta Marx, 1906-1942, Treblinka; Jettchen Marx, geb. Wertheim, 1873-1942, Treblinka; Leopold Marx, 1877-1943, Auschwitz; Rosa Marx, 1887-1944 Auschwitz; Rudolf Marx, 1867-1943, Theresienstadt; Sabine Marx, geb. Dreifus, 1871-1943, Theresienstadt; Selma Marx, 1900-1943, Auschwitz; Willi Marx, 1877-1942, im Osten; Johanna Meier, 1875-1942, Zamosc; Johanna Plaut, geb. Marx, 1876-1942, Theresienstadt. **Lehnhausen:** Alexander Löwenthal, 1866-1942, Treblinka. **Sehlen:** Abraham Leib, 1867-1942, Treblinka. **Haina/Kloster:** Ludwig Apfel, 1904-1940, Brandenburg; Siegfried Bär, 1925-1940, Brandenburg; Naphtali Cahn, 1881-1940, Brandenburg; Rudolf Dilloff, 1892-1940, Brandenburg; Bruno Dörnberg, 1888-1940, Brandenburg; Jakob Goldberg, 1975-1940, Brandenburg; Alfred Gutheim, 1902-1940, Brandenburg; Viktor Heilbrunn, 1906-1940, Brandenburg; Leo Kaiser, 1909-1940, Brandenburg; David Kaschmann, 1894-1940, Brandenburg; Siegfried Siegmund Katten, 1908-1940, Brandenburg; Simon Arthur Katten, 1912-1940, Brandenburg; Alfred Katzenstein, 1901-1940, Brandenburg;

Bernhard Katzenstein, 1909-1940, Brandenburg; Jakob Kratz, 1872-1940, Brandenburg; Edgar Lazar, 1867-1940, Brandenburg; Bertha Löb, 1872-1940, Brandenburg; Emilie Löwenstein, 1878-1940, Brandenburg; Bernhard Löwenstein, 1915-1940, Brandenburg; Josef Lomnitz, 1879-1940, Brandenburg; Betti Nussbaum, 1888-1940, Brandenburg; Fanny Nussbaum, 1881-1940, Brandenburg; Moritz Oppenheim, 1895-1940, Brandenburg; Josef Pfifferling, 1870-1940, Brandenburg; Julius Reich, 1909-1940, Brandenburg; Eugen Rosenthal, 1879-1940, Brandenburg; Siegmund Stiefel, 1879-1940, Brandenburg; Jakob Weinberg, 1875-1940, Brandenburg; Gerhard Wertheim, 1914-1940, Brandenburg; Theodor David Wertheim, 1913-1940, Brandenburg; Julius Wiesner, 1874-1940, Brandenburg. **Korbach:** Sophie Frank, geb. Meyerhof, 1875-1938, Holzminden; Albert Goldberg, 1901-1942, Majdanek; Frieda Goldberg, geb. Löwenstein, 1907-1942, Sobibor; Lothar Goldberg, 1934-1942, Sobibor; Moritz Goldwein, 1884-1944, Auschwitz; Rosa Goldwein, geb. Schnellenberg, 1883-1944, Auschwitz; Heddi Hammerschlag, 1908-1942, Auschwitz; Emma Hirsch, geb. Katz, 1882-1942, Sobibor; Ferdinand Kaiser, 1866-1943, Theresienstadt; Ida Kaiser, geb. Löwenstern, 1869-1943, Threresienstadt; Delvin Theodor Katz, 1887-1933, Dachau; Hedwig Katz, geb. Plaut, 1888-1942, Sobibor; Johanna Katz, geb. Mosheim, 1855-1942, Theresienstadt; Margarethe Katz, 1885-1943, Auschwitz; Siegfried Katz, 1879-1942, Sobibor; Helmut Katzenstein, 1910-1944, Auschwitz; Rosalie Katzenstein, geb. Weitzenkorn, 1870-1943, Theresienstadt; Robert Katzenstein, 1940-1943, Auschwitz; Ruth Katzenstein, geb. Mildenberg, 1911-1943, Auschwitz; Helga Kaufmann, 1938-1943, Riga; Henny Kaufmann, geb. Schartenberg, 1880-1942, Sobibor; Rudolf Kaufmann, 1878-1942, Majdanek; David Köln, 1887-1943, Auschwitz; Friderike Köln, geb. Katz, 1890-1943, Auschwitz; Emma Kohlhagen, geb. Appel, 1874-1942, Treblinka; Fanny Kohlhagen, geb. Kohlhagen, 1874-1944 Riga; Friederike Helene Kugelmann, geschiedene Mildenberg, 1888-1943, Auschwitz; Louis Ludwig Lazarus, 1871-1942, Treblinka; Paula Levy, geb. Mosheim, 1885-1944, Theresienstadt; Rosalie Löwenstein, geb. Löwenstein, 1866-1943, Theresienstadt; Siegfried Löwenstein, 1899-1942, Treblinka; Bernhard Löwenstern, 1915-1940 Brandenburg; Elias Löwenstern, 1871-1942, Treblinka; Goldine Löwenstern, geb. Goldschmidt, 1873-1942, Treblinka; Hermine Löwenstern, geb. Horwitz, 1881-1942, Sobibor; Iwan Heinz Löwenstern, 1908-1943, Lodz; Jenny Löwenstern, geb. Neuhaus, 1879-1942, Treblinka; Julius Löwenstern,

1882-1942f., ?; Max Löwenstern, 1867-1942, Treblinka; Rosa Löwenstern, geb. Neuhaus, 1877-1942f., Izbica; Rosalie Löwenstern, geb. Ferse, 1879-1942f., ?; Willy Löwenstern, 1873-1941, Kaunas; Alma Löwy, geb. Lebach, 1868-1942, Treblinka; Johanna Markhoff, geb. Adler, 1856-1942, Theresienstadt; Frieda Meyer, geb. Schönthal, 1879-1944, Auschwitz; Jacob Meyer, 1873-1942, Theresienstadt; Anneliese Meyerhof, 1914-1942f., Warschau; Benno Meyerhof, 1869-1944, Theresienstadt; Else Meyerhof, geb. Aschoff, 1886-1941f., Riga; Ruth Meyerhof, 1923-1941f., Riga; Edmund Mosheim, 1863-1944, Auschwitz; Feodore Mosheim, geb. Behrendt, 1892-1942, Sobibor; Friedrich Mosheim, 1888-1942, Sobibor; Hedwig Mosheim, geb. Gompertz, 1889-1944, Auschwitz; Herjette Mosheim, 1889-1942, Sobibor; Jenny Mosheim, geb. Katz, 1861-1942, Theresienstadt; Julius Mosheim, 1855-1942, Theresienstadt; Ludwig Mosheim, 1891-1942, Sobibor; Moritz Neuhahn, 1882-1944, Auschwitz; Johanna Nussbaum, geb. Löwenstern, 1887-1942f., Theresienstadt; Siegmund Nussbaum, 1883-1942, Belzec; Else Oppenheim, geb. Neuhaus, 1881-1942f., Izbica; Grete Oppenheim, geb. Rüssmann, 1922-1943, Sobibor; Fritz Rosenberg, 1907-1940, Oranienburg; Alfred Rothschild, 1871-1939, Korbach; Anna Rothschild, geb. Lebach, 1865-1941f., Minsk; Hermine Rothschild, geb. Katz, 1877-1942, Sobibor; Paul Martin Rothschild, 1892-1942, Rostock; Else Salberg, 1876-1942, Auschwitz; Emma Salberg, 1868-1942, Auschwitz; Jenny Salberg, geb. Levi, 1882-1942f., Izbica; Bertha Schiff, geb. Hirsch, 1875-1944, Theresienstadt; Jettchen Schild, geb. Löwenstein, 1893-1944, Stutthof; Siegfried Schild, 1890-1941f., Riga; Meta Schönthal, 1883 1942, Sobibor; Ella Strauß, geb. Reinberg, 1895-1943, Auschwitz; Friedel Straus, 1925-1942, Sobibor; Hermann Strauß, 1890-1942, Sobibor; Hugo Strauß, 1890-1943, Auschwitz; Irmgard Straus, 1921-1942, Sobibor; Jenny Straus, geb. Levi, 1893-1942, Sobibor; Hedwig Weitzenkorn, geb. Isaak, 1885-1943, Theresienstadt; Siegmund Weitzenkorn, 1879-1942, KZ Sachsenhausen; Toni Weitzenkorn, geb. Freudenstein, 1888-1942, Auschwitz; Johanna Wertheim, geb. Kohlhagen, 1896-1942, Sobibor. **Lichtenfels: Goddelsheim:** Amalie Frank, 1861-1942, Theresienstadt; Carl Haas, 1889-1942, Lodz; Martha Jacob, 1881-1942f., Riga; Helene Nachmann, geb. Haas, 1890-1941, Kaunas; . Julius Nachmann, 1877-1941, Kaunas. **Rosenthal:** Betti Blach, geb. Blumenthal, 1885-1941f., Lodz; Johanna Blumenthal, 1889-1942, Lodz; Johanna Blumhof, geb. Goldschmidt, 1894-1943, Auschwitz; Ella Buchheim, geb. Katz, 1897-1945, Stutthof; Erich

Buchheim, 1908-1945, Buchenwald; Hedwig Buchheim, geb. Wolff; 1881-1944, Riga-Kaiserwald; Helga Buchheim, 1923-1944, Ravensbrück; Inge Buchheim, 1929-1944?, Stutthof; Isaak Julius Buchheim, 1877-1942, Riga; Joseph Buchheim, 1890-1944, Kaufering (KZ Dachau); Max Meier, 1885-1943, Auschwitz; Paula Buchheim, geb. Rosenthal, 1882-1943, Auschwitz; Bella Goldschmidt, 1899-?, ?; Fanny Goldschmidt, geb. Goldschmidt, 1866-1942, Theresienstadt; Hermann Goldschmidt, 1878-1942?, Theresienstadt; Horst Goldschmidt, 1923-1942, Majdanek; Jonas Goldschmidt, 1871-1942, Theresienstadt; Julie Goldschmidt, 1862-1943, Theresienstadt; Lucie Goldschmidt, geb. Merfeld, 1884-1941, Piaski; Martha Goldschmidt, 1907-?, ?; Meier Goldschmidt, 1882-1941, Piaski; Moses Goldschmidt, 1865-1942, Treblinka; Nathan Goldschmidt, 1869-1942, Theresienstadt; Rosa Goldschmidt, geb. Stern, 1888-?, ?; Wilhelmine Goldschmidt, 1887-1942, Köln-Müngersdorf; Auguste Kann, geb. Goldschmidt, 1872-1942, Theresienstadt; Moritz Kantchev, 1903-1942, Auschwitz; Emma Levy, geb. Blumenthal, 1886-?, ?; Grete Löwenstein, geb. Rosenthal, 1886-1942, Chelmno; Bernhard Pukatz, 1880-1941f., Riga; Erika Pukatz, 1923-1941f., Riga; Karl Samuel Pukatz, 1883-1944, Stutthof; Mina Pukatz, geb. Katz, 1881-1944, Stutthof; Helmut Rosenberg, 1922-1941f., Lodz; Isaak Rosenberg, 1895-1942, Majdanek; Josef Rosenberg, 1923-1941f., Lodz; Klara Rosenberg, geb. Simon, 1888-1941f., Lodz; Dina Stein, geb. Blumenthal, 1884-1942, Minsk; Moses Stern, 1860-1939, Frankfurt/M.; Helene Stock, geb. Buchheim, 1892-1945, Stutthof; Leopold Stock, 1884-1944, Bochum. **Vöhl: Basdorf:** Helene Külsheimer, 1874-1942, Theresienstadt; Harry Karl Plaut, 1877-1942f., Izbica. **Marienhagen:** Dina Kratzenstein, geb. Strauß, 1867-1943, Sobibor; Emilie Kratzenstein, geb. Wertheim, 1894-1944, Auschwitz; Erich Kratzenstein, 1927-1945, Flossenbürg; Hermann Kratzenstein, 1891-1945, Litomerice (KZ Flossenbürg); Ilse Kratzenstein, 1921-1944, Auschwitz; Ilse Schönthal, 1927-1941f., Riga; Louis Schönthal, 1895-1941f., Riga; Rosa Schönthal, geb. Löwenstern, 1902-1941f., Riga; Berni van Geldern, geb. Winter, 1920-1942, Auschwitz; Gertrud Winter, 1924-1942, Auschwitz; Hedwig Winter, geb. Kratzenstein, 1895-1942, Auschwitz; Max Winter, 1889-1944?, Auschwitz?. **Vöhl:** Bernhard Baruch, 1902-1942, Auschwitz; Erna Baruch, geb. Katzenstein, 1882-1942, Auschwitz; Lieselotte Ria Cossen, 1929-1943, Auschwitz; Marianne Anneliese Cossen, 1927-1943, Auschwitz; Max Cossen, 1899-1944, Auschwitz; Paula Cossen, geb. Meyer, 1900-1943, Auschwitz; Julius Flörsheim, 1887-1942, Lodz; Jenny Flörsheim, geb. Rothschild, 1895-1942, Chelmno; Kurt Flörsheim, 1925-1944, Auschwitz; Beate Frankenthal, 1892-1942, Sobibor; Bertha Frankenthal, 1887-1941, Kaunas; Johanna Frankenthal, geb. Bachrach, 1868-1942, Theresienstadt; Lina Goldblum, geb. Blum, 1884-1937, Berlin; Johanna Jacobs, geb. Laser, 1890-1943, Auschwitz; Ferdinand Kaiser, 1866-1943, Theresienstadt; Ida Kaiser, geb. Löwenstern, 1869-1943, Theresienstadt; Friederike Katzenstein, geb. Jakob, 1870-1942, Theresienstadt; Helmut Katzenstein, 1910-1944, Auschwitz; Robert Katzenstein, 1940-1943, Auschwitz; Ruth Katzenstein, geb. Mildenberg, 1911-1943, Auschwitz; Antonie Kugelmann, 1886-1941f., Lodz; Friederike Helene Kugelmann, geschiedene Mildenberg, 1888-1943, Auschwitz; Else-Eva Laser, geb. Goldberg, 1884-1943, Auschwitz; Heinz Egon Laser, 1925-1943, Auschwitz; Leopold Laser, 1884-1943, Auschwitz; Markus Lazarus, 1867-1943, Theresienstadt; Minna Lazarus, geb. Müller, 1867-1943, Theresienstadt; Minna Lazarus, 1879-1941f., Riga; Sally Lazarus, 1901-1945, Mauthausen; Gustav Lorsch, 1894-1942, Treblinka; Ludwig Meyer, 1912-?, ?; Minna Meyer, geb. Kaiser, 1864-1941f., Minsk; Jenny Mildenberg, geb. Löb, 1887-1942, Auschwitz; Margot Mildenberg, 1925-1942f., Piaski; Max Mildenberg, 1902-1942, Auschwitz; Minna Mildenberg, geb. Spier, 1893-1942f., Piaski; Sophie Nussbaum, geb. Frankenthal, 1889-1942, Theresienstadt; Emanuel Nussbaum, 1881-1942, Theresienstadt; Alfred Rothschild, 1871-1939, Korbach; Hermine Rothschild, geb. Katz, 1877-1942, Sobibor; Selma Rothschild, 1867-1942, Treblinka; Mathilde Scharff, geb. Nussbaum, 1893-?, ?; Bertha Schiff, geb. Hirsch, 1875-1944, Theresienstadt; Paula Schlesinger, geb. Rothschild, 1868-1942f., Theresienstadt; Berta Schönhof, geb. Östreicher, 1869-1942, Theresienstadt; Ernst Schönhof, 1864-1942, Theresienstadt; Albert Stern, 1869-1942, Theresienstadt; Rosalie Stern, 1866-1943, Theresienstadt; Günter Sternberg, 1932-1942, Sobibor; Martin Sternberg, 1903-1942, Majdanek; Rosalie Sternberg, geb. Mildenberg, 1904-1942, Sobibor; Bertha Strauß, geb. Frankenthal, 1858-1943, Auschwitz. **Volkmarsen:** Berta Baum, 1896-1942, Riga-Strasdendorf; Johanna Baum, geb. Schwarz, 1868-1942, Riga-Strasdendorf; Rose Bonnin, geb. Schwarz, 1869-1944, Theresienstadt; Else Daltrop, geb. Baruch, 1887-1941f., Lodz; Minna Falk, geb. Baruch, 1885-1942f., Riga; Julie Frankenstein, geb. Schwarz, 1878-1942, Auschwitz; Rosa Hattenbach, geb. Katzenstein, 1884-1942, Theresienstadt; Margarete Heilbrunn, geb. Meyerhoff, 1902-1944, Auschwitz; Frieda Hirschen, geb. Schwarz, 1882-1942, Treblinka; Emilie

Isenberg, 1883-1942, Sobibor; Selma Joseph, geb. Alsberg, 1868-1942, Auschwitz; Mathilde Levy, geb. Wertheim, 1867-1942, Theresienstadt; Inge Lichtenstein, 1930-1942, Sobibor; Käthe Lichtenstein, geb. Frankenthal, 1892-1942, Sobibor; Meinhard Lichtenstein, 1886-1942, Sobibor; Emilie Meyer, 1883-1942, Theresienstadt; Albert Abraham Meyerhoff, 1866-1942, Treblinka; Betty Meyerhoff, geb. Oppenheim, 1868-1942, Treblinka; Frieda Meyerhoff, 1897-1941f., Riga; Lieselotte Michel, 1926-1943, Sobibor; Rosa Erna Michel, geb. Meyerhoff, 1894-1942, Sobibor; Jenny Nagel, geb. Meyerhoff, 1889-1941f., Riga; Rosa Rosenstock, 1882-1942, Sobibor; Mathilde Schwarz, 1869-1942, Treblinka; Julius Wertheim, 1888-1938, Buchenwald. **Waldeck: Höringhausen:** Amalie Adler, geb. Herz, 1863-1943, Sobibor; Schafti Adler, 1856-1943, Sobibor; Lilly Berg, geb. Steßmann, 1862-1943, Sobibor; Julius Bickhardt, 1863-1943, Theresienstadt; Johanna Cahn, geb. Kohlhagen, 1877-1943, Gurs; Max Danziger, 1972-1942, Treblinka; Pauline Danziger, geb. Katzenstein, 1880-1942, Treblinka; Johanna Frankenthal, geb. Adler, 1854-1941, Gurs; Sidonie Gans, geb. Steßmann, 1904-1943, Sobibor; Emma Katzenstein, geb. Winter, 1900-1943, Sobibor; Ernst Katzenstein, 1912-1943, Sobibor; Fanny Katzenstein, geb. Bickardt, 1868-1943, Theresienstadt; Hermann Katzenstein, 1868-1936, Höringhausen; Ida Katzenstein, geb. Felsenthal, 1887-1943, Sobibor; Isidor Katzenstein, 1878-1942f., Theresienstadt; Siegfried Katzenstein, 1886-1943, Sobibor; Henriette Kleeberg, geb. Kratzenstein, 1874-1942, Treblinka; Hermann Kleeberg, 1873-1941f., Riga; Fanny Kohlhagen, geb. Kohlhagen, 1874-1944, Riga; Hedwig Kohlhagen, geb. Katzenstein, 1901-?, ?; Isaak Kohlhagen, 1886-1938, Höringhausen; Max Kohlhagen, 1914-1945, Dachau; Leon Elias Kratzenstein, 1906-1943, Sobibor; Siegmund Kratzenstein, 1876-1938, Hameln; Kathinka Lamm, 1887-1941, Kaunas; Erna Löwengrund, geb. Löwenstern, 1893-1942f., Izbica; Heinz-Werner Löwengrund, 1924-1942f., Izbica; Hermann Löwengrund, 1895-1936, Duisburg; Julius Löwengrund, 1893-1942f., Izbica; Sara Löwenstein, geb. Bachrach, 1863-1942, Treblinka; Paula Mathias, geb. Katzenstein, 1887-?, Warschau; Fanny Franziska Moses, geb. Katzenstein, 1877-1942, Chelmno; Rosa Neuhof, geb. Löwenstern, 1891-1941f., Lodz; Leo Neuhof, 1882-1941f., Lodz; Ella Posner, geb. Steßmann, 1901-1944, Stutthof; Alfred Rosengarten, 1906-1943, Auschwitz. **Oberwerba:** Markus Lazarus, 1867-1943, Theresienstadt; Minna Lazarus, geb. Müller, 1867-1943, Theresienstadt; Minna Lazarus, 1879-1941f., Riga; Sally Lazarus, 1901-

1945, Mauthausen. **Sachsenhausen:** Ilse Bloch, 1894-1942, Sobibor; Kurt Bloch, 1904-1942, Auschwitz; Lina Bloch, geb. Kleinstrass, 1881-1942, Sobibor; Lina Bloch, 1901-1941f., Riga; Martha Bloch, 1897-1940, Brandenburg; Siegmund Bloch, 1861-1942, Theresienstadt; Selma Grundmann, geb. Hirsch, 1883-1941f., Riga?; Emma Hirsch, geb. Katz, 1882-1942, Sobibor; Wilhelm Hirsch, 1889-1938, Opladen; Friederike Katzenstein, geb. Jakob, 1870-1942, Theresienstadt; Emma Marx, 1885-1942, Auschwitz; Paula Willon, geb. Löwenstein, 1894-1943, Auschwitz. **Waldeck:** Felix Baruch, 1888-1942, Riga-Salaspils; Salomon Levi, 1868-1942, Treblinka. **Willingen (Upland): Eimelrod:** Lieselotte Ria Cossen, 1929-1943, Auschwitz; Marianne Anneliese Cossen, 1927-1943, Auschwitz; Max Cossen, 1899-1944, Auschwitz; Paula Cossen, geb. Meyer, 1900-1943, Auschwitz; Dina Kratzenstein, geb. Strauß, 1867-1943, Sobibor; Emilie Kratzenstein, geb. Wertheim, 1894-1944, Auschwitz; Erich Kratzenstein, 1927-1945, Flossenbürg; Hermann Kratzenstein, 1891-1945, Litomerice (KZ Flossenbürg); Ilse Kratzenstein, 1921-1944, Auschwitz; Benno Meyer, 1899-1943, Auschwitz-Bobrek; Jettchen Schild; geb. Löwenstein, 1893-1944, Stutthof; Julius Schild, 1894-1943, Auschwitz; Leopold Schild, 1864-1942, Theresienstadt; Max Schild, 1891-1944, Theresienstadt; Rosa Schild, geb. Meyer, 1891-1943, Auschwitz; Siegfried Schild, 1890-1941f., Riga; Johanna Sternfeld, geb. Straus, 1875-1944, Theresienstadt; Bernhard Straus, 1890-1944, Stutthof; Bertha Strauß, geb. Frankenthal, 1858-1943, Auschwitz; Eleonore Strauß, geb. Reinberg, 1895-1943, Auschwitz; Friedel Strauss, 1925-1942, Sobibor; Hermann Strauss, 1890-1942, Sobibor; Hugo Strauss, 1891-1943, Auschwitz; Ida Straus, geb. Reinberg, 1892-1944f., Stutthof; Irmgard Strauss, 1921-1942, Sobibor; Julius Straus, 1881-1941f., Riga; Rudolf Straus, 1923-1942f., Riga. **Usseln:** Berta Mayer, geb. Gottlieb, 1887-1942f., Polen; Berta Schönstädt, 1914-1942, Sobibor; Lina Schönstädt, geb. Stern, 1882-1942, Sobibor; Rudolf Schönstädt, 1887-1942, Sobibor. **Oberasphe**: Jana Tana Block, geb. Stern, 1928-1944, Stutthof; Alfred Hess, 1924-1942, Majdanek; David Heß, 1869-1942, Treblinka; Frieda Hess, geb. Krämer, 1873-1942, Treblinka; Levi Hess, 1873-1942, Treblinka; Salomon Heß, 1861-1943, Theresienstadt; Betti Erika Katten, 1928-1944f., Stutthof; Ferdinand Katten, 1893-1942, KZ Sachsenhausen; Grete Katten, 1922-1941f., Riga; Heinz Katten, 1920-1939, Oberasphe; Manfred Katten, 1928-1944, Stutthof; Sara Katten, geb. Kadden, 1858-1942, Theresienstadt; Simon Katten, 1865-1942, Theresienstadt; Sophie Katten, geb. Kanter, 1897-1944,

Stutthof; Berta Landau, geb. Stern, 1887-1942, Riga; Dina Löwenstein, geb. Stern, 1888-1943, Auschwitz; Bertha Nathan, geb. Hess, 1876-1943, Theresienstadt; Fritz Erich Stern, 1924-1941f., Riga; Martha Stern, geb. Bär, 1894-1941f., Riga; Meta Stern, 1926-1941f., Riga; Ruth Betti Stern, 1921-1943, Auschwitz; Sally Samuel Stern, 1885-1942, KZ Sachsenhausen; Salomon Stern, 1880-1943, Auschwitz. **Züschen:** Julius Joseph, 1866-1942, Treblinka; Moritz Joseph, 1870-1942, Treblinka; Emil Katz, 1892-1944, Chelmno; Julius Katz, 1885-1942, Raasiku; Klara Katz, 1889-1942, Raasiku; Levi Katz,1861-1933, Kassel; Max Katz, 1878-1942, Raasiku; Sophie Katz, 1894-1943, Auschwitz; Viktor Katz, 1884-1943, Theresienstadt; Rosalie Sommer, geb. Joseph, 1867-1944, Auschwitz; Susmann Speier, 1870-1942, KZ Sachsenhausen; Emmi Speyer, 1886-1942, Warschau; Sally Speyer, 1877-1942, Warschau.

Bildnachweis:

Abb. 1: http://commons.wikimedia.org/wiki/File:WW2_Holocaust_Europe_map-de.png

Bibliographie: Judaica zu Waldeck-Frankenberg

Adel, Gerhard u.a., Röddenau. Ein Dorf und seine Geschichte, Röddenau 2005.

Altaras, Thea, Synagogen in Hessen - Was geschah seit 1945? Teil I, Königstein im Taunus 1988.

Altaras, Thea, Das jüdische Rituelle Tauchbad und: Synagogen in Hessen - Was geschah seit 1945? Teil II, Königstein im Taunus 1994.

Arbeitsgemeinschaft „Chronik" unter der Leitung von Gerhard Menkel, Landau. Der Geschichte zweiter Teil. Nachträge und Ergänzungen zur Stadtchronik, 1994.

Arbeitsgemeinschaft Spurensicherung des Kommunalen Jugendbildungswerkes der Kreisstadt Korbach, Judenverfolgung in Korbach. Eine Dokumentation, Korbach im November 1989.

Arnsberg, Paul, Die jüdischen Gemeinden in Hessen. Anfang – Untergang – Neubeginn, hrsg. vom Landesverband der jüdischen Gemeinden in Hessen, Frankfurt 1971.

Battenberg, Friedrich, Judenverordnungen in Hessen-Darmstadt. Eine Dokumentation; Kommission für die Geschichte der Juden in Hessen. Wiesbaden 1987.

Berbüsse, Volker, Geschichte der Juden in Waldeck. Emanzipation und Antisemitismus vor 1900, Kommission für die Geschichte der Juden in Hessen, Wiesbaden 1990.

Berbüsse, Volker, Geschichte der Juden und der jüdischen Gemeinde, in: Magistrat der Stadt Bad Wildungen (Hrsg.), Bad Wildungen. Geschichte von Stadt und Bad, Bad Wildungen 1992.

Festausschuss Berghofen (Hrsg.), 1200 Jahre Berghofen. Eine Zeitreise durch die Jahrhunderte, Cölbe-Schönstadt 2002, S. 116-117.

Bley, Werner und Lüsse, Heike, Studie zur Geschichte Bad Wildungens im Nationalsozialismus - Spurensicherung und Forschungsansätze, Masch., Kassel 1990.

Brandt, Heinz, Die Judengemeinde Frankenau zwischen 1660 und 1940. Aus dem Leben jüdischer Landmenschen (= Frankenberger Hefte Nr. 1 – 1992), Frankenberg 1992.

Brandt, Heinz, Der Kibbuz Hagschamah in Grüsen (1934), in: Hessische Blätter für Volks- und Kulturforschung 1979.

Braun, Georg Ludwig, Die Elsoffer Juden, Manuskript 2011.

Bundesarchiv, Gedenkbuch. Opfer der Verfolgung der Juden unter der nationalsozialistischen Gewaltherrschaft in Deutschland 1933-1945, 2., wesentlich erweiterte Auflage, bearbeitet und herausgegeben vom Bundesarchiv, Koblenz 2006.

Burmeister, Helmut und Dorhs, Michael (Hrsg.), Das achte Licht. Beiträge zur Kultur- und Sozialgeschichte in Nordhessen, Hofgeismar 2002.

Burmeister, Helmut und Dorhs, Michael (Hrsg.), Vertraut werden mit Fremdem. Zeugnisse jüdischer Kultur im Stadtmuseum Hofgeismar, Hofgeismar 2000.

Burmeister, Helmut und Dorhs, Michael (Hrsg.), Suchet der Stadt Bestes. Die jüdische Gemeinde Hofgeismars zwischen Assimilation und Untergang, Hofgeismar 1990.

Burth, Eva Maria, „Juden in Rhoden" (Aufsatz, liegt in Kopie vor; Angabe des Fundortes nicht möglich).

Dolenschall, Uli, Hier lebte ... . Zur Vertreibung der jüdischen Bevölkerung Frankenbergs, [Frankenberg] 1994.

Frank, Meta, Schalom, meine Heimat. Lebenserinnerungen einer hessischen Jüdin 1914-1994, Hofgeismar 1998.

Friele, Heinrich und Heinemann, Karl, Der jüdische Friedhof Rhoden. Eine Dokumentation, Korbach 2010.

Gallenkamp, Ernst Friedrich, Wellen, hat in den letzten Jahren zahlreiche Daten über Juden aus Edertal gesammelt und zur Verfügung gestellt.

Gasse, Reiner und Sonneborn, Wolfgang, Jüdische Familien in Bromskirchen; in: Gemeindevorstand der Gemeinde Bromskirchen (Hrsg.), 750 Jahre Bromskirchen, Frankenberg 1988.

Glade, Georg, Die Hallenberger Juden. Kurköln – KZ – Kibbuz. 400 Jahre einer wechselvollen Geschichte, 2. Auflage, Olsberg 2009.

Gottwaldt, Alfred und Schulle, Diana, Die „Judendeportationen“ aus dem Deutschen Reich 1941-1945. Eine kommentierte Chronologie, Wiesbaden 2005.

Grötecke, Johannes, Spurensuche. Ein Rundgang über den jüdischen Friedhof in Bad Wildungen, Bad Wildungen 2003.

Grötecke, Johannes, Bad Wildungen. Juden und ihre Schicksale 1933-1945, in: Geschichtsblätter für Waldeck Nr. 77, 1989, S. 245-275.

Grötecke, Johannes, Stadtrundgang, 2005.

Grötecke, Johannes, Vor 50 Jahren: Pogromnacht in Bad Wildungen, in: Wildunger Gemeindebrief, Nr. 3/1988, S. 13-15.

Grötecke, Johannes, Nationalsozialismus in Bad Wildungen, in: Magistrat der Stadt Bad Wildungen (Hrsg.), Die Geschichte von Stadt und Bad Wildungen, Bad Wildungen 1992, S. 175-194.

Grötecke, Johannes, Bad Wildungen und das Edertal im Nationalsozialismus. Ergebnisse und Erfahrungen einer regionalgeschichtlichen Spurensuche (Teil 1der Vortragsreihe „Das Gustav-Stresemann-Gymnasium und seine Ehemaligen“), Masch.schr., Bad Wildungen 1998.

Grötecke, Johannes, Bäder-Antisemitismus in Bad Wildungen, in: Rundbrief Nr. 26 des Vereins zur Förderung der Gedenkstätte und des Archivs Breitenau, Kassel 2007, S. 46-48.

Grötecke, Johannes, „Stolpersteine“ in Bad Wildungen - Bietet das Projekt neue Möglichkeiten für Gedenkkultur, Geschichtsvermittlung und Geschichtsdidaktik?, in: Geschichtsblätter für Waldeck, Bd. 95/2007, S. 127-143.

Grötecke, Johannes, Der Aufstieg der NSDAP 1918 bis 1933 am Fallbeispiel Bad Wildungen. Dargestellt anhand der „Geschichte der Ortsgruppe Bad Wildungen der Nationalsozialistischen Deutschen Arbeiterpartei“, in: Geschichtsblätter für Waldeck, Bd. 96, 2008, S. 147-153.

Grötecke, Johannes, Zur Geschichte der jüdischen Kurgäste von Bad Wildungen - dargestellt am Beispiel der Sage vom „Judenbrunnen“, in: Geschichtsblätter für Waldeck, Bd. 98, 2010, S. 26-38.

Grötecke, Johannes, „Erziehung nach Auschwitz“: Der Koffer von Selma Hammerschlag aus Bad Wildungen, seine Geschichte und pädagogischen Einsatzmöglichkeiten, in: Geschichtsblätter für Waldeck, Bd. 100, 2012, S. 87-97.

Grötecke, Johannes und Willnat, Miriam, Hier wohnte... Stolpersteine in Bad Wildungen. Ein Kunstprojekt von Gunter Demnig, Bad Wildungen (4. Auflage 2012).

Klasse 11d des Gustav-Stresemann-Gymnasiums, Die Juden und ihr Friedhof in Bad Wildungen, Masch.schr., Bad Wildungen 1988.

Leistungskurs Gemeinschaftskunde der Stresemann-Schule, Ein Heilbad schreit heil - Die Anfänge des Nationalsozialismus in Bad Wildungen, Masch.schr., Bad Wildungen 1980.

Grulms, Eva und Kleibl, Bernd, Jüdische Friedhöfe in Nordhessen, Kassel 1984.

Hakehillot, **Pinkas,** Encyclopaedia of Jewish Communities from their foundation till after the Holocaust (Pinkas Hakehillot), Germany Vol. III, Jerusalem 1992, S. 384-386 (betr. Bad Wildungen).

Händler-Lachmann, Barbara, Händler, Harald und Schütt, Ulrich, Purim, Purim, ihr liebe Leut, wisst ihr was Purim bedeut? Jüdisches Leben im Landkreis Marburg im 20. Jahrhundert, Marburg 1995.

Händler-Lachmann, Barbara und Schütt, Ulrich, „unbekannt verzogen" oder „weggemacht". Schicksale der Juden im alten Landkreis Marburg 1933-1945, Marburg 1992.

Hammerschlag, Selma, „Meine lieben Külsheimers!". Ein Brief der Wildunger Bürgerin Selma Hammerschlag aus dem Jahre 1946 (Museumspädagogische Quellentexte, Heft 39), Bad Wildungen o. J.

Hecker, Horst, Jüdisches Leben in Frankenberg. Geschichte der Gemeinde und ihrer Familien. Mit Beiträgen über die Juden in Geismar und Röddenau sowie einer Dokumentation des jüdischen Friedhofs, Frankenberg 2011.

Hecker, Horst, Der jüdische Friedhof in Gemünden, in: Zeitschrift des Vereins für hessische Geschichte und Landeskunde, Bd. 116, 2011, S. 65-70.

Hecker, Horst, Jüdische Ärzte in Frankenberg. in: Zeitschrift des Vereins für hessische Geschichte und Landeskunde, Bd. 113, 2008, S. 245-256.

Hecker, Horst, Aus der Geschichte des jüdischen Schulwesens in Rosenthal, in: Zeitschrift des Vereins für hessische Geschichte und Landeskunde, Bd. 116, 2011, S. 197-206.

Hecker, Horst, Eine Lücke blieb zurück. Nur wenige Spuren erinnern an die Synagoge von Gemünden, in: Frankenberger Allgemeine, 23. und 30. September 2007.

Henkel, Norbert, Dorfbuch Allendorf (Eder). Beiträge zur Geschichte einer hessischen Gemeinde, Bielefeld 2004, S. 261.

Hentschel, Hans-G. und Trust, Karl, Unsere Gemeinde Rosenthal, Korbach 1988, S. 232-257.

Ise, Renate, Mosheim, Hans-Joachim und Schaake, Horst, Geschichte und Schicksale jüdischer Familien in Wrexen, 2008.

Keim, Anton Maria, Die Judenfrage im Landtag des Großherzogtums Hessen 1820-1849. Ein Beitrag zur Geschichte der Juden im Vormärz, Darmstadt u. Marburg 1983.

Kingreen, Monica, Die gewaltsame Verschleppung der Juden aus den Dörfern und Städten der Altkreise Frankenberg und Waldeck 1941/1942, in: Geschichtsblätter für Waldeck 99, 2011, S.131-166.

Kingreen, Monica, Die Namen der ermordeten jüdischen Frankenberger, Vortrag am 9.11.2006 in Frankenberg.

Klein, Ernst, Verschwundene Nachbarn – Verdrängte Geschichte. Eine Dokumentation als Begleitbuch zur Dauerausstellung „Deutsch-Jüdisches Leben in unserer Region im Lauf der Jahrhunderte" in der Geschichtswerkstatt Rückblende, Volkmarsen, 2012.

Kleinicke, Swantje, Göring und die 15 Bunker: Das Hauptquartier der Luftwaffe in Bad Wildungen, Marburg 2009.

Knöppel, Volker und Magistrat der Stadt Naumburg, ... da war ich zu Hause. Synagogengemeinde Naumburg 1503-1938, Hofgeismar/Naumburg 1998.

Kommission für die Geschichte der Juden in Hessen, Neunhundert Jahre Geschichte der Juden in Hessen, bearb. von Heinemann, Christiane, Wiesbaden 1983.

Kreisausschuss des Landkreises Marburg-Biedenkopf, Die ehemaligen Synagogen im Landkreis Marburg-Biedenkopf, Marburg 1999.

Festbuchausschuss Laisa (Hrsg.), Laisa - Tradition und Alltag. Dokumentation eines Dorfes, Laisa 1999, S. 77.

Festbuchausschuss Laisa (Hrsg.), Laisa - Tradition und Alltag. Dokumentation, 3. Teil, Laisa 2013, S. 159-167.

Lange, Thomas, Hessen-Darmstadts Beitrag für das heutige Hessen, Reihe „Hessen: Einheit aus der Vielfalt 3“, Wiesbaden 1998.

Lingelbach, Heiko, Juden in Schiffelbach, in: Heimat- und Kulturverein 750 Jahre Schiffelbach, Schiffelbach. Geschichte und Geschichten, 2013, S. 120-125.

Lohmann, Paulgerhard und Ogdan, Jechiel, Jüdische Kultur in Fritzlar, hg. vom Geschichtsverein Fritzlar, Beiträge zur Stadtgeschichte, Nr. 15, April 1999.

Medding, Wolfgang, Korbach. Die Geschichte einer deutschen Stadt, Korbach 1980.

Menk, Gerhard, Waldeck im Dritten Reich. Voraussetzungen und Wirken des Nationalsozialismus im hessischen Norden, Korbach / Wiesbaden 2010.

Menk, Gerhard, Waldecks Beitrag für das heutige Hessen, Reihe „Hessen: Einheit aus der Vielfalt 4“, Wiesbaden 2001.

Möller, Marion und Schüler/innen der Alten Landesschule, Spuren jüdischen Lebens und nationalsozialistischer Machtdemonstration. Der andere Stadtführer durch Korbach / Waldeck, Korbach 2008.

Möller, Marion und Schüler/innen der Alten Landesschule, Korbach während des Nationalsozialismus 1933-45, Korbach 2006.

Neuburger, Werner, Dark Clouds Don't Stay Forever. Memoirs of a Jewish German Boy in the 1930s und 1940s, Baltimore 2005.

Neuburger, Werner, „Auch dunkle Wolken ziehen vorüber.“ Erinnerungen eines deutsch-jüdischen Jungen an die 30er und 40er Jahre in Deutschland, 3. erweiterte Auflage, Battenberg 2011.

Schäfer, Nikolaus, Medebach und seine Ortschaften. Die Geschichte der jüdischen Gemeinde Medebach. Vom Anfang bis nach dem bitteren Ende; in: Schriften des Heimat- und Geschichtsvereins Medebach, Heft 10, Medebach 1990.

Schneider, Svenja, Machel, Nadine und Bunte, Alexander, Judenverfolgung in Korbach, ein Hörbuch, Korbach 2013.

Schmeling, Anke, Josias Erbprinz zu Waldeck und Pyrmont. Der politische Werdegang eines hohen SS-Führers, Kassel 1998.

Sellmann, Walter in Zusammenarbeit mit dem Festbuchausschuss Rennertehausen, Rennertehausen 1274-1974. 700 Jahre Geschichte eines Dorfes im Edertal, Rennertehausen 1974, S. 62-67.

Stöhr, Ulrich, Frohnhausen vor der Hohen Hardt. Beiträge zur Ortsgeschichte, Frohnhausen 2008, S. 163-173.

Steiner, Günter, Waldecks Weg ins Dritte Reich. Gesellschaftliche und politische Strukturen eines ländlichen Raumes während der Weimarer Republik und zu Beginn des Dritten Reiches, Kassel 1990.

Völker, Karl-Hermann, Gemünden war ihre „kleine jüdische Welt". Herausragende Persönlichkeiten der Familie Andorn in Gemünden an der Wohra; in: Frankenberger Heimatkalender, Bing-Verlag 1998, S. 123ff.

Wagner, Horst, Naumann, Reiner und Engelbach, Mark, Die Oberaspher Juden, Wetter 2006.

Magistrat der Stadt Waldeck, Festausschuß 750 Jahre Sachsenhausen (Hrsg.), Sachsenhausen - 750 Jahre Stadtrechte. Beiträge zu Geschichte und Gegenwart. Korbach 1995.

Wegner, Karl-Hermann, Kurhessens Beitrag für das heutige Hessen, Reihe: „Hessen: Einheit aus der Vielfalt 5", Wiesbaden 1999.

Wertmann, Alfred, Basdorf und seine Umgebung einst und jetzt, 1986. (Ortsangabe fehlt!)

Wilke, Karl, Die Geschichte der jüdischen Gemeinde Korbach, Korbach 1993.

Winkelmann, Michael, „Auf einmal sind sie weggemacht". Lebensbilder Arolser Juden im 20. Jahrhundert, Kassel 1992.

Wissemann, Helmut, Chronik der Stadt Frankenberg an der Eder von ihren Anfängen bis 1995, Band 1, Von ihren Anfängen bis 1900, Frankenberg 1996; Band 2, Von 1901 bis 1995, Frankenberg 1996.

Wolkers, Ursula, 1808 erhielten die Volkmarser Juden das Bürgerrecht, Beilage „Mein Waldeck" in der Waldeckischen Landeszeitung vom 12.5.2007.

Zarges, Walter, Juden in Altenlotheim, in: 750 Jahre Altenlotheim. Chronik, Korbach 2004, S. 95ff.

Zimmer, Bernd Joachim, Deckname Arthur. Das KZ-Außenkommando in der SS-Führerschule Arolsen, Kassel 1994.

Folgende Websites informieren (auch) über Juden aus Waldeck-Frankenberg:

Gedenkbuch. Opfer der Verfolgung der Juden unter der nationalsozialistischen Gewaltherrschaft in Deutschland 1933-1945 (enthält ein Namensverzeichnis der Opfer und eine Chronologie der Deportationen aus Deutschland, Belgien, Frankreich und den Niederlanden; die Site wird regelmäßig aktualisiert): http://www.bundesarchiv.de/gedenkbuch/directory.html.

Gedenkportal Korbach (informiert über Korbacher Juden): http://www.gedenkportal-korbach.de/.

Juden in Nordhessen: (enthält die Genealogie vieler nordhessischer Familien): http://www.jinh.site50.net/, von Hans-Peter Klein und Hans Pettelkau.

Dautphetal: http://www.dautphetal.de/akhg/Texte/Die_Sterns.htm.

Digital Monument to the Jewish Community in the Netherlands (informiert über die in die Niederlande emigrierten und dann von dort deportierten Juden): http://www.joodsmonument.nl/index.php?lang=en.

Jüdische Genealogie Datenbank Sittard & Limburg (Niederlande): (bietet auch in deutscher Sprache Informationen über die in die genannten Orte emigrierten deutschen Juden): http://members.home.nl/w.brasse/jewish_genealogy.htm#Deutsch.

Lagis Hessen: Das Landesgeschichtliche Informationssystem dokumentiert jüdische Friedhöfe in Hessen. Aus dem Landkreis Waldeck-Frankenberg sind bisher die Friedhöfe von Korbach, Helsen und Battenfeld aufgenommen worden:
http://web.uni-marburg.de/hlgl/lagis//juf.html.

Synagoge Vöhl: (informiert insbesondere über Juden in Vöhl, Altenlotheim, Höringhausen und Eimelrod, bietet aber auch eine umfangreiche Sammlung von Beiträgen der Waldeckischen Landeszeitung/Frankenberger Zeitung, der Waldeckischen und Frankenberger Allgemeine, des Eder-Diemel-Tipp und anderer Medien über Juden in Waldeck-Frankenberg): http://www.synagoge-voehl.de/.

YadVashem: The Central Database of ShoahVictims' Names (Angehörige von Opfern und Forscher haben YadVashem Informationen über Opfer zur Verfügung gestellt, die auf dieser Site veröffentlicht wurden. Hin und wieder beruhen die Angaben auf Vermutungen.) http://www.yadvashem.org/wps/portal/IY_HON_Welcome.

Folgende Archive stehen Interessierten zur Verfügung:

Internationaler Suchdienst (ITS), Große Allee 5 – 9, 34454 Bad Arolsen.

Hessisches Hauptstaatsarchiv, Mosbacher Straße 55, 65187 Wiesbaden.

Hessisches Staatsarchiv Marburg, Friedrichsplatz 15, 35037 Marburg.

Hessisches Staatsarchiv Darmstadt, Karolinenplatz 3, 64289 Darmstadt.

Abkürzungsverzeichnis

A.B.A.	Armeebekleidungsamt
AJDC	American Jewish Joint Distribution Committee
BA	Bundesarchiv
BAM	Beiträge aus Archiv und Museum der Kreisstadt Korbach und Archiv der Alten Landesschule
BArch B	Bundesarchiv Berlin
BArch L	Bundesarchiv Ludwigsburg
BDC	Berlin Document Center
CIC/C.I.C.	Civil Internment Camp
DigAM	Digitales Archiv Marburg
DP(s)	Displaced Person(s)
DRK	Deutsches Rotes Kreuz
EK	Eisernes Kreuz
FZ	Frankenberger Zeitung
Gestapo	Geheime Staatspolizei
Hiwi	Hilfswillige(r)
HHStAW	Hessisches Hauptstaatsarchiv Wiesbaden
HStAM	Hessisches Staatsarchiv Marburg
IKRK	Internationales Komitee des Roten Kreuzes
Inf.Rgt.	Infanterie-Regiment
IRSO	Jewish Restitution Successor Organization
ITS	International Tracing Service
KdF	Kanzlei des Führers
KL	Konzentrationslager
KPD	Kommunistische Partei Deutschlands
KZ	Konzentrationslager
LKA	Landeskriminalamt
nat.soz.	nationalsozialistische(r)
NS	Nationalsozialismus

NSDAP/N.S.D.A.P.	Nationalsozialistische Deutsche Arbeiterpartei
NSV	Nationalsozialistische Volkswohlfahrt
RAD	Reichsarbeitsdienst
RM	Reichsmark
SA/S.A.	Sturmabteilung
sel.	selig, jüdischer Namenszusatz
SD/S.D.	Sicherheitsdienst
SS/S.S.	Schutzstaffel
StadtA	Stadtarchiv
Stapo	Staatspolizei
SPD	Sozialdemokratische Partei Deutschlands
T4	Planungsstelle der NS-„Euthanasie“, Sitz: Tiergartenstr. 4, Berlin
USC	Shoah Foundation (University of South California)
USHMM	United States Holocaust Memorial Museum
WLZ	Waldeckische Landeszeitung
ZSL	Zentrum für selbstbestimmtes Leben behinderter Menschen e. V.

a.a.O.	am angegebenen Ort
Abb.	Abbildung
Abschn.	Abschnitt
Abt.	Abteilung
ar	Flächenmaß, 1/100 Hektar
Arch.	Archiv
Bd.	Band
Bde.	Bände
Best.	Bestand

Bez.	Bezirk
Ctr.	Zentner
Doc.	Document
DM	Deutsche Mark
Ebd./ebd.	Ebenda/ebenda
e.V.	eingetragener Verein
f.	der/die folgende
Fam.	Familie
Fasz.	Faszikel
ff.	der/die folgenden
geb.	geborene(r)
gesch.	geschiedene(r)
gez.	gezeichnet
Hauptwstm.	Hauptwachtmeister
hg./hrsg.	herausgegeben
Hrsg.	Herausgeber
ID	Identifier
i.R.	in Ruhestand
Inf. Rgt.	Infanterie-Regiment
Konv.	Konvolut
LKW	Lastkraftwagen
lt.	laut
m.E.	meines Erachtens
MGV	Männergesangverein
No.	Number
Nr.	Nummer
o.D.	ohne Datum
o.J.	ohne Jahr
o.O.	ohne Ort
o. l.	oben links
o. r.	oben rechts

RA	Rechtsanwalt
s.	siehe
S.	Seite
sog.	sogenannte(r)
s. Zt.	seiner Zeit
u.a.	unter anderem
usw.	und so weiter
verw.	verwitwete(r)
Vgl./vgl.	Vergleiche
v. l.	von links
v. r.	von rechts
z.B./z. B.	zum Beispiel
z. T.	Zum Teil
Ztr.	Zentner

Verzeichnis der Autoren

Lothar Albrecht (Sachsenhausen), Lehrer, Forschungen zur Geschichte der jüdischen Bevölkerung in Sachsenhausen und Waldeck

Dr. med. Dirk Bender (Usseln), niedergelassener Landarzt; „die Lebensbilanzen meiner Patienten machten mich aufmerksam auf das Schicksal unserer jüdischen Mitmenschen"

Heinrich Figge (Höringhausen), Schmiedemeister, jetzt Rentner, kommunalpolitisch und lokalhistorisch im Heimatort aktiv

Kathrin Flor (Bad Arolsen), Historikerin M.A., seit März 2008 Pressesprecherin beim International Tracing Service (ITS) Bad Arolsen

Heinrich Friele (Diemelstadt-Rhoden), pensionierter Verwaltungsbeamter der Stadt, verwaltet seit 2001 ehrenamtlich das Stadtarchiv und ist in der Bezirksgruppe Diemelstadt im Waldeckischen Geschichtsverein aktiv

Reiner Gasse (Battenfeld), Polizeibeamter im Ruhestand, betreut den jüdischen Friedhof und das Heimatmuseum in Battenfeld, das u.a. die Geschichte der ehemaligen jüdischen Gemeinde zeigt, Mitarbeit bei Ausstellung „Jüdische Schicksale aus unserer Region" in Battenberg im April 2011

Johannes Grötecke (Bad Wildungen), Lehrer für Geschichte sowie Politik und Wirtschaft, Initiator der „Stolpersteine" in Bad Wildungen

Dr. Horst Hecker (Frankenberg-Haubern), Historiker, Stadtarchivar in Frankenberg, Mitarbeiter im Psychiatriemuseum Haina (Kloster)

Margit Hübner (Battenberg), Motopädagogik und Schulsozialarbeit, Geschichtsverein Battenberg e.V., Mitarbeit bei der Ausstellung „Jüdische Schicksale aus unserer Region" in Battenberg im April 2011 und Aufarbeitung dieses Themas mit Schulklassen der GS Battenberg in 2011 und 2012

Jürgen Hübner (Battenberg), Geschichtsverein Battenberg e.V., u.a. Initiative zu Besuch von Werner Neuburger und Hannelore Dreifus

(USA) in Battenberg im Okt. 2009, Stolperstein-Verlegung zur Erinnerung an Schicksal der Fam. Freudenthal in Laisa im Dez. 2010, Ausstellung „Jüdische Schicksale aus unserer Region" in Battenberg im April 2011

Monica Kingreen (Frankfurt am Main), wissenschaftliche Mitarbeiterin des Pädagogischen Zentrums des Fritz-Bauer-Instituts und Jüdischen Museums in Frankfurt am Main; beschäftigt sich seit langem mit dem Jüdischen Landleben in Hessen und mit der nationalsozialistischen Verfolgung der Juden

Ernst Klein (Volkmarsen), Vorsitzender des Vereins „Rückblende gegen das Vergessen", Leiter des Informations- und Dokumentationszentrums „Deutsch-jüdisches Leben..." in Volkmarsen

Marion Lilienthal (Marburg), Lehrerin und Regionalhistorikerin, ehrenamtliche Mitarbeiterin des Stadtarchivs Korbach, Initiatorin der „Geschichtswerkstatt Korbach", des Arbeitskreises „Aufarbeitung", des „Gedenkportals Korbach für die Opfer des Nationalsozialismus" in Kooperation mit der Kreisstadt Korbach und der Alten Landesschule

Richard Oppenheimer (Florida/USA), Ingenieur, Sohn von Erika Mannheimer aus Bad Wildungen, erforscht intensiv das Schicksal seiner Familie

Reiner Naumann (Wollmar), Diplom-Sozialpädagoge, hat 1996 die Arbeitsgruppe „Oberaspher Juden" mitgegründet, in der er bis heute aktiv ist

Verena Neusüs (Bad Arolsen), Mitarbeiterin Kommunikation beim Internationalen Suchdienst in Bad Arolsen

Ulrike Schätte (Berlin), Germanistin und Historikerin, in der Erwachsenbildung tätig, lebt in Berlin, ist aufgewachsen in Eimelrod

Matthias Seim (Laisa), Studierender u.a. der Neueren Geschichte in Marburg, hat 2010 eine Stolpersteinverlegung in Laisa mitinitiiert

Alf Seippel (Dortmund), geboren 1937 in Eimelrod, ev. Theologe und Dr. der Sozialwiss., Sozialer Friedensdienst zur Völkerverständigung mit Osteuropa

Karl-Heinz Stadtler (Vöhl), Lehrer für Germanistik und Politik, Mitarbeit im Förderkreis Synagoge in Vöhl

Israel Straus (Israel), geboren 1929 in Altenlotheim, Überlebender der Lager in Riga und Stutthof; Eltern und Bruder starben dort; war schon mehrmals wieder in Altenlotheim, dem Ort seiner Jugend

Dr. Susanne Urban (Bad Arolsen), Historikerin, 2000 Promotion (Moses-Mendelssohn-Zentrum/Uni Potsdam), 2004 - 2009 Mitarbeiterin in Yad Vashem, seit 2009 Bereichsleiterin Forschung und Bildung im International Tracing Service

Karl-Hermann Völker (Burgwald-Wiesenfeld), Rektor a. D., Vorsitzender des Zweigvereins Frankenberg für hessische Geschichte und Landeskunde

Horst Wagner (Oberasphe), Maschinenbauingenieur, hat 1996 die Arbeitsgruppe „Oberaspher Juden" mitgegründet, in der er bis heute aktiv ist